Addysgu Gwyddoniaeth mewn Ysgolion Cynradd

Seithfed Argraffiad

Wynne Harlen
gydag Anne Qualter

Addasiad Cymraeg (h) Prifysgol Aberystwyth, 2019 ©

Cyhoeddwyd gan CAA Cymru, Prifysgol Aberystwyth, Plas Gogerddan, Aberystwyth SY23 3EB (www.aber.ac.uk/caa).

Ariennir gan Lywodraeth Cymru fel rhan o'i rhaglen gomisiynu adnoddau addysgu a dysgu Cymraeg a dwyieithog.

ISBN: 978-1-84521-728-0

Cyfieithwyd gan Elen Gwenllïan
Golygwyd gan Delyth Ifan a Dewi Roberts
Dyluniwyd gan Argraff Ltd.
Argraffwyd gan Argraffwyr Cambria

Diolch i'r canlynol am ganiatâd i atgynhyrchu deunyddiau:

Y Gymdeithas Addysg Gwyddoniaeth - deunydd sy'n ymwneud â *Primary Science Review* ac o *Primary Science*.

Cyhoeddiadau Sage - deunydd o *Assessing Science in the Primary Classroom, Written Tasks* gan *Schilling et al.*, 1990.

Millgate House Publishers - cartŵn cysyniad o *Concept Cartoons in Science Education*, gan Keogh a Naylor, 2014.

Routledge - deunydd o '*Making Progress in Primary Science Handbook* (Ail Argraffiad, 2003) - Harlen, map cysyniad plentyn chwe mlwydd oed, t. 128

Liverpool University Press - darluniau amrywiol o Adroddiadau Ymchwil SPACE ar '*Dŵr*' (1990), '*Sain*' (1990), '*Prosesau Bywyd*' (1992), ac '*Anweddiad a Chyddwysiad*' (1990).

Sarah Earle, arweinydd prosiect TAPS - Pyramid Egwyddorion Allweddol TAPS.

Cynnwys

Ffigurau a thabl

Tabl

Cydnabyddiaethau

Wrth gynhyrchu'r tri argraffiad olaf o *Addysgu Gwyddoniaeth mewn Ysgolion Cynradd*, bu Anne Qualter a minnau yn gweithio gyda'n gilydd i ddiweddaru'r testun gyda'r newidiadau mynych sy'n effeithio ar addysg gwyddoniaeth mewn ysgolion cynradd. Er fy mod wedi gweithio ar fy mhen fy hun ar y diwygiad diweddaraf hwn, mae dylanwad cyfraniad Anne at argraffiadau cynharach yn amlwg drwyddo draw a hoffwn gydnabod ei rôl yn y llyfr hwn. Yr wyf yn hynod ddiolchgar am ei chyfraniadau, ei chefnogaeth a'i brwdfrydedd dros y blynyddoedd.

Mae yna hefyd gyfeillion eraill, cydweithwyr, athrawon a phlant sydd wedi dylanwadu ar y gwaith hwn yn ymwybodol neu'n anfwriadol. Yr wyf yn ddiolchgar iawn i bawb.

Hoffwn hefyd ddiolch i'r canlynol am ganiatâd i atgynhyrchu ffigurau o'u cyhoeddiadau:

- Y Gymdeithas Addysg Gwyddoniaeth am ganiatâd i atgynhyrchu deunydd o ddeunyddiau amrywiol sy'n ymwneud â *Primary Science Review* ac o *Primary Science*.

- Cyhoeddiadau Sage am ganiatâd i atgynhyrchu deunydd o *Assessing Science in the Primary Classroom, Written Tasks* gan Schilling *et al.*, 1990.

- Millgate House Publishers am ganiatâd i atgynhyrchu cartŵn cysyniad o *Concept Cartoons in Science Education,* gan Keogh a Naylor, 2014.

- Routledge am ganiatâd i atgynhyrchu deunydd o *Making Progress in Primary Science Handbook* (Ail Argraffiad) gan Harlen *et al.*, 2003.

- Prifysgol Lerpwl am ganiatâd i atgynhyrchu darluniau amrywiol o Adroddiadau Ymchwil SPACE ar '*Dwf*' (1990), '*Sain*' (1990), '*Prosesau Bywyd*' (1992), ac '*Anweddiad a Chyddwysiad*' (1990).

- Sarah Earle, arweinydd prosiect TAPS, am ganiatâd i atgynhyrchu'r Pyramid Egwyddorion Allweddol TAPS.

Cyflwyniad

Newid yw'r norm mewn addysg, fel y dylai fod, gan fod addysg yn baratoad ar gyfer bywyd a bywyd sy'n rhoi pwysau newydd yn gyson am ddatblygiad mewn sgiliau a syniadau. Yn y rhannau o addysg y mae'r llyfr hwn yn ymwneud â nhw – addysg wyddonol plant yn ystod blynyddoedd cynnar, cynradd a chanol yr ysgol – bu newidiadau o ran lefelau cenedlaethol, ysgol ac ystafell ddosbarth. Ers yr argraffiad blaenorol o'r llyfr, yn 2014, mae'r rhan fwyaf o newidiadau wedi bod yn esblygiadol yn hytrach na chwyldroadol; nid cyflwyno syniadau neu arferion sy'n gwbl newydd, ond yn hytrach parhau a chryfhau'r tueddiadau presennol, gyda chymorth ymchwil yn aml.

Eithriad i hyn, fodd bynnag, yw'r hyn na ellir ond ei ystyried yn newid sylweddol yn y modd y defnyddir technoleg gwybodaeth a chyfathrebu (TGCh) yn yr ystafell ddosbarth a'r ysgol. Bum mlynedd yn ôl, er bod athrawon yn dechrau defnyddio TGCh wrth gynllunio, rheoli ac asesu gwaith plant, roedd y defnydd mewn gweithgareddau yn yr ystafell ddosbarth ychydig yn araf yn dechrau. Nid oedd yn anghyffredin, felly, i blant fod ar y blaen i athrawon o ran defnyddio technoleg newydd ar gyfer datrys problemau. Mae pethau bellach wedi symud ymlaen ac mae cyfrifiaduron yn mynd ymhell y tu hwnt i brosesu geiriau a PowerPoint. Mae tabledi, iPads a chofnodwyr data yn golygu y gall plant gasglu tystiolaeth fwy manwl a pherthnasol yn eu hymchwiliadau gan ddadansoddi a dehongli eu data'n fwy effeithlon. Mae'r newid wedi'i nodweddu fel rhywbeth o 'lythrennedd cyfrifiadurol' i 'lythrennedd digidol', yr olaf o'r rhain yn cynnwys sgiliau defnyddio cyfrifiaduron, ond sydd hefyd yn bwysig yn ymestyn i wybodaeth am eu defnydd diogel a chymdeithasol dderbyniol ar gyfer cyfathrebu a datrys problemau. Mae nod llythrennedd digidol bellach yn cael ei wreiddio'n gadarn ym mholisïau a fframweithiau'r cwricwlwm cenedlaethol.

Un o'r tueddiadau parhaus sy'n thema yn y llyfr hwn yw mwy o sylw i ddysgu ac addysgu drwy ymholi, ar bob lefel – mewn cwricwla cenedlaethol, cynllunio ysgolion ac arfer yn yr ystafell ddosbarth. Mae perthnasedd addysgeg sy'n seiliedig ar ymholi i ddysgu mewn sawl maes bellach yn cael ei gydnabod, ond mae ei ddefnydd wedi mynd bellaf mewn gwyddoniaeth. Ar yr un pryd, rydym wedi cydnabod nad yw gweithredu ymholiad yn gydnaws â 'chwmpasu' cwricwlwm sy'n orlawn o gynnwys. Dyma un o nifer o resymau dros fynegi'r amcanion dysgu gwyddoniaeth o ran datblygu nifer cymharol fach o syniadau cyffredinol, sy'n cael eu disgrifio fel 'syniadau mawr' ar gyfer addysg gwyddoniaeth. Mae'r duedd i'w gweld yn y gwaith o ddatblygu cwricwla cenedlaethol newydd, fel yng Nghymru, ac wrth gynllunio ar lefel ysgolion a dosbarthiadau.

Mae angen ystyried cynnydd mewn syniadau a sgiliau er mwyn cadw mewn cof y nodau hirdymor o weithio tuag at syniadau mawr a datblygu sgiliau ymholi, wrth gynllunio gweithgareddau yn y dosbarth. Mae natur dilyniant a'r llwybr y mae'n ei gymryd yn faterion lle'r ydym yn gwybod llai nag y byddem yn hoffi ei wybod. Mae angen mapio'r llwybr o syniadau bach i rai mawr ac o sgiliau a ddefnyddir mewn rhai cyd-destunau i rai y gellir eu cymhwyso'n eang. Mae angen i ni wybod mwy hefyd am sut mae'r cyd-destun yn effeithio ar y defnydd o sgiliau a phrosesau ac a yw sgiliau di-destun, fel 'sgiliau dysgu', yn bodoli mewn gwirionedd. Nid yw hyn yn gwadu rôl sgiliau ymholi wrth ddatblygu syniadau ac felly pwysigrwydd datblygu'r sgiliau hyn. Ond mae'n cefnogi'r farn, a fynegir yng Nghwricwlwm Cenedlaethol Lloegr, mai'r ffordd orau o ddatblygu'r sgiliau hyn yw drwy weithgareddau sy'n cynnwys gwyddoniaeth. Nid yw hyn ond yn gam diweddar yn y gwaith chwilio hirsefydledig am ddealltwriaeth o'r cysylltiad rhwng cynnwys a phroses mewn gwyddoniaeth gynradd. Mae'n fy atgoffa o fy erthygl, a gyhoeddwyd yn 1978, gyda'r teitl 'A yw cynnwys yn bwysig mewn gwyddoniaeth gynradd?', a ysgrifennwyd ar amser (cyn y cwricwlwm cenedlaethol) pan roedd y farn yn eithaf cyffredin mai 'yr hyn sy'n bwysig yw'r ffordd y byddwn ni'n mynd i'r afael â phroblem neu ymholiad, nid y wybodaeth sy'n dod allan ohonynt' (Harlen, 1978:614).

Mae maes arall o newid parhaus dros lawer o flynyddoedd, sydd yn ganolog i brofiadau dysgu plant, yn cydnabod pwysigrwydd rhyngweithio a siarad ymysg plant yn ogystal â rhwng plant ac athrawon. Yn hytrach na bod plant yn gweithio'n dawel, cynnwrf y trafod yw'r hyn sy'n nodweddu amgylchedd dysgu effeithiol. Yr hyn sydd wedi newid yw nid yn unig bod mwy o'r arfer hwn ond bod gwell dealltwriaeth o'r rhesymau drosto. Rydym yn sylweddoli pwysigrwydd rhoi syniadau mewn geiriau a gwneud ein ffordd o feddwl yn glir.

Mae hyrwyddo siarad yn cael ei gymeradwyo'n eang bellach mewn sawl maes o'r cwricwlwm ond mae'n cael ei werthfawrogi'n arbennig mewn gwyddoniaeth am ei fod yn gwneud meddwl pob dysgwr ar gael i eraill, gan gefnogi dysgu fel gweithgaredd cymdeithasol ac ymagwedd adeileddol at ddysgu. Mae siarad mewn parau a gweithio mewn grwpiau yn helpu i ddatblygu dealltwriaeth wrth i gyfranogwyr geisio mynegi eu syniadau ac, yn y broses, ail-lunio ac egluro'r ffordd maen nhw'n meddwl yn aml iddyn nhw eu hunain yn ogystal ag eraill. Felly, gall yr union weithred o siarad a chyfnewid safbwyntiau newid dealltwriaeth.

Mae asesu yn faes lle mae deilliannau cadarnhaol a negyddol yn sgil newid. Mae'r defnydd ffurfiannol o asesu yn parhau i fod yn nodwedd o ddyheadau ar lefel polisi, ysgol ac ystafell ddosbarth, ond mae ei roi ar waith yn aml yn cael ei gyfyngu gan yr angen am asesiad crynodol. Er i'r penderfyniad i roi diwedd yn Lloegr ar brofion cenedlaethol allanol mewn gwyddoniaeth ar ddiwedd blynyddoedd cynradd gael ei groesawu am sawl rheswm, dangosodd arolygon fod yr effeithiau cadarnhaol (llai o gyfyngu ar brofiadau drwy addysgu i'r prawf) wedi'u gwrthbwyso gan effeithiau negyddol (llai o amser yn cael ei dreulio yn addysgu gwyddoniaeth). Mae cyflwyno profion samplu bob dwy flynedd ers 2014 yn addo darparu gwybodaeth ddefnyddiol am dueddiadau mewn perfformiad cenedlaethol a all fod o ddefnydd i athrawon wrth fyfyrio ar berfformiad eu disgyblion eu hunain. Fodd bynnag, mae asesiad crynodol plant unigol ar gyfer cofnodion ysgol ac adrodd i rieni ar draws yr ystod lawn o nodau addysg gwyddoniaeth yn galw am sylw pellach, er gwaethaf rhai datblygiadau diweddar mewn asesu gan athrawon.

Er y gallwn nodi sawl maes y gellid ei wella, nid yw'n bosibl o hyd i honni bod gan wyddoniaeth y statws mewn addysg gynradd sy'n cael ei gyfiawnhau yn sgîl ei rôl allweddol wrth baratoi plant am fywyd mewn byd sy'n gynyddol ddibynnol ar wyddoniaeth a'i chymwysiadau mewn technoleg a pheirianneg. Er mwyn i hyn ddigwydd, mae'n golygu bod angen i bawb sy'n ymwneud ag addysg, fel llunwyr polisi, gweithredwyr polisi neu ymarferwyr, fod yn argyhoeddedig o bwysigrwydd addysg gwyddoniaeth fel rhan annatod o ddysg plant o'u blynyddoedd cynharaf. Am y rheswm hwn y mae rhan gyntaf y llyfr hwn yn pwysleisio, ac yn atgyfnerthu gobeithio, y 'rhesymau cymhellol dros addysgu gwyddoniaeth mewn ysgolion cynradd'.

Strwythur y llyfr

Mae'r 26 Pennod wedi'u trefnu mewn chwe rhan. Mae'r gyntaf, sy'n cyflwyno'r rhesymeg dros addysgu gwyddoniaeth yn yr ysgol gynradd ac sy'n dadansoddi rhai enghreifftiau o addysgu a dysgu ar waith, yn dod yn gyntaf yn rhesymegol, ond fel arall gellir darllen y rhannau mewn unrhyw drefn. Mae pob rhan yn cael ei rhagflaenu gan drosolwg byr o'i phenodau cyfansoddol. Mae penodau unigol yn dechrau gyda chyflwyniad sy'n nodi ei fframwaith ac yn gorffen gyda chrynodeb o'r prif bwyntiau. Drwy gydol y llyfr, mae cyfeiriadau mynych at ymchwil a ffynonellau a allai fod o ddefnydd i'r rheini sy'n dymuno mynd â phynciau penodol ymhellach. Caiff hyn ei annog ymhellach gan rai cwestiynau i'w trafod ar gyfer pob rhan ar ddiwedd y llyfr.

Rhan 1, *Rhesymau cymhellol dros addysgu gwyddoniaeth mewn ysgolion cynradd* yn cynnwys pedair pennod. Mae'r ddwy bennod gyntaf yn ymwneud â chyflwyno'r achos dros bwysigrwydd gwyddoniaeth yn yr ysgol gynradd a disgrifio hanes diweddar a sefyllfa gyfredol gwyddoniaeth yng nghwricwla cynradd pedair gwlad y DU. Mae astudiaethau achos o wyddoniaeth ar waith, ym Mhennod 3, yn cael eu dilyn ym Mhennod 4 gyda thrafodaeth ar nodweddion amgylcheddau dysgu da ar gyfer gwyddoniaeth mewn ysgolion cynradd. Mae'r nodweddion hyn yn darparu safonau neu feini prawf y gellir eu defnyddio wrth werthuso a chyfoethogi gweithgareddau dysgu.

Yn Rhan 2, *Ynglŷn â dysg plant*, mae pum pennod i gyd yn ymwneud â dysgu plant a sut mae'n digwydd. Mae Pennod 5 yn ystyried yr hyn sy'n hysbys o niwrowyddoniaeth ynghylch newidiadau yn yr ymennydd sy'n gysylltiedig â dysgu. Mae Pennod 6 yn rhoi enghreifftiau o'r syniadau, sydd yn aml yn anwyddonol, y mae plant yn eu datblygu o'u profiadau bob dydd. Defnyddir crynodeb o nodweddion y syniadau hyn yn ddiweddarach yn y llyfr wrth ystyried strategaethau ar gyfer helpu plant i ddatblygu syniadau sy'n fwy cyson â thystiolaeth. Mae'r penodau eraill yn y rhan hon yn trafod y rolau wrth i blant ddysgu siarad a deialogi (Pennod 7), defnyddio sgiliau ymholi (Pennod 8) a defnyddio TGCh (Pennod 9).

Mae Rhan 3, *Rolau'r athro* yn ymwneud ag agweddau ar arfer athrawon sy'n effeithio'n uniongyrchol ar ddysg plant. Mae'r cyntaf o bedair pennod yn ymwneud â'r cwestiynau y mae athrawon yn eu gofyn ac effaith ffurf, cynnwys ac amseriad y cwestiynau hyn ar ddysgu plant. Awgrymir hefyd ffyrdd o annog a delio gyda chwestiynau plant. Mae'r penodau canlynol yn canolbwyntio ar gynnydd a ffyrdd o ddatblygu syniadau gwyddonol plant (Pennod 11), sgiliau ymholi (Pennod 12) ac agweddau sy'n berthnasol i ddysgu gwyddoniaeth (Pennod 13).

Yn Rhan 4 *Asesu a dysgu*, mae'r cyntaf o bum pennod yn cyflwyno termau a chysyniadau a ddefnyddir wrth drafod asesu dysg plant. Mae'n trafod pwysigrwydd a nodweddion allweddol y ddau brif bwrpas o asesu yn yr ysgol gynradd – ffurfiannol a chrynodol. Mae'r tair pennod nesaf yn trafod agweddau ar asesu ffurfiannol: casglu tystiolaeth o ddysgu (Pennod 15), dehongli a defnyddio tystiolaeth (Pennod 16) a chynnwys plant wrth asesu eu gwaith (Pennod 17). Mae'r bumed bennod yn trafod manteision ac anfanteision defnyddio profion a barn athrawon ar gyfer asesu cyflawniad at ddibenion crynodol.

Mae Rhan 5 *Cynllunio amgylcheddau ar gyfer dysgu gwyddoniaeth*, yn dwyn ynghyd bum pennod sy'n ymwneud â darparu profiadau dysgu yn yr ystafell ddosbarth a thu allan i'r ystafell ddosbarth. Mae'n dechrau ym Mhennod 19 gyda rôl arweinwyr pwnc gwyddoniaeth wrth gynllunio'r polisi a'r rhaglen ar gyfer gwyddoniaeth ar lefel yr ysgol, lle mae cynllunio rhaglenni dosbarth yn digwydd (Pennod 20). Mae'r bennod nesaf (21) yn ymwneud â darparu deunyddiau, adnoddau ac offer sydd eu hangen ar gyfer dysgu gweithredol yn yr ystafell ddosbarth, gan ddilyn (ym Mhennod 22) gyda thrafodaeth am bwysigrwydd ac ystod y cyfleoedd i ddysgu y tu allan i'r ystafell ddosbarth. Daw'r rhan i ben (Pennod 23) gyda thrafodaeth ar ffyrdd o sicrhau cyfleoedd cynhwysol ar gyfer dysgu gwyddoniaeth, drwy nodi strategaethau addysgu sydd yr un mor ddefnyddiol i ddysg pob disgybl gan gynnwys y rhai ag anawsterau dysgu.

Mae Rhan 6 *Atebolrwydd a gwerthuso arfer* yn cynnwys tair pennod sy'n ymwneud â ffyrdd y gellir gwerthuso a gwella'r ddarpariaeth ar gyfer gwyddoniaeth ar lefel y dosbarth (Pennod 24) a lefel ysgol (Pennod 25). Yn y ddau achos mae hyn yn cynnwys nodi safonau meini prawf ar gyfer barnu perfformiad. Ymhlith yr enghreifftiau o sut y gellir casglu data perthnasol mae offeryn gwerthuso sy'n canolbwyntio'n benodol ar ddysgu seiliedig ar ymholi. Trafodir dibenion a dulliau hunanwerthuso ysgolion. Mae Pennod 26 yn troi'r sylw at gamau i wella'r ddarpariaeth a rôl yr arweinydd pwnc gwyddoniaeth yn natblygiad proffesiynol cydweithwyr, gan orffen gyda throsolwg o ffynonellau allweddol datblygiad proffesiynol mewn gwyddoniaeth ar gyfer athrawon cynradd.

Wynne Harlen,
Awst 2017

Rhesymau cymhellol dros addysgu gwyddoniaeth mewn ysgolion cynradd

Mae'r gyntaf o'r pedair pennod yn y rhan hon yn adolygu pwysigrwydd addysg wyddonol a hanes y ffordd y mae wedi dod yn rhan o gwricwlwm ysgolion cynradd. Mae'n cyflwyno dadleuon 'na ellir cyflawni nod llythrennedd gwyddonol i bob dinesydd oni bai fod gwyddoniaeth yn dechrau yn yr ysgol gynradd.' Mae'r ail bennod yn adolygu'r ymwahanu cynyddol yn ffurf gwyddoniaeth ym mhrif gwricwla pedair gwlad y DU. Mae Pennod 3 yn cynnwys astudiaethau achos o weithgareddau mewn pum dosbarth gwahanol, rhyngddynt yn cwmpasu plant 5 – 11 mlwydd oed. Mae pob cyfrif yn rhoi rhywfaint o wybodaeth gefndir ac un neu fwy o wersi ar bwnc. Mae'r holl enghreifftiau yn disgrifio digwyddiadau go iawn mewn dosbarthiadau go iawn ac nid ydynt wedi'u bwriadu fel modelau er eu bod yn adlewyrchu sawl nodwedd arfer effeithiol mewn addysg gwyddoniaeth i blant ifanc. Trafodir rhai nodweddion arwyddocaol mewn perthynas ag agweddau sy'n cael sylw mewn penodau diweddarach yn y llyfr. Mae Pennod 4 yn dechrau'r drafodaeth hon drwy ddarparu rhai meini prawf y gellir eu defnyddio wrth werthuso ac wrth gynllunio ac addasu gweithgareddau i gynyddu'r cyfleoedd ar gyfer datblygu dealltwriaeth, sgiliau ac agweddau gwyddonol.

1

Pwysigrwydd gwyddoniaeth mewn ysgolion cynradd

Cyflwyniad

Os yw addysg yn ein paratoi ar gyfer bywyd, mae'n rhaid iddo baratoi disgyblion ar gyfer byw lle mae gwyddoniaeth a'i ddefnydd mewn technoleg yn chwarae rolau allweddol. Mae'n dilyn o hynny bod angen i blant ddatblygu amrywiaeth o sgiliau a gwybodaeth sy'n eu galluogi i ddeall agweddau gwyddonol a thechnolegol ar y byd naturiol a'r byd gwneud o'u hamgylch. Dylai hyn gynnwys y gallu i resymu o dystiolaeth, deall natur gwyddoniaeth a sut mae gwybodaeth wyddonol yn cael ei datblygu, a syniadau allweddol fydd yn eu helpu i wneud penderfyniadau synhwyrol am sut maen nhw'n byw eu bywydau a phenderfyniadau sy'n effeithio ar fywydau eraill. Mae nifer o resymau cryf pam na ellir cyflawni'r cymwyseddau hyn yn ddigonol drwy wyddoniaeth mewn ysgolion uwchradd yn unig.

Mae'r dadleuon dros gynnwys gwyddoniaeth yng nghwricwlwm ysgolion cynradd yn rhan o'r achos mwy dros addysgu gwyddoniaeth i bob disgybl. Felly, rydym yn dechrau'r bennod hon drwy adolygu'n gryno rhai o'r egwyddorion sy'n berthnasol i addysg gwyddoniaeth yn ei chyfanrwydd. Rydym yn nodi'r broblem sy'n ymwneud â thwf gwybodaeth wyddonol a'r angen i ganolbwyntio ar nifer fechan o syniadau allweddol - neu 'fawr' - i osgoi gorlwytho'r cwricwlwm gyda gormod o gynnwys i roi sylw iddo. Yna rydym yn troi at y cwestiwn pam y dylai gwyddoniaeth ddechrau yn yr ysgol gynradd. Gan fod cynnwys gwyddoniaeth ar lefel ysgolion cynradd yn rhywbeth eithaf diweddar yn hanes addysg mae'n berthnasol i edrych yn ôl ar sut y digwyddodd y newid hwn. Mae'r rhesymau wedi newid, neu wedi datblygu yn hytrach, yn ystod ail hanner yr ugeinfed ganrif o ganlyniad i ymchwil i ddysgu plant ac o adolygu nodau addysg gwyddoniaeth yn ei chyfanrwydd. Mae'r pwysigrwydd i'r holl bobl ifanc, nid gwyddonwyr y dyfodol yn unig, ddatblygu dealltwriaeth o gysyniadau allweddol, sgiliau ymholi a gwerthfawrogiad o wyddoniaeth - wedi'i grynhoi yn y syniad o lythrennedd gwyddonol - yn arwain at sylweddoli na ellir cyflawni'r dysgu hyn oni bai ei fod yn dechrau yn yr ysgol gynradd.

Addysg gwyddoniaeth i bawb

Mae gwyddoniaeth yn faes enfawr mewn gweithgarwch meddyliol ac ymarferol dynol ac mae'r wybodaeth mae'n ei chynhyrchu yn chwarae rhan hollbwysig yn ein bywydau ac ym mywydau cenedlaethau'r dyfodol. Mae'n hanfodol bod addysg y boblogaeth gyfan, nid gwyddonwyr y dyfodol yn unig, yn rhoi dealltwriaeth eang iddyn nhw o statws a natur gwybodaeth wyddonol, sut mae'n cael ei chreu a pha mor ddibynadwy yw hi. Daw hyn yn fwyfwy pwysig wrth i wyddoniaeth a thechnoleg chwarae rôl ymledol yn ein bywydau. Mae rhai pethau oedd yn arfer bod yn hygyrch i unrhyw un â diddordeb (er enghraifft, beth sydd o dan fonet car) bellach yn feysydd i arbenigwyr yn unig. Mae perygl cyffredinol o raniad rhwng y rhai hynny gyda 'gallu' technolegol a gwyddonol, a'r rhai nad ydynt yn meddu ar y 'gallu' hwn. Nid gwneud pawb yn wyddonwr neu'n dechnolegwr yw'r ffordd i osgoi hyn ond drwy roi dealltwriaeth o syniadau mawr ac egwyddorion gwyddoniaeth i bawb, sut y daethpwyd i'r syniadau hyn a pha mor ddibynadwy ydyn nhw. Fel y dywed cyfathrebwr gwyddoniaeth blaenllaw: 'Ni all unrhyw un ddeall pob manylyn am ein byd cymhleth, ond mae'r egwyddorion sylfaenol yn offer gwerthfawr iawn i'w cario gyda chi ar y ffordd' (Czerski, 2016: 7).

Yn union fel y mae syniadau pwerus cyffredinol mewn gwyddoniaeth sy'n ein galluogi i wneud synnwyr o ffeithiau manwl, felly hefyd mewn addysg gwyddoniaeth mae rhai egwyddorion cyffredinol sy'n berthnasol i gynnwys cwricwla gwahanol a dulliau addysgu newydd, gan fynegi gwerthoedd a safonau a ddylai lywio penderfyniadau. Mae Harlen (2010) yn darparu set o egwyddorion o'r fath, fel y nodwyd gan grŵp o wyddonwyr, peirianwyr ac addysgwyr gwyddoniaeth. Maen nhw'n cynnwys egwyddorion sy'n ymwneud â:

■ meithrin a chynnal chwilfrydedd;

■ datblygu syniadau gwyddonol (syniadau o wyddoniaeth) a dealltwriaeth o wyddoniaeth (syniadau am wyddoniaeth);

■ datblygu sgiliau a ddefnyddir mewn ymchwiliadau gwyddonol;

■ meithrin agweddau o wyddoniaeth a thuag at wyddoniaeth;

■ defnyddio asesu i helpu a chofnodi cynnydd wrth ddysgu'r holl nodau.

Pwysigrwydd addysg gwyddoniaeth i bawb

Mae addysg gwyddoniaeth sy'n dilyn o'r egwyddorion hyn yn bwysig i'r holl ddysgwyr am nifer o resymau sy'n ymwneud â dysgwyr fel unigolion, fel aelodau o gymdeithas ac fel dinasyddion y byd.

Ar gyfer dysgwyr fel unigolion:

■ Mae addysg gwyddoniaeth yn eu dysgu i ddatblygu'r ddealltwriaeth, pwerau rhesymu ac agweddau sy'n eu galluogi i fyw bywydau corfforol ac emosiynol iach a boddhaus.

■ Mae deall agweddau ar y byd o'u cwmpas, yr amgylchedd naturiol a'r amgylchedd sydd wedi'i greu drwy ddefnyddio gwyddoniaeth, nid yn unig yn bodloni chwilfrydedd – ac yn ysgogi ar yr un pryd – ond mae hefyd yn helpu unigolion yn eu dewisiadau personol sy'n effeithio ar eu hiechyd a'u mwynhad o'r amgylchedd yn ogystal ag ar gyfer eu dewis o yrfa.

■ Gall ffyrdd o ddysgu gwyddoniaeth sy'n arwain at ddealltwriaeth hefyd helpu i ddatblygu sgiliau dysgu sydd eu hangen drwy gydol ein bywydau os ydym am weithredu'n effeithiol mewn byd sy'n newid drwy'r amser.

■ Mae datblygu agweddau tuag at wyddoniaeth a thuag at ddefnyddio tystiolaeth i wneud penderfyniadau yn helpu dysgwyr i ddod yn ddinasyddion gwybodus, i ymwrthod â chwacyddiaeth ac i gydnabod pan fydd tystiolaeth yn cael ei defnyddio'n ddetholus i gefnogi dadleuon sydd o blaid gweithredoedd penodol.

Ar gyfer cymdeithas:

■ Gall addysg gwyddoniaeth helpu unigolion a grwpiau i wneud dewisiadau mwy gwybodus mewn perthynas, er enghraifft, ag osgoi gwastraffu ynni ac adnoddau eraill, llygredd ac effeithiau deiet gwael, diffyg ymarfer corff a chamddefnyddio cyffuriau. Yn ogystal ag effeithio ar eu bywydau eu hunain o ddydd i ddydd, mae'r rhain yn arwain at oblygiadau ehangach ar eu bywydau eu hunain a bywydau eraill drwy effaith gweithgarwch dynol ar yr amgylchedd yn y tymor hwy.

■ Mae deall sut mae gwyddoniaeth yn cael ei ddefnyddio mewn sawl agwedd ar fywyd yn helpu i werthfawrogi pwysigrwydd gwyddoniaeth a'r gofal sydd angen ei roi i sicrhau bod gwybodaeth wyddonol yn cael ei defnyddio'n briodol.

■ Mae penderfyniadau cyfrifol am ddefnyddio gwybodaeth wyddonol mewn technoleg yn gofyn am ddealltwriaeth o sut y gall technoleg effeithio'n gadarnhaol ac yn negyddol ar gymdeithas.

■ Mae ysgogi diddordeb mewn dysgu gwyddoniaeth drwy ei wneud yn berthnasol i sefyllfaoedd a gwrthrychau cyfarwydd yn helpu i ddatblygu sylweddoliad o effeithiau eang ei ddefnydd, yn lleol ac yn fyd-eang. Gallai ymwybyddiaeth gyffredinol fwy o rôl gwyddoniaeth mewn bywyd o ddydd i ddydd, ac yn enwedig yr agweddau mwy gwybodus sy'n deillio o addysg gwyddoniaeth gynnar, arwain at fwy o fyfyrwyr yn dewis arbenigo mewn gwyddoniaeth, ond mae hwn yn nod eilaidd yn hytrach na phrif nod 'gwyddoniaeth i bawb'.

Ar gyfer dysgwyr fel dinasyddion y byd:

■ Mae addysg yn gyffredinol, ac addysg gwyddoniaeth yn arbennig, yn ganolog i gynnydd tuag at nodau datblygu byd-eang a fynegwyd yn adroddiad y Cenhedloedd Unedig Trawsnewid ein Byd *Agenda 2030 ar gyfer Datblygiad Cynaliadwy* gweler Blwch 1.1).

■ Gall addysg gwyddoniaeth helpu penderfynwyr polisi ar bob lefel i gydnabod y cyfrifoldeb rydyn ni i gyd yn ei rannu i ddefnyddio gwyddoniaeth i gyflawni'r targedau sy'n gysylltiedig â phob nod.

Blwch 1.1 Nodau Datblygiad Cynaliadwy'r Cenhedloedd Unedig 2016 – 2030

Mae Nodau Datblygiad Cynaliadwy (NDC) y Cenhedloedd Unedig yn cynnwys set y cytunwyd arni o ddy-headau rhynglywodraethol ar draws yr holl ystod o feysydd polisi fel addysg, iechyd, twf economaidd, newid yn yr hinsawdd, bioamrywiaeth, cydraddoldeb rhwng y rhywiau, dŵr ac iechydaeth. Mae'r 17 nod yn olynwyr i 8 Nod Datblygiad y Mileniwm a sefydlwyd i ddechrau yn dilyn uwchgynhadledd y mileniwm yn 2000. Er bod addysg yn chwarae rôl allweddol yn y cynnydd tuag at bob math o nod, y NDCau sy'n gysylltiedig yn fwyaf uniongyrchol ag addysg gwyddoniaeth yw:

Sicrhau addysg o ansawdd sydd yn gynhwysol ac yn gyfiawn a hyrwyddo cyfleoedd dysgu gydol oes i bawb.

Sicrhau bywydau iach a hyrwyddo lles i bawb o bob oed.

Cyflawni cydraddoldeb rhwng y rhywiau a grymuso'r holl fenywod a merched.

Cymryd camau gweithredu ar unwaith i oresgyn newid yn yr hinsawdd a'i effeithiau.

parhau . . .

> **Blwch 1.1** parhad
>
> Mae targedau sy'n berthnasol i'r cyntaf o'r nodau hyn yn cynnwys:
>
> ■ Erbyn 2030, sicrhau bod yr holl ferched a bechgyn yn cwblhau addysg gynradd ac uwchradd sydd yn rhad ac am ddim, yn gyfiawn ac o ansawdd ac sy'n arwain at ddeilliannau dysgu perthnasol ac effeithiol.
>
> ■ Erbyn 2030, cael gwared ar anghysonderau mewn addysg a sicrhau mynediad cyfartal i bob lefel o addysg a hyfforddiant galwedigaethol i'r rhai sy'n agored i niwed, gan gynnwys personau ag anableddau, pobloedd brodorol a phlant mewn sefyllfaoedd bregus.

Ffrwydrad gwybodaeth a 'syniadau mawr'

Mae'r ychwanegu dyddiol at ein gwybodaeth am y byd byw a'r byd gwneud – sy'n hygyrch iawn drwy raglenni teledu ac adroddiadau eraill yn y cyfryngau am rannau o blaned y Ddaear, a phlanedau eraill mewn gwirionedd, sydd wedi'u harchwilio'n ddiweddar – yn un arwydd o'r twf cyflym mewn gwybodaeth wyddonol. Mae arwyddion eraill i'w gweld yn nefnydd gwyddoniaeth mewn technoleg sy'n newid yn barhaus, yn enwedig mewn ffyrdd o gyfathrebu a chael gafael ar wybodaeth. Mae'r digwyddiadau hyn yn codi cwestiynau pwysig na ddylid eu hosgoi:

■ Sut mae disgwyl i addysg gwyddoniaeth ddal i fyny gyda'r ffrwydrad gwybodaeth hwn?

■ Ydy hi'n anochel y bydd yr hyn sy'n cael ei addysgu mewn ysgolion yn cael ei ystyried yn hen ac allan ohoni gan fod digwyddiadau'n symud yn gyflymach nag y gellir newid cwricwla a deunyddiau dysgu?

■ Onid ydy'r ymgais i 'roi sylw' i ormod o gynnwys yn sicr o arwain at ddysgu ar y cof yn y tymor byr yn hytrach na dysgu dyfnach?

Er bod y materion hyn yn effeithio'n bennaf ar lefel ysgol uwchradd, os ydym am gael cysondeb ar draws y ffin cynradd-uwchradd, mae'n rhaid ystyried y cwestiynau hyn bob amser.

Un ffordd o fynd i'r afael â'r problemau sy'n peri'r cwestiynau hyn yw newid y ffordd rydyn ni'n meddwl am nodau'r cwricwlwm, ac yn eu cyfleu. Rydym lai ar drugaredd gwybodaeth sy'n ehangu'n gyson os byddwn ni'n meddwl am nodau addysg gwyddoniaeth fel cam ymlaen tuag at ddatblygu'r syniadau sylfaenol cyffredinol sydd â defnydd eang, yn hytrach nag yn nhermau casglu ffeithiau a damcaniaethau. Y syniadau y dylem ganolbwyntio arnynt yw'r rhai hynny sy'n helpu ein dealltwriaeth o bethau cyfarwydd a phethau newydd o'n hamgylch ac sy'n ein galluogi i fod yn rhan o wneud penderfyniadau fel dinasyddion gwybodus mewn byd lle mae gwyddoniaeth a thechnoleg ag arwyddocâd cynyddol.

Disgrifir y syniadau hyn fel syniadau 'mawr' neu bwerus, sy'n ein helpu i esbonio ffenomenau newydd ac i geisio ffeithiau a damcaniaethau newydd. Gellir rhoi syniadau 'mawr' ar waith mewn amrywiaeth o ffenomenau cysylltiedig ac maen nhw'n cael eu hadeiladu o syniadau 'bach' sy'n gysylltiedig â gwrthrychau neu ddigwyddiadau penodol. Er enghraifft, mae'r syniad bod gan bryfed genwair nodweddion sy'n eu galluogi i oroesi dan-ddaear yn syniad bach. Mae'r syniad hwn yn ehangu'n raddol wrth iddo gael ei gysylltu â syniadau o astudiaethau ar organebau eraill ac mae'n cael ei ddatblygu yn gyffredinoliad sy'n berthnasol i bob organeb – syniad 'mawr' sy'n parhau waeth pa rywogaethau newydd sy'n cael eu darganfod. Yn ddiweddarach, ym Mhennod 8, rydym yn edrych ar sut mae'r broses hon yn digwydd ac, ym Mhennod 11, byddwn yn edrych ar sut y gellir helpu'r broses.

Yng nghyd-destun cwricwlwm ysgol mae'n bwysig i athrawon, wrth helpu plant i ddatblygu'r syniadau bach, weld y rhain fel camau tuag y rhai 'mwy'. Er enghraifft, mae plannu hadau a cherrig mewn pridd i weld os byddant yn tyfu yn achosi i blant feddwl am y gwahaniaethau rhwng pethau byw a phethau nad ydynt yn fyw, gan eu harwain yn y pen draw, rhai blynyddoedd yn ddiweddarach, i adnabod y strwythur cellog sy'n unigryw i organebau byw.

Ond sut gellir nodi'r syniadau pwysicaf a'r rhai mwyaf pwerus?

I ddechrau, nid oes un rhestr 'gywir' o syniadau mawr i'w datgelu. Mae'r dewis o syniadau yn siŵr o ddibynnu ar farn ddynol. Y bobl sydd yn y sefyllfa orau i ddod i farn yw'r rhai hynny gyda phrofiad ac arbenigedd mewn gwyddoniaeth ac addysg gwyddoniaeth. Fe wnaeth grŵp rhyngwladol o arbenigwyr o'r fath, gan gyfarfod yn 2009 (ac eto'n ddiweddarach yn 2014) at ddiben nodi syniadau allweddol, ddechrau drwy sefydlu'r meini prawf y byddai angen i syniadau o'r fath eu bodloni. Y rhain oedd y byddai'r syniadau

- yn meddu ar bŵer esboniadol mewn perthynas â nifer fawr o wrthrychau, digwyddiadau a ffenomenau y bydd myfyrwyr yn dod ar eu traws yn eu bywydau yn ystod ac ar ôl eu blynyddoedd ysgol;

- yn cynnig sylfaen ar gyfer deall materion, fel y defnydd o ynni, sy'n gysylltiedig â gwneud penderfyniadau sy'n effeithio ar iechyd a lles y dysgwr, ar eraill ac ar yr amgylchedd;

- yn arwain at fwynhad a boddhad o allu ateb neu ddod o hyd i atebion i'r mathau o gwestiynau mae pobl yn eu gofyn amdanyn nhw eu hunain a'r byd naturiol;

- yn cynnwys arwyddocâd diwylliannol - er enghraifft wrth effeithio ar farn o'r cyflwr dynol - gan fyfyrio ar gyflawniadau yn hanes gwyddoniaeth, ysbrydoliaeth o astudio natur ac effeithiau gweithgarwch dynol ar yr amgylchedd (Harlen, 2015: 14).

At hyn, dylem ychwanegu y dylai syniadau allweddol fod yn gyson â Nodau Datblygiad Cynaliadwy y Cenhedloedd Unedig (NDC) ym Mlwch 1.1.

Canlyniad rhoi'r meini prawf hyn ar waith a'r trafodaethau a adroddwyd yn Harlen (2015) oedd cytuno ar y rhestr o syniadau mawr ym Mlwch 1.2. Cafodd y rhain eu cylchredeg yn eang a'u dilysu gan y gymuned ymchwil ac addysg gwyddoniaeth. Wrth gwrs, ni ddylid addysgu'r syniadau'n uniongyrchol ond dylai perthnasedd iddynt fod yn rheswm dros ddisgyblion yn treulio amser i astudio gwrthrychau, digwyddiadau neu ffenomenau cysylltiedig yn fanwl, sydd yn briodol i'w hoedran a'u datblygiad. Dylai pynciau astudio gael eu dewis fel bod ganddynt berthynas glir gydag un neu fwy o'r syniadau mawr, i'r athrawon ac unrhyw un sy'n arsylwi, a dylent alluogi dealltwriaeth ar bwynt priodol wrth ddatblygu'n syniadau mawr. Dylai athrawon allu esbonio sut mae'r syniadau mae'r plant yn eu datblygu drwy'r gweithgareddau maen nhw'n cymryd rhan ynddynt yn gysylltiedig â'r syniadau mawr cyffredinol ac felly cyfiawnhau'r amser maen nhw'n ei dreulio arno.

Blwch 1.2 Syniadau mawr addysg gwyddoniaeth

Syniadau o wyddoniaeth

- Mae pob deunydd yn y Bydysawd wedi'i wneud o ronynnau bach iawn..

- Gall gwrthrychau effeithio ar wrthrychau eraill o bellter.

- Mae angen gweithredu gwir rym ar wrthrych er mwyn newid ei symudiad.

- Mae cyfanswm yr ynni yn y Bydysawd yr un peth bob amser on gellir ei drosglwyddo o un ffurf ynni i un arall yn ystod digwyddiad.

- Mae cyfansoddiad y Ddaear a'i atmosffer a'r prosesau sy'n digwydd ynddynt yn siapio arwyneb y Ddaear a'i hinsawdd.

- Mae cysawd yr haul yn ran bach iawn o un o'r biliynau o alaethau yn y Bydysawd.

- Mae organebau yn cael eu trefnu ar sail cellog ac mae ganddynt rychwant oes meidraidd.

- Mae organebau angen cyflenwad o ynni a defnyddiau y maen nhw'n dibynnu arnynt yn aml neu'n cystadlu amdanynt gydag organebau eraill.

- Mae gwybodaeth enetig yn cael ei throsglwyddo i lawr o un genhedlaeth o organebau i'r nesaf.

- Mae amrywiaeth organebau, byw a diflanedig, yn ganlyniad i esblygu.

Syniadau *am* wyddoniaeth

- Mae gwyddoniaeth yn ymwneud â darganfod beth yw achos neu achosion ffenomenau yn y byd naturiol.

- Esboniadau, damcaniaethau a modelau gwyddonol yw'r rhai hynny sydd fwyaf addas i'r ffeithiau sy'n hysbys ar adeg penodol.

- Defnyddir y wybodaeth a gynhyrchir gan wyddoniaeth mewn peirianneg a thechnolegau i greu cynhyrchion i fodloni anghenion dynol.

- Mae goblygiadau moesegol, cymdeithasol, economaidd a gwleidyddol i gymwysiadau gwyddoniaeth, yn aml.

Mae datblygu dealltwriaeth o'r syniadau hyn yn broses raddol a blaengar, sy'n parhau drwy gydol blynyddoedd yr ysgol a thu hwnt. Gan fod plant yn defnyddio syniadau o un profiad i esbonio un cysylltiedig, daw eu syniadau yn fwy defnyddiol i roi esboniadau sy'n berthnasol mewn nifer o gyd-destunau. Ar gyfer pob dysgwr unigol, mae dilyniant o syniadau cychwynnol a ffurfiwyd o'u profiadau cynnar i syniadau mwy pwerus sy'n esbonio amrywiaeth ehangach o ffenomenau cysylltiedig. Mae'n annhebygol y bydd y llwybr i syniadau mwy gwyddonol yr un fath i bob unigolyn gan ei bod yn dibynnu ar eu profiadau a sut maen nhw'n cael cymorth i wneud synnwyr ohonynt. Mae disgrifiad o ddilyniant – sut mae syniadau fel arfer yn dod yn 'fwy' dros amser – yn bwysig i lywio datblygiad cwricwlwm ac i alluogi athrawon i weld y cysylltiad rhwng y profiadau dysgu ar adegau amrywiol mewn addysg a'r nod cyffredinol o ddeall syniadau mawr. Rydym yn trafod dilyniannau mewn syniadau, sgiliau ac agweddau a sut i'w helpu, ym Mhenodau 11, 12 a 13.

Rhesymau dros ddechrau addysg gwyddoniaeth yn gynnar

Nid oes gan wyddoniaeth draddodiad hir o fod yn ganolog i'r cwricwlwm cynradd fel sydd gan Saesneg a mathemateg. Mae'r rhesymau dros ei gynnwys wedi newid, neu wedi datblygu mewn gwirionedd, yn ystod ail hanner yr ugeinfed ganrif. Felly, mae'n ddiddorol – ac yn ddefnyddiol gobeithio – i ddechrau gyda chofnod cryno o'r hanes a sut a pham mae gwyddoniaeth yn raddol wedi ennill ei le a beth sydd ei angen i'w gadw.

Rhywfaint o hanes perthnasol

Ar ddechrau'r ugeinfed ganrif, yr ysgol 'elfennol' oedd yr unig ysgol y byddai'r mwyafrif helaeth o blant yn ei mynychu. (Roedd ysgolion uwchradd ar gyfer y rhai hynny allai fforddio'r ffioedd ac a fyddai'n dechrau eu haddysg mewn ysgolion paratoadol preifat.) Roedd y cwricwlwm yn ymroddedig i rifedd a llythrennedd sylfaenol. Yr unig fath o addysgu am yr amgylchedd naturiol oedd y 'wers gwrthrych', lle byddai athrawon yn dilyn trefn ddiflas o ddangos gwrthrych (allai fod yn ddarn o lo) ac yn gofyn cwestiynau amdano oedd yn aml yn gofyn am ddysgu ar y cof yn hytrach nag arsylwi (Harlen, 2001a). Fe wnaeth nifer o wyddonwyr blaenllaw ymgyrchu yn erbyn y wers gwrthrych a chefnogi amrywiaeth ehangach o bynciau a dulliau addysgu. Fe wnaeth H.E. Armstrong hyrwyddo'r dull hewristig o ddysgu drwy ddarganfod. Er ei fod yn helpu i hyrwyddo rôl fwy gweithredol ar gyfer plant yn eu dysgu, ni chefnogwyd hewristiaeth yn eang gan fod ei sail athronyddol a'i ymarferoldeb yn ei wneud yn anodd ei gyfiawnhau.

Fe wnaeth y syniad o blant yn bod yn fwy gweithgar yn eu dysgu yn gyffredinol ennyn cefnogaeth yng ngweithiau addysgwyr fel Dewey, Montessori a Homer Lane, gan ddatblygu ar syniadau cynharach Froebel a Pestalozzi. Daeth y dull addysg a ddatblygwyd ganddynt i'w adnabod fel dull 'blaengar'. Yn ymarferol ychydig o newid fu am nifer o ddegawdau oherwydd effaith y Rhyfel Byd Cyntaf, y dirwasgiad ar ddechrau'r 1930au, yna'r Ail Ryfel Byd a'i ganlyniadau. Yn wir, yn Lloegr roedd hi'n 1944 cyn i'r newid o addysg 'elfennol' cyflawn i'r holl blant yn symud o ysgol 'gynradd' i ysgol 'uwchradd, a gefnogwyd ar ddiwedd yr 1920au, gael ei gyflawni o'r diwedd.

Llunio achos dros wyddoniaeth gynradd

Mae addysgu gwyddoniaeth mewn ysgolion cynradd ac elfennol wedi cael ei gyfiawnhau mewn ffyrdd gwahanol. Yn yr 1920au a'r 1930au cefnogwyd gwyddoniaeth fel rhan o'r mudiad blaengar. Yn ystod y cyfnod wedi'r rhyfel, gwelwyd ymchwydd o gefnogaeth ar gyfer dysgu gweithgar a chynnwys gwyddoniaeth yn y cwricwlwm cynnar. Roedd rhesymau gwahanol yn cael eu mynegi hefyd braidd, gan ddeillio o'r pryder cyffredin am gyflwr gwael addysg gwyddoniaeth ac nad oedd yn gallu dal i fyny â'r datblygiadau gwyddonol a thechnolegol yn ystod ac ar ôl y rhyfel. Rhoddwyd sylw yn gyntaf i adnewyddu gwyddoniaeth uwchradd ond daeth i'r amlwg yn fuan bod gwyddoniaeth fel oedd yn yr ysgol gynradd yn methu o ran datblygu dealltwriaeth disgyblion o agweddau gwyddonol ar y byd ac o ran eu paratoi ar gyfer addysg gwyddoniaeth uwchradd.

Cafodd y cyfuniad yn yr 1960au o gydnabod yr angen i wella addysg gwyddoniaeth ac ar yr un pryd, hybu addysgu oedd yn canolbwyntio ar y plant a dysgu gweithgar yn yr ysgol gynradd, ei fynegi mewn nifer o ddatganiadau gan addysgwyr unigol a gan y Sefydliad dros Addysg Gwyddoniaeth (*Association for Science Education, ASE*),), oedd wedi'i ffurfio yn dilyn uno'r Sefydliad Meistri Gwyddoniaeth (Science Masters' Association, SMA) a Sefydliad Athrawon Gwyddoniaeth Benywaidd (Association of Women Science Teachers, AWST) in 1963. yn 1963. Er enghraifft, fe wnaeth Nathan Isaacs, addysgwr blaenllaw, annog y dylid ystyried gwyddoniaeth yn yr ysgol gynradd fel 'rhan o ABC sylfaenol addysg' (Isaacs, 1962: 6).

Er bod rhai rhesymau dros ddechrau gwyddoniaeth yn y blynyddoedd cynradd yn cyfeirio at yr angen am fwy o wyddonwyr a thechnolegwyr, roedd y dadleuon a gefnogwyd fwyaf yn ymwneud â'r budd i blant yn ystod eu blynyddoedd yn yr ysgol gynradd. Er enghraifft, fe wnaeth cyfarfod rhyngwladol rhwng addysgwyr gwyddoniaeth cynradd a gynhaliwyd gan Sefydliad Addysg, Gwyddoniaeth a Diwylliant y Cenhedloedd Unedig (UNESCO) yn 1980 gynnwys y rhesymau hyn o blaid gwyddoniaeth ysgol gynradd:

- datblygu meddwl chwilfrydig: hybu datblygiad deallusol plant, gan gynnwys meddwl mewn ffordd resymegol a datrys problemau;

- gwella ansawdd bywydau plant;

- cynorthwyo mewn meysydd pwnc eraill, yn enwedig iaith a mathemateg;

- arfogi plant i fyw mewn byd fwyfwy gwyddonol a thechnolegol;

- gall dysgu gwyddoniaeth fod yn 'hwyl gwirioneddol' (UNESCO, 1982).

Er mai prin oedd y dystiolaeth ymchwil i'w cefnogi, defnyddiwyd dadleuon o'r fath i gefnogi rhoi lle i wyddoniaeth yn y cwricwlwm cynradd. Yn wir, nododd datganiad polisi gan y llywodraeth ar addysg gwyddoniaeth yn 1985 yn ddigamsyniol y 'Dylai'r holl ddisgyblion gael eu cyflwyno'n iawn i wyddoniaeth yn yr ysgol gynradd' (DES ac WO, 1985).

Ers yr amser hwnnw, fodd bynnag, mae sylw ymchwil cynyddol wedi cael ei roi ar ddatblygiad cysyniadol plant sydd wedi adeiladu achos cryf yn raddol dros ddechrau gwyddoniaeth o flynyddoedd cynharaf addysg.

Effaith ymchwil

Roedd ymchwil mewn gwyddoniaeth gynradd fel yr oedd yn yr 1970au yn ymwneud yn bennaf ag effaith deunyddiau'r cwricwlwm newydd ar athrawon ac addysgu, gan ddatgelu bod niferoedd llawer llai na'r disgwyl yn dewis ei ddilyn. O ran effaith ar ddisgyblion, ni wnaeth astudiaethau oedd yn cymharu prosiectau cwricwlwm gwahanol gyda'i gilydd neu gydag addysgu traddodiadol o werslyfrau ganfod unrhyw wahaniaethau arwyddocaol yng nghyflawniad gwyddonol disgyblion, er bod rhai astudiaethau yn yr UD wedi adrodd am gynnydd mewn sgiliau cwestiynu a phrosesu o ganlyniad i ddefnyddio deunyddiau newydd.

Er gwaethaf effaith siomedig y prosiectau cwricwlwm cynnar – Science 5/13 a Phrosiect Gwyddoniaeth Ieuenctid Nuffield – pwysleisiwyd pwysigrwydd gwyddoniaeth ar y lefel gynradd drwy ei gynnwys yn yr arolygiadau Asesiad o Berfformiad (APU) (1980-85). Ar wahân i'r tueddiadau ym mherfformiad disgyblion a ddarparwyd gan y canlyniadau, fe wnaeth yr arolygiadau AOB ychwanegu at ein dealltwriaeth o natur sgiliau ymholi (neu brosesu) a'u rhyngweithiad gyda gwybodaeth am gynnwys. Fe wnaethant hefyd arwain yn uniongyrchol at yr ymchwil ar syniadau plant ar y lefel uwchradd a ddatgelodd fod gan ddisgyblion syniadau am ffenomenau gwyddonol nad oedd yn aml yn gyson â'r farn wyddonol. Mae'r syniadau hyn, sydd ganddynt er gwaethaf addysgu gwyddoniaeth, yn rhai sy'n ymddangos i wneud mwy o synnwyr i'r disgyblion nag esboniadau gwyddonol haniaethol.

Daeth astudiaethau o'r syniadau oedd gan fyfyrwyr am yr agweddau gwyddonol ar y byd yn ffocws ymchwil mawr mewn addysg gwyddoniaeth yn yr 1980au. Roedd nifer o'r syniadau hyn – a alwyd i ddechrau yn 'gamdybiaethau' ac a ddisgrifiwyd yn ddiweddarach fel 'fframweithiau amgen' neu 'syniadau plant' - yn gwrthdaro gyda'r farn wyddonol safonol. Datgelodd ymchwil mewn nifer o wledydd batrymau hynod o gyson yn syniadau myfyrwyr uwchradd, sef ffocws cychwynnol y sylw. Wedi hynny astudiwyd syniadau disgyblion ysgolion cynradd ac ysgolion canol, yn enwedig gan Osborne a Freybers (1985) yn Seland Newydd, Vosniadou (1998) yng Ngroeg, Smith et al. (1993) yn UDA ac yn Lloegr gan y prosiect Archwiliad o Gysyniadau a Phrosesau Gwyddoniaeth (*Science Processes and Concepts Exploration, SPACE*) (1990–98).

Roedd hi'n amlwg o'r ymchwil hwn na ellid anwybyddu syniadau'r plant. Roedd y plant wedi gweithio'r rhain allan drostynt eu hunain ac yn eu credu; roedd yn dilyn bod angen iddynt fod yn fannau cychwyn ar gyfer datblygu mwy o syniadau gwyddonol (gweler Pennod 6).

Mae sut mae plant yn llunio'r syniadau hyn wedi'i awgrymu gan yr ymchwil i blant ifanc iawn o oedran dan oed ysgol a babanod (Gopnik et al., 1999), gan ddatgelu gweithgarwch meddyliol dwys yn y blynyddoedd cyn ysgol. Felly, nid yw'n syndod bod plant yn dechrau'r ysgol gyda rhai syniadau eisoes wedi'u ffurfio am bethau yn y byd ffisegol a biolegol. Mae eu syniadau am y byd naturiol yn datblygu o'u genedigaeth a thrwy gydol y blynyddoedd cynradd, p'un a ydynt yn cael addysg gwyddoniaeth ai peidio. Heb ymyrraeth i gyflwyno dull gwyddonol yn eu harchwiliad, mae nifer o'r syniadau maen nhw'n eu datblygu yn rhai nad ydynt yn wyddonol ac os erys y rhain gallant rwystro dysgu'n ddiweddarach.

Mae gweithiau ymchwil eraill wedi ychwanegu at bwysigrwydd dechrau gwyddoniaeth yn gynnar. Er enghraifft, mae ymchwil i agweddau tuag at wyddoniaeth yn awgrymu bod y rhain yn datblygu yn ystod y blynyddoedd cyn yr ysgol uwchradd, yn gynharach nag agweddau tuag at rai pynciau ysgol eraill (Ormerod a Duckworth, 1975; Y Gymdeithas Frenhinol 1006, 2010). Felly gall profiad cynnar o wyddoniaeth helpu i ffurfio agweddau cadarnhaol ac ar yr un pryd osgoi sefydlu gwahaniaethau ar sail rhyw sydd yn peri pryder mewn addysg gwyddoniaeth yn ddiweddarach ond nad ydynt wedi ymddangos yn ystod y cyfnod cynradd (Haworth *et al.*, 2008; Y Gymdeithas Frenhinol, 2010).

Cyfraniad gwyddoniaeth gynradd at lythrennedd gwyddonol

Yn gyffredinol, mynegir nodau addysg gwyddoniaeth yn yr ysgol yn nhermau datblygu 'llythrennedd gwyddonol'. Mewn adroddiad dylanwadol (*Beyond 2000: Science Education for the Future*) oar nodau'r cwricwlwm gwyddoniaeth i'r holl ddisgyblion o 5 - 16 mlwydd oed, argymhellodd Millar ac Osborne (1998: 9) y 'Dylid ystyried y cwricwlwm gwyddoniaeth ar gyfer y rhai 5 i 16 mlwydd oed yn bennaf fel cwrs i wella llythrennedd gwyddonol gyffredinol.' Ond gall beri dryswch os bydd 'llythrennedd' yn cael ei ddehongli'n gyfyng fel rhywbeth sy'n cyfeirio at allu darllen. Mae'n bwysig cydnabod bod llythrennedd yn y cyd-destun hwn yn golygu'r cymhwysedd sydd ei angen i weithredu'n hyderus mewn perthynas ag agweddau gwyddonol y byd o'n hamgylch, yn hytrach na gwybodaeth fanwl am ffeithiau a damcaniaethau fel sy'n ofynnol gan wyddonwyr mewn maes penodol. Er bod darllen mewn gwyddoniaeth yn debygol o chwarae rhan mewn llythrennedd gwyddonol, mae'n gamarweiniol ystyried llythrennedd darllen yn gyfystyr â llythrennedd gwyddonol.

Mae diffiniadau cyfredol o lythrennedd gwyddonol yn ymestyn y tu hwnt i ddeall gwybodaeth sylfaenol i gynnwys cynefindra â natur gweithgarwch gwyddonol a'r gallu i werthuso honiadau a dadleuon yn feirniadol, fel sydd i'w weld yn y diffiniad a fabwysiad-wyd yn 2015 gan Raglen OECD (Y Sefydliad ar gyfer Cydweithrediad a Datblygiad Economaidd) ar gyfer Cyflawniad Myfyrwyr Rhyngwladol (PISA) ym Mlwch 1.3.

Blwch 1.3 Diffiniad PISA 2015 o lythrennedd gwyddonol

Llythrennedd gwyddonol yw'r gallu i ymgysylltu gyda materion sy'n ymwneud â gwyddoniaeth, a gyda syniadau gwyddoniaeth, fel dinesydd myfyrgar.

Mae person sy'n wyddonol llythrennog yn barod i ymgysylltu mewn trafodaethau rhesymegol am wyddoniaeth a thechnoleg, sy'n gofyn am gymwyseddau i:

Esbonio ffenomenau gwyddonol – cydnabod, cynnig a gwerthuso esboniadau ar gyfer amrywiaeth o ffenomenau naturiol a thechnolegol.

Gwerthuso a dylunio ymholiad gwyddonol – disgrifio a gwerthuso ymchwiliadau gwyddonol a chynnig ffyrdd o fynd i'r afael â chwestiynau yn wyddonol

Dehongli data a thystiolaeth yn wyddonol – dadansoddi a gwerthuso data, honiadau a dadleuon mewn amrywiaeth o osodiadau a dod i gasgliadau gwyddonol priodol.

(OECD, 2016: 20)

Gallai nodau datblygu llythrennedd gwyddonol, fel y'i disgrifir yma, ymddangos yn bell o wyddoniaeth gynradd, ond maen nhw, yn eu hanfod, yn hawdd i'w nodi fel datblygu syniadau ('ymgysylltu gyda'r syniadau neu wyddoniaeth'), datblygu sgiliau prosesu ('gwerthuso a dylunio ymholiad gwyddonol') ac agweddau ('bod yn barod i ymgysylltu mewn trafodaeth resymol am wyddoniaeth'). Mae gwyddoniaeth gynradd yn gallu cyfrannu at y rhain i gyd. Mae'n rhaid i ni gofio ein bod ni'n sôn am *ddatblygiad* ym mhob achos, gan ddechrau o'r sylfeini syml sydd eu hangen ar gyfer syniadau mwy haniaethol a meddwl datblygedig yn ddiweddarach.

Datblygu syniadau

Mae datblygu dealltwriaeth yn dechrau o wneud synnwyr o ddigwyddiadau peno-dol rydyn ni'n dod ar eu traws. Gallem eu galw'n syniadau 'bach', gan eu bod yn benodol i'r digwyddiadau a astudiwyd a'r defnydd cyfyngedig y tu hwnt i'r rhain. Wrth i brofiad ehangu mae'n dod yn bosibl i gysylltu digwyddiadau sydd yn cael eu hesbonio mewn ffyrdd tebyg gyda'i gilydd fel y gellir gwneud defnydd ehangach o'r syniadau a ddefnyddiwyd i'w hesbonio ac felly gellir eu disgrifio fel syniadau 'mwy' (Blwch 1.2 a Phennod 8).

Nod sylfaenol datblygu llythrennedd gwyddonol yw datblygu, a gallu defnyddio, y syniadau 'mawr', y gellir eu defnyddio'n eang, sy'n ein galluogi i ddeall yr hyn sy'n mynd ymlaen mewn sefyllfaoedd sy'n newydd i ni. Ond yn amlwg, mae'r syniadau 'mawr' yn rhy haniaethol ac yn rhy wahanol i brofiad bob dydd i fod yn fan cychwyn ar gyfer y dysgu hwn. Mae'n rhaid i ddysgu ddechrau o'r syniadau 'bach' a datblygu fel bod y syniadau'n cael eu deall yn nhermau profiad gwirioneddol ar bob pwynt. Felly, un rôl fawr gwyddoniaeth gynradd yw adeiladu sylfaen o syniadau bach sy'n helpu plant i ddeall pethau yn eu cynefin ond, yn bwysicaf, dechrau gwneud cysylltiadau rhwng profiadau a syniadau gwahanol ar yr un pryd i ddatblygu syniadau mwy.

Datblygu sgiliau ac agweddau

Nod cyffredinol llythrennedd gwyddonol mewn perthynas â datblygiad sgiliau ac agweddau yw'r gallu a'r parodrwydd i gydnabod a defnyddio tystiolaeth wrth wneud penderfyniadau fel dinasyddion gwybodus. Unwaith eto, y man cychwyn yw dod yn gyfarwydd gyda'r ffyrdd o nodi, casglu a dehongli tystiolaeth mewn perthynas ag ateb cwestiynau am bethau o'n hamgylch. Mae gallu gwneud hyn yn fan cychwyn hanfodol i fyfyrio ar y mathau o gwestiynau y gellir eu hateb, ac na allir eu hateb gan wyddoniaeth, a'r mathau o gasgliadau y gellir, ac na ellir, eu llunio o fathau penodol o dystiolaeth.

Gwneud cysylltiadau gyda'r byd o'n hamgylch

Mae cyflawni llythrennedd gwyddonol yn dibynnu ar gaffael gwybodaeth, sgiliau, gwerthoedd ac agweddau, ond mae'n fwy na hyn hefyd. Nid yw'n deillio'n awtomatig o ddysgu gwyddoniaeth; mae'n rhaid iddo fod yn nod cydwybodol ar lefel gynradd hyd yn oed, drwy roi sylw i gysylltu syniadau gyda'i gilydd o amrywiaeth o brofiadau o ffenomenau, problemau a digwyddiadau gwirioneddol yn yr ystafell ddosbarth a'r tu allan. Yn wir, mae ymestyn profiad uniongyrchol y tu hwnt i'r hyn y gall yr ysgol ei ddarparu, yn y ffordd y gall amgueddfeydd a chanolfannau gwyddoniaeth ei wneud (gweler Pennod 22), yn hanfodol i ddatblygiad llythrennedd gwyddonol.

Dysgu sut i ddysgu

Fel y nodwyd yn gynharach, mae twf cyflym gwybodaeth wyddonol a'i defnyddiau mewn technoleg yn gwneud newidiadau i'n bywydau ar gyfradd na welwyd mo'i debyg o'r blaen. (Meddyliwch am sut mae mynediad at y Rhyngrwyd, drwy'r ffôn symudol ac iPad, wedi ein rhyddhau o'r angen i fod mewn mannau penodol er mwyn cyfathrebu a dod o hyd i wybodaeth.) Mae angen i ddinasyddion y dyfodol allu addasu i newid fel nodwedd gyson o'u bywydau. Y canlyniadau i addysg yw bod rhaid i ysgolion baratoi disgyblion i drefnu a rheoli eu dysgu eu hunain, i ddysgu'n annibynnol ac mewn grwpiau, ac i oresgyn anawsterau yn y broses ddysgu.

Nod datblygu'r gallu i ddysgu sut i ddysgu (gweler Pennod 12) yw y bydd rhywun â'r gallu hwn mewn egwyddor yn dod yn ddysgwr annibynnol. Yn wir, mae magu annibyniaeth a myfyrio ar ddysgu yn cael eu hystyried fel nodau allweddol yn addysg ysgolion. Fel nifer o nodau a ymddengys yn rhy gymhleth i blant ifanc, mae sylfeini hanfodol i'w gosod yn yr ysgol gynradd. Mewn gwyddoniaeth, mae dysgu'n aml yn cynnwys gweithredoedd corfforol y gellir eu trafod, sy'n rhoi cyfle da i blant ddechrau meddwl am beth mae dysgu'n ei gynnwys. Mae sylweddoli sut y gwnaethant ddysgu rhywbeth drwy'r gweithredoedd symlaf yn sail ar gyfer myfyrio ar yr hyn sydd wedi'i ddysgu mewn ffyrdd eraill. Yna yn raddol, bydd plant yn cymryd rheolaeth fwy cydwybodol o'u dysgu, ac maen nhw'n gallu mynd ar drywydd dysgu'n annibynnol.

Mae addysg gwyddoniaeth yn dechrau i blant pan fyddan nhw'n sylweddoli y gallant ddarganfod pethau drostyn nhw eu hunain drwy eu gweithredoedd eu hunain: drwy ridyllu llond llaw o dywod, drwy chwythu swigod, drwy roi halen mewn dŵr, drwy gymharu defnyddiau gwahanol, drwy arsylwi'r lleuad a'r sêr yn rheolaidd.

(Harlen, 2001b: 4)

Crynodeb

Fe wnaethom ddechrau'r bennod hon drwy gymryd golwg eang ar y rhesymau dros addysg gwyddoniaeth yn ei chyfanrwydd a'r egwyddorion ddylai lywio penderfyniadau am beth i'w addysgu a sut i'w addysgu. Trafodwyd pwysigrwydd addysg gwyddoniaeth ar gyfer unigolion, ar gyfer y gymdeithas ac ar gyfer cynnydd tuag at y Nodau Datblygu Cynaliadwy byd-eang. Nodwyd y dylid mynegi'r cwricwlwm yn nhermau dilyniant tuag at nifer cyfyngedig o 'syniadau mawr', er mwyn osgoi gorlwytho wrth geisio dilyn gwybodaeth newydd.

Rydym wedi edrych ar sut mae'r rhesymeg dros ddechrau gwyddoniaeth yn ystod blynyddoedd ysgol gynradd wedi datblygu ers yr 1960au, gan gael ei drwytho'n raddol gynyddol mewn ymchwil, ac wedi dadlau o ran ei gyfraniad i nodau cyffredinol addysg gwyddoniaeth. Mae addysg gwyddoniaeth ar lefel ysgol gynradd yn rhoi'r cyfle i ddatblygu syniadau gwyddonol, gan herio'r syniadau nad ydynt yn wyddonol y mae plant yn debygol o'u ffurfio heb arweiniad. Mae'n rhoi profiad i blant o weithgarwch gwyddonol i lywio datblygiad eu hagweddau cyn i stereoteipiau rhyw ddylanwadu ar eu barn. Mae'n gosod y sylfeini ar gyfer y llythrennedd gwyddonol sydd mor bwysig mewn byd sy'n dibynnu'n gynyddol ar wybodaeth wyddonol a'i defnyddiau technolegol. Yn olaf, rydym wedi nodi ei gwerth benodol wrth ddatblygu ymwybyddiaeth o ddysgu sut i ddysgu.

Darllen pellach

Ymddiriedolaeth Wellcome (2008) *Perspectives on Education: Primary Science*. Ar gael o www.wellcome.ac.uk/stellent/groups/corporatesite/@msh_peda/documents/web_document/wtd042076.pdf

2

Cwricwla gwyddoniaeth mewn ysgolion cynradd yn y DU

Cyflwyniad

Fe wnaeth Pennod 1 nodi rhesymau dros bwysigrwydd addysgu gwyddoniaeth mewn ysgolion cynradd. Cytunir yn eang ar y rhain a heddiw byddai'n anodd anghytuno gyda'r farn y dylai addysg pobl ifanc eu darparu gyda dealltwriaeth sylfaenol o syniadau gwyddonol, syniadau am wyddoniaeth a gweithdrefnau gwyddoniaeth. Mae llai o gytundeb am yr union syniadau a phrosesau y dylid eu cynnwys, y pwyslais cymharol y dylid ei roi arnynt a beth yw'r ffordd orau o'u haddysgu. Mae sicrhau bod y buddion a nodwyd yn cael eu gwireddu yn gofyn am weithredu ar nifer o lefelau, o ganllawiau cenedlaethol i benderfyniadau am weithgareddau a rhyngweithio yn yr ystafell ddosbarth. Mae'r bennod hon yn ymwneud â'r agenda eang a sefydlwyd ar lefel cenedlaethol mewn cwricwla neu ganllawiau cenedlaethol. Ym Mhennod 3 byddwn yn edrych drwy ben arall y telesgop, fel petai, ar weithgareddau dysgu penodol. Er mwyn cydnabod goblygiadau'r ffordd mae'r cwricwlwm yn cael ei roi ar waith a sut mae disgyblion yn cael eu hasesu, mae'r disgrifiadau o ymarfer cyfredol a diweddar pob gwlad yn y DU yn cynnwys y trefniadau ar gyfer asesu cyflawniad disgyblion a gweithdrefnau ar gyfer atebolrwydd yr ysgol.

Datblygiad cynnar y cwricwlwm yn y DU

Mae 'cwricwlwm' yn air sy'n cael ei ddefnyddio gydag ystyron gwahanol, mae rhai'n cyfeirio at ddogfen ysgrifenedig sy'n nodi beth y dylid ei addysgu a/neu beth ddylai gael ei ddysgu, ac mae rhai'n cyfeirio at yr ystod lawn o brofiadau sy'n effeithio ar ddysgu disgyblion, gan gynnwys 'y cwricwlwm cudd' - sy'n golygu'r hyn sy'n cael ei gyfleu'n anymwybodol yn ystod amser disgyblion yn yr ysgol heb gael ei fynegi'n fwriadol. Mae'r pryder yma'n ymwneud â'r cyntaf o'r rhain, cynnwys y dogfennau sy'n nodi'r profiadau dysgu a fwriedir a'r deilliannau dysgu disgwyliedig ar draws y blynyddoedd yn yr ysgol, yn yr achos hwn yn ystod chwe blynedd gyntaf (saith mewn rhai achosion) addysg ffurfiol.

Gan hynny, mae'n bwysig gwahaniaethu rhwng y dogfennau sy'n nodi cwricwla neu ganllawiau cenedlaethol a'r dogfennau mae ysgolion yn eu cynhyrchu i ddisgrifio'r cwricwlwm cyfan a brofir gan eu disgyblion, sydd yn mynd y tu hwnt i'r hyn a ragnodir. Mae'r angen am y gwahaniaethu hwn yn seiliedig ar y ddealltwriaeth nad yw dogfennau cwricwlwm cenedlaethol yn rhagnodi'r cyfan y dylai disgyblion ei ddysgu.

Er enghraifft, yn y Cwricwlwm *Cenedlaethol* ar gyfer Lloegr, a ddisgrifir yn ddiweddarach, mae gwahaniaeth amlwg rhwng y cwricwlwm cenedlaethol a chwricwlwm *yr ysgol*. Mae hyn yn helpu disgyblion, rhieni, athrawon a'r cyhoedd ehangach i ddeall nad bwriad y cwricwlwm cenedlaethol yw cynnwys y cyfan o'r hyn y dylid ei addysgu ac mae disgwyl i ysgolion gyhoeddi cwricwlwm llawn yr ysgol ar eu gwefannau.

Mae bron i 30 mlynedd wedi mynd heibio ers cyflwyno'r cwricwlwm cenedlaethol yng Nghymru a Lloegr, gyda dogfennau canllawiau tebyg yng Ngogledd Iwerddon a'r Alban yn cael eu rhoi ar waith ar yr un pryd. Cyn 1989, roedd cynnwys y cwricwlwm cynradd yn cael ei arwain yn bennaf gan ddeunyddiau a gynhyrchwyd gan brosiectau cwricwlwm cenedlaethol a lleol, oedd yn cyfleu amrywiaeth o safbwyntiau gwyddoniaeth a'r hyn y dylid ei gyflawni wrth ddysgu gwyddoniaeth. Roedd rhai'n rhoi blaenoriaeth i ddatblygu meddwl chwilfrydig, i allu datrys problemau ac i feddwl yn rhesymegol, gan hybu meddwl am wyddoniaeth fel set o brosesau; roedd eraill yn blaenoriaethu datblygiad syniadau gwyddonol mawr. Cyfyngwyd ar yr amrywiaeth hwn unwaith y sefydlwyd y cwricwla cenedlaethol. Yn ogystal â hynny, drwy ymdrin ag ystod oedran cyfan addysg orfodol, roedd y fframweithiau cenedlaethol yn darparu'r potensial am ddilyniant a pharhad ar draws y blynyddoedd ysgol, ac roedd diffyg hyn yn brif ffocws i feirniadaeth mewn gwyddoniaeth gynradd cyn y cwricwlwm cenedlaethol.

Cymru a Lloegr

Roedd y fersiwn gyntaf o'r cwricwlwm cenedlaethol yng Nghymru a Lloegr yn rhannu pynciau yn bynciau 'craidd' (Saesneg, mathemateg a gwyddoniaeth) a phynciau 'sylfaen' (y gweddill i gyd, gan gynnwys technoleg). Roedd y cwricwlwm yng Nghymru yn un fath ag yn Lloegr ar wahân bod Cymraeg iaith wedi'i gynnwys fel pwnc ychwanegol at y pynciau craidd ac nad oedd yn ofynnol i Saesneg fod yn rhan o'r cwricwlwm nes bod disgyblion yn 7 mlwydd oed. Hefyd, fe wnaeth y cwricwlwm cenedlaethol gyflwyno'r syniad o 'gyfnodau allweddol', oedd yn rhannu'r blynyddoedd cynradd i ddau gyfnod allweddol: CA1 (Blynyddoedd 1 a 2) a CA2 (Blynyddoedd 3 i 6), a strwythur o ddeg 'lefel' o ddilyniant i ddisgrifio beth oedd disgwyl i blant ei wneud neu ei wybod ar bob lefel. Yn fuan wedi cyflwyno'r cwricwlwm, roedd cwynion bod gormod o gynnwys a gormod o ragnodi. Yn 1995 rhoddwyd cwricwlwm cenedlaethol diwygiedig ar waith gyda rhywfaint yn llai o gynnwys cwricwlwm. Newidiwyd manylebau lefel manwl y targedau cyrhaeddiad ar gyfer pob pwnc i 'ddisgrifyddion lefel' symlach ac ehangach, gyda'r nifer o lefelau'n cael eu lleihau i wyth yn ogystal â 'pherfformiad eithriadol' (roedd y pedwar neu bump lefel cyntaf yn berthnasol ar y lefel cynradd). Cafodd y cynnwys ei leihau ymhellach mewn adolygiad a gynhaliwyd yn 1999.

Fodd bynnag, ni lwyddodd yr ailwampio cyson i wneud y cwricwlwm yn fwy addas i'r diben ac yn 2005 roedd hi'n amlwg ei fod angen ei adnewyddu ar bob cyfnod. Rhoddwyd sylw yn gyntaf i gwricwlwm ysgolion uwchradd. Pan drowyd y sylw at y cwricwlwm cynradd, sefydlodd y llywodraeth adolygiad yn 2008, dan arweiniad Syr Jim Rose, a gynigiodd newid radical. I ddechrau, derbyniwyd yr adroddiad ond ni phasiwyd y ddeddfwriaeth angenrheidiol cyn etholiad cyffredinol 2010 a gwrthodwyd y cynigion gan y llywodraeth newydd i gael ei hethol. Yn lle hynny, sefydlwyd adolygiad pellach o'r cwricwlwm cynradd ac uwchradd, gan arwain at y cwricwlwm a roddwyd ar waith o 2015, a ddisgrifir isod.

Yn y cyfamser, yng Nghymru, pan ddatganolwyd y cyfrifoldeb dros addysg o San Steffan i Lywodraeth Cynulliad Cymru (Llywodraeth Cymru bellach) yn 1999, ni chollwyd unrhyw amser cyn sefydlu adolygiadau o gynnwys a strwythur y cwricwlwm a'i drefniadau asesu cysylltiedig. Arweiniodd hyn at strwythur a chynnwys cwricwlwm newydd, a ddisgrifir yn ddiweddarach, oedd yn cwmpasu'r ystod oedran rhwng 3 a 18 mlwydd oed ac a roddwyd ar waith o 2008.

Gogledd Iwerddon

Roedd gan Gwricwlwm Gogledd Iwerddon, a gyflwynwyd yn 1989, strwythur tebyg i'r Cwricwlwm Cenedlaethol ar gyfer Cymru a Lloegr o ran diffinio dilyniant mewn deg lefel ar draws pedwar cyfnod allweddol, ond roedd hefyd yn wahanol ar sawl cyfrif. Rhannwyd y blynyddoedd cynradd yn gyfnodau allweddol cyfartal o ran rhychwant, ac roedd asesiadau crynodol yn ystyried cadw, bryd hynny, y profion trosglwyddo (*11-plus*) i ddewis disgyblion ar gyfer ysgolion uwchradd. Nodwyd 'Gwyddoniaeth a thechnoleg' fel pwnc cyfun drwy gydol y pedwar cyfnod allweddol yn hytrach na fel pynciau gorfodol ar wahân. Yn anochel, roedd cwynion am bwysau cynnwys y cwricwlwm, ac yn enwedig felly baich yr asesu a'r adrodd. Mewn ymateb i hyn cafodd y cwricwlwm ei adolygu a'i ddiwygio ar sawl achlysur. Yn y pen draw, yn dilyn cyngor gan Gyngor Gogledd Iwerddon ar gyfer y Cwricwlwm, Arholiadau ac Asesu (CCEA), fe wnaeth yr Adran Addysg gymeradwyo gwaith mawr i adolygu a diwygio Cwricwlwm Gogledd Iwerddon, gan arwain at gyflwyno'r trefniadau newydd ar gyfer ysgolion cynradd ac ysgolion ar ôl rhai cynradd o 2007, a ddisgrifir yn ddiweddarach.

Yr Alban

Mae system addysg yr Alban wedi bod ar wahân i rannau eraill o'r DU ers yr 1870au, pan grëwyd Swyddfa'r Alban gyda rhywfaint o annibyniaeth o Adran Addysg Lloegr. Serch hynny, roedd digwyddiadau mewn addysg 'i'r de o'r ffin', fel datblygu cwricwlwm cenedlaethol, yn cael eu hadlewyrchu mewn digwyddiadau ymhellach i'r gogledd lle arweiniodd papur ymgynghori yn 1987 at ddechrau datblygu canllawiau cenedlaethol. Datblygwyd canllawiau mewn pum maes o'r cwricwlwm ar gyfer saith mlynedd yr ysgol gynradd a dwy flynedd gyntaf yr ysgol uwchradd a alwyd o ganlyniad i hyn yn *Ganllawiau Cwricwlwm 5 - 14*. Roedd y rhain yn anstatudol ond fe'u cyhoeddwyd gyda'r disgwyliad y byddant yn cael eu dilyn, fel yn achos y canllawiau swyddogol blaenorol. Mynegwyd targedau cyrhaeddiad yn nhermau profiadau ar bum lefel, A i E, tua dwy flynedd ar wahân yn fras, fel yn y lefelau rhifiadol yng Nghwricwlwm Cenedlaethol Lloegr. Ni nodwyd unrhyw gyfnodau allweddol ac nid oedd y term 'rhaglen astudio' yn golygu'r un fath ag yr oedd yng Nghymru a Lloegr a Gogledd Iwerddon. Roedd Astudiaethau Amgylcheddol, yn o'r pum maes yn y cwricwlwm cynradd, yn cynnwys gwyddoniaeth a thechnolegau, addysg iechyd, technoleg gwybodaeth a phynciau cymdeithasol (Harlen, 1993). Nid oedd hi'n syndod i hwn gael ei ystyried yn rhy gymhleth ac yn rhy feichus ac yn 2000 diwygiwyd canllawiau'r Astudiaethau Amgylcheddol yn ganllawiau ar wahân ar gyfer gwyddoniaeth a'r meysydd eraill oedd wedi'u cynnwys yn flaenorol.

Yr achos dros adnewyddu'r cwricwlwm

Fel mae'r cofnod cryno hwn yn ei ddangos, cafodd fersiynau cyntaf y cwricwla cenedlaethol yn y DU eu diwygio sawl gwaith yn gynnar wedi'u rhoi ar waith mewn ymateb i alwadau i symleiddio'r strwythur ac i leihau'r cynnwys. Er gwaethaf y newidiadau a wnaed, fodd bynnag, roedd athrawon yn parhau i gwyno am gwricwlwm oedd wedi'i orlwytho a'i or-ragnodi a diffyg perthnasedd i brofiad disgyblion yn yr ysgol a thu allan i'r ysgol (gweler Blwch 2.1).

Yn Lloegr, gwaethygodd y broblem o 'roi sylw' i gynnwys yn dilyn cyflwyno'r fframweithiau cenedlaethol ar gyfer addysgu llythrennedd (yn 1998) a rhifedd (yn 1999), gyda fframweithiau diwygiedig yn cael eu darparu yn 2006. Nodwyd yr amser a'r dulliau hyd yn oed i'w defnyddio ar gyfer addysgu Saesneg a mathemateg ac, er nad oedd yn statudol, cynghorwyd ysgolion yn gryf i ddilyn y fframweithiau ac i ddangos eu bod yn rhoi blaenoriaeth i dargedau'r llywodraeth mewn llythrennedd a rhifedd. Roedd yr effaith yn fwy nag uwchraddio statws y pynciau hyn, a'u gwahanu oddi wrth bynciau eraill, ond fe wnaeth hefyd ddiraddio eraill, gan gynnwys gwyddoniaeth. Fe wnaeth arolwg gan yr ASE (1999) gadarnhau bod yr amser ar gyfer gwyddoniaeth wedi lleihau o 1997 i 1998, ei fod wedi cael ei wthio i'r cefndir yn CA1 a bod llawer o ddatblygiad proffesiynol ym maes gwyddoniaeth wedi'i ohirio. Yn ogystal â hynny, fe wnaeth cyhoeddi canlyniadau'r profion cenedlaethol yn Lloegr a chreu'r 'tablau cynghrair' anochel roi pwysau pellach ar athrawon i addysgu'r wybodaeth oedd yn cael ei phrofi. I nifer, ychydig o amser oedd ar ôl oherwydd hyn i wneud gwyddoniaeth yn ddiddorol ac yn berthnasol i'r disgyblion. Pwysleisiwyd a manylwyd ar y canfyddiadau hyn gan rai o'r canlyniadau o astudiaeth ehangach ledled y DU, a welir ym Mlwch 2.1.

Blwch 2.1 Barn athrawon o gwricwla'r 1990au

Mae canfyddiadau o astudiaeth ar wyddoniaeth gynradd ledled y DU a gynhaliwyd yn 2004 yn dangos bod athrawon yn ystyried mai mwy o berthnasedd i fywyd go iawn oedd y newid pwysicaf oedd ei angen i well ansawdd addysg gwyddoniaeth i blant a'u diddordeb mewn gwyddoniaeth, ac roedd hwn yn drech na ffactorau eraill. Fel y nodwyd yn yr adroddiad (Ymddiriedolaeth Wellcome, 2005), mae nifer o ffyrdd o wneud gwyddoniaeth yn berthnasol ond hyd yn oed pan fydd syniadau ar gael roedd nifer o athrawon yn cael eu hatal rhag eu rhoi ar waith oherwydd diffyg cyllid, amser a chymorth yn yr ystafell ddosbarth – ac mae'r rhain i gyd yn cael eu crybwyll yn yr ymchwil hefyd.

Mae cynnwys y cwricwlwm yn chwarae rhan fawr ym mhob un o'r ffactorau ataliol hyn. Mae amser ar gyfer creu amgylchedd perthnasol ar gyfer gwaith gwyddoniaeth yn gyfyngedig o ran faint o gynnwys a'r math o gynnwys mae'n rhaid i athrawon roi sylw iddo. Er enghraifft, gellid bodloni'r gofyniad 'y dylai disgyblion gael eu haddysgu i wneud a defnyddio allweddi' (Cyfnod Allweddol 2 Y Cwricwlwm Cenedlaethol ar gyfer Lloegr 1999) fel rhan o'r ymchwilio i greaduriaid a phlanhigion sydd i'w gweld yn lleol, ond fe'i dysgir yn uniongyrchol yn llawer rhy aml oherwydd diffyg amser. Roedd y pwysau hwn yn achosi rhwystredigaeth i athrawon fel y mynegwyd gan un o'r rhai a arolygwyd:

Rwyf eisiau addysgu drwy ymchwiliadau – dyna sut y cefais i fy addysg yn ystod fy nghwrs hyfforddi i fod yn athro ond amser yw'r broblem...byddwn yn ei roi o'r neilltu a byddwn yn siarad amdano'n unig neu byddaf fi'n ei wneud [fel arddangosiad] yn y blaen...nid yw'r amser ar gael i'w wneud.

(Ymddiriedolaeth Wellcome, 2005: 19)

Gall perthnasedd fod ar ffurf cysylltiadau â phynciau eraill yn y cwricwlwm yn ogystal â bywyd go iawn. Mae pynciau trawsgwricwlaidd yn helpu'r perthnasedd hwn ac roedd wedi cael ei annog yn yr 1960au a'r 1970au, cyn ei feirniadu yn yr 1980au (DES, 1989) am ddarnio'r pwnc a gwneud gweithgareddau nad oeddynt yn cyfiawn-hau'r label 'gweithgareddau gwyddoniaeth'. Fodd bynnag, arweiniodd y newid i wersi gwyddoniaeth ar wahân at ynysu gwyddoniaeth ac at y galw croch am berthnasedd.

Ar ben hynny, mae'r fanyleb fanwl yn y cwricwla o eitemau 'i'w haddysgu' yn colli golwg ar y 'syniadau mawr', sef nodau addysg gwyddoniaeth ar gyfer yr holl ddisgyblion yn y pen draw. Nid yw dilyniant wrth ddatblygu'r syniadau hyn yn glir; daw bob syniad bach yn nod ynddo ei hun yn hytrach na chael eu defnyddio i ddatblygu dealltwriaeth ehangach o agweddau gwyddonol ar y byd o'n hamgylch.

Cwricwla gwyddoniaeth yn yr unfed ganrif ar hugain

Datblygwyd y cwricwlwm cenedlaethol cyntaf gan grwpiau oedd yn gweithio ar y cynnwys yn gwbl ar wahân i'r rhai hynny oedd yn datblygu trefniadau asesu, ond daeth yn glir yn fuan bod y rhyngweithio rhwng yr hyn sy'n cael ei addysgu a'r hyn sy'n cael ei asesu'n golygu ei bod hi'n well ystyried cynnwys y cwricwlwm a'i asesiad gyda'i gilydd. Efallai ei bod hi'n ymddangos yn rhesymegol i benderfynu'n gyntaf ar beth y dylai plant ei ddysgu ac yna i ystyried sut i asesu'r dysgu. Ond yn ymarferol mae'r hyn y *gellir* ei asesu yn dylanwadu ar beth sy'n cael ei asesu yn hytrach na *beth ddylai* gael ei asesu. Er bod hyn efallai yn gorbwysleisio'r achos, nid oes amheuaeth bod yr hyn sy'n cael ei asesu, yn enwedig pan fo'r canlyniadau'n cael eu defnyddio i fesur atebolrwydd, yn effeithio'n gryf ar yr hyn sy'n cael ei addysgu a sut mae'n cael ei addysgu. Felly, yn y cyfrif canlynol o'r diwygiadau cwricwlwm yn nau ddegawd cyntaf yr unfed ganrif ar hugain, rydym yn cynnwys asesu ac atebolrwydd yn ogystal â chynnwys.

Lloegr

Mae'r system ysgolion yn Lloegr wedi cael ei chymhlethu gan newid yn y ffordd mae miloedd o ysgolion yn cael eu llywodraethu o ganlyniad i Ddeddf Academïau 2000. Cynigiwyd y syniad o newid ysgolion yn academïau, sydd y tu allan i reolaeth lly-wodraeth leol ac sy'n cael eu hariannu'n uniongyrchol gan y llywodraeth, yn 2000 ac mae wedi'i gefnogi gan y ddwy brif blaid wleidyddol. Nid yw'n ofynnol i ysgolion rhad ddilyn y cwricwlwm cenedlaethol, ond mae'n rhaid iddynt ddarparu cwricwlwm 'cyt-bwys ac ar sail eang'. Fodd bynnag, gan fod rhaid i holl ysgolion y wladwriaeth fodloni'r gofynion statudol ar gyfer profion ar ddiwedd cyfnodau allweddol, mae rhywfaint o alinio gyda'r cwricwlwm y mae'r profion hyn yn seiliedig arno yn amlwg yn anochel.

Fel y nodwyd ar ddechrau'r bennod hon, roedd y cwricwlwm cynradd yn destun adolygiad gan y llywodraeth o'r enw adolygiad Rose. Ond nid dyma'r unig adoly-giad a gynhaliwyd bryd hynny. Hefyd yn mynd rhagddo roedd Adolygiad Cynradd Caergrawnt, gyda gorchwyl ehangach, a amlinellir ym Mlwch 2.2. Ar ôl cwblhau'r adolygiad a chyhoeddi *Children, their World, their Education* (Alexander, 2010) sefy-dlwyd Ymddiriedolaeth Adolygiad Cynradd Caergrawnt i barhau i ddatblygu ar ganfyddiadau ac egwyddorion yr adolygiad ac i ymateb i newid mewn polisi oedd yn effeithio ar addysg gynradd.

Blwch 2.2 Adolygiad Cynradd Caergrawnt

Fe wnaeth yr Adolygiad o Addysg Gynradd yn Lloegr, dan arweiniad Robin Alexander ac a lansiwyd yn 2006, gynnal adolygiad sylfaenol o addysg gynradd. Gyda'r teitl Adolygiad Cynradd Caergrawnt, wedi'i ariannu gan sefydliad preifat ac felly'n annibynnol o'r llywodraeth, roedd yn ystyried amrywiaeth eang o faterion oedd yn berthnasol i addysg gynradd plant gan gynnwys datblygiad a dysgu plant, y berthynas rhwng ysgolion ac asiantaethau eraill, athrawon a'u hyfforddiant, strwythur addysg gynradd yn ei gyfan- rwydd a'i berthynas gyda darpariaeth cyn ysgol a darpariaeth uwchradd, yn ogystal â'r cwricwlwm ac asesu. O ran cwmpas roedd yn debyg i'r adolygiad cynhwysfawr o addysg gynradd gan Adroddiad Plowden (CACE, 1967).

Fe wnaeth yr adolygiad nodi 12 nod cwricwlwm mewn tri grŵp oedd yn ymwneud â'r canlynol: yr unigolyn; ni ein hunain, eraill a'r byd ehangach; a dysgu, gwybod a gwneud. Roedd yn 'cynnig bod y cwricwlwm cynradd yn cael ei ail-lunio fel matrics o'r 12 nod penodol ynghyd ag wyth parth gwybodaeth, sgil, tueddiadau ac ymholi' (Alexander, 2010: 265), gyda gwyddoniaeth a thechnoleg yn un o'r wyth parth. Wrth ddiffinio'r cynnwys, roedd yn cynnig 'y dylai bob parth fod ag elfennau cenedlaethol a lleol, gyda'r amser sydd ar gael ar gyfer yr elfen leol ar draws yr holl barthau yn cael ei osod ar 30 y cant o gyfanswm y flwyddyn' (p. 262).

Strwythur y cwricwlwm

Ar ôl gwrthod y cynigion yn adolygiad Rose, dechreuodd y llywodraeth ar adoly- giadau pellach ac ymgynghori ar fersiynau drafft, gan gyhoeddi cwricwlwm diwy- giedig o'r diwedd yn 2014, lle nodwyd pynciau, fel o'r blaen, fel pynciau 'craidd' (Saesneg, mathemateg a gwyddoniaeth) neu bynciau 'sylfaen' (y gweddill i gyd).

Mewn cyferbyniad amlwg â'r ffordd roedd y cwricwlwm wedi'i fynegi yn y fersiynau blaenorol, nid yw'r targedau cyrrhaeddiad yn nodi'r wybodaeth a'r sgiliau y disgwylir i ddisgyblion feddu arnynt mewn lefelau o anhawster cynyddol. Yng nghwricwlwm 2014 mae'r targedau cyrrhaeddiad wedi'u nodi fel 'yr hyn y disgwylir i ddisgyblion ei wybod, ei ddefnyddio a'i ddeall' fel y nodwyd yn y rhaglenni astudio blaenorol. Argym- hellwyd cael gwared ar lefelau gan y panel arbenigol a sefydlwyd i ystyried diwygio'r cwricwlwm (DfE, 2011). Roedd nifer o bwyntiau yn yr achos yn erbyn lefelau:

- nid yw neilltuo lefel yn rhoi gwybodaeth am yr hyn mae disgyblion yn gallu ei wneud nag yn rhoi unrhyw awgrym o'r hyn sy'n hanfodol i wneud cynnydd;

- roedd pryderon ynghylch 'labelu' disgyblion, a gan ddisgyblion;

- roedd goblygiadau i ddefnyddio lefelau fel targedau ar gyfer y disgyblion hynny nad oeddent yn gallu cyrraedd y lefel targed, gan leihau eu cyfleoedd ar gyfer gwneud cynnydd weithiau;

- gan fod digon o fylchau rhwng y lefelau (tua dwy flynedd ar wahân), roedd yr arfer a ddatblygwyd o greu is-lefelau, ag ystyr amheus o ran datblygiad meddyliol, ac yn gweithredu i wneud y cwricwlwm yn fwy rhagnodol yn unig.

Cynnwys y cwricwlwm

Mae cynnwys y cwricwlwm wedi'i nodi'n fwy manwl ar gyfer y pynciau craidd nag ar gyfer y pynciau sylfaen. Ar gyfer y pynciau craidd mae'r rhaglen astudio'n nodi'n gyntaf yn nhermau cyffredinol, nodau addysgu yn CA1, rhan isaf CA2 (Blynyddoedd 3 a 4) a rhan uchaf CA2 (Blynyddoedd 5 a 6), yna'n fwy manwl 'beth y dylid ei addysgu' ym mhob maes o'r pwnc hwnnw. Er enghraifft, mae Blwch 2.3 yn rhoi'r gofynion statudol ar gyfer 'Popeth byw a'u cynefinoedd.' Yn achos 'gweithio'n wyddonol', gofynion cyffredinol ar gyfer bob cyfnod allweddol yn ei gyfanrwydd a roddir yn unig.

Ar gyfer y pynciau sylfaen, mae datganiadau o ddiben, nodau a rhaglen astudio gryno ar gyfer pob cyfnod allweddol, gan adael ysgolion i bennu'n fanylach beth i'w addysgu. Mae'r gwahaniaeth sylweddol yn y ffordd mae pynciau craidd a phynciau sylfaen yn cael eu haddysgu yn awgrymu'r pwysigrwydd perthnasol a roddir ar y pynciau craidd ar y lefel gynradd. Ategir hyn ymhellach mewn gofynion ar gyfer asesu ac adrodd am berfformiad yn yr amrywiol bynciau, fel y gwelwn nawr.

Blwch 2.3 Rhaglen astudio Blwyddyn 2 ar gyfer 'Popeth byw a'u cynefinoedd'

Dylid addysgu disgyblion i wneud y canlynol:

■ archwilio a chymharu'r gwahaniaethau rhwng pethau sy'n fyw, wedi marw, a phethau nad ydynt wedi bod yn fyw erioed;

■ nodi bod y rhan fwyaf o bethau byw yn byw mewn cynefinoedd sydd fwyaf addas iddyn nhw a disgrifio sut mae cynefinoedd gwahanol yn darparu ar gyfer anghenion sylfaenol gwahanol fathau o anifeiliaid a phlanhigion, a sut maen nhw'n dibynnu ar ei gilydd;

■ nodi ac enwi amrywiaeth o blanhigion ac anifeiliaid yn eu cynefinoedd, gan gynnwys microgynefinau;

■ disgrifio sut mae anifeiliaid yn cael eu bwyd o blanhigion ac anifeiliaid eraill, gan ddefnyddio'r syniad o gadwyn fwyd syml, a nodi ac enwi ffynonellau gwahanol o fwyd.

Asesu ac atebolrwydd

Nid yw'r cwricwlwm yn nodi targedau cyrrhaeddiad ac eithrio nodi 'Erbyn diwedd bob cyfnod allweddol, disgwylir i ddisgyblion feddu ar wybodaeth, sgiliau a dealltwriaeth o'r materion a addysgwyd yn y Rhaglen Astudio berthnasol.'

Profion cenedlaethol

Mae trefniadau asesu ar gyfer disgyblion cynradd ym mhob ysgol a ariennir gan y wladwriaeth yn cynnwys profion ac asesiadau athrawon mewn pynciau craidd. Mae profion a ddyfeisiwyd yn allanol mewn Saesneg a mathemateg yn cael eu cymryd ar ddiwedd CA1 a CA2 gan yr holl ddisgyblion cymwys. Mewn gwyddoniaeth, cynhelir profion samplu bob dwy flynedd ar ddiwedd CA2. Mae asesu ar ddiwedd CA1 yn seiliedig ar yr athro. Mae profion ar ddiwedd CA2 yn cynnwys tri phapur sy'n cael eu marcio'n allanol yn Saesneg a thri mewn mathemateg. Mae sgorau crai'r holl brofion CA1 a CA2 yn cael eu trawsnewid yn sgorau graddedig, lle mae sgôr o 100 yn cynrychioli'r 'safon ddisgwyliedig'. Darperir tablau trawsnewid i ysgolion wedi i'r profion gael eu cymryd. Ar ôl i'r papurau prawf gael eu marcio, maen nhw'n cael eu dychwelyd i ysgolion naill ai wedi'u sganio neu fel copïau caled os nad oeddent wedi cael eu sganio at ddibenion marcio.

Diben y profion samplu gwyddoniaeth yw monitro safonau cenedlaethol ym mherfformiad disgyblion mewn gwyddoniaeth. Maen nhw'n cael eu cymryd gan ddetholiad ar hap o tua 9,000 o ddisgyblion. Mae'r prawf yn cynnwys tri phapur sy'n cwmpasu agweddau y gellir eu hasesu drwy bapur a phensel. Mae'r gwaith gweiny-ddol yn cael ei oruchwylio'n allanol. Defnyddir samplu matrics, sy'n golygu y bydd disgyblion gwahanol yn cymryd eitemau gwahanol, ac felly mae nifer fwy o eitemau'n cael eu defnyddio yn hytrach na chael eu cymryd gan unrhyw un disgybl. Adroddir y canlyniadau ar lefel genedlaethol yn unig ac ni ellir eu defnyddio i nodi atebolrwydd ysgol neu ar gyfer tablau perfformiad. Mae defnyddio profion tebyg mewn cylchoedd o brofion dilynol yn galluogi nodi newidiadau yn y lefelau perfformio.

Asesiadau athrawon

Cafodd y defnydd o lefelau perfformiad fel ffordd o adrodd asesiadau athrawon ar ddiwedd cyfnodau allweddol ei ddisodli gan 'ddisgrifyddion perfformiad'. Mae dis-grifyddion perfformiad yn y pynciau craidd yn nodi beth mae disgyblion angen gallu ei wneud i fodloni safonau penodol.

Ar gyfer CA1, mae athrawon yn asesu bod disgyblion wedi bodloni un o dair safon: gweithio tuag at y safon ddisgwyliedig; gweithio ar y safon ddisgwyliedig; gweithio'n fanylach o fewn y safon ddisgwyliedig. Mae'r disgrifydd ar gyfer pob safon yn cynnwys nifer o ddatganiadau o'r hyn y dylai disgyblion allu eu gwneud ym mhob agwedd ar y pwnc, gyda'r cyfanswm yn cynnwys tua 50 elfen o'r fath. Gan ddefnyddio barn broffesiynol a thystiolaeth o waith dosbarth ac amrywiaeth o weithgareddau, mae athrawon yn penderfynu pa safon sydd yn cyfateb agosaf i gyrhaeddiad cyffredinol disgybl. Mae'n rhaid i ddisgyblion arddangos mwyafswm o'r elfennau a ddisgrifiwyd ar gyfer gweithio ar safon.

Ar gyfer gwyddoniaeth yn CA1 a CA2 mae set unigol o ddisgrifyddion sy'n ymwneud â 'gweithio ar y safon genedlaethol'. I'r gwrthwyneb, ar gyfer ysgrifennu Saesneg yn CA2, sy'n cael ei asesu drwy asesiadau athrawon yn unig, mae pum set o ddisgrifyddion, ond dim ond un set ar gyfer mathemateg a darllen, sydd yn cynnwys profion cwricwlwm cenedlaethol ar ddiwedd CA2. Mae'r disgrifyddion ar ffurf dat-ganiadau 'gall y disgybl.....' (gweler Blwch 2.4). Er mwyn asesu bod disgyblion wedi bodloni'r safon, mae athrawon angen tystiolaeth o gyrhaeddiad cyson disgybl o'r holl ddatganiadau yn y safon. Gall y dystiolaeth fod o waith a wnaed cyn blwyddyn olaf y cyfnod allweddol.

Blwch 2.4 Detholiad o fframwaith asesu athrawon ar gyfer 'gweithio'n wyddonol' ar ddiwedd CA2

Gweithio ar y safon ddisgwyliedig

Gweithio'n wyddonol: mae'n rhaid addysgu hyn drwy addysgu cynnwys gwyddoniaeth sylweddol, ac mae'n rhaid iddo fod yn amlwg yn berthnasol i gynnwys gwyddoniaeth sylweddol, yn y rhaglen astudio.

■ Gall y disgybl ddisgrifio a gwerthuso ei syniadau gwyddonol ei hun a syniadau gwyddonol eraill sy'n ymwneud â phynciau yn y cwricwlwm cenedlaethol (gan gynnwys syniadau sydd wedi newid dros amser), gan ddefnyddio tystiolaeth o amrywiaeth o ffynonellau.

■ Gall y disgybl ofyn ei gwestiynau ei hun am y ffenomena gwyddonol maen nhw'n ei astudio, a dewis a chynllunio'r ffyrdd mwyaf priodol o ateb y cwestiynau hyn, neu gwestiynau eraill, gan gydnabod a rheoli newidynnau lle bo'r angen – gan gynnwys arsylwi newidiadau dros gyfnodau gwahanol o

---

amser, sylwi ar batrymau, grwpio a dosbarthu pethau, cynnal profion cymharol a theg, a darganfod pethau gan ddefnyddio amrywiaeth eang o ffynonellau gwybodaeth eilaidd.

- Gall y disgybl ddefnyddio amrywiaeth o offer gwyddonol i gymryd mesuriadau neu ddarlleniadau cywir a manwl, gan ailadrodd darlleniadau lle bo'r angen.

- Gall y disgybl gofnodi data a chanlyniadau gan ddefnyddio diagramau a labeli gwyddonol, allweddi dosbarthu, tablau, graffiau gwasgariad, graffiau bar a graffiau llinell.

- Gall y disgybl gyflwyno canfyddiadau a llunio casgliadau mewn ffurfiau gwahanol, a chodi cwestiynau pellach y gellir ymchwilio iddynt, yn seiliedig ar eu data a'u harsylwadau.

- Gall y disgybl ddefnyddio iaith a syniadau gwyddonol priodol o'r cwricwlwm cenedlaethol i esbonio, gwerthuso a chyfleu eu dulliau a'u canfyddiadau.

Mae 18 datganiad pellach yn ymwneud â chynnwys gwyddoniaeth.

Ar gyfer pynciau sylfaen, mae ysgolion yn rhydd i ddefnyddio eu dulliau asesu ac adrodd eu hunain. Mae rhai enghreifftiau o ddulliau asesu newydd a ddyluniwyd gan ysgolion i ddisodli'r system oedd yn seiliedig ar lefelau ar gael i ysgolion eraill ar-lein (er enghraifft: www.st-andrews.solihull.sch.uk/Curriculum/Assessment-Without-Levels/).

Mae mesurau a ddefnyddir ar gyfer atebolrwydd ysgolion cynradd yn cynnwys cyhoeddi tablau perfformiad, 'safonau sylfaenol' ac arolygiad ysgol (DfE, 2016a). Mae'r wybodaeth am berfformiad disgyblion o asesiadau cenedlaethol yn cynnwys: sgorau graddedig cyfartalog y profion cenedlaethol ar gyfer darllen Saesneg ac ar gyfer mathemateg ar ddiwedd CA2; asesiad yr athro o ganran y disgyblion sy'n cyrraedd y 'safon ddisgwyliedig' mewn darllen ac ysgrifennu Saesneg a mathemateg; canran y disgyblion sy'n gweithio ar safon uchel; cynnydd cyfartalog mewn darllen ac ysgrifennu Saesneg, a mathemateg.

Y 'safon sylfaenol' yw'r safon cyflawniad isaf y disgwylir i ysgolion ei fodloni. Gallai fod yn seiliedig naill ai ar y cynnydd a wnaed gan ddisgyblion o CA1 i CA2 mewn darllen ac ysgrifennu Saesneg a mathemateg, neu ganran y disgyblion sy'n bodloni'r safon ddisgwyliedig yn y pynciau hyn (yn 2016 mae'n rhaid i hyn fod yn 65 y cant o leiaf). Er y gallai tablau perfformiad gyfeirio at bynciau eraill, mae'n glir o'r disgrifiad o'r hyn sy'n rhaid ei gynnwys, a sut mae'r safon sylfaenol yn cael ei gyfrifo, mai rhan fechan iawn sydd gan wyddoniaeth a phynciau sylfaen eraill yn y ffordd mae ysgolion yn cael eu dal i gyfrif, gan arwain at ffocws anochel ar ddarllen ac ysgrifennu Saesneg a mathemateg.

Cymru

Yng Nghymru nid oes unrhyw academïau nac ysgolion rhad. Cynhelir yr holl ysgolion cynradd gan yr awdurdodau lleol neu gan gyrff gwirfoddol.

Strwythur y cwricwlwm

Dechreuwyd ar adolygiadau o gynnwys y Cwricwlwm Cenedlaethol a'i drefniadau asesu cysylltiedig yn fuan ar ôl datganoli'r cyfrifoldeb dros addysg i Lywodraeth

Cymru. Cyflwynwyd cwricwlwm newydd, oedd wedi'i ddatblygu gan yr Adran Plant, Addysg, Dysgu Gydol Oes a Sgiliau (APADGOS), ac yn cwmpasu'r ystod oedran 3-18 mlwydd oed, yn 2008. Roedd y blynyddoedd cynnar wedi'u rhannu yn Gyfnod Sylfaen, sy'n cwmpasu'r blynyddoedd cyn ysgol a chyfnod allweddol 1 gyda'i gilydd (plant 3-7 mlwydd oed) a chyfnod allweddol 2 (ar gyfer plant 8-11 mlwydd oed). Roedd y trefniant hwn yn manteisio ar gyflwyno Cwricwlwm y Cyfnod Sylfaen yn gynharach ac roedd rhywfaint o bryder bod astudiaethau pwnc ffurfiol yn dechrau yn rhy gynnar yn rhai o wledydd y DU.

Cynnwys y cwricwlwm

Datblygwyd fframwaith sgiliau anstatudol ar draws yr ystod oedran llawn 3-18 mlwydd oed yn rhoi canllawiau am barhad a dilyniant wrth ddatblygu meddwl, cyfathrebu, TGCh a sgiliau rhif. Yn y Cyfnod Sylfaen mae'r sgiliau'n cael eu datblygu ar draws saith Maes Dysgu. Un o'r rhain yw 'Gwybodaeth a Dealltwriaeth o'r Byd' lle mae cyfleoedd dysgu yn cynnwys y rhai hynny sy'n ymwneud â chysyniadau gwyddoniaeth. Er enghraifft, o dan 'Fi fy hun a phethau byw eraill' mae cyfleoedd wedi'u cynnwys i blant wneud y canlynol:

- dysgu enwau a chymwysiadau prif rannau allanol y corff dynol a phlanhigion;

- arsylwi'r gwahaniaethau rhwng anifeiliaid a phlanhigion, gwahanol anifeiliaid, a phlanhigion gwahanol er mwyn eu grwpio;

- nodi'r tebygrwydd a'r gwahaniaethau rhyngddyn nhw eu hunain a phlant eraill;

- dysgu am y synhwyrau sydd gan fodau dynol ac anifeiliaid eraill, ac sydd yn cael eu defnyddio i'w galluogi i fod yn ymwybodol o'r byd o'u hamgylch;

- nodi rhai anifeiliaid a phlanhigion sy'n byw yn yr amgylchedd y tu allan;

- nodi'r effeithiau mae gwahanol dymhorau yn eu cael ar rai anifeiliaid a phlanhigion.

Mae 'Fi fy hun a phethau nad ydynt yn fyw' (Llywodraeth Cymru, 2015: 42) yn cynnwys y cyfleoedd i blant wneud y canlynol:

- arbrofi â gwahanol wrthrychau cyffredin a defnyddio eu synhwyrau i'w rhoi mewn grwpiau yn ôl nodweddion syml;

- arbrofi â gwahanol wrthrychau cyffredin a defnyddio eu synhwyrau i'w rhoi mewn grwpiau yn ôl priodweddau syml;

- datblygu ymwybyddiaeth o ddeunyddiau synthetig a deunyddiau naturiol, a gallu gwahaniaethu rhyngddynt;

- deall sut y mae rhai deunyddiau cyffredin yn newid eu siâp wrth iddynt gael eu hymestyn, eu gwasgu, eu plygu, eu troi, eu twymo neu'u hoeri;

- deall bod goleuni'n dod o amrywiaeth o ffynonellau, megis yr Haul, a bod tywyllwch yn deillio o ddiffyg goleuni;

- deall bod nifer o wahanol fathau a ffynonellau o sain ar gael, a bod seiniau'n teithio oddi wrth eu ffynonellau ac yn cael eu clywed wrth iddynt gyrraedd y glust.

Yn CA2 mae'r cwricwlwm ar gyfer gwyddoniaeth wedi'i nodi fel pwnc ar wahân. Mae'r sgiliau gwyddoniaeth yn CA2 wedi'u nodi o dan dri phennawd: cyfathrebu, ymholiad a chynllunio. Fel yn y Cyfnod Sylfaen, bydd y sgiliau hyn yn cael eu datblygu drwy ystod ddiffiniedig o gynnwys pwnc. Mae'r cynnwys hwn wedi'i grwpio o dan dri phennawd: 'Cyd-ddibyniaeth organebau', 'Y Ddaear gynaliadwy' a 'Sut mae pethau'n gweithio'. Er enghraifft, ar gyfer 'Sut mae pethau'n gweithio' (DCELLS, 2008) mae'r ystod wedi'i nodi fel:

1. Sut mae trydan yn cael ei ddefnyddio a sut mae'n cael ei reoli mewn cylchedau syml.

2. Grymoedd o wahanol fathau, e.e. disgyrchiant, grymoedd magnetig a ffrithiant, gan gynnwys gwrthiant aer.

3. Sut y gall grymoedd effeithio ar symudiad a sut y gellir cymharu grymoedd.

4. Sut mae gwahanol seiniau'n cael eu cynhyrchu a sut mae sain yn teithio.

5. Sut mae goleuni'n teithio a sut y gellir ei ddefnyddio.

Mae datganiadau'r Rhaglen Astudio yn cael eu mynegi fel 'beth y dylid eu darparu fel cyfleoedd i astudio', sydd yn eithaf gwahanol i 'beth y dylid ei addysgu i ddisgyblion' yn y Cwricwlwm Cenedlaethol cynharach ar gyfer Cymru a Lloegr.

Bydd cwricwlwm 2008 yn cael ei ddisodli gan gwricwlwm newydd, gyda'r bwriad y bydd hwn ar gael i ysgolion a lleoliadau o 2018 ac yn cael ei roi ar waith o 2021. Fodd bynnag, ystyriwyd yr amserlen hon yn rhy hir mewn perthynas â'r angen i blant ddatblygu cymhwysedd digidol, felly cafodd y fersiwn cyntaf o'r Fframwaith Cymhwysedd Digidol ei ryddhau i ysgolion o fis Medi 2016.

Asesu ac atebolrwydd
Cydnabyddir fod asesu ffurfiannol (asesu ar gyfer dysgu) yn chwarae rôl bwysig, sy'n wahanol i asesu crynodol (asesu dysgu), a bod cysylltiad agos rhyngddo a'r gwaith o ddatblygu meddwl a'r gallu i ddysgu a defnyddio sgiliau newydd. Ar gyfer asesu cryno- dol, fe wnaeth cwricwlwm 2008 gadw'r disgrifiad wyth lefel (yn ogystal â pherfformiad eithriadol) o ran dilyniant a chyrhaeddiad fel y gwelwyd yn y cwricwlwm cynharach. Rhoddwyd diwedd ar brofion cenedlaethol, fel oedd yn digwydd yn Lloegr, yn 2004 a daeth asesu crynodol yn ei hanfod yn asesiadau athrawon wedi'u safoni. Yn y Cyf- nod Sylfaen, mae asesiad crynodol mewn pedwar maes datblygu yn cael ei ategu gan broffil. Ar ddiwedd CA2, mae asesiadau athrawon mewn Saesneg, Cymraeg fel iaith gyntaf a mathemateg yn cael eu safoni gan broses sy'n cynnwys clystyrau ysgolion. Mae Targedau Cyrrhaeddiad ar bob lefel yn cael eu mynegi ar ffurf naratif. Ar gyfer gwyddo- niaeth maen nhw'n disgrifio dilyniant mewn sgiliau ac yn y ffordd mae gwybodaeth yn cael ei chaffael drwy weithio'n wyddonol. Yn ogystal â hynny, darperir 'poster lefelau gwyddoniaeth', sy'n egluro cynnydd ar draws y lefelau yn fwy manwl, at ddiben helpu gwaith cynllunio athrawon yn hytrach nag ar gyfer asesu cynnydd disgyblion.

Mae profion cenedlaethol mewn darllen a rhifedd yn cael eu rhoi i blant ym Mlynyddoedd 2 i 9 ym mis Mai bob blwyddyn, gyda'r canlyniadau'n cael eu hanfon i ysgolion erbyn diwedd tymor yr haf. Disgrifir diben y profion hyn fel a ganlyn:

yn bennaf at ddefnydd diagnostig fel bydd athrawon yn yr holl ysgolion yn meddu ar yr un wybodaeth ar sgiliau darllen a rhifedd eu dysgwyr...Maen nhw'n canolbwyntio ar ddeall cynnydd dysgwyr, ac nid ar berfformiad neu ate-bolrwydd yr ysgol. Dyma pam nad yw canlyniadau'r Profion Cenedlaethol yn cael eu cynnwys yn y set o fesurau perfformiad ar gyfer categoreiddio ysgolion.

(Llywodraeth Cymru, 2016)

Gan ddechrau yn 2015 mae adolygiad llwyr o'r cwricwlwm a threfniadau asesu cysylltiedig yng Nghymru ar waith (Donaldson, 2015), sy'n cynnwys cyfranogiad athrawon ac eraill sy'n ymwneud ag addysg er mwyn i'r cwricwlwm newydd, fydd yn cael ei roi ar waith o 2021, fod yn eiddo i'r proffesiwn, nid cael ei osod oddi uchod.

Gogledd Iwerddon

Mae ysgolion a gynhelir gan yr Awdurdod Addysg yng Ngogledd Iwerddon yn cynnwys ysgolion cymunedol, ysgolion gwirfoddol a reolir ac ysgolion gwirfoddol a gynorthwyir, ac mae'r cyfan yn gorfod dilyn y cwricwlwm cenedlaethol. Nid oes rhaid i academïau, fel yn Lloegr, ddilyn y cwricwlwm cenedlaethol. Er i'r arholiad *11-plus* ddod i ben yn swyddogol yn 2008, fe wnaeth ysgolion gramadeg barhau i ddewis drwy gomisiynu eu harholiadau mynediad eu hunain mewn Saesneg a mathemateg. Nid oedd y profion yn cael eu darparu mwyach gan yr CCEA ond yn cael eu prynu gan ddatblygwyr profion ac yn seiliedig ar gwricwlwm diwygiedig 2007 ar gyfer CA2. Fodd bynnag, mae'r profion hyn yn anrheoledig ac nid yw eu defnydd yn cael ei annog yn swyddogol (DfE, 2013).

Strwythur y cwricwlwm
Mae tri chyfnod mewn addysg gynradd yng Ngogledd Iwerddon:

1. Sylfaen (Blynyddoedd 1 a 2, 4-5 mlwydd oed)
2. Cyfnod allweddol 1 (Blynyddoedd 3 a 4, 6-7 mlwydd oed)
3. Cyfnod allweddol 2 (Blynyddoedd 5, 6 a 7, 8-11 mlwydd oed)

Mae Cwricwlwm Gogledd Iwerddon ar gyfer yr ysgol gynradd, a gyflwynwyd o 2007, wedi'i nodi yn yr un ffordd ar gyfer pob un o'r tri chyfnod hyn, sydd at ei gilydd yn disgrifio dilyniant drwy'r saith mlynedd gynradd. Ym mhob cyfnod mae chwe maes addysgu (yn ogystal ag Addysg Grefyddol fel sy'n ofynnol gan Adran Addysg Gogledd Iwerddon):

1. Iaith a llythrennedd
2. Mathemateg a rhifedd
3. Y celfyddydau
4. Y byd o'n hamgylch
5. Datblygiad personol a chyd-ddealltwriaeth
6. Datblygiad corfforol a symudiad

Mae deilliannau a nodwyd yn cynnwys sgiliau trawsgwricwlwaidd (cyfathrebu, defnyddio mathemateg a TGCh) a sgiliau meddwl a galluoedd personol (rheoli gwybodaeth, bod yn greadigol, meddwl, datrys problemau a gwneud penderfyn-iadau, gweithio gydag eraill, a hunan-reoli).

Cynnwys cwricwlwm
Mae'r gofynion ar gyfer CA1 a CA2 ar gyfer pob maes dysgu ac ar gyfer ffrydiau o fewn pob maes yn cael eu mynegi fel 'yr hyn y dylid galluogi disgyblion i'w wybod, i'w wneud, neu ei ddeall'. Mae gwyddoniaeth, hanes, daearyddiaeth a thechnoleg yn cyfrannu at ddysgu yn 'Y byd o'n hamgylch'. Mae'r gofynion statudol yn cael eu mynegi fel 'yr hyn y dylid galluogi disgyblion i'w archwilio' yn y pynciau hyn ac i ddatblygu dealltwriaeth a sgiliau, wedi'u nodi o dan bedwar thema: 'Rhyngdd-ibyniaeth', 'Lle', 'Symudiad ac egni' a 'Newid dros amser'. Er enghraifft, ar gyfer 'Newid dros amser', y gofynion statudol yw, yn CA1 (CCEA, 20017: 86), y dylid galluogi disgyblion i archwilio'r canlynol:

- ffyrdd mae newid yn digwydd yn y byd naturiol;
- sut mae pobl a lleoedd wedi newid dros amser;
- newid cadarnhaol a sut mae gennym ni gyfrifoldeb i wneud cyfraniad gweithredol.

Felly nid yw gwyddoniaeth yn cael ei nodi fel pwnc ar wahân ond mae awgrymi-adau ar gyfer cyfraniadau gwyddoniaeth, hanes, ac yn y blaen, i'r pedwar thema.

Mae dogfen y cwricwlwm yn rhoi awgrymiadau ar gyfer dulliau addysgu ac ar gyfer datblygu pob cyfnod ar brofiadau cynharach. Argymhellir cwricwlwm troel-log ac mae natur dilyniant drwy gyfnodau 1 a 2 yn cael ei wneud yn eglur mewn cyfres o ddatganiadau fel: (i wneud cynnydd) 'o gydnabod prawf teg i ddylunio a chynnal profion teg', 'o ddefnyddio iaith bob dydd i ddefnydd cynyddol fanwl o eirfa, nodiant a symbolau penodol i'r pwnc'.

Asesu ac atebolrwydd
Mae CCEA yn nodi pedwar math o asesiad: ffurfiannol, crynodol, diagnostig a gwer-thusol. Mae asesu diagnostig yn debyg i asesu ffurfiannol, yn aml yn digwydd ar dde-chrau rhaglen ddysgu. Mae asesu gwerthusol yn cyfeirio at ganlyniadau lefel system ar gyfer sgiliau traws-gwricwlaidd ar ddiwedd cyfnodau allweddol 1, 2 a 3. Yn ogystal â derbyn cefnogaeth gyffredinol, mae asesu ffurfiannol wedi'i ddatblygu'n dda ac wedi'i gynrychioli yn yr adnoddau sydd ar gael i athrawon. Roedd y Prosiect Ymchwil Asesu ar gyfer Gweithredoedd Addysgu (*The Assessment for Learning Action Research Project*), 2004-7, yn cynnwys nifer o ysgolion cynradd ac arweiniodd at ddatblygu y ddogfen Assessment for Learning: A Practical Guide (CCEA, 2009). Mae'r canllaw sylweddol hwn yn hyrwyddo dull ysgol gyfan ar gyfer rhoi asesiadau ar gyfer dysgu ar waith, gan roi gwybodaeth ac enghreifftiau am y prif strategaethau asesu ffurfiannol sef cwestiynu effeithiol, adborth ac atgyfnerthu myfyrio sy'n cynnwys hunanwerthuso.

Ar gyfer sgiliau meddwl a galluoedd personol ac ar gyfer y chwe maes dysgu ac addysg grefyddol, mae ysgolion yn penderfynu drostyn nhw eu hunain sut i asesu ac adrodd ar ddysgu disgyblion. Fodd bynnag, mae gofynion wrth asesu ac adrodd am gynnydd disgyblion yn y sgiliau trawsgwricwlaidd. Yn CA1 a CA2, mae ath-rawon yn asesu ac yn adrodd gan gyfeirio at 'Lefelau Cynnydd' ar gyfer Cyfathrebu,

Defnyddio Mathemateg a Defnyddio TGCh. Mae'r Lefelau Cynnydd yn nodi, ar ffurf datganiadau 'gall y disgybl wneud', continwwm o'r sgiliau llythrennedd, rhifedd a TGCh y dylai disgyblion allu eu harddangos. Ar gyfer Cyfathrebu a Defnyddio Mathemateg, mae gofyn i ysgolion adrodd am ganlyniadau rhifyddol i rieni ac i CCEA ar ddiwedd bob cyfnod allweddol. Mae ysgolion yn penderfynu beth yw'r ffordd orau i asesu ac adrodd yn y chwe maes dysgu.

Ym mlynyddoedd 4, 5, 6 a 7, mae profion cyfrifiadurol yn ofyniad statudol ar gyfer disgyblion. Mae'n rhaid iddyn nhw gael eu cwblhau gan ddisgyblion unigol yn ystod tymor yr hydref. Nid ydynt yn cael eu hamseru ac maen nhw'n ymgorffori rhyfaint o addasu. Bwriad y canlyniadau, sydd ar gael o fewn 48 awr wedi cwblhau'r profion, yw llywio dysgu ac addysgu ar ddechrau'r flwyddyn ysgol. Mae canlyniadau'r asesiadau'n cael eu hadrodd i rieni/gwarcheidwaid yn ysgrifenedig, a thrwy gyfarfodydd rhieni/athrawon, erbyn diwedd tymor yr hydref.

Yr Alban

Yn yr Alban mae plant yn mynychu'r ysgol gynradd am saith mlynedd ac yn trosglwyddo i ysgolion uwchradd nad ydynt yn ddetholus pan fyddant yn 11/12 mlwydd oed. Nid yw'r cwricwlwm nac ei asesiadau yn cael eu llywodraethu gan ddeddfwriaeth yn yr Alban, fel sy'n digwydd yng ngweddill y DU.

Strwythur y cwricwlwm
Mae'r cwricwlwm wedi'i osod o fewn rhaglen ehangach gyda'r teitl 'Cwricwlwm ar gyfer Rhagoriaeth', a ddatblygwyd dros gyfnod estynedig o amser yn dilyn dadl genedlaethol am addysg ac a roddwyd ar waith o 2011. Er bod canllawiau ar gynnwys y cwricwlwm yn ganolog, mae goblygiadau i'r rhaglen ar athrawon a staff eraill, trefn y cwricwlwm a'r system cymwysterau. Wrth wraidd y Cwricwlwm ar gyfer Rhagoriaeth mae'r 'profiadau a deilliannau' sy'n disgrifio, ar gyfer pob maes pwnc, y disgwyliadau ar gyfer dysgu a dilyniant. Mynegir y rhain ar bum cyfnod:

- ■ Cynnar – y blynyddoedd cyn yr ysgol a blwyddyn gyntaf yr ysgol gynradd (P1)
- ■ Cyntaf – hyd at ddiwedd y bedwaredd flwyddyn (P4)
- ■ Ail – hyd at ddiwedd y blynyddoedd cynradd (P7)
- ■ Trydydd - tair blynedd gyntaf yr ysgol uwchradd (S1 i S3)
- ■ Pedwerydd – blynyddoedd uchaf yr ysgol uwchradd neu'r coleg.

Nid yw'r rhain yn gyfnodau allweddol ond maen nhw'n darparu strwythur ar gyfer disgrifio profiadau a chanlyniadau blaengar. Mae athrawon yn gyfrifol am benderfynu beth i'w addysgu bob blwyddyn er mwyn bodloni'r disgwyliadau a nodwyd ar gyfer diwedd bob cyfnod allweddol.

Cynnwys y cwricwlwm
Fel yn achos y ddogfen *5 to 14 Curriculum Guidelines* a gyflwynwyd ar ddechrau'r 1990au, mae'r cwricwlwm yn ymgynghorol ac yn anstatudol. Mae wyth 'maes cwricwlwm' wedi'u nodi yn y cwricwlwm:

1. Y celfyddydau mynegiannol

2. Iechyd a lles

3. Ieithoedd

4. Mathemateg

5. Addysg grefyddol a moesol

6. Y gwyddorau

7. Astudiaethau cymdeithasol

8. Technolegau..

Nid oes unrhyw feysydd yn cael eu disgrifio fel meysydd 'craidd', er y rhoddir sylw arbennig i lythrennedd (ieithoedd) a mathemateg (rhifedd), sydd yn destun monitro cenedlaethol.

Mae'r canllawiau cwricwlwm ar gyfer gwyddoniaeth yn mynegi 'profiad a deilliannau' mewn datganiadau sy'n cyfuno prosesau a sgiliau dysgu gyda gwybodaeth a dealltwriaeth. Mae'r datganiadau hyn wedi cael eu grwpio o dan bedwar prif faes (yn ogystal â Gwyddoniaeth bynciol) i gyd wedi'u hisrannu fel a ganlyn:

Planed y Ddaear (Bioamrywiaeth a rhyngddibyniaeth; Ffynonellau egni a chynaliadwyedd; Prosesau'r blaned; Gofod)

Grymoedd, trydan a thonnau (Grymoedd; Trydan; Dirgryniadau a thonnau)

Systemau biolegol (Systemau a chelloedd y corff; Etifeddiad)

Defnyddiau (Nodweddion a chymwysiadau sylweddol; Defnyddiau'r Ddaear; Newidiadau cemegol)

Gwyddoniaeth bynciol.

Mae dilyniant ym mhob un o'r meysydd hyn yn cael ei nodi gan y datganiadau o brofiadau a deilliannau ar draws y cyfnodau cynradd ac i'r blynyddoedd uwchradd, er nad oes cofnod ar gyfer pob is-faes ar bob un o'r lefelau. Mae'r maes 'gwyddoniaeth bynciol' ar gyfer ystyried materion sy'n ymwneud â moeseg, sut mae'r cyfryngau'n adrodd am wyddoniaeth ac agweddau sydd yn y newyddion ar adegau amrywiol. Mae traws-gysylltiadau rheolaidd gyda meysydd eraill yn y cwricwlwm, yn enwedig gwyddoniaeth gymdeithasol ac astudiaethau Iechyd a Lles.

Mae Blwch 2.5 yn rhoi enghreifftiau o'r datganiadau hynny ar gyfer y lefel Cynnar, y Cyntaf a'r Ail lefel mewn perthynas â'r maes 'Ffynonellau egni a chynaliadwyedd', is-faes o dan y pennawd 'Planed y Ddaear'.

Blwch 2.5 Enghreifftiau o brofiadau a deilliannau ar gyfer gwyddoniaeth yn y Cwricwlwm ar gyfer Rhagoriaeth

Planed y Ddaear: Ffynonellau egni a chynaliadwyedd
Y Cyfnod cynnar (cyn ysgol a P1)

parhau trosodd . . .

Blwch 2.5 parhad

Rwyf wedi profi, defnyddio a disgrifio amrywiaeth eang o degannau a dyfeisiau cyffredin. Rwyf yn gallu gwneud 'beth sy'n gwneud iddo fynd' a dweud beth maen nhw'n ei wneud pan fyddan nhw'n gweithio.

Cyntaf (P2 i P4)

Rwyf yn ymwybodol o fathau gwahanol o egni o fy amgylch a gallaf ddangos eu pwysigrwydd i fywyd o ddydd i ddydd ac i fy ngoroesiad.

Ail (P5 i P7)

Drwy ystyried enghreifftiau o arbed egni, gallaf nodi ffynhonnell yr egni, sut mae'n cael ei drosglwyddo a ffyrdd o leihau egni sy'n cael ei wastraffu.

Drwy archwilio ffynonellau egni anadnewyddadwy, gallaf ddisgrifio sut maen nhw'n cael eu defnyddio yn yr Alban heddiw a mynegi barn wybodus ar y goblygiadau ar gyfer eu defnydd yn y dyfodol.

Asesu ac atebolrwydd

Mae'r fframwaith ar gyfer asesu yn y Cwricwlwm ar gyfer Rhagoriaeth (Llywodraeth yr Alban, 2011) yn nodi pum diben asesu:

- i gefnogi dysgu sy'n datblygu'r wybodaeth a'r ddealltwriaeth, y sgiliau, y priodoleddau a'r galluoedd sy'n cyfrannu at y prif nodau cyffredinol: dysgwyr llwyddiannus, unigolion hyderus, dinasyddion cyfrifol, cyfranwyr effeithiol;
- i roi sicrwydd i rieni, y dysgwyr eu hunain, ac eraill, bod plant a phobl ifanc yn symud ymlaen yn eu dysgu ac yn datblygu yn unol â disgwyliadau;
- i ddarparu crynodeb o'r hyn mae dysgwyr wedi'i gyflawni, gan gynnwys drwy gymwysterau a dyfarniadau;
- i gyfrannu at gynllunio camau nesaf y dysgu ac i helpu dysgwyr i symud ymlaen at addysg bellach, addysg uwch a chyflogaeth;
- i lywio gwelliannau yn y dyfodol mewn dysgu ac addysgu.

Mae athrawon yn asesu perfformiad disgyblion yn erbyn y safonau a'r disgwyliadau a nodwyd ym mhrofiad a deilliannau'r Cwricwlwm ar gyfer Rhagoriaeth gan ddefnyddio amrywiaeth o ddulliau a gwybodaeth o ymglymiad disgyblion mewn amrywiaeth o dasgau dysgu a gweithgareddau rheolaidd yn ogystal â thasgau asesu a gweithgareddau penodol. Mae pwyslais ar draws y cwricwlwm ar asesu mewn llythrennedd a rhifedd, iechyd a lles, TGCh ac uwch sgiliau gan gynnwys creadigrwydd.

I helpu gydag asesu disgyblion mae gan athrawon fynediad ar-lein at Adnodd Asesu Cenedlaethol (NAR) cynhwysfawr, lle gellir storio a rhannu deunyddiau asesu ar gyfer y Cwricwlwm ar gyfer Rhagoriaeth, a ddatblygwyd gan Awdurdod Cymwysterau'r Alban, Education Scotland ac ymarferwyr. Mae deunyddiau enghreifftiol yn dangos sut mae ymarferwyr wedi creu cyfleoedd ar gyfer asesu parhaus sy'n integreiddio asesu a dysgu, sut mae safonau a disgwyliadau'n cael eu dehongli yn ymarferol.

Ar ddiwedd P7, pan fydd disgyblion yn symud i ysgol uwchradd, darperir asesiad crynodol o'u cyflawniadau ar ffurf proffil disgybl. Mae hwn yn dwyn gwybodaeth ynghyd am ddysgu'r disgybl mewn ffurf a ddatblygir gan bob ysgol. Mae proffil nodweddiadol yn cynnwys barn o ran p'un a yw'r cynnydd ym mhob lefel yn 'datblygu', 'yn gadarn' neu 'yn sicr' ar gyfer pob maes pwnc.

Mae perfformiad ar y lefel genedlaethol yn cael ei fonitro gan arolwg o lythrennedd a rhifedd yn seiliedig ar sampl a gynhaliwyd bob yn ail flwyddyn ar P4 (8-9 mlwydd oed), P7 (11-12 mlwydd oed) a S2 (13-14 mlwydd oed). Nid yw gwyddoniaeth yn cael ei gynnwys. Defnyddir canfyddiadau o'r arolygon, a gyhoeddir bob blwyddyn, i lywio cynnwys yr NAR ac i hwyluso gwelliannau mewn dysgu, addysgu ac asesu ar lefel ystafell ddosbarth. Nid yw canlyniadau unigol disgyblion yn ystyrlon gan fod disgyblion gwahanol yn rhoi cynnig ar gwestiynau gwahanol. Nid yw canlyniadau ar gael ar lefel ysgol nac awdurdod lleol. Mae ansawdd addysg mewn ysgolion yn cael ei fonitro drwy'r system arolygu. Mae arolygwyr yn canolbwyntio ar ddysgu disgyblion, yn enwedig mewn llythrennedd, rhifedd, ac iechyd a lles. Mae'r fframwaith arolygu yn gyfochrog â phedwerydd argraffiad y ddogfen *How Good Is Our School*, sydd wedi'i dylunio i hyrwyddo hunan-werthuso mewn ysgolion (gweler Pennod 25).

Sylw: dulliau amrywiol, nodau tebyg

Mae'r olwg gryno hon ar y cwricwla newydd a ddatblygwyd ym mhedair gwlad y DU yn dangos bod nifer o ffyrdd o osod y profiadau dysgu a fwriedir mewn gwyddoniaeth. Mae newidiadau ers cyflwyno'r cwricwla cenedlaethol a'r canllawiau am y tro cyntaf wedi cynyddu'r gwahaniaethau o ran strwythur a chynnwys. Mewn perthynas â strwythur y cwricwlwm, mae penderfyniadau gwahanol wedi'u gwneud o ran sut i rannu blynyddoedd yr ysgol gynradd yn gyfnodau. Mae rhaglenni astudio wedi'u nodi fel gofynion ar gyfer cyfnodau allweddol o ddwy flynedd yng Nghwricwlwm Cenedlaethol Lloegr, yn ogystal â chynnig canllawiau ar gyfer bob blwyddyn. Yng Nghymru, nid yw cyfnod allweddol 2 wedi'i rannu, ac mae'n ymestyn dros bedair blynedd, tra bod y Cyfnod Sylfaen a CA1 yng Ngogledd Iwerddon yn ddwy flynedd, gyda CA2 yn ymestyn dros dair blynedd. Yn y Cwricwlwm ar gyfer Rhagoriaeth yn yr Alban, mae dilyniant wedi'i nodi ar draws tri chyfnod cyfartal o dair blynedd.

Mae gwahaniaethau mwy sylweddol mewn cynnwys yn arwain at oblygiadau o ran sut mae gwyddoniaeth yn cael ei ystyried. Mewn rhai ffyrdd, ymddengys bod symudiadau i gyfeiriadau gwahanol. Er enghraifft, er bod yr Alban wedi tynnu gwyddoniaeth allan o amlen Astudiaethau Amgylcheddol, mae gwyddoniaeth yn rhan o 'Y byd o'n hamgylch' yng nghwricwlwm Gogledd Iwerddon, ac mae hanes, daearyddiaeth a thechnoleg hefyd yn cyfrannu at hwn.

Mae'r cwricwla ar gyfer Cymru a Gogledd Iwerddon yn nodi sgiliau trawsgwricwlaidd ond nid sgiliau gwyddonol yn benodol fel sydd wedi'u nodi yng Nghwricwlwm Cenedlaethol Lloegr o dan 'gweithio'n wyddonol'. Er mwyn osgoi'r risg o sgiliau'n cael eu haddysgu ar wahân i gynnwys gwyddoniaeth, mae cwricwlwm Lloegr yn annog y dylid astudio'r cynnwys drwy weithio'n wyddonol ac y dylid datblygu'r sgiliau drwy astudio cynnwys gwyddoniaeth. Ond dim ond yn y Cwricwlwm ar gyfer Rhagoriaeth yn yr Alban mae sgiliau gwyddoniaeth a chynnwys yn cael eu cyfuno yn y fanyleb o brofiadau a deilliannau.

Fodd bynnag, er gwaethaf ymddangosiadau ffurf, mae llawer yn gyffredin yn nodau'r diwygiadau yn y gwahanol wledydd, er gwaethaf y ffyrdd o gyflawni'r nodau hyn. Yn arbennig felly, mae bwriad cyffredinol i wneud y canlynol:

- darparu mwy o berthnasedd i fywyd go iawn a mathau eraill o ddysgu;

- gwneud lle i faterion cyfredol sy'n peri pryder, fel cynaliadwyedd;

- lleihau cynnwys i alluogi mwy o sylw ar sgiliau a phrosesau;

- rhoi mwy o ryddid i athrawon drwy ragnodi llai;

- nodi cynnydd mewn sgiliau a syniadau;

- gwella parhad o'r blynyddoedd cyn ysgol i'r ysgol ac o'r ysgol gynradd i'r ysgol uwchradd.

Wrth gwrs, mae peryglon posibl mewn rhai newidiadau. Er enghraifft, gellid tybio fod llai o ragnodi yn arwydd i dreulio llai o amser ar wyddoniaeth. Gallai perthnasedd olygu pynciau trawsgwricwlwaidd sy'n bygwth achosi i ni ddychwelyd at driniaeth arwynebol o wyddoniaeth. Mae osgoi maglau o'r fath yn dibynnu ar athrawon sy'n manteisio ar y cyfleoedd a gynigir gan gwricwla diwygiedig i alluogi eu disgyblion i ddatblygu dealltwriaeth a sgiliau gwyddonol.

Wrth gydnabod y berthynas agos rhwng y cwricwlwm ac asesu rydym wedi ystyried safle gwyddoniaeth yn y trefniadau asesu a'r gweithdrefnau atebolrwydd ar gyfer y pedair gwlad. Yn y gwledydd lle mae profion cenedlaethol, nid yw gwyddoniaeth yn cael ei gynnwys yn yr un ffordd â Saesneg a mathemateg. I ryw raddau, croesewir hyn oherwydd yr anhawster o greu profion gwyddoniaeth ysgrifenedig dilys i'w cymryd gan bob disgybl. Fodd bynnag, mae'r statws uchel a roddir i bynciau sy'n cael eu profi, yn enwedig os yw'r canlyniadau'n cael eu defnyddio ar gyfer atebolrwydd, fel yn Lloegr, yn golygu nad yw gwyddoniaeth yn cael ei ystyried â statws cyfartal ag iaith a mathemateg, er gwaethaf ei ddisgrifio fel pwnc 'craidd'. Pwysleisir y gwahaniaeth ymhellach gan fodolaeth fframweithiau llythrennedd a rhifedd, sydd wedi israddio gwyddoniaeth ymhellach, fel sy'n amlwg yn yr arolwg ASE a'r adroddiad gan Ymddiriedolaeth Wellcome a nodwyd yn gynharach. Felly, mae'n rhaid i ni barhau i roi dadl dros wyddoniaeth, fel yr ydym wedi'i wneud ym Mhennod 1, fel rhan hanfodol o brofiad a dysgu disgyblion drwy gydol yr ysgol gynradd.

Crynodeb

Mae'r bennod hon wedi disgrifio sut mae nodau dysgu gwyddoniaeth ar lefel ysgol gynradd wedi cael eu nodi yn y cwricwlwm a'r gofyniad asesu ar y lefel genedlaethol yng ngwledydd y DU. Mae newidiadau sylweddol o ran sut mae gwyddoniaeth wedi'i chynnwys mewn perthynas â phynciau eraill ac ym manylion y fanyleb wedi digwydd ers diwedd yr 1980au pan gyflwynwyd y cwricwla cenedlaethol neu'r canllawiau. Er bod datganiadau'r cwricwlwm yn eithaf tebyg ar draws y DU nes tua 2005, ers hynny mae gwahaniaethau sylweddol wedi bod yn y gofynion neu'r canllawiau yng Nghymru, Lloegr, Gogledd Iwerddon a'r Alban. Er bod gwahaniaethau mewn strwythur a manylder, mae'r pedair gwlad hyn wedi llunio cwricwla sy'n rhannu'r nod o wneud gwyddoniaeth yn fwy perthnasol i fywydau bob dydd plant a lleihau'r cynnwys sy'n cael ei ragnodi er mwyn galluogi mwy o bwyslais ar ddatblygu sgiliau a gweithio'n wyddonol. Fodd bynnag, mae gwahaniaethau mwy o ran trefniadau asesu disgyblion a gweithdrefnau atebolrwydd. Rydym wedi cynnwys y rhain yn y disgrifiad ar gyfer pob gwlad oherwydd yr effaith a gydnabyddir yn gyffredinol o'r hyn sy'n cael ei asesu ar beth mae'n ei addysgu. Yn wir, mae pryder bod statws gwyddoniaeth yn yr ysgolion cynradd wedi dioddef o'i gymharu ag iaith a mathemateg oherwydd yr effaith hwn. Rydym yn ystyried materion yn ymwneud ag asesu yn Rhan 4 o'r llyfr.

Darllen pellach

Harlen, W. (2008) Science as a key component of the primary curriculum: a rationale with policy implications, *Perspectives on Education 1 (Primary Science)*. Llundain: Ymddiriedolaeth Wellcome, 4-18.

Harlen, W. (2014) *Assessment, Standards and Quality of Learning in Primary Education*. Efrog: Ymddiriedolaeth Adolygiad Cynradd Caergrawnt.

Johnson, A. (2013) Is science lost in 'The world around us'? *Primary Science* 126: 8–10.

3

Gwyddoniaeth gynradd ar waith

Cyflwyniad

Ym Mhennod 1 fe wnaethom edrych ar y rhesymau cymhellol dros addysgu gwyddoniaeth yn yr ysgol gynradd, ac ym Mhennod 2 ar y deilliannau dysgu disgwyliedig, fel sydd wedi'u nodi yn nogfennau cwricwlwm gwledydd y DU. Nawr rydym yn troi at yr hyn sy'n digwydd yn yr ystafell ddosbarth wrth i nodau gael eu trosi'n arfer, gyda rhai enghreifftiau o weithgareddau plant a rhyngweithio yn yr ystafell ddosbarth. Mae nifer o gamau rhwng amcanion rhaglen astudio a phrofiadau plant fydd yn eu galluogi i ddatblygu eu syniadau am y byd o'u hamgylch a sgiliau ymchwilio. Mae gweddill y llyfr yn ymwneud â'r camau y mae'n rhaid eu cymryd – wrth gynllunio, paratoi, darparu adnoddau, gwerthuso ac asesu – er mwyn darparu ar gyfer cyfleoedd o'r fath i ddysgu mewn gwyddoniaeth. Fel sylfaen i'r drafodaeth ddiweddarach am sut y gellir cymryd y camau hyn, mae'r bennod hon yn darparu pum astudiaeth achos byr o wyddoniaeth gynradd ar waith. Rhyngddynt, maen nhw'n cwmpasu blynyddoedd yr ysgol gynradd, ac mae pob un yn dechrau gyda rhywfaint o wybodaeth gefndir cyn disgrifio un neu fwy o wersi ar bwnc. Mae nodweddion allweddol arfer effeithiol sy'n cael eu disgrifio yn yr astudiaethau achos hyn yn cael eu trafod yn gryno ar y dechrau ac yn fwy manwl ym Mhennod 4. Rydym hefyd yn cyfeirio at yr achosion hyn eto i egluro pwyntiau mewn penodau eraill drwy gydol y llyfr.

Nodweddion allweddol arfer mewn gwyddoniaeth gynradd

Er na ddylid eu hystyried fel arfer enghreifftiol, mae'r enghreifftiau hyn yn dangos rhai o'r ffyrdd gwahanol o roi nodweddion pwysig arfer addysg gwyddoniaeth effeithiol ar waith mewn ysgolion cynradd. Yn y bennod nesaf rydym yn trafod rhai o'r nodweddion allweddol sy'n gyffredin i'r rhan fwyaf o'r achosion, er gwaethaf eu gwahaniaethau amlwg. Rydym yn trafod y pwyntiau hyn yn gryno yma gan y gallai fod yn ddefnyddiol meddwl amdanynt wrth ddarllen yr achosion.

Y cyntaf yw ymgysylltiad. Yn amlwg mae'n bwysig i blant gael eu hymgysylltu yn y pwnc, er mwyn iddynt fod yn awyddus i ddysgu. Yn ddelfrydol byddai hyn yn digwydd oherwydd eu bod yn gweithio i ateb cwestiynau mae'r plant wedi'u codi eu hunain ac y maen nhw'n awyddus i wybod yr ateb iddynt. Mewn amgylchiadau delfrydol o'r fath byddai'r chwilfrydedd naturiol ynghylch y byd o'n hamgylch sy'n cymell yr holl ymdrechion gwyddonol yn dal eu sylw. Ond mewn dosbarth llawn mae'n afrealistig i blant fynd ar drywydd eu diddordebau eu hunain a gwneud eu ffyrdd eu hunain tuag at ddealltwriaeth drwy wahanol weithgareddau.

Yn ymarferol, mae'r athro'n cyflwyno pynciau sy'n galluogi datblygiad syniadau a sgiliau penodol drwy gwestiynau neu broblemau i'w datrys. Mae'r athro medrus yn cyflwyno'r pwnc dan sylw mewn ffordd sy'n dal chwilfrydedd y plant er mwyn iddynt ymgysylltu gyda'r cwestiynau neu'r problemau fel eu rhai nhw eu hunain. Yn yr enghreifftiau canlynol, mae'r athrawon yn dod o hyd i wahanol ffyrdd o osod yr olygfa ar gyfer cynnal ymchwiliadau gwyddonol.

Y drydedd agwedd yw manteisio ar y wybodaeth mae plant yn meddu arni eisoes am y pwnc, er mwyn iddynt allu defnyddio syniadau perthnasol sy'n bodoli eisoes a'u datblygu yn syniadau mwy pwerus. Mae manteisio ar y syniadau hyn yn golygu bod rhaid i blant eu cyfleu mewn un ffordd neu'r llall, drwy siarad, ysgrifennu, dynnu llun neu weithredoedd. Ymhlith y rhain mae siarad, sef yr un mwyaf uniongyrchol a gellir ei ddefnyddio ar unrhyw adeg ac mewn amrywiaeth o gyd-destunau, ac felly mae'n cynnwys pedwaredd nodwedd allweddol, a byddwn yn trafod hwn ymhellach ym Mhennod 7.

Mae'r pumed yn ymwneud â phlant yn defnyddio sgiliau ymholi, hynny yw, wrth gynhyrchu, casglu a dehongli tystiolaeth wrth ddatblygu eu dealltwriaeth o ddigwyddiadau a ffenomenâu. Trafodir pwysigrwydd y sgiliau hyn yn y datblygiad hwn yn ddiweddarach, ym Mhennod 8, ond yma gwelwn beth mae'n ei olygu yn ymarferol i blant eu defnyddio mewn sefyllfaoedd eithaf gwahanol. Hyd yn oed ar y cyfnod cynnar hwn, yn ogystal â defnyddio'r sgiliau ymholi gwyddonol hyn fel sylfaen ar gyfer deall natur gweithgarwch gwyddonol, mae'n bwysig i blant fod yn ymwybodol o'u defnyddio hefyd.

Y chweched yw'r defnydd o dechnoleg i gynhorthwyo ymchwiliadau, yn enwedig casglu tystiolaeth drwy arsylwi, cymharu a mesur. Mae cynnydd mawr wedi bod yn y defnydd o dechnoleg mewn gwyddoniaeth ysgol gynradd yn y blynyddoedd diweddar i gynyddu ystod a manylder yr hyn y gellir ei arsylwi. Rydym yn rhoi enghreifftiau ym Mhennod 9 yng nghyd-destun trafod manteision ac anfanteision defnyddio technolegau mewn gwyddoniaeth gynradd.

Fel pwynt olaf, yr hyn sy'n sefyll allan yn yr achosion sy'n dilyn yw cynllunio gofalus gan yr athrawon ond, ar yr un pryd, eu parodrwydd i addasu eu cynlluniau mewn ymateb i adborth o arsylwi a rhyngweithio gyda'r plant. Yn amlwg, ni fyddai'r gweithgareddau'n cael eu cynnal heb gynllunio manwl (gweler Pennod 20) ond nid yw athrawon yn glynu'n gaeth at eu cynlluniau pan na fydd pethau'n gweithio allan fel y bwriadwyd.

Astudiaethau achos

Plant 5-6 mlwydd oed Kathy a phêl y ci

Cefndir

Roedd Kathy yn dechrau ar bwnc newydd gyda'i dosbarth o blant 5 a 6 mlwydd oed. Roedd y dosbarth cyn hyn wedi ymgymryd â phwnc oedd yn canolbwyntio ar ddefnyddiau, gan edrych ar y defnyddiau gorau ar gyfer sychu hylif oedd wedi'i ollwng ar lawr y gegin. Cyflwynwyd hyn drwy DVD am gi cartŵn, 'Discovery Dog', oedd wedi'i daflu ar y bwrdd gwyn rhyngweithiol. Fel ffordd o gofnodi eu prosiect, roedden nhw wedi cynhyrchu llyfr mawr, gyda lluniau. Roedd adolygu'r llyfr hwn yn eu galluogi i ailedrych ar rai o'r pethau roedden nhw wedi'u gwneud ac wedi siarad amdanynt, fel rhagfynegi, profion teg a diogelwch, gan eu hatgoffa o'r iaith roedden nhw wedi'i defnyddio yn ogystal â'u hatgoffa o'r hwyl a gawsant.

Y gweithgareddau

Dechreuodd y prosiect newydd gydag animeiddiad byr lle'r oedd ci bach drwg wedi llwyddo i fyrstio hoff bêl y ci, wedi cnoi un arall yn stwnsh ac wedi colli un arall dros ffens yr ardd. Gwelodd y plant y digwyddiadau gwahanol yn cael eu darlunio ar y bwrdd gwyn rhyngweithiol a darllen y geiriau, yn ogystal â'u clywed. Roedd yr athrawes yn gallu rhewi'r lluniau wrth iddynt fynd drwy'r pedair tudalen o luniau a thestun a gofyn cwestiynau ac ymateb i sylwadau gan y plant. Fe wnaeth hi adael i'r plant gyfrannu gyda rhai atgofion am beli oedd wedi byrstio ar ôl cael eu brathu gan gi ('roedd o'n grwn ac wedyn roedd o'n edrych fel plât') neu beth roedden nhw'n ei wybod am gŵn bach a sut maen nhw'n ymddwyn ('mae gan Nain gi ac mae'n cnoi'r cadeiriau').

Fe wnaeth yr athro dynnu sylw'r dosbarth at y broblem o sut y gallent ddod o hyd i bêl sbonciog dda i'r ci. *Os byddech chi'n mynd i brynu pêl, fyddech chi ddim yn dewis un heb roi cynnig arni na fyddech?* Roedd yr awgrymiadau'n cynnwys:

'Dewis pêl sbonciog iawn ac yna ei e-bostio i ddweud wrtho.'

'Cael pêl-droed arall iddo.'

Dechreuodd y plant ddisgrifio peli penodol a'r rhai a ddefnyddir wrth chwarae neu mewn chwaraeon. Cyn mynd ymlaen gofynnodd Kathy iddynt 'feddwl', yna siarad mewn parau am ychydig o funudau (roedd parau meddwl yn elfen gyffredin yn eu gwersi), i ystyried sut y gallent ddod o hyd i bêl sbonciog dda iawn. Wrth ddod â'r plant yn ôl at ei gilydd, gofynnodd Kathy iddynt am eu syniadau.

'Gallem gael nifer o beli ac wedyn pleidleisio.'

'Gallem ddarganfod pa beli sy'n sbonciog neu ddim, oherwydd mae Discovery Dog yn hoffi rhai sbonciog'

'Ie, gallem bleidleisio.'

'Gallem gael rhai peli a'u sboncio. Ond nid yn yr ystafell ddosbarth.'

Dilynodd trafodaeth gryno am broblemau posibl sboncio peli dros yr ystafell ddosbarth. Yna dangosodd yr athrawes flwch mawr yn llawn o beli gwahanol yr oedd hi wedi'u casglu. Sut fydden nhw'n darganfod pa un oedd fwyaf sbonciog? Dechreuodd y plant fodloni ar y syniad o ddewis y peli ychydig yn fwy sbonciog ac yna canolbwyntio ar y rhain ar gyfer profion pellach.

Yna roedd hi'n amser chwarae, ac wedi hynny fe wnaeth y dosbarth ail-ymgynnull yn neuadd yr ysgol. Gyda'r plant yn eistedd ar y llawr a'r blwch o beli yn y canol, fe wnaeth Kathy atgoffa'r plant o'r broblem a'u hatgoffa o rywfaint o'u trafodaeth o'r cyfnod cyn amser chwarae. Fe wnaeth hi basio pêl i ambell blentyn a'u hannog i'w disgrifio. Yna cafodd y peli eu pasio o amgylch y plant yn ystod y drafodaeth a chafodd yr holl blant gyfle i edrych arnynt a'u disgrifio.

Roedd y drafodaeth gychwynnol yn eang, gyda phlant yn pwyntio at y peli ac yn eu disgrifio. Fe wnaeth Kathy ganmol y plant am arsylwi'n dda a defnyddio geiriau disgrifiadol da.

'Mae hon yn edrych fel pêl ci, yr un fach binc yna.'

'Mae hon yn arw ac yn edrych yn bŵl.'

'O, mae hon yn edrych fel pêl rygbi fach.'

Gofynnodd Kathy am fwy o eglurhad:

'Nid yw'n grwn.'

'Mae'n siâp hirgrwn.'

Beth sy'n eu gwneud nhw'n beli i gyd?

'Maen nhw i gyd yn grwn.'

Ond nid yw'r bêl rygbi yn grwn nac ydi.

Fe wnaeth y plant sylwadau ar wahaniaethau mewn maint, gwead a phatrwm yr arwyneb, lliw, siâp a chaledwch.

Ydych chi'n meddwl y byddai patrymau ar y bêl yn gwneud gwahaniaeth?

'Na, mae'n sboncio'r un fath.'

'Mae hon yn edrych fel pêl ci. Pêl ci yw hon.'

'Nid yw rhai ohonynt yn beli chwaraeon, ac rydych chi'n cicio rhai ac yn batio rhai.'

'Mae hynny'n wahanol i'r lleill i gyd oherwydd bod ganddo dyllau ynddo.'

'Mae rhai'n galed.'

'Mae yna gemegyn i mewn yn yr un yna; mae'n goleuo.'

'Mae aer y tu mewn i hon.'

Sut ydyn ni'n gwybod?

'Mae'n gallu byrstio a mynd yn fflat.'

'Mae hon yn sbwng drwyddi.'

Yna fe wnaeth yr athrawes ddod â sylw'r plant yn ôl at y mater o 'sboncrwydd'.

Sut ydyn ni'n mynd i ddarganfod gyda'r holl beli gwahanol hyn, pa un yw'r mwyaf sbonciog?

'Rhoi pêl i bawb a'u sboncio.'

Syniad da. Sawl sbonc?

Fe wnaeth y dosbarth gytuno ar ddeg sbonc o uchder eu gwasg. Yna gofynnwyd i'r plant ddewis pêl roedden nhw'n credu fyddai'n sbonçio'n dda. Roedd digon i fynd o amgylch y dosbarth. Maen nhw'n gwasgaru ar draws y neuadd wrth iddyn nhw ddewis eu pêl, gan roi rhesymau dros eu dewis.

Pam wyt ti'n meddwl yr un yna?

'Oherwydd rwyf yn meddwl y bydd yn mynd yn uchel.'

'Yr un oren, mae'n feddal.'

'Yr un goch. Mae'n edrych yn sbonciog. Efallai y bydd y rwber yn ei gwneud yn sbonciog.'

'Pêl y ci......mae'n edrych yn sbonciog ac mae'n galed iawn.'

'Yr un yna, oherwydd rwyf wedi'i defnyddio o'r blaen ac mae'n sbonciog.'

'Rwyf yn dewis yr un yma'n benodol oherwydd mae'n dynn iawn yn llawn o aer.'

Oherwydd mae peli mwy yn sboncio uchaf.'

O, felly pwy wnaeth ddewis pêl fach?

Er mwyn osgoi'r anhrefn o gael gormod o beli'n sboncio ar yr un pryd, fe wnaethon nhw gytuno i gael pedwar o blant yn sboncio eu pêl ddeg gwaith ac eraill i bleidleisio am y 'gorau'. Yn y ffordd hon, roedd y plant yn cael eu hannog i ganolbwyntio ar arsylwi'r peli'n sboncio.

Cynhaliwyd y broses yn gyflym iawn ac fe wnaeth y dosbarth nodi'r bêl orau ym mhob un o'r grwpiau.

Sut allwn ni ddarganfod pa un o'r peli hyn sy'n sboncio orau?

'Gallem bleidleisio eto?'

'Gallem ei fesur.'

Sut allwn ni ei fesur?

'Gallem sticio'r peli gyda'i gilydd...'

'Gallech chi ei dal a mesur gyda phren mesur pa mor uchel ydy o.'

'Gallem roi sticeri ar y bwrdd i weld pa mor uchel ydy o.'

'Gallem ddefnyddio blociau i weld pa mor uchel.'

'Gallem ei ollwng oddi ar fwrdd a gweld os yw'n mynd yn ôl i fyny i'r bwrdd.'

'Gallem roi cynnig ar ba un sy'n sboncio gyflymaf.'

Roedd ganddynt amser i roi cynnig ar un o'r ffyrdd hyn yn unig, a gwrthodwyd hyn am fod plant gwahanol yn eu sboncio mewn ffyrdd gwahanol, ac roedd rhai plant yn methu â'u dal bob tro. Felly mewn gwirionedd nid oedd yn brawf teg.

Gan fod y wers ar fin dod i ben, fe wnaeth yr athrawes awgrymu bod y plant yn mynd â'r peli a ddewiswyd yn ôl i'r ystafell ddosbarth ac yn eu rhoi yn y fasged yn barod ar gyfer y diwrnod nesaf, pan fyddent yn rhoi cynnig ar rai o'u syniadau eraill er mwyn darganfod y bêl sbonciog orau.

Drwy gydol y wers fe wnaeth yr athrawes dynnu lluniau o'r plant yn gweithio – yn eistedd yn trafod y peli, pawb yn sboncio'r peli, sboncio mewn pedwar ac yn pleidleisio. Yna roedd hyn yn sail i gofnod yr ymchwilio fyddai'n cael ei ddefnyddio i greu llyfr mawr. Roedd yn golygu nad oedd sylw'r plant yn cael ei dynnu drwy orfod ysgrifennu unrhyw beth, proses araf i'r plant ifanc hyn. Roedd y llyfr mawr a'r peli a ddewiswyd yn gofnod o'r wers hon.

Dosbarth Chris yn ymchwilio i iâ

Cefndir
Roedd dosbarth Chris o blant 6 a 7 mlwydd oed yn gweithio ar bwnc eang o newid defnyddiau. Roedd y plant wedi gwneud collage gan ddefnyddio defnyddiau naturiol, roedden nhw wedi pobi cacennau ac wedi gwneud anifeiliaid o glai, roedden nhw wedi datblygu iaith briodol i ddisgrifio defnyddiau ac wedi cael profiad o wneud rhagfynegiadau Roedden nhw nawr yn symud ymlaen i edrych ar iâ. Roedd Chris am i'r plant archwilio iâ, ei ddisgrifio a, drwy feddwl am sut i arafu'r broses o ymdoddi, ystyried profion teg.

Y gweithgareddau
Yn y bore dywedwyd wrth y plant bod rhywbeth yn wahanol am eu hystafell ddosbarth. Roedd rhybudd ar y drws yn dweud 'Pengwiniaid ym Mlwyddyn 2, byddwch yn ofalus!' Anogwyd y plant i ymgripio i'r dosbarth, oedd yn lled-dywyll ac yn eithaf oer. Fe wnaethant ganfod ychydig o olion traed ar y llawr, 'mynydd iâ' mawr yng nghanol yr ystafell, a dau bengwin yn eistedd arno. Roedd y mynydd iâ wedi'i adeiladu o'r defnyddiau pecynnu polystyren o amgylch teledu newydd, a rhywfaint o dinsel i wneud iddo ddisgleirio. Daeth y plant o hyd i giwbiau iâ mewn hafnau yn y mynydd rhew ac o'i amgylch, ynghyd ag ychydig o gerrig bach. Roedd dychymyg y plant wedi'i danio ac roedden nhw'n llawn cwestiynau am fynyddoedd iâ, iâ a'r pengwiniaid. Daeth yn hysbys fod y ddau bengwin (pypedau), Flapjack a Waddle, yn treulio llawer o'u hamser yn adran rhewgell yr archfarchnad leol ond roedden nhw wedi cael eu gwahardd am adael olion traed yn yr hufen iâ. Roedden nhw wedi cyrraedd gyda digon o iâ wedi'i fenthyg o'r archfarchnad leol.

Rhoddwyd ciwbiau iâ ar blatiau bach i'r plant eu harchwilio a gofynwyd iddynt ofalu amdanynt am y bore. Roedd y wers llythrennedd y bore hwnnw'n cynnwys y plant yn disgrifio eu iâ, dod o hyd i lawer o eiriau 'rhynllyd' ac, ar ôl llawer o drafod, ysgrifennu ychydig o frawddegau am 'beth rwyf fi'n ei wybod am iâ.'

Dechreuodd y prynhawn gyda Chris yn galw'r gofrestr, gan gynnwys Flapjack a Waddle, a rhywfaint o drafod gyda'r ddau byped. Gofynnodd Chris o ble mae pengwiniaid yn dod a pha fath o dymereddau maen nhw wedi arfer â nhw. Roedd y plant yn gwybod eu bod yn dod o'r Antarctig a bod hwn yn le oer iawn lle'r oedd hi'n anodd cadw'n gynnes. Fe wnaethon nhw siarad am sut yr oedd pobl yn gyffredinol yn ffafrio hinsawdd gynhesach. Dangosodd yr athrawes lyfr mawr am bengwiniaid i'r plant. Fe wnaethant drafod sut mae heidiau o bengwiniaid yn cadw'n gynnes, gan bentyrru bob sut a'i chymryd yn eu tro i fod yng nghanol y grŵp. Fe wnaeth Chris bwysleisio'r ffaith bod hyn yn golygu bod yr holl bengwin- iaid yn cael cyfle cyfartal i gadw'n gynnes, eu bod nhw'n ei wneud yn deg.

Adolygodd Chris gyda'r plant beth roedden nhw'n ei wybod am iâ, gan ddef- nyddio eu taflenni o'r sesiwn llythrennedd. 'Mae iâ yn ymdoddi yn yr haul,' 'Mae mynyddoedd iâ oer,' 'Gall iâ adeiladu tŷ i chi,' 'Dŵr wedi rhewi ydy iâ,' 'Gallwch weld drwy iâ,' 'Gall iâ fod yn beryglus.' Yna dywedodd un plentyn sut yr oedd wedi llyncu ciwb iâ unwaith. Wrth drafod pennwyd fod ei gorff cynnes wedi ymdoddi'r ciwb, er ei fod wedi teimlo'n oer ac yn galed iawn wrth fynd i lawr. Gofynnod Chris i'r plant ddisgrifio eu ciwbiau iâ:

Pwy wnaeth ei rwbio ar eu talcen?

Aeth nifer o ddwylo i fyny.

Sut oedd o'n teimlo? 'Oer a gwlyb',

Beth ddigwyddodd i'ch ciwb iâ? 'It gone watery.' 'Mae wedi mynd yn ddyfrllyd.' 'Mae wedi gwasgaru dros y ddysgl.' 'Mae'n ddiferllyd.' 'Mae wedi ymdoddi.'

Esboniodd y pengwiniaid eu bod am ddod o hyd i'r man gorau i storio eu iâ fel na fydd yn ymdoddi'n rhy gyflym. Fe wnaeth Chris nodi nad oedd yr iâ yn hafnau'r 'mynydd iâ' wedi ymdoddi. Meddyliodd beth oedd y rheswm dros hyn.

'Efallai bod y pengwiniaid wedi ei gofleidio o dan eu coesau.'

Oni fyddai hynny'n ei wneud yn gynhesach?

Ceisiodd un plentyn egluro: 'Nid un bloc yn unig oedd yno, roedd nifer o flociau gyda'i gilydd.

Roedd y syniad hwn yn gymhleth iawn i'r dosbarth a sylweddolodd Chris, ac eithrio'r un plentyn hwn, nad oedd y dosbarth yn barod i'w ystyried eto. Dywe- dodd y byddant yn dychwelyd at y syniad 'gwych' hwn yn ddiweddarach.

Penderfynodd y plant roi'r ciwbiau iâ mewn mannau gwahanol yn yr ystafell ddosbarth a gweld pa mor hir roedd hi'n ei gymryd iddyn nhw ymdoddi. Casglodd Chris fwy o iâ o'r cwpwrdd storio. Roedd wedi'i gadw mewn bag rhewgell wedi'i lapio mewn haenau o bapur. Roedd wedi gwneud yn siŵr bod darnau o wahanol faint. Yna dewisodd Flapjack giwb iâ o'r hambwrdd i'w brofi, a dewisodd Waddle floc mwy a wnaed mewn twb hufen iâ. Gallai'r plant weld ar unwaith nad oedd hyn yn deg. Fe wnaethant drafod sut i wneud eu prawf yn deg.

Yn ôl wrth eu byrddau, rhoddwyd pedwar ciwb iâ i bob grŵp ar ddysglau bach a gofynnwyd iddynt feddwl am ble roedden nhw am eu rhoi. Rhoddodd yr athrawes daflen waith syml iddynt ar gyfer cynllunio a chofnodi. Roedd gofod i gofnodi lle rhod- dwyd yr iâ, pa ragfynegiad a wnaed am yr hyn fyddai'n digwydd ac yna rhoi canlyniad.

Roedd nifer o blant yn cael y daflen waith yn heriol. Fodd bynnag, fe'u gwelwyd yn symud o amgylch yr ystafell, roedd rhai yn dal eu dwylo allan i brofi tymheredd lleoliadau gwahanol. Aeth Chris o amgylch y grwpiau gan ofyn iddynt esbonio pam eu bod wedi dewis y mannau penodol.

Roedd hi'n awyddus i glywed eu syniadau o ran pam fod iâ yn ymdoddi. *'Pam wyt ti'n meddwl y gallai fod yn le da i gadw'r iâ?'* Ymddengys fod nifer o blant yn credu bod golau'r haul yn ffactor ac y byddai rhoi'r rhew yn y tywyllwch (fel yn y cwpwrdd storio neu mewn tŷ cardbord (Peter)) yn arafu'r broses o ymdoddi. Ond pan wnaeth un plentyn awgrymu lapio'r ciwb mewn plastig fe wnaeth plant eraill wrthod y syniad 'am y byddai'n ei wneud yn gynhesach.'

Aeth y plant allan ar gyfer amser egwyl ac wrth ddychwelyd fe wnaethant edrych ar eu ciwbiau iâ. Gofynnodd Chris iddynt feddwl am ba fan oedd y man gorau i gadw'r ciwbiau iâ hiraf.

Ar ddiwedd y prynhawn eisteddodd y plant ar y llawr i drafod eu canfyddiadau gyda Chris, Flapjack a Waddle. Cytunwyd mai'r man oeraf yn yr ystafell ddosbarth oedd y silff ffenestr. Roedd y plant yn meddwl bod y gwynt oer oedd yn dod i mewn yn cadw'r ciwbiau wedi rhewi yn hirach. Ond eto, roedd y ciwbiau yn y 'mynydd iâ' yn dal yno. Wedi meddwl am y broblem, awgrymodd un plentyn 'Efallai bod y polystyren wedi'i gadw'n oerach na'r cwpanau.' Unwaith eto, roedd plant eraill yn cael hyn yn anodd, ac roedd y syniad hwn o insiwleiddiad yn heriol.

Wrth adolygu ei gwers teimlai Chris fod y plant wedi mwynhau'r wers a'u bod wedi gallu archwilio iâ a dod yn ymwybodol bod iâ yn ymdoddi ar gyfraddau gwahanol mewn mannau â thymereddau gwahanol. Yn ystod y gweithgarwch ymarferol roedd hi wedi canolbwyntio ei harsylwadau ar nifer fechan o blant yr oedd hi'n teimlo allai gael trafferth creu ymchwiliad. Gwelodd nad oedd y plant hyn mewn gwirionedd wedi deall diben y gweithgaredd. Roedden nhw'n cael trafferth gyda'r syniad o brofion teg ac yn ei chael hi'n anodd deall beth oedd ystyr rhagfynegi. Cafodd nifer o'r plant drafferth wrth lenwi'r daflen waith. Er bod cwestiynu unigol wedi datgelu eu bod yn gallu gwneud a chefnogi eu rhagfynegiadau, roedden nhw'n ei chael hi'n anodd mynegi hyn yn ysgrifenedig. Teimlodd fod rhai plant yn parhau ar y pwynt o archwilio a disgrifio defnyddiau, roedd eraill ar bwynt lle roedden nhw'n deall y syniad o brawf teg, yn gallu gwneud rhagfynegiadau, ac yn gallu disgrifio a chymharu priodweddau defnyddiau. Fodd bynnag, nid oedd y rhan fwyaf yn gallu cofnodi eu syniadau'n glir yn y tabl a ddarparwyd. Penderfynodd, yn y wers nesaf, y byddai'n canolbwyntio mwy ar brofion teg ac ar ragfynegi ac o bosibl yn ceisio dod o hyd i ffyrdd haws o gofnodi canfyddiadau. (Gweler Ffigur 20.1 ar gyfer cynllun gwers Chris.)

Esbonio nos a dydd

Cefndir

Mae'r cofnod hwn yn seiliedig ar astudiaeth achos gan Fitzgerald (2012) gan ddefnyddio amrywiaeth o dechnegau ymchwil i gofnodi gwersi dau o athrawon cynradd yng Ngorllewin Awstralia a ddewiswyd fel 'athrawon gwyddoniaeth gynradd effeithiol'. Defnyddiodd un o'r athrawon, Lisa, uned ar seryddiaeth o raglen wyddoniaeth gynradd Awstralia *Primary Connections* gyda dosbarth o blant 8 a 9 mlwydd oed. Er yn athro profiadol gyda gradd mewn gwyddoniaeth, fe ddefnyddiodd yr uned oherwydd, eglurodd, yn hytrach na chanolbwyntio ar baratoi cynnwys y gwersi, golygai y gallai ganolbwyntio ei sylw ar addasu agweddau ar yr uned i weddu i ddiddordebau ac anghenion dysgu ei myfyrwyr.

Y gweithgareddau

Fel symbyliad i ennyn diddordeb y plant ar ddechrau'r uned dangosodd yr athrawes ddau glip YouTube: un yn gyfres o ddelweddau lloeren o'r Ddaear a'r llall yn gyfres o ffotograffau treigl amser o newidiadau mewn dinas dros 24 awr. Dywedodd 'Roeddwn am ddechrau meddwl am yr hyn sy'n achosi'r dydd a'r nos, ac roeddwn am iddyn nhw ddechrau gwneud cysylltiadau am y pethau maen nhw'n eu gweld yn eu bywyd eu hunain a'u profiad eu hunain.' Ar ôl i'r plant wylio'r clipiau gofynnodd Lisa iddyn nhw fynegi eu teimladau yn ogystal â'u harsylwadau, gan ymateb i bob cyfraniad mewn ffordd gadarnhaol. Yna, fel dosbarth cyfan, fe wnaethant feddwl am y gwahaniaethau rhwng y dydd a'r nos a beth roedden nhw'n ei wybod neu'n ei feddwl am yr hyn oedd yn achosi'r newidiadau dyddiol. Defnyddiodd siart TWLH (yr hyn rydych chi'n meddwl eich bod chi'n ei wybod (T), yr hyn rydych am ei wybod (W), yr hyn rydych chi wedi'i ddysgu (L), sut rydych yn gwybod beth rydych chi wedi'i ddysgu (H)), gan gwblhau adrannau T a W yn unig yn y wers gyntaf. Datgelwyd yr hyn yr oedd rhai plant yn credu eu bod yn ei wybod am yr Haul, y Ddaear a'r Lleuad yn y drafodaeth hon:

Athrawes	Beth yw rhai o'r pethau y credwn ein bod yn eu gwybod yn barod am yr Haul, y Ddaear a'r Lleuad? Ben, dechreua di.
Ben	Pan fydd y lleuad yn gilgant, mae yn y cysgod
Athrawes	Yn y cysgod? Wyt ti'n gallu esbonio ychydig mwy, Ben?
Ben	Mae yng nghysgod y Ddaear a phan ddaw'r Haul o gwmpas mae'r Ddaear yn cuddio'r Lleuad, felly dim ond ychydig bach o Haul mae'n ei gael a gallwch weld cysgod.
Athrawes	Iawn. Diolch am egluro hynny i mi, Ben. Gwych. Simon, beth arall ydyn ni'n meddwl ein bod ni'n ei wybod?
Simon	Bod yr Haul a'r Lleuad yn teithio o un ochr i'r byd i'r llall bob tro.
Athrawes	Iawn. Diddorol. Leah?
Leah	Mae'r Haul yn disgleirio yn y dydd ac yn mynd i ffwrdd yn y nos.
Athrawes	Diolch yn fawr iawn am hynny, Leah. Andrea?
Andrea	Mae gan un ochr o'r Ddaear yr Haul ac mae gan ochr arall y Ddaear y Lleuad.
Athrawes	Gwych. Rachel, un olaf.
Rachel	Pan fydd yr haul yn mynd i ffwrdd, mae'r Haul yn cael gorffwys.
Athrawes	Iawn.

Pan ofynnwyd iddynt beth yr hoffent ei wybod, roedd eu cwestiynau'n cynnwys: 'Sut mae'r Haul yn diflannu yn y nos?' 'O beth mae'r Lleuad wedi'i wneud?' 'Sut mae'r Ddaear yn troelli os nad oes unrhyw wynt neu aer?'

Yn yr ail wers, gweithiodd y plant mewn grwpiau yn tasgu syniadau am eiriau yr oeddent yn meddwl oedd yn gysylltiedig â'r Haul, y Ddaear a'r Lleuad. Rhannwyd y rhain gyda'r dosbarth cyfan fel ffordd o barhau â'r meddwl yn y wers gyntaf. Mewn ymgais i gasglu syniadau pob plentyn am y pwnc fe wnaeth Lisa roi taflen waith iddyn nhw ond sylweddolodd yn fuan nad dyma'r ffordd orau o ennyn eu syniadau. Sylwodd fod y plant wedi drysu gan y syniadau am symudiad y Ddaear o amgylch yr Haul a symudiad y Lleuad o amgylch y Ddaear. O ganlyniad ar gyfer y tair gwers nesaf gweithiodd y plant gyda gwrthrychau go iawn wrth iddi saernïo eu dealltwriaeth o feintiau cymharol a symudiadau'r Haul, y Ddaear a'r Lleuad. Dangosodd Lisa dri gwrthrych sfferig iddyn nhw – hedyn pupur, marblen a phêl-fasged – ac fe wnaethant drafod sut y gellid defnyddio'r rhain i gynrychioli'r Lleuad, y Ddaear a'r Haul. Er mwyn helpu i ddeall sut y gallai'r Haul mawr iawn ymddangos i fod tua'r un maint â'r Lleuad llawer llai, fe aethant â pheli o feintiau gwahanol iawn y tu allan i'r ystafell ddosbarth lle gallent edrych ar sut roedden nhw'n ymddangos wrth eu dal ymhell i ffwrdd. Drwy'r gweithgareddau hyn fe wnaethant sylweddoli y gallai gwrthrych mawr iawn oedd yn cael ei ddal ymhell i ffwrdd ymddangos i fod yr un maint â gwrthrych bach oedd yn llawer nes. Yna gwnaeth y plant eu modelau graddfa eu hunain o'r Haul, y Ddaear a'r Lleuad, gan fynnu eu bod yn meddwl eto am y meintiau cymharol.

Er mwyn dangos bod cylchdro'r Ddaear yn arwain at yr Haul yn ymddangos i symud, archwiliodd y plant safle'r Haul drwy weithgareddau cysgodol allan ar yr iard chwarae. Cafodd cysgod ffyn eu marcio ar adegau rheolaidd, gan roi digon o gyfle i farcio a phrofi rhagfynegiadau am hyd a safle'r cysgod ar adegau gwahanol. Gan ddefnyddio model dangosodd Lisa sut mae'r Ddaear yn troelli yn achosi dydd a nos. Mewn grwpiau, aeth y plant ati i chwarae rôl i ddangos eu dealltwriaeth o ddydd a nos. Bu pob grŵp yn ymarfer eu chwarae rôl lle roedden nhw'n eu defnyddio eu hunain fel gwrthrychau i egluro sut mae dydd a nos yn digwydd ac yna ei berfformio i'r dosbarth cyfan.

Roedd ymatebion y plant pan ofynnwyd am eu profiadau yn dangos eu bod wedi gwerthfawrogi bod y profiadau gwirioneddol drwy fodelau, animeiddio a chwarae rôl wedi helpu eu dysgu. Eglurodd un plentyn sut yr oedd yn teimlo bod y chwarae rôl yn helpu drwy: 'ddangos i ni sut mae'r Haul mewn gwirionedd yn aros yn llonydd tra bod y Ddaear yn troelli a'r Lleuad yn troelli o amgylch y Ddaear ' (Fitzgerald, 2012: 62). Ar yr un pryd, roedd gweithredoedd y plant yn rhoi adborth i Lisa am syniadau'r plant. Er enghraifft, nododd fod rhai o berfformiadau'r plant yn awgrymu syniad amgen lle'r oedd gan y Lleuad rôl wrth achosi dydd a nos. Profodd y camddealltwriaeth hwn i fod yn barhaus iawn, ac roedd yn amlwg o hyd yn esboniadau rhai o'r plant o ddydd a nos ar ddiwedd yr uned.

Yn ei chynllun gwreiddiol, roedd yr athrawes yn bwriadu rhoi sylw i lawer mwy o gynnwys yn ymwneud â safleoedd cymharol a symudiad yr Haul, y Ddaear a'r Lleuad ond roedd hi'n gweld bod y syniadau yn yr uned yn eithaf heriol i'w phlant 8 a 9 mlwydd oed. Felly fe wnaeth hi leihau'r amrywiaeth o syniadau i roi sylw iddynt ar y cam hwn a chanolbwyntio ar sut y gellir esbonio dydd a nos heb gyfeirio at y Lleuad.

Dosbarth Graham yn ymchwilio i bridd

Cefndir

Roedd Graham yn cyflwyno gweithgareddau gwyddoniaeth o fewn pwnc cyffredinol am dyfu bwyd i'w ddosbarth o blant 9 a 10 mlwydd oed. Cynlluniodd y dylai'r plant drafod ac ymchwilio i'r gwahaniaethau rhwng mathau o bridd. Roedd yn meddwl y dylai'r plant ymgymryd â rhai ymchwiliadau i bridd tywodlyd, pridd lôm, a phridd clai, felly fe wnaeth ddarparu samplau o bob un o'r rhain, ac fe wnaeth rhai o'r plant gyfrannu samplau at y rhain yr oedden nhw wedi dod gyda nhw o'u gerddi gartref. Roedd am i'r ymchwiliadau ddatblygu syniadau'r plant, ond roedd o'r farn ei bod yn bwysig dechrau o'u syniadau a'u cwestiynau cychwynnol. Byddai wedi bod yn hawdd gofyn i'r plant ddarganfod, er enghraifft 'Pa bridd sy'n dal y mwyaf o ddŵr?' 'Ydy dŵr yn draenio'n gyflymach drwy rai priddoedd nag eraill?' ac ati, ac i ddechrau ymchwiliadau'r plant o'r cwestiynau hyn. Mae'r rhain yn gwestiynau digon da i blant ymchwilio iddynt ac yn debygol o fod ymhlith y rhai y bu'r plant yn ymchwilio iddynt yn y pen draw, ond roedd am gadw ei gwestiynau'n ôl er mwyn canfod beth fyddai'r plant yn ei ofyn a pha syniadau oedd ganddynt.

Y gweithgareddau

Roedd rhan gyntaf y gwaith yn gam archwiliadol o edrych ar y gwahanol briddoedd. Mewn grwpiau, rhoddwyd samplau o'r tri phrif fath i'r plant, roedd gan rai lensys llaw, gograu, menig tafladwy a rhai cyfarwyddiadau agored iawn:

- Gwahanu pob un o'r priddoedd i'r gwahanol rannau sydd ynddo.
- Darganfod beth sydd wedi'i gynnwys yn yr holl briddoedd.
- Darganfod beth sy'n wahanol ym mhob pridd.
- Meddwl am sut y gallai'r gwahaniaethau hyn effeithio ar ba mor dda mae planhigion yn tyfu yn y priddoedd.

Roedd y dasg hon yn gofyn i'r plant ddefnyddio eu syniadau am wahanol ddefnyddiau wrth wneud eu harsylwadau. Roedd yn eu hannog i edrych yn ofalus ar y pridd ac i feddwl am y gwahaniaethau y gwnaethant eu canfod. Yn ystod y gweithgaredd hwn, aeth yr athro at bob grŵp i wrando ar yr hyn roedd y plant yn ei ddweud am y mathau o bridd. Roedd llawer o'u datganiadau ar y cam hwn yn cynnwys damcaniaethau a rhagfynegiadau. Dywedodd y plant yn gyflym pa un roedden nhw'n meddwl fyddai orau i blanhigion dyfu ynddo (yr un tywyllaf) ac i nodi'r gallu i ddal dŵr fel priodwedd angenrheidiol.

Yna roedd trafodaeth dosbarth cyfan, gan gronni canfyddiadau a syniadau o grwpiau gwahanol. Dywedodd Graham y byddent yn profi eu syniadau ynghylch pa un oedd orau ar gyfer tyfu planhigion pan fyddent wedi darganfod mwy am y priddoedd a'r gwahaniaethau a allai wneud un yn well na'r llall. Beth fyddai'r planhigion eu hangen i dyfu? Dŵr oedd yr ateb mwyaf poblogaidd. Fe wnaeth rai grybwyll 'gwrtaith' ac roedd trafodaeth am ystyr hyn o ran y priddoedd roedden nhw wedi edrych arnynt. Yn y diwedd fe'i nodwyd gyda'r darnau o ddail a'r deunydd planhigion pydredig y gwnaethant eu canfod, yn enwedig yn y lôm. Fe wnaeth Graham gyflwyno'r gair 'llysieubridd' i ddisgrifio'r rhan hwn o'r pridd.

Ni wnaeth unrhyw un sôn am bresenoldeb aer yn y pridd nes i'r athro ofyn iddyn nhw feddwl am pam bod garddwyr yn palu dros eu pridd a'r gwahaniaeth rhwng pridd oedd wedi'i gywasgu a'r un pridd mewn tomen rydd. Fe wnaeth eu herio i feddwl a oedd yr un faint o aer rhwng y gronynnau ym mhob pridd ac a oedd hyn yn debygol o wneud gwahaniaeth i ba raddau y byddai planhigion yn tyfu ynddo.

Nododd y drafodaeth bedwar prif wahaniaeth i ymchwilio iddynt: y gwahaniaethau o ran faint o ddŵr sy'n cael ei ddal yn y pridd; pa mor gyflym mae dŵr yn draenio drwy bob un; faint o lysieubridd sydd ym mhob un; a chyfanswm yr aer.

Roedd pob un o'r chwe grŵp lle'r oedd y plant yn gweithio yn dewis un o'r rhain ac yn mynd ati i gynllunio sut y byddent yn cynnal eu hymchwiliad.

Roedd yr ymchwiliadau'n cynnig cyfleoedd i helpu'r plant i ddatblygu eu sgiliau proses, er mwyn cynnal profion systematig a 'theg' a thrwy hynny byddent yn llunio canfyddiadau a oedd yn ddefnyddiol i ddatblygu eu syniadau. Gofynnodd iddynt i gynllunio beth fyddent yn ei wneud yn gyntaf a nodi beth fydden nhw ei angen o ran offer. Fe wnaeth holi pa newidynnau roedden nhw'n feddwl oedd angen eu rheoli a beth i'w arsylwi neu ei fesur drwy ofyn cwestiynau fel 'Sut fyddwch chi'n siŵr bod y gwahaniaeth yn cael ei achosi gan y math o bridd yn unig? Sut fyddwch chi'n gallu dangos y gwahaniaeth?' Fe wnaeth gadw ei syniadau ei hun am y pethau hyn iddo ef ei hun, i'w cyflwyno os nad oedd y plant yn cynhyrchu eu syniadau eu hunain. Anogodd Graham y plant i wneud nodiadau o'r hyn a ganfuwyd wrth fynd ymlaen ac yna defnyddio'r rhain i baratoi adroddiad o bob grŵp i'r dosbarth cyfan. Dywedodd wrthyn nhw y dylen nhw adrodd am yr hyn a wnaethon nhw a'r hyn y gwnaethon nhw ei ganfod, ond hefyd dweud ai dyna oedden nhw wedi'i ddisgwyl a cheisio esbonio'r gwahaniaethau roedden nhw wedi eu canfod.

Ar ddiwedd y gwaith ymarferol ac ar ôl cyfnod i ddod â'u nodiadau at ei gilydd yn eu grwpiau, cyflwynodd pob grŵp adroddiad yn ei dro, tra roedd plant eraill yn cael cyfle i ofyn cwestiynau. Ymataliodd Graham rhag gwneud sylwadau ar y pwynt hwn a gofynnodd gwestiynau er mwyn eglurhad yn unig wrth iddo restru'r canfyddiadau ar gyfer pob pridd ar y bwrdd gwyn. Gofynnodd i'r plant benderfynu pa rai fyddai orau ar gyfer tyfu planhigion. Nid oedd y dewis mor amlwg ag yr oedd rhai plant wedi ei feddwl i ddechrau, gan nad oedd un oedd 'orau' mewn un prawf y gorau yn yr holl brofion. Felly roedden nhw'n awyddus iawn i ddarganfod beth fyddai'n digwydd mewn gwirionedd pan fyddai hadau'n cael eu plannu yn y pridd.

Yna trodd Graham at y samplau o bridd yr oedd y plant wedi dod gyda nhw o'u cartrefi. Er mwyn eu cymharu â'r tri phridd roedden nhw wedi ymchwilio iddynt awgrymodd y dylid cymysgu ychydig o bob un â digon o ddŵr i lacio'r rhannau oddi wrth ei gilydd a chaniatáu i'r ansoddau wahanu wrth iddynt setlo i'r gwaelod. Yna, fe wnaethant ddefnyddio'r arsylwadau hyn ar yr hyn roedden nhw wedi'i ganfod am bridd i ragfynegi pa un allai fod yn bridd 'tyfu da'. Yna cafodd y samplau hyn eu cynnwys yn y treialon hadau a blannwyd gan y plant.

Cyn symud ymlaen i sefydlu'r ymchwiliad nesaf, gofynnodd Graham i'r plant fyfyrio ar ba rannau o'r gwaith roedden nhw newydd ei gwblhau yr oeddent wedi eu mwynhau fwyaf, a pham, a beth fyddent yn ei newid pe byddent yn dechrau eto.

Wythnos wyddoniaeth ar gyfer Blwyddyn 6

Cefndir
Gyda chymorth cydweithiwr o'r Ganolfan Dysgu Gwyddoniaeth Ranbarthol, rhywfaint o offer ychwanegol wedi'i fenthyg o'r ysgol uwchradd a'r coleg lleol a chyfraniadau gan yr heddlu lleol, fe wnaeth athrawon mewn un ysgol gynradd fawr yn Lloegr drefnu Wythnos Wyddoniaeth ar gyfer eu Blwyddyn 6 (10 - 11 mlwydd oed). Y syniad oedd dyfeisio thema drawsgwricwlaidd gyda ffocws ar wyddoniaeth ar ôl

i'r disgyblion gwblhau eu profion cenedlaethol. Roedd yr athrawon am i'r plant gael profiad o wyddoniaeth fel mae'n cael ei chymhwyso yn y byd go iawn ac i godi proffil mewn gwaith ymchwiliol, a oedd yn rhywbeth yr oedden nhw'n cydnabod iddo gael ei esgeuluso wrth baratoi ar gyfer y profion. Fe wnaethant gytuno eu bod am roi mwy o bwyslais ar waith grŵp a thrafodaeth yn hytrach nag ar ysgrifennu.

Gan weithio gydag ymgynghorydd o'r Ganolfan Dysgu Gwyddoniaeth fe wnaeth tri athro dosbarth drefnu'r wythnos gyda'i gilydd. Fe wnaethant benderfynu ar bwnc gwyddoniaeth fforensig i danio dychymyg disgyblion a rhoi'r potensial i ddefnyddio llawer o agweddau ar wyddoniaeth yn ogystal â phynciau eraill. Y syniad oedd sefydlu 'trosedd' yn yr ysgol. Y drosedd y cytunwyd arni oedd achos o ddwyn y ddau 'dlws rownderi' blynyddol. Byddai'r plant yn cystadlu am y rhain ac roedden nhw'n wrthrychau i'w gwerthfawrogi iddyn nhw. Cadwyd y tlysau mewn sied ar dir yr ysgol. Fe wnaethant gynllunio y gallai un o'r troseddwyr fod yn un o'r goruchwylwyr amser cinio, y pennaeth, gofalwr yr ysgol neu'n un o'r athrawon dosbarth. Fodd bynnag, roedd holl aelodau staff yr ysgol, gan gynnwys y staff nad oeddent yn addysgu, yn y llun. Roedd y gwaith cynllunio hefyd yn cynnwys yr heddlu lleol a chytunodd y Swyddog Safleoedd Troseddau (SOCO) i gymryd rhan.

Roedd cyfleoedd yn ystod yr wythnos i weithio ar ddinasyddiaeth, drama, ABGI (addysg bersonol, gymdeithasol ac iechyd) a sgiliau llythrennedd ond roedd cydlynydd gwyddoniaeth yr ysgol yn awyddus iawn i sicrhau nad oedd y wyddoniaeth yn cael ei cholli yn y chwarae rôl neu weithgareddau eraill.

Y meysydd gwyddoniaeth penodol a nodwyd oedd:

- Deunyddiau a'u priodweddau - nodi ffibrau, cromatograffaeth.
- Nodweddion pethau byw – olion bysedd, DNA.
- Ymholiad gwyddonol - tystiolaeth, arsylwi, damcaniaethu, cofnodi.

Y gweithgareddau

Ar y bore Llun cyrhaeddodd y disgyblion i weld car heddlu yn iard yr ysgol, a sied wedi'i hamgylchynu gyda thâp streipïog melyn. Casglwyd y dosbarthiadau Blwyddyn 6 mewn neuadd i gael gwybod am y drosedd. Siaradodd y SOCO gyda'r plant a dweud wrthynt y byddai angen eu help nhw arno. Gofynnodd am syniadau ynghylch tystiolaeth i chwilio amdani a chafwyd awgrymiadau ar unwaith ar gyfer olion bysedd, gwallt, olion traed. Pwysleisiodd bwysigrwydd peidio â chyffwrdd ag unrhyw beth nes bod ffotograffau a nodiadau wedi'u cymryd. Yna, yn eu tro, rhoddwyd camerâu i grwpiau wedi eu gwisgo mewn oferôls gwyn a chyflau ac aethant gyda'r SOCO i archwilio safle'r drosedd.

Roedd ffenestr wedi torri yn y sied a rhywfaint o 'waed' ar y llawr. Roedd trosol wedi cael ei ddefnyddio i agor y clo. Roedd tun o gwrw sinsir a darn o restr siopa yn gorwedd ar y llawr. Hefyd, cafwyd olion traed yn y mwd y tu allan a rhai darnau o ffabrig. Sylwodd y disgyblion fod yr olion traed oedd yn arwain i ffwrdd o'r sied yn dod i ben yn ddisymwth. Roedden nhw'n tybio bod y troseddwr wedi tynnu ei esgidiau ar y pwynt hwn.

Fe wnaethon nhw dynnu lluniau gyda chamera digidol a chasglu tystiolaeth i fynd yn ôl gyda nhw i'r ystafell ddosbarth. Yno fe wnaethant weithio mewn grwpiau i ystyried y dystiolaeth, gyda ffotograffau o'r olygfa wedi'u hargraffu. Buont yn trafod ac yn datblygu rhestr o bobl dan amheuaeth ar sail y dystiolaeth a oedd ganddynt am staff a oedd â mynediad i'r sied, neu a oedd â rhywfaint o gymhelliad. Lluniwyd cwestiynau cyfweliadau ac aethant i gyfweld pob un o'r rhai dan amheuaeth, gan gofnodi eu hymatebion i'w rhannu ag eraill. Sylwodd un grŵp fod gan y goruchwyliwr amser cinio rwyg yn ei blows; roedd hyn yn rhoi rheswm i gymharu ffibrau o'r ffabrig a ganfuwyd ar safle'r drosedd. Fe wnaethant ddefnyddio microsgop digidol wedi'i fenthyg o'r ysgol uwchradd i edrych ar y ffibrau a ganfuwyd ar y safle ac i'w cymharu â'r rhai hynny ar flows y goruchwyliwr cinio.

Daeth arbenigwr olion bysedd yr heddlu i'r ysgol i ddangos i'r disgyblion sut i gymryd olion bysedd o'r tun cwrw sinsir. Yna casglodd y disgyblion sampl o olion bysedd gan yr holl bobl dan amheuaeth a'u cymharu â'r rhai o'r tun gan ddefnyddio lensys llaw. Gwnaed mowldiau o olion traed, cymerwyd ffotograffau a mesuriadau a nodwyd yr olion traed fel rhai'r athro dosbarth (oedd yn cadw ei feic yn y sied). Yn y cyfamser cafodd y pennaeth ei dynnu allan o'r ymchwiliad 'oherwydd bod ei droed mewn cast plastr'.

Roedd y disgyblion eisiau dadansoddi'r llawysgrifen ar y rhestr siopa oedd yn y sied. Gwnaethant hyn mewn dwy ffordd. Yn gyntaf fe wnaethant ofyn i bob un dan amheuaeth ysgrifennu rhywbeth ar bapur tebyg. Yna, fe wnaethant gasglu pennau ysgrifennu'r unigolion dan amheuaeth er mwyn dadansoddi'r inc a'i gymharu gyda'r un ar y rhestr, gan ddefnyddio cromatograffaeth. Dangosodd yr athrawon iddynt sut i wneud hyn, gan ymarfer ar ffa siocled wedi'u gorchuddio â haen o siwgr grisial (Smarties). Gwelsant sut roedd y lliwiau'n gwahanu wrth i'r llifyn ymledu ar draws y papur hidlo llaith. Yna, fe wnaethant ddefnyddio'r sgiliau hyn i brofi darnau bach o'r rhestr siopa a ganfuwyd ar safle'r drosedd, gan ei gymharu â'r pennau ysgrifennu a ddefnyddiwyd gan bob un dan amheuaeth. Wrth wneud hyn, a chan ddefnyddio'r dadansoddiad o lawysgrifen, roedden nhw'n gallu nodi'r llawysgrifen fel ysgrifen ysgrifenyddes yr ysgol.

Er mwyn dadansoddi'r 'gwaed' dywedwyd wrth y plant am DNA ac am yr Athro Howard Jeffries oedd wedi datblygu prawf ar gyfer DNA. Benthycwyd yr offer, a rhoddwyd y cemegau angenrheidiol i'r ysgol, gan y coleg lleol er mwyn i'r disgyblion allu cynnal eu profion DNA eu hunain. Gwnaed hyn gyda chymorth yr ymgynghorwr o'r Ganolfan Dysgu Gwyddoniaeth (sydd hefyd yn rhedeg sesiynau ar gyfer athrawon ar sut i wneud profion DNA). Disgrifiwyd y broses hon 'yn y bôn fel cromatograffaeth drwy roi 200 o foltiau drwy DNA i'w wahanu.'

Pan roddwyd yr holl dystiolaeth at ei gilydd daethpwyd i'r casgliad mai un o'r athrawon dosbarth oedd yn euog.

Er mai un nod oedd peidio â phwysleisio cofnodi ac ysgrifennu confensiynol, roedd y disgyblion yn awyddus i ysgrifennu erthyglau ar gyfer cylchgrawn yr ysgol. Cafwyd llawer o drafodaethau hefyd am faterion y tu hwnt i'r wyddoniaeth o ddatrys y drosedd, megis ynglŷn â diogelwch, rôl yr heddlu, natur y dystiolaeth. Roedd y disgyblion wedi mwynhau'r wythnos yn fawr ac roedd yr athrawon yn teimlo bod y plant wedi dysgu llawer iawn mewn ffordd ddiddorol iawn. Roedd un athro yn poeni am foeseg bod yn anonest gyda'r disgyblion drwy ddweud wrthyn nhw bod hon yn drosedd go iawn. Roedd eraill wedi nodi bod plant wedi deall cyn hir nad oedd yn real, ond fe wnaethant sylweddoli fod ymuno wir wedi eu galluogi i gael hwyl a rhoi cynnig ar lawer o weithgareddau newydd.

Crynodeb

Mae'r bennod hon yn cynnwys cofnodion o weithgareddau mewn pum dosbarth gwahanol, rhyngddynt yn cwmpasu'r oedrannau rhwng 5 ac 11 mlwydd oed. Mae pob astudiaeth achos yn darparu rhywfaint o wybodaeth gefndir ac un neu fwy o wersi ar bwnc. Maen nhw'n egluro sut mae gweithdrefnau a disgwyliadau yn yr ystafell ddosbarth yn newid wrth i blant symud ymlaen drwy'r blynyddoedd cynradd. Mae'r holl enghreifftiau yn disgrifio digwyddiadau go iawn mewn dosbarthiadau go iawn ac nid ydynt wedi'u bwriadu fel modelau er eu bod yn adlewyrchu sawl nodwedd o arfer effeithiol mewn addysg gwyddoniaeth i blant ifanc. Caiff y nodweddion hyn, a gyflwynir yn fyr ar y dechrau, eu trafod yn fanylach yn y bennod nesaf gyda darluniau o'r astudiaethau achos.

Darllen pellach

Mae *Primary Science Review*, 92 (Mawrth/Ebrill 2006) yn cynnig nifer o erthyglau ar ddefnyddio straeon, cerddi a phypedau i ymgysylltu plant mewn gwyddoniaeth, gan gynnwys:

- 'Involving young children through stories as starting points' gan Jill Cavendish, Bev Stopps a Charly Ryan;
- 'Puppets bringing stories to life in science' gan Brenda Keogh, Stuart Naylor, Brigid Downing, Jane Maloney a Shirley Simon;
- 'Goldilocks and the three variables' gan Graham Lowe.

Mae *Primary Science Review*, 90 (Tach./Rhag. 2005) yn cynnwys yr erthyglau canlynol ar thema gwyddoniaeth fforensig:

- 'The baker did it!' gan Ian Richardson (ar sut mae gweithgareddau gwyddoniaeth fforensig yn gallu ymgysylltu plant i ddatblygu eu sgiliau ymholi);
- 'Murder' gan Ivor Hickey, Colette Murphy, Jim Beggs a Karen Carlisle (yn disgrifio sut y gall plant gynnal profion DNA drwy gymryd olion bysedd);
- 'Fibres, blood and broken glass' (Bob Tomlinson yn siarad gyda Alan Peacock am waith Ymchwilwyr Safleoedd Troseddau).

4

Profiadau ar gyfer dysgu gwyddoniaeth

Cyflwyniad

Mae dwy brif adran i'r bennod hon. Yn y gyntaf rydym yn adolygu'r enghreifftiau ym Mhennod 3, gan fyfyrio ar rai nodweddion allweddol sy'n eu nodweddu fel gweithgareddau gwyddoniaeth effeithiol. Mae'r ffurf y mae pob un o'r nodweddion hyn yn ei chymryd yn amrywio ar draws y pum enghraifft, sy'n rhychwantu'r ystod oedran o 5 i 11 mlwydd oed. Mae'r amrywiad yn rhannol yn adlewyrchiad o'r gwahanol bynciau ond yn bennaf oherwydd y newidiadau mewn plant yn ystod blynyddoedd addysg gynradd. Er enghraifft, mae ystyr 'perthnasedd' yn amrywio'n sylweddol rhwng plant ym mlwyddyn 1 a phlant ym mlwyddyn 6. Yn yr ail adran rydym yn trafod sut y gellir defnyddio'r nodweddion allweddol i werthuso'r cyfleoedd dysgu sy'n cael eu cyflwyno mewn gweithgareddau. Dangosir hyn gan ddefnyddio un o'r achosion fel enghraifft. Rydym hefyd yn trafod sut y gellir cyfoethogi gweithgaredd pan fo gwerthuso yn nhermau'r nodweddion yn dangos lle gellir cynyddu'r cyfleoedd ar gyfer dysgu.

Nodweddion allweddol profiadau dysgu

Ar ddechrau Pennod 3, nodwyd yn gryno chwe nodwedd o weithgareddau sy'n eu gwneud yn effeithiol wrth helpu plant i ddysgu mewn gwyddoniaeth. Fe wnaethom hefyd nodi rôl yr athro i sicrhau presenoldeb y nodweddion hyn a'r angen am gynllunio hyblyg sy'n ymateb i adborth o adweithiau plant i'r gweithgareddau. Mae Blwch 4.1 yn rhoi rhestr fwy ymhelaethol o'r nodweddion hyn, a byddwn yn ei defnyddio wrth drafod pob un a'r ffurf a gymerodd yn yr enghreifftiau. .

Blwch 4.1 Nodweddion allweddol profiadau dysgu a ddangoswyd yn yr enghreifftiau

- Difyr, diddorol a pherthnasol i blant; cymell cwestiynu a datrys problemau.
- Cysylltu â syniadau presennol y plant, adeiladu ar brofiad blaenorol a gweithio tuag at syniadau mawr.
- Cynnwys ymchwilio'n weithredol i ddefnyddiau a digwyddiadau go iawn.
- Hybu siarad, deialog a chyfathrebu ar ffurfiau amrywiol.
- Defnyddio a datblygu sgiliau ymholi.
- Defnyddio technoleg i gynorthwyo ymholiad.

Difyr, diddorol a pherthnasol i blant

Rhaid ystyried hyn mewn perthynas â'r holl blant, yn fechgyn ac yn ferched, a rhai o gefndiroedd cymdeithasol ac ethnig gwahanol, fel bod gweithgareddau'n hygyrch i bawb. Nid yw diddordeb bob amser yn ddigymell ond gellir ei annog drwy, er enghraifft:

- arddangos deunyddiau yn y dosbarth cyn pwnc newydd, gyda chwestiynau i ysgogi chwilfrydedd;

- rhoi sylw i wrthrychau a deunyddiau y mae plant yn dangos diddordeb ynddynt ac y maen nhw o bosibl wedi dod â nhw i'r ystafell ddosbarth;

- chwarae rôl a storïau;

- fideos, clipiau o YouTube, CDs, efelychiadau o ddigwyddiadau go iawn.

Mae ystyr 'perthnasedd' yn newid wrth i blant fynd yn hŷn ac mae'r hyn sy'n ddifyr ac o ddiddordeb iddynt hefyd yn newid. Mae perthnasedd yn bwysig ym mhob cyfnod fel bod disgyblion yn gweld pwynt yn yr hyn y mae gofyn iddynt ei wneud. Mae diffyg perthnasedd canfyddedig yn debygol o fod yn rheswm pwysig pam mae agweddau at wyddoniaeth yn mynd yn llai cadarnhaol wrth i blant fynd yn hŷn (Murphy a Beggs, 2003). Yn y blynyddoedd cynradd hwyrach, mae'r hyn a ystyrir yn berthnasol yn agosach at fywyd go iawn na'r storïau dychmygus sydd yn aml yn ysbrydoli gweithgareddau'r blynyddoedd cynharach. Yn wir, mewn rhai ysgolion cynradd, mae disgyblion hŷn yn cymryd rhan weithredol mewn gwneud penderfyniadau go iawn am, er enghraifft, leihau'r defnydd o ynni yn yr ysgol drwy brosiectau sy'n cynnwys monitro'r defnydd o ynni a thymheredd i osgoi gwastraff drwy orboethi. Mae teganau a storïau smalio yn llai tebygol o gael eu hystyried yn berthnasol gan unigolyn 11 mlwydd oed na chan blentyn 5 mlwydd oed.

Aeth yr holl athrawon yn yr enghreifftiau ym Mhennod 3 i gryn drafferth i gynllunio a rhoi rhywfaint o symbyliad cychwynnol i ddal sylw'r plant a gosod cwestiwn iddynt ei ateb mewn cyd-destun gwirioneddol, neu ddynwaredol. Dywedodd Kathy stori wrth ei phlant 5/6 mlwydd oed am gi bach, gan ddefnyddio cartwnau a gyflwynwyd ar y bwrdd gwyn rhyngweithiol. Aeth Chris ati i greu 'mynydd iâ' ffug yn yr ystafell ddosbarth, ac roedd ei disgyblion 6 a 7 mlwydd oed yn barod i'w dderbyn fel rhywbeth digon real. I'r disgyblion hŷn, ym Mlwyddyn 6, roedd efelychiad mwy argyhoeddiadol yn briodol ar ffurf 'safle trosedd'. I'r rhai 8 a 9 mlwydd oed, efallai y bu cymryd rhan mewn gweithgaredd meddwl am y dydd a'r nos yn fwy heriol, ond roedd dangos y newidiadau ar draws dinas dros 24 awr gan ddefnyddio ffotograffiaeth treigl amser yn ffordd newydd o edrych ar rywbeth cyfarwydd a sbardunodd chwilfrydedd ynghylch achos y newidiadau.

Cysylltu â syniadau presennol y plant

Er mwyn i weithgareddau fod yn ystyrlon ac yn ddiddorol, dylent helpu plant i ddeall a darganfod mwy am y pethau y maen nhw wedi dod ar eu traws yn uniongyrchol neu'n anuniongyrchol ac i ddatblygu ymhellach y syniadau a'r sgiliau a ddefnyddiwyd ganddynt o'r blaen. Dylai fod yn bosibl i blant wneud cysylltiad rhwng profiad newydd a phrofiad blaenorol.

Ym Mhennod 5, lle rydym yn edrych ar beth mae astudiaethau o'r ymennydd yn gallu ei ddweud wrthym am ddysgu, mae tystiolaeth sy'n cefnogi pwysigrwydd gwneud cysylltiadau a mynnu bod dysgwyr yn gwneud ymdrechion ymwybodol i wneud synnwyr o brofiad newydd o ran yr hyn maen nhw'n ei wybod eisoes. Mae tystiolaeth hefyd i gefnogi pwysigrwydd profi llwyddiant ar gyfer ysgogi dysgu pellach. Ond mae'n rhaid i blant hefyd brofi boddhad o feistroli syniadau mwy cymhleth a ffyrdd mwy soffistigedig o feddwl. Felly mae angen ymdeimlad o ddilyniant.

Yn y pedair enghraifft gyntaf ym Mhennod 3, gwnaeth yr athrawon ymdrechion arbennig i ddarganfod y syniadau oedd gan y plant eisoes am y gwrthrychau a'r defnyddiau i ymchwilio iddynt:

- Trafododd Kathy yr hyn yr oedd y plant yn ei wybod am beli cyn iddi ddangos y casgliad o wahanol rai a ddarparodd iddyn nhw. Pan oedden nhw'n trin y peli, fe wnaethant barhau, drwy eu sylwadau, oedd yn cael eu hannog yn rhydd gan yr athrawes, i nodi sut roedden nhw'n disgwyl i'r peli fod.

- Fe wnaeth Chris archwilio syniadau'r plant am iâ yn ymdoddi, cyn iddyn nhw fynd ati i'w gadw rhag ymdoddi.

- Ar ôl i'r plant wylio'r delweddau 'dydd a nos' fe wnaeth Lisa archwilio'r syniadau oedd gan y plant am y gwahaniaethau ac achos y newidiadau bob 24 awr. Hefyd fe wnaeth hi roi cynnig ar ddefnyddio taflen waith i gasglu syniadau'r plant am y symudiadau yng nghysawd yr haul, ond nid oedd hyn yn ddefnyddiol gan nad oedd gan y plant ddigon o afael ar y safleoedd perthnasol i wneud synnwyr o'r cwestiynau.

- Yn nosbarth Graham, syniadau'r plant am y ffactorau sy'n gwneud un math o bridd yn well na'r llall ar gyfer tyfu planhigion oedd y man cychwyn. Gan nodi na wnaethant sôn am aer, ymestynnodd eu syniadau cyntaf fel bod set mwy cyflawn o newidynnau, gan gynnwys aer, yn cael eu hymchwilio. Roedd datblygu gwell dealltwriaeth o natur priddoedd a'u rôl yn nhwf planhigion yn nod pwysig i Graham gael ei adeiladu mewn sawl gwers, a dim ond y dechrau oedd hyn.

Ymchwilio'n weithredol i wrthrychau a defnyddiau

Mae plant oedran ysgol gynradd yn dysgu orau pan fyddant yn gallu arsylwi ac ymchwilio i wrthrychau, defnyddiau a digwyddiadau yn uniongyrchol. Yn ystod y blynyddoedd cynnar, mae gallu plant i ddelio â syniadau haniaethol yn gyfyngedig; mae angen iddyn nhw ei wneud a gweld pethau drostynt eu hunain. Mewn gwyddoniaeth, mae hyn yn golygu gallu rhyngweithio â phethau yn y byd ffisegol a biolegol o'u hamgylch a'u trin. Felly, maen nhw angen defnyddiau a gwrthrychau i'w harchwilio ac offer i'w defnyddio yn eu hymchwiliadau.

Yn nosbarthiadau Kathy a Chris roedden nhw'n ymdrin â phethau cyfarwydd - peli a iâ - gan ymestyn eu syniadau amdanynt drwy ymchwilio. Nid oedd modd trin a thrafod gwrthrychau'n gyfatebol yn achos yr Haul, y Ddaear a'r Lleuad, wrth gwrs, ond fe wnaeth Lisa ddarparu profiad pendant mewn sawl ffordd: o'r delweddau yn y dilyniant treigl amser, y modelau o'r Ddaear, y Lleuad a'r Haul, a defnyddio nhw eu hunain i berfformio'r symudiadau cymharol. Fe wnaeth hyn alluogi rhai o'r plant i gael profiad o'r gwrthrychau 'gwirioneddol', ond i eraill roedd defnyddio pêl, neu berson, i gynrychioli'r pethau go iawn yn gam anodd ei gymryd. Yn sicr, ymchwiliodd dosbarth Graham i'r pethau go iawn ac efallai oherwydd y gallai pridd fod wedi ymddangos yn rhy gyfarwydd i gyffroi diddordeb, rhoddodd amser iddynt archwilio ac edrych yn fanwl ar y gwahanol samplau. Wrth ymchwilio i'r olygfa drosedd rhoddwyd amrywiaeth o brofiadau uniongyrchol i ddisgyblion Blwyddyn 6, o ddefnyddio cromatograffeg i ddefnyddio microsgop digidol.

Siarad ac adrodd

Mae'r broses o ddysgu gwyddoniaeth yn cynnwys datblygu a newid y syniadau sydd gan unigolion. Mae cyfeiriad y newid yn deillio o syniadau'r plant eu hunain, a allai fod yn anwyddonol (fel y gwelwn ym Mhennod 6) tuag at syniadau sy'n cael eu rhannu'n ehangach oherwydd eu bod yn esbonio ystod o ffenomenâu. Mae mynegi syniadau a gwrando ar eraill yn rhan bwysig o'r broses hon. Ond gall rhannu a newid syniadau fod yn beryglus ac mae'n bwysig bod athrawon yn cymryd camau i osgoi awyrgylch ystafell ddosbarth a fyddai'n atal plant rhag gwyntyllu a rhannu syniadau, efallai drwy fod yn rhy gystadleuol neu'n awyddus i gael 'yr ateb cywir' (gweler Pennod 13). Mae dysgu'n cael ei annog drwy 'feddwl yn uchel', pan fydd dysgwyr yn rhoi sut maen nhw'n gwneud synnwyr o bethau mewn geiriau, er mwyn ei gwneud hi'n glir iddyn nhw eu hunain ac eraill; yr hyn maen nhw'n ei ddeall a'r hyn nad ydyn nhw'n ei ddeall. Dyma'r brif ffordd i athrawon gael mynediad at feddwl plant, yn enwedig yn y blynyddoedd cynnar, pan nad yw plant yn ddigon medrus wrth ysgrifennu a thynnu lluniau i fynegi eu syniadau.

Roedd llawer iawn o siarad, gyda chwestiynau, atebion ac adrodd mewn gwahanol ffyrdd, yn yr holl enghreifftiau, ac roedd siarad yn chwarae rhan bwysig wrth roi cyfle i'r athrawon fanteisio ar syniadau'r disgyblion. Fodd bynnag, o werth arbennig wrth ddatblygu eu syniadau, mae'r siarad anffurfiol ymhlith grwpiau o blant lle byddant yn cyfnewid syniadau ac yn sylweddoli bod gwahanol safbwyntiau i'w safbwyntiau nhw eu hunain. Mae canfod beth mae eraill yn ei feddwl yn ffactor allweddol wrth ddatblygu syniadau a rennir yn ehangach. Yr enw mae Douglas Barnes (1976) wedi'i roi ar hyn yw 'cyd-adeiladu' syniadau (gweler Pennod 7); helpu ei gilydd i wneud synnwyr o bethau. Mewn termau syml mae'n golygu 'rhoi ein pennau at ei gilydd', sydd yn aml yn arwain at well dealltwriaeth nag unrhyw un sy'n gweithio pethau allan ar eu pen eu hunain. Roedd plant ifanc iawn Kathy angen yr arweiniad a ddarparwyd mewn cyd-destun dosbarth cyfan i'w hannog i siarad ac i wrando ar sylwadau ei gilydd. Fe wnaeth disgyblion Chris eistedd mewn grwpiau i siarad am eu tasg ond penderfynodd pob un ble i roi ei giwb iâ yn unigol, nid fel penderfyniad ar y cyd. Fel Kathy, gwnaeth Chris a Lisa bwynt o drafod a defnyddio geiriau perthnasol. Cafodd gwaith grwpiau gwahanol ei dynnu ynghyd mewn ffyrdd gwahanol – yn ôl perfformiad yn nosbarth Lisa, neu drwy adrodd mewn achosion eraill. Yn nosbarth Graham, lle'r oedd grwpiau wedi rhoi cynnig ar wahanol bethau, roedd yr adrodd yn arbennig o werthfawr gan fod cyfuno eu canlyniadau yn bwysig o ran cyflawni canlyniad cyffredinol i'r dosbarth.

Defnyddio a datblygu sgiliau ymholi

Cyfeirir weithiau at sgiliau ymchwilio fel sgiliau proses, gan eu bod yn ymwneud â'r prosesau o ryngweithio gyda deunyddiau a 'phrosesu' gwybodaeth sydd wedi cael ei meithrin, ond ymholi (neu ymholiad) yw'r term a ddefnyddir yn fwy eang erbyn hyn. Maen nhw'n cynnwys sgiliau corfforol llawdrin a sgiliau meddwl sy'n ganolog i resymu ac i ddatblygiad dealltwriaeth. Mae sgiliau ymholi yn cael eu datblygu pan fyddant yn cael eu defnyddio. Felly, yr hyn sy'n bwysig yw bod plant yn cael y cyfle, er enghraifft, i godi cwestiynau, i awgrymu ffyrdd o'u hateb, i wneud rhagfy-negiadau, i gynnig esboniadau (damcaniaethau), i gasglu tystiolaeth ac i'w dehongli mewn perthynas â'r cwestiwn sy'n cael ei ymchwilio ganddynt (gweler Pennod 8).

Mae'r syniad o 'degwch' wrth gymharu gwrthrychau neu ddeunyddiau yn gyfl-wyniad defnyddiol i 'fod yn wyddonol' i blant ifanc, hyd yn oed os mai dim ond un math o ymholiad gwyddonol ydyw. Fe wnaeth Kathy a Chris dywys eu disgyblion i sefydlu ymchwiliadau ar ffurf 'pa un sydd orau?' gyda gwrthrychau cyfarwydd. O ran dosbarth Chris, dim ond yn y man cychwyn yr oedd datblygiad y sgiliau hyn ac roedd yn amlwg bod ar y plant angen mwy o gyfleoedd i'w datblygu mewn sawl achos. Yn ei gwaith cynllunio, fe wnaeth Chris ymgorffori dewis annheg y pengwiniaid o giwbiau rhew i annog y plant i feddwl am brofion teg. Fe wnaeth Kathy a Chris osgoi dweud wrth y plant beth i'w wneud ('rhowch un ciwb iâ yma a'r llall yma' neu 'daliwch y peli ar yr un uchder a gweld pa rai sy'n sboncio uchaf pan fyddant yn cael eu gollwng'), ond yn hytrach fe wnaethant roi cyfle i'r plant benderfynu beth i'w wneud. Yn ogystal â rhoi rhywfaint o berchenogaeth iddyn nhw o'u hymchwiliadau, roedd hyn hefyd yn rhoi'r cyfle iddynt ddechrau meddwl a datblygu sgiliau fel cynllunio prawf teg, rhagfynegi a chyfathrebu canlyniad.

Yn nosbarth Lisa rhoddwyd cyfleoedd i ddefnyddio sgiliau ymholi gan y gweithgareddau go iawn gyda'r peli a'r ffyn cysgod. Gwnaeth y plant ragfynegiadau ynghylch pa mor bell i ffwrdd y byddai angen i'r bêl sy'n cynrychioli'r Haul fod i ymddangos yr un maint â'r bêl lawer llai sy'n cynrychioli'r Lleuad. Hefyd, fe wnaethant nodi a defnyddio patrymau yn safleoedd cysgodion eu ffyn ar wahanol adegau.

Roedd y gweithgareddau 'troseddu' yn wythnos wyddoniaeth Blwyddyn 6 yn arbennig o gyfoethog o ran y potensial i ddatblygu dull systematig a gofalus o gasglu data, ar gyfer cydnabod pwysigrwydd cofnodi a deall sut i ddefnyddio data wrth ddod i gasgliadau. Fodd bynnag, nid oes angen ei osod mewn ffordd gymhleth (er ei bod yn hwyl) i ddatblygu'r sgiliau hyn a deall ymchwil wyddonol. Gofynnodd Gra-ham i'w ddisgyblion gynllunio eu hymchwiliad, gan ddisgwyl iddynt gadw nodi-adau i'w helpu wrth adrodd. Fe wnaeth hefyd eu hannog i fyfyrio ar sut y gallent fod wedi gwella eu hymchwiliadau, gan ganolbwyntio felly ar y broses ac nid ar ganlyniad eu hymchwiliadau yn unig.

Defnyddio technoleg

Ym Mhennod 14 rydym yn trafod rolau technoleg mewn gweithgareddau gwyddo-niaeth. Mae'r defnydd o dechnoleg gyfrifiadurol yn arbennig wedi tyfu'n eithriadol o gyflym yn ystod y blynyddoedd diwethaf, a gyda hynny, y cydnabyddiaeth mai'r hyn sy'n bwysig yw sut mae'r dechnoleg yn cael ei defnyddio i helpu dysgu yn hytrach na'r ffurf y mae'n ei chymryd. Yn wir, mae rhyw fath o dechnoleg 'lefel isel' yn gysylltiedig â phob math o ddysgu, fel yn y defnydd o lyfr neu'r sialc a'r bwrdd du traddodiadol. Mae disodli'r rhain gyda'u cymheiriaid 'uwch dechnoleg' yn ddefnyddiol dim ond os yw'n ychwanegu gwerth dysgu.

Yn yr enghreifftiau, nid oedd y defnydd o dechnoleg gyfrifiadurol yn amlwg yn y gwersi a ddisgrifiwyd, er bod cyfle i fwy mewn gwaith pellach. Fe wnaeth Graham ddarparu lensys llaw i'w ddisgyblion edrych yn fanylach ar y samplau o bridd. Ni fyddai defnyddio delweddwr (gweler Blwch 9.5) neu ficrosgop o reidrwydd wedi ychwanegu at werth y gweithgaredd ac efallai y byddai wedi lleihau'r gwerth drwy dynnu sylw at yr offer hyd yn oed. Fodd bynnag, yn ymchwiliadau fforensig Blwyddyn 6, fe wnaeth defnydd y disgyblion o ficrosgop digidol eu galluogi i weld manylion na fyddent fel arall wedi bod yn weladwy. Fe wnaethant hefyd ddefnyddio camerâu digidol i gofnodi tystiolaeth ar ffurf y gellid ei hadolygu a'i thrafod yn hawdd gan nifer o blant gyda'i gilydd. Mewn achosion eraill yr athro a ddefnyddiodd dechnoleg i gynyddu'r dysgu: Kathy wrth gynhyrchu cofnod ffotograffig o weithgareddau a fyddai'n cael eu defnyddio mewn gwersi diweddarach, a Lisa o ran darparu delweddau treigl amser a gafodd effaith fwy uniongyrchol nag a allai fod wedi deillio o ddefnyddio ffotograffau llonydd.

Gwaith cynllunio a defnyddio adborth gan athrawon

Ym mhob achos mae maint y cynllunio gofalus yn agwedd drawiadol o'r gwaith. Fodd bynnag, ar wahân i wythnos wyddoniaeth Blwyddyn 6 (a oedd yn eithriadol ac a oedd wedi'i gymell gan ffilmio'r wythnos ar gyfer Teachers' TV mae'n debyg), ni threfnwyd hwn ar gyfer achlysur arbennig. Mae'n ddigon posibl y byddai rhywun yn gofyn: pam aeth yr athrawon i'r drafferth hon yn hytrach na defnyddio dulliau eraill a fyddai wedi golygu llai o baratoi? Mae'r ateb yn deillio o ganfyddiadau'r athrawon o'r ffordd mae plant yn dysgu orau a'u hymrwymiad i ddarparu gweithgareddau gyda'r nodweddion rydyn ni wedi'u trafod. Ond mae'n wir hefyd fod y gwersi a ddisgrifiwyd ar ddechrau pwnc ac y byddai'r gwaith yn parhau dros gryn amser. Fe wnaeth Kathy ymgorffori'r cyfle i ail-edrych ar rannau o waith y plant trwy dynnu lluniau a chreu 'llyfr mawr' i'w drafod yn nes ymlaen. Byddai hyn yn galluogi'r plant i barhau i ddysgu o'r gweithgareddau hyn. I ddosbarth Chris, hefyd, byddai trafod ac ymchwilio yn parhau i gynyddu gwerth y gwaith a roddwyd i greu'r wers a'r olygfa gymhleth a ddisgrifiwyd. Felly ni fyddai bob gwers o bell ffordd yn gofyn am y gwaith paratoi sy'n amlwg yn angenrheidiol ar gyfer y gwersi yr ydym wedi cael cipolwg arnynt yma. Mewn gwirionedd, byddai'r ymdrech yn cael ei wastraffu i raddau helaeth pe na bai amser yn dilyn i fyfyrio ar y dysgu maen nhw wedi'i ddarparu, a'i atgyfnerthu.

Ym mhob achos, mae'r pynciau yn rhan o gynlluniau tymor hir rhaglen pob ysgol, wedi'u dyfeisio i sicrhau dilyniant o ran datblygu dealltwriaeth a sgiliau cysyniadol a bodloni gofynion y cwricwlwm cenedlaethol. Yn ei waith cynllunio tymor canolig, nododd Graham sut yr oedd y gwaith ar bridd yn cyd-fynd â gwaith y tymor presennol ac yn adeiladu ar yr hyn yr oedd y plant wedi'i wneud yn flaenorol ynghylch yr hyn oedd ei angen ar gyfer tyfiant planhigion, sut y byddai'n arwain at syniadau am ffurfiant pridd a thrafod yr angen i gadw ei ffrwythlondeb i dyfu bwyd. Yn ei waith cynllunio tymor byr, fe gynlluniodd beth fyddai ef a'r plant yn ei wneud, ystyried rhai o'r cwestiynau y byddai'n eu gofyn a pharatoi ei hun gyda gwybodaeth am y syniadau y gallai plant eu cael a gydag awgrymiadau ar gyfer gweithgareddau o ffynonellau fel *Rocks, Soil and Weather* Weather Canllawiau Athrawon ar gyfer Gwyddoniaeth Gynradd Nuffield (1995). Yn yr un modd, defnyddiodd Lisa gwricwlwm cyhoeddedig a oedd eisoes wedi'i ddatblygu'n dda fel nad oedd angen dechrau cynllunio o'r newydd.

Un o nodweddion arwyddocaol cynllunio'r athrawon oedd eu parodrwydd i addasu a newid eu cynlluniau mewn ymateb i'r adborth o adweithiau'r disgyblion. Nododd Chris fod ei phlant ifanc yn gweld y syniad o inswleiddio yn anodd a phenderfynodd beidio â mynd ar drywydd y rhesymeg hon am yr hyn a fyddai'n cadw'r iâ rhag toddi. Fel Lisa, gwelodd Chris nad oedd defnyddio taflenni gwaith yn ddefnyddiol o ran archwilio syniadau plant a'u helpu i gynllunio. Ymatebodd Lisa hefyd i anawsterau ei disgyblion gydag effeithiau symudiadau'r Haul, y Ddaear a'r Lleuad drwy leihau ei nodau i ganolbwyntio ar yr un maes, o ddydd a nos. Wrth ddefnyddio adborth i addasu eu haddysgu, roedd yr athrawon hyn yn ymgorffori agwedd bwysig ar asesu ffurfiannol yn eu haddysgeg (gweler Pennod 15).

Gwerthuso a chyfoethogi gweithgareddau

Gellir defnyddio'r nodweddion gweithgareddau sy'n gyfleoedd dysgu a restrir ym Mlwch 4.1 fel meini prawf i werthuso potensial dysgu gweithgareddau, y rhai sydd eisoes wedi'u cynllunio a rhai newydd sy'n cael eu cynllunio. Gallant hefyd ddangos sut i gyfoethogi gweithgareddau nad ydyn nhw'n bodloni'r meini prawf. Gellir gwneud hyn i gyd gan lynu wrth ofynion cynnwys oherwydd, yn y rhan fwyaf o achosion, y ffordd y mae'r plant yn rhyngweithio â'r deunyddiau, gyda'i gilydd a gyda'r athro, nid y cynnwys, sy'n gwneud y gwahaniaeth rhwng cyfle dysgu cyfoethocach a thlotach.

Gwerthuso gweithgareddau

Mae Blwch 4.2 yn dangos sut y gellir defnyddio'r meini prawf, a fynegir fel cwestiynau, wrth werthuso'r gwersi yn un o'r astudiaethau achos, gan gymryd yr ymchwiliadau o bridd yn nosbarth Graham fel enghraifft.

Blwch 4.2 Gwerthuso gwersi Graham am bridd

Oedd y gweithgareddau'n ddifyr, yn ddiddorol ac yn berthnasol i'r plant?
Crëwyd diddordeb gan y posibilrwydd o dyfu eginblanhigion a defnyddio samplau pridd o'u gerddi eu hunain. Gan fod y gwaith o fewn pwnc cyffredinol bwyd, byddai'r posibilrwydd o dyfu rhywbeth y gallent ei fwyta wedi cynyddu'r perthnasedd. Roedd y gweithgareddau'n caniatáu ar gyfer amrywiaeth o wahanol fathau o ryngweithio â'r deunyddiau a fyddai'n diwallu anghenion gwahanol. Efallai bod plant ag anawsterau dysgu wedi mynd mor bell â theimlo, arogli ac edrych ar y pridd yn unig er mwyn gwerthfawrogi eu gwahaniaethau.

Oedden nhw'n cysylltu â phrofiad blaenorol ac yn adeiladu arno?
Roedd y plant wedi plannu hadau yn flaenorol ac roedd ganddynt brofiad o'u gweld yn tyfu'n eginblanhigion. Felly roeddent yn ymwybodol bod gwreiddiau yn y pridd a oedd yn bwysig wrth bennu iechyd y planhigyn. Cafodd syniad y plant o bridd fel un sylwedd – ac nad oedd yn ddiddorol iawn – ei ddatblygu'n un a oedd yn cydnabod gwahanol fathau ac ansoddau. Datblygwyd syniadau am wahaniaethau pwysig rhwng priddoedd; er enghraifft, datblygodd eu syniadau o'r un cychwynnol bod priddoedd tywyll yn fwy ffrwythlon. Efallai y bydd datblygiad pellach o ran deall sut y caiff pridd ei ffurfio yn dilyn o'r arsylwadau hyn o'r hyn yr oedd yn ei gynnwys.

parhau . . .

Blwch 4.2 parhad

Oedden nhw'n trin ac yn ymchwilio i ddefnyddiau?

Defnyddiai'r plant eu golwg, arogl a chyffyrddiad yn rhydd i archwilio'r pridd, pan oeddent yn trin y priddoedd ac yn edrych yn ofalus gan ddefnyddio chwyddwydr, ac yn yr ymchwiliad dan reolaeth o gwestiynau penodol. Manteisiwyd yn dda ar y cyfleoedd yn y gweithgaredd hwn; gallai'r synhwyrau eraill gael eu defnyddio'n fwy priodol mewn gweithgareddau eraill. Roedd y plant yn weithredol yn feddyliol ac yn gorfforol wrth gynllunio ac wedyn wrth gynnal eu profion.

A wnaeth y plant siarad a chyfleu eu syniadau mewn ffyrdd eraill?

Roedd y gwaith grŵp cychwynnol yn y cam archwiliadol yn cynnwys siarad mewn grwpiau bach ac fe wnaeth y drafodaeth dosbarth cyfan roi cyfleoedd i adrodd yn fwy ffurfiol gan bob grŵp a chyfle am sgyrsiau strwythuredig. Ni wyddom a wnaeth y plant luniau o'r gwahaniaethau y gwnaethant eu canfod mewn priddoedd yn ystod yr ymchwiliadau grŵp. Mewn rhai ymchwiliadau, byddai tynnu lluniau yn helpu i roi ffocws i'r arsylwi, gan ei gwneud yn ofynnol i blant symud rhwng y gynrychiolaeth a'r pethau go iawn, gan fireinio eu gallu i nodi gwahaniaethau.

A allent ddatblygu sgiliau ymholi?

Roedd llawer o gyfleoedd i ddefnyddio a datblygu sgiliau arsylwi, cynllunio, dehongli a chyfathrebu. Roeddent yn cael eu hannog i gymharu eu disgwyliadau â'u canfyddiadau ac i fyfyrio ar sut i wella eu hymchwiliadau. Wrth gasglu tystiolaeth yn ofalus a'i defnyddio i benderfynu ar y pridd gorau, roedd parodrwydd i newid eu syniadau ar sail tystiolaeth yn cael ei annog. Cafodd eu sgiliau a'u hagweddau ymholi eu datblygu hefyd drwy gynnal cymariaethau gofalus a cheisio esboniadau, yn hytrach na'u disgrifio'n unig.

Mae adolygu gwers Graham drwy ddefnyddio'r fframwaith hwn hefyd yn datgelu rhai agweddau lle gellid bod wedi cynyddu cyfleoedd dysgu. Er enghraifft, gallai fod wedi bod yn fwy eglur o ran annog plant i gyfnewid safbwyntiau a rhesymau dros eu safbwyntiau am y samplau pridd mewn grwpiau bach; gallai hefyd fod wedi trafod gyda'r plant beth i'w gynnwys yn eu hadroddiadau. (Mae'n ddigon posibl bod y pethau hyn wedi cael eu gwneud, ond nid ydynt wedi'u cofnodi yn yr astudiaeth achos). Felly mae'r math hwn o ddadansoddiad yn ddefnyddiol ar adeg cynllunio gweithgareddau yn ogystal ag ar gyfer gwaith athrawon o fyfyrio ar eu gwersi.

Cyfoethogi gweithgareddau

Pan fo llawer o syniadau ar gyfer gweithgareddau ar gael mewn deunyddiau cwricwlaidd nid oes angen i athrawon ddechrau o'r dechrau, ond yn aml mae'n bosibl, ac yn wir yn angenrheidiol, i addasu gweithgareddau er mwyn sicrhau eu bod yn darparu profiadau dysgu cyfoethog i blant. Cymerwch enghraifft o'r gweithgaredd a gyflwynwyd i'r plant ar y cerdyn gwaith ym Mlwch 4.3. Mae yna rai rhesymau amlwg pam mae hyn wedi'i gyfyngu fel profiad dysgu er ei fod yn sicr yn weithgaredd y byddai'r rhan fwyaf o blant yn ei fwynhau. Mae rhai pwyntiau cadarnhaol yn werth eu hystyried cyn meddwl sut y gellir ei addasu.

Blwch 4.3 Cerdyn gwaith parasiwt

- Torrwch 4 darn o linyn 14 modfedd (35 cm) o hyd

- Torrwch sgwâr 14 modfedd (35-cm) o blastig cadarn

- Ewch ati i dapio neu glymu'r llinyn i bob cornel o'r plastig yn ddiogel

- Clymwch ben rhydd y 4 llinyn gyda'i gilydd mewn cwlwm. Gwnewch yn siŵr fod y llinynnau i gyd yr un hyd

- Clymwch un llinyn tua 6 modfedd (15 cm) o hyd i'r cwlwm

- Ychwanegwch bwysau, fel wasier, i ben rhydd y llinyn

- Tynnwch y parasiwt i fyny yn y canol. Gwasgwch y plastig i'w wneud mor wastad â phosibl

- Plygwch y parasiwt ddwywaith

- Lapiwch y llinyn yn llac o amgylch y plastig

- Taflwch y parasiwt i fyny i'r awyr.

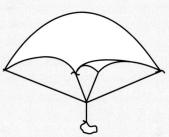

Canlyniadau Mae'r parasiwt yn agor ac yn cario'r pwysau yn araf i'r ddaear.

Pam? Mae'r pwysau'n disgyn yn gyntaf, gan ddadweindio'r llinyn gan fod y parasiwt, am ei fod yn fwy, yn cael ei ddal yn ôl gan yr aer. Mae'r aer yn llenwi'r plastig, gan arafu cyfradd y disgyniad. Os yw'r pwysau'n disgyn yn gyflym mae angen defnyddio gwrthrych llai.

Gall y pwnc fod yn gysylltiedig â diddordebau plant ar draws sbectrwm eang, heb unrhyw ragfarn amlwg o ran rhyw na diwylliant, felly mae'n bodloni'r maen prawf cyntaf. Mae'n defnyddio defnyddiau syml a diogel, sy'n gyfarwydd ac yn rhad, a byddai'n weithgaredd hawdd i athrawon ei reoli. Mae hefyd yn bodloni'r maen prawf bod plant yn defnyddio eu synhwyrau'n uniongyrchol a'u bod nhw'n weithredol. Fodd bynnag, nid ydynt yn cael eu gwahodd i fod yn fyfyriol, nac i ddatblygu eu syniadau eu hunain am yr hyn sy'n digwydd. Mae'r plant yn trin defnyddiau, ond dim ond yn ôl cyfarwyddiadau. Gall hyn fod yn ddechrau da pan fydd yn rhaid dysgu technegau penodol, ond byddent yn dysgu mwy am yr hyn sy'n digwydd drwy ryngweithio â'r defnyddiau yn fwy annibynnol.

Mae defnyddio'r meini prawf yn dangos rhai o'r ffyrdd y gellir cyfoethogi'r gweithgaredd hwn.

Adeiladu ar brofiad plant a hybu cynnydd
Mae profiadau plant o wrthiant aer yn niferus ac nid ydynt wedi'u cyfyngu i barasiwtiau. Gallai'r plant ei gysylltu â digwyddiadau sy'n fwy cyffredin bob dydd, fel reidio beic mewn gwynt cryf ac adenydd 'hofrennydd' hadau sycamorwydd a welir yn syrthio'n araf i lawr i'r ddaear. Dylid eu hannog i feddwl am wrthiant aer mewn perthynas â

symudiad llorweddol, mewn cychod hwylio a llongau hwyliau yn ogystal ag er mwyn arafu awyrennau sy'n glanio ar redfeydd byr a chludwyr awyrennau. Gellir eu herio i feddwl am y math o ddefnyddiau ac adeiladwaith sydd eu hangen ym mhob achos.

Gall cardiau gwaith fod yn ddefnyddiol os ydynt yn rhoi cymhelliad i blant gwestiynu a dod o hyd i ffyrdd o ateb eu cwestiynau eu hunain. Yn yr achos hwn, gellid defnyddio'r cyfarwyddiadau i sicrhau profiad cychwynnol ac yna annog plant i godi cwestiynau: beth sy'n digwydd os nad oes pwysau ar y llinyn? mwy o bwysau? canopi mwy/llai? siâp gwahanol? Fel arall, gallai'r gweithgaredd ddechrau gyda'r profiad o daflu nifer o barasiwtiau, o feintiau gwahanol a siapiau gwahanol hyd yn oed, a sylwi ar sut maen nhw'n syrthio. Byddai hyn yn darparu'r cyd-destun ar gyfer mynegi eu syniadau cychwynnol am yr hyn sy'n digwydd a'r cyfle i'w cymharu â thystiolaeth.

Annog siarad a chynrychiolaeth o ddigwyddiadau
Pan fydd yn rhaid i blant ddilyn cyfarwyddiadau, mae eu sgyrsiau yn canolbwyntio ar fanylion yr hyn y mae'n rhaid iddyn nhw ei wneud yn hytrach nag ar ddiben ei wneud neu'r hyn y maen nhw'n ei ddysgu ohono: 'Lle wyt ti'n clymu'r llinynnau?' 'Paid â rhoi'r pwysau yn y fan yna, mae'n rhaid iddo fynd yma' 'Mae angen i ti ei daflu fel hyn'. Efallai y bydd angen gwneud hyn ar y dechrau ond ar ôl y profiad cychwynnol, mae lle i sgwrsio sydd yn llawer mwy defnyddiol yn addysgol gan ganolbwyntio ar 'pam' yn hytrach na 'beth'. Gallai'r cyfarwyddiadau yn y daflen waith ofyn i'r plant egluro beth sy'n digwydd, i drafod mewn grwpiau sut i wneud i'r parasiwt ddisgyn yn gyflymach/arafach, i gytuno ar sut i brofi eu syniadau ac yna ei wneud. Mae'n siŵr y byddai cwestiynau eraill yn codi, am effaith y llwyth crog, y gellir eu trafod mewn grwpiau neu gyda'r dosbarth cyfan.

Mae hon yn enghraifft dda o weithgaredd lle gellid gofyn i blant wneud lluniad anodedig o'r hyn maen nhw'n credu sy'n digwydd, a pham y mae newid rhai pethau yn newid y ffordd mae'r parasiwt yn syrthio. Gellid annog plant i weithio mewn grwpiau i ychwanegu labeli a saethau i ddangos eu syniadau am y grymoedd sy'n gweithredu.

Defnyddio a datblygu sgiliau ymholi
Un o brif bwyntiau'r gweithgaredd yw galluogi'r plant i nodi swyddogaeth yr aer wrth arafu cwymp y parasiwt. Felly byddai'n ddefnyddiol i blant arsylwi pa mor gyflym y bydd y parasiwt yn syrthio pan na chaiff agor. Efallai y byddai archwilio parasiwtiau mwy a llai yn datblygu syniadau'r plant am effaith yr aer. Gellid trafod hefyd pam mae'r parasiwt yn disgyn o gwbl gan arwain at gydnabod y prif rymoedd sy'n gweithredu ar y parasiwt pan fydd yn disgyn. Nid yw rhoi esboniad i'r plant o'r rheswm 'pam' mae'r parasiwt yn symud yn araf yn gadael i'r plant ddefnyddio ac archwilio eu syniadau eu hunain. Yn anaml iawn mae esboniad am ddigwyddiad gan eraill yn arwain at ddealltwriaeth; mae'n rhaid i'r plant ei ddatrys drostyn nhw eu hunain.

Mae darparu cyfarwyddiadau manwl yn amddifadu'r plant o'r cyfle i ymchwilio a meddwl drostynt eu hunain am sut i wneud parasiwt. Mae diffyg unrhyw ymchwiliad ar ôl llunio'r parasiwt yn cyfyngu ymhellach ar gyfleoedd i blant ddatblygu eu sgiliau ymholi. Mae llawer o newidynnau sy'n effeithio ar gwymp y parasiwt, fel siâp, arwynebedd, hyd llinynnau, y gallai'r plant archwilio iddynt mewn ffordd dan reolaeth wrth iddynt brofi gwahanol syniadau a cheisio dod o hyd i atebion i gwest-iynau y maen nhw'n eu codi drostynt eu hunain. Byddai mwy o ymchwiliadau wedi'u cynllunio gan y plant yn rhoi cyfle iddynt adolygu eu gwaith yn feirniadol a gwella eu hymholiadau yn y dyfodol.

Hyd yn oed yng nghyd-destun taflen waith, gellid cael cyfarwyddiadau ar gyfer cronni syniadau o fewn grŵp, gan gynllunio sut i ddarganfod 'beth sy'n digwydd os...' a pharatoi adroddiad grŵp i'w roi pan fyddan nhw'n cyfarfod gyda'i gilydd fel dosbarth i wrando ar adroddiadau cynnydd ei gilydd a rhannu syniadau. Gallai gwahanol grwpiau ymchwilio i wahanol newidynnau ac felly gallai syniadau am esboniadau gael eu profi mewn gwahanol ffyrdd – a yw'r esboniad am effaith newid maint y canopi hefyd yn esbonio beth sy'n digwydd pan newidir y siâp? neu pan fydd twll yn y canopi?

Goblygiadau o ran cynllunio gwersi

Mae goblygiadau pwysig i gyfoethogi gweithgareddau yn y mathau hyn o ffyrdd.

- Yn gyntaf, bydd yn dibynnu mwy ar yr athro nag ar gynnwys y gweithgaredd. Yn achos y cerdyn gwaith, er y gall geiriad gofalus gyfrannu'n helaeth at annog plant i ddefnyddio eu syniadau eu hunain a meddwl am bethau drostynt eu hunain, mae llai o le i'r plant wneud eu cysylltiadau eu hunain a mynd ar drywydd eu cwestiynau eu hunain.

- Yn ail, bydd yn sicr o gymryd mwy o amser. Rhaid pwyso a mesur hyn yn erbyn y cyfleoedd dysgu mwy o lawer. Bydd llai o weithgareddau, gyda mwy o gyfle ar gyfer gwahanol fathau o ddysgu, ar gyfer trafod, myfyrio ac ar gyfer datblygu sgiliau, yn cyfrannu mwy at ddysgu gyda dealltwriaeth.

- Yn drydydd, mae angen math gwahanol o gynllunio gwersi. Mae cynllunio i ganiatáu i blant ddefnyddio a datblygu eu syniadau eu hunain yn gofyn am fwy o gynllunio, nid llai, na pharatoi gweithgareddau sydd wedi'u rhagnodi. Mae'n golygu meddwl am rôl yr athro a'r plant yn y gweithgareddau. Mae hyn yn cael ei ystyried ym Mhennod 20.

Crynodeb

Yn y bennod hon rydym wedi trafod nodweddion allweddol gweithgareddau sy'n rhoi cyfleoedd i blant ddysgu mewn gwyddoniaeth. Y chwe nodwedd, sy'n cael eu dangos gan yr enghreifftiau ym Mhennod 3, yw y dylai gweithgareddau:

- fod yn ddifyr, diddorol a pherthnasol i blant; cymell cwestiynu a datrys problemau.

- gysylltu â syniadau presennol y plant, adeiladu ar brofiad blaenorol a gweithio tuag at syniadau mawr.

- gynnwys ymchwilio'n weithredol i ddefnyddiau a digwyddiadau go iawn;

- hybu siarad, deialog a chyfathrebu ar ffurfiau amrywiol;

- defnyddio a datblygu sgiliau ymholi;

- defnyddio technoleg i gynorthwyo ymholiad.

Rydym wedi dangos sut y gellir defnyddio'r nodweddion hyn fel meini prawf ar gyfer gwerthuso a chyfoethogi gweithgareddau presennol a gweithgareddau arfaethedig. Mae enghraifft o gymhwyso'r meini prawf i gerdyn/taflen waith yn dangos manteision ac anfanteision y math hwn o arweiniad ar gyfer gweithgareddau ymarferol a'r goblygiadau i gynlluniau athrawon o gyfoethogi gweithgareddau er mwyn ehangu'r cyfleoedd i ddysgu drwy ymholi.

Darllen pellach

Bianchi, L. a Thompson, P. (2011) Science within cross-curricular approaches, in W. Harlen (gol.) *ASE Guide to Primary Science Education*. Hatfield: ASE, 53–60.

Murphy, C. a Beggs, J. (2003) Children's perceptions of school science, *School Science Review* 84(308): 109–116.

Ynglŷn â dysg plant

Mae'r pum pennod yn y rhan hon yn ymwneud â'r hyn rydyn ni'n ei wybod am y ffordd y mae plant yn dysgu a sut y gellir defnyddio'r wybodaeth hon i ddatblygu eu dysg mewn gwyddoniaeth. Ym Mhennod 5 rydym yn trafod gwahanol safbwyntiau ar y broses ddysgu, gan gynnwys yr hyn y gall niwrowyddoniaeth ei ddweud wrthym am newidiadau yn yr ymennydd sy'n gysylltiedig â dysgu. Mae ystyried dysgu fel proses gymdeithasol, yn hytrach na phroses hollol unigol, yn darparu sail resymegol ar gyfer y pynciau eraill yn y rhan hon: pwysigrwydd syniadau plant eu hunain; dysgu trwy siarad; a dysgu trwy gyfrwng ymholiad. Mae Pennod 6 yn cyflwyno canfyddiadau ymchwil o'r syniadau am y byd o'n hamgylch mae plant yn eu datblygu o ryngweithio ac arsylwi mewn bywyd bob dydd. Mae natur y syniadau hyn (sy'n aml yn anwyddonol) yn arwain at sylweddoli bod angen eu hystyried os yw plant am ddatblygu syniadau mwy gwyddonol.

Mae pwysigrwydd siarad, a drafodir ym Mhennod 7, nid yn unig yn golygu gwneud syniadau'n hygyrch i eraill ond mae hefyd yn fodd o ddatblygu syniadau, yn enwedig yng nghyd-destun deialog gyda'r athro a dysgwyr eraill pan fydd syniadau'n cael eu llunio wrth ryngweithio ag eraill. Mae Pennod 8 yn gonglfaen i'r llyfr hwn sy'n canolbwyntio ar ddysgu drwy ymholiad. Gan ddefnyddio'r astudiaethau achos ym Mhennod 3, mae'n cynnig fframwaith, neu fodel, o ddysgu drwy ymholiad. Mae'r model yn disgrifio sut y gall ymholiad, gan ddechrau o syniadau presennol plant, helpu plant i symud o'u syniadau 'bach' eu hunain sy'n aml yn anwyddonol tuag at syniadau 'mwy' sydd yn cyd-fynd â thystiolaeth. Mae Pennod 9 yn ymwneud â rôl TGCh sy'n ehangu'n gyflym o ran darparu'r dystiolaeth sydd ei hangen ar blant i ddatblygu eu dysgu drwy ymholiad. .

5

Yr hyn a wyddom am ddysg plant

Cyflwyniad

Fe wnaeth Pennod 4 dynnu sylw at nodweddion profiadau dysgu o enghreifftiau o weithgareddau dosbarth sy'n gysylltiedig ag arfer effeithiol wrth helpu dysg plant mewn gwyddoniaeth. Yn y bennod hon, dechreuwn drwy edrych ar y broses o ddysgu a syniadau gwahanol am sut y caiff dysgu ei gyflwyno. Er mai dim ond drwy edrych ar ymddygiad allanol y gallwn farnu p'un a yw dysgu wedi digwydd, gallwn ddefnyddio'r hyn a wyddwn o niwrowyddoniaeth i edrych ar newidiadau mewnol yn yr ymennydd sy'n ymddangos i fod yn gysylltiedig â dysgu. Felly, yn yr ail adran byddwn yn trafod beth mae ymchwil i weithgarwch yr ymennydd yn ei ddatgelu am newidiadau sy'n gysylltiedig â phrofiadau amrywiol. Mae trosolwg cryno o nodweddion strwythurol yr ymennydd yn ein harwain i ystyried rhai newidiadau sy'n ymwneud â nodweddion sy'n gysylltiedig â dysgu. Mae'r rhain yn cynnwys cof, emosiynau, dysgu gydag eraill a gan eraill, a chyfnodau allweddol mewn dysgu. Rydym hefyd yn nodi rhai mythau poblogaidd am ddysgu a'r ymennydd, nad ydynt yn cael eu cefnogi gan dystiolaeth o niwrowyddoniaeth. Mae'r drydedd adran yn ystyried goblygiadau'r wybodaeth hon am yr ymennydd i ddysgu yn gyffredinol a dysgu gwyddoniaeth yn benodol. Yma gwelwn dystiolaeth ddiddorol i gefnogi'r hyn mae astudiaethau ystafell ddosbarth yn ei ddweud wrthym am arfer da o ran addysgu a dysgu.

Barn am ddysgu

Sut ydych chi'n ystyried y broses ddysgu?

Ydych chi o'r farn ei bod yn golygu:

- proses o gaffael gwybodaeth drwy gyfarwyddyd gan eraill (dysgu fel 'cael eich addysgu')?

- neu, fel proses lle mae'r holl ddysgwyr yn gwneud synnwyr o brofiad a gwybodaeth newydd drwy eu hymdrechion eu hunain (dysgu fel 'gwneud synnwyr unigol')?

- neu, fel proses sy'n cynnwys dysgwyr yn gwneud synnwyr o brofiad a gwybodaeth newydd drwy feithrin eu gwybodaeth gydag eraill (dysgu fel 'meithrin gwybodaeth gydag eraill')?

Mae'r dewisiadau amgen hyn yn cynrychioli'r tair damcaniaeth fwyaf cyffredin o ddysgu (Watkins, 2003). Er y bydd adegau pan fydd dysgu yn debyg i'r holl brosesau hyn, bydd y ffordd mae athrawon yn ystyried y broses ddysgu yn bennaf yn dylanwadu ar y ffordd maen nhw'n meddwl am eu rôl – fel ffynhonnell o wybodaeth wedi'i hatgyfnerthu fel un sy'n rhoi gwobrau a chosbau, neu fel darparwr mynediad i weithgareddau dysgu mae disgyblion yn eu profi yn unigol neu mewn grwpiau.

Roedd y farn gyntaf o'r rhain am ddysgu, a ddisgrifiwyd fel *ymddygiadol* o ddysgu, yn gyffredin yn ystod hanner cyntaf yr ugeinfed ganrif. Yn ei fersiynau symlach, mae dysgu'n cael ei ystyried yn rhywbeth y gellir ei dderbyn yn barod gan eraill, heb ystyried syniadau a sgiliau presennol. Ond arweiniodd canfyddiadau ymchwil, yn arbennig canfyddiadau Piaget o ganol yr ugeinfed ganrif, at y gydnabyddiaeth fod plant yn datblygu syniadau o'u geni a'u bod yn dod i'r ysgol nid gyda phennau gwag yn barod i gael eu llenwi â chyfarwyddyd gan yr athro, ond gyda syniadau wedi'u ffurfio eisoes wrth iddyn nhw geisio gwneud synnwyr o'u profiad o'r byd o'u hamgylch. Mae'r gwaith hwn o lunio syniadau yn parhau yn ystod eu blynyddoedd yn yr ysgol, ac yn wir mae datblygu dealltwriaeth yn dibynnu arno. Mae'r gydnabyddiaeth hon o gyfranogiad gweithredol dysgwyr wrth lunio'r hyn maen nhw'n ei ddysgu yn cyd-fynd â *dull lluniadaethol* gwybyddol o ddysgu. Hynny yw, dysgwyr yn gwneud synnwyr o brofiadau newydd sy'n dechrau o syniadau a sgiliau sy'n bodoli eisoes.

Yn fwy diweddar cydnabyddir nad yw dysgu yn fater cwbl unigol, neu'n unigol i raddau helaeth hyd yn oed, ond ei fod yn digwydd drwy ryngweithio cymdeithasol. Dyma sail y persbectif *lluniadaethol diwylliannol-gymdeithasol* ar ddysgu. Yn y syniad hwn, mae dealltwriaeth yn deillio o wneud synnwyr o brofiad newydd gydag eraill yn hytrach na thrwy weithio'n unigol. Mewn grŵp cydweithredol, mae dysgwr unigol yn cymryd yr hyn sydd ei angen i helpu ei ddealltwriaeth/dealltwriaeth o brofiad a rennir, ac yna'n cyfleu'r canlyniad fel mewnbwn i'r drafodaeth grŵp. Mae'r grŵp yn mynd yn ôl ac ymlaen yn gyson o waith unigol i waith grŵp gan fod gwybodaeth yn cael ei llunio ar y cyd drwy ryngweithio cymdeithasol a deialog. Mae adnoddau ffisegol ac iaith hefyd yn chwarae rolau pwysig yn y broses hon (James, 2012; Harlen 2013: 32).

Mae'r syniad o ddysgu fel gweithgaredd cymdeithasol a chydweithredol yn cydnabod gwerth siarad, ond nid dyma'r unig ffordd y byddwn yn dysgu gan eraill. Mewn ystafelloedd dosbarth, mae'r rhyngweithio rhwng disgyblion a rhwng disgyblion ac athrawon yn digwydd wyneb yn wyneb yn bennaf, ond gall dysgu gan eraill, a gydag eraill, ddigwydd drwy waith ysgrifenedig hefyd. Gall adborth i blant yn ysgrifenedig (marcio) fod yn sianel effeithiol ar gyfer deialog rhwng yr athro a phlant, ar yr amod bod y sylwadau yn datblygu'r dysgu a bod gan y plant amser i ddarllen a myfyrio ar y sylwadau (gweler Pennod 16) a gwella neu ychwanegu at eu gwaith mewn ymateb. At hynny, efallai y bydd darllen yr hyn y mae eraill wedi ei ysgrifennu mewn llyfrau neu flogiau neu gyfryngau eraill yn cyflwyno gwybodaeth neu syniadau i ddysgwyr sy'n newid neu'n ehangu syniadau'r dysgwr ei hun.

Rydym yn edrych nawr ar yr hyn a wyddom am newidiadau yn yr ymennydd sy'n gysylltiedig â dysgu ac i ba raddau mae niwrowyddoniaeth yn darparu tystiolaeth i gefnogi'r casgliadau am ddysgu a nodwyd o arsylwadau o ymddygiad sy'n gysylltiedig â dysgu, fel ym Mhennod 4.

Beth rydyn ni'n ei ddysgu am ddysg gan niwrowyddoniaeth?

Bu cynnydd sylweddol yn ein gwybodaeth am y ffordd mae'r ymennydd yn gweithio, yn bennaf oherwydd datblygiad technegau nad ydynt yn ymwthiol i ddysgu am gysylltiadau rhwng ymddygiad allanol a gweithgarwch mewnol yr ymennydd. Un canlyniad i hyn fu'r cynnydd o fwy na ddengwaith ers y 1980au cynnar mewn cyhoeddiadau sy'n cysylltu niwrowyddoniaeth ac addysg (Reid ac Anderson, 2012). Mae'r datblygiadau mewn technoleg ar gyfer canfod gweithgarwch yr ymennydd yn golygu nad oes angen dibynnu bellach ar ymchwiliadau gydag anifeiliaid nad ydynt yn ddynol neu fodau dynol ag anhwylderau ar yr ymennydd. Mae astudiaethau'n dangos bod dysgu'n newid yr ymennydd o ran strwythur a maint ac felly mae'n werth ymchwilio i'r hyn y gall niwrowyddoniaeth ei ddweud am ddysgu, gyda gofal priodol. Mae'r berthynas rhwng y newidiadau mewnol yn yr ymennydd a'r amgylchedd allanol, sydd dan ddylanwad addysg, o ddiddordeb arbennig mewn perthynas â gwella effeithiolrwydd dysgu ac addysgu.

Mae ceisio cysylltu syniadau ac ymddygiad unigolyn â swyddogaeth celloedd yn yr ymennydd yn un o'r heriau mawr y mae niwrowyddoniaeth yn eu hwynebu. Mae deall yr ymennydd ar gam cynnar o hyd, yn bennaf oherwydd yr amcangyfrifir bod yna 15 i 32 biliwn o gelloedd yn yr ymennydd (OECD, 2007: 36 – 37) a bydd nifer fawr o'r rhain ynghlwm â'r gweithredoedd symlaf hyd yn oed, fel dadgodio gair. Mae'n gwneud synnwyr bod rhyw fath o berthynas rhwng yr hyn sy'n digwydd y tu mewn i'r ymennydd a'r ymateb i'r byd o'n hamgylch, ond mae llawer iawn i'w ddarganfod eto ynglŷn â natur y cysylltiadau. Yn y cyfamser, beth allwn ni ei ddysgu am ddysg plant o'r hyn a wyddem eisoes am yr ymennydd?

Yn yr adran hon, rydym yn edrych yn gyntaf ar adeiledd yr ymennydd ac yna ar yr hyn a wyddem am ei swyddogaeth sy'n ymwneud â dysgu: cof, emosiynau, dysgu gydag eraill a dysgu gan eraill, a chyfnodau allweddol mewn dysgu. Rydym hefyd yn sôn am rai mythau poblogaidd am yr ymennydd nad oes llawer o dystiolaeth o niwrowyddoniaeth i'w cefnogi.

Strwythur yr ymennydd

Mae ein hymennydd wedi ei greu o niwronau, celloedd sydd wedi'u gwneud o brif ran, o'r enw'r cellgorff, sy'n cynnwys cnewyllun â DNA, gyda dendridau ac acsonau ynghlwm. Mae'r dendridau yn strwythurau tebyg i edafedd, sy'n tyfu allan o'r cellgorff, ac yn y rhan fwyaf o achosion mae'r acson yn un ffibr, teneuach nag edafedd dendrid ac yn llawer hirach na'r cellgorff. Gall acson sy'n rhedeg i lawr llinyn yr asgwrn cefn (sydd yn ymestyniad o'r ymennydd) fod hyd at fetr o hyd.

Mae gweithgarwch yr ymennydd yn dibynnu ar gyfathrebu rhwng niwronau. Mae celloedd nerfol eraill yn yr ymennydd, a elwir yn gelloedd glial, ond nid yw'r rhain yn trosglwyddo negeseuon. Mae'r cyfathrebu'n digwydd drwy signalau trydan sy'n ganlyniad i symudiad ïonau (atomau a moleciwlau sydd â gwefr bositif neu negatif), o fewn ac o amgylch y niwron. Heb fynd i fanylder am sut mae gwefrau'n symud i mewn ac allan o niwron, mae'n ddigon i'n dibenion ni i wybod bod y signalau hyn yn cael eu trosglwyddo gan un niwron i un arall gan acsonau ac yn cael eu derbyn o niwron arall gan ddendridau. Mae bwlch bychan (synaps) rhwng terfynell acson y gell sy'n anfon neges a'r dendrid sy'n derbyn niwron. Os bydd nifer o signalau'n cael eu derbyn mewn cellgorff gall eu heffaith gyda'i gilydd 'gyffroi' y cellgorff ac anfon signal ar draws y bwlch i niwron arall. Mae'r cyfathrebu rhwng niwronau'n cael ei gynyddu gan haenen ynysu o fyelin sy'n ffurfio pilen frasterog o amgylch yr acson (gweler Ffigur 5.1).

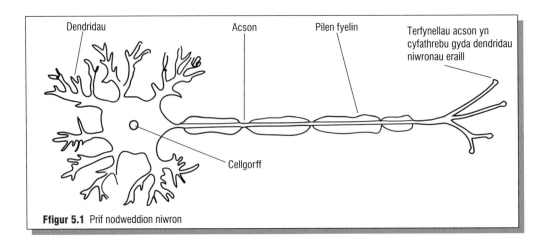

Ffigur 5.1 Prif nodweddion niwron

Gall pob niwron gyfathrebu â llawer o niwronau eraill, gan ffurfio rhwyd-weithiau. Y rhwydweithiau cyfathrebu hyn sy'n galluogi'r ymennydd i gyflawni ei swyddogaethau. Disgrifir bod y tri phrif rwydwaith sydd ynghlwm â dysgu (Rose a Meyer, 2000) yn ymwneud â:

■ Cydnabyddiaeth (wedi'i leoli mewn rhannau o'r ymennydd sy'n ymdrin â gwybodaeth am yr amgylchedd sy'n dod drwy'r synhwyrau).

■ Strategol (wedi'i leoli ym mlaen yr ymennydd ac yn cael ei ddefnyddio ar gyfer cynllunio a chydlynu gweithredoedd i gyflawni nodau).

■ Affeithiol (wedi'i leoli wrth wraidd yr ymennydd ac yn ymwneud ag agweddau emosiynol ar ddysgu fel diddordeb a chymhelliant).

Defnyddir y rhwydweithiau hyn i gyd mewn tasg ddysgu megis darllen gwybodaeth, a fydd yn cynnwys dadgodio geiriau, deall ystyr geiriau a chymhelliant i barhau i ddarllen.

Mae ymchwil (Paivio, 1986) yn dangos bod sianeli gwahanol ar gyfer prosesu gwybodaeth ar ffurfiau gweledol a llafar. Gan fod terfyn i'r wybodaeth y gellir ei phrosesu drwy unrhyw un sianel ar y tro, gall defnyddio sianeli gwahanol, fel mewn dulliau amlgyfrwng o addysgu, gynyddu faint o wybodaeth y gall dysgwr roi sylw iddi.

Ar enedigaeth, mae'r ymennydd dynol yn cynnwys y rhan fwyaf o'r niwronau y bydd ganddo byth; mae datblygiad yr ymennydd o hynny ymlaen yn cynnwys twf mewn cyfathrebu ymhlith niwronau. Ar yr un pryd, mae llinellau cyswllt rhwng niwronau nad ydynt yn cael eu defnyddio bellach yn cael eu 'tocio'. Felly mae potensial enfawr i gysylltiadau gwahanol gael eu gwneud mewn ymateb i ysgogiadau amgylcheddol sy'n newid. Wrth i'r ymennydd newid dros amser gan adlewyrchu profiadau dysgu penodol, mae'r newidiadau hyn yn dylanwadu ar ddysgu yn y dyfodol. Mae hyn yn cefnogi'r sylw bod yr hyn a wyddoch eisoes yn bwysig wrth bennu pa mor dda y byddwch chi'n dysgu.

Blwch 5.1 Newid ffisegol sy'n gysylltiedig â dysgu

Mewn astudiaeth o jyglo, roedd ardaloedd yr ymennydd oedd yn cael eu defnyddio ar ddechrau cyfnod ymarfer o dri mis wedi cynyddu mewn maint erbyn y diwedd. Ar ôl tri mis o orffwys, roedd yr ardaloedd hyn wedi crebachu'n ôl ac roeddent yn agosach at eu maint gwreiddiol. Mae'r enghraifft raffig hon o 'os na fyddwch yn ei ddefnyddio, byddwch yn ei golli' yn dangos pwysigrwydd posibl addysg wrth gyfryngu datblygiad yr ymennydd drwy gydol ein bywydau.

(Howard-Jones *et al.*, 2007: 21)

Cof

Mae'r cof yn cael ei ddisgrifio gan Greenfield (1997) fel 'conglfaen y meddwl', gan mai dyma sail y ffordd rydyn ni'n addasu i brofiad, hynny yw, dysgu. Mae gwahanol gamau rhwng mewnbynnu gwybodaeth synhwyraidd drwy'r synhwyrau a'i sefydlu yn y cof hirdymor, lle bydd ar gael wedyn i wneud synnwyr o brofiad newydd. Disgrifir y broses fel un sy'n cynnwys tri math o gof: cof synhwyraidd, cof gweithredol a chof hirdymor. Mae cof synhwyraidd yn storio gwybodaeth synhwyraidd am gyfnod byr iawn, fel adnabod geiriau neu seiniau. Bydd hyn yn para'n hirach ac yn cael ei drosglwyddo i gof gweithredol unigolyn os bydd yr unigolyn yn talu sylw iddo, fel arall ni fydd yn cael ei storio. Bydd gwybodaeth yn y cof gweithredol, a ddefnyddir wrth adalw cyfres o weithredoedd, geiriau neu rifau, yn methu mewn tua 30 munud heb ailadrodd cyson. Gallai bylu'n gyflymach byth os oes pethau eraill yn digwydd ac yn tynnu sylw, ond os bydd yn cael ei ymarfer a'i gofio am fwy na'r amser hwn bydd y cof mae'n debyg yn para am ychydig o ddyddiau ac yna gallai gael ei drosglwyddo i'r cof hirdymor.

Mae sawl math o gof hirdymor, ac mae math gwahanol o gof gweithredol ar gyfer pob un o'r rhain. Disgrifir gwybodaeth megis rhif ffôn, y mae'n rhaid ei alw'n ôl yn ymwybodol pan fo'i angen, fel cof hirdymor echblyg. Mae math arall yn cael ei ddisgrifio fel un ymhlyg, oherwydd mae'n fwy awtomatig, fel reidio beic. Mae tystiolaeth o astudiaethau ar bobl sydd wedi colli rhywfaint o'u cof yn sgil niwed i'r ymennydd yn dangos nad yw'r ddau fath hyn o gof yn cael eu prosesu yn yr un rhan o'r ymennydd. Mae gwahanol rannau nid yn unig yn gysylltiedig â phrosesu cof ymhlyg ac echblyg, ond mae'r lleoliadau prosesu hyn hefyd yn wahanol o ran lle mae atgofion yn cael eu storio. Mae astudiaethau arbrofol wedi dangos nad oes un lleoliad yn yr ymennydd lle cedwir atgofion hirdymor. Yn hytrach mae'n ymddangos eu bod yn cael eu rhannu drwy haenen allanol yr ymennydd (y cortecs).

Drwy ddefnyddio gwahanol dechnegau anymwthiol ar gyfer nodi pa rannau o'r ymennydd sy'n cael eu defnyddio yn ystod y broses ddysgu, mae'n bosibl dangos sut mae dibyniaeth ar y cof gweithredol yn newid gydag ymarfer ac yn peri gweithgarwch yn y rhannau mwy hirdymor o'r ymennydd. Mae ymchwiliadau o'r fath wedi archwilio'r amodau sy'n ffafrio dysgu ar gof. Maen nhw'n cadarnhau, er enghraifft, bod ysgrifennu problem a rhywfaint o sylwadau o sut y cafodd ei datrys, yn gwella'r gallu i ddatrys problemau. 'Mewn sefyllfaoedd o'r fath, gall fod yn arbennig o ddefnyddiol i ddisgyblion ddangos y ffordd maen nhw'n gweithio, oherwydd, ar wahân i lawer o fanteision eraill, gall sylwadau allanol helpu i leihau'r galw trwm hwn ar y cof gweithredol' (Howard-Jones *et al.*, 2007: 17).

Emosiynau

Er bod rhwydweithiau gwahanol yn ymdrin ag ymatebion affeithiol a gwybyddol (strategol) i brofiad, maen nhw wedi'u hintegreiddio'n agos yn swyddogaeth yr ymennydd. Gall ymatebion emosiynol negyddol dorri ar draws dysgu, fel pan fydd plentyn yn profi methiant, mewn prawf er enghraifft, ac yn teimlo'n anobeithiol ac yn brin o gymhelliant i geisio gwneud yn well. Mae angen i blant ddysgu sut i ddelio ag adweithiau emosiynol, yn enwedig yn y blynyddoedd cynradd, lle nad ydyn nhw'n dda am wneud hyn yn ôl Hinton a Fischer (2010). Mae strategaethau ar gyfer helpu plant i ddelio ag emosiynau sy'n gysylltiedig â methiant, a awgrymwyd gan Hinton a Fischer, yn cael eu disgrifio fel 'dadbersonoli' (y plentyn yn cydnabod nad ef neu hi oedd yr unig un oedd yn methu; roedd y prawf yn anodd i bawb) ac 'ail-ddehongli' (efallai nad oedd canlyniad y prawf mor bwysig â hynny), a allai leihau'r effaith negyddol a helpu'r plentyn i barhau i ddysgu.

Mae cemegau penodol yn y corff sy'n gysylltiedig ag emosiynau yn cael effaith addasol ar waith rhwydweithiau o gysylltiadau niwral (Zull, 2004). Y prif rai sy'n berthnasol i ddysgu yw adrenalin, sy'n effeithio ar gyfradd curiad y galon wrth baratoi ar gyfer gweithredu anarferol (ymladd neu ffoi), a dopamin, sy'n gysylltiedig â theimlo pleser a boddhad. Mae'r berthynas agos rhwng teimlo a meddwl yn dangos yn y pleser a deimlwn o ddatrys problem anodd ac yn y rhwystredigaeth pan fyddwn yn methu â deall rhywbeth. Yn ogystal â bod yn wobr am gwblhau tasg yn llwyddiannus, mae'r pleser hefyd yn gymhelliant i fynd i'r afael â thasgau pellach. Rydyn ni i gyd yn gwybod sut mae ymateb pobl eraill i'n hawgrymiadau neu syniadau yn gallu effeithio ar ein teimladau amdanom ni ein hunain a'n parodrwydd i gynnig syniadau pellach. Mae cydnabod y berthynas hon yn golygu ystyried yr emosiynau wrth helpu dysgwyr i ddefnyddio a newid eu hymennydd. Nodir rhai goblygiadau ym Mlwch 5.2; trafodir rhai eraill ym Mhennod 13.

Blwch 5.2 Pwysigrwydd teimlo'n dda am ddysgu

Fel rhan o rôl yr athro, mae'n rhaid i ni ddod o hyd i ffyrdd o wneud dysgu yn werth chweil yn y bôn. Dylai dysgu deimlo'n dda, a dylai'r myfyriwr ddod yn ymwybodol o'r teimladau hynny. Er mwyn cyflawni'r nod hwn, mae angen i ni wneud i ddau beth ddigwydd. Yn gyntaf, dylai dosbarthiadau ac aseiniadau arwain at rywfaint o gynnydd i fyfyrwyr, rhyw ymdeimlad o feistrolaeth a llwyddiant. Yn ail, dylai myfyrwyr weithio ar bynciau a gweithgareddau sy'n apelio atynt yn naturiol.

(Zull, 2004: 70)

Dysgu gan eraill a dysgu gydag eraill

Mae niwrowyddonwyr yn awgrymu bod ein hymennydd wedi esblygu i wneud i ni ffafrio dysgu drwy efelychu. Mae 'niwronau drych' fel y'u gelwir yn y cortecs yn ein harwain i ddynwared yr hyn a welwn eraill o'n hamgylch yn ei wneud yn awtomatig. Mae niwronau drych yn cael eu rhoi ar waith pan fydd unigolyn yn cyflawni gweithred benodol a phan fyddant yn arsylwi'r un weithred yn cael ei chyflawni gan unigolyn arall. Felly, mae'r niwron yn 'adlewyrchu' ymddygiad y llall gan awgrymu bod y celloedd hyn yn darparu cyswllt rhwng gwylio a gwneud, ac efallai mai dyma'r ffordd i ddysgu gweithredoedd drwy arsylwi a dynwared, neu gopïo. Y duedd hon o ddynwared yw un o'r prif ffyrdd y mae arferion diwylliannol o feddwl a dysgu yn trosglwyddo eu hunain o genhedlaeth i genhedlaeth (Hurley and Chater, 2005).

Trwy ddefnyddio celloedd drych a'u rhyngweithiad gyda'u hathro, rhieni ac oedolion eraill, mae plant yn cael eu 'cymdeithasoli i'r gymdeithas, ac yn mewnoli nifer o'i chredoau a'i gwerthoedd' (Hinton a Fischer, 2010: 126). Mae'r ymddygiadau diwylliannol hyn yn cael eu hintegreiddio i ddatblygiad yr ymennydd yn yr un modd â mathau eraill o ddysgu drwy hyblygrwydd yr ymennydd (a nodir ym Mlwch 5.1).

Yn yr un modd ag y mae plant yn cymedroli eu hymatebolrwydd emosiynol drwy wylio'r ffordd y mae'r rhai o'u cwmpas yn adweithio, felly hefyd maen nhw'n dysgu o dueddiadau dysgu eraill megis 'parhau yn wyneb anhawster', 'mwynhau her', 'oedi i fyfyrio' a 'hunan-arfarnu gonest' (neu, wrth gwrs, eu gwrthwyneb). Fel yr awgrymodd Vygotsky (1978), mae arferion y meddwl yn heintus. Felly gallem dybio bod y dysgwr effeithiol (o ddewis) yn agored i'r haint hwn.

Cyfnodau allweddol ar gyfer dysgu

A all niwrowyddoniaeth ddweud wrthym am yr amser gorau ar gyfer dysgu sgiliau penodol? Nid yw'r cwestiwn p'un a oes adegau allweddol ar gyfer dysgu pethau penodol mor sicr ag yr oedd ar un adeg. Yn un peth, mae'n dibynnu ar yr hyn sy'n cael ei ddysgu. Mae'r prif wahaniaeth rhwng y swyddogaethau hynny sy'n cael eu datblygu'n naturiol mewn amgylchedd arferol – yn ymwneud â gweithrediad y synhwyrau a symudiadau, er enghraifft – a'r rhai sy'n dibynnu ar brofiadau penodol fel y rhai sy'n cael eu darparu mewn addysg. Er bod rhywfaint o dystiolaeth o gyfnodau allweddol yn ystod y blynyddoedd cynnar ar gyfer datblygu swyddogaeth y rhannau hynny o'r ymennydd sy'n ymdrin â'r synhwyrau (gweler Blwch 5.3), mae hyn yn llai ar gyfer dysgu sy'n ddibynnol ar fewnbynnau penodol. Er ei bod yn haws dysgu rhai pethau'n gynharach mewn bywyd nag yn hwyrach, mae hyn oherwydd bod newidiadau mwy yn digwydd yn yr ymennydd yn ystod plentyndod, ond gellir parhau i wneud newidiadau i ryw raddau drwy gydol ein hoes.

Blwch 5.3 Adegau allweddol yn natblygiad cynnar y synhwyrau

Mae Greenfield (1997) yn adrodd stori bachgen a oedd, pan yn fabi, â rhwymyn am un llygad am bythefnos er mwyn helpu i drin haint. Yn ddiweddarach sylweddolwyd ei fod yn ddall yn y llygad hwn er bod y llygad ei hun yn gwbl arferol. Yr eglurhad oedd bod hyn wedi digwydd ar adeg allweddol ar gyfer sefydlu cysylltiadau rhwng y llygad a'r ymennydd. Gan nad oedd yr ymennydd yn cael signalau gan y llygad, fe wnaeth yr ymennydd drin hyn fel pe nad oedd yno ac ni chysylltwyd niwronau gyda'r llygad hwn, ond yn lle hynny, roedd y llygad arall wedi cymryd drosodd. Pe bai'r rhwymynnau wedi digwydd yn ddiweddarach, wedi i'r cysylltiadau arferol gael eu sefydlu, ni fyddai wedi cael yr un effaith ar yr ymennydd. Yn gyffredinol, yn ystod yr amser pan mae'r rhan fwyaf o gysylltiadau'n cael eu gwneud, hyd at 16 mlwydd oed, bydd niwron nad yw'n cael ei ysgogi'n ddigonol i wneud cysylltiad â niwronau eraill yn marw.

Mae cyfnodau pan mae'r ymennydd fel petai'n datblygu'n arbennig o arwyddocaol. Mae'r tair blynedd gyntaf yn un o'r rhain, yn ymwneud yn arbennig â datblygiad iaith. Mae llencyndod yn un arall, pan fo'r prif newidiadau yn y cynnydd yn y myelin sy'n inswleiddio'r acsonau ac wrth 'docio' synapsau. Hyd nes y bydd y newidiadau hyn wedi digwydd, nid yw pobl ifanc yn dangos yr un galluoedd ag oedolion o ran prosesau fel 'cyfeirio sylw, cynllunio tasgau ar gyfer y dyfodol, ffrwyno ymddygiad amhriodol, amlorchwyl, ac amrywiaeth o dasgau â chysylltiad cymdeithasol' (Howard-Jones *et al.*, 2007: 9).

Mae'r ymennydd yn parhau i newid a datblygu y tu hwnt i lencyndod ac mae wedi'i ddylunio'n dda ar gyfer dysgu gydol oes ac addasu i sefyllfaoedd a phrofiadau newydd. Mae'r newidiadau hyn yn dangos strwythur a maint yr ymennydd, fel y dangosir ym Mlwch 5.1.

Rhai rhybuddion

Mae angen rhoi cryn dipyn o rybudd cyn i ni wneud honiadau sy'n cysylltu mewnwelediadau o niwrowyddoniaeth ynglŷn â'r hyn sy'n digwydd y tu mewn i'r ymennydd gyda'r amgylchedd allanol. Mae'r awydd i esbonio ymddygiad o ran gweithrediad yr ymennydd yn gyfrifol am or-ddehongli canfyddiadau niwrowyddoniaeth, yn aml o ganlyniad i dybio bod yr hyn sy'n wir am bobl sydd wedi cael niwed neu salwch ar yr ymennydd yn wir ar gyfer y boblogaeth anghlinigol. Mae Reid ac Anderson (2012) wedi nodi nifer o 'niwrofythau' mewn addysg nad oes tystiolaeth ar eu cyfer, yn eu barn nhw. Er enghraifft:

- Nid oes tystiolaeth i gefnogi'r syniad bod rhannau helaeth o'r ymennydd yn cael eu tanddefnyddio, gan felly ddarparu potensial ar gyfer hyfforddi i weithredu'n well. Er bod dysgu'n arwain at fwy o gysylltiadau'n cael eu gwneud rhwng niwronau, nid yw hyn yr un fath â dihuno rhannau mawr o'r ymennydd nad ydynt yn cael eu defnyddio.

- Mae amheuaeth ynghylch effeithiolrwydd rhaglenni hyfforddi'r ymennydd, er bod hyfforddiant sydd wedi'i anelu at gynnal ffocws ar nodau yn fwy addawol yn enwedig gyda phlant ag anhwylder diffyg canolbwyntio a gorfywiogrwydd (ADHD) (gweler Pennod 23).

- Nid oes llawer o dystiolaeth i gefnogi'r syniad bod ochrau chwith a de'r ymennydd yn gweithio mewn ffyrdd gwahanol a bod rhai pobl ag ymennydd gogwydd chwith ac eraill ag ymennydd gogwydd de. Mewn ymennydd arferol, mae'r rhan fwyaf o swyddogaethau yn gofyn am weithgarwch yr ymennydd yn y ddau hemisffer (Goswami, 2012).

- Nid oes cefnogaeth ychwaith i wahanol 'arddulliau dysgu' (Goswami a Bryant, 2007). Mae gweithgaredd fel siarad angen i sawl rhan wahanol o'r ymennydd weithio. Fodd bynnag, mae gallu rhyfeddol rhannau o'r ymennydd i gymryd swyddogaethau drosodd gan rannau eraill sy'n cael eu niweidio yn dangos y gall rhannau fod yn weithredol mewn prosesau hollol wahanol (gweler Blwch 5.4).

Blwch 5.4 Y bachgen â hanner ymennydd

Mae stori Nico, fel yr adroddwyd gan Battro (2000), yn ymwneud â bachgen a ddatblygodd epilepsi difrifol ar ôl ei flwyddyn gyntaf. Daeth y ffitiau mor ddrwg nes iddo gael tynnu hanner ei ymennydd yn llwyr pan oedd yn 3 mlwydd 7 mis oed. Yn ogystal â gwella'r epilepsi, yn fuan iawn roedd yn gallu gweithredu ar lefel arferol am ei oedran mewn iaith, mathemateg, celfyddydau a cherddoriaeth. Credir yn aml fod y rhain yn cael eu rheoli gan y ddau hanner gwahanol i'r ymennydd. Yn wir, ei unig gyfyngiad oedd ysgrifennu pethau i lawr a thynnu lluniau. Fodd bynnag, o gael mynediad i gyfrifiadur, fe wnaeth luniadau da ac roedd ei ysgrifennu yn arferol wrth ddefnyddio prosesydd geiriau. Felly dim ond yn yr agweddau corfforol ar gyflawni'r tasgau hyn oedd yn ddiffygiol; nid oedd yr agweddau gwybyddol yn ddiffygiol. Ni ddylid tanbrisio pwysigrwydd y cyfrifiadur, gan iddo ei helpu i wneud iawn am ddiffyg (roedd ganddo law chwith anabl) a allai fod wedi llesteirio dysgu mewn sawl maes. Fe wnaeth Battro ddisgrifio'r cyfrifiadur fel 'prosthesis deal-lusol'. Fel y gellid disgwyl, oherwydd cymaint o ddiddordeb oedd yn Nico cafodd ei ddatblygiad ar draws amrywiaeth o alluoedd ei brofi yn rheolaidd a chanfuwyd ei fod yn gwbl arferol. Wrth gwrs, ni wyddom eto sut y bydd yn datblygu yn ddiweddarach mewn bywyd, ond mae ei stori hyd yma yn dyst hynod i'r modd y gall hanner ymennydd gymryd swyddogaethau'r ymennydd cyfan drosodd, mewn plentyn ifanc o leiaf.

Goblygiadau ar gyfer dysgu

Ar gyfer dysgu yn gyffredinol

O gofio'r rhybuddion hyn, y gorau y gallwn ei ddweud, mae'n debyg, yw bod tystiolaeth yn cefnogi, ond nad yw'n profi, gwerth y canlynol:

- Ymarfer – mae ailadrodd gweithred yn cynyddu twf a chryfder y cysylltiadau rhwng niwronau.
- Cymhelliant – trwy'r profiad o lwyddo i fodloni her.
- Allanoli meddwl – trwy wneud cynrychioliad cadarn, trwy ysgrifennu, tynnu llun, siarad neu ddefnyddio cyfrifiadur, fel nad oes rhaid i bopeth gael ei gadw yn y cof.
- Ymgysylltu sawl rhan o'r ymennydd, yn enwedig y rhai sy'n ymwneud â'r synhwyrau, gan weithredu, myfyrio a chrynhoi'r ystyr – trwy ddulliau amlgyfrwng, er enghraifft.
- Cysylltu gwybodaeth newydd â gwybodaeth sy'n bodoli eisoes - unwaith y caiff ystyr ei greu drwy'r cysylltiadau hyn daw'r wybodaeth newydd yn fwy cofiadwy.

Mae llawer o'r rhaglenni a'r gweithgareddau yr honnir eu bod yn gwella'r ymennydd yn dilyn egwyddorion sydd wedi bod yn effeithiol mewn ystafelloedd dosbarth. Fel mae Reid ac Anderson (2012: 185) yn ei nodi, mae'r egwyddorion hyn

> wedi arwain at amrywiaeth o dechnegau addysgu sydd ag apêl synnwyr cyffredin gref, fel cyflwyno symudiadau yn yr ystafell ddosbarth, annog hunanreoleiddio, atgyfnerthu ar gyfer trosglwyddo gwybodaeth i gof hirdymor a defnyddio dyfeisiau cofrif. Fodd bynnag, yn aml mae'r dulliau hyn yn herio cysylltiad â'r sylfaen dystiolaeth niwrowyddonol a alwyd arnynt yn eang i'w cefnogi.

Yn yr un modd, mae rhai amodau mwy cyffredinol ar gyfer dysgu sy'n cael eu cefnogi gan brofiad ond nid gan dystiolaeth sy'n ymwneud yn uniongyrchol â'r ymennydd. Ymhlith y rhai y gwyddom sy'n helpu mae'r canlynol:

■ Cael brecwast (mae astudiaethau'n dangos bod colli brecwast yn ymyrryd â dysgu a bod brecwast sy'n llawn grawnfwyd yn gwella'r cof).

■ Cael digon o gwsg.

■ Osgoi caffein (mewn diodydd cola, er enghraifft).

■ Atal dadhydradu (er nad oes tystiolaeth o werth yfed llawer iawn o ddŵr pan nad ydym yn ddadhydredig).

Mae astudiaethau ymchwil sy'n taflu goleuni ar y pwyntiau hyn i'w gweld yng nghyhoeddiadau'r OECD (2007; a Hinton a Fischer, 2010) sy'n cael eu crybwyll ar ddiwedd y bennod hon.

Goblygiadau ar gyfer dysgu gwyddoniaeth

Mae popeth yr ydym wedi'i ddweud hyd yma yn berthnasol i bob math o ddysgu ac felly hefyd i ddysgu mewn gwyddoniaeth. A oes unrhyw beth mwy sy'n benodol i wyddoniaeth? Mae ymchwiliadau i'r ymennydd yn awgrymu'r profiadau canlynol sy'n arbennig o berthnasol i ddysgu gwyddoniaeth.

■ *Dulliau amlgyfrwng*
Efallai mai'r rhai mwyaf perthnasol yw 'y gall cysyniad mewn gwyddoniaeth ddibynnu ar niwronau sy'n weithredol ar yr un pryd mewn rhanbarthau gweledol, gofodol, cof, diddwythol a cinesthetig, yn nau hemisffer yr ymennydd' (Goswami a Bryant, 2007). Mae hyn yn awgrymu'r angen am amrywiaeth eang o wahanol fathau o brofiad: gallu cyffwrdd a thrin gwrthrychau; defnyddio iaith; cysylltu â phrofiad blaenorol; rhesymu; myfyrio.

■ *Gweithredu'n uniongyrchol gan ddefnyddio'r synhwyrau*
Rydym wedi gweld bod gweithgarwch ym mhob rhan o'r ymennydd yn bwysig ar gyfer dysgu ac mae gan wyddoniaeth y gwerth arbennig o alluogi rhyngweithio uniongyrchol gyda defnyddiau lle gellir cynnwys golwg, sain, arogl, cyffyrddiad, a phan fydd hynny yn ddiogel, blasu. Felly mae annog y mathau hyn o ryngweithio yn eithriadol o bwysig ar gyfer dysgu gwyddoniaeth. Trwy drin â llaw yn uniongyrchol, mae plant yn dysgu eu bod yn gallu dod o hyd i atebion i rai o'u cwestiynau yn y ffordd hon, yn union fel y mae gwyddonwyr.

■ *Myfyrio a gwneud ystyr*

Mae myfyrio, fel ymarfer, yn golygu mynd dros weithredoedd, ond yn y meddwl, yn hytrach nag yn gorfforol. Gwyddom fod ailedrych ar rywbeth drwy ei ddelweddu – ei weld yn y meddwl – yn ysgogi'r rhan fwyaf o rannau'r ymennydd sy'n gysylltiedig â'r profiad gwirioneddol o'i weld. Gall helpu mewn perthynas ag atgyfnerthu rhwydweithiau o niwronau a chof. Felly, mae'r amser a ddefnyddir i adolygu gweithgareddau cyn mynd ymlaen i'r nesaf, yn amser sy'n cael ei dreulio'n dda ar ddysgu. Gall myfyrio ynghylch sut y cafodd pethau eu gwneud wella sgiliau. Gallai myfyrio ynghylch yr hyn a ganfuwyd nad oedd yn hysbys cyn hynny arwain at greu ystyr newydd a datblygu syniadau.

■ *Cysylltu â syniadau presennol*

Mae tystiolaeth o astudiaethau o'r ymennydd yn cefnogi pwysigrwydd gwneud cysylltiadau a mynnu bod dysgwyr yn gwneud ymdrechion ymwybodol i wneud synnwyr o brofiad newydd o ran yr hyn maen nhw'n ei wybod eisoes. Ym Mhennod 8 byddwn yn gweld sut mae'r broses hon yn cynnwys sgiliau ymholi wrth gynhyrchu syniadau 'mwy' o rai 'llai'.

■ *Siarad, deialog a chynrychiolaeth ar ffurfiau amrywiol*

Mae tystiolaeth o astudiaethau cof yn dangos bod dal syniadau neu ffeithiau mewn cof tymor byr yn ddigon hir er mwyn iddynt symud i'r cof hirdymor yn cael ei helpu drwy ddefnyddio rhyw fath o brop allanol. Mae cynrychioli eu syniadau datblygol mewn rhyw ffordd, efallai drwy dynnu lluniau, modelu, chwarae rôl a gweithredoedd sy'n dangos perthynas neu newidiadau yn y byd o'u hamgylch, yn gofyn i blant wneud rhyw fath o gynrychiolaeth allanol o'u gwybodaeth. Mae dod o hyd i ffordd o gynrychioli digwyddiad fel dŵr yn anweddu i'r aer ac yna'n cyddwyso i ffurfio cymylau a glaw, mewn gweithredoedd (chwarae rôl), yn gorfodi'r plant i feddwl am 'Ai fel hyn ... neu fel hyn?' 'Beth sy'n dod gyntaf, y glaw neu'r cwmwl?' Felly, yn ogystal â bod yn ddefnyddiol ar gyfer ychwanegu hwyl i wyddoniaeth, mae'r cyfleoedd hyn hefyd yn helpu plant i ymarfer eu syniadau, i fynd dros y syniadau hyn a diweddaru'r hyn maen nhw'n ei wybod. Maen nhw'n helpu plant i fyfyrio ar yr hyn maen nhw'n ei ddeall a p'un a yw'n gwneud synnwyr pan mae'n cael ei roi ar ffurf wahanol.

■ *Datblygu cysyniadau gwyddonol, sgiliau ymholi ac agweddau*

Mae'r potensial ar gyfer datblygu cysyniadau gwyddoniaeth yn dibynnu i raddau mwy helaeth ar gynnwys y gweithgareddau nag yn achos nodweddion eraill gweithgareddau. Mae datblygu dealltwriaeth o gysyniadau gwyddoniaeth yn un o ddibenion canolog addysg gwyddoniaeth, felly dylai'r gweithgareddau gynnwys syniadau gwyddonol perthnasol.

Mae data delweddu'r ymennydd yn dangos bod rhanbarthau'r rhwydwaith strategol yn y cortecs cyndalcennol yn cael eu rhoi ar waith pan fo pobl yn rhesymu'n rhesymegol. Canfuwyd hefyd bod y cynnwys dan sylw yn gallu dylanwadu ar y rhesymu hwn. Yn arbennig, mae 'integreiddio gwybodaeth o'r byd go iawn yn hwyluso rhesymu mewn sawl parth' (Fugelsang a Mareschal, 2014: 260). Mae hyn yn ategu'r farn mai'r ffordd orau o ddatblygu sgiliau gwyddonol yw eu cymhwyso i gynnwys gwyddonol.

Mewn perthynas ag agweddau, mae'n ddefnyddiol gwahaniaethu rhwng agweddau tuag at wyddoniaeth a'r agweddau sy'n rhan o ymwneud â gweithgarwch gwyddonol. Y dirywiad mewn agweddau o'r math cyntaf, a ddangosir yn hoffter plant am wyddoniaeth neu barodrwydd i barhau i'w hastudio, sydd wedi codi pryder am effaith addysg gwyddoniaeth mewn rhai gwledydd. Rydym yn pryderu yma am yr ail fath, sy'n golygu parodrwydd i weithredu mewn ffyrdd penodol sy'n hyrwyddo dealltwriaeth wyddonol. Mae'r rhain yn cynnwys agweddau fel meddwl agored, parodrwydd i ystyried tystiolaeth, hyblygrwydd i ystyried tystiolaeth newydd (gweler Pennod 13). Nid oes llawer o dystiolaeth am newid ym mharodrwydd plant i feddwl yn wyddonol, gan nad yw hyn wedi cael ei asesu ac eithrio i'r graddau y mae'n ymwneud â deall natur gwyddoniaeth.

Y tu hwnt i hyn mae'n rhaid i ni symud o lefel microsgopig celloedd yr ymennydd i lefel ymddygiad arsylladwy macrosgopig unigolyn. Ar y lefel hon, mae'r ymennydd yn cael ei drin fel 'blwch du' ac mae'r dystiolaeth am effeithiolrwydd yn deillio o sut mae'r plentyn yn ymateb i'r amgylchedd ac yn dangos ei fod yn dysgu drwy newid mewn ymddygiad.

Crynodeb

Dechreuodd y bennod hon gyda throsolwg o wahanol bersbectifau dysgu a ddaw o arsylwi ymddygiad. Yna, fe wnaethom droi o'r nodweddion allanol sy'n gysylltiedig â dysgu i ystyried beth y gall niwrowyddoniaeth ei ddweud wrthym am yr hyn sy'n digwydd y tu mewn i'r ymennydd wrth ddysgu. Nodwyd rôl gwahanol rannau o'r ymennydd wrth ymateb i brofiadau amrywiol ac rydym wedi tynnu sylw'n betrus o'r drafodaeth hon at y goblygiadau ar gyfer dysgu gwyddoniaeth. Mae'r dystiolaeth hon yn ychwanegu at y dystiolaeth o astudiaethau yn yr ystafell ddosbarth i danlinellu pwysigrwydd:

- gweithredu'n uniongyrchol gan ddefnyddio'r synhwyrau;
- myfyrio ac echdynnu ystyr;
- cysylltu â syniadau presennol;
- adeiladu ar brofiad blaenorol a hyrwyddo dilyniant mewn dysgu;
- siarad, trafod a chynrychioli profiad mewn gwahanol ffurfiau;
- meithrin datblygiad cysyniadau gwyddonol, sgiliau ymholi, agweddau gwyddonol.

Darllen pellach

Bell, D. a Darlington, H. (2018) Educational neuroscience and the brain, yn N. Serrett a S. Earle (gol.) *ASE Guide to Primary Science Education*. Hatfield: Association for Science Education.

Dela Sala, S. a Anderson, M. (gol.) (2012) *Neuroscience in Education: The Good the Bad and the Ugly*. Rhydychen: Gwasg Prifysgol Rhydychen.

Greenfield, S. (1997) *The Human Brain: A Guided Tour*. London: Phoenix.

Hinton, C. a Fischer, K.W. (2010) Learning from the developmental and biological perspective, in H. Dumont, D. Istance and F. Benavides (gol) *The Nature of Learning: Using Research to Inspire Practice*. Paris: OECD, 114–134.

OECD (Organization for Economic Cooperation and Development) (2007) *Understanding the Brain: The Birth of a Learning Science*. Paris: OECD.

6

Syniadau plant

Cyflwyniad

Ym Mhennod 1, nodwyd mai dim ond yn ystod yr 50 mlynedd diwethaf y cyflwynwyd gwyddoniaeth mewn ysgolion cynradd, ac nad oedd llawer yn digwydd cyn hynny. Nid oedd rhai o'r rhesymau a roddwyd o blaid addysgu gwyddoniaeth, yn seiliedig ar honiadau fel datblygu 'meddwl chwilfrydig' neu 'meddwl rhesymegol', yn fawr mwy na gobeithion ofer, gan nad oedd tystiolaeth ymchwil i'w cefnogi. Ers hynny mae'r ymchwil i ddysgu a datblygiad yr ymennydd, a drafodwyd ym Mhennod 5, wedi dangos bod plant yn ffurfio syniadau am y byd sydd o'u hamgylch heb unrhyw ymyrraeth, gan ddechrau ar adeg eu geni a pharhau drwy gydol eu bywydau p'un a ydynt yn cael addysg gwyddoniaeth yn yr ysgol ai peidio. Rydym hefyd wedi sylweddoli bod gan y syniadau hyn rôl bwysig i'w chwarae yn nysg plant mewn gwyddoniaeth.

Mae'r bennod hon yn edrych ar rai o'r syniadau mae plant wedi eu datrys drostyn nhw eu hunain ac ar resymau dros eu hystyried wrth ddatblygu dealltwriaeth wyddonol. Mae llawer iawn wedi cael ei ddatgelu am y syniadau y mae plant yn eu ffurfio ac yn dod gyda nhw i'r ysgol; nid yw canfod bod y syniadau hyn yn bodoli bellach yn syndod. Yn wir, mae rhai o'r syniadau a ddisgrifir yn y bennod hon yn adnabyddus iawn. Fodd bynnag, nid yw hyn yn lleihau eu pwysigrwydd fel mannau cychwyn. Mae'r dadleuon o blaid hyn yn parhau mor gadarn ag erioed. Rydym felly yn dechrau'r bennod hon gydag adolygiad byr o'r rhesymau hyn ac yna'n edrych ar rai enghreifftiau o syniadau plant. Ar ddiwedd y bennod mae rhestr o nodweddion syniadau plant sy'n rhoi cliwiau i helpu plant i ddatblygu syniadau mwy gwyddonol. Byddwn yn dychwelyd at y rhain yn ddiweddarach, ym Mhennod 11.

Rhesymau dros gymryd syniadau plant o ddifrif

Yn ogystal â datgelu bod plant ifanc yn awyddus i ryngweithio â'r pethau yn eu hamgylchedd, fe wnaeth astudiaethau Piaget yn rhan gyntaf yr ugeinfed ganrif hefyd ddatgelu eu bod, o ganlyniad, yn datblygu syniadau am y byd o'u hamgylch. Fe wnaeth ymchwilwyr wnaeth ail-wneud yr astudiaethau hyn mewn rhannau amrywiol o'r byd ganfod syniadau hynod debyg yn codi mewn cyd-destunau eithaf gwahanol. Sylweddolwyd yn fuan bod bodolaeth y syniadau hyn, a oedd yn aml yn gwrthdaro â'r ddealltwriaeth wyddonol am ddigwyddiadau a pherthnasoedd, yn cael effaith ar ddysg plant mewn gwyddoniaeth. Dechreuodd ymchwil systematig i syniadau plant mewn gwyddoniaeth yn niwedd yr 1970au gyda gwaith yn bennaf ar y lefel uwchradd. Fel sydd wedi'i grybwyll ym Mhennod 1, dechreuodd y prif waith o'r math hwn ar y lefel gynradd gydag astudiaethau arloesol yn Seland Newydd yn yr 1980au (Osborne a Freyberg, 1985), prosiect SPACE (Archwilio Prosesau Gwyddoniaeth a Chysyniadau – Archwilio Prosesau Gwyddoniaeth a Chysyniadau *Science Processes and Concepts Exploration*) yn y DU (a gynhaliwyd rhwng 1987 a 1990), Vosniadou (1997) yng Ngwlad Groeg a Smith *et al.* (1993) yn UDA. Fe wnaeth prosiect SPACE astudio syniadau plant ar draws ystod lawn y cwricwlwm ar gyfer plant rhwng 5 a 11 mlwydd oed, gan arwain at 10 adroddiad ymchwil (1990-98; gweler darllen pellach).

Pam y dylem ddechrau o syniadau plant eu hunain, a ninnau'n gwybod bod y rhain yn aml yn 'anwyddonol' ac yn gwrthdaro â chysyniadau a damcaniaethau gwyddonol? Pam na wnawn ni 'ddweud y syniadau iawn wrthyn nhw'? Mae rhesymau damcaniaethol ac ymarferol dros hyn. Mae rhesymau damcaniaethol yn ymwneud â sut mae plant yn dysgu, a drafodwyd ym Mhennod 5. Y rhesymau ymarferol yw nad yw cyflwyno syniadau a damcaniaethau gwyddonol 'gwell' yn gweithio. Os byddwn yn anwybyddu syniadau sydd gan blant eisoes neu'n mynnu eu bod yn 'dysgu' y syniad iawn pan fydd ganddynt eu syniadau eu hunain o hyd, byddant o bosibl yn cofio'r un cywir, ond ddim yn ei gredu mewn gwirionedd. Byddant yn dal eu gafael ar eu syniadau eu hunain ac yn eu defnyddio pan fyddant yn ceisio gwneud synnwyr o ffenomena gwirioneddol o'n hamgylch, ac ni fyddant yn gadael iddynt fynd nes eu bod wedi'u hargyhoeddi bod ffyrdd gwell o esbonio pethau.

Ond mae'r rheswm cryfaf ohonynt i gyd yn dod o edrych ar beth yw syniadau'r plant. Mae'n hawdd gweld bod y syniadau hyn yn deillio o feddwl am brofiad (profiad cyfyngedig sy'n anochel) ac nad ffantasi plentynnaidd mohonynt. Mae'r syniadau maen nhw'n eu ffurfio yn dibynnu ar raddau'r profiad ac ar y prosesau o feddwl amdano. Felly yn ogystal ag ystyried beth yw'r syniadau, mae'n bwysig ystyried sut mae'r plant wedi eu cyrraedd. Efallai nad oes digon o dystiolaeth (er enghraifft, tybio bod 'pob math o bren yn arnofio' am nad ydynt wedi gweld pren nad yw'n arnofio) neu fod y rhesymu'n ddiffygiol am nad ydynt yn defnyddio'r dystiolaeth sydd ar gael iddyn nhw.

Mae gan y plant resymau dros eu barn ac oni bai eu bod yn cael cymorth i gael rhesymau gwell byth dros feddwl yn wahanol ac yn fwy gwyddonol, byddan nhw'n cadw eu syniadau eu hunain. Felly dyma pam ein bod ni nawr yn edrych ar rai enghreifftiau o syniadau plant, yn bennaf o brosiect ymchwil Archwilio Prosesau Gwyddoniaeth a Chysyniadau (SPACE).

Enghreifftiau o syniadau plant

Y Ddaear yn y Gofod

Roedd astudiaeth achos gwers Lisa ym Mhennod 3, a adroddwyd gan Fitzgerald (2012), yn cynnwys nifer o enghreifftiau o syniadau plant am y rhesymau dros ddydd a nos ac am ymddangosiad cyfnewidiol y Lleuad. O ystyried cymhlethdod y perthnasau ymhlith y gwrthrychau yng nghysawd yr haul nid yw'n syndod bod syniadau plant yn wahanol i'r farn wyddonol. Ond mae'n amlwg hefyd bod y plant yn meddwl ac yn datblygu rhai syniadau am sut i esbonio'u profiad o'r digwyddiadau hyn, sy'n rhan o'n bywydau bob dydd. Er enghraifft, mynegwyd y syniad bod y Lleuad cilgant yng nghysgod y Ddaear gan Ben (t. 46). Nid yw'r syniad hwn yn unigryw i Ben o bell ffordd, gan fod yr un esboniad wedi cael ei adrodd gan brosiect ymchwil SPACE (Gwyddoniaeth Gynradd Nuffield, 1995a: 93), lle yr ysgrifennodd Niall am ei luniau o wahanol gyfnodau'r Lleuad: 'Dyma lun o'r Lleuad wrth iddo symud. mae'n wahanol oherwydd wrth i'r byd symud mae'n taflu cysgod drosto mewn mannau gwahanol.' Mae'r farn hon yn derbyn bod y Lleuad cyfan yno o hyd pan ellir gweld rhan ohono'n unig ac mae'n ddatblygiad ar y syniad a fynegir yn aml gan blant iau sy'n ystyried bod y Lleuad ei hun yn newid siâp. Hefyd, mae rhai sy'n credu bod mwy nag un Lleuad (Gwyddoniaeth Gynradd Nuffield. 1995b: 26).

Yn nosbarth Lisa roedd llawer o blant o'r farn fod gan y Lleuad rôl wrth achosi dydd a nos ar y Ddaear. Unwaith eto, mae ymchwilwyr gwahanol wedi adrodd am syniadau tebyg iawn, fel yn Ffigur 6.1. Yn amlwg, nid yw'r plant wedi dysgu hyn, ac mae'n ddiddorol eu bod, yng ngwahanol rannau o'r byd, wedi dod i syniadau tebyg i esbonio'u harsylwadau.

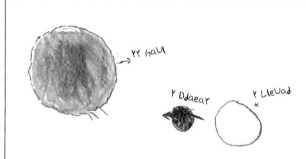

Ffigur 6.1 Syniad plentyn 9 mlwydd oed o sut rydyn ni'n cael dydd a nos (Gwyddoniaeth Gynradd Nuffield. 1995b: 46)

Beth sydd y tu mewn i wy

Fe wnaeth ymchwil yn y prosiect SPACE astudio syniadau plant am yr hyn sy'n digwydd y tu mewn i wy ieir oedd yn cael eu deor yn yr ystafell ddosbarth. Y syniad mwyaf poblogaidd oedd bod anifail bach iawn, ond bron yn gyflawn, y tu mewn i'r wy, yn bwydo ar yr hyn oedd yno. Mae hyn yn amlwg yn y darluniau a wnaed gan y plant pan ofynnwyd iddynt ddarlunio'r hyn yr oeddent yn ei feddwl oedd y tu mewn i wy tra'n deori.

Syniad arall oedd bod yr anifail cyflawn y tu mewn yn aros i ddeor. Efallai nad yw hyn yn syndod, o ystyried y gall plant fod wedi gweld rhaglenni teledu natur yn dangos adar yn deor o wyau.

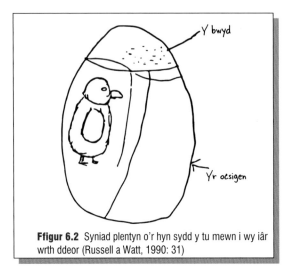

Ffigur 6.2 Syniad plentyn o'r hyn sydd y tu mewn i wy iâr wrth ddeor (Russell a Watt, 1990: 31)

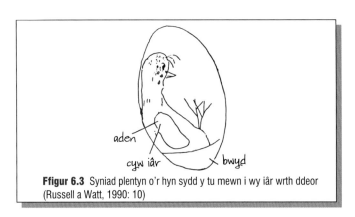

Ffigur 6.3 Syniad plentyn o'r hyn sydd y tu mewn i wy iâr wrth ddeor (Russell a Watt, 1990: 10)

Roedd syniad hefyd fod rhannau'r corff yn gyflawn ond bod angen iddynt ddod at ei gilydd.

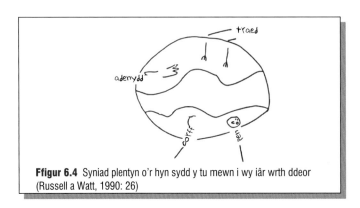

Ffigur 6.4 Syniad plentyn o'r hyn sydd y tu mewn i wy iâr wrth ddeor (Russell a Watt, 1990: 26)

Roedd y farn fwy gwyddonol bod trawsnewid yn digwydd y tu mewn i'r wy i'w gweld yn syniadau rhai plant. Roedd yn amlwg hefyd bod y plant yn defnyddio gwybodaeth oedd yn deillio o brofiad o atgynhyrchu anifeiliaid anwes ac arsylwadau o fabanod dynol wrth geisio deall beth oedd yn digwydd y tu mewn i'r wyau.

Twf mewn planhigion

Pan ofynnwyd 'Beth yn eich barn chi sydd ei angen ar blanhigion i'w helpu i dyfu?' Yn gyffredinol cyfeiriodd plant 5-7 mlwydd oed ar un ffactor allanol. Er enghraifft, mae Ffigur 6.5 yn awgrymu bod goleuni yn angenrheidiol.

Mae'r planhigion yn tyfu wrth y ffenestr

Ffigur 6.5 Syniad plentyn ifanc o'r hyn sydd ei angen ar blanhigion i'w helpu i dyfu (Ymchwil SPACE nad yw wedi'i gyhoeddi)

Soniodd plant ifanc eraill am bridd neu ddŵr neu haul, ond yn anaml byddent yn sôn am bob un o'r tri. Fel arfer, nid oedd y plant ieuengaf yn gwneud unrhyw ymdrech i esbonio pam bod angen yr amodau hyn na pha fecanwaith roeddent yn ei ddefnyddio i weithio. Fodd bynnag, gwnaeth plant iau ymdrechion i roi esboniadau, fel yn Ffigur 6.6.

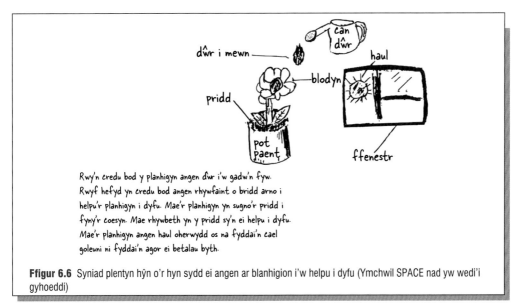

Rwy'n credu bod y planhigyn angen dŵr i'w gadw'n fyw.
Rwyf hefyd yn credu bod angen rhywfaint o bridd arno i helpu'r planhigyn i dyfu. Mae'r planhigyn yn sugno'r pridd i fyny'r coesyn. Mae rhywbeth yn y pridd sy'n ei helpu i dyfu. Mae'r planhigyn angen haul oherwydd os na fyddai'n cael goleuni ni fyddai'n agor ei betalau byth.

Ffigur 6.6 Syniad plentyn hŷn o'r hyn sydd ei angen ar blanhigion i'w helpu i dyfu (Ymchwil SPACE nad yw wedi'i gyhoeddi)

Sut mae seiniau'n cael eu gwneud a'u clywed

Archwiliwyd syniadau'r plant am sain ar ôl iddynt gael y cyfle i wneud seiniau gydag amrywiaeth o offerynnau. Yn yr enghraifft yn Ffigur 6.7 nid oes unrhyw fecanwaith yn cael ei awgrymu ar gyfer sain sy'n cael ei gynhyrchu gan ddrwm neu ar gyfer ei glywed; mae fel pe bai 'uchel iawn' a 'gwrando'n astud' yn briodweddau nad oes angen eu hesbonio.

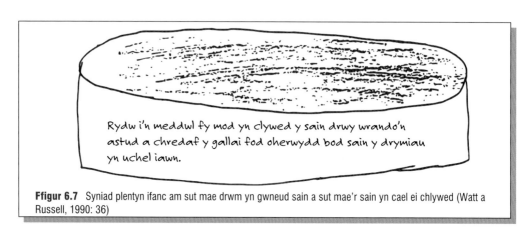

Ffigur 6.7 Syniad plentyn ifanc am sut mae drwm yn gwneud sain a sut mae'r sain yn cael ei chlywed (Watt a Russell, 1990: 36)

Y mecanwaith symlaf a awgrymir yw bod effaith y taro yn cynhyrchu 'sain'. Mewn cyferbyniad, mae Ffigur 6.8 yn esbonio'r sain yn nhermau dirgryniad. Ond sylwer bod y dirgryniad yn dod o'r drwm drwy 'y twll'. Dealltwriaeth gyffredin iawn gan blant oedd bod sain yn teithio drwy'r aer, neu o leiaf trwy dyllau mewn gwrthrychau solet, ac nid drwy'r solid ei hun.

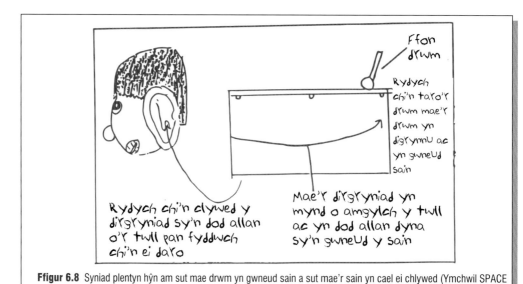

Ffigur 6.8 Syniad plentyn hŷn am sut mae drwm yn gwneud sain a sut mae'r sain yn cael ei chlywed (Ymchwil SPACE nad yw wedi'i gyhoeddi)

Roedd y syniad o 'ddirgryniad' yn gysylltiedig â sain mewn ffyrdd amwys, weithiau roedd sain yr un peth â dirgryniad ac weithiau roedd ganddo ryw fath o berthynas achos ac effaith gydag ef. Mae Ffigur 6.9 yn dangos yr ymdrech hon i gysylltu'r ddau.

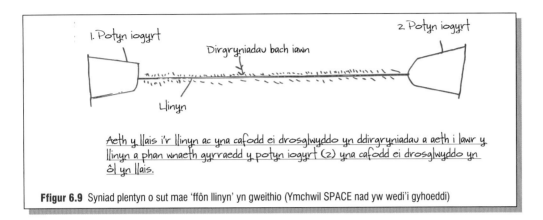

Ffigur 6.9 Syniad plentyn o sut mae 'ffôn llinyn' yn gweithio (Ymchwil SPACE nad yw wedi'i gyhoeddi)

Sut rydyn ni'n gweld

Mae'n gyffredin iawn i blant (ac yn wir i rai oedolion) ystyried y llygad fel cyfrwng gweithredol i weld, yn hytrach na fel derbynnydd golau o ffynhonnell neu wyneb sy'n adlewyrchu. Mae'r syniad hwn yn cyd-fynd â'r teimlad o'r llygad yn symud i 'edrych' o un lle i le arall a gyda'r geiriau rydyn ni'n eu defnyddio fel 'bwrw golwg' neu 'edrych yn galed'. Roedd Ffigur 6.10 yn ddarlun gan blentyn 10 mlwydd oed o sut y byddai rhywun yn gweld y botel yn sefyll ar y bwrdd pan fo'r golau ymlaen. Pan ofynnwyd pam na fyddai'r person yn gallu gweld y botel yn y tywyllwch, er bod y llygad yn anfon rhywbeth at y botel, esboniodd y plentyn nad oedd y llygad yn gweithio heb y golau. Mae'r golau'n gweithredu fel switsh, gan droi'r llygad ymlaen. Gyda'r esboniad hwn, roedd y plentyn yn gallu dal gafael ar y syniad o'r llygad yn anfon pelydr i'r hyn oedd yn cael ei weld – ond dim ond pan oedd wedi'i 'droi ymlaen'!

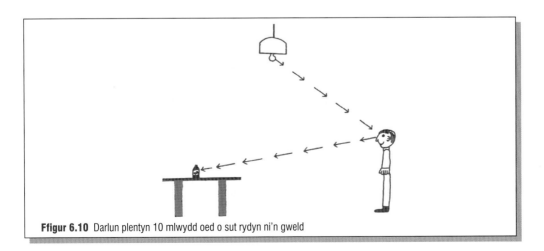

Ffigur 6.10 Darlun plentyn 10 mlwydd oed o sut rydyn ni'n gweld

Grymoedd

Archwiliwyd syniadau plant ynghylch sut mae pethau'n cael eu gwneud i symud a'r hyn sy'n gwneud iddynt stopio mewn sawl cyd-destun, gan gynnwys y 'tanc rîl cotwm', sy'n cael ei yrru gan yr egni a roddir i droelli band rwber. Unwaith eto, nid oedd y plant ieuengaf yn teimlo'r angen i esbonio mwy na 'mae'n gweithio oherwydd eich bod yn ei droelli' ac 'mae'n stopio am ei fod eisiau stopio'. Gallai plentyn 6 mlwydd oed arall weld fod y pensil (a ddefnyddiwyd i droelli'r band rwber) yn bwysig ond nid oedd y syniad pam yn mynd dim pellach na'i bresenoldeb: 'Pan fyddwn yn ei droelli mae'n mynd oherwydd y pensil. Pan fydd y pensil yn mynd i'r pen mae'n stopio.'

Soniwyd am egni yn syniadau plant hŷn (Ffigur 6.11) ond nid yw'r ystyr a roddwyd i'r gair yn hollol gyson.

Y Peth Rîl Cotwm

1) Sut mae'n gweithio?

a) Pan fyddwch chi'n weindio gwellt o'i amgylch mae'n troelli'r band elastig, felly pan rydych chi'n ei roi i lawr ac yn gadael iddo fynd mae'n dadweindio ac yn gadael i'r egni fynd ac mae'n symud

2) Pam mae'n stopio?

a) Mae'n stopio oherwydd bod y band elastig wedi dadweindio'n llwyr.

Ffigur 6.11 Syniad plentyn o sut mae 'tanc rîl cotwm' yn gweithio (Ymchwil SPACE nad yw wedi'i gyhoeddi)

Solidau, hylifau a nwyon

Cafodd y syniad bod aer o'n hamgylch ym mhob man, gan gynnwys mewn cynwysyddion 'gwag', ei fynegi mewn rhyw ffordd gan y rhan fwyaf o blant oedran iau ond gan gyfran llawer llai o bobl ifanc 5 – 7 mlwydd oed. Mae'r datganiad hwn gan ddysgwr 8 mlwydd oed yn dangos plentyn sydd heb ddeall y syniad o aer fel sylwedd eto er bod ei bresenoldeb yn cael ei dderbyn:

> Allwch chi ddim gweld yr aer, ond weithiau rydych chi'n meddwl nad oes dim byd ynddo achos nid yw'n fater o weld, mae'n fater o wybod.

Ychydig o anhawster mae plant iau yn ei gael hyd yn oed wrth nodi rhywbeth caled, megis dur, fel solid, a rhywbeth dyfrllyd fel hylif. Ar ôl gweithgareddau gyda hylifau, llwyddodd plentyn 5 mlwydd oed i roi diffiniad cyffredinol:

> Mae hylifau i gyd yn fathau o bethau nad ydynt yn aros yn lle rydych chi'n eu rhoi. Maen nhw'n rhedeg. Os byddwch chi'n eu rhoi ar y bwrdd mae'n rhedeg ar hyd y bwrdd.

Ond ble mae'r powdr talcwm yn ffitio? Un esboniad oedd:

> Mae'n rhywbeth tebyg i fath o hylif, ond nid yw'n hylif, powdr talcwm ydy o. Mae'n mynd yn gyflym fel finegr ac nid yw'n solid oherwydd gallwch roi eich bys drwyddo. Mae ychydig yn solet, ond nid yw'n debyg i hylif. Mae hylif yn teimlo'n wlyb a dydy hwn ddim.

(Ymchwil SPACE nad yw wedi'i gyhoeddi)

Newid mewn defnyddiau

Mewn perthynas â newidiadau mewn deunyddiau, hefyd, mae yna gyfnod lle nad yw'n ymddangos bod angen esbonio. Mae plant yn defnyddio eu profiad o ddod o hyd i rwd o dan swigod paent ar gatiau metel neu fframiau beic i ddod i'r casgliad bod rhwd eisoes yno o dan arwyneb y metel, ac felly nid oes angen esbonio beth sy'n ei achosi i ffurfio. Er enghraifft, ysgrifennodd un plentyn 8 mlwydd oed yr esboniad yn Ffigur 6.12

Mae hylif yn yr hoelen sy'n gollwng allan o'r hoelen.
Mae hyn yn ffurfio lympiau mawr wrth iddo ollwng.
Mae'r hylif hwn yn dod allan pan mae'n wlyb yn unig.
Mae'n rhaid bod rhyw fath o arwydd
i ddweud wrtho ollwng.

Ffigur 6.12 Syniad plentyn 8 mlwydd oed am rwd (ASE, 1998)

Mae enghreifftiau eraill o syniadau plant ym Mhennod 15, Ffigurau 15.1 i 15.4.

Nodweddion syniadau plant

Nid yw'n anodd gweld bod rhywfaint o resymu y tu ôl i'r syniadau hyn, er ei fod yn gyfyngedig, ac y gallant wneud synnwyr i'r plant eu hunain. Mewn llawer o achosion, mae'n hawdd gweld pam y gallai plant ddod i arddel y syniadau hyn. Maen nhw'n adlewyrchu'r hyn mae'r plant wedi ei brofi ac yn dangos yr ymdrechion i wneud synnwyr o'u profiad yn amlwg. A fyddai unrhyw un yn gwybod beth sydd y tu mewn i wy sy'n deor oni bai eu bod wedi ei weld? Ond yn amlwg, nid yw hyn yn atal plant rhag meddwl am y peth a llunio eu syniadau eu hunain.

Dyma'r union reswm pam bod rhaid i ni gymryd y syniadau hyn o ddifrif. Os byddwn yn eu hanwybyddu, mae'n ddigon posibl y bydd y plant yn eu harddel, gan fod esboniadau anwyddonol yn aml yn ymddangos yn fwy rhesymegol i blant na'r rhai gwyddonol. Er enghraifft, mae'n gwneud mwy o synnwyr i ddod i'r casgliad bod pyllau yn sychu gan fod dŵr yn diferu i ffwrdd drwy'r ddaear, na bod y gronynnau dŵr yn hedfan oddi ar yr arwyneb i'r aer.

Mae darluniau'n arbennig o ddefnyddiol i gyfleu syniadau plant gan eu bod nhw'n ceisio cynrychioli'r hyn maen nhw'n ei wybod, neu'n meddwl eu bod nhw'n ei wybod. Yn aml nid yw eu darluniau'n adlewyrchu pethau go iawn ond yn adlewyrchu'r syniadau sydd gan blant o'r pethau hyn. Er enghraifft, mae darluniau plant ifanc o gerbydau ag olwynion yn aml yn dangos yr holl olwynion ar un ochr er nad yw'r rhain mewn gwirionedd i gyd yn weladwy ar yr un pryd, neu anifeiliaid â phedair coes wedi'u gosod gyda gofod cyfartal rhyngddynt ar hyd y corff (Ffigur 6.13). Maen nhw'n gwybod bod gan geir bedair olwyn a chŵn bedair coes ac maen nhw'n cynrychioli'r syniad hwn yn hytrach na sut mae car neu gi yn edrych. Mae darluniau o'r fath yn awgrymu'r syniad cywir o'r rhannau ond nid eu perthynas â'i gilydd.

Ffigur 6.13 Darlun plentyn 6 mlwydd oed ohoni hi ei hun gyda'i chi

Hyd yn oed gyda'r gwrthrych o'u blaenau bydd plant ifanc yn tynnu llun rhywbeth sy'n debycach i symbol na chynrychiolaeth o'r gwrthrych. Er enghraifft, mae lluniau coed yn edrych yn aml yn debyg i'r hyn a welir yn Ffigur 6.14.

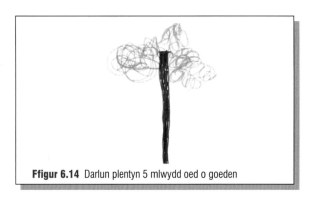

Ffigur 6.14 Darlun plentyn 5 mlwydd oed o goeden

Pan ofynnwyd i rai plant wneud darlun o ddail o'u blaenau, fe wnaeth nifer ohonynt gynnwys coesyn nad oedd yno mewn gwirionedd (Harlen, 2001b). Adroddwyd am ganfyddiadau tebyg gan Tunnicliffe a Litson (2002) mewn astudiaeth o'r modd y mae plant yn tynnu lluniau o afalau. Canfuwyd bod plant yn ychwanegu coesyn a dail nad oeddent yn bresennol ar yr afal y gofynnwyd iddynt dynnu ei lun, ond roeddent yn nodweddiadol o luniau o afalau a welwyd mewn llyfrau. Mae'n ymddangos bod plant wedi datblygu model meddwl o wrthrychau cyffredin megis coeden neu gar sy'n diystyru'r pethau go iawn. Mae yna oblygiadau yma i gelf a gwyddoniaeth, lle gofynnir yn aml i blant dynnu llun o'r hyn maen nhw wedi'i weld.

Er mai dim ond ychydig o enghreifftiau a roddwyd gennym, mae llawer o syniadau tebyg a ddatgelwyd gan ymchwil ac sy'n ein galluogi i nodi rhai nodweddion. Mae'n ddefnyddiol dod â'r nodweddion cyffredinol hyn at ei gilydd gan eu bod yn tynnu sylw at yr hyn y gall athrawon ei wneud i helpu plant i ddatblygu syniadau mwy gwyddonol. Mae Blwch 6.1 yn dod â rhai nodweddion sydd i'w gweld yn yr enghreifftiau at ei gilydd.

Blwch 6.1 Rhai nodweddion cyffredinol o syniadau plant

1   Yn gyffredinol, mae syniadau plant yn seiliedig ar brofiad ond mae'n anochel bod y profiad hwn yn gyfyngedig ac felly mae'r dystiolaeth yn rhannol. Felly mae'n bosibl iawn y bydd plant yn ystyried fod rhwd y tu mewn i fetelau, fel y dangosir yn Ffigur 6.12, os ydyn nhw wedi sylwi arno pan mae'n ymddangos o dan baent neu haen cromiwm sy'n plicio.

2   Gallant arddel syniadau cynharach er bod tystiolaeth groes ar gael am nad oes ganddynt fyne- diad at farn amgen sy'n gwneud synnwyr iddynt. Mewn achosion o'r fath, gallant addasu eu syniad i gyd-fynd â thystiolaeth newydd yn hytrach na'i roi i fyny, fel yn y syniad bod 'golau'n troi'r llygad ymlaen' (Ffigur 6.10).

3   Mae plant yn talu sylw i'r hyn a welant drwy eu synhwyrau yn hytrach na'r rhesymeg a allai awgrymu dehongliad gwahanol. Felly os yw'n ymddangos bod yr Haul yn symud o gwmpas ac yn eu dilyn, yna maen nhw'n meddwl ei fod yn symud fel hyn. Gan ein bod yn gweld y Lleuad yn hytrach na'r Haul yn y nos, yna mae'n rhaid bod y Lleuad yn atal golau o'r Haul (Ffigur 6.1).

4   Mae plant iau, yn enwedig, yn canolbwyntio ar un nodwedd fel achos dros effaith benodol yn hytrach na'r posibilrwydd o sawl ffactor. Er enghraifft, gallai plant 6 neu 7 mlwydd oed sôn bod planhigion angen dŵr neu olau neu bridd i dyfu, ond nid pob un o'r rhain (Ffigur 6.5).

5   Er y gall eu bodloni, mae'n bosibl na fydd y rhesymeg y mae plant yn ei defnyddio yn cymharu'n dda â rhesymu gwyddonol. Er enghraifft, pe baent yn gwneud rhagfynegiadau gwirioneddol ar sail eu syniadau, byddai'r syniadau hyn yn cael eu gwrthbrofi. Ond yn hytrach na hynny gallant 'ragfynegi' beth maen nhw'n ei wybod i gyd-fynd â'u syniad.

6   Yn aml mae ganddynt syniadau gwahanol am yr un ffenomen pan fyddant yn dod ar ei draws mewn cyd-destunau gwahanol. Er enghraifft, er ei bod yn bosibl y byddant yn sylweddoli bod aer yn helpu i sychu dillad yn yr awyr agored, maen nhw'n aml yn ystyried bod pyllau dŵr ar y ffordd yn sychu oherwydd bod y dŵr yn diferu drwy'r ddaear yn unig.

7   Gallai plant ddefnyddio geiriau heb ddeall eu hystyr. Rydym wedi gweld hyn mewn perthynas â 'dirgryniad' (Ffigurau 6.7 a 6.8) ond gellid cyfeirio at lawer mwy o enghreifftiau. Mae rhai cyffredin yn cynnwys 'arnofio', 'anweddu', hydoddi ac adlewyrchiad.

8   Mae eu cynrychioliadau o wrthrychau cyffredin yn aml yn adlewyrchu delwedd feddyliol, wedi ei dylanwadu gan ddarluniau mewn llyfrau, yn hytrach na manylion y gwrthrychau go iawn sydd yno i'w harsylwi (Ffigurau 6.13 a 6.14).

Rydym yn dychwelyd at y nodweddion hyn ym Mhennod 11, gan eu bod yn rhoi cliwiau pwysig o ran sut i helpu plant i ddatblygu syniadau mwy gwyddonol. Pan fyddwn yn gwneud hynny mae angen i ni ddechrau o'u syniadau a helpu plant, drwy resymu gwyddonol a'r defnydd o sgiliau ymholi, i'w newid neu eu disodli gyda syniadau sy'n cyd-fynd â'r dystiolaeth yn well na'u rhai nhw.

Crynodeb

Mae'r bennod hon wedi darparu rhai enghreifftiau o'r syniadau mae plant yn eu ffurfio am y byd o'u hamgylch drwy eu ffordd eu hunain o feddwl. Er yn aml yn wahanol i'r farn wyddonol, mae'r syniadau hyn yn amlwg yn deillio o brofiad a meddwl, ac mae'n anochel bod y ddau yn gyfyngedig.

Mae'r enghreifftiau o syniadau plant yn dangos eu bod yn ffrwyth rhesymu, ac felly yn gwneud synnwyr i'r plant. Mae'n dilyn bod angen cymryd y syniadau hyn o ddifrif a rhoi sylw iddynt wrth helpu plant i ddod i arddel syniadau mwy gwyddonol. Rydym wedi tynnu sylw at rai nodweddion cyffredinol o'r enghreifftiau. Gall cymryd sylw o'r nodweddion hyn helpu i ddangos sut y gellir datblygu syniadau mwy gwyddonol. Mae beth mae hyn yn ei olygu yn ymarferol yn cael ei drafod ymhellach ym Mhennod 11.

Darllen pellach

Harlen, W. (2007c) The SPACE legacy, *Primary Science Review* 97: 13–15.

Harlen, W. (2001b) *Primary Science: Taking the Plunge,* 2il gyfrol Portsmouth, NH: Heinemann.

SAdroddiadau Ymchwil SPACE ar gael ar wefan Y Ganolfan STEM Genedlaethol: www.nationalstemcentre.org.uk/elibrary/collection/982/space-research-reports

Goleuni www.nationalstemcentre.org.uk/elibrary/resource/4548/space-project-research-report-light

Trydan www.nationalstemcentre.org.uk/elibrary/resource/4547/space-project-research-report-electricity

Anweddu a chyddwyso www.nationalstemcentre.org.uk/elibrary/resource/4549/space-project-research-report-evaporation-and-condensation

Grymoedd www.nationalstemcentre.org.uk/elibrary/resource/4543/space-project-research-report-forces

Twf www.nationalstemcentre.org.uk/elibrary/resource/4540/space-project-research-report-growth

Defnyddiau www.nationalstemcentre.org.uk/elibrary/resource/4541/space-project-research-report-materials

Prosesau Bywyd www.nationalstemcentre.org.uk/elibrary/resource/4539/space-project-research-report-processes-of-life

Creigiau, Pridd a'r Tywydd www.nationalstemcentre.org.uk/elibrary/resource/4542/space-project-research-report-rocks-soil-and-weather

Sain www.nationalstemcentre.org.uk/elibrary/resource/4544/space-project-research-report-sound

Y Ddaear yn y Gofod www.nationalstemcentre.org.uk/elibrary/resource/4546/space-project-research-report-the-earth-in-space

7

Dysgu drwy siarad

Cyflwyniad

Mae'r bennod hon yn cyflwyno tystiolaeth a dadleuon dros werth siarad plant wrth ddatblygu eu dealltwriaeth mewn gwyddoniaeth yn ogystal ag ar gyfer cyfathrebu syniadau a gwybodaeth. Ar ôl gosod siarad yng nghyd-destun agweddau eraill ar lythrennedd, rydym yn sefydlu'r achos dros bwysigrwydd siarad, gan roi sylw arbennig i'r math o siarad a ddisgrifir fel 'siarad ymddiddanol', lle mae'r ffordd o feddwl yn cael ei wneud yn amlwg a lle gellir cyfuno safbwyntiau wrth ddod i gyd-ddealltwriaeth o arsylwadau neu ganfyddiadau. Yn y drydedd adran, rydym yn rhoi enghreifftiau o siarad plant mewn grwpiau gyda'r athro yn bresennol a hebddo, gan arwain at drafodaeth ar rôl yr athro wrth sicrhau siarad cynhyrchiol. Mae gan iaith lafar fwy ffurfiol rôl hefyd mewn adrodd, sy'n gofyn am hinsawdd yn yr ystafell ddosbarth lle mae plant yn gwrando ac yn ymateb yn gadarnhaol i'w gilydd ac yn gwneud ymdrech i gyfathrebu'n effeithiol. Mae'r bedwaredd adran yn ystyried materion sy'n ymwneud â chyflwyno a defnyddio terminoleg wyddonol; pryd a sut i gyflwyno'r defnydd o eiriau gwyddonol. Mae'r adran olaf yn ymwneud â threfniadaeth dosbarth o ran trafodaeth dosbarth cyfan a thrafodaeth grŵp, pwnc sy'n cael ei ystyried ymhellach ym Mhennod 20.

Siarad yng nghyd-destun llythrennedd

Ein ffocws yn y bennod hon yw iaith lafar, dim ond un elfen o lythrennedd ac un, fel y gwelwn, sydd â rôl allweddol ym mhob math o ddysgu. Mae pwysigrwydd dysgu llythrennedd yn yr ysgol gynradd yn cael ei adlewyrchu mewn adnoddau addysgu sy'n cyfuno gwyddoniaeth a llythrennedd, fel, er enghraifft, y rhaglen yn Awstralia, Primary Connections (gweler Pennod 20). Gyda'r pwyslais cynyddol ar lythrennedd, mae rhaglenni o'r fath yn dod yn fwy niferus, ond wrth eu defnyddio mae'n bwysig gochel yn erbyn ystyried llythrennedd fel darllen ac ysgrifennu. Mae siarad a gwrando yn sgiliau pwysig sydd â gwerth mewn dysgu, gan eu bod wrth wraidd y syniad o ddatblygu syniadau gydag eraill (gweler Pennod 5, t. 67). Mae rôl lleferydd wrth ddysgu gwyddoniaeth yn cael ei chrynhoi'n dda mewn dogfen o'r enw 'Science Talk' a gyhoeddwyd gan yr Exploratorium:

> Pan fydd myfyrwyr yn cael sgyrsiau lle maen nhw'n rhannu eu harsylwadau, yn dehongli tystiolaeth ac yn esbonio eu canfyddiadau, maen nhw'n cefnogi ei gilydd i wneud cysylltiadau, mireinio syniadau, a datblygu safbwyntiau newydd.

Yn ogystal â chefnogi dysg gwyddoniaeth, mae'r rhyngweithio rhwng myfyrwyr a'r rhyngweithio rhwng myfyrwyr ac athrawon sy'n digwydd yn ystod sgyrsiau gwyddoniaeth hefyd yn arwain at ddatblygiad iaith.

(Exploratorium, 2016: 1)

Defnyddir lleferydd yn aml ar y cyd â mathau eraill o lythrennedd. Mae gwyddoniaeth yn darparu cyd-destunau diddorol a chymhelliant i blant ddweud wrth eraill am yr hyn maen nhw wedi'i ganfod ac i glywed am beth mae eraill wedi'i wneud. Mae llawer o athrawon o'r farn y gallai disgyblion fod yn fwy parod i ysgrifennu ar ôl trafodaeth gydag eraill ac felly, fel rhagflaenydd i ysgrifennu, maen nhw'n gofyn i ddisgyblion drafod mewn parau lle gallant roi cynnig ar eiriau maen nhw am eu defnyddio cyn eu cyflwyno ar bapur. Mae'r dulliau hyn yn osgoi'r drefn arferol o 'gofnodi wedi'r dasg' y mae plant yn ei chasáu gymaint (Ofsted, 2013) ac sy'n arwain athrawon a disgyblion i golli cyfleoedd i fyfyrio ar yr hyn maen nhw wedi'i ddysgu. Mae ysgrifennu hefyd yn cefnogi siarad mewn ffordd wahanol os bydd plant yn cadw nodiadau i gyfeirio atynt yn eu trafodaethau, gan roi rheswm da dros ysgrifennu fel rhan o weithgaredd, nid ar ddiwedd y gweithgaredd yn unig.

Tuag at ddiwedd y blynyddoedd cynradd mae disgyblion yn tueddu i dreulio mwy o amser yn ysgrifennu ac yn defnyddio dulliau eraill o drefnu a chyfleu gwybodaeth, fel darluniau, graffiau, diagramau a thablau. Mae ymchwil yn dangos bod y cyfuniad o drafod a thasg ysgrifennu ategol sy'n defnyddio ffurfiau eraill o gynrychiolaeth yn cynyddu dysg plant yn fwy na thrafodaeth yn unig.

Mae gan drafodaeth rôl bwysig yn natblygiad geirfa wyddonol. Gall yr ystyr arbennig a roddir mewn gwyddoniaeth i rai geiriau sydd hefyd ag ystyr bob dydd achosi peth anhawster, i athrawon a disgyblion ysgolion cynradd. Mewn adran ddiweddarach o'r bennod hon rydym yn edrych ar pryd a sut i gyflwyno geiriau newydd ar ôl rhai enghreifftiau sy'n dangos disgyblion yn dysgu drwy siarad ac ystyried rôl yr athro yn y broses.

Pwysigrwydd siarad

Roedd Douglas Barnes yn un o'r addysgwyr cyntaf i ganolbwyntio ar bwysigrwydd siarad yn yr ystafell ddosbarth ac i wahaniaethu rhwng lleferydd fel modd o gyfathrebu a siarad fel modd o fyfyrio. Drwy gydol y llyfr hwn mae llawer o gyfeiriadau at werth plant yn trafod â'i gilydd, gan gyfnewid a datblygu eu syniadau drwy geisio eu mynegi a'u hegluro i eraill. Mae hyn yn cynnwys cyfathrebu a myfyrio. Mae'r rhan fyfyriol yn golygu trefnu eu syniadau eu hunain ar goedd, yn wir 'meddwl ar goedd'. Mae'r cyfathrebu'n golygu rhannu ag eraill ac yn cynnwys gwrando yn ogystal â chyflwyno mewn ffordd sy'n gydlynol ac yn ddealladwy i eraill. Mae Barnes yn honni bod angen dulliau cyfathrebu anffurfiol a ffurfiol ac nad yw'n peri i ddysgu ganolbwyntio ar y cyfathrebu mwy ffurfiol yn unig oherwydd 'os yw athro yn poeni gormod am sylwadau taclus, â siâp da gan ddisgyblion gallai hyn olygu nad yw meddwl yn uchel yn cael ei annog'. (Barnes, 1976: 28).

Mae Robin Alexander wedi mynd â'r drafodaeth ar lafaredd yn yr ystafell ddosbarth ymhellach, gan ei gyflwyno, fel ym Mlwch 7.1, fel rhywbeth sy'n hanfodol i ddysgu.

Blwch 7.1 Siarad fel sylfaen dysgu

Mae siarad bob amser wedi bod yn un o offer hanfodol addysgu, ac mae'r athrawon gorau yn ei ddefnyddio yn graff a medrus. Ond mae siarad yn llawer mwy na rhywbeth sy'n cefnogi addysgu effeithiol. Rydym yn gwybod bod angen i blant siarad, ac i brofi deiet cyfoethog o iaith lafar, er mwyn meddwl a dysgu. Er mae'n debyg mai darllen, ysgrifennu a rhif yw 'hanfodion' cydnabyddedig y cwricwlwm, gellir dadlau mai siarad yw gwir sylfaen dysgu.

(Alexander, 2012: 9)

Yn ei gyhoeddiad *Towards Dialogic Teaching,* Alexander (2012) mae Alexander (2012) yn dwyn tystiolaeth ynghyd o astudiaethau rhyngwladol ac o brosiectau megis prosiect ORACLE (Galton *et al.*, 1980) a oedd yn cynnwys arsylwi'n ddwys ar ryngweithio mewn dosbarth cynradd, i ddangos 'prinder cymharol siarad mewn ystafelloedd dosbarth Saesneg sydd wir yn herio plant i feddwl drostyn nhw eu hunain' (Alexander, 2012: 14). Mae ymchwil a gynhaliwyd ar ôl cyflwyno'r cwricwlwm cenedlaethol ac asesiadau (er enghraifft, Galton *et al.,* 1999) yn dangos mai ychydig oedd wedi newid mewn 20 mlynedd. Eto i gyd, mae'r dadleuon damcaniaethol a'r dystiolaeth ymchwil yn parhau i greu achos cadarn dros bwysigrwydd plant yn meddwl drostyn nhw eu hunain ac am rôl allweddol siarad wrth eu galluogi i wneud hynny.

Mae'n amlwg o hyn ein bod yn pryderu am fath penodol o siarad; nid y clebran ar yr iard chwarae, ond siarad lle mae plant yn meddwl, yn dechrau sgyrsiau yn ogystal ag ymateb i eraill. Y cyd-destun ar gyfer hyn yw'r rhyngweithio â'r athro ac â disgyblion eraill y mae Alexander yn ei ddisgrifio fel addysgu 'ymddiddanol'.

Deialog neu siarad ymddiddanol?

Diffinnir deialog fel sgwrs rhwng pobl ond yng nghyd-destun cyfnewid mewn ystafell ddosbarth mae iddo ystyr ychydig yn fwy manwl. I ddangos hyn, mae'r term 'siarad ymddiddanol' wedi'i fabwysiadu i ddisgrifio'r math o gyfnewid lle mae nod o archwilio sefyllfa, problem neu ateb posibl yn fanwl. Mae Blwch 7.2 yn rhoi enghraifft o siarad ymddiddanol rhwng dwy ferch a'u hathro.

Blwch 7.2 Siarad ymddiddanol gyda'r athro yn bresennol

Roedd Deidre ac Allyson yn ymchwilio i'r ffordd y mae tri wy iâr cyfan, wedi'u labelu gydag A, B a C, yn ymddwyn mewn dŵr tap a dŵr hallt. Roedden nhw'n gwybod bod un wedi'i ferwi'n galed, un wedi'i ferwi'n feddal ac un yn amrwd. Roedd yn rhaid iddynt ganfod pa un oedd pa un.

Dyma sut y glaniodd yr wyau yn union ar ôl cael eu rhoi yn y dŵr hallt. Mae'r trawsgrifiad yn dechrau gyda'r athro yn mynd at y disgyblion ar ôl iddynt fod yn gweithio ar eu pen eu hunain ers peth amser.

parhau...

Blwch 7.2 parhad

Deidre:	. . . wedi'i ferwi'n galed
Allyson:	Wn i
Athro:	(*yn dod atynt*) Allwch chi ddweud wrthyf fi sut rydych chi'n dod ymlaen?
Deidre:	Rydw i'n meddwl mai C yw'r un amrwd.
Allyson:	Mae'r ddwy ohonom ni'n meddwl mai C yw'r un amrwd.
Athro:	Ydych chi?
Deidre:	B ydy . . .
Athro:	(*wrth Allyson*) Pam wyt ti'n meddwl hynny?
Allyson:	Oherwydd pan fyddwch chi'n rhoi wyau mewn dŵr mae'r rhai drwg yn codi i'r brig.
Deidre:	(*ar yr un pryd*) Oherwydd . . . fe wnaethom ni eu rhoi nhw i gyd i mewn . . .
Athro:	Drwg?
Allyson:	Ie, dwi'n meddwl – neu'r rhai da sy'n gwneud hynny? . . . Wel, wn i ddim.
Athro:	Ie?
Allyson:	. . . fe wnaethon nhw godi i'r brig, felly . . .
	(*Mae Deirdre yn rhoi'r wyau yn y dŵr hallt*)
Deidre:	. . . dyna'r gwaelod...(pwyntio at C)
Allyson:	. . . os yw'n amrwd dylai aros yn y gwaelod.
Athro:	Dwi'n gweld.
Deidre:	Felly dyna beth rydan ni'n ei feddwl. Mae C yn amrwd, B yn ganolig ac A wedi'i ferwi'n galed.
	(*Mae Allyson yn dechrau siarad cyn iddi orffen*)
Allyson:	. . .ac rydw i'n meddwl bod B wedi'i ferwi'n galed ac mae hi'n meddwl bod B yn ganolig.
Athro:	Dwi'n gweld. (*Wrth Deidre*) Wyt ti'n gallu esbonio, felly, pam dy fod di'n meddwl hynny?
Deidre:	IOs byddwn nin rhoi . . . ymm . . . tynnu C allan (*tynnu C allan, yn ei roi ar y bwrdd, yna'n codi A a B allan*) ac yn rhoi'r rhain i mewn un ar ôl y llall. Rhoi A i mewn – na B gyntaf. Dyna beth . . . mae Allyson yn meddwl ei fod wedi'i ferwi'n galed, dwi'n meddwl mai canolig ydy o. Os byddwch chi'n rhoi hwn i mewn. . . (*mae'n rhoi B yn y dŵr hallt*)
Allyson:	. . . Achos mae'n dod i fyny'n gyflymach.
Deidre:	Mae'n dod i fyny'n gyflym. Ac os byddwch chi'n rhoi hwn i mewn . . .(*Mae'n rhoi A i'r un dŵr hallt. Mae'n mynd i'r gwaelod ac yn codi i'r brig yn araf iawn*).
Allyson:	Ac mae'r un yna'n dod i fyny yn arafach.
Deidre:	Felly dwi'n credu mai'r un yna (*pwyntio at A*) sydd wedi'i ferwi'n galed . . . oherwydd . . .Wel. . .
Allyson:	Dydw i ddim. Dwi'n meddwl os ydyn ni'n gweithio ar egwyddor yr un yna (*pwyntio at B*). Yna mae'r un yna'n dod i fyny'n gyflymach oherwydd nad yw wedi cael ei ferwi mewn gwirionedd. Mae fel ychydig yn amrwd.
Athro:	Ychydig yn amrwd.
Allyson:	Felly, bydd yn dod i fyny'n gyflymach.
Deidre:	Ydy, ond dydi o ddim yn ddrwg.
Athro:	Sut fydd o y tu mewn?
Allyson:	Yn rhedegog
Athro:	Mi fydd o dal yn rhedegog, dwi'n gweld.

Ar ôl cytuno mai C yw'r wy amrwd, mae Deidre ac Allyson yn anghytuno am y ddau wy arall. Mae gan Allyson reswm dros dybio mai B yw'r wy wedi'i ferwi'n galed ar y sail bod 'rhai drwg yn codi i'r brig', felly mae'n ystyried fod B yn ymddwyn fel pe bai wedi newid mewn rhyw ffordd. Ond nid yw hi'n cyfleu'r canlyniadau hyn nes i Deidre geisio rhoi ei rheswm hi. Yna, mae'n torri ar draws rheswm Deidre, ac mae fel petai'r rheswm hwn yn ysgogi ei meddwl hi.

Ychydig mae'r athro yn ei wneud yn y sgwrs ym Mlwch 7.2 ac eithrio annog y merched yn eu brwydr i weithio'r ateb allan ac i esbonio eu rhesymu. Mae ambell i 'Pam wyt ti'n meddwl hynny?', cydnabod gan ddefnyddio 'Rwy'n gweld', ac ategu gyda 'Ychydig yn amrwd', yn unig yn annog eu siarad archwiliadol.

Gallwn weld o'r sgwrs am yr wyau sut mae'r merched yn defnyddio tystiolaeth i wirio eu syniadau. Daw hyn i'r amlwg fwyaf yn 'os byddwn yn gweithio ar yr egwyddor bod....' gan Allyson lle mae'n cysylltu'r hyn mae'n ei ragweld ar sail ei barn gyda'i harsylwad o ba mor gyflym mae'r wy yn arnofio yn y dŵr hallt, ond mae'n digwydd drwy gydol y dasg. Mae'n werth nodi wrth fynd heibio mai tarddiad ei syniad yw gwybodaeth flaenorol am sut i wahaniaethu wyau 'da' ac wyau 'drwg'.

Cymharwch y siarad ymddiddanol ym Mlwch 7.2 gyda'r sgwrs ym Mlwch 7.3, lle mae June a David yn gweithio ar yr un broblem. Yn absenoldeb yr athro, ar yr adeg benodol hon, ymddengys eu bod nhw'n ystyried y dasg fel un lle mae rhoi

---

Blwch 7.3 Trafodaeth grŵp heb yr athro

David: Edrych ar yr un yna, yr un yna, edrych, June.

June: Dyna'r un, yr un heb gael ei ferwi.

David: Sut wyt ti'n gwybod?

June: Wel, dydw i ddim yn ddwl.

David: Ddylwn i eu rhoi nhw yn y fan yna, neu yn y fan yna? (*Ar y bwrdd neu yn y cynhwy sydd lle'r oedden nhw i ddechrau*)

June: Rho nhw yn y fan honno.

(*Mae David yn rhoi'r un mae wedi ei dynnu allan yn y cynhwysydd a mae June yn tynnu'r ddau wy arall allan*)

June: Hwn yw B . . . (*wrth iddi eu trosglwyddo nhw i David sy'n eu gosod yn ofalus*). Nawr rho nhw yn y dŵr hallt.

(*Mae David yn codi A ac yn ei roi mewn jar o ddŵr hallt*)

David: Mae A yn arnofio. A.

June: B (*Mae'n rhoi B i mewn. Mae'n suddo*) Suddo.

David: C.

(*Mae'n ei roi yn y dŵr hallt. Mae'n mynd i'r gwaelod ac yn dechrau codi'n araf eto*)

June: Suddo.

David: Ydy, edrych....na, dydi o ddim.

June: Na . . . yr un yna (*mae'n pwyntio at C. Oedi, ansicr am foment*) Na, sut ydyn ni'n mynd i ddweud . . .

David: Mae yr un yna . . .

June: Wedi'i ferwi'n galed. Mae'r un ar y gwaelod wedi'i ferwi'n galed. Rho C berwi'n galed.

(*Mae'n dweud wrth David ysgrifennu. Ond nid C sydd ar y gwaelod*)

ateb yn bwysicach na chael rheswm dros yr ateb. Mae June, yn enwedig, yn ymd-dangos yn awyddus i ddod i ddiwedd cynnar.

Hyd yn oed yma, fodd bynnag, mae arwyddion eu bod yn agos at ymwneud mwy yn y gweithgaredd. Gallai sylw David, 'Sut wyt ti'n gwybod?' fod wedi ysgogi June i esbonio ei syniadau, pe bai hi wedi bod yn llai amddiffynnol. Yn ddiweddarach, pan fo wy mae hi'n dweud sy'n 'suddo' yn dechrau codi eto mae potensial ar gyfer cwest-iynu, ond nid yw'n mynd ymhellach. Sut y gellid fod wedi manteisio ar y potensial hwn; sut, yn fwy cyffredinol, allwn ni annog rhyng-newidiadau sy'n cynnwys med-dwl yn fyfyriol?

Yn amlwg, mae rôl yr athro yn bwysig, er ei fod yn ymddangos yn fach iawn ym Mlwch 7.2.

Addysgu ymddiddanol: rôl yr athro

Pwysleisiodd Barnes bwysigrwydd rôl yr athro wrth osod y cyd-destun ar gyfer y mathau o gyfnewid sy'n arwain at ddysgu:

> Nid yw ansawdd y drafodaeth - ac felly ansawdd y dysgu - yn cael ei bennu gan allu'r disgyblion yn unig. Mae natur y dasg, eu cynefindra â'r deunydd pwnc, eu hyder ynddyn nhw eu hunain, eu hymdeimlad o'r hyn a ddisgwylir ganddynt, y rhain i gyd yn effeithio ar ansawdd y drafodaeth, ac mae'r rhain i gyd yn agored i ddylanwad gan yr athro.

(Barnes, 1976: 71)

Mae Asoko a Scott (2006) yn egluro effaith sut mae'r athro yn ymyrryd. Wrth dra-fod gwahanol fathau o gyfathrebu yn yr ystafell ddosbarth maen nhw'n dyfynnu'r sgwrs ganlynol rhwng athro a rhai plant 8 a 9 mlwydd oed (2006: 160). Mae'r plant yn edrych ar gysgod o ddarn o bapur ar siâp wyneb. Mae tyllau yn y papur ar gyfer y llygaid a'r geg.

Athro:	Felly beth yw'r geg a'r llygaid?
Amy:	Tyllau.
Athro:	Ie, a beth sy'n mynd drwy'r tyllau?
Amy:	Goleuni.
Athro:	Y goleuni. Felly beth sy'n gwneud siâp yr wyneb?
Perdip:	Mae'r papur yn rhwystro'r goleuni.
Athro:	Mae'r papur yn rhwystro'r goleuni, yn dydi, i wneud yr wyneb. Felly mae'n gysgod. Felly, beth mae hynny'n ei ddweud wrthych am oleuni? Sut mae'n teithio?
Fiona:	Ar gyflymder goleuni.
Athro:	Ydw, rwy'n gwybod ei fod yn teithio ar gyflymder goleuni ond a yw'n teithio mewn llinellau tonnog?
Perdip:	Na, syth.

Mae hyn yn dangos patrwm cyffredin mewn sgwrs yn yr ystafell ddosbarth lle mae:

- yr athro yn gofyn cwestiwn (beth yw'r geg a'r llygaid?),

- mae'r disgybl yn ymateb (tyllau),

- mae'r athro yn gwneud sylw arfarnol (ie ...), yna

- yn gofyn cwestiwn arall (beth sy'n mynd drwy'r tyllau?)

ac ailadroddir y patrwm 'cwestiwn-ymateb-gwerthusiad'. Mae'r sgwrs hon yn cynnwys digon o ryngweithio rhwng yr athro a'r plant ond ynddo mae awdurdod yr athro yn ddigamsyniol. Mae'r athro yn ceisio atebion penodol ac nid oes fawr o anogaeth i'r plant fyfyrio a gwneud eu synnwyr eu hunain o'r hyn maen nhw'n edrych arno.

Cymharwch hyn â rôl yr athro ym Mlwch 7.2 lle mae'r athro yn annog meddwl dyfnach, defnyddio tystiolaeth ac eglurder ystyr, a rhannu yn y sgyrsiau yn hytrach na'u dominyddu. Mae dull athro Deidre ac Allyson yn rhoi nifer o arwyddion anogaeth gadarnhaol i feddwl yn fyfyriol:

- ymuno fel rhan o'r grŵp, heb ddom101inyddu'r drafodaeth;

- gwrando ar atebion y plant a'u hannog i fynd ymlaen ('Rwy'n gweld', 'Ie?');

- gofyn i'r plant egluro beth maen nhw'n ei feddwl ('Alli di esbonio pam dy fod di'n meddwl felly?');

- holi er mwyn egluro ystyr ('Sut fydd y tu mewn?').

Ni ellir dangos pob agwedd ar rôl yr athro mewn un sgwrs fer ac yn wir, rhannau allweddol o'r rôl hon yw pennu cyd-destun a hinsawdd yn yr ystafell ddosbarth sy'n annog meddwl a siarad archwiliadol. Mae'r canlynol yn bwysig yn hyn o beth:

- disgwyl i blant esbonio pethau, sy'n cynnwys gwerthfawrogi eu syniadau hyd yn oed os yw'r rhain yn anaeddfed ac yn hynod o ddychmygol;

- osgoi rhoi argraff mai dim ond yr ateb 'cywir ' sy'n dderbyniol ac y dylai plant fod yn dyfalu;

- penderfynu pryd mae'n amser i ymyrryd a phryd mae'n well gadael i drafodaeth plant yn unig fynd ymlaen.

Mae presenoldeb yr athro yn newid trafodaeth yn eithaf dramatig, am ei bod yn anodd iddo ef neu hi beidio â chael ei ystyried fel awdurdod (gweler hefyd Bennod 15, t. 210). Ar eu pen eu hunain, mae'r plant yn cael eu taflu at eu syniadau a'i defnydd eu hunain o dystiolaeth. Ond, fel y gwelwn gyda June a David, nid yw absenoldeb athro bob amser yn arwain at sgwrs gynhyrchiol ac nid yw'n anodd dychmygu sut y gallai cwestiwn gan athro fod wedi cefnogi'r symudiad tuag at ymchwiliad yr oedd yn ymddangos fel pe bai David yn ei wneud. Mae angen i'r athro fonitro trafodaethau grŵp, gwrando arnynt heb ymyrryd, cyn penderfynu oes 'meddwl yn uchel' yn mynd ymlaen yn ddefnyddiol neu a oes angen ei annog.

Addysgu dosbarth cyfan yn ymddiddanol

Er ei bod yn haws darlunio rôl yr athro o ran sefydlu siarad ymddiddanol yng nghyd-destun gwaith mewn grwpiau bach, mae'r nodweddion a restrir uchod yr un mor berthnasol i drafodaethau dosbarth cyfan. Nodwedd allweddol gweithgaredd dosbarth cyfan o'r fath yw cymryd rhan mewn 'ymchwiliad ar y cyd' lle mae'r disgyblion yn dod â'u syniadau gwahanol i'r dasg dysgu ar y cyd (Barnes a Todd, 1995). Mae sut y casglodd Graham ei ganfyddiadau o'r gwahanol grwpiau yn ei ddosbarth (t. 49) yn enghraifft o gyd-destun o'r fath. Er nad oes gennym fanylion am y sgyrsiau llafar, ymddengys ei fod yn gofyn cwestiynau er mwyn cael eglurder ac efallai ei fod wedi gofyn i grwpiau esbonio sut y daethant i'w casgliadau yn ogystal â rhoi cyfle i'r holl ddisgyblion gwestiynu a herio fel eu bod yn deall beth roedd pob grŵp wedi'i wneud a'i ganfod. Roedd dod â'r canfyddiadau at ei gilydd yn gyfle i bawb fod yn rhan o'r gwaith meddwl a arweiniodd at y penderfyniad terfynol ynglŷn â'r gwahanol briddoedd.

Trafodaeth dosbarth cyfan yw'r cyd-destun amlwg ar gyfer y math yma o drafodaeth. Ar yr un pryd gall hefyd fod yn gyd-destun ar gyfer sgyrsiau eithaf gwahanol, lle mae athrawon yn fwy awdurdodol ac yn rheoli nid yn unig y rhyngweithio ond cynnwys y siarad hefyd. Mewn achosion o'r fath, yn hytrach na rhannu'r broses o greu dealltwriaeth, bydd plant yn derbyn dealltwriaeth rhywun arall. Felly mae'n bwysig, fel y pwysleisiwyd gan Alexander (2012), i wahaniaethu'n glir rhwng cyd-destun y dosbarth cyfan lle gellir cael enghreifftiau da o addysgu dosbarth cyfan yn ymddiddanol ac addysgu dosbarth cyfan lle mae'r rhan fwyaf o blant yn dderbynwyr gwybodaeth oddefol.

Hybu ymresymiad

Ni ddylem gael ein dychryn gan dermau technegol, na'u defnyddio'n ddiangen, ond yn aml mae'n ddefnyddiol defnyddio gair arbennig i wneud gwahaniaeth pwysig. Mae defnyddio 'siarad ymddiddanol' yn hytrach na 'thrafodaeth' yn un enghraifft; mae 'ymresymiad' yn un arall. Mae'n golygu dadlau ynghylch tystiolaeth, yn enwedig pan ellir dehongli'r dystiolaeth honno mewn ffyrdd gwahanol. Mae ei alw'n 'ddadl' yn awgrymu nad yw'n wahanol iawn i'r cyfnewid barn sy'n nodweddu anghydfodau beunyddiol (pwy ddylai fod yn gyntaf, er enghraifft). Mae ei alw'n 'drafodaeth' – er ei fod yn un math o drafodaeth – yn hepgor ei swyddogaeth arbennig wrth ddatblygu rhesymeg ynghylch a yw tystiolaeth yn cefnogi un casgliad neu ragdybiaeth neu ei gilydd.

Mae plant ifanc yn ei chael hi'n anodd derbyn dehongliadau gwahanol o dystiolaeth, ond maen nhw'n dechrau pan fyddan nhw'n cael cymorth i nodi rhesymau amgen dros arsylwadau. Er enghraifft, soniodd dosbarth Chris (t. 45) am resymau gwahanol dros rai ciwbiau rhew yn toddi'n gyflymach nag eraill ac fe wnaeth dosbarth Lisa (t. 46) roi amrywiaeth o achosion ar gyfer dydd a nos. Mae plant cynradd hŷn yn gallu dechrau dadlau'n fwy ystyrlon am ddehongli tystiolaeth, er enghraifft, wrth i Deidre ac Allyson herio eu barn ar ba wyau oedd wedi cael eu berwi.

Lleferydd fel ffordd o gyfathrebu

Dyma'r ochr fwy ffurfiol o ddefnyddio siarad, lle mae angen dilyn arferion a disgwyliadau cyffredin er mwyn i eraill allu gwneud synnwyr o'r hyn a ddywedir. Mae'n rhan o gymdeithasoli i allu disgrifio beth sydd wedi cael ei wneud neu ei ystyried mewn ffordd ddealladwy i eraill a gallu gwrando ar eraill, gan roi sylw nid yn unig i'r geiriau ond hefyd i'r negeseuon ymhlyg a gyflëir gan dôn y llais ac ymarweddiad. Nid yw rhoi sylw fel hyn yn ymateb awtomatig i blant, fel y gŵyr athrawon yn dda: mae'n ymddygiad y mae angen ei addysgu. Mae Blwch 7.4 yn nodi rhai ffyrdd o ddarparu hinsawdd yn yr ystafell ddosbarth lle mae plant yn cael cyfle i adrodd yn llafar i eraill mewn lleoliad lle maen nhw'n gwybod y bydd eraill yn gwrando a lle mae angen iddynt gyfleu eu gwybodaeth yn glir.

Dylai'r pethau hyn ddod yn rhan o'r ffordd gyffredinol o weithio, gan fod disgwyliadau y bydd plant yn ymateb i'r hyn mae eu cyd-ddisgyblion yn ei ddweud yn cael eu gosod gan batrwm y gwersi blaenorol yn ogystal â gan yr ymateb ar achlysur penodol. Yna gall adrodd a gwrando fod â rôl yn natblygiad syniadau plant yn ogystal â'u sgiliau cyfathrebu. Mae'n golygu eu bod yn mynd yn ôl dros eu gweithgareddau ac yn gwneud synnwyr ohonynt eu hunain er mwyn iddynt allu gwneud synnwyr ohonynt i eraill.

Plant sydd ag anawsterau wrth siarad

Mae gan drafodaeth rôl bwysig yn natblygiad geirfa wyddonol, a dyma ein pwnc nesaf. Ond yn gyntaf, rhaid i ni beidio ag anghofio nad yw pob plentyn yn ei chael hi'n hawdd siarad, o leiaf yn yr ystafell ddosbarth. Gall hyn fod oherwydd namau iaith a lleferydd penodol (SSLI) neu am eu bod nhw'n dysgu Saesneg neu fel iaith ychwanegol (EAL). I'r plant hyn, mae geirfa gwyddoniaeth yn peri anawsterau ychwanegol. Trafodir rhai agweddau ar namau iaith a lleferydd penodol a ffyrdd o helpu ym Mhennod 23. Gan gyfeirio'n benodol at eirfa wyddonol, mae Wellington a Wellington (2002: 83) yn nodi bod plant sydd â namau iaith a lleferydd penodol yn tueddu i ddysgu gair a'i ddefnydd mewn un cyd-destun ond yn ei chael hi'n anodd iawn trosglwyddo'r defnydd i gyd-destun arall.

Blwch 7.4 Creu awyrgylch ar gyfer adrodd llafar cynhyrchiol

- Darparu canllawiau ar gyfer paratoi cyflwyniadau a strwythur ar gyfer sicrhau y gellir clywed a rhoi sylw i bob adroddiad.

- Rhoi enghraifft yn ymateb yr athro ei hun, o ddangos diddordeb, gofyn cwestiynau er mwyn cael eglurhad, gwneud sylwadau cadarnhaol, ac ati.

- Gwneud defnydd o syniadau plant mewn sylwadau, a thrwy hynny annog plant i wneud yr un peth ('Dyna syniad diddorol sydd gen ti am...' 'Dywed wrthym sut rwyt ti'n meddwl ei fod yn esbonio...').

- Annog plant i ymateb i'w gilydd yn hytrach na gwneud datganiadau o'u syniadau eu hunain yn unig.

- Gwrando'n astud a disgwyl i'r plant wneud hynny.

- Gosod disgwyliadau y bydd plant yn rhoi ymdrech yn eu cyflwyniadau i'w gilydd gan geisio eu gwneud yn ddiddorol; rhoi amser a helpu i hwyluso hyn.

Ar gyfer plant EAL, yn aml mae angen treulio mwy o amser yn darparu enghreifftiau penodol a, lle bo'n bosibl, y pethau go iawn ynghyd â'r geiriau llafar ac ysgrifenedig i atgyfnerthu eu dealltwriaeth o eiriau newydd. Er enghraifft, gellir ysgrifennu geiriau sy'n gysylltiedig â chylched syml ar labeli ar gyfer gwifrau, batri, ac ati ar gyfer y diagram cylched confensiynol, a'u hatodi i'r gylched go iawn ac i gynrychioliad diagramatig. Anogir y plant wedyn i ddefnyddio'r geiriau hyn wrth egluro'r gylched i eraill, a byddant hefyd angen yr arddodiaid cywir. Mae hyn i gyd yn sicr o gymryd amser ychwanegol ond, fel yr adroddwyd gan Hainsworth (2017), mae'r hyder mae'n ei roi i blant yn eu harwain yn fuan i gymryd rhan mewn trafodaethau gyda chyd-ddisgyblion nad ydynt yn ddisgyblion Saesneg fel iaith ychwanegol ac at fanteision dysgu drwy siarad.

Cyflwyno geiriau gwyddonol

Mae dogfennau'r cwricwlwm cenedlaethol yn ei gwneud yn glir y dylid cyflwyno plant ysgol gynradd i eirfa wyddonol. Er enghraifft, mae Cwricwlwm Cenedlaethol Lloegr yn nodi y 'dylai disgyblion allu disgrifio prosesau cysylltiedig a nodweddion allweddol mewn iaith gyffredin, ond dylent hefyd fod yn gyfarwydd â thermau technegol, a'u defnyddio, yn gywir ac yn fanwl' (DfE, 2013). Mae hyn yn gadael athrawon â'r cwestiynau anodd o ran pryd a sut y dylid cyflwyno geiriau newydd. A ddylen nhw ddefnyddio'r gair cywir o'r foment gyntaf pan fyddan nhw'n cymryd rhan mewn gweithgaredd lle gallan nhw ei ddefnyddio a mynnu bod plant yn defnyddio'r gair? Neu a ddylen nhw ganiatáu i blant 'ddysgu' geiriau wrth iddyn nhw fynd ymlaen? Gwyddom fod plant yn dysgu ac yn defnyddio geiriau gwyddonol yn ddigon rhwydd; yn aml maen nhw'n mwynhau eu casglu a rhoi cynnig arnynt fel pe baent yn eiddo newydd. Ar y dechrau, efallai y bydd un o'r geiriau hyn yn 'gweddu'n llac' i'r syniad y bwriedir iddo'i gyfleu. Ydy hi o bwys os yw plant yn defnyddio geiriau gwyddonol heb wybod beth yw eu hystyr llawn?

Er enghraifft, ystyriwch yr hyn mae'r plentyn wedi'i ysgrifennu yn Ffigur 6.9 lle, wrth ddisgrifio'r ffordd mae sain yn cael ei drosglwyddo mewn ffôn llinyn a photyn iogwrt, mae'n esbonio bod y dirgryniadau yn mynd i lawr y llinyn. Mae'r gair 'dirgryniad' yn cael ei ddefnyddio mewn modd yma sy'n awgrymu bod y plentyn yn deall sain fel dirgryniad, nes i ni sylwi ei fod yn ysgrifennu bod y llais yn 'cael ei drosglwyddo yn ddirgryniadau' ar un pen ac yn 'cael ei drosglwyddo'n ôl yn llais' ar y pen arall. Mae'n ymddangos nad yw'r sain rydyn ni'n ei glywed yn cael ei ddeall fel dirgryniad, ond y ffordd mae'n cael ei gludo ar draws y llinyn yn unig. Efallai bod angen ymestyn y syniadau am sain a dirgryniad, fel bod dirgryniad yn rhywbeth sy'n gallu digwydd yn yr aer ac yn digwydd pryd bynnag y bydd sain yn digwydd. Bydd hyn yn cymryd amser a phrofiad ehangach, ond mae wedi dechrau arni. Ac nid yw'n anghywir yn defnyddio 'dirgryniad' fel mae wedi'i wneud.

Pryd i gyflwyno geiriau newydd

Gallai ymddangos bod athrawon yn cael eu dal rhwng rhoi geiriau newydd yn rhy fuan ar y naill law (ac felly annog dawn ymadrodd llafar sy'n cuddio camddealltwriaeth), ac, ar y llaw arall, atal ffordd o ychwanegu manylder i feddwl a chyfathrebu (ac efallai gadael i blant barhau i ddefnyddio geiriau sydd yn llai na defnyddiol).

Bydd gwerth cyflwyno'r gair cywir ar adeg benodol yn dibynnu ar y canlynol:

■ p'un a yw'r plentyn wedi cael profiad o'r digwyddiad neu'r ffenomen mae'n ei gwmpasu;

■ p'un a oes angen y gair hwnnw ar y pryd;

■ p'un a yw'r gair yn mynd i fod o gymorth i'r plentyn i gysylltu pethau cysylltiedig â'i gilydd (gan fod geiriau yn aml yn rhoi cliwiau i'r cysylltiadau hyn).

Mewn geiriau eraill, os bydd gair yn llenwi bwlch, *os oes angen amlwg i ddisgrifio rhywbeth sydd wedi bod yn brofiadol ac yn real i'r plant, yna mae'r amser yn iawn i'w gyflwyno.* Gyda phlant ifanc un o'r amodau ar gyfer yr 'amser iawn' yw presenoldeb ffisegol neu arwyddion o'r ffenomen y mae'r gair yn cyfeirio ati. Dim ond wedyn y gallwn obeithio ffitio'r gair gyda syniad, hyd yn oed yn llac.

Sut i gyflwyno geiriau newydd

Mae'r ddadl uchod yn awgrymu y dylai'r athro ddefnyddio'r iaith a fabwysiadwyd gan y plant wrth drafod eu profiadau tan yr adeg pan fydd yr amser yn iawn i gyflwyno'r gair. Yna, ar ôl cyflwyno'r gair, dylai'r athro ofalu ei fod yn ei ddefnyddio'n gywir. Er enghraifft, os yw plant wedi bod yn archwilio dirgryniadau mewn llinyn, croen drwm, papur sidan yn erbyn crib, ac yn awyddus i siarad am yr hyn sy'n digwydd i'r holl bethau hyn, mae'n ddigon posibl y byddai'n ddefnyddiol dweud 'yr enw ar beth mae'r rhain i gyd yn ei wneud yw "dirgrynu". Cyn hyn mae'n bosib bod y plant a'r athro wedi ei alw gan ddefnyddio enwau disgrifiadol: crynu, neidio, symud, mynd i fyny ac i lawr, ac ati. Ffordd ddefnyddiol o sicrhau bod y gair newydd a geiriau'r plant yn cael eu cysylltu â'r un peth, yn ôl awgrym gan Feasey (1999), yw eu defnyddio gyda'i gilydd ('y peth sy'n crynu neu'n dirgrynu') nes bod y gair newydd yn dod mor gyfarwydd â'r hen air.

Mae angen iddynt ddod ar draws geiriau fel dirgrynu, grym, ffrithiant, disgrifio cysyniad neu briodwedd, mewn amrywiaeth o gyd-destunau amrywiol os ydynt am ddeall eu hystyr cyffredinol a dylai'r gair gyd-fynd â'r nodwedd neu briodwedd yn hytrach na phethau penodol sy'n bresennol pan maen nhw'n dod ar ei draws am y tro cyntaf. Ond nid oes ffordd gyflymach drwy ddiffiniadau llafar mewn termau haniaethol.

Geiriau sy'n disgrifio sgiliau ymholi

Nid geiriau 'cysyniad' yn unig sydd angen i blant ddysgu eu defnyddio'n gywir. Mae Edmonds (2002: 5) yn tynnu sylw at y pwynt, yng nghyd-destun addysgu plant y mae Saesneg yn iaith angen iddynt: 'Nid yw plant yn siŵr beth sy'n ofynnol ganddyn nhw pan ofynnir iddyn nhw ragfynegi, damcaniaethu neu ddehongli.' Fodd bynnag, mae hyn yn berthnasol i bob plentyn, fel mae'r awgrymiadau ym Mlwch 7.5, ar gyfer opsiynau eraill i roi diffiniadau geiriol o brosesau.

Blwch 7.5 Awgrymiadau ar gyfer cyfleu ystyr sgiliau ymholi

Mae'n ymddangos mai rhai o'r strategaethau mwyaf effeithiol ar gyfer helpu plant i ddeall geiriau sy'n disgrifio sgiliau ymholi yw:

■ Athro yn modelu'r gweithdrefnau gyda grŵp neu'r dosbarth cyfan; gan ddangos holl weithdrefnau'r rhannau cynllunio neu ymchwiliad cyfan.

■ Rhoi enghreifftiau o'r math o weithdrefnau mae'r athro wedi gofyn amdanynt.

■ Nodi a rhannu meini prawf clir o ran sut y byddai'r weithdrefn yn edrych pe byddai'n cael ei chwblhau'n llwyddiannus.

■ Edrych drwy ddarnau o waith plant eraill lle maen nhw wedi cyflawni'r weithdrefn neu'r sgil a gwneud sylwebaeth ar yr hyn mae'r plentyn wedi'i wneud.

■ Adborth manwl a thrafodaeth ar waith y plentyn.

(Edmonds, 2002: 5)

Bydd angen geiriau eraill a ddefnyddir wrth drin data gan ddisgyblion yn yr ysgol uwchradd. Er ei fod wedi'i ysgrifennu ar gyfer athrawon gwyddoniaeth i blant 11 – 16 mlwydd oed, mae'r cyhoeddiad *The Language of Mathematics in Science* (ASE a Sefydliad Nuffield, 2016) yn darparu nodiadau defnyddiol am y defnydd o eiriau a chynrychioliadau a all helpu i baratoi plant cynradd ar gyfer ymdrin â data.

Trefnu trafodaethau dosbarth a grŵp

Wrth sefydlu'r drafodaeth y pwynt (amlwg o bosibl) yw sicrhau eich bod yn dal sylw pawb. Ar gyfer trafodaeth dosbarth cyfan mae lleoliad y plant yn arwyddocaol o ran atal unrhyw beth rhag tynnu eu sylw. O bryd i'w gilydd, efallai y bydd angen cynnal trafodaeth fer yn ystod gweithgareddau ymarferol, er mwyn dwyn arsylwadau a wnaed ynghyd, adrodd ar gynnydd neu rannu gwybodaeth a fydd yn helpu pawb (gan gynnwys cyfarwyddiadau ynglŷn â diogelwch os oes peryglon annisgwyl wedi codi). Ar yr adegau hyn, efallai y byddai'n ddoeth symud y plant i ffwrdd oddi wrth y deunyddiau y maen nhw'n gweithio arnynt er mwyn sicrhau eu sylw. Bydd y drafodaeth yn para am ychydig funudau yn unig ac ni fydd yn achosi caledi i'r plant os byddant yn gyfyng mewn lle bach ar yr adeg hon. Bwriedir iddo eu helpu gyda'u gwaith pan fyddant yn dychwelyd ato; fel arall dylid osgoi torri ar draws tan yr amser i rybuddio am ddiwedd y sesiwn gwaith grŵp.

Ar wahân i'r ymyriadau prin hyn, bydd trafodaeth dosbarth cyfan yn cael ei chynnal ar ddechrau ac ar ddiwedd y gwaith grŵp, gyda thrafodaeth grŵp yn y canol.

Trafodaeth dosbarth cyfan ar ddechrau gwers

Y drafodaeth gychwynnol yw'r allwedd i sefydlu gwaith grŵp sy'n ddigon clir ac ysgogol i sicrhau bod plant yn dechrau gweithio'n brydlon ac yn frwdfrydig. Trafodir rhai gweithgareddau cychwynnol ysgogol ym Mhennod 11. P'un ai'r diben yw i blant barhau â gwaith sydd eisoes wedi'i ddechrau neu ddechrau ar weithgaredd ffres, swyddogaeth hanfodol y drafodaeth gychwynnol yw sicrhau bod plant yn gwybod beth yw diben eu gwaith (gweler Pennod 17) a pha rôl a ddisgwylir ganddynt.

Trafodaeth grŵp yn ystod y wers

Mae trafodaethau grŵp yn rhannau pwysig o waith ymarferol; dylid annog plant i siarad yn rhydd ymysg ei gilydd. Mae trefnu 'siarad' neu 'grwpiau siarad' fel rhan reolaidd o weithgareddau yn awgrymu bod disgwyl trafodaeth o'r fath. Pan fydd gwaith grŵp yn mynd rhagddo, bydd yr athro yn ymweld â phob grŵp at ddibenion amrywiol - er mwyn monitro cynnydd, annog cyfnewid barn, cynnig awgrymiadau, asesu. Yn achos rhai grwpiau, efallai na fydd angen gwneud dim ond sicrhau bod y siarad yn gynhyrchiol (fel ym Mlwch 7.2) ond efallai y bydd angen mwy o fewnbwn ar grwpiau eraill. Gan ei bod bron yn amhosibl i athrawon 'hofran' heb fod eu presenoldeb yn effeithio ar y plant, mae'n well egluro'r hyn a fwriedir. 'Dydw i ddim yn mynd i dorri ar draws; daliwch ati ' neu 'Dywedwch wrthyf fi beth rydych chi wedi bod yn ei wneud hyd yn hyn'. Mae'n gyfle i'r athro ddangos esiampl o sut i wrando a gwneud yn siŵr bod pawb yn cael cyfle i siarad. Pan fydd yr athro yn gadael y grŵp, gellir gadael y plant gyda'r disgwyliad y dylent barhau i drafod, 'Mae gennych syniadau da yn barod, nawr edrychwch i weld a allwch chi roi mwy o awgrymiadau at ei gilydd.'

Mae'r sŵn, sydd yn digwydd yn anochel yn sgil trafodaeth, yn rhan o'r awyrgylch gweithio. Os yw lefel y sŵn yn mynd yn annerbyniol, dylai fod modd canfod y rheswm:

■ gormod o gyffro am rai gweithgareddau?

■ plant yn aros am offer ac nid yn 'gweithio ar y dasg'?

■ 'chwarae o gwmpas'?

Ar ôl canfod y rheswm, gellir cymryd camau gweithredu priodol - er enghraifft, drwy leihau'r cynnwrf drwy wneud gwaith mewn camau ar weithgareddau penodol, trefnu offer fel ei bod hi'n haws eu cyrraedd, gwirio'r gyfatebiaeth rhwng gofynion y weithgaredd a pharodrwydd y plant i ymateb.

Trafodaeth dosbarth cyfan ar ddiwedd gwers

Dylai cynnal trafodaeth dosbarth cyfan ar ddiwedd sesiwn ymarferol, p'un a yw'r gwaith yn cael ei gwblhau ai peidio, fod yn arfer cyffredin. Mae'r rhesymau dros yr argymhelliad cryf hwn wedi'u mynegi'n dda gan Barnes fel sydd i'w weld ym Mlwch 7.6.

Mae'n bwysig rhybuddio'r plant mewn da bryd iddyn nhw ddod â'u gweithgaredd i gam lle gellir cadw offer ac i ganiatáu pump neu ddeng munud er mwyn adolygu neu adrodd ar waith parhaus. Ar ddiwedd y gweithgareddau ar bwnc arbennig, dylid trefnu amser hirach ar gyfer trafodaeth dosbarth cyfan a dylai'r plant gael amser ymlaen llaw i baratoi i adrodd, efallai gydag arddangosiad, i eraill.

Blwch 7.6 Gwerth trafod gweithgareddau sydd wedi eu cwblhau

Efallai na fydd dysgu o'r math hwn (o brofiad o drin a thrafod gwrthrychau, ymweliadau neu drafodaethau grŵp) byth yn datblygu y tu hwnt i sgiliau llaw a greddf ansicr, oni bai bod y dysgwyr eu hunain yn cael cyfle i fynd yn ôl dros brofiadau o'r fath a'u cynrychioli iddyn nhw eu hunain. Mae'n ymddangos bod pob rheswm dros waith ymarferol mewn grŵp mewn gwyddoniaeth, er enghraifft, i'w ddilyn fel arfer gan drafodaeth ar oblygiadau'r hyn sydd wedi'i wneud a'r hyn a arsylwyd, oherwydd heb hyn, gall yr hyn mae dysgwyr yn hanner ei ddeall ddiflannu yn fuan.

(Barnes, 1976: 30–31)

Crynodeb

Mae'r bennod hon wedi ystyried amrywiol agweddau ar gyfathrebu llafar yn yr ystafell ddosbarth. Dyma'r prif bwyntiau:

- Gall siarad plant chwarae rhan bwysig yn natblygiad eu dealltwriaeth pan fydd ar ffurf 'siarad ymd-diddanol', sy'n cael ei nodweddu gan 'feddwl yn uchel' am sefyllfa neu broblem.

- Mae siarad a gwrando yn galluogi plant i ddatblygu eu syniadau drwy ryngweithio ag eraill.

- Mae rôl yr athro mewn trafodaeth a fwriedir i helpu dysg plant yn golygu cymryd rhan fel aelod cyfartal o'r grŵp, gan annog esboniadau a helpu i egluro ystyron.

- Mae siarad mwy ffurfiol er mwyn adrodd yn gofyn am hinsawdd yn yr ystafell ddosbarth lle mae plant yn gwrando ac yn ymateb yn gadarnhaol i'w gilydd ac yn gwneud ymdrech i gyfathrebu'n effeithiol.

- Y ffordd orau o gyflwyno geiriau gwyddonol ar gyfer prosesau yn ogystal â chysyniadau yw pan fydd y plant wedi cael profiad o'r digwyddiad neu'r ffenomen y maen nhw'n ei chynrychioli.

- Bydd plant gydag anawsterau lleferydd neu Saesneg fel ail iaith angen cefnogaeth ychwanegol i ddysgu geiriau gwyddonol a magu'r hyder i'w defnyddio.

- Mae angen trafodaeth dosbarth cyfan ar ddechrau gwers i gymell ymgysylltu ac ar y diwedd i fyfyrio ar yr hyn a ddysgwyd a thrafod ei oblygiadau.

Darllen pellach

Alexander, R. (2012) *Towards Dialogic Teaching,* 4ydd argraffiad. Efrog: Dialogos.

ASE a Sefydliad Nuffield (2016) *The Language of Mathematics in Science.* I'w lawrlwytho o www.ase.org.uk/documents/language-of-mathematics-in-science-1/

Asoko, H. a Scott, P. (2006) Talk in science classrooms, in W. Harlen (gol.) *ASE Guide to Primary Science Education.* Hatfield: Cymdeithas Addysg Gwyddoniaeth.

Dawes, L. (2004) Talk and reasoning in classroom science, *International Journal of Science Education,* 26 (6) 677–695.

8

Dysgu drwy ymholi

Cyflwyniad

Mae'r bennod hon yn ystyried sut y gellir adeiladu dealltwriaeth plant mewn gwyddoniaeth drwy ddefnyddio a datblygu sgiliau ymholi. Yn yr adran gyntaf, mae enghreifftiau o Bennod 3 yn cael eu defnyddio i awgrymu fframwaith, neu fodel, o sut mae gwahanol rannau o weithgareddau ymholi plant yn dod at ei gilydd i'w helpu i ddatblygu eu dealltwriaeth. Cyflwynir model o'r prosesau sy'n gysylltiedig â dysgu drwy ymholi yn yr ail adran, ac yna trafodir rôl bwysig sgiliau ymholi wrth helpu plant i symud o syniadau 'bach' tuag at syniadau 'mwy'. Mae'r model yn seiliedig ar y sylw bod dysgwyr yn dod â syniadau o brofiadau cynharach i geisio gwneud synnwyr o brofiad newydd neu i ateb cwestiynau newydd. Bydd rhai o'r rhain yn syniadau naïf neu anwyddonol, fel y rhai ym Mhennod 6, nad ydynt yn cael eu cefnogi gan dystiolaeth ar ôl eu profi, felly mae angen cyflwyno syniadau amgen. Rydym yn ystyried tystiolaeth i gefnogi addysg sy'n seiliedig ar ymholi ac yn trafod tebygrwydd a gwahaniaethau rhwng ymholi mewn gwyddoniaeth ac mewn pynciau eraill. Yn olaf, rydym yn nodi sut mae ymholi yn digwydd mewn gwahanol ffurfiau gan ddibynnu ar y math o gwestiwn sy'n ysgogi'r ymholiad.

Dysgu yn yr astudiaethau achos

Er bod y gweithgareddau a ddisgrifir ym Mhennod 3 yn wahanol mewn llawer o ffyrdd, mae ganddynt lawer o nodweddion cyffredin. Maen nhw i gyd yn dechrau gyda phrofiad newydd, neu gwestiwn am rywbeth a all fod yn gyfarwydd, neu broblem i'w datrys – rhywbeth sy'n ennyn chwilfrydedd y plant ac yn dal eu diddordeb. Bydd y plant yn arsylwi ac yn archwilio digwyddiadau a deunyddiau sy'n rhoi cyfle iddynt awgrymu beth efallai fydd yr ateb, ar sail eu syniadau o brofiad blaenorol. O gael eu herio i weld p'un a yw tystiolaeth yr ateb maen nhw wedi'i awgrymu yn gywir, maen nhw'n mynd ati i gynllunio ffordd o'i phrofi. Mae hyn yn golygu rhagfynegi'r hyn fydd yn digwydd pan fyddant yn newid rhywbeth, ac yna casglu mwy o ddata i weld a yw hyn yn digwydd. Byddant yn dehongli'r hyn maen nhw'n ei ganfod ac yn myfyrio ar p'un a oedd eu syniad gwreiddiol yn ddefnyddiol neu a oes angen iddynt roi cynnig ar syniad arall.

Beth am weld sut mae hyn yn gweithio yng ngwers Kathy (tt. 39 – 43). Dechreuodd gyda chwestiwn, wedi ei ysgogi gan stori, ac wedi'i wneud yn real drwy gasgliad o beli gwahanol.

Cafodd y cwestiwn cychwynnol 'pa bêl sydd orau i gi?' ei newid yn gwestiwn y gellid ymchwilio iddo: 'pa un yw'r bêl sy'n sboncio fwyaf?' Gwnaeth y plant lawer o awgrymiadau yn seiliedig ar eu profiad blaenorol o beli ('Yr un coch. Mae'n edrych fel pe bai'n sbonciog') ac fe wnaethant awgrymu esboniadau ('Gallai'r rwber ei wneud yn sbonciog'). Yna cafodd eu rhagfynegiadau amrywiol o ran pa bêl fyddai'r orau eu herio gan gwestiwn yr athrawes: 'Sut wyt ti'n gwybod? ' Gofynnodd yr athrawes am syniadau'r plant ynghylch sut i gasglu data a allai ddarparu tystiolaeth o 'sboncrwydd'. Trwy drafod nifer o wahanol awgrymiadau, cytunwyd ar y weithdrefn, a oedd mewn dwy ran. Yn y rhan gyntaf, daethpwyd o hyd i bedair pêl yr oedden nhw o'r farn fyddai'n sbonciog. Mae'r ail ran yn cynnwys mwy o gynllunio a chasglu data gyda'r pedair pêl hyn. Yna, cymharwyd y canlyniad terfynol gyda'u rhagfynegiadau. Fe wnaeth cofnod yr ymholiad cyfan alluogi'r plant i edrych yn ôl a myfyrio ar yr hyn roedden nhw wedi'i wneud ac wedi'i ddysgu, nid am y peli yn unig ond sut i ateb cwestiwn drwy ymchwiliad gwyddonol.

Yn nosbarth Lisa (tt. 45 – 47) cyflwynwyd y profiad newydd ar ffurf delweddau o ddinas yn ystod y dydd a'r nos. Fe wnaeth hyn arwain y plant i feddwl am achos dydd a nos, gan ddatgelu gwahanol ragdybiaethau. Roedd rhai o'u syniadau yn ymwneud â'r Lleuad ond roedd y rhan fwyaf yn esbonio'r newidiadau drwy symudiad yr Haul o amgylch y Ddaear. Fe wnaeth Lisa gyflwyno model o'r Haul, y Ddaear a'r Lleuad er mwyn galluogi plant i archwilio effaith y symudiadau gwahanol a awgrymwyd gan y plant yn ogystal â'r syniad a gyflwynwyd ganddi hi o'r Ddaear yn troelli yn hytrach na'r Haul yn symud o amgylch y Ddaear bob dydd. Cafodd y plant gyfle i gynllunio sut i ymchwilio i'r posibiliadau hyn gan ddefnyddio'r model a chasglu tystiolaeth o roi cynnig arno. Roedd dehongli eu harsylwadau mewn perthynas ag esboniadau amgen yn eu helpu i addasu eu syniadau am ddydd a nos.

Dechreuodd gwersi Graham ar bridd (tt. 47 - 49) gyda phrofiad newydd ar ffurf y priddoedd i'w harsylwi a chwestiwn am sut y gallai'r gwahaniaethau rhwng y priddoedd effeithio ar ba mor dda y byddai planhigion yn tyfu ynddynt. Wrth archwilio a gwneud rhagfynegiad ynghylch pa bridd fyddai orau defnyddiodd y plant eu syniadau presennol, ac fe wnaeth hyn eu harwain i awgrymu'r priddoedd tywyll, llaith. Arweiniodd trafodaeth ac anogaeth bellach gan yr athro at nodi pedwar priodwedd a allai fod yn berthnasol. Nodwyd pedwar cwestiwn y gellid ymchwilio iddynt (pa bridd sy'n dal y rhan fwyaf o ddŵr? Pa un sy'n gadael dŵr drwyddo fwyaf rhwydd? Pa un sydd â'r mwyaf o aer? Pa un sy'n cynnwys y mwyaf o lysieubridd?). Ymchwiliodd gwahanol grwpiau i'r cwestiynau hyn, gyda phob un yn cynllunio ymchwiliad i brofi eu rhagfynegiadau ynghylch priodwedd benodol.

Dehonglwyd y data a gasglwyd gan bob grŵp i ateb cwestiwn y grŵp hwnnw ac yna cafodd canlyniadau'r grwpiau amrywiol eu cyfuno a'u dehongli. Er i'r priodweddau gwahanol gael eu hymchwilio ochr yn ochr, roedd y canlyniad yr un fath â phe bai'r ymchwiliadau wedi'u cynnal yn olynol. Pan gyfunwyd yr holl ganlyniadau, fe wnaethant ganfod nad oedd yr hyn a ragfynegwyd i ddechrau yn cael ei gefnogi gan y dystiolaeth. O ganlyniad, addaswyd eu syniad am bridd: nid pridd tywyll o reidrwydd yw'r mwyaf ffrwythlon yn ôl y cyfuniad o briodweddau yr oedden nhw wedi ymchwilio iddynt. Yn ogystal â dysgu bod eu syniadau cychwynnol yn gyfyngedig, roedd tystiolaeth hefyd oedd yn rhoi rhesymau dros gefnogi syniadau gwahanol oedd yn rhoi gwell dealltwriaeth o briodweddau pridd.

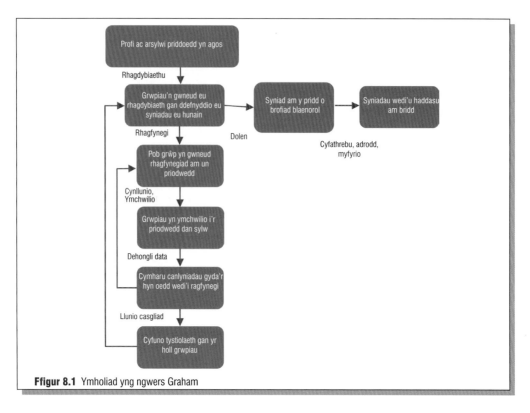

Ffigur 8.1 Ymholiad yng ngwers Graham

Mae'r camau yng ngweithgareddau'r plant a'u ffordd o feddwl yng ngwersi Graham wedi'u nodi mewn diagram yn Ffigur 8.1. Trwy gydol y gyfres o weithgareddau, ac yn enwedig ar y diwedd, roedd cyfleoedd i gyfathrebu, adrodd a myfyrio ar yr hyn yr oeddent yn ei wneud er mwyn iddynt ddod yn ymwybodol o'r prosesau a gynrychiolir gan y saethau yn Ffigur 8.1.

Syniadau a ddatblygwyd yn yr astudiaethau achos

Hyd yma, rydym wedi trafod nodweddion ar yr astudiaethau achos sy'n helpu'r plant i ddysgu sut i ymchwilio. Ond mae hefyd yn bwysig gofyn: yn ogystal â sgiliau ymholi, pa syniadau gwyddonol wnaeth y gweithgareddau helpu'r plant eu datblygu?

Fe wnaeth plant ifanc ddod â syniadau am beli yn eu profiad nhw i'r broblem a osodwyd yn yr ystafell ddosbarth. Drwy'r gweithgareddau fe wnaethant yn sicr ehangu eu gwybodaeth am wahanol beli, ond fe wnaethant hefyd ddysgu mwy am y defnyddiau y gwneir peli ohonynt. Roedd cyfle i ddatblygu dealltwriaeth o'r amrywiaeth o ddefnyddiau a ddefnyddir mewn gwrthrychau bob dydd. Fe wnaethant hefyd ychwanegu at eu dealltwriaeth o sut y gellir ateb cwestiynau drwy ymchwilio. Datblygodd dosbarth Lisa ddealltwriaeth well o'r hyn sy'n achosi dydd a nos. Dechreuodd plant Chris amgyffred y syniad bod tymheredd yn gallu effeithio ar ba mor gyflym mae iâ yn ymdoddi.

Mae'n arbennig o bwysig gallu nodi'r dysg gwyddoniaeth wrth ystyried pynciau trawsgwricwlaidd fel wythnos gwyddoniaeth Blwyddyn 6 (tt. 49-51). Nid yw'r holl weithgareddau mewn thema drawsgwricwlaidd yn canolbwyntio ar ddysgu mewn gwyddoniaeth, ond mae'n bwysig sicrhau na chollir cyfleoedd i ddatblygu dealltwriaeth mewn gwyddoniaeth. Roedd yr wythnos wyddoniaeth yn llawn gweithgareddau gyda'r potensial i ddatblygu cysyniadau gwyddoniaeth, ond byddai wedi bod yn hawdd i'r gwaith o chwilio am y 'sawl oedd yn euog' daflu cysgod dros ddysgu gwyddoniaeth. Rhannwyd y cwestiwn cyffredinol ynghylch pwy a gyflawnodd y drosedd yn nifer o gwestiynau i ymchwilio iddynt. Wrth ateb y cwestiynau ymchwil-iadwy hyn mae cyfleoedd ar gyfer dysgu mewn gwyddoniaeth.

Fel yn y profion cyfochrog ar briddoedd yn ystafell ddosbarth Graham, roedd sawl darn o wybodaeth i'w dwyn ynghyd o ymchwiliadau gwahanol. Yn y cromatograffeg, y rhagfynegiad oedd y byddai'n bosibl cyfateb lliwiau yn yr inc ar y rhestr siopa gyda'r inc yn ysgrifbinnau'r rhai oedd dan amheuaeth. Fe wnaeth canlyniad y prawf hwn atgyfnerthu eu dealltwriaeth o briodweddau'r defnyddiau hyn. Yn yr un modd, profwyd eu rhagfynegiadau am batrymau olion bysedd ac fe wnaeth y canlyniadau gynyddu eu syniadau am nodweddion dynol yn ogystal â'u helpu i ddatrys y drosedd.

Model o ddysgu yn seiliedig ar ymholi mewn gwyddoniaeth

Gallem nodi dilyniannau o ran ffordd o feddwl a gweithredoedd, fel y nodwyd yn Ffigur 8.1 ar gyfer dosbarth Graham, ar gyfer pob un o'r astudiaethau achos ym Mhennod 3 ac ar gyfer gweithgareddau tebyg mewn ystafelloedd dosbarth eraill. Mae hyn yn awgrymu fframwaith cyffredinol ar gyfer disgrifio'r hyn sy'n gysylltiedig pan fo dysgwyr yn ymwneud ag ateb cwestiynau neu'n ceisio esbonio profiadau newydd drwy gasglu tystiolaeth i brofi esboniadau posibl mewn modd gwyddonol; ac maen nhw'n meithrin eu dealltwriaeth o agweddau gwyddonol ar y byd o'u hamgylch. Dyma'r broses sy'n cael ei disgrifio fel *scientific inquiry* ac a gyn-rychiolir yn Ffigur 8.2.

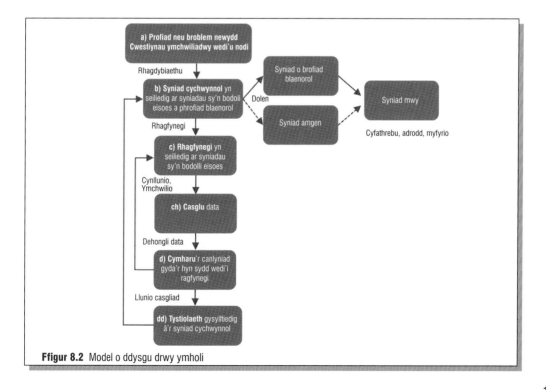

Ffigur 8.2 Model o ddysgu drwy ymholi

Mae'r broses yn dechrau yn (a), pan fydd dysgwyr yn ceisio gwneud synnwyr o ryw brofiad newydd neu ddatrys problem. Maen nhw'n dechrau – fel rydyn ni i gyd yn ei wneud wrth wynebu rhywbeth newydd – trwy ddefnyddio syniadau sydd ganddyn nhw'n barod. Mae'r archwiliad cychwynnol yn nodi nodweddion sy'n cysylltu â syniadau o brofiad blaenorol gan arwain at esboniadau posibl ('Dwi'n meddwl y gallai...' 'Dwi wedi gweld rhywbeth fel hyn pan...' 'Mae'n debyg i ... '). Efallai bod sawl syniad a allai fod yn berthnasol a, thrwy drafod, bydd un o'r rhain yn cael eu dewis i roi'r esboniad, neu ragdybiaeth, posibl i'w roi ar brawf (b). Mae cyfuno syniadau gwahanol mewn trafodaeth grŵp yn arbennig o ddefnyddiol yma; mae'n golygu bod y profiad a ddaw yn ei sgil yn fwy nag unrhyw un unigolyn. Mae creadigrwydd a dychymyg yn chwarae rhan hefyd. Yn wir, yn achos y gwyddonydd sy'n wynebu ffenomen annisgwyl, gallai'r gallu i roi cynnig ar syniadau y tu hwnt i'r hyn sy'n amlwg ar unwaith fod yn ddechrau 'arloesol'. Os oes angen mireinio'r cwestiwn cychwynnol, dyma pryd mae'n cael ei newid yn un neu ragor o gwestiynau y gellir ymchwilio iddynt.

Y cam nesaf wrth weithio'n wyddonol yw gweld pa mor ddefnyddiol yw'r syniadau cychwynnol hyn drwy wneud rhagfynegiad (c) yn seiliedig ar y rhagdybiaeth, oherwydd mae syniadau'n ddilys os oes ganddynt bŵer rhagfynegol yn unig (Hawking, 1988). Er mwyn profi'r rhagfynegiad mae angen casglu data newydd (ch), sydd wedyn yn cael ei ddadansoddi ac mae'r canlyniad yn cael ei ddefnyddio fel tystiolaeth i'w gymharu â'r hyn a ragfynegwyd (d). Mae mwy nag un rhagfynegiad a phrawf yn ddymunol, gan fynd drwy ddilyniant (c) i (d) eto i weld a yw'r esboniad a awgrymwyd yn ddefnyddiol, dyma'r rheswm dros fynd yn ôl o (d) i (c).

O'r canlyniadau hyn, gellir dod i gasgliad petrus (dd) am y syniad cychwynnol (b). Os yw'r dystiolaeth yn dangos bod y syniad yn rhoi esboniad da, yna yn ogystal â chael ei gadarnhau, mae'n dod ychydig yn fwy pwerus – 'mwy' – gan ei fod yn esbonio rhywbeth arall (gweler Pennod 1). Felly mae syniadau 'bach' – a ddisgrifiwyd felly am eu bod yn ymwneud â sefyllfaoedd unigol – yn raddol fynd yn fwy am eu bod yn ymwneud â sawl sefyllfa ac yn cael eu cyffredinoli yn y pen draw i set o briodweddau neu ffenomenau sy'n gysylltiedig â chysyniad. Os nad yw'r dystiolaeth yn cefnogi'r esboniad a roddwyd gan y syniad cychwynnol, yna mae'n rhaid rhoi cynnig ar syniad gwahanol. Ond mae gwybod nad y syniad gwreiddiol yw'r ateb yn ddefnyddiol hefyd. Mae'r un mor bwysig gwybod beth sydd ddim yn gweithio â gwybod beth sy'n gweithio.

Defnyddio'r model

Mae Blwch 8.1 yn rhoi enghraifft o ddefnyddio'r model ac mae hefyd yn dangos sut y gellir cyflwyno ffordd arall o ddehongli profiad pan nad yw'r un cyntaf yn cyd-fynd â'r dystiolaeth.

Blwch 8.1 Defnyddio'r model

Yn ystod ymholiad i'r ffordd mae defnyddiau gwahanol yn dargludo gwres, fe wnaeth plant mewn dosbarth ysgol ganol osod eu dwylo yn eu tro ar dri arwyneb yn yr ystafell ddosbarth – un metel, un pren ac un o sbwng polystyren. Fe wnaeth y digwyddiadau dilynol ddatblygu fel a ganlyn:

- Roedd y metel yn teimlo'n llawer oerach na'r ddau arwyneb arall (a), ac arweiniodd hyn at godi'r cwestiwn: pam?

- Dywedodd y plant ar unwaith fod y metel yn teimlo'n oer oherwydd ei fod ar dymheredd is (b). Roedd hyn yn wir fel arfer pan oedd rhywbeth yn teimlo'n oer, fel wrth gyffwrdd gwrthrych sydd newydd ddod allan o'r oergell neu gyffwrdd pethau yn yr awyr agored ar ddiwrnod oer (cysylltiad â phrofiad blaenorol).

- Yna nodwyd y cwestiwn y gellir ymchwilio iddo fel 'ydy'r metel yn teimlo'n oerach oherwydd bod ei dymheredd yn is?'

- Gofynnodd eu hathro iddyn nhw beth fydden nhw'n disgwyl ei ganfod pe bydden nhw'n mesur tymheredd yr arwynebau ac fe wnaethant ragfynegi mai'r metel fyddai isaf, y pren nesaf ac y byddai'r sbwng tua'r un fath â'u dwylo (c).

- Gan ddefnyddio synhwyrydd tymheredd wedi'i gysylltu â chyfrifiadur i gasglu data (ch) fe wnaethant brofi eu rhagfynegiad a chanfod nad oedd dim gwahaniaeth bron rhwng y tri arwyneb.

- Cawsant eu synnu gymaint gan hyn fel eu bod am ei ailadrodd a rhoi cynnig arno mewn gwahanol fannau (d) i (c). Yn benodol, roeddent am fynd â'r arwynebau allan o'r ystafell ddosbarth i fan lle'r oedd yn oerach. Roedd y canlyniad yr un fath, dim gwahaniaeth yn y tymheredd a fesurwyd, er bod y metel yn dal i deimlo'n llawer oerach na'r arwynebau eraill.

- Roedd yn amlwg nad oedd eu syniad nhw bod y metel ar dymheredd gwahanol i'r ddau arall yn egluro beth roedden nhw'n ei ganfod (f). Roedd yn rhaid dod o hyd i opsiwn arall.

- Fe wnaeth yr athrawes eu helpu i gysylltu profiad gwahanol drwy ofyn iddyn nhw feddwl am bethau oedd wedi gwneud eu dwylo yn oer. Ymhlith yr awgrymiadau oedd pelen eira. Gyda rhywfaint o anogaeth (gweler t. 160) fe wnaeth yr athrawes eu helpu i sylweddoli mai'r hyn oedd yn achosi eu dwylo i deimlo'n oer oedd y ffaith eu bod yn colli gwres (syniad amgen).

- Allai hyn fod yn gyfrifol am y llaw yn mynd yn oer ar y metel? (yn ôl i (b). Os felly, byddai'r llaw wir yn oerach ar ôl cyffwrdd y metel nag ar ôl cyffwrdd yr arwynebau eraill (c).

- Cafodd prawf teg ar gyfer hyn ei ddyfeisio gan y plant (ch).

- Roedd yn ymddangos bod y syniad hwn yn cael ei gadarnhau (d) i (dd).

I weld p'un a oedden nhw'n gallu cymhwyso'r syniad hwn, fe wnaeth yr athro eu herio i ragfynegi beth fyddai'n digwydd pe byddai'r arwynebau i gyd yn gynhesach na'u dwylo yn hytrach nag yn oerach. Oherwydd diogelwch ni chafodd eu rhagfynegiadau eu profi, ond casglwyd nifer o brofiadau a wnaeth helpu i ddarparu tystiolaeth ategol - handlenni sosbenni yn bren neu'n blastig yn hytrach nag yn fetel, y mathau o fenig sydd yn cadw ein dwylo'n gynnes, ac ati.

Rôl sgiliau ymholi

Mae'r saethau yn Ffigur 8.2 wedi'u labelu â'r camau sy'n gysylltiedig â symud o un blwch i'r llall. Bydd canlyniad ymchwiliadau plant yn dibynnu ar sut y cyflawnir y camau hyn; sut mae'r plant yn gwneud rhagfynegiadau, yn cynllunio ymchwiliadau, yn casglu ac yn dehongli data. Mae datblygu syniadau gwyddonol yn dibynnu ar gyflawni'r camau hyn mewn 'ffordd wyddonol'. I blant ifanc, yn arbennig, nid yw hyn yn wir bob amser.

Mae'n debyg nad oedd y profion a gynhaliodd y plant yn nosbarth Graham yn 'deg', oherwydd ni chafodd y priddoedd eu cymharu'n gyfartal. Neu tybiwch nad oedd y plant oedd yn profi'r arwynebau (ym Mlwch 8.1) yn defnyddio'r chwiliedydd tymheredd yn gywir a'u bod yn llunio canfyddiadau oedd yn cefnogi eu synhwyrau. Mewn achosion o'r fath ni fyddai canlyniadau eu hymchwiliadau yn arwain at newid mewn syniadau. Gallwn weld bod datblygu dealltwriaeth gysyniadol y plant yn dibynnu ar y graddau y mae sgiliau ymholi wedi cael eu defnyddio'n drylwyr iawn.

Mae'r graddau y mae syniadau'n dod yn rhai 'mwy' neu'n fwy pwerus (drwy esbonio mwy o ffenomenau) yn dibynnu ar y ffordd mae syniadau o brofiad blaenorol yn cael eu cysylltu â phrofiad newydd ac ar sut mae profion ar syniadau esboniadol posibl yn cael eu cynnal, hynny yw, ar ddefnyddio'r sgiliau ymholi. Mae gan sgiliau ymholi ran hanfodol i'w chwarae yn y gwaith o ddatblygu syniadau. Mae hyn yn un rheswm pwysig dros roi sylw i helpu plant i ddatblygu eu sgiliau ymholi ac i ddod yn fwy ymwybodol o'u defnyddio gyda manylder priodol. Ond mae'n bwysig meithrin gwybodaeth a fydd yn parhau ac y gellir ei defnyddio i ddeall profiad presennol a phrofiad pellach. Fel y nodwyd hefyd yn y Cyflwyniad, y ffordd orau o ddatblygu sgiliau yw yng nghyd-destun gweithgareddau sy'n cynnwys cysyniadau gwyddoniaeth yn hytrach nag mewn ymarferion heb gynnwys.

I grynhoi, mae gwerth yr ymholi yn mynd y tu hwnt i ddod o hyd i ateb i gwestiwn neu broblem benodol. Mae'n cyfrannu at ganlyniadau dysgu ehangach:

■ dealltwriaeth o syniadau mwy sy'n berthnasol y tu hwnt i'r digwyddiad neu ffenomenon penodol sy'n cael ei astudio;

■ datblygu galluoedd a thueddiadau sy'n galluogi dysgu pellach, fel hyder wrth godi cwestiynau ac wrth chwilio am atebion iddynt, dysgu ar y cyd ag eraill a bod yn agored i syniadau newydd.

Un o nodweddion allweddol y model yw'r cyfuniad o ddatblygu syniadau a defnyddio a datblygu'r sgiliau (a elwir weithiau yn brosesau neu'n arferion). Mynegir y cyfuniad hwn yn y diffiniad o ymholiad mewn addysg gwyddoniaeth fel rhywbeth sy'n golygu bod plant yn: 'datblygu syniadau gwyddonol allweddol yn gynyddol drwy ddysgu sut i ymchwilio a meithrin eu gwybodaeth a'u dealltwriaeth o'r byd o'u hamgylch'.

Beth mae hyn yn ei olygu yn ymarferol yw y bydd dysgu drwy ymholi, fel y nodir yn y model, yn cynnwys plant yn y gweithgareddau a restrir ym Mlwch 8.2. Sylwch nad yw'r rhestr hon yn cynnwys gweithgareddau fel trin defnyddiau a defnyddio offer sy'n rhan o unrhyw weithgaredd gwyddoniaeth. Mae'n canolbwyntio ar weithgareddau sy'n cefnogi dysgu drwy ymholi: casglu a defnyddio tystiolaeth, trafodaeth, cydweithio a myfyrio ar ddysgu.

Blwch 8.2 Ymholiad gwyddoniaeth ar waith

Mae ymgymryd ag ymholi mewn gwyddoniaeth yn golygu y bydd plant:

■ yn mynd ar drywydd cwestiynau maen nhw wedi'u nodi fel eu cwestiynau eu hunain hyd yn oed os ydyn nhw wedi cael eu cyflwyno gan yr athro;

■ yn casglu data drwy arsylwi a thrin a thrafod gwrthrychau go iawn lle bo hynny'n bosibl neu drwy ddefnyddio ffynonellau eraill;

■ yn ymwneud â'r broses o gynllunio ymchwiliadau gyda rheolaethau priodol i ateb cwestiynau penodol;

■ yn defnyddio a datblygu sgiliau casglu data yn uniongyrchol drwy arsylwi neu fesur a thrwy ddefnyddio ffynonellau eilaidd;

■ yn defnyddio a datblygu sgiliau trefnu a dehongli data, rhesymu, cynnig esboniadau, gwneud rhagfynegiadau ar sail yr hyn y maen nhw'n ei feddwl neu'n ei ganfod;

■ yn gweithio ar y cyd ag eraill, gan gyfleu eu syniadau eu hunain ac ystyried syniadau pobl eraill;

■ yn mynegi eu hunain gan ddefnyddio termau gwyddonol priodol a sylwadau yn ysgrifenedig a thrwy siarad;

■ yn cymhwyso'r hyn maen nhw'n ei ddysgu mewn cyd-destunau bywyd go iawn;

■ ryn myfyrio'n hunan-feirniadol ynghylch prosesau a chanlyniadau eu hymholiadau.

Ni ddisgwylir i blant ymgymryd â'r holl weithgareddau ym Mlwch 8.2 mewn unrhyw un ymholiad. Mae gwahanol fathau o ymholiadau (gweler yn ddiweddarach) sy'n gofyn am fwy o bwyslais ar rai sgiliau nag eraill. Fodd bynnag, mae pedwar prif grŵp o sgiliau y dylid eu cynrychioli mewn unrhyw weithgaredd a ddisgrifir fel 'ymholiad gwyddonol'.

1   codi cwestiynau, rhagfynegi a chynllunio ymchwiliadau (yn ymwneud â chydosod ymchwiliadau);

2   casglu tystiolaeth drwy arsylwi a defnyddio ffynonellau gwybodaeth (yn ymwneud â chasglu data);

3   dadansoddi, dehongli ac esbonio (yn ymwneud â llunio casgliadau);

4   cyfathrebu, dadlau, myfyrio a gwerthuso (yn ymwneud ag adrodd, myfyrio a chymhwyso).

Ym Mhennod 12 rydym yn trafod natur dilyniant a sut i helpu datblygiad yn y grwpiau hyn o sgiliau.

Tystiolaeth o effeithiolrwydd gwyddoniaeth sy'n seiliedig ar ymholi

Tan yn ddiweddar, yr oedd yn anodd iawn dod o hyd i ateb clir i'r cwestiwn a yw addysg gwyddoniaeth sy'n seiliedig ar ymholi yn 'gweithio' o ran gwella cyflawniad. Un rheswm am hyn yw, cyn ceisio asesu deilliannau dysgu o addysg sy'n seiliedig ar ymholi, mae'n bwysig sicrhau bod y disgyblion yn yr astudiaeth wir wedi profi addysgu sy'n seiliedig ar ymholi. Yn rhy aml, nid yw hyn yn wir. Er gwaethaf y gweithgarwch mewn amryw o brosiectau i ledaenu dysgu ac addysgu sy'n seiliedig ar ymholi, y sefyllfa mewn llawer o wledydd o hyd yw bod y prosesau hyn yn dechrau cael eu hymgorffori mewn arfer ystafell ddosbarth yn unig. Mewn sefyllfaoedd o'r fath, mae'n ddigon posibl y bydd ceisio mesur deilliannau yn rhy gynnar yn arwain at gynhyrchu data camarweiniol am effaith yr ymholiad. Pwynt arall yw'r diffyg cyfarpar ar gyfer mesur y mathau o ddeilliannau a ragwelir.

Fodd bynnag, erbyn hyn mae corff cynyddol o dystiolaeth empirig argyhoeddiadol o effaith rhoi gweithgareddau sy'n seiliedig ar ymholiad ar waith. Amlinellir astudiaeth bwysig ddiweddar ym Mlwch 8.3.

Blwch 8.3 Gwerthusiad o fodel LASER o addysg gwyddoniaeth yn seiliedig ar ymholi

Mae astudiaeth gwerthuso hydredol a gynhaliwyd o'r model sy'n seiliedig ar ymholi ar gyfer trawsffurfio addysg gwyddoniaeth o'r enw LASER (*Leadership and Assistance for Science Education Reform*) wedi darparu tystiolaeth glir o effaith gadarnhaol ymholi, nid yn unig ar berfformiad mewn gwyddoniaeth ond hefyd ar ddarllen a mathemateg disgyblion hefyd. Dull systemig o newid yw LASER, a ddatblygwyd gan Y Ganolfan Addysg Gwyddoniaeth Smithsonian yn UDA, sy'n cynnwys: gweithgareddau yn yr ystafell ddosbarth sy'n seiliedig ar ymholi; datblygiad proffesiynol gwahaniaethol; cymorth gweinyddol a chymunedol; darparu offer; a helpu gydag asesu. Yn yr astudiaeth werthuso, a ariannwyd gan Adran Addysg UDA, rhannwyd myfyrwyr ym mlynyddoedd 3-8 yn ddau grŵp, sef y rhai hynny oedd yn cael ymyriad LASER a grŵp cymharu. Dilynwyd y 9,000 o fyfyrwyr yn yr astudiaeth dros gyfnod o dair blynedd. Defnyddiwyd dau fesur wrth gymharu'r ddau grŵp o fyfyrwyr: asesiadau safonol yr ysgolion elfennol ac ysgolion canol mewn darllen, mathemateg a gwyddoniaeth; a PASS (*Partnership for the Assessment of Standards-Based Science*) oedd yn cynnwys tasgau perffformiad ymarferol, amlddewis, penagored.

Dangosodd y canfyddiadau ar gyfer yr eitemau PASS wahaniaethau mawr iawn rhwng myfyrwyr LASER a myfyrwyr cymharu yn y tasgau perffformiad ymarferol. Roedd rhai gwahaniaethau sylweddol yn sgoriau'r tasgau penagored, ond roedd llai o wahaniaeth i'r eitemau amlddewis. Arweiniodd profion safonol y wladwriaeth at y casgliad bod y canlyniadau.

yn ddigamsyniol yn dangos bod gwyddoniaeth sy'n seiliedig ar ymholi yn gwella cyflawniad myfyrwyr nid yn unig mewn gwyddoniaeth ond hefyd mewn darllen a mathemateg. Mae gan LASER rôl hanfodol i'w chwarae wrth hybu dysg myfyrwyr, yn enwedig ymhlith poblogaethau nad ydynt yn cael eu gwasanaethu'n ddigonol, gan gynnwys plant sydd o dan anfantais economaidd, sydd angen addysg arbennig neu sy'n ddysgwyr iaith Saesneg.

(Smithsonian Science Education Center, 2015: 5)
(Gellir lawrlwytho'r crynodeb gweithredol a'r adroddiad lawn o
http://ssec.si.(edu/laser-i3))

Mae tystiolaeth arall, y dylid ei chrybwyll, o effaith llai cadarnhaol gweithgareddau sy'n seiliedig ar ymholi ar gyrhaeddiad plant mewn gwyddoniaeth. Roedd arolwg PISA o lythrennedd gwyddoniaeth pobl ifanc 15 mlwydd oed yn 2015 yn cynnwys holiadur oedd yn gofyn i fyfyrwyr am eu profiadau o ddysgu gwyddoniaeth, eu hagweddau tuag at wyddoniaeth yn yr ysgol, eu cymhelliant i ddysgu, yn ogystal â data cefndir a chyd-destun yr ysgol. Cafodd y cwestiynau oedd yn ymwneud ag addysgu eu grwpio i gynhyrchu mynegai o bedair strategaeth, un o'r rhain oedd 'cyfarwyddyd gwyddoniaeth sy'n seiliedig ar ymholi' ac un arall oedd 'cyfarwyddyd gan yr athro'. Mae'r canfyddiadau'n dangos cydberthyniad negyddol cryf rhwng cyflawniad myfyrwyr ac amlder addysgu sy'n seiliedig ar ymholi a chydberthyniad cadarnhaol gyda chyfarwyddyd gan yr athro. Y mwyaf o gyfarwyddyd gan yr athro a gafwyd yn yr ystafell ddosbarth, yr uchaf oedd sgôr y myfyrwyr ar y profion PISA; y mwyaf o gyfarwyddyd yn seiliedig ar ymholi, yr isaf oedd y sgôr. Mae'r awgrymiadau ar gyfer egluro'r canlyniadau siomedig hyn gan Osborne a Millar (2017) yn cyfeirio at ansawdd yr ymholi a'r dystiolaeth o astudiaethau eraill sy'n dangos nad yw bod mewn labordy yn ddigon, bod ymholiadau'n aml yn cael eu cwtogi ac mae'r myfyrio beirniadol a'r drafodaeth yn cael eu gwasgu allan. Er mai dim ond i ddisgyblion uwchradd mae'r canlyniadau hyn yn berthnasol iddyn nhw, mae negeseuon ar gyfer addysgu cynradd yma, o ran pwysigrwydd meddwl a myfyrio yn ogystal â gwneud.

Ond dim ond un cyfiawnhad dros ddysgu drwy ymholi yw tystiolaeth empirig. Mae datblygu dealltwriaeth fel sy'n cael ei gynrychioli yn Ffigur 8.2 yn cyd-fynd â safbwynt adeileddol o ddysgu fel proses lle mae dysgwyr yn gwneud synnwyr o brofiad newydd drwy eu hymdrechion eu hunain ac yn defnyddio eu syniadau presennol. Mae'r ddealltwriaeth bresennol o ddysgu yn mynd ymhellach gan gydnabod nad mater unigol yn unig yw dysgu; mae'n ymwneud â rhyngweithio cymdeithasol (gweler Pennod 5). Drwy ryngweithio ag eraill mewn grŵp cydweithredol, mae pob un yn dysgu rhywbeth o'r drafodaeth grŵp sydd yn ei dro yn dylanwadu ar eu cyfraniad i'r grŵp. Drwy fynd yn ôl a blaen fel hyn o'r unigolyn i'r grŵp, mae dealltwriaeth yn cael ei ffurfio ar y cyd. Mae iaith yn chwarae rôl bwysig yn y broses hon, a dyna pam mae pwyslais sylweddol ar siarad a dialog mewn dysgu (e.e. Alexander, 2012). Ond nid yw pob math o ryngweithio gydag eraill yn rhyngweithio wyneb yn wyneb. Rydym hefyd yn rhyngweithio ag eraill drwy ddarllen yr hyn maen nhw wedi'i ysgrifennu neu edrych ar yr hyn y maen nhw wedi'i gynhyrchu. Yr hyn sy'n bwysig yw'r cydadwaith rhwng syniadau'r dysgwyr eu hunain a rhai pobl eraill a'r dystiolaeth a ddarperir o weithgareddau sy'n seiliedig ar ymholi.

Dysgu trwy ymholi mewn pynciau eraill

Mae ymholi yn derm a ddefnyddir mewn addysg ac mewn bywyd bob dydd i gyfeirio at geisio esboniadau neu wybodaeth drwy ofyn cwestiynau. Mewn addysg, gellir cymhwyso rhai sgiliau ymholi mewn sawl maes pwnc, megis hanes, daearyddiaeth, y celfyddydau, yn ogystal â gwyddoniaeth, mathemateg, technoleg a pheirianneg, pan fydd cwestiynau'n cael eu codi, tystiolaeth yn cael ei chasglu ac esboniadau posibl yn cael eu hystyried. Ym mhob maes dysgu mae gwahanol fathau o wybodaeth a dealltwriaeth yn dod i'r amlwg. Yr hyn sy'n gwneud ymholi *gwyddonol* yn wahanol yw ei fod yn arwain at wybodaeth a dealltwriaeth o'r byd naturiol a'r byd gwneud drwy ryngweithio'n uniongyrchol gyda'r byd a thrwy gynhyrchu a chasglu data i'w ddefnyddio fel tystiolaeth i gefnogi esboniadau ar gyfer ffenomenau a digwyddiadau fel sydd wedi'i gynrychioli yn Ffigur 8.2.

Mae tebygrwydd a gwahaniaethau rhwng ymholi mewn addysg gwyddoniaeth ac mewn pynciau eraill, fel hanes, daearyddiaeth a mathemateg. Mae'r nodweddion tebyg yn cynnwys:

- dechrau gyda chwestiwn neu broblem;

- gwneud rhywfaint o gysylltiad â chwestiynau neu broblemau tebyg maen nhw wedi dod ar eu traws a'u datrys yn flaenorol;

- ceisio atebion drwy arsylwi, archwilio, a thrwy arbrofion gwirioneddol neu rithwir;

- defnyddio rhai strategaethau a thechnegau y cytunwyd arnynt ar gyfer cael gafael ar dystiolaeth, ei dadansoddi, ei dehongli a'i defnyddio.

Mae gwahaniaethau yn codi o'r pwnc dan sylw ac felly byddant yn amrywio. Er enghraifft, yn achos mathemateg mae gwahaniaethau yn y canlynol:

- Y math o gwestiynau neu broblem sy'n destun ymholiad. Mewn mathemateg, nid oes angen i'r rhain ymwneud â bywyd go iawn, fel sydd ei angen mewn gwyddoniaeth.

- Sut y mynegir problemau. Rhan bwysig o'r broses ymholi mewn mathemateg yw trawsnewid problem i ffurf y gellir ei datrys gan ddefnyddio mathemateg.

- Prosesau ymchwilio ac arbrofi. Mewn mathemateg, nid yw'r rhain wedi'u cyfyngu i arsylwi neu drin y byd go iawn.

- Y sail ar gyfer derbyn atebion i broblemau. Mewn gwyddoniaeth, derbynnir syniadau – a dim ond dros dro – os canfyddir bod rhagfynegiadau sy'n seiliedig arnynt yn gyson â thystiolaeth newydd; mewn mathemateg, dangosir dilysrwydd datrysiadau drwy ddadleuon rhesymegol. Mae hyn yn golygu, pan fydd ateb i broblem fathemategol yn cael ei brofi'n wir, na ellir cael rhagor o dystiolaeth i'w annilysu. Mae hyn yn gwbl groes i esboniadau, damcaniaethau a modelau gwyddonol sef y rhai sy'n cyd-fynd â'r ffeithiau sy'n hysbys ar adeg benodol ac sy'n cael eu hystyried yn rhai dros dro ac na ellir byth eu profi (gweler Pennod 11).

Wrth gwrs, nid ymholi yw'r unig ddull a ddefnyddir mewn mathemateg, hanes, daearyddiaeth, addysg, ac ati. Ac nid dyma'r unig ddull o weithredu mewn gwyddoniaeth, oherwydd mae agweddau ar ddysgu gwyddoniaeth, megis gwybodaeth am eirfa wyddonol, confensiynau a'r defnydd o offer, sydd yn cael eu dysgu orau drwy gyfarwyddyd uniongyrchol. Felly, ni fydd yr holl addysgu gwyddonol yn ymwneud â deilliannau penodol dysgu drwy ymholi. Fodd bynnag, mae gwybodaeth am ffeithiau a gweithdrefnau yn darparu ffyrdd o ddatblygu dealltwriaeth drwy ymholi, a dyma brif nod addysg gwyddoniaeth o hyd.

Gwahanol fathau o ymholi mewn gwyddoniaeth

Er ei fod yn dangos sut mae syniadau'n datblygu drwy gasglu a defnyddio tystiolaeth, mae'r disgrifiad o ymholiad yn Ffigur 8.2 yn gorsymleiddio'r broses ymholi.

Mae'n ddilyniant mwy amrywiol ac aflinol o ddigwyddiadau sy'n digwydd mewn gwahanol ffyrdd yn ôl y math o gwestiwn dan sylw. Yn bwysig, fel y nodwyd mewn adroddiad gan Ofsted (2013), nid yw pob ymchwiliad yn gofyn am gamau cyfarwydd 'prawf teg' a phan fyddant yn gwneud hynny mae dryswch yn aml ynglŷn â newidynnau. Mae'r adroddiad yn tynnu sylw at y ffaith ganlynol:

> Mae rhai ymchwiliadau, yn eu hanfod, yn brofiadau ymarferol sy'n datgelu ffenomenau gwyddonol, yn gwella sgiliau deheurwydd a mesur disgyblion, ac yn caniatáu cyfleoedd i ddisgyblion arsylwi'n ofalus a chofnodi; yn syml iawn, efallai nad yw rhai ymchwiliadau'n profi damcaniaeth benodol.
>
> (Ofsted, 2013: 14)

Felly, fel y nodwyd yn gynharach, nid fydd angen yr holl weithgareddau ymholi ym Mlwch 8.2. ym mhob ymholiad. Ond dros amser a gyda phrofiad ar draws ystod o wahanol fathau o ymholiadau, dylai fod cyfle i ddefnyddio a datblygu'r holl sgiliau a ddefnyddir mewn ymholiad.

Mae gwahanol ffyrdd o ddisgrifio mathau o ymholiadau. Mae Turner et al. (2011) wedi cynhyrchu canllaw ar gyfer athrawon sy'n disgrifio pum math o ymholiad gyda nifer o enghreifftiau o bob un. Mae rhai o'r rhain yn gorgyffwrdd â'r pum math canlynol a nodwyd gan y math o gwestiwn mae'r ymholiad yn rhoi sylw iddo.

'Pa un . . . sydd orau?'

Mae'r cwestiynau hyn yn arwain at y math o ymholiad 'prawf teg' sydd fwyaf cyfarwydd i lawer o athrawon cynradd. Mae'r ymholiadau hyn yn cynnwys trin a rheoli newidynnau i wneud profion yn 'deg'. Y cam cyntaf yw i blant ymgysylltu â'r cwestiwn, sydd, er ei fod yn cael ei godi gan yr athro, yn cael ei gyflwyno mewn ffordd sy'n ennyn diddordeb y plant. Mae'r ffordd y gwnaeth Kathy gyflwyno'r cwestiwn am bêl y ci a'r ffordd y gwnaeth Chris gyflwyno'r ymholiad o sut i gadw ciwb iâ rhag ymdoddi yn enghreifftiau da. Mae dechrau gyda chwestiwn go iawn yn helpu disgyblion i gael perchenogaeth o'r broblem ac yn osgoi dull fformiwläig, megis cerdyn gwaith yn cynnig 'rysáit' ar gyfer dod o hyd i'r ateb. Yna mae'r ymholiad yn cynnwys cryn dipyn o feddwl am sut i gymharu'r gwrthrychau neu'r amodau mewn ffordd 'deg' fel bod y canlyniadau'n codi o'r gwahaniaethau hysbys yn unig ac nad ydynt yn cael eu hachosi gan amrywiadau mewn amodau eraill neu yn y ffordd maen nhw'n cael eu profi. Mae'n gyflwyniad da i'r cysyniad o newidynnau fel pethau sy'n newid neu bethau y gellir eu newid.

'Oes yna batrwm yn . . . ?'

Mae'r cwestiynau hyn yn codi pan fo perthynas bosibl rhwng newidynnau sy'n gysylltiedig ag ymddygiad peth neu sylwedd. Dyma rai enghreifftiau: y nodyn a gynhyrchir drwy chwythu ar ben potel gyda chyfeintiau gwahanol o ddŵr ynddi; hyd cysgod sy'n cael ei fwrw gan yr haul ac amser y dydd; nifer y troeon a roddir i degan sydd angen ei weindio a pha mor bell y bydd yn mynd. Mae'r ymholiadau hyn yn cynnwys yr un sgiliau ag ymholiadau 'pa un sydd orau' gan y dylai effaith newidiadau mewn un newidyn gael eu profi'n deg, gyda newidynnau neu amodau eraill yn cael eu cadw'r un fath. Fodd bynnag, mae pwyslais ychwanegol ar ddehongli canfyddiadau gan fod mwy nag un newid i'w harsylwi. Mae'r ymchwiliadau hyn hefyd yn cynnig cyfleoedd gwerthfawr ar gyfer datblygu sgiliau cyflwyno data ar ffurf graffiau, tablau neu siartiau.

Mewn rhai achosion, mae'r berthynas yn arwain at esboniad o sut mae newid mewn un newidyn yn achosi newid mewn un arall. Er enghraifft, ar ôl canfod bod llinyn tynnach yn cynhyrchu nodyn uwch pan gaiff ei dynnu, mae'n rhesymol dod i'r casgliad mai tynhau sy'n achosi nodau uwch. Ond mae angen bod yn ofalus yma. Mewn achosion eraill, mae'n bosibl bod ffactor arall sy'n achosi i un peth amrywio gyda'r llall. Er enghraifft, nid yw'r ffaith bod coed o'r un math gyda mwy o gylchoedd twf yn tueddu i fod yn dalach yn golygu bod un yn achosi'r llall; mae ffactor arall sy'n cysylltu'r ddau. Gall yr ymholiadau hyn gynnig profiadau sy'n helpu plant i wahaniaethu rhwng cysylltiad rhwng pethau a pherthynas achos ac effaith (gweler Pennod 12 hefyd).

'Beth sy'n digwydd pan . . . ?'

Mae'r cwestiynau hyn yn arwain at ymholiadau i'r hyn sy'n digwydd, naill ai wrth i broses naturiol ddatblygu neu wrth gymryd camau gweithredu. Mae enghreifftiau'n cynnwys gweld wyau'n deor, magu gloÿnnod byw neu bryfed sidan, arsylwi ar ehangiad dŵr wrth rewi, gweld pa bethau sy'n hydoddi mewn dŵr. Fel arfer, mae'r rhain yn ymwneud ag ymddygiad pethau byw neu sylweddau penodol, heb wrthrychau neu ddigwyddiadau cymharu. Mae defnyddio technoleg, megis y camera blwch adar a ddisgrifir ym Mhennod 9 (t. 127), yn gwella cyfleoedd i blant arsylwi ar brosesau naturiol a deall anghenion pethau byw.

'Tybed pam . . . ?'

Y cam cyntaf wrth ateb y cwestiynau hyn yw ystyried rhesymau posibl ac yna eu profi. 'Tybed pam mae ôl troed yn atseinio mewn rhai mannau ar y llwybr?' 'Tybed pam mae'r drych yn yr ystafell ymolchi yn codi stêm pan fyddaf yn cael cawod?' 'Tybed pam mae planhigion yn tyfu yn y palmant o dan lampau'r stryd?' Bydd gan blant rai syniadau am beth sy'n achosi'r pethau hyn a dylid eu hannog i feddwl am esboniadau posibl (damcaniaethau) yn seiliedig ar yr hyn maen nhw'n ei wybod. Efallai y bydd yn bosibl profi esboniadau posibl drwy ymchwilio i'r ffenomen yn uniongyrchol neu drwy ddefnyddio model, fel y gwnaeth plant Lisa wrth ateb 'pam rydyn ni'n cael dydd a nos?' Ond gall dod o hyd i atebion olygu defnyddio ffynonellau eilaidd – chwilio drwy'r Rhyngrwyd neu lyfrau cyfeiriol – a allai ysgogi ymchwiliad pellach ar yr un pryd â gwneud plant yn ymwybodol eu bod yn gallu casglu data mewn ffyrdd gwahanol.

'Sut allwn ni . . . ?'

Gall y cwestiynau hyn arwain at ymholiadau lle gall y cynnyrch terfynol fod yn artefact neu'n adeiladwaith sy'n bodloni gofynion penodol – pont enghreifftiol a fydd yn cynnal llwyth penodol, er enghraifft. Problemau o natur dechnolegol yw'r rhain, er eu bod yn cynnwys llawer o sgiliau a syniadau ymholi gwyddonol. Nid yw'n angenrheidiol gwneud gwahaniaeth clir yng ngweithgareddau plant rhwng gwyddoniaeth a thechnoleg, ond mae'n bwysig bod yr athro yn ymwybodol o'r gwahaniaeth ac yn cydnabod y gwahanol nodau dysgu y gellir eu cyflawni drwy'r gweithgareddau hyn. Wrth wneud penderfyniadau ynghylch trefnu'r gwaith ymarferol, mae'n bwysig cadw mewn cof beth yw'r nodweddion sy'n gwella gwerth profiad uniongyrchol: y rhyngweithio corfforol â defnyddiau, y drafodaeth a'r rhyngweithio cymdeithasol.

Crynodeb

Mae'r bennod hon wedi darparu model o ddysgu drwy ymholi yn seiliedig ar ddadansoddiad o'r enghreifftiau ym Mhennod 3. Mae'r model wedi cael ei ddefnyddio i wneud y canlynol:

- dangos sut y gall plant, gan ddechrau o'u syniadau presennol, ddatblygu syniadau mwy gwyddonol a phwerus am y byd o'u hamgylch drwy gasglu, dehongli a defnyddio data;
- tynnu sylw at rôl ganolog sgiliau ymholi wrth ddatblygu syniadau gwyddonol plant;
- nodi camau gweithredu sy'n gysylltiedig â chymryd rhan mewn ymholiad, a dysgu drwyddo.

Rydym wedi nodi bod rhywfaint o dystiolaeth empirig o effeithiolrwydd dysgu sy'n seiliedig ar ymholi o ran datblygu dysg plant, a hefyd ei fod yn gyson â safbwyntiau cyfoes am ddysgu. Rydym hefyd wedi ystyried y defnydd o ymholi mewn pynciau eraill, a'r nodweddion tebyg a'r gwahaniaethau rhwng ymholi mewn gwyddoniaeth a mathemateg. Yn olaf, rydym wedi nodi bod gwahanol fathau o ymholiadau mewn gwyddoniaeth ac y bydd ffurf yr ymholiad yn dibynnu ar y math o gwestiwn sy'n cael ei ofyn.

Darllen pellach

Harlen, W. (2016) Learning and teaching science through inquiry, *Science Teacher Education* 77 (cylchgrawn ar-lein y Gymdeithas Addysg Athrawon Gwyddoniaeth).

Turner, J., Keogh, B., Naylor, S. and Lawrence, L. (eds) *It's not Fair – or Is It?* Sandbach: Millgate House Education and Association for Science Education.

9

Dysgu gyda TGCh

Cyflwyniad

Yn y bennod hon, rydym yn rhoi sylw i'r defnydd o dechnoleg gwybodaeth a chyfathrebu (TGCh) i gefnogi a hybu dysg plant mewn gwyddoniaeth, yn enwedig y sgiliau a'r ddealltwriaeth a ddatblygir drwy weithgareddau sy'n seiliedig ar ymholi. Ni ddylid drysu rhwng y ffocws hwn a datblygu dealltwriaeth o'r egwyddorion o sut mae cyfrifiaduron yn gweithio a chreu rhaglenni. Dyna yw nod y rhaglenni astudio cyfrifiadurol yng Nghwricwlwm Cenedlaethol Lloegr ac adnoddau fel y rhai a gynhyrchwyd gan Sefydliad Raspberry Pi. Yn hytrach na hynny, y diben yma yw ystyried rolau TGCh gwahanol wrth greu a gwella amodau ar gyfer dysgu. Yn adran gyntaf y bennod rydym yn canolbwyntio ar y rolau hyn, gan gyflwyno'r cyntaf o nifer o enghreifftiau o blant yn defnyddio technoleg gyfrifiadurol i helpu wrth ddysgu. Mae'r ail adran yn trafod y cysyniad o lythrennedd/cymhwysedd digidol, gan wahaniaethu rhyngddo a llythrennedd cyfrifiadurol. Mae'r drydedd brif adran yn rhoi enghreifftiau o sut mae'r technolegau, sy'n rhan o fywydau'r plant ieuengaf hyd yn oed yn yr ysgol a thu allan i'r ysgol, yn cael eu defnyddio i ymestyn eu profiad a'u dealltwriaeth o'r byd sydd o'u hamgylch. Neges bwysig yw y dylai defnyddio TGCh fodloni'r nodau a'r agweddau ar addysgu a dysgu a drafodir mewn penodau eraill – pwysigrwydd dysgu a dealltwriaeth wedi'u llunio drwy'r plant yn trafod syniadau, meddwl, archwilio a datblygu sgiliau ac agweddau gwyddoniaeth. Mae'r adran olaf yn crynhoi natur a defnydd y prif fathau o offer TGCh.

Offer newydd ar gyfer dysgu

Efallai mai'r defnydd o offer TGCh fel nodwedd reolaidd o waith ym maes gwyddoniaeth ysgolion cynradd yw'r newid mwyaf ers cyhoeddi rhifyn diwethaf y llyfr hwn. Er bod enghreifftiau da bryd hynny o ddefnyddio TGCh mewn ystafelloedd dosbarth cynradd, roedd y rhain yn gyfyngedig o ran eu hystod ac yn bell o'r norm. Erbyn hyn, rydym wedi mynd y tu hwnt i'r amser pan oedd defnyddio TGCh yn golygu prosesu geiriau, defnyddio PowerPoint ac ychydig o gofnodyddion data. Mae plant a'u hathrawon yn fwy hyderus a hyfedr yn y defnydd o dechnoleg gyfrifiadurol nag erioed o'r blaen ac mae'r ffocws wedi troi o gyflwyno a defnyddio TGCh mewn addysgu confensiynol, tuag at ffyrdd o ddefnyddio technoleg yn ddiogel ac yn ddiffuant i gyfoethogi'r dysgu. 'Y dyddiau hyn mae athrawon yn llawer mwy tebygol o agor amgylchedd dysgu rhithwir neu gysylltu â gofod dysgu rhithwir i ryngweithio gyda'u disgyblion' (Hainsworth 2012a: 21).

Un o nodweddion arwyddocaol y newid yw'r defnydd helaeth gan blant o dabledi, fel yr iPad. Yn y dechrau, defnyddiwyd y rhain amlaf ar gyfer gweithgareddau rhifedd a llythrennedd ond erbyn hyn fe'u defnyddir yn eang ar draws y cwricwlwm ac yn arbennig mewn gwyddoniaeth. Mae plant yn frwdfrydig ynglŷn â'u defnyddio, gan fynd yn sydyn heibio'r pwynt lle'r oedd eu newydd-deb yn tynnu eu sylw, er mwyn manteisio ar yr help maen nhw'n ei gynnig wrth ddysgu. Mae angen pwysleisio'r rôl mewn dysgu: mae iPads a mathau eraill o dechnoleg gyfrifiadurol yn offer a all helpu dysgu. Maen nhw'n gwneud hyn drwy ddarparu amodau y mae eu hangen ar gyfer dysgu effeithiol; nid ydynt yn newid nac yn disodli'r amodau hyn. Mae'n werth ailadrodd, fel yr ydym wedi'i bwysleisio'n aml yn y llyfr hwn, ac yn enwedig ym Mhenodau 4 a 5, pwysigrwydd y canlynol ar gyfer dysgu gwyddoniaeth:

- siarad, deialog a chyfathrebu;

- cydweithio a rhannu syniadau ag eraill;

- defnyddio a datblygu sgiliau ymholi;

- archwilio a rhyngweithio'n weithredol gyda gwrthrychau a defnyddiau;

- cysylltu â syniadau presennol y plant;

- gwneud dysgu yn eglur.

Mae ein pryder yma yn ymwneud â rôl TGCh wrth wella'r amodau hyn. Dangosir sawl agwedd ar y rôl hon yn yr enghraifft ym Mlwch 9.1, sydd wedi'i dynnu o gyfrif hirach a gyhoeddwyd yn *Primary Science* (Wise *et al.*, 2015).

Blwch 9.1 Archwilio cymysgeddau gan ddefnyddio TGCh

Roedd gwaith gwyddoniaeth dosbarth Blwyddyn 4 (8 a 9 mlwydd oed) yn ymwneud ag astudio defnyddiau. Roedd y pwnc y byddent yn cychwyn arno nesaf yn ymwneud â sut mae gwahanol sylweddau yn ymddwyn pan fyddant yn cael eu cymysgu. Fel ysgogiad i gynhyrchu eu cwestiynau eu hunain i ymchwilio iddynt, gofynnwyd i'r plant ystyried gartref (fel 'gwaith cartref siarad'): Pa gwestiwn allwn ni ei ofyn am gymysgu? Yn y wers wyddoniaeth nesaf, fe wnaethant greu cronfa o'u cwestiynau, a oedd yn cynnws: Ydy halen yn diflannu mewn olew, finegr a hylif golchi llestri (fel mewn dŵr)? Beth sy'n digwydd pan fydd losin yn cael ei adael mewn diod cola? Ydy cyfrwng lliwio bwyd yn newid lliw olew a hylif golchi llestri?

Coladwyd y cwestiynau yn *Linoit* (www.enlinoit.com), ap rhad ac am ddim sy'n caniatáu ysgrifennu 'nodiadau gludiog' digidol er mwyn i'r dosbarth cyfan allu eu gweld ar y bwrdd gwyn rhyngweithiol, gwneud sylwadau arnynt ac adolygu cwestiynau ei gilydd. Mewn grwpiau o dri dewisodd y plant gwestiwn a chynllunio eu hymchwiliad i'w ateb. Cofnodwyd eu cynlluniau a'u rhagfynegiadau yn *Explain Everything* (ap, sydd ar gael yn eang ar gyfer tabledi, ac sy'n galluogi dwyn amrywiaeth o fathau o ddata ynghyd – fideo, ffotograffau, testun ac ati). Wrth iddynt wneud eu hymchwiliadau, roedd y plant yn rhydd i ddefnyddio'r iPads fel yr oeddent yn dymuno; i dynnu lluniau, recordio fideo, ysgrifennu testun, recordio eu trafodaeth neu'r hyn roedden nhw'n ei feddwl fel recordiad sain gan ddibynnu ar eu sgiliau TGCh.

parhau . . .

Blwch 9.1 parhad

Daeth gwerth defnyddio fideo yn glir wrth adolygu a gwerthuso eu canlyniadau. Roedd y plant yn llawn cyffro i allu adolygu, a gwylio beth oedd yn digwydd pan oedd eu cynhwysion amrywiol yn cael eu hychwanegu sawl gwaith os oedd angen, ac mewn symudiad araf. Gallent gymharu'r hyn a ddigwyddodd gyda'r hyn roedden nhw wedi'i ragfynegi. Roedd yr adborth ar unwaith hwn yn galluogi rhai i newid rhan o'r ymchwiliad ac ailadrodd y broses o gasglu data. Er enghraifft, ni welodd y grŵp oedd yn ymchwilio i'r losin mewn cola unrhyw beth yn digwydd ar ôl un munud, ond roedd canlyniadau diddorol pan ailadroddwyd yr ymholiad, gan ddefnyddio llai o ddiod cola a'i arsylwi am gyfnod hirach.

Wise *et al.* (2015: 7) i'r casgliad:

Fe wnaeth y defnydd o'r iPads i recordio ac adolygu digwyddiadau'n fanylach wirioneddol helpu i ddatblygu sgiliau arsylwi a thrafodaeth yn ogystal ag ysgogi chwilfrydedd. Roedd defnyddio aml-ddulliau'r iPad i recordio yn gweithio'n dda iawn ar gyfer adweithiau cyflym iawn neu adweithiau araf iawn. Roedd gallu ailedrych ar y prosesau diddymu drwy gyfrwng fideo hefyd yn cynorthwyo'r plant i ddatblygu esboniadau mwy manwl a chywir o'r hyn a ddigwyddodd mewn gwirionedd, gan helpu o bosibl i oresgyn y camddealltwriaeth cyffredin bod sylweddau yn 'diflannu' pan fyddant yn hydoddi.

Dyma rai pwyntiau yn ymwneud â'r gwaith a ddisgrifiwyd ym Mlwch 9.1 i'r chwe darpariaeth ar gyfer dysgu a restrir uchod.

- Yn ystod y gwaith grŵp roedd y plant yn gweithio mewn trioedd gydag un iPad yn cael ei rannu rhyngddynt. Roedd gan bob aelod o'r grŵp rôl ac, er mai dim ond un oedd y cofnodwr yn defnyddio'r iPad, roedd yn rhaid i bob un gytuno ar yr hyn y dylid ei recordio a sut. Felly, drwy gydol y cynllunio ac yna wrth adolygu canlyniadau cymysgu eu sylweddau, cafwyd llawer o siarad archwiliadol (gweler Pennod 7), gan rannu ac adeiladu ar syniadau ei gilydd.

- Pan roedden nhw'n anghytuno neu'n herio safbwyntiau penodol, gallent adolygu'r cynlluniau a'r canlyniadau a chytuno ar gasgliadau a oedd yn gyson â'r dystiolaeth.

- Gallai'r plant fireinio eu sgiliau arsylwi drwy ddefnyddio'r cyfleuster fideo, gan arafu neu gyflymu'r cofnod o'r hyn a ddigwyddodd. Defnyddiwyd a datblygwyd sgiliau ymholi eraill drwy drafod a rhyngweithio.

- Roedd ymchwilio'n weithredol i ddefnyddiau go iawn yn ganolog i'r gweithgaredd a chafodd gwerth y profiad uniongyrchol hwn ei gynyddu, nid ei leihau, gan y cyfleuster i gofnodi ac adolygu'r canlyniadau.

- Fe wnaethant ddefnyddio eu syniadau eu hunain wrth wneud rhagfynegiadau ac wrth benderfynu sut i ddefnyddio'r iPad i wneud cofnod da o ganlyniadau cymysgu sylweddau. Felly, wrth wneud rhagfynegiadau ac yna gweld canlyniad eu penderfyniadau roeddent yn datblygu eu dealltwriaeth o ryngweithio rhwng sylweddau a'r prosesau o weithio'n wyddonol.

- Roedd gallu adolygu'r hyn yr oedden nhw wedi ei gynllunio a'i ganfod yn rhoi tystiolaeth iddynt er mwyn adolygu eu gwaith yn feirniadol a chydnabod yr hyn yr oeddent wedi'i ddysgu.

Er y gellid cyflawni rhai elfennau o'r gweithgaredd hwn heb ddefnyddio techno-leg, mae tystiolaeth bod y defnydd a gynlluniwyd yn ofalus o'r iPads wedi gwella'r ddarpariaeth ar gyfer dysgu. Fodd bynnag, mae hyn yn ein harwain i gydnabod rhwystrau posibl defnyddio tabledi. Mae Carter (2014: 36) yn ein rhybuddio rhag defnyddio tabled 'fel camera ardderchog yn unig, gan dynnu lluniau a fideos sy'n aml yn cael eu cadw ar y ddyfais nes maen nhw'n cael eu dileu yn y diwedd.' Mae temtasiwn hefyd i'w ddefnyddio pan nad ydynt yn ddefnyddiol iawn dim ond am eu bod yn hwyl i'w ddefnyddio, ac mae hynny'n arwain at blant yn rhoi mwy o sylw i 'archwilio'r ychwanegiadau cerddoriaeth/graffig ar yr apiau' (Tyler, 2017: 30).

Yr hyn sy'n fwy difrifol yw'r effeithiau negyddol posibl ar blant sy'n defnyddio'r cyfryngau cymdeithasol o'u tabledi neu eu ffonau clyfar eu hunain. Mae angen i rieni ac athrawon eu haddysgu i ddefnyddio'r rhyngrwyd a chyfryngau cymdeithasol yn ddiogel er eu lles fel dysgwyr. Mae'r nod hwn o ddatblygu llythrennedd digidol yn benodol fel cymhwysedd trawsgwricwlaidd mor bwysig â rhifedd a llythrennedd.

Llythrennedd digidol

Dylai pobl ifanc feithrin y sgiliau a'r agweddau, yn ogystal â'r wybodaeth am yr offer sydd ar gael, er mwyn gallu cyrchu, dethol a thrin data yn ei holl ffurfiau amrywiol, er mwyn syntheseiddio'r wybodaeth a gasglwyd a thrwy hynny, meithrin gwybo-daeth newydd. Mae hyn yn cael ei ddisgrifio fel llythrennedd digidol sy'n cynnwys 'gwybodaeth, sgiliau ac ymddygiadau sy'n ymwneud â defnyddio dyfeisiau digidol yn effeithiol fel ffonau clyfar, tabledi, gliniaduron a chyfrifiaduron bwrdd gwaith at ddibenion cyfathrebu, mynegi, cydweithio ac eiriolaeth' (Wikipedia). Mae llyth-rennedd digidol yn wahanol i lythrennedd cyfrifiadurol sy'n canolbwyntio ar sgiliau ymarferol wrth ddefnyddio pecynnau cymwysiadau meddalwedd ar gyfrifiaduron annibynnol. Nawr mae'r ffocws wedi symud at ddyfeisiau rhwydwaith gan gynnwys y Rhyngrwyd a chyfryngau cymdeithasol ac mae llythrennedd digidol yn cynnwys agweddau sy'n gysylltiedig ag e-ddiogelwch, dealltwriaeth ddiwylliannol a chymde-ithasol a chyfathrebu effeithiol (Ng, 2010). Adlewyrchir yr ystyr hwn yn y Ffram-waith Cymhwysedd Digidol, a ddatblygwyd gan Dysgu Cymru (2017) fel rhan o'r Cwricwlwm Cenedlaethol Newydd ar gyfer Cymru (Blwch 9.2).

Blwch 9.2 Fframwaith Cymhwysedd Digidol cwricwlwm cenedlaethol Cymru

Mae cymhwysedd digidol yn un o dri chyfrifoldeb trawsgwricwlaidd sydd i'w datblygu ar draws yr holl feysydd pwnc. Mae ganddo bedair rhan sydd yr un mor bwysig â'i gilydd, ac mae pob un o'r rhain yn cynnwys nifer o elfennau, fel a ganlyn:

- Dinasyddiaeth – sy'n cynnwys:
  - Hunaniaeth, delwedd ac enw da
  - Iechyd a lles
  - Hawliau digidol, trwyddedu a pherchnogaeth
  - Ymddygiad ar-lein a seiber-fwlio

parhau . . .

- Rhyngweithio a chydweithio - sy'n cynnwys:
  - Cyfathrebu
  - Cydweithio
  - Storio a rhannu.
- Cynhyrchu – sy'n cynnwys:
  - Cynllunio, cyrchu a chwilio
  - Creu
  - Gwerthuso a gwella.
- Data a meddwl cyfrifiadurol - sy'n cynnwys:
  - Datrys problemau a modelu
  - Llythrennedd gwybodaeth a data.

Mae'r adnoddau cysylltiedig yn cynnwys adnodd mapio'r cwricwlwm (un ar gyfer ysgolion cynradd ac un ar gyfer ysgolion uwchradd) sy'n galluogi athrawon i gadw cofnod o'r nifer o weithiau mae pob elfen o'r fframwaith yn cael sylw ac yn helpu wrth gynllunio i gwmpasu'r amrywiaeth lawn o sgiliau ym mhob elfen dros y flwyddyn.

Rolau TGCh mewn dysgu gwyddoniaeth

Mae'r cynnydd cyflym yn nefnydd TGCh mewn bywyd bob dydd yn golygu nad oes angen dadlau o blaid ei ddefnyddio mewn ysgolion – gan adleisio'r hyn a ddywedwyd ar ddechrau Pennod 1, sef os yw addysg am baratoi plant ar gyfer bywyd yn y byd modern yna mae'n rhaid iddi eu galluogi i ddod yn llythrennog yn ddigidol. Mae tystiolaeth gronnol hefyd o effaith defnyddio TGCh yn rheolaidd ar berfformiad plant (e.e. Tamim et al., 2011). Un rheswm dros hyn yw bod plant yn gallu canolbwyntio'n llawn ar yr hyn sydd i'w ddysgu drwy ddefnyddio offer digidol yn effeithiol. Pan fyddwn yn dysgu gyrru car am y tro cyntaf mae'n ymddangos ei bod yn amhosibl canolbwyntio ar ddefnyddio'r cydiwr a newid gêr wrth lywio drwy draffig yn ddiogel. Ond unwaith y daw'r newid gêr yn awtomatig, yna gall yr her fwy o yrru'n ddiogel hawlio mwy o sylw. Yn yr un modd, pan fydd plant yn cael teclyn newydd (fel cofnodydd data, neu dabled), bydd angen amser arnynt i ddod yn hyfedr ond, unwaith maen nhw'n meistroli hyn, maen nhw'n rhydd i'w defnyddio mewn ffyrdd o feddwl sydd ar lefel uwch.

Mae'r gwaith a ddisgrifiwyd ym Mlwch 9.1 yn dangos sut y gall defnyddio iPads wella'r amodau sydd eu hangen ar gyfer dysgu mewn gwyddoniaeth. Fodd bynnag, nid yw defnydd penodol o offer TGCh o reidrwydd yn gysylltiedig â chaledwedd neu feddalwedd penodol. Wrth i natur ac amrywiaeth TGCh a'r feddalwedd gysylltiedig gynyddu, mae'n mynd yn fwy anodd categoreiddio gwahanol ddulliau; yn aml mae gan un offeryn sawl swyddogaeth wahanol. Felly dyma ni'n edrych, gyda rhai enghreifftiau, ar y rolau canlynol y gall TGCh eu chwarae wrth ddysgu:

- casglu gwahanol fathau o ddata
- gwella gwaith arsylwi;

- cyrchu tystiolaeth y tu hwnt i'r ystafell ddosbarth;

- gwneud animeiddiadau;

- defnyddio modelau ac efelychiadau;

- annog cydweithio a deialog;

- cyflwyno i eraill.

Casglu data

Dangosir gwerth y plant yn gwneud fideo o ddigwyddiadau yn y gweithgaredd ym Mlwch 9.1. Pan fydd digwyddiadau o bwys yn digwydd yn gyflym mae'r gallu i'w hail-chwarae mewn symudiad araf yn datgelu tystiolaeth o ryngweithiadau na fyddai modd sylwi arnynt fel arall. Er enghraifft, mae defnyddio tabled i wneud recordiad fideo o'r gweithgaredd cyfarwydd o gael plant yn rhedeg ar draws yr iard chwarae gydag ymbaréls ar agor ac yn wedi'u cau yn cynnig delweddau sy'n gallu cyfoethogi'r drafodaeth am wrthiant aer (Carter, 2014).

Mae cofnodyddion data sy'n defnyddio synwyryddion (golau, sain, tymheredd, ac ati) yn caniatáu arsylwi ar fân wahaniaethau a fyddai'n anodd eu canfod a'u cofnodi, fel yn yr enghraifft ym Mlwch 9.3. Maen nhw hefyd yn galluogi'r gwaith o fonitro digwyddiadau sy'n digwydd yn araf, gan gasglu data ar gyfnodau gwahanol yn ystod y dydd a'r nos. Gellir dangos y wybodaeth fel graffiau, siartiau bar, tablau neu siartiau cylch, gan roi enghreifftiau go iawn i drafod beth yw'r ffurf fwyaf priodol.

Blwch 9.3 Archwilio lefelau goleuni

Adroddodd Ofsted (2011b) ar waith dosbarth a oedd yn astudio pwnc ar yr Ail Ryfel Byd. Gyda chymorth cofnodyddion data oedd yn sensitif i oleuni, eu tasg oedd darganfod pa ddefnydd fyddai orau ar gyfer llenni tywyllu. Fe wnaeth yr athro arddangos y defnydd o'r cofnodyddion data a rhoi digon o ymarfer i'r plant wrth gofnodi lefelau'r goleuni yn yr ystafell. Ar ôl i'r plant ddysgu sut i anodi'r graffiau roedden nhw wedi'u cynhyrchu, roedden nhw'n barod i fynd i'r afael â'r cwestiwn ynghylch llenni tywyllu. Edrychodd y plant ar y defnyddiau a gwneud eu rhagfynegiadau gan brofi amrywiaeth o wahanol opsiynau cyn cytuno ar ba gyfuniad o ddefnyddiau oedd y gorau.

Adroddodd Davies *et al.* (2011) am nifer o brosiectau a gynhaliwyd gan ysgolion cynradd oedd yn cymryd rhan mewn prosiect eco-fonitro oedd yn defnyddio cofnodyddion data a thechnoleg System Leoli Fyd-eang (GPS). Y cwestiwn a archwiliwyd gan un o'r ysgolion, a ddisgrifiwyd ym Mlwch 9.4, oedd: Ydy iard chwarae'r babanod yn fwy llygredig nag iard chwarae'r plant iau? Fe wnaeth ysgol arall archwilio i lefelau sain mewn lleoliadau gwahanol, wedi'i integreiddio â data GPS i leoli safle eu mesuriadau, a chynhyrchwyd map Google Earth yn dangos eu canlyniadau.

Gwella gwaith arsylwi

Mae datblygu sgiliau arsylwi yn elfen hanfodol o ymholi. Mae defnyddio eu synhwyrau, rhoi sylw manwl a defnyddio offer, fel lensys llaw i weld yn gliriach neu thermomedrau i fesur newidiadau mewn tymheredd, yn ategu'r gwaith o ddatblygu sgiliau arsylwi.

Blwch 9.4 Ymchwilio i lygredd yn y meysydd chwarae

Cafodd cofnodyddion data gyda synwyryddion carbon monocsid eu lleoli yn iard chwarae'r babanod a iard chwarae'r plant iau am ddiwrnod cyfan. Dangoswyd y canlyniadau fel graffiau oedd yn dangos y lefelau yn y ddau leoliad yn erbyn amser. O'u data, daeth y plant i'r casgliad bod mwy o garbon monocsid yn iard chwarae'r babanod ac aethant ati i resymu mai'r rheswm am hyn oedd ei fod yn agos i'r ffordd, ac nad oedd carbon monocsid yn iard chwarae'r plant iau am ei fod i ffwrdd o'r ffordd. 'Cofnodwyd y lefel uchaf ar ddiwedd y diwrnod ysgol yn iard chwarae'r babanod gan fod llawer o geir yn dod i gasglu plant o'r ysgol.' Cyhoeddwyd y canlyniadau i rieni drwy wefan yr ysgol, gan eu hannog i feddwl am ffyrdd eraill o gludo eu plant adref.

(Davies *et al.*, 2011: 12)

Mae TGCh yn darparu cyfleoedd o chwyddiad syml, fel yn y defnydd o ficrosgopau digidol neu, fel y disgrifiwyd ym Mlwch 9.5, defnyddio delweddwr. Mae mantais ychwanegol i hyn o gefnogi trafodaeth a chydweithio yn y dosbarth cyfan, os yw'r delweddau'n cael eu taflu ar fwrdd gwyn rhyngweithiol lle gellir eu hanodi gyda labeli neu eiriau allweddol. Mae cyfleuster chwyddo yn ychwanegu at yr hyblygrwydd a gall y rhan fwyaf o ddelweddwyr gynhyrchu lluniau llonydd yn ogystal â fideo. Mae'n bosibl chwyddo i mewn ac allan ac i rewi a rhannu'r sgrin er mwyn gallu cymharu. Gall plant rannu'r profiad o arsylwi gwrthrychau'n agos lle byddent wedi defnyddio lens llaw neu ficrosgop digidol fel arall.

Blwch 9.5 Cynorthwyo arsylwi gyda delweddwr

Mae Nicholson (2011) yn disgrifio delweddwr fel 'camera fideo bach yn ei hanfod sydd wedi'i gysylltu'n uniongyrchol â thaflunydd data neu gyfrifiadur ac sy'n cynhyrchu delweddau amser real ar y sgrîn'. Mae'n galluogi pawb i weld gwrthrychau bach wedi'u helaethu ar y sgrin. Mae'n nodi nifer o ddefnyddiau ac yn rhoi enghreifftiau o edrych ar rannau o flodau, arddangos creaduriaid bach a dangos cylchedau trydan. Ymhlith y mathau eraill o ddefnydd a awgrymwyd mae: :

- Edrych yn fanwl ar ddefnyddiau a digwyddiadau megis hadau eginol.

- Edrych y tu mewn i geg plentyn.

- Arddangos delweddau o lyfrau, ffotograffau, labeli bwyd.

- Arddangos enghreifftiau da o waith plant.

- Esbonio taflen waith neu sut i lunio graff.

- Dangos sut i ddarllen graddfeydd ar brennau mesur, thermomedrau a mesuryddion eraill. .

I grynhoi: 'Mae delweddwyr yn ei gwneud hi'n llawer haws i athrawon ddangos adnoddau ac arteffactau i'r dosbarth cyfan, heb fod plant yn tyrru o gwmpas yn brwydro i weld beth sy'n mynd ymlaen. Gallu alluogi...plant i weld y peth go iawn, gan gynnig ymdeimlad o berchnogaeth gan eu bod nhw'n cynhyrchu'r ddelwedd eu hunain' (Nicholson, 2011: 25).

Cyrchu tystiolaeth y tu hwnt i'r ystafell ddosbarth

Mantais fawr a gynigir gan y Rhyngrwyd yw'r mynediad y gall ei roi i wybodaeth sydd y tu hwnt i'r ystafell ddosbarth. Fel sydd wedi'i ddisgrifio ym Mhennod 3, defnyddiodd Lisa fideos YouTube i ddangos cyfres o ddelweddau lloeren o'r Ddaear ac i ddangos ffotograffau treigl amser o ddinas dros 24 awr. Defnyddiwyd y rhain i ysgogi diddordeb mewn ffordd sy'n llawer llai tebygol o gael ei gyflawni gan ddelweddau statig mewn llyfrau. Mae'r Rhyngrwyd yn cynnig llawer o gyfleoedd eraill i symud y tu hwnt i ffiniau'r ystafell ddosbarth gyda chlipiau fideo a theithiau rhithwir o fannau diddorol, neu i gysylltu ag ysgolion eraill, gwyddonwyr ac arbenigwyr eraill drwy e-bost, cynadledda fideo neu gysylltiadau ffôn fideo ar y Rhyngrwyd.

n ogystal â chyrchu gwybodaeth, mae cludadwyedd hawdd tabledi ac iPhones hefyd yn galluogi gweithgareddau sy'n cynnwys casglu data y tu allan i'r ystafell ddosbarth. Mae'r gallu i dynnu lluniau adar, planhigion a chreaduriaid bach ar dir yr ysgol, neu ar daith trochi mewn pyllau dŵr, yn golygu y gellir astudio'r delweddau o'r planhigion a'r anifeiliaid yn eu cynefinoedd naturiol yn ddiweddarach yn yr ystafell ddosbarth, gan ddefnyddio'r cyfleusterau chwyddo a rhewi.

Un defnydd poblogaidd o offer TGCh sy'n dod â'r awyr agored i'r ystafell ddosbarth yw gosod bocs adar gyda chamera fideo bach wedi'i osod ynddo a'i gysylltu â monitor yn yr ystafell ddosbarth. Mae gan rai bocsys feicroffon ynddynt hefyd er mwyn clywed synau'r adar. Adroddodd Barker a Buckle (2002) am yr hyn a ddigwyddodd mewn un dosbarth o blant 5 a 6 mlwydd oed pan gafodd bocs adar â chamera ei osod ar dir yr ysgol a'i gysylltu drwy gebl â monitor yn yr ystafell ddosbarth. Daeth dau ditw tomos las i fyw yno ar ddechrau mis Ebrill. Cofnododd y plant ddyddiadau a digwyddiadau a oedd yn eu helpu i werthfawrogi'r amserlen yn y cylch bywyd hwn. Roedd y monitor ymlaen drwy'r amser, ac roedd yn tynnu sylw am yr ychydig ddyddiau cyntaf yn unig; yna daeth fel ffenestr arall yn yr ystafell ddosbarth. Gallai'r plant gofnodi'r gwaith o adeiladu nyth, dodwy wyau, deor a bwydo'r cywion. Cafodd y plant eu paratoi hefyd am y posibilrwydd na fyddai rhai o'r nythaid fawr yn byw i fagu plu a gadael y nyth. Felly, pan fu farw'r oedolyn gwrywaidd, a nifer o'r cywion yn methu â goroesi, fe wnaeth hyn danlinellu pwysigrwydd gofal rhieni ac argaeledd bwyd.

Mewn ysgol arall, yn dilyn syniadau Byrne a Sharp (2002), defnyddiwyd arsylwadau o adar i gyflwyno'r defnydd o gronfeydd data i blant. Y man cychwyn oedd Arolwg Adar Cenedlaethol yr RSPC (Y Gymdeithas Frenhinol er Gwarchod Adar). Daeth aelod o'r RSPB lleol i'r ysgol i siarad â'r dosbarth am brosiect The Big Garden Birdwatch ac am adar yn eu cymdogaeth. Gyda llaw, roedd hwn yn gyflwyniad i'r syniad o Wyddoniaeth Dinasyddion, lle mae rhai nad ydynt yn wyddonwyr, o unrhyw oedran, yn cymryd rhan mewn casglu data a all gyfrannu at ymchwil wyddonol. Penderfynodd y plant sefydlu prosiect gwylio adar eu hunain i redeg drwy gydol tymor y gwanwyn, fel sy'n cael ei ddisgrifio ym Mlwch 9.6.

Gwneud animeiddiadau

Mae'n bosibl ymgymryd â'r broses o gynhyrchu animeiddiad i esbonio cysyniad neu i ddweud stori mewn dosbarthiadau cynradd gan ddefnyddio tabled neu gamera digidol a phecyn meddalwedd fel 'slomation' neu 'claymation'. Gan ddefnyddio clai

> ## Blwch 9.6 O fwrdd adar i gronfa ddata
>
> Ar ôl gosod bwrdd adar a phorthwyr fe wnaeth y plant drefnu rota i arsylwi'r adar ar y bwrdd ar adegau gwahanol yn ystod y dydd (gan gynnwys yn ystod y clwb brecwast a'r clwb ar ôl ysgol) dros gyfnod o bythefnos. Fe wnaeth y grwpiau ddefnyddio'r camera digidol i ffilmio adar ar y bwrdd a thynnu lluniau. Lluniwyd cronfa ddata o adar ac amseroedd ymweld a'i harchwilio i ddarganfod pa adar oedd yn ymweld ar adegau gwahanol o'r dydd. Gallai'r plant greu ac archwilio'r gronfa ddata a'i defnyddio i gymharu â'r data cenedlaethol a gynhyrchwyd gan brosiect yr RSPB. Fe wnaethant ddylunio tudalen ar gyfer gwefan yr ysgol, oedd yn cynnwys proffiliau'r ymwelwyr mwyaf rheolaidd a'r ymwelwyr mwyaf anfynych. Fe wnaethant osod clip fideo ar eu tudalen ar y wefan ac animeiddiad yn seiliedig ar ffotograffau a dynnwyd ar adegau gwahanol o'r dydd. Roedden nhw'n awyddus i fod yn rhan o arolwg adar ysgolion a gerddi RSPB y flwyddyn ganlynol ac i gymharu canlyniadau am y ddwy flynedd.

neu blastisin, mae disgyblion yn cynhyrchu model sy'n cael ei newid ychydig gam wrth gam, gan dynnu llun bob cam. Yna mae'r fframiau'n cael eu huwchlwytho i'r ap ac yn cael eu chwarae mewn dilyniant gan roi'r argraff o symudiad. Gellir ychwanegu at y cynnyrch gyda thestun neu gerddoriaeth, ond mae'r gwerth ar gyfer dysgu yn y broses o atgyfnerthu dealltwriaeth sydd ei angen i nodi a delweddu cysyniad ar ffurf gadarn, yn hytrach nag yn y cynnyrch.

Rhoddir enghraifft gyda phlant ifanc ym Mlwch 9.7. Ymchwiliwyd i'r effaith ar ddysg disgyblion mewn astudiaeth fach yn cynnwys disgyblion ym Mlynyddoedd 4 ac 8 gan Wishart (2016). Nododd yr athrawon fod yr animeiddiadau yn cynnig cyfleoedd i archwilio dealltwriaeth disgyblion a nodi camsyniadau. Cynhyrchodd y plant ym Mlwyddyn 4 gyfres o fframiau oedd yn disgrifio sut yr oedd gronynnau o halen a thywod yn cael eu gwahanu drwy gymysgu gyda gronynnau dŵr a'u hidlo. Fe wnaeth yr athrawon rybuddio 'mae'n debyg na fydd y plant yn fodlon iawn gyda'r canlyniad terfynol... Felly, nid cynhyrchu'r animeiddiad ddylai orffen y gwaith ei hun. Mae'n rhaid i blant weld gwerth y broses' (Wishart. 2016: 123).

> ## Blwch 9.7 Animeiddio tyfiant ffeuen
>
> Roedd plant mewn dosbarth Blwyddyn 2/3 yn edrych ar gylchoedd bywyd. Mewn parau roedden nhw'n tyfu ffa, gan gadw dyddiadur o'r newidiadau roedden nhw wedi'u harsylwi. Yna gwnaeth y plant fwrdd stori o wahanol gamau'r cylch bywyd. Trefnodd yr athro dosbarth i wahanol grwpiau ganolbwyntio ar: (i) egino hadau; (ii) twf hadau; (iii) eginblanhigion; (iv) blodeuo; a (v) ffurfio hadau. Gwnaeth pob grŵp fodel toes chwarae o'r ffeuen ar eu cam penodol nhw a chymryd cyfres o ffotograffau, gan drin a thrafod y model bob tro i ddangos y newidiadau bach yr oeddent wedi'u gweld. Fe wnaeth yr athro lwytho'r ffotograffau i becyn animeiddio ('slowmation') ac yna fe wnaeth y plant recordio naratif dros yr animeiddiad.
>
> (Hoban a Nielsen, 2010)

Defnyddio modelau ac efelychiadau

Rhan o werth gwneud eu hanimeiddiadau eu hunain yw dysgu sut mae efelychiadau yn cael eu gwneud. Mewn rhai achosion, efelychiadau yw'r unig ffordd o roi cyfle i blant brofi eu syniadau – er enghraifft wrth ddeall sut mae symudiadau'r Ddaear a'r Lleuad mewn perthynas â'r Haul yn arwain at ddydd a nos a newidiadau tymhorol, neu sut mae gwaed yn llifo o amgylch y corff. Pan fyddan nhw wedi gweithio drwy'r broses o animeiddio efelychiad, mae plant mewn sefyllfa well i ddeall y rhai maen nhw'n eu gweld ar y sgrin ac i ddefnyddio'r efelychiad i brofi syniadau. Mae trafodaethau grŵp yn helpu yn y broses hon o wneud synnwyr o'r wybodaeth ond mae gan yr athro rôl bwysig i'w chwarae wrth gyfryngu dysgu'r plant oherwydd, fel y gwelodd Sutherland et al. (2004), gall y wybodaeth mae'r disgyblion yn ei llunio o efelychiadau fod yn wahanol i'r hyn a fwriadwyd gan yr athro.

Archwiliwyd y defnydd o gofnodyddion data a chrewyr ffilm yn y Prosiect DREAMS (Digitally Resourced Engaging and Motivating Science) (McCullagh, 2009). Yn y prosiect hwn, arweiniodd y data a gasglwyd gan ddefnyddio ystod o ddulliau ymchwil i'r casgliad fod y defnydd o'r adnoddau digidol (cofnodyddion data, microsgopau cyfrifiadurol a chamerâu fideo):

> wedi arwain at gynnydd ystadegol arwyddocaol yn y mwynhad mae disgyblion yn ei gael o wyddoniaeth ac wedi gwella eu hymgysylltiad a'u cymhelliant. Roedd yr adnoddau hefyd wedi cynyddu canfyddiadau disgyblion o 'ddefnyddioldeb' gwyddoniaeth ac yn ei gwneud yn llai anodd ac yn fwy perthnasol i'w bywydau bob dydd. Wrth ddarparu ffyrdd amgen o gasglu data a chyflwyno canlyniadau, roedd yr adnoddau yn galluogi mwy o greadigrwydd o ran cwmpas a natur y gweithgareddau'r ymholi a'r dulliau a ddefnyddiwyd i adrodd arnynt.
>
> (McCullagh, 2009: 4)

Annog cydweithio a deialog

Un o'r problemau wrth ddefnyddio TGCh yn gynnar oedd bod plant yn treulio amser ar eu pen eu hunain yn rhyngweithio gyda sgrin cyfrifiadur. Gyda datblygiadau technolegau symudol a meddalwedd a chaledwedd newydd mae'r posibiliadau ar gyfer dysgu cydweithredol wedi cynyddu'n fawr. Mae'r delweddwr a ddisgrifir yn yr enghraifft ym Mlwch 9.5 yn galluogi grwpiau i weld ac archwilio gwrthrychau gyda'i gilydd gan gefnogi deialog a chyfoethogi dysgu. Ym Mlwch 9.8 defnyddir y bwrdd gwyn rhyngweithiol i gefnogi deialog gyda'r dosbarth cyfan yn cymryd rhan.

Cyflwyno canfyddiadau

Un o'r ffyrdd amlycaf o ddefnyddio TGCh yw trwy gyfleu canfyddiadau i eraill. Mae plant yn aml yn cwyno am orfod 'cofnodi' eu gwaith gwyddoniaeth mewn ffyrdd sy'n tynnu sylw oddi ar gyffro dysgu ond mae TGCh yn cynnig cyfleoedd i'r dysgu barhau y tu hwnt i'r gweithgaredd cychwynnol ac i'r gwaith o gyflwyno ac adrodd.

Blwch 9.8 Ymglymiad dosbarth cyfan drwy ddefnyddio bwrdd gwyn rhyngweithiol

Roedd dosbarth Greg o blant 4 mlwydd oed yn edrych ar wrthrychau bob dydd, gan feddwl am briod-weddau'r defnyddiau roedden nhw wedi cael eu gwneud ohonynt. Fe wnaeth Greg deipio eu disgrifiadau ar gyfrifiadur. Yna aeth y plant ati i dynnu ffotograffau o'r gwrthrychau, cyn uwchlwytho'r rhain a'u harddangos ar y bwrdd gwyn rhyngweithiol. Yn ystod y drafodaeth roedd y plant yn gallu cysylltu'r testun â'r gwrthrychau. Yna, gan ddefnyddio eu 'bysedd hud', roedd y plant yn gallu symud y gwrthrychau o amgylch y bwrdd i'w trefnu'n grwpiau. Fe wnaeth y wers helpu'r plant i wneud y cysylltiad rhwng gwrth-rychau roedden nhw wedi'u gweld a'u trin a'r delweddau ar y sgrin, a hyrwyddo llawer iawn o drafod pwrpasol.

Gall y plant greu cyflwyniadau PowerPoint difyr, posteri lliwgar, podlediadau, neu dudalennau gwe gyda chlipiau fideo i'w cyflwyno i gynulleidfaoedd mewn dosbarthiadau eraill neu i rieni a theuluoedd. Gall dull newydd, megis ym Mlwch 9.9, fod yn llawer mwy ysgogol i'r dosbarth na'r adroddiad traddodiadol ac mae'n ymestyn y dysgu fel y cyfryw. Mae meddwl yn galed am yr hyn mae'r wybodaeth yn ei olygu a sut i'w chyflwyno yn ffordd bwerus o ddyfnhau'r dysgu.

Roedd defnyddio'r fideo yn llawer gwell ac yn gwneud i chi ymdrechu'n galetach gan eich bod yn gwybod ei fod yn bwysig. Am ei fod yn mynd i fod ar y fideo roed-dem am ei gael yn iawn. Roedd yn rhaid i chi wneud yn siŵr eich bod yn dweud y peth cywir ac roedd yn rhaid i chi wybod am beth yr oeddech chi'n siarad.

(Prosiect DREAMS, McCullagh, 2009: 39)

Blwch 9.9 Ffordd newydd o ddyfnhau dealltwriaeth

Adroddodd Ofsted (2011b) ar ddosbarth Blwyddyn 4 lle'r oedd plant yn defnyddio'r hyn roedden nhw wedi'i ddysgu am gynefinoedd i greu podlediad lle'r oedd 'gohebydd' yn cyfweld 'anifail'. Fe wnaeth y plant gynllunio cwestiynau'r gohebydd ac ystyried ymatebion yr anifail, ac ychwanegu effeithiau sain drwy haenu ac addasu synau wrth iddyn nhw recordio. Datblygodd y plant eu dealltwriaeth wyddonol o gynefinoedd, dysgu sgiliau newydd wrth ddefnyddio technoleg ac fe wnaethant y cyfan yn frwdfrydig iawn.

Dewis offer TGCh

Mae'r offer a'r adnoddau a ddarperir gan gymwysiadau TGCh penodol yn newid mor gyflym nes bod rhestr o'r hyn sydd ar gael ac yn ddefnyddiol ar unrhyw adeg yn dyddio'n fuan. Fodd bynnag, mae offer generig yn fwy parhaol a gallai fod yn ddefnyddiol i athrawon gael rhestr o ddefnyddiau a gwerth y prif fathau o offer TGCh sydd ar gael i ysgolion, sydd wedi'u crynhoi yn Nhabl 9.1.

Tabl 9.1 Defnyddiau a gwerthoedd mathau o offer TGCh

Offer	Defnyddiau	Gwerth
Bwrdd gwyn rhyngweithiol	Mae'r sgrin fawr, sy'n sensitif i gyffyrddiad, sy'n gysylltiedig â chyfrifiadur yn galluogi i holl swyddogaethau'r cyfrifiadur gael eu defnyddio mewn ffordd ryngweithiol gan y dosbarth a'r athro.	Gallu cyflwyno deunyddiau diddorol gan gynnwys sain, fideo a delweddau lliwgar y gall y defnyddiwr eu trin yn hawdd. Gallu cefnogi trafodaeth dosbarth cyfan fywiog gan roi cipolwg i athrawon ar syniadau plant. Mae angen cymryd gofal i osgoi ei ddefnyddio fel diddanwr.
Meddalwedd cyflwyniadol: e.e. rhaglenni graffeg; prosesu geiriau; cyhoeddi bwrdd gwaith	I gyflwyno canfyddiadau mewn ffyrdd deniadol a golygu ac addasu adroddiadau yn ôl y gofyn. Mae meddalwedd graffeg yn galluogi plant i dynnu llun neu greu animeiddiadau a chreu adroddiadau sy'n edrych yn broffesiynol.	Unwaith y bydd plant wedi meistroli'r heriau technegol, mae'r weithred o drosi eu syniadau a'u canfyddiadau newydd i'w cyflwyno yn eu helpu i archwilio a mireinio'r syniadau hynny, yn enwedig wrth gydweithio ac fel grŵp. Gall athrawon ddefnyddio'r cynhyrchion hyn i nodi ac archwilio syniadau datblygol plant. Mae angen cymryd gofal i sicrhau nad yw cyflwyniad yn cael blaenoriaeth dros sylwedd.
Cofnodyddion data, microsgopau digidol, cronfeydd data a thaenlenni a rhaglenni graffio ar gyfer casglu a thrin data	Mae gan gofnodyddion data synwyryddion i fesur dwysedd goleuni, tymheredd, sain, ac ati. Gall y defnyddiwr gofnodi'r rhain a'u mewnbynnu i gronfa ddata neu daenlen neu eu casglu'n uniongyrchol gan gyfrifiadur er mwyn gallu llunio graffiau, siartiau ac ati. Mae microsgopau digidol yn caniatáu arsylwi manwl a chasglu delweddau ar gyfrifiaduron.	Mewn gwyddoniaeth, lle mae ymchwiliadau ymarferol mor bwysig, mae defnyddio offerynnau mesur effeithiol yn ddefnyddiol. Mae cofnodyddion data yn gywir ac yn gyflym, a gellir eu defnyddio yn yr ystafell ddosbarth a thu allan i'r ystafell ddosbarth. Mae angen amser ar blant i ymarfer defnyddio offer neu gall her y dechnoleg amharu ar y broses o ddysgu gwyddoniaeth.
Offer amlgyfrwng: gan gynnwys camerâu digidol, camerâu fideo a meddalwedd cysylltiedig fel meddalwedd golygu ffilm	Mae camerâu digidol, camerâu fideo ac offer recordio sain bellach yn ysgafn ac yn hawdd i'w defnyddio ac mae delweddau'n cael eu huwchlwytho'n rhwydd i gyfrifiaduron er mwyn gallu dadansoddi a chyflwyno canfyddiadau.	Mantais fawr o'r dulliau hyn yw eu bod yn caniatáu gwneud cofnodion niferus ac uniongyrchol fel bod y delweddau neu'r synau yn fwy na chofnod cyffredinol yn unig, ond gallant fod yn ddata gwerthfawr ar gyfer archwilio a dadansoddi. Gallant gael eu defnyddio gan yr athro a'r plant eu hunain, sy'n aml yn ddefnyddiol. Unwaith eto, mae angen cymryd gofal i sicrhau nad yw cyflwyniad yn cael blaenoriaeth dros y cyfleoedd i ddysgu.

(Parhau)

Tabl 9.1 (Parhad)

Offer	Defnyddiau	Gwerth
Technolegau symudol. Ffonau symudol, tabledi a synwyryddion symudol.	Mae cyflwyno technolegau symudol sydd yn mynd yn llai ac yn fwy pwerus yn agor posibiliadau am weithgareddau y tu hwnt i'r ystafell ddosbarth. Gall disgyblion ddefnyddio eu ffonau i gofnodi digwyddiadau y tu allan i'r ysgol, yn y cartref, ar deithiau maes ac ati. Mae cyfrifiaduron tabled yn rhoi mynediad at wybodaeth i ddisgyblion yn uniongyrchol a'r cyfle i gofnodi gwybodaeth ar unwaith.	Mae symud i ffwrdd oddi wrth y cyfrifiadur sefydlog yn rhyddhau athrawon a disgyblion ac yn caniatáu defnydd mwy personol o dechnoleg. Mae symud perchnogaeth a rheolaeth i'r plant yn ysgogydd pwerus ac mae ganddo'r potensial i newid yr addysgeg yn sylweddol. Gall y cyfarpar hwn fod yn ddrud ac felly gall fod yn brin, a gall y cymwysiadau (apiau) ar gyfer tabledi a ffonau symudol fod yn ddrud. Mae problem hefyd gyda dibynnu ar blant yn meddu ar ffonau symudol, ac ati, neu godi biliau heb ganiatâd y rhieni.
Rhyngrwyd	Gall hyd yn oed y plant ieuengaf ddefnyddio'r We i wneud defnydd o gasgliad enfawr o wybodaeth, adnoddau, delweddau, cyfryngau, atebion i gwestiynau. Ar gael yn hawdd yn y rhan fwyaf o gartrefi ac ysgolion.	Mae'r Rhyngrwyd yn rhoi cyfoeth o adnoddau i athrawon a, phan fydd plant yn defnyddio'r rhyngrwyd yn bwrpasol ac yn gwybod sut i chwilio arni a'i defnyddio, mae'n agor byd o bosibiliadau iddynt. Mae angen cymryd gofal i osgoi 'syrffio' heb fawr o ddiben, ac mae defnyddio'r Rhyngrwyd yn ddiogel yn hanfodol. Fel arfer, mae gan ysgolion fesurau diogelwch ar waith (fel cyfyngu mynediad at beiriannau chwilio diogel), ond mae angen i athrawon fod yn ymwybodol o'r risgiau a sut i ddelio â nhw.
Amgylcheddau dysgu rhithwir (VLE) ('casgliad o offer integredig sy'n galluogi rheoli dysgu ar-lein, gan ddarparu mecanwaith cyflawni, olrhain myfyrwyr, asesu, a mynediad at adnoddau' (JISC, 2004))	Mae gan rai ysgolion cynradd ac ysgolion uwchradd, y rhai mwy yn aml, eu hamgylcheddau dysgu rhithwir eu hunain (gall y rhain fod am ddim, fel Moodle, neu drwy danysgrifiad).	Mae amgylcheddau dysgu rhithwir yn darparu amgylchedd strwythuredig y gellir cael mynediad iddo o unrhyw le, gan gynnwys dyfeisiau symudol. Maen nhw hefyd yn caniatáu defnydd diogel (preifat) o flogiau, a bwrdd trafod, ac ychwanegiadau rhwydweithio cymdeithasol eraill, lle i fyfyrwyr ac athrawon uwchlwytho deunyddiau. Fodd bynnag, hyd yn oed yn fwy na gwefannau ysgolion, mae angen rheoli a chynnal yr amgylchedd dysgu rhithwir.
Cyfryngau cymdeithasol	Mae'n bosibl i athrawon ddefnyddio safleoedd rhwydweithio cymdeithasol sydd wedi'u cynllunio i fod yn briodol ac yn ddiogel i blant 9 – 13 mlwydd oed (a rhai ar gyfer plant iau), yn aml heb unrhyw gost. Gall athrawon hefyd sefydlu blogiau sydd wedi'u cyfyngu i grŵp cyfyngedig.	Mae'n bwysig goruchwylio a sicrhau defnydd priodol.

Crynodeb

Yn y bennod hon rydym wedi trafod sut y gall defnyddio TGCh wella dysg plant mewn gwyddoniaeth. Nid yw TGCh yn disodli profiad uniongyrchol na'r drafodaeth a'r rhyngweithio sy'n nodweddion allweddol mewn gwyddoniaeth gynradd dda. Yn hytrach na hynny, mae'n darparu offer sy'n gallu cynnig cyfleoedd gwerthfawr i gefnogi, ymestyn a chynrychioli dysgu mewn ffordd sy'n cymell plant a'u hathrawon. Rydym wedi nodi pwysigrwydd defnyddio'r Rhyngrwyd a chyfryngau cymdeithasol yn ddiogel fel rhan o nodau cyffredinol datblygu llythrennedd digidol.

Mae enghreifftiau wedi dangos rolau TGCh o ran cefnogi'r amodau sydd eu hangen ar gyfer dysgu mewn gwyddoniaeth, yn enwedig:

- casglu gwahanol fathau o ddata;
- gwella gwaith arsylwi;
- cyrchu tystiolaeth y tu hwnt i'r ystafell ddosbarth;
- gwneud animeiddiadau;
- defnyddio modelau ac efelychiadau;
- annog cydweithio a deialog;
- cyflwyno i eraill.

Mae natur a defnydd yr offer mwyaf cyffredin sydd ar gael wedi'u crynhoi yn Nhabl 9.1.

Darllen pellach

Crompton, Z. a Davies, E. (2012) Making movies, *Primary Science* 123: 8–9.

Nicholson, D. (2011) Using a Visualiser in primary science, *Primary Science* 118: 23–25.

Qualter, A. (2011) Using ICT in teaching and learning science, in W. Harlen (ed.) *ASE Guide to Primary Science Education*, , argraffiad newydd. Hatfield: Cymdeithas Addysg Gwyddoniaeth, 61–69.

Darperir rhestri o apiau defnyddiol yn

Rees, C. (2013) Use of apps in science, *Primary Science* 127: 14–15.

Baker, E. (2014) Developing app-titude for learning out of doors, *Primary Science* 135: 19–21.

Gwefannau

Raspberry Pi: https://www.raspberrypi.org/

Prosiect DREAMS: www.stran.ac.uk/informationabout/research/projects/dreams project/

RSPB Big Garden Birdwatch: www.rspb.org.uk/birdwatch/

RSPB Big Schools' Birdwatch: www.rspb.org.uk/schoolswatch/

Dysgu Cymru (2017) *Fframwaith Cymhwysedd Digidol*: http://learning.gov.wales/resources/browse-all/digital-competence-framework/?lang=en

Rolau'r athro

Mae'r pedair pennod yn y rhan hon yn ymwneud â chamau gweithredu athrawon sy'n helpu plant yn uniongyrchol i ddatblygu eu dealltwriaeth mewn gwyddoniaeth a'u sgiliau ymholi. Mae'r cyntaf, ar gwestiynau athrawon a phlant, yn disgrifio newidiadau cynnil yn y ffordd mae cwestiynau athrawon yn cael eu geirio a all wneud newidiadau mawr i barodrwydd plant i fynegi eu syniadau a chymryd rhan mewn ymholiad. Mae nodweddion cwestiynau sy'n gynhyrchiol o ran dysgu a nodir yma yn berthnasol i bob cwestiwn, boed yn ysgrifenedig neu ar lafar. Rydym hefyd yn trafod ffyrdd o annog cwestiynau plant, a delio gyda'r rhain. Mae'r ddwy bennod nesaf yn canolbwyntio ar natur cynnydd, a sut i'w helpu, o ran dealltwriaeth plant o syniadau gwyddonol (Pennod 11) a sgiliau ymholi (Pennod 12). Mae'r bennod olaf yn y rhan hon yn cydnabod pwysigrwydd sut mae dysgwyr yn teimlo amdanyn nhw eu hunain a'u gweithgareddau i'w dysg. Mae'n dwyn pwyntiau ynghyd am gymell dysg plant mewn gwyddoniaeth, gan eu helpu i fwynhau gwyddoniaeth a datblygu agweddau cadarnhaol tuag at wyddoniaeth ac agweddau gwyddonol megis parodrwydd i ystyried tystiolaeth.

10

Cwestiynau athrawon a phlant

Cyflwyniad

Mae cwestiynu yn un o nodweddion pwysicaf arfer athrawon sy'n effeithio ar gyfleoedd plant i ddatblygu eu dealltwriaeth a'u sgiliau ymholi. Trafodir tair agwedd ar yr arfer hwn yn y bennod hon. Yn gyntaf, rydym yn edrych ar sut y gall y cwestiynau mae athrawon yn eu gofyn amrywio o ran ffurf, cynnwys, swyddogaeth ac amseriad, a sut y gall y nodweddion hyn ddylanwadu ar gyfranogiad plant mewn ymholiad gweithredol. Rydym yn nodi pa mor bwysig yw rhoi amser i blant feddwl am sut i ateb cwestiynau athrawon, ac weithiau eu trafod gydag eraill. Rydym hefyd yn ystyried sut y gall y ffordd mae athrawon yn ymateb i atebion plant effeithio ar barodrwydd y plant i fynegi eu syniadau. Mae'r ail adran yn awgrymu ffyrdd o annog plant i ofyn cwestiynau o bob math, ond yn enwedig y rhai sy'n arwain at ymchwiliadau. Pan fyddant yn gwneud hyn, mae angen ateb eu cwestiynau, neu o leiaf fynd i'r afael â nhw mewn rhyw ffordd. Mae hyn yn aml yn peri pryder i athrawon sy'n teimlo nad yw eu gwybodaeth am wyddoniaeth yn ddigonol. Felly, yn y drydedd adran rydym yn edrych ar ffyrdd o ddelio â'r gwahanol fathau o gwestiynau mae plant yn eu gofyn.

Cwestiynau athrawon

Mae cwestiynu'n cael ei grybwyll yn aml wrth drafod rôl yr athro ac efallai mai dyma'r prif ddull o ganfod syniadau plant ac o'u hannog i feddwl a defnyddio sgiliau ymholi. Nid yw pob math o gwestiwn yn cael yr effaith gadarnhaol hon ar ddysgu ac mae angen i ni ystyried yr hyn sy'n gwneud rhai cwestiynau yn fwy cynhyrchiol nag eraill ar gyfer dysgu drwy ymholi. Mae'r ffordd mae plant yn ymateb i gwestiynau yn dibynnu ar yr hyn sy'n cael ei ofyn a sut mae'n cael ei ofyn; mae ffurf, cynnwys ac amseriad y cwestiynau yn newidynnau pwysig.

Yn eu hastudiaeth ym 1999 o ryngweithio mewn ystafelloedd dosbarth cynradd, gan ailadrodd astudiaeth a gynhaliwyd 20 mlynedd ynghynt, fe wnaeth Galton *et al.* (1999: 33) ganfod:

> Pan ofynnir cwestiynau i blant, mae'r cwestiynau hyn yn gofyn iddynt naill ai i alw ffeithiau i gof neu i ddatrys problem y mae eu hathrawon yn disgwyl ateb cywir ar ei chyfer. Mae cwestiynau agored neu ddamcaniaethol neu gwestiynau heriol, lle mae'n ofynnol i blant gynnig mwy nag un ateb, yn dal yn gymharol brin. Hyd yn oed mewn gwyddoniaeth, lle cofnodwyd y ganran uchaf o

gwestiynau agored, roedd athrawon dair gwaith yn fwy tebygol o fod angen un ateb cywir nag yr oeddent i wahodd y plant i ddyfalu.

Mae'r canfyddiadau hyn yn adleisio ymchwil arall sy'n dadansoddi trafod yn yr ystafell ddosbarth fel hwnnw gan Alexander (1995). Mae gofyn holi'n achlysurol beth mae'r plant yn ei wybod, ond mae'n ymddangos bod llawer gormod o gwestiynau o'r math hwn. Nid yn y nifer o gwestiynau a ofynnir mae angen newid ond yn eu ffurf a'u cynnwys. Mae hyn yn arbennig o bwysig mewn dull lluniadaethol o ddysgu gwyddoniaeth (Pennod 5, tud. 67), lle mae gan gwestiynau rôl bwysig i'w chwarae o ran darganfod syniadau plant ac annog eu dysg weithredol drwy ymholi. Felly, mae angen i ni ystyried sut y gall cwestiynau amrywio o ran ffurf, cynnwys, swyddogaeth ac amseru.

Ffurf y cwestiwn

Mewn perthynas â ffurf, mae'r gwahaniaethau pwysig rhwng cwestiynau 'agored' a rhai 'caeedig' (Blwch 10.1) a rhwng cwestiynau sy'n 'canolbwyntio ar yr unigolyn' a chwestiynau sy'n 'canolbwyntio ar bwnc' (Blwch 10.2).

Blwch 10.1 Cwestiynau agored a chaeedig

Mae cwestiynau agored yn rhoi mynediad i farn plant am bethau, eu teimladau a'u syniadau, ac yn hyrwyddo ymholi gan y plant. Er eu bod yn dal i beri i blant feddwl am y dasg ddysgu, mae cwestiynau caeedig yn gofyn iddynt ymateb i syniadau neu sylwadau'r athro. Er enghraifft, mae'r cwestiynau agored hyn:

'Beth ydych chi'n sylwi am y grisialau hyn?'

'Beth sydd wedi digwydd i'ch ffeuen ers i chi ei phlannu?'

yn fwy tebygol o arwain at atebion sy'n ddefnyddiol i'r athro a'r plant na'u fersiynau caeedig:

'Ydy'r holl grisialau yr un maint?'

'Faint mae eich ffeuen wedi tyfu ers i chi ei phlannu?'

Mae cwestiynau caeedig yn awgrymu bod ateb cywir ac efallai na fydd plant yn ceisio ateb os oes arnynt ofn bod yn anghywir.

Blwch 10.2 Cwestiynau sy'n canolbwyntio ar y person a chwestiynau sy'n canolbwyntio ar bynciau

Mae cwestiwn sy'n *canolbwyntio ar bwnc* yn gofyn yn uniongyrchol am y pwnc dan sylw; mae cwestiwn sy'n *canolbwyntio ar yr unigolyn* yn gofyn am syniadau'r plentyn am y pwnc dan sylw.
Ni ellir ateb cwestiynau sy'n canolbwyntio ar bynciau, fel:

'Pam mae siwgr yn hydoddi'n gyflymach mewn dŵr cynnes nag mewn dŵr oer?'

'Pam wnaeth eich planhigyn dyfu'n gyflymach yn y cwpwrdd?'

oni bai eich bod yn gwybod, neu o leiaf yn meddwl eich bod yn gwybod, beth yw'r rhesymau. Ar y llaw arall, mae'r fersiynau sy'n canolbwyntio ar yr unigolyn:

'Pam ydych chi'n meddwl bod siwgr yn hydoddi'n gyflymach mewn dŵr cynnes nag mewn dŵr oer?'

'Pam ydych chi'n meddwl bod eich planhigyn wedi tyfu'n gyflymach pan oedd yn y cwpwrdd?'

yn galluogi unrhyw un sydd wedi bod yn meddwl am y rhain ac sydd â syniadau yn eu cylch roi cynnig ar eu hateb, boed hynny'n gywir neu beidio.

Mae'n amlwg bod angen cwestiynau sy'n canolbwyntio ar y person pan mai diben y cwestiwn yw archwilio rhesymau a syniadau plant y tu ôl i'w hesboniadau, neu annog eu meddwl sy'n seiliedig ar ymholi. Ar adegau eraill hefyd, maen nhw'n ffordd fwy effeithiol, a mwy cyfeillgar o gynnwys plant mewn trafodaethau sy'n eu helpu i wneud synnwyr o'u gwaith. Fodd bynnag, dangosodd astudiaeth gan Smith et al. (2006) o effaith y Strategaethau Llythrennedd a Rhifedd Cenedlaethol yn Lloegr fod cyfran fach iawn o'r cwestiynau a ofynnwyd yn agored a bod ymatebion y disgyblion yn fyr iawn – yn gyfyngedig i dri gair neu lai y rhan fwyaf o'r amser. Daeth yr ymchwilwyr i'r casgliad canlynol:

> Yn hytrach nag annog ac ymestyn cyfraniadau disgyblion i hyrwyddo lefelau uchel o ryngweithio ac ymgysylltu gwybyddol, roedd y rhan fwyaf o'r cwestiynau a ofynnwyd o lefel wybyddol isel a ddyluniwyd i sianelu ymateb y disgyblion tuag at ateb gofynnol.
>
> (Smith *et al.*, 2006: 408)

Mae canfyddiadau tebyg wedi'u hadrodd o ymchwil yn UDA, lle disgrifir cwestiynau sy'n canolbwyntio ar yr unigolyn fel rhai 'dilys' ac sy'n cael eu cyferbynnu â chwestiynau 'prawf' lle mae'r athro yn chwilio am ateb penodol. Gwelodd Nystrand *et al.* (1997) bod yr ail o'r rhain yn amlwg iawn, gydag ychydig iawn o gwestiynau dilys sy'n awgrymu i ddisgyblion bod gan eu hathro ddiddordeb yn yr hyn maen nhw'n ei feddwl, nid p'un a allant adrodd beth mae eraill yn ei feddwl yn unig.

Cynnwys y cwestiwn

Fe wnaeth Elstgeest (2001) wahaniaethu rhwng cwestiynau 'cynhyrchiol' ac 'anghynhyrchiol' gan athrawon. Mae'r ail o'r rhain yn gwestiynau sy'n gofyn yn uniongyrchol am ffeithiau neu resymau, lle mae'n amlwg bod ateb cywir. Mae'r cyntaf yn llawer mwy defnyddiol i helpu'r plant i ymchwilio a meddwl. Gan ymhelaethu'n fanwl ar ystyr 'cynhyrchiol' yng nghyd-destun cwestiynau athrawon, mae Jelly (2001) yn pwysleisio eu pwysigrwydd wrth annog dull gwyddonol. Mae'n tynnu sylw at y ffaith bod plant yn tueddu i 'ddysgu' y mathau o gwestiynau a ddefnyddir mewn gwyddoniaeth o'r cwestiynau y maen nhw wedi arfer clywed athrawon yn eu gofyn, felly bydd athrawon sy'n gofyn cwestiynau cynhyrchiol hefyd yn annog plant i godi cwestiynau y gallant ymchwilio iddynt.

Nododd Elstgeest fathau gwahanol o gwestiwn cynhyrchiol, sydd wedi'u nodi ym Mlwch 10.3, sy'n cyflawni dibenion gwahanol wrth annog ymholiadau.

> ## Blwch 10.3 Mathau Elstgeest o gwestiynau cynhyrchiol
>
> Diben *cwestiynau sy'n rhoi ffocws i sylw* – 'Ydych chi wedi sylwi …?' 'Beth yw eich barn chi ar hyn?' – yw tynnu sylw plant at nodweddion a allai gael eu methu fel arall. Mae'r cwestiynau hyn yn rhai mae plant yn aml yn eu darparu iddyn nhw eu hunain ac efallai bydd rhaid i'r athro eu codi os yw'r arsylwi'n arwynebol a'r sylw yn fyrhoedlog yn unig.
>
> Mae *cwestiynau cymharu* – 'Beth ydych chi'n ei sylwi am y gwahaniaeth rhwng y dail hyn?' 'Beth ydych chi'n ei sylwi sydd yr un peth am y ddau ddarn yma o graig?' – yn tynnu sylw at batrymau ac yn gosod y sylfaen ar gyfer defnyddio allweddi a chategoreiddio gwrthrychau a digwyddiadau.
>
> Mae *cwestiynau mesur a chyfrif* – 'Faint?' 'Pa mor hir?' – yn fathau o gwestiynau cymharu sy'n mynd ag arsylwi i'r meintiol.
>
> Mae *cwestiynau gweithredu* – 'Beth sy'n digwydd os ydych chi'n disgleirio golau o fflachlamp ar fwydyn?' 'Beth sy'n digwydd pan fyddwch chi'n rhoi ciwb iâ mewn dŵr cynnes?' 'Beth sy'n digwydd os …' – yn fathau o gwestiynau sy'n arwain at ymchwiliadau.
>
> Mae *cwestiynau sy'n codi problemau* – 'Allwch chi ddod o hyd i ffordd o wneud i'ch llinell ffôn swnio'n gliriach?' 'Sut allwch chi wneud cysgod lliwgar?' – yn rhoi her i'r plant ac yn eu gadael i weithio allan sut i'w bodloni.

Swyddogaeth y cwestiwn

Mae'r cwestiynau ym Mlwch 10.3 yn dangos y dylid fframio cwestiynau fel bod eu ffurf a'u cynnwys yn cyfateb i'w swyddogaeth arfaethedig, er mwyn bod yn gynhyrchiol. Dyma rai enghreifftiau o gwestiynau â swyddogaethau gwahanol.

Cwestiynau ar gyfer canfod syniadau plant
Roedd y cwestiynau canlynol ymhlith y rhai a luniwyd i'w defnyddio gan athrawon i ganfod syniadau plant yn y prosiect SPACE. Dyma'r math o gwestiynau a arweiniodd at waith y plant a gyflwynwyd ym Mhennod 6. Dyma'r cwestiynau a ddefnyddiwyd pan oedd y plant wedi ymwneud â thrin, arsylwi a thynnu lluniau o datws oedd yn egino a thatws nad oeddent yn egino (Russell a Watt 1990: A-10):

'Beth ydych chi'n meddwl sy'n dod allan o'r daten?'

'Beth ydych chi'n meddwl sy'n digwydd y tu mewn i'r daten?'

'Pam ydych chi'n meddwl bod hyn yn digwydd i'r daten?'

'Ydych chi'n meddwl y bydd y planhigyn tatws yn parhau i dyfu?'

'Allwch chi feddwl am unrhyw beth arall mae hyn yn digwydd iddo?'

Gellir gweld yn amlwg eu bod yn gwestiynau agored, sy'n canolbwyntio ar yr unigolyn. Roedden nhw'n annog y plant i fynegi eu barn cyn dechrau ymchwiliadau, gan roi gwybodaeth i'r athrawon am y mathau o syniadau roedd y plant yn eu cyflwyno yn eu gweithgareddau.

Rydym yn dweud mwy am y cwestiynau hyn a'u gwerth yng nghyd-destun asesu ar gyfer dysgu ym Mhennod 15.

Rôl gysylltiedig ar gyfer cwestiynu yw egluro ystyr geiriau mae'r plant yn eu defnyddio a'u helpu i ddefnyddio geiriau gwyddonol yn briodol. At y diben hwn, mae'n well gofyn am enghreifftiau yn hytrach na diffiniadau haniaethol, gan ddefnyddio cwestiynau megis: 'Allwch chi ddangos i mi beth ydych chi'n ei wneud i "hydoddi'r" menyn?', 'Sut fyddwch chi'n gwybod os yw'r siwgr wedi hydoddi?' Rydym yn trafod ffyrdd eraill o gyflwyno geiriau gwyddonol ym Mhennod 7.

Cwestiynau ar gyfer datblygu syniadau

Yn ôl y mathau o syniadau mae'r plant yn dechrau gyda nhw, gall gweithgareddau i'w datblygu fod ar wahanol ffurfiau fel y trafodir ym Mhennod 11. Gellir defnyddio cwestiynau i gychwyn ymchwiliad y plant i'w syniadau. Er enghraifft, mae cwestiynau fel:

'Beth arall ydych chi wedi'i ddarganfod am y ffordd mae eich syniad yn gweithio?'

'Sut mae eich syniad chi'n esbonio . . . ?'

'Ym mha ffordd mae'r syniad sydd gennych yn awr yn well na'r un a oedd gennych chi ar y dechrau?'

yn gofyn i blant feddwl am oblygiadau syniad ac ymestyn ei gymhwysiad.

Cwestiynau ar gyfer annog sgiliau ymholi

Gellir fframio cwestiynau fel bod plant yn gorfod defnyddio sgiliau ymholi i'w hateb, gan roi cyfle i'r athro ganfod i ba raddau mae'r sgiliau wedi cael eu datblygu. Rhoddir enghreifftiau o gwestiynau sy'n ymwneud â rhai sgiliau ymholi, wedi'u gosod yng nghyd-destun plant sy'n ymchwilio i gasgliad o hadau gwahanol, ym Mlwch 10.4.

Amseru'r cwestiwn

Mae trefn naturiol o ddigwyddiadau ym mhob un o'r mathau o ymholiadau a drafodir ym Mhennod 8, er nad oes angen dilyn set haearnaidd o gamau neu algorithm wrth gynnal ymholiad. Ar gyfer pob cam - boed yn archwiliad cychwynnol, cynllunio'r data i'w gasglu neu lunio casgliadau - mae cwestiynau priodol. Fel y nododd Elstgeest mewn pennod am 'Y cwestiwn iawn ar yr adeg iawn' (2001: 25-25), gall hyd yn oed cwestiwn sydd wedi'i fframio'n dda fod yn aneffeithiol os yw'n dod ar bwynt amhriodol yn y gweithgaredd. Byddai cwestiwn a fyddai'n annog ac yn hyrwyddo meddwl a gweithredu ar un adeg yn gallu torri ar draws a dinistrio llinell feddwl pe byddai'n cael ei ofyn ar adeg wahanol.

Mae defnyddio cwestiynau i gyfleu nod ymholiad yn aml yn cyfleu'r diben mewn ffordd sy'n fwy dealladwy i blant na phan fydd yn cael ei fframio fel amcan dysgu. Gwelsom hyn yn yr astudiaethau achos ym Mhennod 3, lle, er enghraifft, yn nosbarth Kathy cafodd y cwestiwn 'pa bêl oedd orau?' ar gyfer y ci ei wneud yn gliriach yn raddol wrth drafod gyda'r plant drwy ei newid i 'pa bêl oedd fwyaf sbonciog?'. Yn yr un modd, yn yr achosion eraill, lluniodd y plant gwestiwn clir, neu rhoddwyd cwestiwn clir iddynt, oedd yn mynegi nod eu gweithgareddau. Mae hyn yn osgoi'r sefyllfa a adroddwyd amdani gan Ofsted (2013: 12) oedd yn nodi, er bod y plant yn mwynhau cyfleoedd ymarferol, ar adegau nid oedd diben y gweithgareddau hyn bob amser yn cael ei egluro gan yr athrawon.

Blwch 10.4 Cwestiynau sy'n annog sgiliau ymholi

Arsylwi

■ Beth ydych chi'n ei sylwi sydd yr un fath am yr hadau hyn?

■ Pa wahaniaethau ydych chi'n sylwi arnyn nhw rhwng hadau o'r un math?

■ Sut allech chi ddweud y gwahaniaeth rhyngddynt gyda'ch llygaid ar gau?

■ Pa wahaniaeth ydych chi'n ei weld pan fyddwch chi'n edrych arnyn nhw gan ddefnyddio lens neu ddelweddwr?

Rhagfynegi

■ I beth ydych chi'n meddwl fydd yr hadau'n tyfu?

■ Beth ydych chi'n meddwl fydd yn gwneud iddyn nhw dyfu'n gyflymach?

■ Beth ydych chi'n meddwl fydd yn digwydd os bydd ganddynt ddŵr ond dim pridd?

■ Beth ydych chi'n meddwl fydd yn digwydd os byddwn yn rhoi mwy (neu lai) o ddŵr/goleuni/cyn hesrwydd iddyn nhw?

Cynllunio

■ Beth fydd angen i chi ei wneud i ganfod. . . (os yw'r hadau angen pridd i dyfu)?

■ Sut fyddwch chi'n ei wneud yn deg (i fod yn sicr mai'r pridd ac nid rhywbeth arall sy'n gwneud i'r hadau dyfu)?

■ Pa offer fyddwch chi ei angen?

■ Am beth fyddwch chi'n edrych i gael y canlyniad?

Dehongli

■ Wnaethoch chi ddod o hyd i gysylltiad rhwng. . . (pa mor gyflym y tyfodd y planhigyn a faint o ddŵr/goleuni/cynhesrwydd a gafodd y planhigyn)?

■ Oes unrhyw gysylltiad rhwng maint yr hedyn gafodd ei blannu a maint y planhigyn?

■ Beth wnaeth wneud gwahaniaeth i pa mor gyflym y dechreuodd yr hadau dyfu?

Caniatáu amser ar gyfer ateb

Yn gysylltiedig â dewis a fframio cwestiynau'n ofalus i hyrwyddo meddwl a gweithredu mae'r angen i roi amser i blant ateb a gwrando ar eu hatebion. Mae cwestiynau athrawon sy'n gofyn i blant feddwl yn golygu bod angen amser i ateb. Gall disgwyl ateb yn rhy gyflym rwystro plant rhag meddwl. Mae ffyrdd o ofalu nad yw hyn yn digwydd yn cynnwys gofyn i blant drafod y cwestiwn gyda phartner neu mewn grŵp bach (fel y nodwyd ym Mhennod 7). Ychwanega Goldsworthy (2011: 75) 'Mae'n syniad da rhoi'r gorau i ofyn am "ddwylo i fyny" a dewis grwpiau neu barau o ddisgyblion ar hap yn lle hynny i ddweud beth maen nhw wedi bod yn sgwrsio amdano.' Dyma achos lle mae amynedd yn cael ei wobrwyo ac amser yn cael ei arbed yn gyffredinol drwy dreulio ychydig mwy o amser yn caniatáu amser i blant feddwl am eu hatebion cyn ailadrodd neu aralleirio'r cwestiwn. Mae ymchwil yn dangos bod ymestyn yr amser y mae athro'n aros i blant ateb yn cynyddu ansawdd yr atebion yn sylweddol (Budd-Rowe, 1974). Mae'r amser a roddir i ateb yn cael ei alw'n 'amser aros' neu'n 'amser meddwl' (gweler Blwch 10.5).

> **Blwch 10.5** 'Amser aros'
>
> Yn 1974, cyhoeddodd Mary Budd-Rowe waith ymchwil sylweddol ar gwestiynau athrawon mewn dos-barthiadau gwyddoniaeth elfennol yn yr Unol Daleithiau. Dywedodd fod athrawon yn aros am lai nag eiliad ar gyfartaledd ar ôl gofyn cwestiwn cyn ymyrryd eto os nad oedd ateb ar ddod. Roedd athrawon yn tueddu i aralleirio'r cwestiwn neu ofyn un gwahanol y gallai'r plant ei ateb yn gyflymach – gan wneud y cwestiwn yn fwy caeedig ac yn fwy cysylltiedig â ffeithiau bob tro. Cadarnhaodd ymchwil yn y DU fod y sefyllfa hon ymhell o fod yn gyfyngedig i ystafelloedd dosbarth Americanaidd.
>
> Canfu Budd-Rowe, pan gynghorwyd athrawon i gynyddu'r 'amser aros' ar ôl gofyn cwestiynau oedd yn gofyn am esboniadau, bod atebion y plant yn hwy ac yn fwy hyderus. Hefyd:
>
> ■ fe wnaeth yr anallu i ateb leihau
>
> ■ roedd plant yn herio, yn ychwanegu at neu'n addasu atebion ei gilydd
>
> ■ roedd plant yn cynnig mwy o esboniadau amgen.

Canfu ymchwil diweddarach gydag athrawon (Black *et al.* 2003) fod cynyddu amser aros ar gyfer ateb, heb deimlo'r angen i 'lenwi'r distawrwydd', yn arwain at

> fwy o fyfyrwyr yn cymryd rhan mewn trafodaethau cwestiwn ac ateb ac at gynnydd yn hyd eu hymatebion. Un ffordd o gynyddu cyfranogiad yw drwy ofyn i fyfyrwyr drafod eu syniadau, efallai mewn parau, am ddau neu dri munud cyn i'r athro ofyn am gyfraniadau. Mae hyn yn rhoi cyfle i'r myfyrwyr leisio eu syniadau, clywed syniadau eraill a mynegi ateb ystyriol yn hytrach na neidio i mewn i ddweud y peth cyntaf sy'n dod i'w meddwl yn y gobaith mai dyna mae'r athro yn ei geisio.
>
> (Black *et al.,* 2003: 35)

Ymateb i atebion plant

Fel mae Alexander (2012: 25) yn ei nodi:

> Nid oes llawer o bwynt fframio cwestiwn sydd wedi'i lunio'n dda a rhoi digon o 'amser aros' i blant ei ateb, os byddwn ni'n methu ag ymgysylltu gyda'r ateb maen nhw'n ei roi ac felly gyda'r ddealltwriaeth neu'r gamddealltwriaeth a ddatgelir gan yr ateb hwnnw.

Disgrifir sawl ffordd wahanol o ymateb i atebion plant gan Mercer (2000). Dangosir rhai cyffredin a ddefnyddir yn yr ystafell ddosbarth cynradd yn y sgwrs ym Mlwch 10.6, a adroddwyd gan Fitzgerald (2012).

Mae'r athro yn cynnal y sesiwn holi ac ateb drwy alw ar bob disgybl i ateb, gan ganiatáu, yn y sgwrs hon, dim rhyngweithio rhwng disgybl a disgybl. Ei hymateb i atebion plant yw eu derbyn gyda sylw sy'n cymeradwyo ('gwych', 'ardderchog', 'mae hynny'n ddiddorol'), hyd yn oed pan fydd angen egluro'r ymateb (ym mha ffordd mae Naomi yn meddwl bod cysgod fel adlewyrchiad?). Gall canmoliaeth awtomatig fel hyn am roi ateb, waeth beth fo'r ateb, atal meddwl yn ofalus a gall ostwng disgwyliadau.

Blwch 10.6 Ymateb i atebion plant

Athrawes:	Dywedwch wrthyf fi beth rydych chi'n ei wybod am gysgodion. Unrhyw beth rydych chi'n ei wybod am gysgodion o gwbl. Ruby?
Ruby:	Ni allwch fyth ddal eich cysgod.
Athrawes:	O, mae hynny'n ddiddorol. Rydyn ni'n mynd i brofi hynny mewn munud, Ruby. Keisha?
Keisha:	Maen nhw'n llwyd.
Athrawes:	Maen nhw'n llwyd? Iawn. Felly, rwyt ti'n sôn am liw. Gwych, Keisha. Naomi?
Naomi:	Maen nhw fel adlewyrchiad.
Athrawes:	Braidd fel adlewyrchiad. O, mae Naomi yn ceisio defnyddio rhai geiriau gwyddonol. Gwych! Rachel?
Rachel:	Mae'n newid siâp a maint pan fydd yr Haul yn symud.
Athrawes:	O, gwych. Diolch, Rachel. Yolanda?
Yolanda:	Mae'n rhaid i'r haul fod yn disgleirio er mwyn i chi allu ei weld.
Athrawes:	Da iawn. . .

(Fitzgerald, 2012: 77–78)

Mae Goldsworthy (2011: 75) hefyd yn nodi y bydd ymateb i'r awgrym cyntaf drwy ddweud, er enghraifft *Mae hynny'n wych!* 'yn atal unrhyw blentyn arall rhag cynnig awgrym gwahanol'. Yn yr un modd, nid yw ailadrodd ateb plentyn ('Maen nhw'n llwyd' a 'Braidd fel adlewyrchiad') yn arbennig o ddefnyddiol oni bai ei fod yn arwain at eglurhad. Er bod yr athro, yn yr enghraifft hon, yn meithrin gwybodaeth ddefnyddiol am syniadau'r plant, roedd hi'n colli cyfle i ddatblygu'r ffordd roedden nhw'n meddwl.

Cwestiynau plant

Mae gofyn cwestiynau yn ffordd bwysig i oedolion a phlant geisio deall y pethau o'u hamgylch ac yn enwedig i wneud synnwyr o rywbeth newydd. Rydym ni i gyd, oedolion a phlant fel ei gilydd, yn gofyn nifer o wahanol fathau o gwestiynau yn ogystal â'r rhai sy'n ceisio gwybodaeth neu syniadau. Mae rhai cwestiynau yn rhethregol a rhai yn dangos diddordeb yn unig; nid yw'r naill na'r llall o'r rhain yn disgwyl ateb. Gofynnir rhai cwestiynau er mwyn sefydlu perthynas gyda rhywun, neu er mwyn cael ymateb; rhai i ddenu sylw; rhai i boeni neu aflonyddu hyd yn oed (fel mewn Seneddau).

Mae cwestiynau plant sy'n deillio o chwilfrydedd ac awydd i ddeall yn chwarae rhan allweddol wrth ddysgu gwyddoniaeth. Er ei bod yn bwysig peidio ag annog unrhyw gwestiynau drwy awgrymu mai dim ond rhai sy'n werth eu hateb, un o nodau pwysig dysgu mewn gwyddoniaeth yw cydnabod y mathau o gwestiynau y gellir mynd i'r afael â nhw drwy ymholiad gwyddonol. Y plant sy'n sylweddoli eu bod yn gallu canfod atebion i gwestiynau 'beth, sut a pham' trwy eu rhyngweithiad eu hunain â phethau o'u hamgylch sydd wedi gwneud y dechrau gorau posibl mewn datblygiad gwyddonol. Maen nhw'n sylweddoli bod yr ateb i 'Pam mae blodau llygad y dydd yn ymledu eu dail?' 'Pam mae gan hancesi papur dair haen denau yn hytrach nag un trwchus?' 'Beth sy'n digwydd pan fyddwch chi'n troi drych ar ei ben i lawr?' i'w canfod yn uniongyrchol o arsylwadau a gweithredoedd ar y blodau llygad y dydd, yr hancesi papur, y drych.

Annog cwestiynau plant

Mae pwysigrwydd cwestiynau plant yn golygu y dylai'r ystafell ddosbarth feithrin y chwilfrydedd y maen nhw'n deillio ohono. Dyma rai ffyrdd o wneud hyn:

- Darparu digonedd o ddefnyddiau diddorol i'r plant eu harchwilio.

- Galluogi darpariaeth i'r plant ddod ag unrhyw ddefnydd neu wrthrychau sydd o ddiddordeb iddynt i'r ystafell ddosbarth, oherwydd mae'n debygol y bydd plant eraill yn rhannu eu chwilfrydedd.

- Creu 'cornel holi' neu weithgaredd 'cwestiwn yr wythnos' lle mae defnyddiau i ysgogi ymholiad y gellid eu cynnwys mewn gwaith dosbarth.

- Wrth gyflwyno pethau newydd neu anarferol i ysgogi chwilfrydedd, darparu defnyddiau cyfarwydd hefyd (Gweler Blwch 10.7).

- Trefnu bod gan y plant bartneriaid neu grwpiau bach er mwyn trafod cwestiynau maen nhw am eu codi.

- Estyn y gwahoddiad 'pa gwestiwn fyddech chi'n hoffi ei holi. . .' yn rheolaidd, naill ai ar lafar neu yn ysgrifenedig ar gardiau gwaith neu daflenni gwaith.

- Ac, ymwrthod â'r demtasiwn, fel athro, i wneud yr holl waith o godi cwestiynau.

Blwch 10.7 Arddangosfa ysgogol o bethau cyfarwydd

Gosodwyd arddangosfa o offer llaw, nytiau a bolltau a sgriwiau gyda 'blwch cwestiynau' oedd yn galluogi plant i nodi eu cwestiynau ar ddarnau bach o bapur. Nid oedd unrhyw ragfarn o ran rhyw yn y diddordeb a'r cwestiynau a ysgogwyd gan yr arddangosfa, fel y gellid ei ddisgwyl ar gyfer defnydd o'r fath. Pan agorwyd y blwch, a phob cwestiwn yn cael ei ystyried, roedd merched yr un mor barod â'r bechgyn i feddwl am resymau dros feintiau a siapiau gwahanol pennau sgriwiau, pam bod gan sgriwiau edau ond nad oedd gan hoelion neu p'un a oedd hyd handlen tyrnsgriw yn gwneud unrhyw wahaniaeth. Fe wnaethant ddilyn trywydd rhai cwestiynau gydag ymchwiliadau ymarferol a gadawyd eraill ar y bwrdd arddangos yn aros am wybodaeth gan 'arbenigwr'. Ychwanegodd y gwaith yn sylweddol at eu profiad o ddefnyddiau a'u priodweddau yn ogystal â dangos bod cwestiynau'n cael eu gwerthfawrogi.

Ymdrin â chwestiynau plant

Er gwaethaf y gwerth i ddysg plant o ran annog eu cwestiynau, mae llawer o athrawon yn poeni am ateb cwestiynau plant ac, efallai'n anymwybodol, yn mabwysiadu strategaethau ystafell ddosbarth sy'n lleihau'r cyfleoedd i blant ofyn cwestiynau. Os yw cwestiynu yn cael ei annog mae'n dilyn fod gallu ymdrin â phob math o gwestiynau a godir gan blant yn flaenoriaeth uchel.

Yn ffodus, mae trin cwestiynau yn sgìl y gellir ei ddatblygu'n hawdd. Mae angen meddwl am y math o gwestiwn sy'n cael ei ofyn, am y cymhelliad tebygol dros ei ofyn a gwybodaeth am sut i droi cwestiwn yn un a all fod yn fan cychwyn defnyddiol ar gyfer ymchwilio. Mae'r gair 'ymdrin', yn hytrach nag 'ateb', yn cael ei ddefnyddio'n fwriadol yma. Un o'r pethau cyntaf i'w sylweddoli – gyda rhywfaint o ryddhad efallai – yw, ar adegau, ei bod yn well peidio ag ateb cwestiynau plant yn uniongyrchol (hyd yn oed os yw'r athro yn gwybod yr ateb). Ond mae hynny'n dibynnu ar y cwestiwn sy'n cael ei ofyn ac felly rydym yn edrych yn awr ar yr hyn sy'n briodol ar gyfer gwahanol fathau o gwestiynau.

Ymateb i wahanol fathau o gwestiwn

Mae'r rhan fwyaf o gwestiynau y mae plant yn eu gofyn yn perthyn i bum grŵp:

- Sylwadau sy'n cael eu mynegi fel cwestiynau ond sy'n gofyn am ymateb nad yw'n ateb.
- Cwestiynau athronyddol na ellir eu hateb drwy ymholiad gwyddonol.
- Ceisiadau am ffeithiau syml fel enwau neu ddiffiniadau.
- Ceisiadau am esboniadau a fyddai'n rhy gymhleth i blant eu deall.
- Ceisiadau am esboniadau y gallai plant ddod o hyd iddynt drwy ymholi.

Dyma rai awgrymiadau ar gyfer ymdrin â'r mathau gwahanol hyn. Ond y cam cyntaf yw nodi'r math o gwestiwn ac, os nad yw hyn yn glir, gofyn i'r plant egluro neu aralleirio'r hyn maen nhw am ei wybod.

Sylwadau wedi'u mynegi fel cwestiynau
Cwestiynau yw'r rhain y bydd plant yn eu gofyn pan fyddant yn chwilfrydig neu'n llawn cyffro. Nid oes angen ateb y cwestiynau mewn gwirionedd, ond mae'n rhaid cael rhywfaint o ymateb sy'n cydnabod yr ysgogiad a arweiniodd at y cwestiwn. Er enghraifft, dyma sut y gwnaeth athro babanod ymdrin â chwestiwn gan blentyn 6 mlwydd oed pan oedd hi a grŵp o blant yn archwilio nyth aderyn:

Plentyn: Sut maen nhw'n ei blethu?
Athrawes: Maen nhw'n glyfar iawn . . .
Plentyn: Mae adar yn glyfar iawn gyda'u pigau
Plentyn: Ni fyddai unrhyw un yn credu eu bod nhw am eu bod nhw mor fach
Athrawes: Ydy, mae'n fendigedig dydi? Os byddwn ni'n troi hwn yr holl ffordd rownd ac yn gadael i chi edrych ar yr ochr hon . . .

Defnyddiwyd cwestiwn y plentyn i gynnal yr arsylwi agos o'r nyth a'r synnwyr o ryfeddod. Gallai'r athrawes fod wedi ymateb drwy ddweud 'Edrychwch yn ofalus a gweld os allwch chi ddweud sut mae wedi cael ei wneud?' ond efallai iddi benderfynu bod hyn yn rhy gynnar yn yr archwiliad ar gyfer canolbwyntio ar un agwedd, ac mae ei hymateb yn gadael y posibilrwydd o ddychwelyd at y pwnc hwn yn yr un modd yn agored os yw diddordeb y plant yn parhau. Ffordd arall o ddweud hyn yw ei bod hi o'r farn bod y cwestiwn yn ffordd o fynegi rhyfeddod yn hytrach nag yn gwestiwn dilys. Mewn gwirionedd, gallai'r plentyn fod wedi dweud 'Edrychwch sut mae wedi cael ei blethu!'

Cwestiynau athronyddol
Dyma gategori arall o gwestiynau y mae'n rhaid i'r ymateb iddynt fod ar y trywydd 'ydy, mae'n ddiddorol/gyfareddol', gan rannu'r rhyfeddod y tu ôl i'r cwestiwn. Mae

'Pam mae gennym adar a phob peth gwahanol felly?' yn gwestiwn o'r fath. O'i ystyried yn llythrennol yr unig ateb yw dweud nad oes ateb syml. Fodd bynnag, ni ddylem ddarllen gormod i mewn i'r union eiriau mae plant yn eu defnyddio. Yn aml maen nhw'n geirio cwestiynau fel cwestiynau 'pam', gan wneud iddynt swnio'n athronyddol pan fo'r ateb maen nhw am ei gael yn llawer mwy cysylltiedig â 'beth sy'n gwneud iddo ddigwydd' yn hytrach na 'pam mae'n digwydd'. Pan fydd cwestiynau plant yn ymddangos yn athronyddol y cam cyntaf yw gofyn iddynt egluro eu cwestiwn. Mae'n ddigon posibl wedyn y bydd yn troi'n gwestiwn mewn categori gwahanol, ond os nad yw, dylid ei drin fel cwestiwn diddorol ond un nad oes ateb pendant iddo.

Ceisiadau am ffeithiau syml

Mae'r cwestiynau hyn yn bodloni'r awydd i enwi, i wybod, i nodi. Maen nhw'n gwestiynau y mae atebion ffeithiol syml iddynt, a allai ddarparu gwybodaeth i fodloni chwilfrydedd ac ychwanegu at werthfawrogiad o brofiad newydd, fel ym Mlwch 10.8, am wyau adar. Efallai fod yr athro yn gwybod yr atebion ac os felly nid oes pwynt eu dal yn ôl.

Blwch 10.8 Cwestiynau am nythod ac wyau

The children looking at the bird's nest asked 'Where did it come from?' 'What kind of stuff is this that it's made of?' 'How long do the eggs take to hatch?' In this case the teacher knew where the nest had come from and helped the children identify the 'stuff' as hair. But for the length of hatching she did not have the knowledge and the conversation ran on as follows:

Athrawes:	Wel, rydych chi wedi gofyn cwestiwn i mi na alla i ei ateb - sawl diwrnod y byddai'n ei gymryd – ond mae ffordd y gallech chi ddarganfod hyn, ydych chi'n gwybod sut?
Plentyn:	Ei wylio . . .
Plentyn:	Gwyliwr adar . . .
Plentyn:	Llyfr.
Athrawes:	Ydy, mae hyn yn rhywbeth y gallwch chwilio amdano mewn llyfr a phan fyddwch chi wedi darganfod . . .
Plentyn:	(a oedd wedi rhuthro i godi'r llyfr ger arddangosfa'r nyth) . . . Mae gen i un yma, rhywle.
Plentyn:	. . . yma, dyma dudalen amdanynt.
Athrawes:	Dyna ni . . .

Roedd y plant wedi ymgolli yng nghamau datblygiad cyw y tu mewn i wy am beth amser. Atebwyd y cwestiwn a dysgwyd mwy hefyd. Pe na bai'r llyfr wedi bod gerllaw gallai'r athrawes fod wedi awgrymu y gallai hi neu'r plant chwilio am y wybodaeth ac adrodd yn ôl ar ddiwrnod arall.

Mae ceisiadau am enwau pethau yn disgyn i'r categori hwn, fel y mae diffiniadau sy'n codi mewn cwestiynau megis 'Ydy glo yn fath o graig?' Er na ddylai enwi fod yn nod ynddo'i hun, mae'n ddefnyddiol cymryd cyfleoedd wrth iddynt godi i ymestyn geirfa'r plant a gwella eu gallu i gyfathrebu'n glir. Os oes angen enwi rhywbeth ar gyfer y gwaith ac nad oes unrhyw un yn gwybod beth yw'r enw priodol ar yr eiliad honno, gellir gwahodd y plant i greu enw i'w ddefnyddio. Bydd 'craig sgleinio wedi cracio', 'coesyn tenau hir gydag ymbarél', 'creadur brown byr cyflym' yn fwy defnyddiol wrth siarad am bethau a welwyd yn y cae na'u henwau gwyddonol neu enwau cyffredin. Yn ddiweddarach gellir cyflwyno'r enwau 'go iawn' yn lle'r rhain pan fydd y rhain wedi cael eu canfod o lyfrau neu ffynonellau eraill. (Gweler hefyd Bennod 7 ar gyflwyno geiriau gwyddonol.)

Does dim modd ateb rhai ceisiadau am ffeithiau syml. Pan ofynnodd y plant a oedd yn edrych ar nyth yr aderyn: 'Ble mae'r adar nawr, y rhai wnaeth adeiladu'r nyth?', roedden nhw'n disgwyl ateb syml i gwestiwn syml. Yn yr achos hwn, penderfynodd yr athrawes mai'r math o ateb roedden nhw am ei glywed oedd 'Mae'n debyg eu bod nhw wedi gwneud eu cartref mewn sied arall, ond dydw i ddim yn gwybod yn iawn' yn hytrach na chyfrif o'r holl bosibiliadau, gan gynnwys ymfudo a p'un a yw adar yn tueddu i aros yn yr un gymdogaeth. Mae ateb syml 'Dydw i ddim yn gwybod' yn helpu plant i sylweddoli pa fathau o gwestiynau na ellir eu hateb yn ogystal â'r ffaith bod eu hathro yn ddynol ac nid yn oruwchddynol.

Cwestiynau sy'n gofyn am atebion cymhleth
Ar wahân i'r ceisiadau byr am ffeithiau, gellir ateb y rhan fwyaf o'r cwestiynau mae plant yn eu gofyn ar amrywiaeth o lefelau o ran cymlethdod. Ystyriwch 'Pam mae'r awyr yn las?' fel enghraifft. Mae sawl lefel o 'esboniad' o'r rhai hynny sy'n seiliedig ar wasgaru golau o wahanol donfeddi i'r rhai sy'n ymwneud ag absenoldeb cymylau. Mae cwestiynau fel 'Pam mae pridd yn frown?' 'Pam mae rhai adar yn adeiladu nythod mewn coed ac eraill ar y ddaear?' 'Sut mae awyrennau yn aros i fyny yn yr awyr?' yn disgyn i'r categori hwn.

Mae'n ymddangos mai rhain yw'r anoddaf i athrawon eu hateb. Yr hyn sy'n eu gwneud yn anodd yw'r ffaith nad yw llawer o athrawon yn gwybod beth yw'r atebion ac y bydd y rhai sydd yn gwybod yr atebion yn sylweddoli na allai plant ddeall yr atebion. Nid oes angen pryderu, pa bynnag grŵp yr ydych yn perthyn iddo, oherwydd y peth gwaethaf i'w wneud yn y naill achos neu'r llall yw ceisio rhoi ateb gwyddonol cymhleth i'r cwestiynau hyn!

Weithiau mae'n fwy anodd i'r athro sy'n gwybod yr esboniad gwyddonol ymwrthod â'r temtasiwn i'w roi na pherswadio'r athro nad yw'n gwybod yr ateb i beidio â theimlo'n euog am beidio gallu ateb. Mae rhoi atebion cymhleth i blant nad ydynt yn gallu eu deall yn tanlinellu iddyn nhw fod gwyddoniaeth yn destun ffeithiau i'w cofio nad oes disgwyl iddynt eu deall. Os bydd eu cwestiynau'n cael eu hateb dro ar ôl tro gydag atebion nad ydynt yn eu deall bydd y plant yn rhoi'r gorau i ofyn cwestiynau. Byddai hyn yn niweidiol, gan fod y cwestiynau hyn yn benodol yn ysgogi eu dysg.

Beth y gellir ei wneud yn lle eu hateb? Mae ateb a roddir gan Jelly (2001) yn ddull mae'n ei ddisgrifio fel 'troi' cwestiwn cymhleth yn un y gellir ymchwilio iddo drwy ystyried newidynnau a allai esbonio beth sy'n mynd ymlaen. Mae'r enghraifft y mae'n ei rhoi yn ymwneud â pham mae dŵr yn troi'n ddiferion bach pan fyddant yn cael eu diferu ar arwyneb ffelt. Efallai fod gan y rheswm am hyn rywbeth i'w wneud â'r arwyneb, felly ymchwiliad defnyddiol fyddai rhoi cynnig ar wahanol arwynebau. Mae'r dull yn galluogi athrawon i drin cwestiynau anodd o ddifrif ond heb ddarparu atebion y tu hwnt i ddealltwriaeth y plant. Mae hefyd yn dangos i blant y gallant fynd ymhell i ddod o hyd i atebion drwy eu hymchwiliad eu hunain.

Mewn dull ychydig yn wahanol, gellir troi cwestiwn fel 'pam mae pridd yn frown?' yn nifer o gwestiynau: 'ydy pob pridd yn frown?' 'ydy pridd brown yn frown i gyd?', 'beth allwn ni ei wneud i weld pa rannau sydd mewn pridd?'

Cwestiynau a all arwain at ymchwiliad gan blant
Bydd athrawon sy'n chwilio am gyfleoedd i blant archwilio ac ymchwilio yn sylweddoli mai'r rhain yw'r cwestiynau hawsaf i ymdrin â nhw. Y prif broblemau yw: ymwrthod â'r awydd i roi'r ateb oherwydd efallai ei fod yn ymddangos mor amlwg (i'r athro ond nid y plentyn); a storio cwestiynau o'r fath pan fyddant yn codi ar adeg anghyfleus.

Bydd cwestiynau a allai fod yn fuddiol i'w hymchwilio gan blant yn codi ar adegau gwahanol, yn aml pan fydd hi'n anghyfleus cychwyn ymchwiliad. Er na ellir rhoi sylw iddynt bryd hynny, dylid cydnabod cwestiwn cynhyrchiol a'i drafod digon i'w droi yn un y gellir ymchwilio iddo ac yna, yn dibynnu ar oedran y plant, dychwelyd ato yn ddiweddarach. Ar gyfer plant iau, dylid cadw'r oedi cyn ymgymryd â'r ymchwiliadau yn fyr – mater o ddyddiau – ond mae'r ymchwiliadau hefyd yn debygol o fod yn fyr ac felly gellir eu ffitio mewn rhaglen yn haws. Gall plant hŷn gadw eu diddordeb dros gyfnod hwy – wythnos neu ddwy – ac yn ystod yr amser hwn gellir cynnwys yr amser a'r defnyddiau gofynnol i'r rhaglen arfaethedig.

Mae'r pum categori o gwestiynau a'r ffyrdd o ymdrin â nhw wedi cael eu crynhoi yn Ffigur 10.1

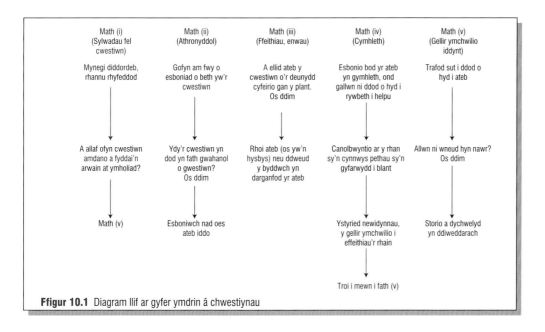

Ffigur 10.1 Diagram llif ar gyfer ymdrin â chwestiynau

Crynodeb

Yn y bennod hon, rydym wedi trafod rôl bwysig cwestiynau athrawon a phlant wrth ddarparu cyfleoedd ar gyfer dysgu mewn gwyddoniaeth. Mewn perthynas â chwestiynau athrawon, dyma'r prif bwyntiau:

- Yng nghyd-destun dysgu gwyddoniaeth drwy ymholi, mae'n bwysig bod athrawon yn defnyddio cwestiynau sy'n agored (yn hytrach na rhai caeedig) o ran ffurf ac sy'n gwahodd plant i fynegi eu syniadau.

- Dylai cynnwys cwestiynau adlewyrchu eu diben a'r math o ymateb mae'r athro yn ei geisio gan y plentyn (sylw, gweithredu, datrys problemau, ac ati).

- Pan fydd athrawon yn gofyn cwestiynau sy'n gofyn am atebion meddylgar, mae angen amser ar blant i feddwl am eu hatebion.

- Yn eu tro, dylai atebion y plant i gwestiynau athrawon gael eu trin o ddifrif, nid eu derbyn gyda chanmoliaeth anfeirniadol neu eu hailadrodd mewn ffordd fformiwläig nad yw'n hybu neu'n egluro eu syniadau.

Mewn perthynas â chwestiynau plant, dyma'r prif bwyntiau:

- Mae cwestiynau plant yn werthfawr am nifer o resymau: maen nhw'n dangos y bylchau mae'r plant yn teimlo sydd angen eu llenwi yn eu dealltwriaeth; gallant fod yn sail i ymchwiliadau plant; ac maen nhw'n rhoi cyfle i blant sylweddoli eu bod nhw'n gallu darganfod pethau drostyn nhw eu hunain a bodloni eu chwilfrydedd.

- Gall athrawon annog plant i godi cwestiynau mewn nifer o ffyrdd: trwy roi defnyddiau diddorol sy'n ysgogi'r meddwl yn yr ystafell ddosbarth, dulliau ar gyfer gwahodd cwestiynau, megis blwch cwestiynau, ac awyrgylch sy'n croesawu ac yn annog cwestiynu.

- Mae cwestiynau y gall plant eu hateb drwy ymholi yn arbennig o bwysig wrth ddysgu gwyddoniaeth, ond gan y bydd plant yn gofyn pob math o gwestiynau, nid dim ond y rhai sy'n gallu arwain at ymchwiliadau, mae angen i athrawon allu ymdrin â'r gwahanol fathau hyn.

- Trafodwyd pum math o gwestiynau a ffyrdd o ymateb iddynt.

Darllen pellach

Elstgeest, J. (2001) The right question at the right time, in W. Harlen (gol.) *Primary Science: Taking the Plunge,* 2il gyfrol. Portsmouth, NH: Heinemann, 25–35.

Galton, M.J., Hargreaves, L., Comber, C., Wall, D. a Pell, T. (1999) Changes in patterns of teacher interaction in the primary classroom: 1976–96, *British Educational Research Journal* 25(1): 23–37.

Goldsworthy, A. (2011) Effective questions, yn W. Harlen (gol.) *ASE Guide to Primary Science Education,* new edition. Hatfield: Cymdeithas Addysg Gwyddoniaeth, 69–76.

Jelly, S.J. (2001) Helping children raise questions – and answering them, yn W. Harlen (gol.) *Primary Science: Taking the Plunge,* 2il gyfrol. Portsmouth, NH: Heinemann, 36–47.

Shenton, M. (2017) Small changes can produce big results! *Primary Science* 146: 29–31.

11

Helpu cynnydd mewn syniadau gwyddonol

Cyflwyniad

Mae'r bennod hon yn ymwneud â'r camau y gall athrawon eu cymryd i helpu plant i ddatblygu eu syniadau gwyddonol. Fel sydd i'w weld yn yr enghreifftiau ym Mhennod 6, erbyn i blant ddod i'r ystafell ddosbarth maen nhw eisoes wedi ffurfio syniadau am y pethau maen nhw wedi dod ar eu traws ac mae'n bwysig cymryd y rhain fel y man cychwyn ar gyfer datblygu syniadau mwy gwyddonol. Ond er mwyn gwneud cynnydd, mae angen i ni hefyd fod yn glir ynghylch ble rydym am helpu plant i fynd. Felly mae'r adran gyntaf yn disgrifio beth mae symud o syniadau bach i rai mwy yn ei olygu o ran newidiadau cyffredinol. Rydym yn disgrifio pum nodwedd sy'n disgrifio'r gwahaniaeth rhwng syniadau bach a mawr. Mae'r ail adran yn cyflwyno ffyrdd gwahanol o edrych ar y broses o wneud cynnydd, boed hynny'n golygu symud ar hyd llwybr a bennwyd ymlaen llaw sydd yr un fath i bawb neu ddilyn llwybrau unigol. Yn y drydedd adran a'r adran hiraf, mae'r ffocws yn symud o nodweddion cyffredinol gwneud cynnydd i sut i helpu dysgwyr unigol neu grwpiau i ddatblygu syniadau mwy gwyddonol. Rydym yn ailedrych ar wyth prif nodwedd syniadau plant eu hunain a nodwyd ym Mhennod 6 ac yn awgrymu strategaethau cysylltiedig y gall athrawon eu defnyddio i helpu plant i ddatblygu'r rhain yn syniadau mwy gwyddonol. Bydd y gwaith o ddatblygu sgiliau ymholi, sydd â rôl ganolog wrth ddatblygu syniadau, yn cael ei ystyried ym Mhennod 12.

Disgrifio cynnydd

Rydym wedi dadlau ym Mhennod 8, gyda chefnogaeth gan yr enghreifftiau ym Mhennod 6, fod angen i ni gymryd syniadau cyfredol plant o ddifrif fel lle i ddechrau eu helpu i ddatblygu syniadau mwy gwyddonol. Ond yn ogystal â gwybod ble i ddechrau, mae angen i ni hefyd fod yn glir ynghylch i ble'r ydym yn mynd. Er bod cwricwla a rhaglenni amrywiol yn awgrymu'r cynnwys y dylai plant ddod ar ei draws ar wahanol gyfnodau, mae'n anodd weithiau gweld sut mae'r rhain yn cyfuno i greu cynnydd cydlynol mewn syniadau. Felly, cyn edrych ar gamau penodol i'w cymryd, mae'n ddefnyddiol cael trosolwg o'r cyfeiriad cyffredinol ar gyfer newid. Beth yw'r hyn rydyn ni'n ei alw yn 'gynnydd' mewn syniadau? Ym mha ffyrdd mae syniadau 'mawr' yn wahanol i rai bach? Sut ydyn ni'n mynd o syniadau bach i rai mwy?

O syniadau bach i rai mwy

Un o brif amcanion addysg gwyddoniaeth yw helpu plant i ddatblygu syniadau 'mawr'. Fel y nodwyd gennym ym Mhennod 1, syniad mawr mewn gwyddoniaeth yw un sy'n berthnasol i ystod o wrthrychau neu ffenomena cysylltiedig, ac mae'r hyn y gallem ei alw'n syniadau 'bach' yn berthnasol i arsylwadau neu brofiadau penodol. Mae 'Mae mwydod yn gallu byw mewn pridd oherwydd eu bod yn gallu sleifio drwy fannau bychain a'u bod yn gallu bwyta pethau sydd yn y pridd' yn syniad sy'n berthnasol i fwydod yn unig. Mae'n cael ei drawsnewid i syniad mwy pan mae'n cael ei gysylltu â syniadau eraill, fel 'Mae pysgod yn gallu byw mewn dŵr oherwydd eu bod yn gallu cael aer drwy eu tagellau a dod o hyd i fwyd yno', i ffurfio syniad sy'n gallu bod yn berthnasol i bob anifail. Yn y pen draw efallai y bydd y syniad hwn yn gysylltiedig â syniadau am gynefinoedd planhigion – i ddod yn syniad mwy fyth am bethau byw (organebau) yn gyffredinol, bod 'organebau wedi esblygu dros gyfnodau hir iawn o amser i weithredu mewn amodau penodol'.

Mae'r dynodiad cyffredinol o syniadau fel hyn yn 'fawr' yn drosiad, yn ffordd o fynegi bod syniadau o'r fath yn gyffredinol berthnasol yn unig, yn rymus wrth esbonio ystod o ffenomenau ac yn allweddol i ddeall agweddau ar y byd o'n hamgylch. Mae syniadau 'mawr' yn wahanol i syniadau bach mewn sawl ffordd, a'r prif rai yw eu bod:

- yn rhoi esboniadau yn hytrach na disgrifiad syml o arsylwi;

- yn ystyried sawl ffactor a allai fod yn gysylltiedig â cheisio esboniadau;

- yn ymwneud ag ystod o wahanol brofiadau a rennir gan eraill, nid syniadau personol ar sail profiad unigol yn unig;

- yn ymwneud â meintioliad mwy o arsylwadau a defnydd o fathemateg i ddisgrifio perthnasoedd;

- yn fwy haniaethol, gan ddefnyddio modelau corfforol a meddyliol a chyfeirio at nodweddion na ellir eu harsylwi'n uniongyrchol.

Mae'r nodweddion hyn yn dangos cyfeiriad y newidiadau y dylem fod yn ceisio eu cyflawni i helpu plant i ddatblygu eu dealltwriaeth mewn gwyddoniaeth. Dyma rai enghreifftiau o newidiadau sy'n rhoi ychydig mwy o fanylion am y cynnydd o syniadau bach i rai mwy.

O syniadau disgrifiadol i syniadau eglurhaol
Yn eu profiadau cynnar, bydd y plant yn datblygu eu gwybodaeth am yr hyn sydd ar gael a'r hyn sy'n digwydd yn y byd o'u hamgylch, yn hytrach nag egluro pam ei fod yno neu pam ei fod ar y ffurf benodol honno. Er enghraifft, trwy archwilio anifeiliaid a phlanhigion cyffredin maen nhw'n dysgu bod gwahanol fathau o bethau byw i'w cael mewn gwahanol fannau. Wrth i'w syniadau ddatblygu i'r cyffredinoliad bod angen i bethau byw gael egni o fwyd yn ogystal ag aer, dŵr a rhai amodau tymheredd penodol, mae hyn yn helpu i esbonio pam mae rhai organebau yn cael eu canfod mewn mannau penodol sy'n darparu'r amodau sydd eu hangen ar bob un.

O ddefnyddio un ffactor i gydnabod sawl ffactor
Fel y dengys rhai o'r enghreifftiau ym Mhennod 6, yn eu hymdrechion cynnar i esbonio digwyddiadau, mae plant yn canolbwyntio ar y ffactor amlycaf, gan

anwybyddu'r posibilrwydd y gallai ffactorau eraill fod yn gysylltiedig hefyd. Bydd syniadau mwy yn cymryd sawl ffactor i ystyriaeth, er enghraifft: bod p'un a yw gwrthrych yn arnofio mewn hylif yn dibynnu ar nifer o ffactorau, nid dim ond y defnydd mae wedi'i wneud ohono; bod angen sawl amod ar blanhigion i dyfu'n iach, nid dŵr yn unig; bod defnyddiau sy'n cael eu galw'n solid yn cynnwys pethau sydd yn bowdrog ac y gellir eu harllwys, fel tywod.

O syniadau unigol i syniadau cyffredin

Mae'n nodweddiadol o blant ifanc i seilio eu syniadau ar eu profiad personol a'u dehongliad ohono (fel y dangosir yn yr honiadau a wnaed am beli gan y plant yn nosbarth Kathy, t. 40). Pan fydd plant yn rhannu sut maen nhw'n gweld a sut maen nhw'n esbonio pethau, maen nhw'n dod yn ymwybodol o syniadau pobl eraill ac mae eu dealltwriaeth eu hunain yn cael ei ddylanwadu gan rai pobl eraill, gan gynnwys eu hathro, oedolion eraill a phlant eraill. Yn y modd hwn mae plant yn cael sicrwydd bod eraill yn rhannu eu dealltwriaeth ac yn trafod ystyr ar gyfer eu profiadau ac ar gyfer y geiriau a ddefnyddir i'w cyfleu (megis 'cynefin'). Mae syniadau mwy yn cael eu llunio ar sail rhyngweithiadau cymdeithasol ac addysgol yn ogystal â'u ffordd eu hunain o feddwl, ac maen nhw'n adlewyrchu ac yn berthnasol i brofiad ehangach.

O ddisgrifiad ansoddol i feintioliad

Mae defnyddio rhifau a mathemateg yn galluogi plant i fynd y tu hwnt i ddisgrifio mewn geiriau. Mae trefnu data trwy gynrychiolaeth mewn graffiau, tablau a siartiau yn helpu plant i nodi patrymau a gwneud cysylltiadau rhwng newidynnau sy'n arwain at syniadau sy'n cael eu cymhwyso'n ehangach. Mae cysylltiadau rhwng newidynnau yn awgrymu esboniadau y gellir eu profi i weld a oes perthynas rhwng achos ac effaith, a fydd yn arwain at syniad mwy.

O syniad cadarn i syniad haniaethol, syniad arsylladwy i syniad anarsylladwy

Mae'r dimensiwn hwn o gynnydd yn dilyn 'twf' y syniadau o ganlyniad i ddefnyddio syniad sy'n deillio o brofiad blaenorol i geisio esbonio profiad newydd, fel yr awgrymwyd yn y model dysgu a gyflwynwyd ym Mhennod 8 ac a gynrychiolir yn Ffigur 8.2. Po fwyaf o ffenomena y gall syniad ei egluro, y mwyaf y bydd y syniad. Wrth i syniad dyfu mae'n cael ei fynegi mewn termau mwy haniaethol – fel pan fydd syniadau sy'n gysylltiedig â geiriau fel gwthio, tynnu a throelli yn cael eu cwmpasu mewn syniadau am 'rym'. Gwelir yr agwedd hon ar gynnydd wrth ddatblygu modelau a ddefnyddir i egluro'r hyn sydd yn y byd o'n hamgylch, er enghraifft gellir defnyddio'r syniad bod pob mater yn cael ei wneud o ronynnau, er nad yw'n arsylladwy yn uniongyrchol, i egluro priodweddau solidau, hylifau a nwyon.

Datblygu dealltwriaeth

Y dimensiynau cyffredinol hyn o gynnydd yw'r math o newidiadau sy'n ddefnyddiol cofio amdanynt ac i annog plant beth bynnag fo cynnwys eu gweithgareddau. Fodd bynnag, mae yna ganlyniad pwysig i edrych ar ddatblygiad syniadau fel gwneud cynnydd. Mae'n awgrymu y bydd yr hyn mae'n ei olygu i 'ddeall' rhywbeth yn newid yn ystod dysg plant. Bydd esboniadau a hyd yn oed disgrifiadau o ddigwyddiadau a ffenomena yn cael eu rhoi mewn gwahanol ffyrdd ar wahanol adegau yn ystod y dysgu.

Nid yw dealltwriaeth, felly, yn rhywbeth y mae dysgwr yn meddu arno neu nad yw'n meddu arno. Mae ei ystyr yn newid yn gyson. Ar rai adegau, efallai fod pob un ohonom wedi cael y profiad o feddwl ein bod yn deall rhywbeth, yna mae rhywbeth yn dod i herio hyn ac mae'n rhaid i ni ddatblygu dealltwriaeth newydd. Mae'r un peth yn wir am blant; maen nhw'n deall i'r graddau bod y syniadau sydd ganddynt yn gweddu i'w profiad ac yn eu helpu i egluro pethau o'u hamgylch. Er enghraifft, mae plant ifanc yn tybio bod angen pridd ar blanhigion i dyfu oherwydd dyma beth maen nhw'n ei weld yn gyffredinol, ond maen nhw'n sylweddoli'n ddiweddarach y gallant dyfu heb bridd a dechrau ystyried y rhesymau am hyn. Pan fydd eu profiad yn cael ei ymestyn, fel fydd yn digwydd trwy brofiadau mewn bywyd bob dydd yn ogystal â thrwy brofiadau wedi'u cynllunio yn yr ysgol, efallai y bydd dealltwriaeth yn gofyn am newid yn eu syniadau o sut mae pethau'n gweithio neu beth maen nhw'n ei olygu.

Nid yw datblygu syniadau i ddal i fyny gyda phrofiad ymestynnol yn gwneud syniadau blaenorol yn 'anghywir'. Er hyn, mae'n bwysig gwahaniaethu rhwng syniadau sydd yn gyfyngedig ac anghyflawn – ond serch hynny sy'n gynhyrchiol o ran darparu sail ar gyfer dysgu pellach – a'r rhai sy'n anghywir ac yn anghynhyrchiol am eu bod yn llesteirio cynnydd. Mae'n ddefnyddiol cofio'r pwyntiau hyn wrth i ni edrych yn awr ar ffyrdd o annog datblygu syniadau.

Y broses o wneud cynnydd

Mae disgrifio'r newidiadau sy'n dangos cynnydd yn ddechrau, ond nid yw'n ddigon i wybod sut i helpu plant i symud o syniadau bach i rai mwy. Mae angen i ni ystyried y prosesau fydd yn arwain at wneud cynnydd o syniadau bach i rai mwy, o'r syniadau sydd gan blant pan fyddant yn dechrau yn yr ysgol i'r rhai hynny rydym am iddyn nhw eu cael pan fyddant yn gadael. Sut y gellir rhagweld y broses newid mewn syniadau? Nid oes un ateb syml i'r cwestiwn hwn, am ei fod yn dibynnu'n rhannol ar y farn sylfaenol o ddysgu ac ar y ffactorau niferus sy'n dylanwadu ar y broses ddysgu. Mae tri model posibl o'r ffordd y gellid disgrifio cynnydd mewn syniadau (yn seiliedig ar Harlen, 2015) yn cael eu hamlinellu ym Mlwch 11.1.

Blwch 11.1 Modelau cynnydd, yn seiliedig ar Harlen (2015)

Model ysgol ddringo fach

Yn y model hwn, nodir cynnydd gyda'r broses o ddringo ysgol, lle mae'r ffyn ysgol yn nodi'r camau y mae'n rhaid eu cymryd. Mae'r rhain yn cael eu trefnu mewn trefn benodol ac ae angen cael gafael gadarn ar un ffon cyn symud i un arall. Mae'r model hwn yn rhagdybio datblygiad llinol o ran syniadau sy'n addas i bob dysgwr. Y nod yn y pen draw yw cyrraedd y brig a bryd hynny'n unig mae'r olygfa o'r brig yn gwobrwyo'r ymdrech i gyrraedd yno.

Model jigso

Caiff cynnydd ei gymharu â'r broses o gwblhau jigso, lle mae darnau penodol sydd angen eu cydosod a gellir gwneud hyn mewn unrhyw drefn. Y nod cyffredinol yw cyrraedd y darlun llawn, ac fel arfer mae hyn yn cael ei gyflawni drwy wneud cysylltiadau rhwng ychydig o ddarnau, sy'n dangos rhannau o'r darlun. Yna caiff rhannau llai eu cysylltu yn rhannau mwy, gan gyrraedd y darlun llawn yn y pen draw.

parhau . . .

Blwch 11.1 parhad

Model llinynnau cyfochrog

Ystyrir fod cynnydd yn golygu gweithio ar nifer o linynnau sydd gyda'i gilydd yn creu nod cyffredinol. Mae'r syniadau ym mhob llinyn yn dod yn fwy yn raddol wrth ailedrych arnynt yn rheolaidd. Wrth i syniadau ym mhob llinyn gael eu datblygu ymhellach gellir eu cysylltu gyda'i gilydd – yn debyg i'r ffordd mae llinynnau rhaff yn cael eu cyfuno – i ffurfio syniad mwy.

Mae manteision ac anfanteision i bob un o'r ffyrdd o edrych ar y broses o gynnydd ym Mlwch 11.1, ac mae gan bob un ei goblygiadau o ran cynllunio'r cwricwlwm yn seiliedig arnynt. Er enghraifft, mae'r model ysgol ddringo yn ymddangos yn rhesymegol ond mae'n dibynnu ar wybod beth yw'r camau a'r dybiaeth bod pob plentyn yn dysgu yn yr un ffordd a bod ganddynt anghenion dysgu tebyg, ac fe wyddom nad yw hyn yn wir. Mewn cwricwlwm sy'n seiliedig ar y model ysgol, mae gan bob cam ei nodau ei hun (targedau dysgu) ac mae'r mewnbwn sydd ei angen i gyrraedd targed ('yr hyn sydd i'w addysgu' neu raglen astudio) yn amlwg ym maint a natur y camau sydd i'w cymryd. Mae maint y cam yn amrywio yn ôl gwahanol gynlluniau cwricwlwm; gallai fod yn flwyddyn, neu'n sawl blwyddyn wedi'u diffinio fel cam. Mae'r pwyslais ar dargedau cyrhaeddiad tymor byr (wrth fynd o un ffon ysgol i'r llall) yn golygu efallai nad yw'r diben a'r perthnasedd cyffredinol (yr olygfa o'r brig) yn amlwg i'r dysgwyr.

Mae'r model jig-so yn gosod cryn bwyslais ar y nod cyffredinol, y darlun 'mawr', ond gellir beirniadu fframwaith cwricwlwm sy'n seiliedig arno am beidio â rhoi digon o arweiniad i athrawon a datblygwyr cwricwlwm ynghylch gwybod ble i ddechrau ac ym mha ffordd i fynd i'r afael â gwahanol rannau. Fodd bynnag, mae'n cydnabod bod rhywfaint o fympwy wrth benderfynu ar y man cychwyn a dilyniant profiadau dysgu, sy'n golygu y gellir dewis y rhain yn ôl amgylchiadau'r plant, yr amgylchedd a'r hyn maen nhw'n ei ystyried yn ddiddorol ac yn berthnasol. Mae hyn yn gadael tasg anodd i'r athro, felly yn ymarferol mae angen sefyllfa hanner ffordd rhwng ystyried cynnydd fel cyfres anhyblyg o gamau a bennwyd ymlaen llaw a llwybrau unigol. Mae'r model llinynnau cyfochrog yn cynnig cyfaddawd, cyn belled â bod perthynas pob elfen â'r syniad mawr cyffredinol yn cael ei chynnal. Mae hyn yn awgrymu bod gan yr addysgeg rôl bwysig wrth ddarparu ar gyfer anghenion dysgu plant unigol o fewn fframwaith cyffredin.

Nawr, rydym yn troi oddi wrth faterion yn ymwneud â chynllunio cwricwlwm at yr hyn y gall athrawon ei wneud i helpu plant, fel unigolion neu fel grwpiau o ddysgwyr, i ddatblygu eu dealltwriaeth o syniadau gwyddonol.

Strategaethau ar gyfer datblygu syniadau plant

Ym Mhennod 6 edrychwyd ar rai enghreifftiau o ymchwil i syniadau plant. Er bod y syniadau hyn yn wahanol i farn wyddonol y ffenomenau dan sylw, nid yw'n anodd gweld pam mae'r plant yn eu harddel. Maen nhw'n deillio o blant yn ceisio gwneud synnwyr o ddigwyddiadau a ffenomena gan ddefnyddio eu profiad a'u meddwl cyfyngedig eu hunain. Fe wnaethom hefyd gyfeirio at ymchwil sy'n nodi na ddylid anwybyddu'r syniadau hyn. Mae syniadau y mae plant wedi'u gweithio allan drostyn nhw eu hunain yn gwneud synnwyr iddyn nhw ac ni fyddant yn cael eu disodli drwy roi'r darlun gwyddonol iddynt yn unig. Rhaid eu helpu i sylwed-doli bod y syniadau gwyddonol yn fwy defnyddiol na'u rhai nhw er mwyn deall beth sy'n mynd ymlaen.

Nodwyd rhai nodweddion cyffredinol o syniadau plant ym Mlwch 6.1 (t.89). Rydym bellach yn ystyried sut i helpu plant i ddefnyddio mwy o syniadau gwyddonol yn eu dealltwriaeth o'r byd o'n hamgylch – syniadau ag ystyr 'mwy gwyddonol' sy'n cyd-fynd ag amrywiaeth ehangach o brofiadau ac sy'n gyffredin. Mae pob un o nodweddion syniadau plant, sydd wedi'u nodi yn gryno yn y golofn ar yr ochr chwith ym Mlwch 11.2, yn awgrymu rhywfaint o weithredu a allai helpu plant i newid eu meddwl. Yn y golofn ar yr ochr dde mae rhai awgrymiadau ar gyfer gweithredu.

Blwch 11.2 Strategaethau sy'n cyfateb i nodweddion syniadau'r plant eu hunain

Nodwedd	Strategaethau ar gyfer datblygu
1 Mae syniadau yn seiliedig ar brofiad cyfyngedig (yn anochel).	Darparu'r profiad a ddewiswyd i ddangos bod y ffordd y gall rhai pethau ymddwyn yn groes i syniad y plentyn, e.e. bod pethau trwm yn gallu arnofio, bod hadau yn gallu egino heb bridd.
2 Gall plant arddel eu syniadau er bod tystiolaeth groes os nad oes ganddynt fynediad at farn amgen sy'n gwneud synnwyr iddynt.	Sgaffaldio cyflwyno syniadau amgen. Gofyn i'r plant ystyried tystiolaeth mewn perthynas â syniadau heblaw eu syniadau nhw eu hunain – o ffynonellau gwybodaeth neu blant eraill – ac annog y broses o gymhwyso syniadau newydd.
3 Mae plant yn seilio eu syniadau ar sut mae pethau'n ymddangos i newid yn hytrach nag ar y broses gyfan.	Annog rhoi sylw i'r hyn sy'n digwydd yn ystod newid yn hytrach na dim ond ar y dechrau a'r diwedd, e.e. arsylwi'n agos a oes unrhyw beth wedi'i ychwanegu neu ei dynnu i ffwrdd pan ymddengys fod nifer yn newid.
4 Mae plant iau, yn enwedig, yn canolbwyntio ar un nodwedd fel esboniad.	Annog arsylwi ffactorau eraill a allai hefyd ddylanwadu ar yr hyn sy'n digwydd, e.e. bod p'un a yw gwrthrych yn arnofio yn dibynnu ar ei siâp yn ogystal â'r hyn mae wedi cael ei wneud ohono.
5 Nid yw eu rhesymu yn wyddonol.	Eu helpu i ddatblygu'r sgiliau ymholi i ddarganfod a defnyddio tystiolaeth berthnasol (gweler Pennod 12).
6 Mae eu syniadau ynghlwm wrth rai enghreifftiau ac nid cyd-destunau eraill lle y gellid eu cymhwyso.	Cyfeirio at gyd-destunau eraill lle mae'r un syniad yn berthnasol, e.e. a oes rhywbeth yn dirgrynu mewn offeryn chwyth sy'n cynhyrchu sain yn union fel mae croen drwm yn dirgrynu?
7 Gallant ddefnyddio geiriau heb ddeall eu hystyr.	Darganfod beth maen nhw'n ei olygu gyda gair drwy ofyn am enghreifftiau; rhoi enghreifftiau o'r hyn mae geiriau yn eu golygu, ac enghreifftiau o'r hyn nad ydynt yn eu golygu, a chyflwyno geiriau gwyddonol ynghyd ag ymadroddion plant eu hunain (gweler Pennod 7).
8 Efallai y bydd eu cynrychioliadau yn adlewyrchu syniad cyffredinol o wrthrych yn hytrach na manylion a arsylwyd.	Helpu plant i nodi gwahaniaethau yn ogystal â thebygrwydd rhwng, er enghraifft, coed, blodau, cychod neu gerbydau eraill o wahanol fathau.

O ystyried cyd-ddibyniaeth syniadau a sgiliau ymholi, nid yw'n syndod bod rhai o'r strategaethau yn cynnwys datblygu sgiliau ymholi, gan gysylltu â Phennod 12. Mae rhai yn gamau gweithredu y gellir eu cymryd yn ystod gwaith plant heb gyflwyno profiadau newydd (er enghraifft, trafod y geiriau mae'r plant yn eu defnyddio). Mae angen mwy o gynllunio ar eraill i ddarparu profiadau newydd er mwyn i blant ymchwilio iddynt. Mae gweddill y bennod hon yn rhoi rhagor o fanylion, neu lle gellir dod o hyd i ragor o fanylion mewn penodau eraill, am bob un o'r strategaethau hyn.

1 Ymestyn profiad plant

Mae ymestyn yr ystod o fathau o ddefnyddiau, pethau byw a digwyddiadau ym mhrofiad plant yn un o ddibenion canolog gweithgareddau gwyddoniaeth gynradd. Weithiau bydd y profiad newydd hwn yn ddigon ynddo'i hun i herio syniadau presennol ac annog plant i fod yn fwy gochelgar pan fyddan nhw'n cyffredinoli syniadau. Gallai newid cyffredinoliadau i fod yn ddatganiadau mwy pwyllog:

- mae bob math o bren bron yn arnofio (dim eboni na lignum vitae);
- mae'r rhan fwyaf o gonwydd yn fytholwyrdd (ond nid pob un);
- mae sain yn teithio drwy'r aer (a thrwy solidau a hylifau hefyd).

Yn ogystal â bod yn fater o ddiffiniad mae'r rhain hefyd yn fater o esboniad, pan gânt eu defnyddio, er enghraifft, i 'esbonio' bod rhywbeth yn arnofio am ei fod wedi'i wneud o bren.

Yn aml, mae syniadau plant yn awgrymu'r profiad sydd yn ddiffygiol. Er enghraifft, gellir herio'r syniad eithaf cyffredin bod rhwd yn ffurfio tu mewn i fetelau ac yn gollwng allan i'r arwyneb (gweler Ffigur 6.12, t. 87) drwy dorri drwy hoelen rydlyd neu grafu'r rhwd i ffwrdd i ddangos mai dim ond ar yr arwyneb mae'r rhwd. Mae'n fwy anodd darparu profiad mwy perthnasol o bethau na all y plant eu gweld yn uniongyrchol: tu mewn i bethau byw a thu mewn iddyn nhw eu hunain, er enghraifft. Dyma ble gall ymweliadau y tu allan i'r ystafell ddosbarth chwarae rhan arbennig yn nysg y plant, yn enwedig i ganolfannau gwyddoniaeth ac arddangosiadau rhyngweithiol mewn amgueddfeydd.

Yn aml mae gan amgueddfeydd neu ganolfannau gwyddoniaeth rhyngweithiol arddangosfeydd sy'n gysylltiedig â'r cwricwlwm sydd wedi'u cynllunio i ystyried syniadau plant ac i ganfod ffyrdd diddorol o'u herio a'u datblygu. Er enghraifft, mewn canolfan wyddoniaeth ar gyfer plant rhwng 3 a 12 mlwydd oed, cynlluniodd y staff arddangosfa am yr ysgerbwd dynol sy'n ystyried ymchwil am syniadau plant bach am yr esgyrn yn eu corff. Mae hyn yn dangos y gall plant feddwl am eu corff fel 'bag o esgyrn' neu fod â chyfres o lawer o esgyrn bach na allent ddarparu cynhaliad (gweler Ffigur 11.1). Roedd yr arddangosfa ryngweithiol a gynhyrchwyd yn galluogi plentyn i eistedd ar feic llonydd oedd y drws nesaf i ddalen fawr o wydr oedd yn gweithredu fel drych, a phedalu. Pan oedd y plentyn yn dechrau pedalu roedd delwedd o sgerbwd yn cael ei osod ar yr adlewyrchiad o'i goesau/choesau yn y gwydr, gan ddangos yr esgyrn yn symud yn y coesau. Cafodd y profiad hwn lawer mwy o effaith ar syniadau plant am esgyrn yn y corff na gwersi ystafell ddosbarth am yr ysgerbwd Dynol (Guichard, 1995).

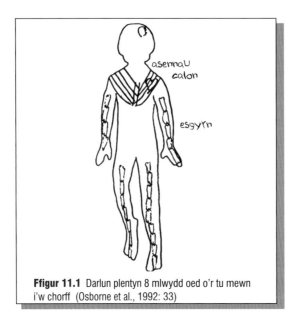

Ffigur 11.1 Darlun plentyn 8 mlwydd oed o'r tu mewn i'w chorff (Osborne et al., 1992: 33)

Gellir dod o hyd i wybodaeth hefyd o'r gwefannau mae amgueddfeydd a gwahanol ddiwydiannau a sefydliadau yn eu creu i helpu addysg. Nid oes amheuaeth y bydd syniadau'r plant am yr hyn sydd y tu mewn i wy (Ffigurau 6.2, 6.3 a 6.4, t. 82) yn cael eu newid trwy fynediad at ffotograffau o ddatblygiad embryonau wyau a thrafodaeth ar dystiolaeth arall o'r newidiadau o ran ffurf ac o ran maint sy'n digwydd ym mhroses atgynhyrchu pob peth byw, i'w canfod mewn llyfrau, CDs neu o'r Rhyngrwyd. Mae gan fwy a mwy o ddiwydiannau a sefydliadau masnachol adrannau addysg sy'n rhoi cyfleoedd dysgu i blant na ellir eu darparu yn yr ystafell ddosbarth. Gellir datblygu syniadau am darddiad a phrosesu bwyd drwy ymweld â fferm neu ffatri laeth neu archfarchnad (gweler Pennod 22).

Mae profiadau fel hyn yn dod yn 'brofiad newydd' gan arwain at ddatblygu syniadau, fel yn y model dysgu drwy ymholi yn Ffigur 8.2 (t. 109). Pan fydd plant yn gweld y syniadau hyn yn anghyson â'r dystiolaeth o'r profiad newydd, mae angen iddynt gael mynediad at wahanol syniadau, sy'n ein harwain at y strategaeth nesaf ym Mlwch 11.3.

2 Cyflwyno syniadau newydd

Er y gallwn weld yn aml sut i herio syniadau anwyddonol plant, nid yw bob amser yn glir sut maen nhw'n dod o hyd i rai mwy gwyddonol i gymryd eu lle. Mae rôl bwysig i'r athro yma; un sydd, efallai, yn cael ei thanddefnyddio'n aml wrth drafod dulliau dysgu sy'n canolbwyntio ar y plentyn, gan adael yr argraff y bydd plant yn cyrraedd syniadau newydd trwy feddwl am brofiad newydd drostynt eu hunain yn unig. Mae hefyd yn rôl gynnil, gan fod yn rhaid i ni osgoi rhoi'r ateb 'cywir' y mae'n rhaid i blant ei dderbyn, p'un a yw'n gwneud synnwyr iddynt ai peidio. Mae angen i ni sicrhau bod y syniadau newydd yn cael eu cymathu i'r ffordd mae'r plant eu hunain yn meddwl. Os ydyn nhw am wneud hyn, mae angen i blant

- gael mynediad at syniadau sy'n wahanol i'w syniadau nhw;
- gael cymorth i roi cynnig ar y syniadau newydd mewn perthynas â'u profiad presennol;
- gael cyfleoedd i'w cymhwyso i brofiadau newydd.

Dyma rai awgrymiadau ar sut y gellir darparu'r rhain.

Mynediad at wahanol syniadau

Nid oes angen i'r athro gyflwyno syniadau gwahanol o reidrwydd. Gallant hefyd ddod o lyfrau, y Rhyngrwyd, CDs, fideos, gan ymwelwyr i'r ystafell ddosbarth neu leoedd y mae'r plant yn ymweld â nhw. Mae plant eraill yn aml yn ffynhonnell syniadau gwahanol a gallant gynnwys syniadau sy'n agosach at y farn wyddonol. Beth bynnag fo'r ffynhonnell, mae'n debygol y bydd angen anogaeth a chymorth ar blant wrth roi cynnig ar syniadau sy'n newydd iddynt.

Gall cyflwyno cyfatebiaethau a modelau helpu i ddeall yr hyn sy'n digwydd mewn sefyllfa neu ddigwyddiad newydd drwy ei gysylltu â rhywbeth sydd eisoes yn gyfarwydd i'r plant. Gall cyfatebiaethau ddarparu cyswllt rhwng un sefyllfa (A, y mae plentyn am ei deall) ac un arall (B, mwy cyfarwydd) y tybir ei fod yn dangos y syniad neu'r broses ar waith yn A. Er enghraifft, mae'n gyffredin i ddarlunio'r gylchred ddŵr (A) gan ddefnyddio tegell berwedig a chyddwyso'r anwedd dŵr ar arwyneb oer (B). Y broblem i'r plant yw gwneud y cysylltiad rhwng y darnau o offer yn A a B. O ganlyniad, mae'r tegell yn aml yn cael ei gynnwys yng nghynrychioliad plentyn o'r modd mae glaw yn cael ei ffurfio o gymylau yn yr awyr! Tra'n cyflwyno casgliad o gyfatebiaethau a ddefnyddir mewn gwyddoniaeth gynradd, mae Asoko a de Boo (2001) hefyd yn rhybuddio y gall cyfatebiaethau gyflwyno nodweddion amherthnasol neu gamarweiniol a gallant fod mor anodd eu deall â'r ffenomen maen nhw'n ceisio ei hegluro. Gallai defnyddio TGCh i alluogi plant i greu eu hefelychiadau eu hunain (gweler Pennod 9, t. 129) eu helpu i ddeall beth sy'n cael ei gynrychioli mewn model, a'r hyn nad yw'n cael ei gynrychioli.

Cefnogaeth wrth roi cynnig ar syniadau newydd

Dyma ble mae'r syniad o 'sgaffaldio' syniadau newydd yn dod yn berthnasol (gweler Blwch 11.3). Mae sgaffaldio yn arbennig o bwysig mewn perthynas â syniadau na ellir eu profi'n ymarferol. Er enghraifft, mae'n anodd i blant ddeall, os bydd gwrthrych sy'n symud yn rhoi'r gorau i symud, bod grym yn gweithredu sy'n gwneud iddo roi'r gorau i symud, oherwydd maen nhw'n gweld y bydd gwrthrych sy'n symud, o'i adael ar ei ben ei hun, yn rhoi'r gorau i symud yn y pen draw. Mae llawer o blant yn derbyn neu'n cynnig y rheswm 'ffrithiant' ond nid ydynt yn mynd mor bell â sylweddoli na fyddai'r gwrthrych sy'n symud yn rhoi'r gorau i symud heb ffrithiant neu unrhyw rym arall. Mae sgaffaldio yn angenrheidiol yma, yn union fel y mae mewn perthynas â syniadau am y Ddaear yn y gofod, achosion dydd a nos, tymhorau a chyfnodau'r Lleuad (gweler gwaith Lisa ar sgaffaldio'r syniadau hyn ym Mhennod 3). Mae'r rhain yn achosion lle gall fod yn rhaid i'r athro arwain plant i gymryd rhai camau heb sylweddoli pam nes y gallant edrych yn ôl. Er enghraifft, mae plant yn annhebygol o

Blwch 11. 3 Sgaffaldio syniadau a sgiliau plant

Mae sgaffaldio yn golygu cefnogi plant wrth ystyried syniad neu ffordd o brofi syniad nad ydyn nhw wedi'i gynnig eu hunain ond maen nhw'n gallu ei wneud yn syniad iddyn 'nhw eu hunain'. Yr athro sy'n penderfynu pryd mae hyn yn debygol o fod yn bosibl, gan ystyried syniadau neu sgiliau presennol y plant a pha mor bell ydyn nhw o gymryd y cam nesaf. Yn aml, mae'n golygu bod yr athro'n creu cysylltiadau ar gyfer y plant rhwng profiadau a dealltwriaeth sydd ganddynt eisoes ond nad ydynt wedi'u cysylltu â'i gilydd.

Mewn termau damcaniaethol, mae'n golygu dod o hyd i'r hyn a gyflwynwyd gan Vygotsky (1978) fel y 'parth datblygiad potensial'. Dyma'r pwynt sydd ychydig y tu hwnt i syniadau sy'n bodoli eisoes, lle mae'r dysgwr yn debygol o allu defnyddio syniadau newydd gyda help. Yr hyn mae'r athro'n ei wneud wrth sgaffaldio yw awgrymu'r syniad newydd a rhoi cymorth i'r plant tra byddan nhw'n ei ddefnyddio ac, o weld ei fod yn helpu i wneud synnwyr, dechrau ei ymgorffori yn eu ffordd o feddwl. Gallai'r athro ofyn i'r plant 'Rhowch gynnig ar y syniad hwn' neu 'Ceisiwch edrych arno fel hyn' neu 'Tybiwch ... '. Enghraifft o hyn fyddai 'Tybiwch fod y dŵr sy'n diflannu o'r pwll yn mynd i mewn i'r aer?' neu 'Tybiwch nad yw'r Haul yn symud ond mae'r Ddaear yn troi rownd ... ' Gellir defnyddio pob un o'r syniadau 'tybiedig' i wneud rhagfynegiad y gellir ei brofi ac, o ganlyniad, gall plant weld eu bod yn helpu i esbonio profiad.

Gellir defnyddio sgaffaldio i ddatblygu sgiliau, hefyd. Yn wir, mae'n gyfarwydd wrth ddysgu sgiliau corfforol newydd megis defnyddio microsgop neu gyfrifiannell. Yn yr achosion hyn, mae angen dweud wrth y dysgwr yn gyntaf beth i'w wneud, efallai y bydd angen ei atgoffa yn ddiweddarach ac yn y pen draw bydd yn defnyddio'r sgil yn hyderus, heb gymorth.

Mae'n bwysig tanlinellu nad yw sgaffaldio syniadau yr un fath â dweud wrth blant beth yw'r 'ateb cywir'. Yn ei hanfod, mae'n galluogi plant i gymryd cam arall mewn cynnydd sydd o fewn eu cyrraedd. Mae'n dibynnu ar athrawon yn meddu ar wybodaeth dda am syniadau a sgiliau eu plant a defnyddio hyn wrth benderfynu ar y camau nesaf a helpu plant i ddatblygu'r ffordd maen nhw'n meddwl.

benderfynu ar eu liwt eu hunain i wneud model o'r Haul, y Lleuad a'r Ddaear i egluro pam ein bod yn gweld gwahanol gyfnodau'r Lleuad. Felly, mae'r athro yn cymryd y cam cyntaf ac yn gosod y sefyllfa sy'n galluogi'r plant i 'weld' gwrthrych sfferig yn edrych fel hanner lleuad i'w helpu i wneud y cysylltiad.

Cyfleoedd i roi cynnig ar syniadau newydd mewn gwahanol sefyllfaoedd
Dylai syniad gwyddonol sy'n newydd i'r plant eu helpu i wneud synnwyr o brofiad pellach. Bydd annog plant i wneud hyn yn cadarnhau'r syniad newydd yn eu ffordd o feddwl yn ogystal ag ehangu eu dealltwriaeth o bethau o'n hamgylch. Mae gweld pa mor dda y gall plant ddefnyddio syniad hefyd yn rhoi cyfle i'r athro weld pa mor sicr yw'r syniad newydd mewn gwirionedd. Efallai y bydd angen aros a dychwelyd i dir cyfarwydd os yw'r arwyddion yn dangos bod y syniad newydd yn dal i fod braidd yn sigledig. Fodd bynnag, os gellir defnyddio syniadau newydd yn llwyddiannus mae hyn yn dod â theimlad o fwynhad a boddhad wrth ddysgu. Er enghraifft, bydd y canlynol yn achosi pleser:

■ gallu defnyddio gwybodaeth am symudiad y Lleuad o amgylch y Ddaear a'r Ddaear o amgylch yr Haul i egluro diffygion;

- gallu defnyddio syniadau am wasgedd a rhewi er mwyn egluro pam mae gan esgidiau sglefrio iâ lafnau miniog;

- sylweddoli bod dŵr sy'n cwympo fel glaw yn cael ei ailgylchu drwy brosesau anweddu a chyddwyso.

Gall dysgwyr o bob oed brofi'r teimlad hwn o bleser drwy ddarllen llyfrau megis *Storm in a Teacup* (Czerski, 2016) sy'n disgrifio patrymau sy'n cysylltu profiadau bob dydd gyda'r syniadau gwaelodol sy'n helpu i esbonio digwyddiadau cyfarwydd.

3 Datblygu rhesymu ynglŷn â newidiadau mewn ymddangosiad

Roedd rhai o'r canlyniadau adnabyddus, a'r rhai a ailadroddir yn aml, o ymchwiliadau Piaget gyda phlant yn dangos y gallai plant ifanc farnu yn ôl ymddangosiad yn hytrach na rhesymu ynglŷn â phryd y mae maint defnydd wedi newid. Er enghraifft, gallai plentyn honni fod mwy mewn talp o glai ar ôl iddo gael ei wasgu'n fflat na phan mae mewn pêl. Mae dysgu nad yw pethau bob amser fel y maen nhw'n ymddangos yn bwysig mewn gwyddoniaeth. Mae rhesymu yn aml yn gorfod goresgyn ymddangosiad, er enghraifft pan fydd halen neu siwgr yn hydoddi mewn dŵr ac yn ymddangos fel pe bai'n diflannu. Y camau y gall yr athro eu cymryd yw tynnu sylw at y broses gyfan o newid, ei gwrthdroi lle bo modd (fel gyda'r clai) a darparu rhywfaint o dystiolaeth a fydd yn caniatáu rhesymu i oresgyn y teimlad gweledol o newid.

4 Annog rhoi sylw i fwy nag un ffactor

Nodwedd arall o'r ffordd mae plant ifanc yn meddwl, sy'n gysylltiedig â'r un rydyn ni newydd ei thrafod, yw ei bod yn un dimensiwn. Ystyrir un wedd ar bethau, neu un ffactor, pan fo eraill sydd angen eu hystyried i esbonio ffenomenau penodol. Mae hyn i'w weld, er enghraifft, mewn plant sy'n dweud bod angen dŵr neu oleuni ar blanhigion i dyfu, ond nid y ddau ac yn anaml y byddant yn ychwanegu aer neu wres. Mae llawer iawn o syniadau mewn gwyddoniaeth sy'n cynnwys cyfuniad o ffactorau (megis ystyr bod rhywbeth yn 'fyw') felly mae'n bwysig annog plant i feddwl yn nhermau'r holl ffactorau posibl ac nid y cyntaf sy'n dod i'r meddwl yn unig. Yn ogystal â chasglu rhagor o syniadau, bydd cael plant i drafod syniadau mewn grwpiau am yr hyn rydyn ni ei angen i gynnal iechyd da, er enghraifft, yn eu helpu i sylweddoli bod cyfuniad o ffactorau'n gysylltiedig.

5 Datblygu sgiliau ymholi plant

Mae ffyrdd o helpu plant i ddatblygu sgiliau i ganfod a defnyddio tystiolaeth berthnasol yn cael eu trafod ym Mhennod 12. Yr hyn sy'n berthnasol yma yw pwysleisio rôl sgiliau ymholi wrth benderfynu pa syniadau sy'n deillio o'r broses ymholi. Mae'r model datblygu dealltwriaeth drwy ymholi, yn Ffigur 8.2 (t. 109), yn dangos, os na chaiff y sgiliau hyn eu cyflawni mewn modd gwyddonol, y gallai'r syniadau sy'n deillio o hynny fod yn anwyddonol, yn yr ystyr nad ydynt yn adlewyrchu'r dystiolaeth.

6 Creu cysylltiadau rhwng digwyddiadau gydag esboniad cyffredin

Bydd plant yn datblygu syniadau am ddigwyddiadau o ran nodweddion y digwyddiadau hynny. Mae'r syniadau 'bach' hyn yn gysylltiedig ag achos penodol ac nid ydynt wedi'u cydgysylltu er bod eglurhad cyffredin o bosibl. Er enghraifft, mae plant yn aml yn esbonio diflaniad dŵr o byllau yn nhermau draenio i ffwrdd drwy'r ddaear, tra gallant esbonio sychu dillad llaith ar lein olchi yn nhermau rhyw fath o weithred gan yr aer. Gellid helpu'r plant i gysylltu'r ddau hyn: a allai'r aer fod â rhywbeth i'w wneud â'r pwll yn sychu, hefyd? Gallai rhai ymchwiliadau, sy'n profi'r syniad hwn mewn perthynas â phyllau, wneud hwn yn syniad defnyddiol yn y ddwy sefyllfa. Yna gellid defnyddio enghreifftiau pellach o ddŵr yn diflannu mewn amrywiaeth o bethau sy'n cael eu hesbonio yn y ffordd hon. Mae'r syniad wedi datblygu wedyn yn un sy'n cael ei gymhwyso'n ehangach, hynny yw, mae wedi dod yn un mwy.

Mewn achosion eraill, y syniadau bach yw'r rhai sy'n cyfeirio at wahanol agweddau ar ffenomen, ac mae angen eu dwyn ynghyd. Os bydd rhai o'r rhain ar goll, efallai na fydd y darlun cyfan mwy yn gwneud synnwyr. Er enghraifft, mae deall pam nad yw pethau'n syrthio oddi ar y Ddaear yn golygu dwyn y syniadau hyn ynghyd:

- mae pethau'n disgyn i lawr;
- mae'r Ddaear yn sfferig;
- mae 'i lawr' yn golygu tuag at ganol y Ddaear.

Enghraifft arall yw rhoi syniadau at ei gilydd am oleuni ac am sut rydym yn gweld i ddeall ffurfiant delweddau mewn drychau neu lensys. Mae hyn yn dibynnu ar sylweddoli'r canlynol:

- rydym yn gweld gwrthrych pan fydd golau ohono'n mynd i mewn i'n llygaid;
- mae rhoi drych neu lens rhwng y gwrthrych a'n llygaid yn newid llwybr y golau;
- rydym yn dehongli llwybr y golau fel llinell syth o'r gwrthrych i'r llygad.

Os yw'r holl syniadau hyn yn cael eu deall, efallai y bydd modd dod â nhw at ei gilydd i sylweddoli nad yw'r llygad yn 'gweld' y newid mewn cyfeiriad y mae'r drych neu'r lens wedi ei achosi i'r golau sy'n cyrraedd y llygad. Yn hytrach na hynny, dehonglir y golau fel petai'n dod mewn llinell syth, felly rydym yn 'gweld' y gwrthrych fel petai mewn lle gwahanol i'r lle mae mewn gwirionedd.

7 Trafod ystyr geiriau

Ceir awgrymiadau am ffyrdd o gyflwyno geirfa wyddonol i blant a chanfod yr ystyr maen nhw'n ei roi i'r geiriau ym Mhennod 7 (t. 100-102).

8 Trafod darluniau plant

Mae'n arwyddocaol ein bod yn dysgu llawer iawn am syniadau plant o'r ffordd maen nhw'n cynrychioli gwrthrychau a digwyddiadau yn eu darluniau. Nid hap a damwain yw bod llawer o'r dystiolaeth o syniadau plant a gasglwyd yn y prosiect SPACE, a'r enghreifftiau ym Mhennod 6, yn digwydd ar ffurf darluniau. Rhan o ddatblygiad plant wrth wneud cynrychioliadau yw tynnu llun rhywbeth sydd yn fwy fel symbol generig ar gyfer gwrthrych yn hytrach nag ymgais i greu llun o wrthrych penodol. Mae tynnu llun coeden lolipop (Ffigur 6.14) yn enghraifft, ond gall hefyd ddynodi'r syniad o goeden fel boncyff â dail. Er mwyn datblygu'r cysyniad o goeden fel rhywbeth mwy na hyn mae angen mwy o brofiad a thrafodaeth am wrthrychau go iawn a chymorth athro wrth ddatblygu'r sgiliau sydd eu hangen i gynrychioli manylion a arsylwyd (Morgan, n.d.). Gall rhaglenni cyfrifiadurol sy'n galluogi plant i dynnu llun (a newid eu darluniau yn haws nag ar bapur) hefyd helpu (Williamson, 2006).

Dewis strategaethau ar gyfer helpu cynnydd mewn syniadau

Yr hyn mae'r drafodaeth hon wedi'i ddangos, gobeithio, yw y gellir helpu i benderfynu ar y camau priodol i'w cymryd i ddatblygu syniadau gwyddonol plant drwy gymryd camau i ganfod eu syniadau presennol (gweler Pennod 15). Mae gwneud diagnosis o ddiffygion meddwl y plant yn helpu i nodi strategaethau sy'n debygol o fod yn ddefnyddiol wrth weithio tuag at syniadau gwell, mwy, am y byd o'n hamgylch. Mae hyn yn golygu, wrth gwrs, ein bod yn talu sylw i syniadau plant ac yn eu cymryd o ddifrif.

Crynodeb

Mae'r bennod hon wedi disgrifio rhai tueddiadau cyffredinol yn natblygiad syniadau plant am y byd o'u hamgylch. Disgrifiwyd y syniad o gynnydd yn gyffredinol o ran symud o syniadau 'bach' i syniadau 'mawr'. Yn fwy manwl, mae'r newid hwn yn golygu symud o: ddisgrifiad i esboniad; o ganolbwyntio ar un ffactor neu briodwedd i nodi ffactorau lluosog; o syniadau unigol i syniadau cyffredin; o ddisgrifiad ansoddol i feintiol; o syniad cadarn i syniad haniaethol. Rydym wedi nodi bod ystyr 'dealltwriaeth' yn newid wrth i syniadau ddatblygu. Disgrifiwyd y broses o wneud cynnydd mewn tri model posibl, pob un â manteision ac anfanteision a goblygiadau ar gyfer sut mae cynnwys y cwricwlwm yn cael ei lunio.

O ran helpu dysgwyr unigol i wneud cynnydd, rydym wedi nodi strategaethau ar gyfer helpu cynnydd mewn syniadau gwyddonol sy'n cyfateb i nodweddion y syniadau mae plant yn eu harddel yn y lle cyntaf. Dyma'r prif bwyntiau:

■ Mae'n bwysig dechrau o'r syniadau sydd gan blant wrth geisio helpu eu cynnydd tuag at rai mwy gwyddonol.

■ Gellir defnyddio ystod o strategaethau gwahanol i helpu datblygiad, bydd y dewis yn dibynnu ar natur y syniadau mae'r plant yn eu harddel.

■ Gall syniadau eraill i blant eu profi ddod o lawer o ffynonellau, gan gynnwys gan blant eraill a ffynonellau gwybodaeth.

■ Pan gyflwynir syniadau amgen, dylai'r athro sgaffaldio eu defnydd a rhoi cyfle i'w cymhwyso mewn amrywiaeth o gyd-destunau.

Darllen pellach

Asoko, H. a de Boo, M. (2001) *Analogies and Illustrations. Representing Ideas in Primary Science.* Hatfield: Cymdeithas Addysg Gwyddoniaeth.

Russell, T. (2011) Progression in learning science, in W. Harlen (gol.) *ASE Guide to Primary Science Education,* new edition. Hatfield: Cymdeithas Addysg Gwyddoniaeth, 17–24.

12

Helpu cynnydd mewn sgiliau ymholi

Cyflwyniad

Ym Mhennod 8, dangoswyd bod gan sgiliau ymholi rôl ganolog yn y gwaith o ddatblygu dealltwriaeth wyddonol. Nodwyd os nad yw'r sgiliau hyn wedi'u datblygu'n dda, efallai na fydd tystiolaeth berthnasol yn cael ei chasglu, neu gall peth tystiolaeth gael ei hanwybyddu neu ei chamddehongli. O ganlyniad, efallai y bydd rhagdybiaethau'n cael eu cadarnhau pan ddylid eu herio. Mae'n dilyn bod y cwestiwn sut i helpu i ddatblygu sgiliau, sy'n cael ei ystyried yn y bennod hon, yn un pwysig. Fel yn y drafodaeth ar ddatblygu syniadau gwyddonol, yn gyntaf rydym yn ystyried datblygiad cyffredinol sgiliau ymholi ac yn awgrymu tri dimensiwn ar gynnydd sy'n berthnasol i'r holl sgiliau. Yna, rydym yn ystyried y camau y gall athrawon eu cymryd i helpu i ddatblygu'r pedwar grŵp sgiliau a nodwyd ym Mhennod 8. Mae'r rhain yn sgiliau sy'n ymwneud â: sefydlu ymchwiliadau; casglu data; tynnu casgliadau; ac adrodd, myfyrio a chymhwyso. Yn yr adran olaf, rydym yn nodi'r dulliau a gynlluniwyd i helpu plant i ddatblygu sgiliau trawsgwricwlaidd, a ddisgrifir fel sgiliau meddwl a dysgu y mae eu hangen ar gyfer cyfathrebu a dysgu parhaus drwy gydol eu hoes.

Sgiliau ymholi a datblygu dealltwriaeth

Cynnydd mewn sgiliau ymholi

Os ydym eisiau helpu datblygiad mewn sgiliau ymholi mae angen i ni wybod pa newidiadau sy'n arwydd o gynnydd o sgiliau llai i sgiliau mwy datblygedig. Bydd sgìl o'r un enw, pan gaiff ei ddefnyddio gan arbenigwr, yn sylweddol wahanol i'r hyn a welir yn nwylo nofis. O'u cymharu â nofisiaid, yn ogystal â meddu ar fwy o wybodaeth mewn maes perthnasol mae arbenigwyr yn gallu adalw'r hyn sydd fwyaf perthnasol yn hawdd ac addasu i sefyllfaoedd newydd (Bransford *et al.*, 1999). Un o'r gwahaniaethau rhwng arbenigwyr a nofisiaid mewn unrhyw faes yw bod arbenigwyr yn gallu gweithredu ar lefel fwy cyffredinol na nofisiaid. Mae plant ar y lefel gynradd yn gweithredu fel nofisiaid, sy'n dysgu sgiliau penodol mewn cyd-destunau penodol ac fel arfer nid ydynt yn gallu trosglwyddo sgiliau o un pwnc i'r llall – megis rhwng mathemateg a gwyddoniaeth – sy'n gallu digwydd hyd yn oed o fewn agweddau ar wyddoniaeth. Mae un o nodau addysg wedi'i fynegi fel rhyddhau syniadau o gyd-destunau penodol (Hodson, 1998). Dyma'r gyntaf o dair nodwedd sy'n nodi cynnydd mewn sgiliau ymholi:

- y gallu i ddefnyddio sgiliau'n effeithiol mewn cyd-destunau anghyfarwydd yn ogystal â rhai cyfarwydd;
- ymhelaethu ar sgiliau;
- y gallu i nodi a myfyrio ar y math o feddylfryd sy'n rhan o ymholiad.

Mae'r nodweddion hyn yn dangos cyfeiriad y newidiadau y dylem fod yn ceisio eu cyflawni i helpu plant i ddatblygu eu cymhwysedd wrth ddysgu drwy ymholiad. Dyma rai enghreifftiau o newidiadau sy'n rhoi ychydig mwy o fanylion am y nod-weddion hyn ar gynnydd.

O sgiliau syml i rai mwy cymhleth
Dyma ddimensiwn amlycaf cynnydd mewn sgiliau: y gallu i gyflawni mwy o agweddau ar sgil. Ystyriwch enghraifft mewn maes arall – y datblygiad o allu symud o amgylch cylch sglefrio iâ ar esgidiau sglefrio i allu neidio, troelli a dawnsio a glanio ar eich traed o hyd. Gellid galw'r ddau yn 'sglefrio iâ' ond mae un yn llawer symlach ac yn llai cymhleth na'r llall. Yn achos sgiliau ymholi gwyddonol, dyma'r gwahaniaeth rhwng arsylwi nodweddion cyffredinol a sylwi ar fanylion, neu rhwng rhagfynegi'r hyn a allai ddigwydd mewn termau amwys a bod yn fwy penodol, neu rhwng dod i gasgliadau y gall newid mewn un newidyn effeithio ar un arall a nodi cyfeiriad a natur y berthynas.

O ddefnydd effeithiol mewn sefyllfaoedd cyfarwydd i ddefnydd effeithiol mewn sefyllfaoedd anghyfarwydd
Mae rhywfaint o wybodaeth wyddonol bob amser yn gysylltiedig â'r defnydd o sgiliau ymholi gwyddoniaeth oherwydd mae'n rhaid cael rhywbeth i'w arsylwi, i ymchwilio iddo ac ati. Nid yw'n anodd sylweddoli y bydd y cynnwys yn dylanwadu ar y ffordd y bydd plant yn ymgysylltu ag ef. Bydd gallu myfyrio ar rôl sgil a ddefnyddiwyd yn effeithiol mewn un cyd-destun yn ei gwneud yn fwy tebygol y gellir ei ddefnyddio mewn cyd-destun gwahanol. Mae cydnabod natur sgiliau ymholi, gan eu rhyddhau rhag bod yn gysylltiedig â sefyllfaoedd a chynnwys penodol yn unig, yn rhan o gynnydd mewn perthynas â'r gallu i ddefnyddio'r sgiliau hyn yn effeithiol. Mae hyn yn gofyn am fod yn ymwybodol o'r hyn sy'n cael ei wneud ac mae'n ymwneud â'r trydydd dimensiwn.

O weithredu anymwybodol i weithredu ymwybodol
Mae gweithredu anymwybodol yma yn golygu gwneud rhywbeth heb gydnabod yn union beth mae rhywun yn ei wneud. Er enghraifft, sylwi ar rywbeth heb wneud ymdrech ymwybodol i'w arsylwi, neu ddod o hyd i ateb i gwestiwn drwy ymholi heb gydnabod y math o gwestiwn sy'n cael ei ateb yn y modd hwn. Y meddylfryd sydd yn y pen ymwybodol o'r dimensiwn hwn yw metawybyddiaeth, bod yn ymwybodol o'n prosesau meddwl a rhesymu. Yn aml, ystyrir nad yw plant cynradd yn gallu sefyll yn ôl o'u hymholiadau neu eu problemau a myfyrio ar sut y bu iddyn nhw fynd i'r afael â nhw ac, am y rheswm hwn, ni chynigir cyfleoedd i wneud hyn. Fodd bynnag, mae cynnwys plant mewn ffyrdd fel hyn o feddwl (fel ym mhrosiectau AKSIS a CASE sy'n cael eu crybwyll yn ddiweddarach) wedi cyflwyno tystiolaeth o effaith gadarnhaol rhoi mwy o gyfle i blant fyfyrio ar y prosesau meddwl hyn.

Gyda'r newidiadau cyffredinol hyn mewn golwg, rydym nawr yn ystyried yr hyn y gall athrawon ei wneud i helpu datblygiad yn y pedwar grŵp o sgiliau a gynigwyd ym Mhennod 8:

- codi cwestiynau, rhagfynegi a chynllunio ymchwiliadau
  (yn ymwneud â chydosod ymholiadau)
- casglu tystiolaeth drwy arsylwi a defnyddio ffynonellau gwybodaeth
  (yn ymwneud â chasglu data)
- dadansoddi, dehongli ac esbonio
  (yn ymwneud â llunio casgliadau)
- cyfathrebu, dadlau a gwerthuso
  (yn ymwneud ag adrodd, myfyrio a chymhwyso).

Ar gyfer pob grŵp o sgiliau, mae rhai camau y gall athrawon eu cymryd ac mae'r mathau o gwestiynau mae'n ddefnyddiol eu gofyn wedi'u nodi ym Mlychau 12.1, 12.2, 12.3 a 12.4, yn y drefn honno.

Strategaethau ar gyfer datblygu sgiliau ymholi

Helpu cynnydd mewn sgiliau cwestiynu, rhagfynegi a chynllunio

Mae Blwch 12.1 yn nodi rhai ffyrdd allweddol o helpu plant i ddatblygu'r sgiliau hyn. Trafodwyd pwysigrwydd plant yn gofyn cwestiynau, a'r math o ymateb i wahanol fathau o gwestiynau, ym Mhennod 10. Yma, rydym yn awyddus i annog y mathau penodol o gwestiynau sy'n arwain at ymholiadau y gall plant eu gwneud.

Nodi cwestiynau y gellir ymchwilio iddynt
Rydym wedi sôn ar sawl achlysur am yr arwyddocâd mewn gwyddoniaeth o allu cyflwyno cwestiynau mewn ffurf y gellir ymchwilio iddynt. Un o'r camau y gall athrawon ei gymryd yw gwneud amser i drafod â phlant yn glir beth mae hyn yn ei olygu a sut i'w wneud, gan ddefnyddio rhai enghreifftiau. Cynhyrchodd prosiect AKSIS (Goldsworthy *et al.,* 2000) restrau o gwestiynau i'w trafod mewn gweithgareddau strwythuredig a gynlluniwyd i wneud plant yn ymwybodol o'r angen i egluro cwestiynau. Y syniad yw helpu plant i sylweddoli y gellir ateb cwestiynau fel: 'Ydy past dannedd yn gwneud gwahaniaeth i'ch dannedd?' 'Ydy margarîn yn well i chi na menyn?' pan fydd ystyr 'gwneud gwahaniaeth' neu 'yn well i chi' wedi'i egluro drwy nodi'r math o dystiolaeth y gellid ei chasglu i ateb y cwestiwn (hyd yn oed os, fel yn yr achosion hyn, na fydd y plant yn gallu ei chasglu eu hunain).

Un o weithgareddau AKSIS yw gofyn i blant ystyried rhai cwestiynau penodol ac, ym mhob achos, penderfynu a yw'n glir beth fyddai'n rhaid ei newid a beth fyddai angen ei arsylwi neu ei fesur i ateb y cwestiwn. Yna, gellir gofyn i'r plant fyfyrio ar eu cwestiynau eu hunain a'u hail-eirio er mwyn ei gwneud yn glir sut y gellid ymchwilio iddynt.

Blwch 12.1 Datblygu sgiliau cwestiynu, rhagfynegi a chynllunio

Camau y gall athrawon eu cymryd:

- Ysgogi chwilfrydedd drwy arddangosiadau yn yr ystafell ddosbarth, posteri, a gwahodd cwestiynau drwy fwrdd neu flwch cwestiynau.

- Helpu'r plant i fireinio eu cwestiynau a'u cyflwyno mewn ffurf y gellir ymchwilio iddynt.

- Gofyn i'r plant ddefnyddio eu syniadau i wneud rhagfynegiadau: 'beth ydych chi'n meddwl fydd yn digwydd os yw eich syniad yn gywir?'

- Darparu cyfleoedd ar gyfer cynllunio drwy ddechrau o gwestiwn i'w ateb drwy ymholiad heb roi cyfarwyddiadau.

- Sgaffaldio cynllunio prawf teg gan ddefnyddio bwrdd cynllunio (gweler Ffigur 12.1).

- Siarad drwy ymholiad a gwblhawyd er mwyn nodi sut y gellid bod wedi ei gynllunio'n well.

Cwestiynau athrawon:

- 'Beth hoffech chi wybod amdano . . . ?'

- 'Beth ydych chi'n meddwl fydd yn digwydd os yw eich syniad yn gywir?'

- 'Beth ydych chi'n meddwl fydd yn digwydd os . . . neu pan . . . ?'

- 'Beth yn eich barn chi fydd yn gwneud i hyn fynd . . . ?'

- 'Beth fydd angen i chi ei wneud i gael gwybod . . .'

- 'Sut fyddwch chi'n ei wneud yn "deg"?'

Defnyddio syniadau i wneud rhagfynegiadau

Mae rhagfynegiadau plant yn aml yn ymhlyg ond mae angen eu gwneud yn glir ac yn ymwybodol os yw plant am weld y cysylltiad rhwng syniad a'r rhagfynegiad sy'n seiliedig arno ac sy'n cael ei brofi. Er enghraifft, mae plant yn aml yn esbonio bod y lleithder y tu allan i dun diod sydd newydd ei dynnu o'r oergell yn dod o'r ddiod sydd y tu mewn i'r tun. Os gofynnir iddyn nhw 'os mai dyna yw'r rheswm, beth ydych chi'n meddwl fydd yn digwydd os byddwch chi'n rhoi tun gwag yn yr oergell ac wedyn yn ei dynnu allan?' bydd angen iddyn nhw ddefnyddio'r syniad hwn i ragfynegi rhywbeth y gellir ei arsylwi (lleithder neu ddim lleithder). Mae'n bwysig wedyn trafod sut mae gwneud rhagfynegiad yn helpu i brofi'r syniad a sut y gellir defnyddio hyn mewn cyd-destunau eraill. Os bydd plant yn cael cymorth i wneud rhagfynegiadau mewn achosion syml ac i feddwl am sut maen nhw'n gwneud hyn, bydd y broses yn dod yn fwy ymwybodol ac yn haws ei defnyddio mewn achosion eraill. (Gweler Pennod 11 mewn perthynas â chyflwyno syniadau amgen pan nad yw'r hyn sy'n cael ei ganfod yn cytuno â'r rhagfynegiad.)

Cyfle i gynllunio sut i ateb cwestiwn drwy ymholiad

Yn rhy aml, bydd profiad plant o'r hyn sy'n ofynnol wrth gynllunio ymholiad yn cael ei adael o'r neilltu am eu bod yn cael cyfarwyddiadau ysgrifenedig i'w dilyn, fel yn y gweithgaredd parasiwt ym Mlwch 4.3 (t. 61), neu pan fydd athrawon yn rhoi arweiniad rhy gryf i'r gweithgareddau. Er enghraifft, pan gyflwynodd athro weithgaredd i ddarganfod p'un a yw iâ yn ymdoddi yn gyflymach mewn aer neu mewn dŵr ar dymheredd ystafell fel hyn:

> Bydd angen i chi ddefnyddio ciwbiau iâ o'r un maint. Gwnewch yn siŵr bod popeth yn barod gennych chi cyn i chi dynnu'r ciwbiau iâ allan o'r hambwrdd. Rhowch un ciwb yn y dŵr ac un yn agos ato yn yr aer. Yna, dechreuwch y cloc . . .

ni chafodd y plant unrhyw broblem wrth wneud yr hyn oedd ei angen, ond ychydig o syniad oedd ganddynt pam eu bod yn ei wneud. Pe byddai ganddyn nhw unrhyw syniad, efallai y bydden nhw'n herio'r angen am gloc yn y gweithgaredd hwn! Yn y blynyddoedd cynnar, dylai profiad plant gynnwys problemau syml fel y gallant ymateb yn hawdd pan ofynnir iddynt: 'Sut allech chi wneud hyn?' Er enghraifft, 'Sut allwch chi ddarganfod a fydd y golau o'r ffagl yn disgleirio drwy'r defnydd hwn, y darn hwn o blastig, y jar hon o ddŵr, llawes y got hon?' Yn aml bydd plant ifanc yn ymateb drwy wneud ystum neu arddangos yn hytrach na dweud beth y dylid ei wneud. Gyda mwy o brofiad a gallu i 'feddwl am gamau gweithredu' cyn eu gwneud, gellir eu hannog i feddwl ymlaen mwy a mwy, ac mae hyn yn un o werthoedd cynllunio.

Cefnogi (sgaffaldio) cynllunio

Os yw plant am ddatblygu'r gallu i gynllunio mae'n rhaid rhoi cyfleoedd iddyn nhw ddechrau o gwestiwn a gweithio allan sut i'w ateb, neu wneud rhagfynegiad a meddwl am weithdrefnau i'w brofi, ac yna cynnal y rhain. Mae cymryd y camau hyn ar eu pen eu hunain yn gofyn llawer iawn o blant ifanc a phlant hŷn nad ydynt wedi arfer dyfeisio ymholiadau. Bydd angen help arnyn nhw, a gellir lleihau'r help hwn yn raddol.

Mae'n bosibl sgaffaldio'r gwaith o gynllunio prawf teg (gweler Blwch 11.3) drwy ddefnyddio bwrdd cynllunio (Ffigur 12.1). Datblygwyd y bwrdd cynllunio gwreiddiol yn 1972 fel rhan o uned Science 5/13 (1972) ar Weithio gyda Phren (*Working with Wood*). Mae sawl amrywiad arno wedi cael eu dyfeisio ers hynny, ond mae'r prif nodweddion yn parhau i fod yn debyg iawn i'r disgrifiad gwreiddiol sydd i'w weld yn Ffigur 12.1.

Adolygu ymholiad a gwblhawyd

Ar gyfer plant hŷn, gall cymorth mewn cynllunio ddechrau, yn baradocsaidd, o adolygu ymholiad a gwblhawyd (p'un a wnaeth y plant ei gynllunio eu hunain ai

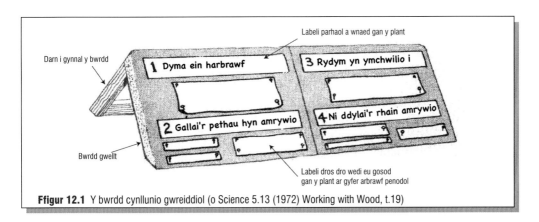

Ffigur 12.1 Y bwrdd cynllunio gwreiddiol (o Science 5.13 (1972) Working with Wood, t.19)

peidio). Mae cwestiynau fel y canlynol yn mynd â'r plant drwy'r hyn a wnaed ac yn nodi strwythur y gweithgaredd:

- beth oeddech chi (neu'r person a wnaeth hyn) yn ceisio'i ddarganfod?

- pa bethau wnaethoch chi eu cymharu (nodi'r newidyn annibynnol)?

- sut wnaethoch chi sicrhau ei fod yn deg (nodi'r newidynnau y dylid eu cadw'r un fath)?

- sut y bu i chi ddod o hyd i'r canlyniad (nodi'r newidyn dibynnol)?

Mae cynllunio'n parhau drwy gydol ymholiad ac yn wir efallai y bydd y cynllun cychwynnol yn newid wrth i'r gwaith fynd rhagddo ac wrth i rwystrau ymarferol annisgwyl ddod i'r amlwg. Fodd bynnag, mae'n bwysig i blant sylweddoli pan fyddant yn newid eu cynlluniau a mynd ati i adolygu'r cynllun cyfan pan fydd newid yn cael ei wneud. Mae ysgrifennu cynlluniau yn weithgaredd defnyddiol am ei fod yn gofyn am feddwl yn flaengar, gweithredoedd a wneir yn y meddwl.

Helpu cynnydd wrth arsylwi a defnyddio ffynonellau gwybodaeth

Mae Blwch 12.2 yn crynhoi rhai o'r camau y gall athrawon eu cymryd a'r mathau o gwestiynau y gallant eu gofyn i annog y sgiliau hyn. Yn achos arsylwi, yr elfen hanfodol gyntaf yw rhywbeth i'w arsylwi. Gan y bydd plant yn treulio'r rhan fwyaf o'u hamser dysgu ffurfiol yn yr ystafell ddosbarth mae'n bwysig i'r amser hwn fod yn gyforiog o gyfleoedd i arsylwi – dylai arddangosiadau o wrthrychau sy'n gysylltiedig â thema, posteri, ffotograffau, pethau byw, ac ati, gyda ffynonellau o wybodaeth bellach gerllaw, fod yn nodweddion rheolaidd.

Mae rhoi amser yn bwysig i annog arsylwi, yn fwy efallai nag ar gyfer y sgiliau ymholi eraill. Mae angen i blant gael amser i fynd yn ôl at bethau nad ydynt ond wedi eu harsylwi yn arwynebol neu pan fydd ganddynt gwestiwn am rywbeth maen nhw am ei wirio. Mae arddangosfa yn galluogi plant i ddefnyddio munudau hamdden yn ogystal ag amser gweithgaredd gwyddoniaeth i arsylwi ac felly mae'n cynyddu elfen bwysig yn natblygiad y sgìl hwn.

Nid yw pob arsylwad yn cael ei wneud yn yr ystafell ddosbarth, wrth gwrs, ac mae paratoi'n ofalus ar gyfer teithiau y tu allan yn bwysig os nad ydych am fethu pethau. Mae llai o gyfle i ailedrych ar wrthrychau ac felly mae'n hanfodol i'r athro archwilio'r lle y byddant yn ymweld ag ef ymlaen llaw, gan ystyried galluoedd a gwybodaeth y plant (gweler Pennod 22 hefyd).

Blwch 12.2 Helpu cynnydd wrth arsylwi a defnyddio ffynonellau gwybodaeth

Camau y gall athrawon eu cymryd

- Rhoi cyfleoedd anffurfiol i ddefnyddio'r synhwyrau ar gyfer casglu gwybodaeth, fel:

  a) arddangosiad rheolaidd o wrthrychau a ffenomena i'r plant eu harchwilio, gyda llyfrau gwybodaeth perthnasol neu CDau ar gael gerllaw;

b) casgliad o wrthrychau'n ymwneud â phwnc newydd yn cael ei arddangos ddwy neu dair wythnos cyn dechrau ar y pwnc er mwyn creu diddordeb;

c) gwneud amser i arsylwi.

■ Annog arsylwi drwy 'wahoddiadau i arsylwi' – cardiau wedi'u gosod nesaf at wrthrychau neu offer sy'n cael eu harddangos, gan annog arsylwi a rhoi sylw i fanylion.

■ Addysgu'r defnydd cywir o offerynnau sydd:

a) yn ehangu ystod yr arsylwi, gan gynnwys ffotograffiaeth treigl amser, microsgop digidol, delweddwr;

b) yn gallu mesur newid neu wahaniaethau, fel synwyryddion a chwiliedyddion (gweler Pennod 9).

■ Addysgu'r technegau ar gyfer defnyddio ffynonellau gwybodaeth megis llyfrau cyfeiriol a'r rhyngrwyd/mewnrwyd.

■ Trefnu trafodaethau grŵp a thrafodaethau dosbarth ar gyfer rhannu arsylwadau.

■ Trefnu ymweliadau i arsylwi digwyddiadau a gwrthrychau y tu allan i'r ystafell ddosbarth (gweler Pennod 22).

Cwestiynau athrawon

■ 'Beth ydych chi'n sylwi sydd yr un fath am y rhain . . . ?'

■ 'Pa wahaniaethau ydych chi'n sylwi arnyn nhw rhwng pethau sy'n edrych yr un fath?'

■ 'Pa wahaniaethau ydych chi'n eu gweld wrth edrych drwy'r lens?'

■ 'Faint yn hirach, trymach, . . . yw hwn na . . . ?'

■ 'Beth wnaethoch chi sylwi arno am y mannau lle gwnaethoch chi ddod o hyd i'r mwyaf o . . . ?'

■ 'Beth arall allwch chi ddysgu amdano ... o'r llyfrau a'r rhyngrwyd?'

Gwahoddiadau i arsylwi

Mae angen anogaeth ar rai plant i arsylwi a gwneud hyn yn ofalus, gan roi sylw i fanylion. Mae cardiau cwestiwn wedi'u gosod ger gwrthrychau sy'n cael eu harddangos: 'Ceisiwch wneud y botel hon i wneud sain uchel a sain isel', wedi'u gosod ger potel dri chwarter llawn o ddŵr, yn annog rhyngweithio. Mae 'Sawl gwahanol fath o wair sydd yma?' wedi'i osod ger swp o weiriau sych yn annog arsylwi gofalus. Neu, ger 'deifiwr Cartesaidd' wedi'i wneud o ddiferydd sy'n arnofio mewn dŵr y tu mewn i botel blastig fawr, cerdyn yn gofyn: 'beth sy'n digwydd pan fyddwch yn gwasgu ochrau'r botel?' Yn yr achos hwn mae nifer o bethau i'w harsylwi gan gynnwys sut mae lefel y dŵr y tu fewn i diwb y diferydd yn codi pan fydd y botel yn cael ei gwasgu, sy'n helpu i esbonio pam mae'r diferydd yn suddo. Felly gallai'r cerdyn ofyn: 'Beth ydych chi'n sylwi a allai esbonio'r hyn sy'n digwydd?'

Defnyddio cymhorthion i arsylwi a chasglu data

Arsylwi yw'r sail ar gyfer pob dull o gasglu data mewn sefyllfa ymarferol. Lle bo angen rhoi sylw i fanylion neu i wahaniaethau bach, bydd yn briodol ymestyn y synhwyrau drwy ddefnyddio offeryn fel lens llaw neu stethosgop a defnyddio offer mesur i fesur arsylwadau. Mae delweddwr (gweler Blwch 9.5, t. 126) yn rhoi cyfleoedd i ddangos manylion drwy chwyddo i mewn i wrthrychau ac arddangos delweddau ar sgrin i bawb eu gweld. Gellir dysgu am gymhorthion arsylwi eraill, megis defnyddio lens llaw, drwy gerdyn gyda llun wedi ei osod ger lensys a gwrthrychau penodol yn yr arddangosfa ystafell ddosbarth. Gall plant hŷn sydd â'r sgiliau llawdrin gofynnol ddysgu defnyddio microsgop drwy gyfleoedd anffurfiol tebyg. Mae angen cyfarwyddiadau mwy ffurfiol er mwyn defnyddio technegau eraill, fel y defnydd o synwyryddion sy'n cynnwys cyfrifiaduron. Wrth gwrs, gellir casglu data hefyd o ffynonellau eilaidd, o lyfrau, arddangosiadau, ffilm, teledu, y Rhyngrwyd a ffynonellau eraill ar gyfrifiadur a bydd angen i blant wybod sut i ddefnyddio'r ffynonellau hyn yn iawn.

Adrodd a thrafod arsylwadau

Mae rhannu arsylwadau yn helpu plant i ddod yn ymwybodol o'r hyn y gellir ei ganfod drwy arsylwi gofalus ac felly i ddod yn fwy ymwybodol o'r sgìl hwn. Un ffordd o wneud hyn yw gofyn i blant dynnu llun o sut maen nhw'n meddwl mae gwrthrych yn edrych ac yna mynd yn ôl i edrych eto a chymharu'r hyn roedden nhw'n ei feddwl oedd yno gyda'r hyn maen nhw'n ei weld wedyn. Os gellir defnyddio delweddwr i arsylwi mwy o fanylder yna gall grŵp neu'r dosbarth cyfan drafod yr hyn y gellir ei weld drwy chwyddo i mewn ac allan. Mae Ffigur 12.2 yn dangos y darluniau gan blant 6 mlwydd oed ar ôl profiadau o'r fath. Roedd yr arsylwadau a wnaed yn cyfoethogi eu dysgu am hadau a chenhedlu mewn planhigion.

Yn yr un modd, gallai treulio ychydig o funudau fel dosbarth cyfan yn trafod yr hyn maen nhw wedi'i sylwi am bethau sy'n cael eu harddangos, er enghraifft, dynnu sylw rhai plant at bethau maen nhw wedi'u methu. Bydd gofyn cwestiynau am fanylion yn ystod y drafodaeth hon yn helpu'r plant i roi sylw iddynt wrth arsylwi ymhellach.

Helpu cynnydd wrth ddadansoddi, dehongli ac esbonio

Mae dadansoddi a dehongli canlyniadau yn golygu mynd ymhellach na chasglu arsylwadau unigol a'u cofnodi. Mae'n golygu ceisio dod o hyd i batrymau sy'n

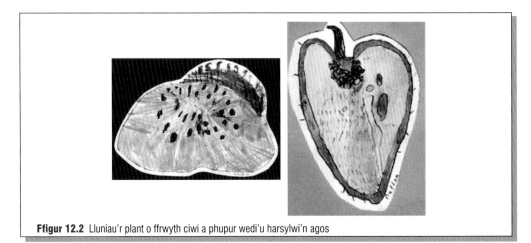

Ffigur 12.2 Lluniau'r plant o ffrwyth ciwi a phupur wedi'u harsylwi'n agos

cysylltu gwahanol ddarnau o wybodaeth gyda'i gilydd a gyda'r syniadau sy'n cael eu profi. Fel yn achos sgiliau ymholi eraill, mae angen i blant gael y cyfle a'r anogaeth i ymgysylltu os ydynt am gymryd rhan yn y gweithgareddau cysylltiedig er mwyn iddynt ddatblygu'r sgiliau hyn. Mae rhai o'r ffyrdd y gall athrawon helpu wedi'u crynhoi ym Mlwch 12.3.

Blwch 12.3 Datblygu sgiliau dadansoddi, dehongli ac esbonio

Camau y gall athrawon eu cymryd:

■ Cynllunio'r pwnc neu'r wers i wneud yn siŵr nad yw'r gwaith meddwl yn dod i ben pan fydd data wedi cael ei gasglu neu pan fydd arsylwadau wedi'u gwneud a'u cofnodi.

■ Rhoi amser a chyfleoedd i blant nodi patrymau neu berthnasau syml sy'n cysylltu canlyniadau gyda'i gilydd.

■ Sicrhau bod y plant yn defnyddio'u canlyniadau i benderfynu p'un a gadarnhawyd rhagfynegiad neu p'un a atebwyd cwestiwn.

■ Annog nodi datganiadau cyffredinol (casgliadau) sy'n dod â'r holl arsylwadau at ei gilydd.

■ Trafod yr hyn a ddysgwyd am sut i esbonio'r effeithiau a welwyd.

Cwestiynau athrawon:

■ 'Sut oedd yr hyn y gwnaethoch chi ei ganfod yn cymharu gyda'r hyn yr oeddech chi'n ei ddisgwyl?'

■ 'Wnaethoch chi ddarganfod unrhyw gysylltiad rhwng . . . a . . . ?'

■ 'Beth wnaethoch chi sylwi oedd yn gwneud gwahaniaeth i ba mor gyflym . . . pa mor bell . . . faint . . . ?'

■ 'Sut mae eich canlyniad yn eich helpu i ateb eich cwestiwn?'

■ 'Beth ydych chi'n feddwl yw'r rheswm am . . . ?'

Cysylltu canlyniadau â'r cwestiwn sy'n cael ei ymchwilio

Mae adolygu'r cwestiwn neu'r broblem sy'n destun ymchwiliad yng ngoleuni'r hyn a ganfyddir yn agwedd hanfodol ar ddehongli, a all wneud gwahaniaeth mawr o ran sicrhau bod ymholiad yn arwain at ddatblygu dealltwriaeth. Y prif bwynt yw sicrhau bod plant yn *defnyddio* canlyniadau eu hymholiadau. Rhan ganolog o rôl yr athro yw sicrhau bod y canlyniadau'n datblygu syniadau'r plant; nad ydyn nhw'n rhuthro o un gweithgaredd i'r llall heb sôn a meddwl am beth mae eu canlyniadau'n ei olygu.

Mae gofyn 'Sut mae hyn yn cymharu â'r hyn roeddech chi'n ei ddisgwyl/wedi'i ragfynegi?' yn gam cyntaf i helpu i ddod â phlant yn ôl at y rheswm dros eu hymholiad ac i feddwl am y syniadau roedden nhw'n eu profi. Yn y cyd-destun hwn, mae'n ddefnyddiol cofio y gall yr un gweithgaredd, i bob golwg, fod â sawl diben. Fel enghraifft, ystyriwch y gweithgarwch cyffredin pan fydd plant yn mesur hyd cysgod ffon ar wahanol adegau o'r dydd. Rhaid iddyn nhw fynd y tu hwnt i gasglu'r mesuriadau'n unig os am weld gwerth y gweithgaredd ar gyfer datblygu syniadau. Gellir datblygu sawl syniad drwy'r gweithgaredd hwn, megis:

a) Mae patrwm yn y ffordd mae hyd y cysgod yn cynyddu ac yn lleihau.

b) Gellir defnyddio'r patrwm hwn i wneud rhagfynegiadau am yr hyd ar adegau pan na chafodd y cysgod ei fesur, neu amser y dydd o fesuriad y cysgod.

c) Mae cysgodion yn cael eu ffurfio pan fydd goleuni'n cael ei atal rhag syrthio ar arwyneb.

ch) Mae safle'r Haul mewn perthynas â'r Ddaear yn newid yn gyson.

Ym mhob achos, maen nhw'n ymchwilio i gwestiwn gwahanol a dylid dehongli'r hyn a ganfyddir mewn perthynas â'r cwestiwn hwnnw. Er enghraifft:

a) Beth wnaethoch chi ganfod am sut mae hyd y cysgod yn newid?

b) A allwch ddefnyddio'r hyn rydych chi wedi'i ganfod i ragfynegi'r amser pan fydd y cysgod yn hyd penodol?

c) O'r hyn rydych chi wedi'i ganfod, allwch chi ddweud beth yw cysgod a sut i wneud un?

ch) Beth ydych chi wedi ei ddarganfod am safle'r Haul ar wahanol adegau o'r dydd?

Nodi patrymau mewn canlyniadau neu arsylwadau

Weithiau, mae plant yn defnyddio patrymau yn eu canfyddiadau heb gydnabod bod hyn yn wir. Gall athrawon helpu i feithrin mwy o ymwybyddiaeth o'r broses drwy drafod patrymau syml, megis y berthynas rhwng safle'r Haul a hyd y cysgod (neu'r hyn sy'n cyfateb mewn efelychiad ystafell ddosbarth gan ddefnyddio ffagl a ffon). Y man cychwyn, o raid, yw'r gwahanol ffyrdd y mae plant yn mynegi eu casgliadau. Er enghraifft, mae sawl ffordd o ddisgrifio'r berthynas rhwng hyd y cysgod a safle'r Haul:

'mae cysgod fyrraf pan fydd yr Haul ar ei uchaf'

'yr un byrraf yw pan fo'r Haul yn uchel a'r hiraf pan mae'n isel'

'mae ei hyd yn dibynnu ar ble mae'r Haul'

'po uchaf yr Haul y byrraf y cysgod'.

Mae'r holl ddatganiadau hyn yn dangos meddwl am y set o ganlyniadau sy'n ymwneud â safle'r Haul, neu ffynhonnell arall o oleuni, a hyd y cysgod, ond mae'r tri cyntaf yn ei fynegi mewn ffordd anghyflawn. Mae'r un diwethaf yn cyfeirio at yr holl ddata mewn un datganiad ac yn ogystal â dweud bod perthynas, mae'n dweud beth yw'r berthynas hefyd. Fodd bynnag, mae hefyd yn bwysig sylweddoli nad yw perthynas gyffredinol yn golygu bod pob mesuriad neu arsylwad yn dilyn y patrwm. Yn achos y cysgodion sy'n cael eu taflu gan yr Haul ar wahanol adegau, nid oes eithriad i'r berthynas a bydd yr holl ddata yn cyd-fynd â'r patrymau. Mewn achosion eraill, efallai na fydd hyn yn wir. Er enghraifft, os ydym yn mesur taldra a hyd traed nifer o bobl, rydym yn debygol o weld bod gan bobl sydd yn dalach yn gyffredinol draed hirach, ond bydd eithriadau, gyda rhai pobl nad ydynt yn dal iawn â thraed hirach na rhai pobl sydd yn dalach.

Mae hyn yn codi pwynt pellach, ynghylch y gwahaniaeth rhwng patrwm a pherthynas achos ac effaith. Yn amlwg, nid yw cael traed mwy yn achosi i bobl fod yn dalach, y cyfan mae'r patrwm yn ei ddangos yw bod cysylltiad cyffredinol rhwng y ddau newidyn – mae un yn tueddu i fynd gyda'r llall. Mae sefydlu perthynas achos-effaith rhwng unrhyw ddau newidyn - bod un yn achosi newid yn y llall – yn gofyn am arbrawf dan reolaeth.

Esbonio

Pan fydd patrwm wedi'i nodi mae'r cwestiwn pam yn codi: pam mae cysylltiad rhwng dau beth, digwyddiadau neu amodau? Er na allwn dybio, fel rydym newydd ei nodi, bod yna berthynas achos-effaith, gallwn barhau i chwilio am esboniad ar gyfer y cysylltiad. Mae'n golygu mynd y tu hwnt i ddarganfod bod rhywbeth yn digwydd, i geisio dod o hyd i'r rheswm dros hynny. Mae hyn yn berthnasol i arsylwadau neu ganlyniadau eraill mewn ymchwiliadau, nid patrymau yn unig.

Yn eu blynyddoedd cynnar, mae'r plant yn 'esbonio' canfyddiadau o ran presenoldeb nodweddion neu briodweddau penodol. Yn Ffigur 6.7 (t. 84), er enghraifft, mae'r plentyn yn egluro bod sain drwm yn cael ei chlywed drwy wrando'n astud, ond yn ddiweddarach rhoddir dirgryniadau croen y drwm fel y rheswm. Yn yr un modd, mae plant ifanc yn egluro eich bod yn gweld oherwydd y goleuni, neu eich bod yn gallu reidio beic oherwydd y gadwyn. Mae'r rhain yn gywir o ran y nodweddion a nodwyd, ond disgrifiadau ydy'r rhain ac nid esboniadau; nid ydynt yn dweud sut mae'r nodweddion yn gweithredu. Nid oes unrhyw fecanwaith yn cael ei awgrymu ar gyfer sut mae'r sain yn cyrraedd y clustiau na sut mae'r gadwyn yn gwneud i'r olwynion beic droi.

Wedi dweud hynny, fodd bynnag, hyd yn oed gyda rhagor o fanylion am yr hyn sy'n digwydd, nid y stori gyfan fydd hon o hyd. Y tu ôl i bob cwestiwn 'pam?' mae 'pam?' arall oherwydd gellir esbonio unrhyw beth ar lefelau amrywiol. Er enghraifft, gallwn egluro hydoddiad halen neu siwgr mewn dŵr ar wahanol lefelau, o fod wedi diflannu i fod wedi lledaenu i'r dŵr, i ryngweithio rhwng moleciwlau, i . . . Dim ond cyn belled y gallwn fynd gyda phlant cynradd i geisio bodloni eu chwilfrydedd. Nid yw mynd â nhw i fannau sydd y tu hwnt i'w dealltwriaeth ar y pryd yn ddefnyddiol. Gwell eu gadael gyda syniad amherffaith o hydoddi na throi gwyddoniaeth yn rhywbeth y mae'n rhaid iddynt ei dderbyn ond nad ydynt yn ei ddeall. Wedi'r cyfan, bydd cyfle yn ddiweddarach i ddychwelyd at y pwnc a mynd â'r syniadau ymhellach.

Helpu i ddatblygu cymhwysedd o ran cyfathrebu, dadlau, a gwerthuso

Mae cyfathrebu yn chwarae rhan bwysig yn nysg plant. Mae rhai o'r camau y gall athrawon eu cymryd i annog cyfathrebu a myfyrio wedi'u crynhoi ym Mlwch 12.4. Ym Mhennod 7, nodwyd sut mae meddwl a siarad yn gysylltiedig; 'sut mae ein siarad yn creu ein dealltwriaeth'. Felly mae trafodaeth dosbarth rheolaidd ar yr hyn y mae plant wedi'i ganfod mewn gweithgareddau grŵp yn bwysig ar gyfer datblygu dealltwriaeth ac ar gyfer cydnabod sut mae sgiliau casglu a dehongli gwybodaeth yn cael eu defnyddio wrth ddod i'r ddealltwriaeth hon. Mae sgyrsiau o'r fath yn arbennig o ddefnyddiol os byddant yn cael eu cynnal er mwyn i blant holi ei gilydd, gofyn am esboniadau yn ogystal â disgrifiadau ac awgrymu gwelliannau yn yr hyn a wnaed.

Defnyddio llyfr nodiadau

Mae'r un dadleuon yn berthnasol i ysgrifennu fel ag y maen nhw'n berthnasol i siarad, ond mae angen mwy o gymorth ar blant i ddatblygu'r sgiliau o ddefnyddio ysgrifennu personol i gefnogi'r hyn maen nhw'n ei feddwl. Mae rhoi llyfr nodiadau personol i blant yn ddechrau. Fodd bynnag, mae angen iddynt hefyd gydnabod ei swyddogaeth nid yn unig fel cymorth i'r cof, ond hefyd fel ffordd o drefnu'r hyn maen nhw'n feddwl, trwy ysgrifennu nodiadau bras a chofnodi arsylwadau.

Mae'n bwysig i lyfrau nodiadau personol gael eu hystyried yn anffurfiol, yn fan lle nad oes rhaid i eiriau gael eu didoli yn frawddegau. Gall hyn ryddhau plant rhag ystyried ysgrifennu fel gorchest – un sy'n dal rhai yn ôl rhag cymryd rhan mewn gweithgareddau, hyd yn oed rhai maen nhw'n eu mwynhau, 'oherwydd bydd yn rhaid i ni ysgrifennu amdano wedyn'. Fel y mae siarad anffurfiol yn helpu i fyfyrio, mae ysgrifennu anffurfiol yn gwneud hynny hefyd. Gall athrawon helpu i sicrhau'r budd hwn drwy awgrymu gwneud nodiadau – 'efallai y byddwch am feddwl am hyn ac ysgrifennu rhai syniadau yn eich llyfr nodiadau cyn dechrau' – a thrwy ddangos enghraifft o ddefnyddio llyfr nodiadau eu hunain. Dylai plant ddechrau defnyddio llyfrau nodiadau cyn gynted ag y daw ysgrifennu'n rhugl iddyn nhw. Mae'n debyg mai'r peth gorau yw eu cyflwyno i'r dosbarth cyfan, gan annog y rhai sy'n llai abl i ysgrifennu i wneud darluniau a defnyddio pa bynnag eiriau y gallant.

Blwch 12.4 Datblygu sgiliau cyfathrebu, dadlau, myfyrio a gwerthuso

Camau y gall athrawon eu cymryd

■ Darparu cyfleoedd ar gyfer adrodd yn llafar ac amser ar gyfer paratoi adroddiadau grŵp sy'n galluogi plant i rannu gweithdrefnau a syniadau.

■ Rhoi llyfr nodiadau personol i'r plant ar gyfer cofnodi a myfyrio, a neilltuo amser iddyn nhw ei ddefnyddio.

■ Dangos ffyrdd o gofnodi gwahanol fathau o wybodaeth, gan ddefnyddio tablau, darluniau gyda labeli a symbolau.

■ Trafod ffyrdd o gyfleu gwybodaeth benodol i rai cynulleidfaoedd.

■ Trafod meini prawf ar gyfer gwerthuso adroddiadau a darparu amser ar gyfer asesu cyfoedion a hunanasesu (gweler Pennod 17).

■ Rhoi amser i adolygu gweithgareddau a myfyrio, er enghraifft, a ellid mynegi cwestiynau'n well, newidynnau eraill wedi cael eu rheoli, mesuriadau wedi cael eu hailadrodd, ac ati.

Cwestiynau athrawon

■ 'Sut wyt ti'n mynd i gadw cofnod o beth wyt ti'n ei wneud ac yn ei ddarganfod?'

■ 'Pa fath o siart/graff/darlun ydych chi'n meddwl yw'r ffordd orau o ddangos y canlyniadau?'

■ 'Sut allwch chi esbonio i eraill beth wnaethoch chi a beth ddigwyddodd?'

- 'Pa gasgliadau eraill allwch chi eu tynnu o'ch canlyniadau?'
- 'Sut allwch chi ddangos (pa dystiolaeth sydd gennych chi) bod eich casgliad yn gywir?'
- 'Beth yw'r ffordd orau o ddangos eich canlyniadau a'ch casgliadau i eraill?'
- 'Pe baech chi'n gwneud hyn eto, beth fyddech chi'n ei newid i'w wneud yn well?'

Amser i drafod beth a sut i adrodd

Bydd angen i blant ddefnyddio eu nodiadau wrth baratoi ar gyfer adrodd ar yr hyn maen nhw wedi'i wneud pan fydd y dosbarth yn dod at ei gilydd ar ddiwedd gweithgaredd neu destun. Mae hwn yn gyfle iddynt sylweddoli gwerth gwneud nodiadau. Dyma hefyd yr achlysur i feddwl am yr hyn sydd ei angen ar gyfer adrodd yn ffurfiol. Gall gwahanol bwrpasau ofyn am wahanol fathau o adroddiad. Nid oes angen i bob gweithgaredd gael ei gofnodi'n ffurfiol a'i arddangos. (Gwelsom fod Kathy yn fodlon cael y peli a ddewiswyd fel cofnod o weithgarwch y plant, t. 43). Ond mae paratoi adroddiad y gellid ei arddangos i ddosbarthiadau eraill, rhieni neu mewn ffair wyddoniaeth yn achlysurol yn gyfle i blant feddwl am y gynulleidfa wrth benderfynu pa eiriau, diagramau neu ddarluniau eraill i'w defnyddio ar gyfer cyfathrebu effeithiol.

Dadlau: darparu tystiolaeth i gefnogi honiadau

Yn y cyd-destun hwn nid yw dadlau yn golygu herio safbwyntiau a barn yn y ffordd rydym yn cysylltu â dadleuon bob dydd. Yn hytrach, dyma'r broses o gefnogi honiadau a chasgliadau gyda thystiolaeth. Am y rheswm hwnnw, mae'r gair 'ymresymiad' wedi'i fathu (gweler hefyd Bennod 7, t. 98). Weithiau bydd plant yn datgan yr hyn y byddent yn hoffi ei weld yn digwydd yn hytrach na'r hyn sy'n digwydd, yn enwedig os bydd yr ail o'r rhain yn herio eu rhagdybiaethau neu eu credoau. Mae angen iddynt sylweddoli pwysigrwydd sicrhau bod yr hyn maen nhw'n ei adrodd ac yn ei honni mewn gwyddoniaeth yn seiliedig ar dystiolaeth. Mae'r camau y gall yr athro eu cymryd, a awgrymwyd gan Osborne *et al.* (2004) yn cynnwys disgwyl i blant roi cyfiawnhad dros eu barn, gan eu hannog i herio ei gilydd ('sut ydych chi'n gwybod hynny?') a disgwyl gwrthddadleuon.

Rhai strategaethau cyffredinol ar gyfer datblygu sgiliau ymholi

Pan fyddwn yn edrych ar y camau a awgrymwyd ar gyfer helpu i ddatblygu'r grwpiau hyn o sgiliau, gwelwn rai themâu cyffredin. Soniwyd yn aml am rai pwyntiau sy'n ymddangos yn strategaethau allweddol y gellir eu cymhwyso i'r holl sgiliau ymholi. Y rhain yw:

- Rhoi cyfle a digon o amser i ddefnyddio sgiliau ymholi wrth archwilio deunyddiau a ffenomena yn uniongyrchol.
- Gofyn cwestiynau sy'n gofyn am ddefnyddio'r sgiliau a chaniatáu amser ar gyfer ateb yn feddylgar.
- Addysgu a dangos drwy esiampl y technegau sydd eu hangen ar gyfer datblygu sgiliau.

■ Rhoi cyfle i drafod mewn grwpiau bach a gyda'r dosbarth cyfan.

■ Cynnwys plant wrth gyfathrebu mewn gwahanol ffurfiau a myfyrio ar eu ffordd o feddwl.

■ Annog adolygiad beirniadol o sut mae gweithgareddau wedi cael eu cyflawni.

Datblygu sgiliau trawsgwricwlaidd

Dysgu sut i ddysgu

Mae gan ymholi ym mhob pwnc rôl i'w chwarae o ran helpu plant i ddatblygu'r sgiliau sydd eu hangen i barhau i ddysgu y tu allan a thu hwnt i addysg ffurfiol. Disgrifir y sgiliau hyn gan James *et al.* (2007) fel sgiliau 'dysgu sut i ddysgu' yn hytrach na 'sgiliau dysgu'. Y prif reswm yw bod yr ymadrodd olaf yn awgrymu bod gweithdrefnau i'w dysgu yn yr un modd â 'sgiliau iaith' neu 'ddysgu i chwarae offeryn cerdd'. Yn hytrach, yn yr achos hwn, yr hyn maen nhw'n ei ddysgu yw'r arfer, neu gyfres o arferion, sy'n arwain at ddysgu. Nid yw'r sgiliau hyn yn ymwneud â dysgu am bwnc penodol ond â'r broses o ddysgu ei hun. Nod datblygu sgiliau dysgu sut i ddysgu yw y bydd rhywun sydd â'r sgiliau hyn, mewn egwyddor, yn gallu mynd ati i ddysgu heb gymorth. Hynny yw, maen nhw'n dod yn ddysgwyr annibynnol. Mae annibyniaeth yn nod allweddol mewn addysg, ac fe'i ddefnyddir yn aml yn ymgyfnewidiol ag ymadroddion fel 'dysgu annibynnol', 'bod yn gyfrifol am eich dysgu eich hun', 'hunan-benderfyniad' a 'hunan-reoleiddio' (Boud, 1988, wedi'i ddyfynnu yn James *et al.*, 2007).

Mae pwysigrwydd dysgu sut i ddysgu yn dilyn y cynnydd a gydnabyddir yn gyf-fredinol mewn gwybodaeth a'r newid cynyddol mewn bywyd bob dydd, sy'n deillio'n bennaf o ddatblygiadau gwyddonol a thechnolegol. (Ystyriwch effaith y ffôn symudol a'r iPad ac electroneg gymhleth y car modern.) Mae angen i ddinasyddion y dyfodol allu ymaddasu i'r llu o newidiadau a fydd yn nodwedd gyson o'u bywydau. Disgrifir y goblygiadau ar gyfer addysg gan yr OECD (1999: 9) fel a ganlyn:

> Ni all myfyrwyr ddysgu popeth y bydd angen iddynt ei wybod yn ystod eu bywyd fel oedolion yn yr ysgol. Yr hyn y mae'n rhaid iddynt ei gaffael yw'r rha-gofynion ar gyfer dysgu llwyddiannus yn eu bywydau yn y dyfodol . . . . Rhaid i fyfyrwyr allu trefnu a rheoleiddio eu dysgu eu hunain, i ddysgu'n annibynnol ac mewn grwpiau, a goresgyn anawsterau yn y broses ddysgu. Mae hyn yn gofyn iddynt fod yn ymwybodol o'u prosesau meddwl a'u strategaethau a'u dulliau dysgu eu hunain.

Y gobaith yw, wrth ddysgu sut i ddysgu, y bydd plant yn gallu defnyddio strategae-thau ar gyfer dysgu pethau newydd, nid yn unig yn yr ysgol ond mewn cyd-destunau eraill, a datblygu'r agweddau sy'n ysgogi dysgu parhaus. Er mwyn cyrraedd y nod hwn mae angen myfyrio ar ddysgu a allai gael ei ystyried yn fwy perthnasol mewn cyfnodau diweddarach yn yr ysgol nag yn y blynyddoedd cynradd. Ond, fel nifer o nodau sy'n ymddangos yn rhy gymhleth i blant ifanc, mae sylfeini hanfodol i'w gosod yn yr ysgol gynradd. Y cam cyntaf wrth fyfyrio ar ddysgu yw dod yn ymwy-bodol bod plant wirioneddol yn dysgu. Gallwn helpu'r broses hon drwy sicrhau bod plant yn gwybod beth maen nhw'n ei ddysgu a pham. Yna, drwy fyfyrio ar yr hyn a ddysgwyd, a sut, mae plant yn dechrau cymryd mwy o reolaeth ymwybodol o'u dysgu, a dod i allu mynd ar drywydd dysgu'n annibynnol.

Mae rhai strategaethau ar gyfer gwneud hyn yn debyg i ddefnyddio asesu ar gyfer dysgu; er enghraifft, cyfleu nodau i blant, y math o adborth a roddir gan yr athro ac annog hunanasesu. Byddwn yn dychwelyd at y rhain ym Mhennod 16.

Sgiliau meddwl

Mae sgiliau meddwl yn cael eu hystyried yn eang fel rhai sy'n ymwneud â nodi patrymau, canfod trefn a chysylltiadau sy'n helpu i wneud synnwyr o bethau o'n hamgylch. Y nod wrth ddatblygu sgiliau dysgu a meddwl yw galluogi dysgwyr i'w defnyddio mewn unrhyw gyd-destun ac mewn perthynas ag unrhyw gynnwys. Mae gwahanol ddulliau o gyflawni hyn. Mewn rhai, mae gweithgareddau arbennig wedi'u cynllunio lle mae'r cynnwys (a rhaid bod rhywfaint o gynnwys, fel y nodwyd yn gynharach) yn syml ac yn gyfarwydd i'r dysgwyr ac mae'r ffocws yn uniongyrchol ar y sgiliau dan sylw nid ar ddeall y cynnwys. Mewn achosion eraill, defnyddir y sgiliau yng nghyd-destun datblygu dealltwriaeth o gynnwys y gweithgareddau ac amlygir rôl y sgiliau trwy fyfyrio ar sut y datblygwyd syniadau.

Mae enghraifft o'r cyntaf o'r dulliau hyn yn neunyddiau'r prosiect Cognitive Acceleration in Science (CASE) (Adey a Shayer, 1994). Mae'r deunyddiau ar gyfer y plant ieuengaf yn darparu gweithgareddau lle mae'r plant yn gweithio mewn grwpiau gyda deunyddiau wedi'u cynllunio'n arbennig sy'n cynnwys didoli a dilyniannu, dosbarthu mewn gwahanol ffyrdd ac ystyried sefyllfaoedd o wahanol safbwyntiau. Ar gyfer plant hŷn, mae Serret (2004) yn disgrifio sut y gellir manteisio ar y pwnc o wneud brechdanau i ddatblygu meddwl. Mae'r plant yn dechrau drwy drafod eu hoff frechdanau a'r gwahanol gynhwysion sy'n gallu mynd i mewn i frechdan (gwahanol fathau o fara, llenwadau a dresins, fel mayonnaise). Yna, cânt eu herio i weithio allan faint o wahanol frechdanau y gellir eu gwneud gydag ystod benodol o gynhwysion. Mae'r dewis o frechdanau yn sicrhau eu bod yn gyfarwydd â'r pwnc ac yn dangos nad dealltwriaeth o'r cynnwys yw nod y gweithgareddau.

Yr ail ddull yw datblygu sgiliau drwy eu defnyddio i ymestyn dealltwriaeth drwy ymholi, fel y trafodir ym Mhennod 8, lle mae gweithgareddau'n cyfrannu at ddealltwriaeth o syniadau mawr a'r galluoedd a'r tueddiadau sy'n galluogi dysgu pellach (t. 112). Pan fydd y cynnwys yn ymwneud ag agweddau gwyddonol ar y byd, yna'r sgiliau sy'n cael eu datblygu yw'r rhai ar gyfer ymholiad gwyddonol.

Fel y nodwyd ym Mhennod 8, defnyddir rhai sgiliau ymholi hefyd mewn meysydd pwnc eraill, fel hanes, daearyddiaeth a'r celfyddydau. Mae hyn yn cael ei gydnabod mewn ymagweddau trawsgwricwlaidd i ddatblygu prosesau a strategaethau meddwl, fel y prosiect Activating Children's Thinking Skills (ACTS) (McGuinness, 2000). Mae'r prosiect yn nodi fframwaith o sgiliau meddwl a ddefnyddir wrth ddadansoddi'r cwricwlwm i dargedu cyd-destunau lle mae potensial i ddatblygu rhai mathau o feddwl. Er enghraifft, gall dilyniannu ddigwydd mewn hanes (dilyniannu digwyddiadau a newidiadau, llunio llinell amser) yn ogystal â mewn gwyddoniaeth (dilyniannu'r camau datblygu yng nghylchred bywyd llyffant neu löyn byw).

Crynodeb

Yn y bennod hon rydym wedi awgrymu tri phrif gyfeiriad ar gyfer newid sy'n dangos datblygiad sgiliau ymholi:

o sgiliau syml i rai mwy cymhleth;

o ddefnydd effeithiol mewn sefyllfaoedd cyfarwydd i ddefnydd effeithiol mewn sefyllfaoedd anghyfarwydd;

o weithredu anymwybodol i weithredu ymwybodol.

Rydym wedi ystyried sgiliau ymholi mewn pedwar grŵp: sefydlu ymchwiliadau; casglu data; tynnu casgliadau; ac adrodd, myfyrio a chymhwyso. Ar gyfer pob grŵp, rydym wedi cynnig pa gamau y gall athrawon eu cymryd a pha gwestiynau y gallent eu gofyn i helpu plant i wneud cynnydd. Yn olaf, rydym wedi nodi'n fras ddulliau o ddatblygu sgiliau dysgu sut i ddysgu a sgiliau meddwl.

Darllen pellach

Harlen, W. (gol.) (2001b) *Primary Science. Taking the Plunge,* 2il gyfrol. Portsmouth, NH: Heinemann, pen 6, 7 a 8.

James, M. *et al.* (2007) *Improving Learning How to Learn.* Llundain: Routledge, ch. 6.

Osborne, J. Erduran, S. a Simon, S. (2004) Enhancing the quality of argumentation in school science. *Journal of Research in Science Teaching* 41(10): 994–1020.

13

Addysgu ar gyfer mwynhad, cymhelliant ac agweddau gwyddonol

Cyflwyniad

Mae'r bennod hon yn ymwneud â'r amodau ystafell ddosbarth sy'n effeithio ar ymateb emosiynol plant i'w gweithgareddau a, thrwy hyn, ar eu dysg. Nid yw'r rhain yn nodweddion yn yr amgylchedd dysgu sy'n hawdd eu mesur – ac am y rheswm hwn maen nhw'n denu llai o sylw nag y maen nhw'n ei haeddu – ac eto maen nhw'n hollbwysig i gyflawni rhai o'r nodau addysg pwysicaf. I raddau helaeth, mae'r nodweddion hyn yn dibynnu nid ar y deunyddiau a'r adnoddau materol, ond ar weithredoedd, iaith ac ymddygiad athrawon. Mae adran gyntaf y bennod yn ymwneud â nodweddion yn yr ystafell ddosbarth sy'n cefnogi dysgu drwy ystyried ymateb emosiynol plant i dasgau penodol a chydnabod pwysigrwydd sut mae plant yn eu gweld eu hunain fel dysgwyr. Yn yr ail adran, rydym yn ystyried ffyrdd o ysgogi ymgysylltiad a pharhad mewn dysgu, gan edrych yn arbennig ar sut i annog cymhelliant cynhenid, yn hytrach na chymhelliant anghynhenid. Mae'r drydedd adran yn ymwneud ag agweddau tuag at ddysgu, y gellir eu hystyried yn rhan annatod o'r broses ddysgu ac yn rhan o'i deilliannau. Ar ôl ystyried agweddau at ddysgu yn gyffredinol, a rôl yr athro o ran datblygu agweddau cadarnhaol, rydym yn cynnig ffyrdd o helpu plant i ddatblygu agweddau sy'n benodol berthnasol i ddysgu gwyddoniaeth.

Beth mae ysgolion yn ei addysgu: y cwricwlwm cyfan

Mae plant yn dysgu llawer mwy yn yr ysgol na'r cwricwlwm swyddogol a hyd yn oed mwy na'r cwricwlwm ehangach sydd ymhlyg mewn nodau fel dysgu sut i ddysgu, datblygu llythrennedd gwyddonol, sgiliau meddwl ac yn y blaen. Y tu hwnt i hyn, maen nhw'n dysgu o'r hyn maen nhw'n ei weld a'i brofi yn ymddygiad y rhai o'u hamgylch – yr athrawon, disgyblion eraill a'r rhyngweithio rhyngddynt. Disgrifiwyd y dysgu hwn fel y 'cwricwlwm cudd'. Mae Black ac Atkin (2014: 777) yn dadlau:

> O arwyddocâd arbennig, mae myfyrwyr yn dysgu am ymddygiad oedolion mewn sefyllfaoedd o gyfrifoldeb. Ydy'r athro'n cosbi'r dosbarth cyfan pan fydd plentyn neu grŵp bach yn camymddwyn? Mae'r cwricwlwm cudd yn rhoi sylw o ddifrif i ymddygiad personol a chymdeithasol, fel cymryd tro a pharchu

syniadau myfyrwyr eraill. Mae'n cynnwys pa mor deg y mae athrawon yn ymddangos a p'un a ydynt yn rhoi cyfle cyfartal i'r holl fyfyrwyr. Ydyn nhw'n bychanu'r rhai sy'n camymddwyn? Sut maen nhw'n delio â sefyllfaoedd lle mae myfyriwr yn cyhuddo un arall o fwlio, neu gopïo, neu ddweud celwydd? A yw'n ymddangos bod gan yr athro ffefrynnau?

Mae popeth sy'n digwydd yn yr ystafell ddosbarth yn digwydd o fewn yr ethos, neu'r hinsawdd gymdeithasol, a grëwyd gan yr athro. Yn amlwg, mae gan yr athro ac oedolion eraill yn yr ysgol rôl bwysig o ran helpu plant i ddatblygu gwerthoedd, parch tuag atyn nhw eu hunain ac eraill yn ogystal â hyder yn eu gallu i ddysgu a pharodrwydd i ymgysylltu mewn dysgu. Mae pwysigrwydd sicrhau bod athrawon yn canfod beth yw syniadau presennol plant yn ganolog i helpu eu dysg. Ond cyn bod unrhyw obaith i athro ganfod syniadau a sgiliau plant, mae angen sefydlu hinsawdd yn yr ystafell ddosbarth lle mac plant yn teimlo ei bod yn 'ddiogel' i fynegi'r syniadau sydd ganddynt; un lle mae'r syniadau hyn yn cael eu gwerthfawrogi a'u cymryd o ddifrif, ac nad ydynt yn cael eu diystyru na'u gwawdio.

Mae'r pwynt hwn yn cael ei wneud yn dda gan Keogh a Naylor (2004: 18):

> Fel oedolion sylweddolwn pa mor agos yw'r cysylltiad rhwng hunan-barch a phwysigrwydd bod ein syniadau'n cael eu derbyn a'u gwerthfawrogi. Nid yw plant yn wahanol. Os ydym am i blant 'feddwl ar goedd', i fod yn greadigol yn eu ffordd o feddwl ac i ddadlau am bosibiliadau amgen, yna mae angen i ni ddarparu'r math o amgylchedd dysgu lle maen nhw'n teimlo'n gyfforddus i wneud hynny. Mae angen iddyn nhw wybod y gallan nhw wneud camgymeriadau neu roi atebion anghywir a theimlo'n dda amdanyn nhw eu hunain o hyd.

Ni ellir creu awyrgylch o'r fath dros nos. Mae'n deillio o athrawon yn dangos drwy esiampl sut i barchu syniadau pobl eraill, sut i fod yn sensitif i deimladau pobl eraill a gwerthfawrogi ymdrech ac agweddau o ddyfalbarhad, cyfrifoldeb a bod yn agored. Mae Blwch 13.1 yn crynhoi rhai camau eraill y gall athrawon eu cymryd i wneud i blant deimlo'n gyfforddus, yn yr ystyr emosiynol, yn yr ystafell ddosbarth.

Blwch 13.1 Creu hinsawdd yn yr ystafell ddosbarth ar gyfer dysgu

- Dysgu am ddiddordeb, hoff bethau a chas bethau plant unigol, yn ogystal â'u profiad blaenorol a'u cefndir cartref.
- Ceisio deall sut mae plant yn dod i ffurfio eu syniadau.
- Parchu gwahaniaethau mewn syniadau, gan wrthsefyll sylwadau beirniadol.
- Defnyddio iaith y mae plant yn ei deall, yn enwedig mewn perthynas â dysgu mewn gwyddoniaeth.
- Gwneud yn siŵr fod y plant wedi deall amcanion arfaethedig tasgau dysgu. .
- Rhoi enghraifft o barchu teimladau plant a disgwyl iddyn nhw wneud yr un peth i'w gilydd.

Pwysigrwydd affaith

Mae'r ffordd mae plant yn teimlo amdanyn nhw eu hunain a'r syniadau maen nhw'n dod ar eu traws yn yr ystafell ddosbarth yn dylanwadu ar eu dysgu. 'Bydd teimladau o ryfeddod, pleser, difyrrwch, diddordeb, dylanwad, diffyg diddordeb, diflastod ac anniddigrwydd yn amlwg yn effeithio mewn gwahanol ffyrdd ar y dasg ddysgu – weithiau'n ffafriol, weithiau'n anffafriol ' (Hodson, 1998: 54 – 54). Mae llawer o ffactorau gwahanol yn effeithio ar deimladau plant am dasgau dysgu, gan gynnwys rhai yn eu cefndir personol sydd y tu hwnt i ddylanwad yr ysgol. Ond gall yr ysgol fod â rôl mewn ffactorau eraill, megis eu profiad blaenorol o dasgau tebyg, ymateb pobl eraill i'r hyn y maen nhw wedi'i wneud a sut y derbynnir eu syniadau. Er enghraifft:

- Mae llwyddiant blaenorol mewn tasg debyg i'r un sydd i'w chyflawni yn debygol o annog plant i ymdrechu'n galed, tra bydd methiant cyson yn fwy tebygol o arwain at amharodrwydd i ymgysylltu.

- Os yw cyfoedion wedi ymateb yn dda i gyfraniad plentyn, mae'n fwy tebygol o ymuno â nhw a chynnig syniadau na phe bai'r cyfraniadau hyn wedi cael eu hanwybyddu neu eu trin fel cyfraniadau 'gwirion'.

- Gall y syniadau anwyddonol mae plant wedi'u creu iddyn nhw eu hunain ac sydd wedi gweithio iddyn nhw mewn cyd-destunau bob dydd gael eu harddel mor gadarn nes eu bod yn dod yn rhan o'u hymdeimlad ohonyn nhw eu hunain, sy'n cael ei herio pan gaiff y syniadau eu herio (Abelson, 1988).

Mae sensitifrwydd i deimladau plant yr un mor bwysig wrth ryngweithio gyda phlant ac ymhlith plant ag ydyw ar gyfer oedolion. Fe'i dangosir yn bennaf mewn sylw i deimladau plant am eu dysg. Ond rhaid bod y diddordeb yn ddiffuant. Nid yw plant yn cael eu twyllo gan sylw arwynebol eu hathro, gan y bydd yn cael ei fradychu gan ddull a goslef y llais yn ogystal â gan p'un a fydd unrhyw beth yn digwydd o ganlyniad. Mae diddordeb gwirioneddol yn creu awyrgylch lle mae syniadau'r plant eu hunain yn cael eu hannog a'u derbyn fel man cychwyn; lle mae ymdrech ac nid cyflawniad yn unig yn cael ei ganmol; lle mae gwerth ynghlwm wrth ymdrechion pob plentyn. Yn yr awyrgylch hwn, ni fydd plentyn nad yw'n cyflawni cystal ag eraill yn cael ei wawdio nac yn teimlo'n israddol. Yn ogystal â derbyn newid mewn syniadau a ffyrdd o feddwl, dylai amgylchedd sy'n gosod y sylfaen ar gyfer dysgu parhaus hefyd ysgogi hyn. Yn anad dim mae angen i ni greu awydd i ddysgu, i ddeall pethau o'n hamgylch ac i wneud hyn yn bleserus.

Hunan-ddelwedd plant fel dysgwyr

Rhan bwysig o gyd-destun emosiynol dysgu yw sut mae plant yn eu gweld nhw eu hunain fel dysgwyr a sut maen nhw'n priodoli eu llwyddiant neu fethiant. Mae'r rhai sy'n priodoli eu llwyddiannau i'w gallu a'u gwaith caled yn cydnabod bod eu dysg o fewn eu rheolaeth eu hunain. Pan fyddan nhw'n cael eu herio gan anhawster, maen nhw'n ymdrechu'n galed a phan fyddan nhw'n methu maen nhw'n ystyried y gallan nhw lwyddo os ydyn nhw'n ymdrechu'n ddigon caled. I'r plant hyn, nid yw methiant yn niweidio eu hunan-barch. Mae'r gwrthwyneb yn wir ar gyfer y rhai sy'n priodoli eu llwyddiant i amgylchiadau y tu allan iddyn nhw eu hunain, i siawns, i lwc neu i'w hathrawon. I'r dysgwyr hyn, mae profi methiant yn arwain at golli hyder, am nad ydynt yn teimlo mai nhw sy'n rheoli p'un a ydynt yn llwyddo neu'n methu. Mae dysgwyr o'r fath yn ceisio diogelu eu hunan-barch drwy osgoi'r risg o fethu drwy ddewis tasgau sydd o fewn eu gafael.

Mae hunanddelwedd yn arbennig o bwysig gan ei fod yn dylanwadu ar p'un a yw plant yn cael eu digalonni gan waith heriol. Mae Dweck (2000) wedi ymchwilio'n helaeth i effaith barn plant ohonyn nhw eu hunain fel dysgwyr ar eu perfformiad yn yr ysgol. Mae wedi canfod, yn wyneb anhawster, bod rhai plant yn ystyried bod methiant yn anochel ac nad yw o fewn eu gallu i newid ('Nid wyf yn dda ar y problemau hyn'; 'Mae gen i gof gwael'). Mae eraill yn ymateb yn wahanol, gan gydnabod bod angen iddynt ddod o hyd i ffyrdd o drechu'r anhawster ('Mi wnaf roi cynnig ar ffordd wahanol'; 'Dydw i ddim yn deall y rhan hwn ond gallaf wneud y gweddill ac wedyn efallai y bydd yn gwneud synnwyr'). Pan roddir gwaith i blant o'r un gallu sydd o fewn eu cyrraedd, ni sylwir ar y gwahaniaeth rhwng y ddwy ffordd hyn o ymateb, ond cyn gynted ag y bydd her yn codi, mae'r rhai sy'n teimlo na allant ei goresgyn drwy eu hymdrech o dan anfantais , a bydd hyn yn parhau wrth iddynt symud drwy'r ysgol ac yn anochel yn wynebu mwy o heriau.

Beth y gall athrawon ac eraill ei wneud i sicrhau nad yw rhai plant yn cyfrif eu hunain fel rhywun sy'n methu â mynd i'r afael ag anawsterau? Mewn ymateb i'r cwestiwn hwn, mae Dweck yn cyflwyno achos cryf dros ddefnyddio canmoliaeth i hyrwyddo ymdrech ('canmol ymdrech') ac i beidio â hyrwyddo barn plant ohonyn nhw eu hunain fel rhywun 'deallus' neu 'glyfar' ('canmol y person').

Mae canmol ymdrech yn cael ei ffafrio dros ganmol y person ar gyfer dysgwyr o bob gallu. I'r plant isel eu cyflawniad, mae canmol ymdrech yn eu helpu i gyd-nabod pwysigrwydd ymdrech ac yn sicrhau eu bod yn canolbwyntio ar ffyrdd o oresgyn problemau. Cynghorir i beidio â cheisio annog cyflawniad drwy ganmol y person pan fydd y plant hyn yn llwyddo, mewn ymgais i hybu ffydd ynddyn nhw eu hunain; gan fod hynny yn annog labelu ac yn tynnu sylw oddi ar yr ymdrech. I'r plant uchel eu cyflawniad, efallai ei bod yn anos osgoi canmol y person, yn enwedig pan fo'n ymddangos bod y gwaith wedi'i wneud yn berffaith. Fodd bynnag, fel y nodwyd gan Dweck ym Mlwch 13.2, mae ffyrdd eraill o ddangos gwerthfawrogiad sy'n canolbwyntio ar y gwaith a sut y cafodd ei wneud yn hytrach nag ar y person.

Blwch 13.2 Canmol ymdrech y rhai sy'n uchel-gyflawnwyr

Mae unrhyw un sydd wedi bod ym mhresenoldeb plant sy'n gwneud yn dda iawn yn unrhyw faes yn gwybod y gallai fod yn demtasiwn llethol i ddweud wrth blant pa mor dda, talentog, neu glyfar ydyn nhw ar yr hyn maen nhw'n ei wneud. Ni wyddom am ffyrdd eraill i ddangos ein llawenydd a'n hedmygedd. Prin iawn y mae canmol ymdrech yn ymddangos fel opsiwn amgen digonol.

Ond pan fyddant yn cael eu rhoi yn y ffordd iawn gall canmol ymdrech a strategaeth fod yn werthfawrogol iawn o lwyddiannau plentyn. Os bydd plentyn yn paentio llun hyfryd gallwn holi am ac edmygu sut y gwnaeth ef neu hi ddewis y lliwiau, ffurfio'r delweddau, neu greu gwead. Os bydd plentyn yn datrys cyfres o broblemau mathemateg anodd, gallwn ofyn gydag edmygedd pa strategaethau mae hi neu ef wedi'u defnyddio a gallwn edmygu'r canolbwyntio a aeth i mewn iddo . . .

Mewn sawl ffordd, mae'r math hwn o drafodaeth 'proses' yn gwerthfawrogi'r hyn mae'r plentyn wedi'i wneud yn fwy na chanmol y person. Yn ei hanfod, mae canmol y person yn anwybyddu hanfod, gwir rinwedd, yr hyn a gyflawnwyd, ac yn gwerthfawrogi'r gwaith fel adlewyrchiad o ryw allu yn unig.

(Dweck, 2000: 120–121)

Cymhelliad ar gyfer dysgu

Gellir disgrifio cymhelliad ar gyfer dysgu fel parodrwydd i wneud yr ymdrech mae dysgu yn aml yn gofyn amdani. Mae creu awyrgylch cefnogol drwy hidio am ymateb emosiynol plant yn sylfaenol i ysgogi dysgu, ond mae mwy iddo na hyn. Rhaid bod rhywbeth ynddi i'r dysgwr, rhyw wobr sy'n gwneud yr ymdrech honno'n werth chweil.

Mae'n ddefnyddiol gwahaniaethu rhwng cymhelliad i gymryd rhan mewn gweithgaredd ac yna, unwaith maen nhw wedi'u hymgysylltu, cymhelliad i barhau er gwaethaf anawsterau a phenderfyniad i wneud cystal â phosibl. Mae'r broses o gymell diddordeb yn digwydd ar wahanol ffurfiau i blant ar wahanol adegau. Ar gyfer plant 5 a 6 mlwydd oed mae storïau a sefyllfaoedd ffuglennol, fel sy'n cael eu defnyddio gan Kathy a Chris (Pennod 3), yn annog cyfranogiad gweithredol yn y naratif ac yn y gweithgareddau mae'r storïau'n eu hawgrymu. Mae plant hŷn yn fwy tebygol o gael eu hysgogi gan sefyllfaoedd sy'n ymddangos yn real iddynt, yn ymwneud â phethau o'u hamgylch.

Yn ddiau, y ffordd orau o gymell dysgu yw i blant ei fwynhau. Mae llawer o ffyrdd creadigol o gyflwyno gweithgareddau sy'n gwneud dysgu yn hwyl yn ogystal ag ymgysylltu meddwl yn galed. Er enghraifft, mae Keogh a Naylor (2011) yn awgrymu'r canlynol:

- Profi 'mythau' fel y myth sy'n dweud os byddwch yn gollwng tost â menyn arno, bydd bob amser yn glanio ar yr ochr â menyn.
- Syniadau wedi'u datblygu o eitemau newyddion diweddar, i'w cael drwy Primary Update (gweler gwefannau).
- Cysylltiadau i destunau mewn pynciau eraill, megis dogni bwyd a blacowt mewn testun ar yr Ail Ryfel Byd (Bird and Saunders, 2007).
- Cartwnau cysyniad (gweler Pennod 15).
- Defnyddio pypedau (Simon et al., 2008) i gyflwyno problemau a chodi cwestiynau.

Unwaith mae plant wedi'u hymgysylltu, mae parodrwydd i barhau mewn gweithgaredd a goresgyn problemau yn aml yn cael ei gymell gan y posibilrwydd o wobr. Yma mae gwahaniaeth pwysig i'w wneud rhwng gwahanol fathau o wobrwyo: gwobrau nad ydynt yn gysylltiedig (anghynhenid) â'r gweithgaredd a'r hyn y gellir ei ddysgu drwyddo a'r rhai sy'n gysylltiedig (neu sy'n gynhenid) â'r gweithgaredd a'r dysgu. Y syniad o gymell dysgu drwy wobrau a chosbau anghynhenid yw sail y dull ymddygiadol o ddysgu (gweler Pennod 5, t. 68). Y ddamcaniaeth sylfaenol (Skinner, 1974) yw y bydd ymddygiadau sy'n cael eu gwobrwyo'n rheolaidd yn cael eu hatgyfnerthu ac y bydd y rhai sy'n cael eu cosbi dro ar ôl tro yn diflannu. Y dybiaeth yw bod dysgu dan ryw reolaeth sydd yn allanol i'r dysgwr. I'r gwrthwyneb, mae'r farn bod dysgu'n dibynnu ar gyfranogiad gweithredol y dysgwr yn golygu ei fod o dan reolaeth fewnol ac mae'r wobr yn y boddhad gyda'r hyn a gyflawnwyd.

Cymhelliant anghynhenid a chynhenid

Er bod rhai seicolegwyr yn nodi mathau eraill o gymhelliad (e.e. mae McMeniman, 1989, yn ychwanegu 'cymhelliad cyflawniad'), cytunir yn gyffredinol fod y prif wahaniaethau i'w gwneud rhwng cymhelliad cynhenid ac anghynhenid. Mae cymhelliad cynhenid yn golygu bod rhywun yn cymryd rhan mewn gweithgaredd oherwydd y boddhad sy'n deillio o wneud hynny. Pan fo cymhelliad anghynhenid mae'r boddhad yn dod o ganlyniad nad oes ganddo fawr ddim i'w wneud â'r gweithgaredd - beic newydd am basio arholiad neu hufen iâ am orffen y gwaith cartref! Mae Blwch 13.3 yn rhestru rhai o nodweddion dysgu â chymhelliad cynhenid ac anghynhenid, gan ddangos bod cymhelliad cynhenid yn amlwg yn ddymunol, gan ei fod yn arwain at ddysgu hunan-gymhellol a pharhaus. Mae'n arbennig o berthnasol i ddysgu i wneud synnwyr o bethau o'n hamgylch a pheidio â bod yn fodlon nes ein bod yn eu deall.

Mae ysgogi dysgu drwy wobrau a chosbau, a ddisgrifir fel cymhelliad anghynhenid, yn cael ei feirniadu'n eang ac yn wir mae tystiolaeth o astudiaethau ymchwil (Kohn, 1993) sy'n awgrymu bod y defnydd o wobrau yn gysylltiedig â dirywiad yn ansawdd gwaith plant. Y rheswm am hyn yw y gall gwneud pob ymdrech i gael y wobr anghynhenid arwain at doriadau byr a gwaith llai meddylgar. Os yw'r wobr yn y gwaith neu'r hyn sy'n cael ei ddysgu o ganlyniad i'r gwaith, ar y llaw arall, a bod y cymhelliad yn gynhenid, yna caiff y wobr hon ei chyflawni drwy waith mwy meddylgar a gofalus. I roi blas o'r drafodaeth ar yr adborth ym Mhennod 16, mae cymhelliad cynhenid yn fwy tebygol o gael ei annog gan sylwadau ar waith y plant sy'n nodi'r hyn sy'n dda amdano ac sy'n cynnig awgrymiadau ar gyfer gwella, yn hytrach na graddau neu farciau.

Blwch 13.3 Cymhelliad cynhenid ac anghynhenid ar gyfer dysgu

Dysgwyr sydd â chymhelliad cynhenid

- canfod diddordeb a boddhad yn yr hyn y maen nhw'n ei ddysgu ac yn y broses ddysgu;

- yn cael eu 'cymell o'r tu mewn' ac nid oes angen cymhellion allanol arnynt i ymgysylltu â dysgu;

- cydnabod eu rôl eu hunain yn y dysgu ac yn cymryd cyfrifoldeb amdano;

- chwilio am wybodaeth, nodi eu nodau dysgu a dyfalbarhau;

- credu bod eu cyflawniad yn dibynnu ar eu hymdrech.

Dysgwyr sydd â chymhelliad anghynhenid

- ymgysylltu mewn dysgu yn bennaf oherwydd cymhellion allanol megis sêr aur, marciau uchel;

- gall roi'r gorau i ddysgu, neu o leiaf leihau'r ymdrech, yn absenoldeb y ffactorau allanol hyn;

- dysgu'r hyn sydd â chysylltiad agos â'r ymddygiad sy'n cael ei wobrwyo;

- gwneud ymdrech i ddysgu pethau a fydd yn arwain at ganmoliaeth, gwobr neu fraint, yn hytrach nag oherwydd eu gwerth i ddatblygu dealltwriaeth.

Annog cymhelliad cynhenid

Rhaid i ni gydnabod, wrth gwrs, ei bod yn anodd gweithio'n ymarferol ar yr egwyddor y bydd pob plentyn yn cael boddhad wrth ddysgu drwy'r amser. Ni fydd llwgrwobr neu fygythiad achlysurol yn ymwneud â breintiau yn gwneud unrhyw niwed, ar yr amod mai'r disgwyliad rheolaidd yw cael boddhad a mwynhad wrth weithio hyd eithaf eu gallu. Mae dathlu hyn yn wobr gynhenid bwysig. Mae ffyrdd eraill o annog cymhelliad cynhenid yn dod o amrywiaeth o astudiaethau dysgu ar draws y cwricwlwm, sy'n awgrymu pethau y gall athrawon eu gwneud, a phethau y dylent eu hosgoi, wrth geisio creu hinsawdd yn yr ystafell ddosbarth sy'n meithrin cymhelliad cynhenid.

Mae gweithredu cadarnhaol yn cynnwys

- Darparu rhywfaint o ddewis o weithgareddau. Nid yw hyn yn golygu dewis rhydd i wneud unrhyw beth ond dewis o blith opsiynau amgen a ddyfeisiwyd yn ofalus, ac mae'r cyfan yn cael eu hystyried gan y plant fel rhai sy'n berthnasol iddyn nhw. Mae'r weithred o ddewis yn rhoi rhywfaint o berchenogaeth i'r plant o'r gweithgaredd ac yn trosglwyddo rhywfaint o gyfrifoldeb iddynt i'w gyflawni o ddifrif a'i gwblhau hyd eithaf eu gallu.

- Cynnwys plant yn y gwaith o nodi rhai amcanion rhesymol ar gyfer y gweithgaredd a rhai ffyrdd o gyflawni'r amcanion hyn.

- Eu helpu i asesu eu cynnydd eu hunain, gan ddefnyddio dulliau fel y rhai a awgrymir ym Mhennod 17.

- Sefydlu gweithgareddau mewn ffordd sy'n gofyn am gydweithredu gwirioneddol mewn parau neu grwpiau bach, fel bod ymdrech pawb dan sylw yn bwysig a bod pawb yn gorfod tynnu eu pwysau.

- Dangos hyder y bydd plant yn gwneud yn dda; bod â disgwyliadau uchel.

- Annog balchder o fod wedi rhoi cynnig arni a gwneud ymdrech dda.

Mae camau o'r fath yn sefydlu cylch 'rhinweddol' lle mae plant yn ymdrechu'n galetach ac o ganlyniad yn llwyddo, sy'n codi eu hunan-barch. Yn ôl yr un rhesymeg, mae'n bwysig osgoi'r cylch dieflig neu'r broffwydoliaeth hunan-gyflawnol lle mae plant yn gweld eu hunain yn methu hyd yn oed cyn iddynt ddechrau ar dasg ac felly'n gwneud ychydig iawn o ymdrech, gan arwain at fethiant sy'n cadarnhau eu barn amdanyn nhw eu hunain.

Mae'r pethau i'w hosgoi yn cynnwys:

- Labelu plant naill ai fel grwpiau neu unigolion. Gall hyn ddigwydd yn ymwybodol, fel pan fo plant yn cael eu ffrydio neu eu grwpio yn ôl eu gallu ac y cyfeirir atyn nhw gyda label, neu yn anymwybodol yn ôl goslef y llais neu sut mae gweithgareddau'n cael eu neilltuo. Mae'n anodd dychmygu nad yw cael eich labelu fel 'dosbarth B', wedi'i atgyfnerthu gan y lefel isel unffurf o waith a ddisgwylir, yn trosglwyddo i hunanddelwedd plant. Mae plant yn sensitif iawn i gael eu trin mewn ffyrdd gwahanol i eraill ac nid ydynt yn cael eu twyllo drwy gael eu disgrifio fel y grŵp 'gwyrdd' pan mae hyn yn golygu mai nhw yw'r rhai 'araf'.

- Gwneud cymariaethau rhwng plant. Mae hyn yn annog cystadleuaeth ac yn tynnu oddi ar bob plentyn sy'n gweithio tuag at ei nodau ei hun.

- Canmol plant am fod yn 'glyfar' yn hytrach nag am yr ymdrech a'r sgìl sydd eu hangen i lwyddo.

Agweddau a dysgu

Helpu i ddatblygu agweddau cadarnhaol

Mae agweddau'n disgrifio ffordd sefydlog o feddwl neu deimlo am wrthrychau neu brofiadau sy'n rhannu nodweddion. Nid yw agweddau yn dangos yn yr hyn y gall pobl ei wneud na'r hyn maen nhw'n ei wybod ond yn eu parodrwydd i ddefnyddio eu gwybodaeth neu eu sgiliau pan fo hynny'n briodol. Felly, bydd agweddau tuag at, dyweder, darllen, gweithgarwch corfforol neu ddefnyddio cyfrifiadur yn dangos yn y ffordd mae person yn adweithio, naill ai'n gadarnhaol neu'n negyddol, pan ofynnir iddo/iddi ymgymryd â'r gweithgareddau hyn, nid unwaith, ond yn rheolaidd. Er enghraifft, nid yw agwedd o barodrwydd i ystyried tystiolaeth wrth wneud honiadau neu lunio barn yn deillio o un gweithgaredd neu nifer o weithgareddau sy'n ymwneud â phwnc hyd yn oed. Yn hytrach, gall ddeillio o brofiad estynedig lle mae gwerth defnyddio tystiolaeth wedi bod yn glir. Gall hefyd gael ei ffurfio o esiampl rhywun sydd wedi dangos yr agwedd hon yn eu hymddygiad, dros gyfnod o amser. Am y rheswm hwn, dywedir bod agweddau'n cael eu 'dal yn hytrach na'u haddysgu', yn enwedig o ymddygiad oedolion dylanwadol.

Mae'r nod o ddatblygu agweddau cadarnhaol, yn hytrach na'i ddatgan yn glir yn y cwricwlwm, fel sy'n wir ar gyfer dealltwriaeth gysyniadol a sgiliau gwybyddol, yn aml wedi'i wreiddio mewn datganiad o ddibenion cyffredinol. Er enghraifft, nodir mai diben cyffredinol y cwricwlwm newydd ar gyfer Cymru yw datblygu:

- dysgwyr uchelgeisiol, galluog, sy'n barod i ddysgu drwy gydol eu hoes
- cyfranwyr mentrus, creadigol sy'n barod i chwarae rhan mewn bywyd a gwaith
- dinasyddion moesegol, gwybodus ar gyfer Cymru a'r byd
- unigolion iach, hyderus, yn barod i fyw bywydau boddhaus fel aelodau gwerthfawr o gymdeithas.

Nid yw dod yn uchelgeisiol, yn greadigol, yn foesegol ac yn hyderus yn dibynnu ar ddigwyddiadau penodol nac astudio pynciau penodol. Yn hytrach, mae'n dibynnu ar athrawon yn annog agweddau cadarnhaol drwy weithredoedd fel y canlynol.

Dangos esiampl
O ystyried bod agweddau'n cael eu 'dal', mae'n debyg mai dangos esiampl yw'r pwysicaf o'r pethau cadarnhaol y gall athrawon eu gwneud. Gallai gwneud pwynt o ddatgelu bod ei syniadau ef neu hi wedi newid, er enghraifft, gael effaith sylweddol ar barodrwydd plant i newid eu syniadau. Mae'r hen ddywediad 'trech gweithred na gair', yn golygu na fydd sylwadau o'r fath yn argyhoeddi ar eu pen eu hunain. Mae'n bwysig bod athrawon yn dangos agweddau yn yr hyn maen nhw'n ei wneud, nid yr hyn maen nhw'n ei ddweud yn unig, er enghraifft, drwy:

- ddangos diddordeb mewn pethau newydd (y gallai'r plant fod wedi dod gyda nhw i'r ysgol) drwy roi sylw, os nad yn gyfleus ar unwaith, yna ar ryw adeg wedi'i chynllunio'n ddiweddarach, a'u harddangos i eraill eu gweld, os yw'n briodol;
- rhannu wrth ddysgu am bethau newydd neu anarferol drwy chwilio mewn llyfrau, ar y Rhyngrwyd neu ddefnyddio ffynonellau gwybodaeth eraill gyda'r plant;

■ bod yn hunan-feirniadol, gan gyfaddef i wneud camgymeriadau a chymryd camau i unioni'r cam.

Rhoi cyfle

Os yw plant i ddatblygu parodrwydd i weithredu mewn ffyrdd penodol, mae'n rhaid cael cyfle i arfer dewis. Os yw eu gweithredoedd yn cael eu rheoli'n agos gan reolau neu weithdrefnau gwersi wedi'u strwythuro'n dda, yna nid oes llawer o gyfle i ddatblygu a dangos agweddau penodol (ac eithrio parodrwydd efallai i gydymffurfio). Mae darparu gwrthrychau newydd ac anarferol yn yr ystafell ddosbarth yn rhoi cyfle i blant ddangos a bodloni – ac felly datblygu – chwilfrydedd. Mae trafod gweithgareddau tra'u bod nhw ar y gweill neu ar ôl iddynt gael eu cwblhau, yn rhoi anogaeth i fyfyrio'n feirniadol, ond oni bai bod cyfleoedd o'r fath yn cael eu darparu, ni ellir meithrin yr agweddau hyn.

Atgyfnerthu agweddau cadarnhaol

Mae plant yn dysgu agweddau nid yn unig o esiampl ond o sut mae eraill yn ymateb i'w hymddygiad eu hunain. Pan fydd plant yn dangos arwyddion o agweddau cadarnhaol, mae'n bwysig atgyfnerthu'r ymddygiadau hyn drwy gymeradwyo'r ymddygiad. Yma mae'r gwahaniaeth rhwng canmol yr unigolyn (canmol y person) ac atgyfnerthu'r ymddygiad (canmol ymdrech) yn arbennig o berthnasol. At hynny, os yw'r gymeradwyaeth hon yn gyson ac yn dod yn rhan o hinsawdd yr ystafell ddosbarth, bydd y plant yn dechrau atgyfnerthu'r agweddau drostynt eu hunain ac ar gyfer ei gilydd. Bydd y rhai nad ydynt wedi datblygu agweddau cadarnhaol eto yn gallu nodi beth yw'r rhain o'r gymeradwyaeth a roddir i eraill.

Trafod ymddygiad sy'n gysylltiedig ag agwedd

Gan fod agweddau yn rhan reolaidd o ymddygiad, mae eu cydnabod yn gofyn am y gallu i nodi'r hyn sy'n gyffredin mewn gwahanol sefyllfaoedd. Mae'r angen am rywfaint o feddwl haniaethol yn ei gwneud yn anodd trafod agweddau, yn enwedig gyda phlant ifanc. Fodd bynnag, wrth i blant aeddfedu, maen nhw'n gallu myfyrio ar eu hymddygiad a'u cymhellion eu hunain. Yna, daw'n bosibl trafod enghreifftiau o agweddau ar waith a'u helpu i nodi'r ffordd maen nhw'n effeithio ar ymddygiad yn benodol. Er enghraifft, ar ôl i blant 10 mlwydd oed ddarllen mewn llyfr bod malwod yn bwyta mefus, fe wnaethon nhw brofi hyn a dod i'r casgliad 'o ran ein malwod ni, mae'r llyfr yn anghywir'. Trafododd eu hathro gyda nhw sut y gallai awdur y llyfr fod wedi dod i gasgliad gwahanol iddyn nhw a p'un a allai'r plant gasglu mwy o dystiolaeth cyn dod i'w casgliadau. Sylweddolodd y plant fod y casgliadau yn agored i'w herio gan dystiolaeth bellach, gan felly ddatblygu eu 'parch at dystiolaeth'.

Helpu i ddatblygu agweddau gwyddonol

Gan droi yn awr at agweddau sy'n ymwneud yn benodol â dysgu gwyddoniaeth, mae'n ddefnyddiol gwahaniaethu rhwng dau fath o agweddau gwyddonol:

■ agweddau *am* wyddoniaeth – hoffter, neu wrthwynebiad, o weithdrefnau a chanlyniadau gwyddoniaeth

■ agweddau o wyddoniaeth – sy'n helpu neu'n llesteirio proses ymholi mewn gwyddoniaeth.

Rydym yn ymwneud yn bennaf ar y lefel gynradd gyda'r ail o'r rhain. Mae'r cyntaf yn ei gwneud yn ofynnol i blant fod wedi cael digon o brofiad o weithgarwch gwyddonol os ydynt am ddatblygu agwedd wybodus am wyddoniaeth. Heb hyn, bydd agweddau'n cael eu ffurfio ar sail y mythau lu am wyddoniaeth ac am wyddonwyr sy'n parhau mewn cred boblogaidd ac yn y gwawdluniau sy'n cael eu cyfleu yn y cyfryngau ac mewn rhywfaint o lenyddiaeth. Ar y naill law, gall gwyddoniaeth fel menter gael ei phortreadu fel y dihiryn, tarddiad arfau a thechnoleg ddinistriol sy'n achosi difrod amgylcheddol neu, ar y llaw arall, fel rhyfeddod y byd modern sy'n darparu datblygiadau meddygol, yn ehangu gorwelion dynol y tu hwnt i'r Ddaear a chysawd yr haul, yn gyfrifol am ddarganfyddiadau sydd wedi arwain at gyfrifiaduron a thechnoleg gwybodaeth. Y gwaith pwysig ar y lefel gynradd yw galluogi plant i ddatblygu dealltwriaeth realistig o beth yw 'gwyddoniaeth '.

Er nad yw datblygu agweddau gwyddonol yn cael ei nodi'n benodol fel gofyniad mewn cwricwla cenedlaethol, mae'n cael ei gydnabod yn eang fel deilliant pwysig o ran addysg gwyddoniaeth. Yn gyffredinol, mae rhywfaint o gyfeiriad mewn datganiadau anstatudol neu ddatganiadau cyffredinol o ddibenion i helpu plant i ddatblygu: gofal, cyfrifoldeb, pryder a pharch at bob peth byw a'r amgylchedd; gwerthfawrogi barn pobl eraill; bod yn sensitif i deimladau pobl eraill; a meithrin chwilfrydedd. Mae natur gyffredinol agweddau yn golygu na ellir tynnu llinell glir rhwng agweddau 'gwyddonol' ac agweddau eraill, ond mae dau y gellir eu disgrifio fel agweddau o wyddoniaeth:

■ Parodrwydd i ystyried tystiolaeth ac mewn perthynas â syniadau.

■ Sensitifrwydd i bethau byw a'r amgylchedd.

Bydd y camau y gall athrawon eu cymryd i feithrin yr agweddau hyn yn cynnwys y rhai a nodwyd yn gynharach, sy'n berthnasol ar draws y cwricwlwm, ond hefyd rhai sydd yn fwy cysylltiedig â gweithgareddau gwyddoniaeth. Mae'r rhain wedi'u nodi ym Mlychau 13.4 ac 13.5.

Blwch 13.4 Parodrwydd i ystyried tystiolaeth mewn perthynas â syniadau

Camau y gall athrawon eu cymryd

■ Cadw amser ar gyfer trafod a dehongli tystiolaeth, a thrwy hynny dangos pa mor bwysig yw hyn.

■ Rhoi sylw i'r dystiolaeth y mae plant yn ei chasglu a sicrhau nad oes unrhyw dystiolaeth yn cael ei hanwybyddu, gan felly nodi'r disgwyliad i gymryd sylw o'r holl dystiolaeth sydd ar gael.

■ Rhoi enghraifft, drwy siarad am sut mae syniadau'r athro ei hun wedi cael eu newid gan dystiolaeth ('Doeddwn i ddim yn sylweddoli bod cymaint o fathau o wrachod lludw').

■ Cydnabod pan fydd tystiolaeth yn gofyn am newid syniadau ('mae angen i ni ailfeddwl am hyn').

■ Atgyfnerthu pwysigrwydd peidio â rhuthro i gasgliadau â thystiolaeth annigonol drwy gymeradwyo awgrymiadau plant bod angen mwy o dystiolaeth cyn y gallant ddod i gasgliad.

Blwch 13.5 Sensitifrwydd i bethau byw a'r amgylchedd

Camau y gall athrawon eu cymryd

- Rhoi enghraifft o gyfrifoldeb am bethau byw drwy archwilio iechyd anifeiliaid a phlanhigion yn yr ystafell ddosbarth, hyd yn oed os yw plant wedi'u neilltuo i ofalu amdanynt.

- Rhoi cyfleoedd i blant ofalu am bethau byw, sydd yn dod i mewn i'r ystafell ddosbarth dros dro (ond gwirio eu lles, fel yr awgrymir uchod).

- Trafod y gofal sydd ei angen wrth archwilio'r amgylchedd naturiol, fel gosod rhywbeth yn lle pethau eraill, fel cerrig neu laswellt, er mwyn gwarchod cynefinoedd.

- Dangos cymeradwyaeth o ymddygiad meddylgar tuag at bethau byw

- Sicrhau, lle bo modd, bod anifeiliaid sy'n cael eu tynnu o'u cynefinoedd naturiol a'u rhoi yn yr ystafell ddosbarth i'w hastudio yn cael eu rhoi yn ôl wedyn.

- Darparu biniau ar gyfer ailgylchu sy'n cael eu defnyddio gan staff a phlant ac esbonio'r rheswm dros eu defnyddio.

Crynodeb

Yn y bennod hon rydym wedi ystyried y dysgu heb ei gynllunio sy'n digwydd drwy'r 'cwricwlwm cudd' mewn ysgolion a'r adweithiau emosiynol sy'n gallu effeithio ar ddysgu plant. Rydym wedi nodi sut mae plant yn amrywio yn eu hymateb i heriau a pha mor bwysig yw cefnogi ymdrech mewn amgylchiadau o'r fath drwy ganmol plant am lwyddo drwy ymdrechu'n galed yn hytrach nag am eu gallu neu am 'fod yn glyfar'. Rydym hefyd wedi ystyried sut y gall athrawon helpu i ddatblygu cymhelliad ar gyfer dysgu, a sut mae cymhelliad cynhenid ar gyfer dysgu gwyddoniaeth yn cael ei annog pan fydd plant yn mwynhau archwilio ac yn teimlo bodlonrwydd wrth wneud synnwyr o'r byd o'u hamgylch.

Rydym wedi trafod datblygu agweddau tuag at ddysgu yn gyffredinol a thuag at ddysgu gwyddoniaeth yn benodol. Dyma'r prif bwyntiau:

- Mae agweddau yn ffyrdd o ddisgrifio parodrwydd neu ffafriaeth i ymddwyn mewn ffyrdd penodol mewn perthynas â digwyddiadau, gweithgareddau neu ffenomenau.

- Gall agweddau cyffredinol, ac agweddau gwyddonol yn arbennig, gael eu hannog gan athrawon sy'n dangos esiampl trwy eu hymddygiad eu hunain, gan sicrhau cyfleoedd i blant wneud pend-erfyniadau a ffurfio eu syniadau eu hunain, atgyfnerthu ymddygiadau perthnasol a thrafod gwerth ymddygiadau sy'n arwain at ddysgu hunan-gymhellol.

- Awgrymwyd ffyrdd y gall athrawon eu defnyddio i feithrin dwy agwedd o wyddoniaeth mewn plant: parodrwydd i ystyried tystiolaeth, a sensitifrwydd tuag at bethau byw a'r amgylchedd.

Darllen pellach

Keogh, B. a Naylor, S. (2006) Access and engagement for all, in W. Harlen (gol.) *ASE Guide to Primary Science Education.* Hatfield: Cymdeithas Addysg Gwyddoniaeth.

Keogh, B. a Naylor, S. (2011) Creativity in teaching science, in W. Harlen (gol.) *ASE Guide to Primary Science Education,* argraffiad newydd. Hatfield: Cymdeithas Addysg Gwyddoniaeth.

McCrory, P. (2011) Developing interest in science through emotional engagement, in W. Harlen (ed.) *ASE Guide to Primary Science Education,* argraffiad newydd. Hatfield: Cymdeithas Addysg Gwyddoniaeth. .

Gwefan

Primary upd8: www.primaryupd8.org.uk (ar danysgrifiad i'r rhai nad ydynt yn aelodau o ASE neu wedi'i gynnwys fel rhan o e-aelodaeth ASE ar gyfer ysgolion cynradd).

Asesu a dysgu

Mae'r pum pennod yn y rhan hon yn ymwneud â rolau allweddol asesu yn nysg disgyblion. Mae'r bennod gyntaf (14) yn disgrifio nodweddion dau brif ddiben asesu yn yr ysgol gynradd: ar gyfer helpu dysgu (ffurfiannol) ac ar gyfer adrodd a chofnodi dysgu (crynodol). Mae asesu ffurfiannol yn cael ei gyflwyno yma fel cylch parhaus o ddigwyddiadau lle defnyddir tystiolaeth o ddysgu parhaus i helpu i symud tuag at nodau gwers neu gyfres o wersi. Mae'r tair pennod ganlynol yn ymhelaethu ar gamau yn y cylch hwn: casglu tystiolaeth i helpu dysgu (Pennod 15); dehongli tystiolaeth a'i defnyddio i fwydo'n ôl i'r addysgu a'r dysgu (Pennod 16); a rôl plant wrth asesu eu gwaith (Pennod 17). Mae'r bennod olaf (18) yn yr adran hon yn ymwneud ag asesu crynodol. Mae'n nodi rhai anfanteision a chyfyngiadau defnyddio profion ar gyfer asesu mewn gwyddoniaeth gynradd ac yn cyflwyno dau ddull yn seiliedig ar farn athrawon sy'n galluogi defnyddio gwybodaeth at ddibenion ffurfiannol yn ogystal â dibenion crynodol.

14

Dibenion asesu

Cyflwyniad

Nod y cyntaf o'r pum pennod hyn ar asesu yw braenaru tir ar gyfer trafod agwed-dau allweddol ar asesu yn yr ysgol gynradd. Yma rydym yn ymdrin â materion sy'n gyffredin i asesu mewn unrhyw faes pwnc, gan adael y drafodaeth ar faterion sy'n benodol i wyddoniaeth ar gyfer penodau diweddarach. Rydym yn dechrau drwy ddiffinio asesu a thermau cysylltiedig, gan esbonio'r gwahaniaeth pwysig rhwng asesu a phrofi. Yn yr ail adran, rydym yn edrych yn fras ar y penderfyn-iadau sy'n gysylltiedig ag unrhyw asesiad ynghylch pa dystiolaeth sydd ei hangen, sut i'w chasglu, sut i'w dehongli a sut i ddefnyddio'r wybodaeth sy'n deillio ohoni a'i hadrodd. Yn y drydedd adran, rydym yn nodi dau brif bwrpas asesu sy'n cael ein sylw yn y llyfr hwn: ar gyfer helpu dysgu (asesu ffurfiannol) ac ar gyfer crynhoi dysgu (asesiad crynodol) a disgrifio nodweddion allweddol asesu ar gyfer y dibenion hyn. Yn olaf, rydym yn trafod ystyr dibynadwyedd a dilysrwydd mewn perthynas ag asesu a sut mae'r ddau gysyniad hyn yn rhyngweithio.

Ystyr a dibenion asesu

Ystyr

Yn gyffredinol, ystyrir bod asesu mewn addysg yn broses lle mae tystiolaeth am gyflawniadau dysgwyr yn cael ei chasglu, ei dehongli ac yn cael ei defnyddio at ryw ddiben. Yn yr ystyr hwn yr ydym yn defnyddio'r term 'asesu' yn y llyfr hwn, hynny yw, fel proses yn hytrach na chynnyrch. Mae'n eithaf cyffredin, fodd bynnag, i'r term gael ei ddefnyddio ar gyfer y cynnyrch (barn a fynegir fel marc, gradd, lefel, ac ati) sy'n deillio o'r broses. Felly mae'n bosibl y gwelwn hyn yn cael ei ddefnyddio wrth ddyfynnu gwahanol ffynonellau, ond gobeithio bod y cyd-destun yn egluro sut mae'r gair yn cael ei ddefnyddio.

Termau cysylltiedig a gaiff eu defnyddio weithiau'n gyfnewidiol ag asesu yw 'gwerthuso' ac 'arfarnu'. Rhoddir datganiad awdurdodol ar y defnydd o'r geiriau hyn mewn adroddiad gan OECD:

Defnyddir y term 'asesu' i gyfeirio at ddyfarniadau ar berfformiad disgyblion unigol ac at gyflawni nodau dysgu. Mae'n cynnwys asesiadau yn y dosbarth yn ogystal â phrofion ac arholiadau allanol ar raddfa fawr. Defnyddir y term 'arfarnu' i gyfeirio at ddyfarniadau ar berfformiad gweithwyr proffesiynol ar lefel ysgol, e.e. athrawon a phrifathrawon. Yn olaf, defnyddir y term 'gwerthuso' i gyfeirio at ddyfarniadau ar effeithiolrwydd ysgolion, systemau a pholisïau ysgolion.

(Nusche *et al*., 2012: 24)

Fodd bynnag, dylid nodi mai gwerthuso addysgol yw'r term a ddefnyddir mewn rhai gwledydd (yn enwedig UDA) yn gyfnewidiol ag asesu i gyfeirio at gyflawniadau unigolion. I wneud pethau'n waeth, nid oes gan rai ieithoedd (e.e. Sbaeneg) eiriau ar wahân ar gyfer asesu a gwerthuso, felly unwaith eto mae'n bwysig defnyddio'r cyd-destun i egluro ystyr 'gwerthuso' ac 'asesu' neu i bennu cyfeiriad at ddysg disgyblion lle bo yn debygol o beri dryswch.

Mae asesu'n golygu gwneud penderfyniadau am:

- yr ystod o dystiolaeth sydd ei hangen i ateb diben yr asesiad;
- sut i gasglu'r dystiolaeth fel ei bod yn addas i'r diben;
- sut i ddehongli'r dystiolaeth;
- sut i adrodd a chyfleu'r canlyniad i'r rhai hynny sydd angen gwybod am gyflawniad y plant.

Gall tystiolaeth gael ei chasglu, ei dehongli a'i hadrodd mewn sawl ffordd. Mae cyfuniadau gwahanol o'r ffyrdd hyn yn creu dulliau asesu gwahanol. Maen nhw'n amrywio o brofion safonol – lle caiff tystiolaeth ei chasglu pan fydd plant yn dyfeisio tasgau'n ofalus o dan amodau sy'n cael eu rheoli – i asesiad a gynhelir bron yn anweladwy yn ystod cyfnewid arferol rhwng athro a phlant. Dylid penderfynu ar y dull mwyaf priodol mewn achos penodol yn ôl diben yr asesiad.

Profion a dulliau eraill o asesu
Er ei bod yn bwysig osgoi jargon, mae angen bod yn glir ynglŷn ag ystyr termau amrywiol sy'n gysylltiedig ag asesu a'u defnyddio'n gyson. Er enghraifft, mae'r gwahaniaeth rhwng profion ac asesiadau yn ganolog i'r trafodaethau presennol ynghylch profion cenedlaethol; byddai eu trin fel dau beth cyfnewidiol yn gwneud nonsens o rai materion pwysig. Mae profion yn un ffordd o gynnal asesiad sy'n arbennig o addas at ddibenion penodol. Maen nhw'n weithgareddau a ddyfeisiwyd yn arbennig sydd wedi'u cynllunio i asesu gwybodaeth a/neu sgiliau drwy roi'r un dasg yn union i bob disgybl. Mae'r disgyblion yn gorfod ymateb iddi dan amodau tebyg, sydd weithiau, ond nid bob amser, yn cynnwys terfynau amser. Mae arholiadau yn aml yn gyfuniadau o brofion neu brofion a mathau eraill o asesu a ddefnyddir ar gyfer cymwysterau, mynediad i fathau penodol o addysg neu broffesiynau.

Gall profion gael eu dyfeisio neu eu creu'n allanol gan athrawon (fel ar gyfer sillafu, rhifyddeg) a gall rhai 'profion' gael eu hymgorffori mewn gwaith yn y dosbarth ac maen nhw'n edrych yn debyg iawn i waith dosbarth arferol o safbwynt y plant. Yn wir, gall yr asesiad o waith dosbarth rheolaidd ddarparu gwybodaeth ar gyfer adrodd am berfformiad yn ogystal ag ar gyfer adborth i helpu dysg, fel y gwelwn yn ddiweddarach. Felly, mae'n fwy defnyddiol disgrifio gwahaniaethau mewn asesiadau o ran dibenion yn hytrach nag o ran dulliau.

Dibenion

Mae asesu disgyblion unigol yn yr ysgol gynradd yn ateb dau brif ddiben:

■ i helpu dysgu;

■ i adrodd ar yr hyn a ddysgwyd ar adeg benodol.

Disgrifir y cyntaf o'r rhain fel asesiad ffurfiannol neu asesu ar gyfer dysgu (AfL). Disgrifir yr ail fel asesiad crynodol neu asesiad o ddysgu. Nid gwahanol fathau neu ffurfiau o asesu yw'r rhain ond gwahanol ddibenion. Mae p'un a ydynt yn cyflawni eu diben yn dibynnu ar sut y defnyddir y wybodaeth. Drwy ddiffiniad, mae asesu ffurfiannol yn cael ei ddefnyddio i wneud penderfyniadau ynghylch sut i ddatblygu'r dysgu tra'i fod yn digwydd. Mae sawl defnydd i asesiad crynodol gan gynnwys adrodd i rieni, athrawon eraill, olrhain cynnydd ac weithiau ar gyfer grwpio a dethol. Ar lefel uwchradd, mae rhesymau ychwanegol dros asesu'n cynnwys dewis cyrsiau astudio, ardystio a dethol ar gyfer addysg bellach neu uwch. Mewn egwyddor, dylai asesiad crynodol hefyd helpu dysgu ond yn y tymor hwy ac mewn ffordd lai uniongyrchol nag yn achos asesu ffurfiannol.

Blwch 14.1 Defnydd gwerth uchel o ganlyniadau asesu

Yn Lloegr, fel y nodwyd ym Mhennod 2, ni adroddir cyflawniad disgyblion mwyach o ran lefelau 1 – 8. Yn hytrach na hynny, adroddir canlyniadau profion cenedlaethol mewn agweddau ar Saesneg a mathemateg fel sgorau graddedig lle mae sgôr o 100 yn cynrychioli'r 'safon ddisgwyliedig'. Mae ysgrifennu'n cael ei asesu gan athrawon, a'i gymedroli, gan ddefnyddio disgrifyddion perfformiad, sy'n nodi'r cyflawniad disgwyliedig. Mae atebolrwydd ysgolion yn seiliedig ar gyfran y disgyblion sy'n bodloni'r lefelau disgwyliedig. Gall goblygiadau methu â sicrhau bod digon o ddisgyblion yn cyflawni'r lefelau hyn fod yn ddifrifol, gan gynnwys disgrifio'r ysgol fel 'annigonol' mewn meysydd penodol, cael ei throsglwyddo i ddwy rheolwyr newydd neu gau hyd yn oed. Dyma beth a olygir wrth ganlyniadau sydd ag iddynt 'werth uchel'

Mae cyhoeddi 'tablau cynghrair' sy'n cymharu ysgolion â'i gilydd ar sail canlyniadau yn ychwanegu at werth uchel y profion. Er mwyn osgoi'r goblygiadau o fethu â chyflawni targedau, mae'n anochel y bydd athrawon yn rhoi pwyslais ar wneud yn siŵr bod canlyniadau profion disgyblion cystal ag y gallent fod, gyda'r cyfan mae hyn yn ei awgrymu o ran addysgu ar gyfer y prawf a rhoi profion ymarfer (ARG, 2002a). Mae'r pwysau ar athrawon yn cael ei drosglwyddo i ddisgyblion hyd yn oed os nad yw'r profion yn brofion gwerth uchel i ddisgyblion. Gan fod ystod a nifer yr eitemau yn y profion yn gyfyngedig i'r hyn y gellir ei gynnwys mewn profion ysgrifenedig byr, yr effaith yw culhau'r cwricwlwm a'r dulliau addysgu. Mae goblygiadau eraill sydd wedi'u cofnodi'n helaeth yn cynnwys athrawon yn canolbwyntio ar blant sydd ychydig islaw'r lefelau targed, gan dreulio llawer o amser yn ymarfer profion ac yn lleihau'r defnydd o asesu i helpu dysgu.

Mewn rhannau eraill o'r DU, er mwyn cydnabod y problemau a amlinellwyd, mae trefniadau asesu wedi'u newid i roi mwy o bwyslais ar ddefnyddio barn athrawon ac i osgoi creu tablau cynghrair.

Caiff disgyblion hefyd eu profi yn achlysurol at ddiben ymchwil, cymhariaeth ryngwladol ac at ddibenion monitro safonau perfformiad cenedlaethol. Yn yr achosion hyn (fel samplu matrics ar gyfer gwyddoniaeth pan fydd plant yn 11 mlwydd oed yn Lloegr fel sydd wedi'i grybwyll ym Mhennod 2), ni ddarperir unrhyw wybodaeth am berfformiad plant neu ysgolion unigol. Dim ond sampl fach o ddisgyblion sy'n cymryd rhan ac o'r rhain mae unrhyw un disgybl ond yn cymryd nifer fach o'r nifer fawr o eitemau a ddefnyddiwyd (STA, 2017).

Fodd bynnag, mae ffyrdd eraill o ddefnyddio gwybodaeth o asesiadau a allai gael effaith sylweddol ar athrawon ac ysgolion. Mae'n rhaid crybwyll y rhain er bod y prif ffocws yn y llyfr hwn ar asesu sy'n helpu dysgu a dysgu gwyddoniaeth yn arbennig. Mae'r defnydd o ganlyniadau profion disgyblion unigol ar gyfer atebolrwydd ysgolion, ar gyfer monitro safonau cyflawniad cenedlaethol a gosod targedau ar lefel ysgol a chenedlaethol yn hynod ddadleuol. O'u defnyddio at y dibenion hyn, mae gwerth uchel i'r canlyniadau, gyda goblygiadau sylweddol i athrawon ac ysgolion. Mae'r dadleuon cymhleth sydd weithiau'n dechnegol dan sylw yn cael eu trafod, er enghraifft, yn Gardner (2012) a Harlen (2014). Rhoddir trosolwg cryno o effaith defnyddio canlyniadau asesu gwerth uchel ym Mlwch 14.1.

Gweithdrefnau asesu

Sut ydyn ni'n asesu?

Rydym yn ymdrin yn gryno yma â'r 'beth' a'r 'sut' sy'n ymwneud â chasglu a dehongli tystiolaeth a rhannu gwybodaeth am gyrhaeddiad plant o bob math, gan ystyried pwyntiau ynglŷn â sut maen nhw'n berthnasol yn benodol i addysg gwyddoniaeth mewn penodau diweddarach.

Penderfynu pa dystiolaeth i'w chasglu
Pan fo diben yr asesiad yn ffurfiannol, i helpu dysgu, mae'r dystiolaeth sy'n ofynnol yn unrhyw beth sy'n berthnasol i ddysgu ar y pryd - mae'r asesiad yn 'agos' at y dysgu. Nodau'r wers, a gaiff eu cyfleu mewn rhyw ffurf i'r plant fel y trafodir ym Mhennod 17, fydd y brif nodwedd ddiffiniol o ran y dystiolaeth sydd ei hangen am ddatblygiad gwybyddol. Er enghraifft, yn unol â nodau ei gwers, roedd Chris yn darganfod beth roedd ei phlant 6 a 7 mlwydd oed yn ei wybod am iâ - yr hyn a achosodd iddo ymdoddi a'r hyn a allai ei atal rhag ymdoddi - ac am eu syniadau newydd am brawf teg. Ond mae gwybodaeth arall, ynglŷn â chyflyrau corfforol, emosiynol ac ysgogol y plant, hefyd yn berthnasol i helpu'r dysgu. Mae plant sy'n ofidus, yn bryderus neu'n sâl yn annhebygol o wneud yr ymdrech y mae'n debyg y bydd ei hangen ar gyfer dysgu.

Ym meddwl yr athro bydd nodau'r wers yn gysylltiedig â'r cysyniadau ehangach o newid cyflwr a datblygu sgiliau meddwl ac ymholi a nodwyd yng nghwricwlwm yr ysgol. Gall athro adolygu cynnydd plant tuag at y nodau ehangach hyn yn ystod y flwyddyn ond gwneud adroddiad crynodol ffurfiol unwaith neu ddwywaith y flwyddyn yn unig. Bydd y wybodaeth sy'n ofynnol ar gyfer yr adroddiad cryno yn adlewyrchu tystiolaeth o ddysgu o gyfres o wersi yn ystod y flwyddyn, gan gyfrannu at syniadau ehangach. Mae'n bellach o'r dysgu nag yw asesu ffurfiannol.

Ym Mhennod 18, rydym yn edrych ar sut y gellir defnyddio tystiolaeth a gasglwyd ac a ddefnyddiwyd ar gyfer asesu ffurfiannol parhaus ar gyfer adrodd crynodol.

Penderfynu sut i gasglu tystiolaeth

Y prif ddulliau o gasglu tystiolaeth ar gyfer asesu yw:

■ arsylwi plant yn ystod gwaith rheolaidd (mae hyn yn cynnwys gwrando, holi a thrafod gyda nhw);

■ astudio cynhyrchion eu gwaith rheolaidd (gan gynnwys ysgrifennu, darluniau, arteffactau a gweithredoedd);

■ arsylwi ar blant a/neu astudio cynhyrchion sy'n deillio o ymgorffori gweithgareddau arbennig yn y gwaith dosbarth (fel mapio cysyniadau, tasgau diagnostig);

■ rhoi profion (wedi'u creu gan athro/athrawes neu wedi'u cynhyrchu'n allanol).

Ar gyfer asesu ffurfiannol, mae gwaith rheolaidd yn ffynhonnell gyfoethog o dystiolaeth am alluoedd a dealltwriaeth plant, a gellir ei chasglu drwy arsylwi. Ond mae'n bwysig gwybod beth i chwilio amdano er mwyn helpu i wneud cynnydd. Rydym yn rhoi rhai syniadau ar gyfer nodi arwyddion o ddatblygiad ym Mhennod 15.

Dehongli'r dystiolaeth

Mae tystiolaeth grai, neu ddata crai, yn dod yn wybodaeth pan maen nhw'n cael eu dehongli at ddiben. Er mwyn darparu gwybodaeth am gyflawniad plant, mae angen dehongli'r dystiolaeth a gasglwyd. Gellir gwneud hyn yn y prif ffyrdd hyn:

■ drwy gyfeirio at feini prawf sy'n disgrifio beth mae'n ei olygu i allu gwneud rhywbeth neu esbonio rhywbeth sy'n dangos syniadau ar lefel benodol (maen-prawf gyfeiriol);

■ drwy gyfeirio at yr hyn mae plant o oedran a/neu allu tebyg fel arfer yn gallu ei wneud (norm-gyfeiriol);

■ drwy gyfeirio at yr hyn yr oedd plentyn eisoes yn gallu ei wneud (plentyn-gyfeiriol neu hunan-ddewisol);

■ cymysgedd o'r uchod.

Mae Blwch 14.2. yn dangos beth mae'r rhain yn ei olygu o ran enghraifft, nad yw'n awgrym difrifol ond sy'n egluro'r egwyddorion.

Blwch 14.2 Sail barn wrth asesu

Tybiwch fod athro am asesu gallu plentyn i 'daro hoelen i ddarn o bren'. Gellir disgrifio hyn mewn ffyrdd gwahanol:

■ Efallai y bydd gan yr athro ryw ddisgwyliad o ran y lefel perfformiad (taro'r hoelen yn syth i mewn, defnyddio'r morthwyl yn gywir, cymryd y rhagofalon diogelwch angenrheidiol) a gallai farnu perfformiad y plentyn mewn perthynas â'r meini prawf hyn. Mae'r athro'n llunio barn o ran i ba raddau mae perfformiad y plentyn yn bodloni'r meini prawf; hynny yw, mae'n asesiad maen-prawf gyfeiriol.

parhau . . .

Blwch 14.2 parhad

■ Fel arall, gall yr athro lunio barn o ran sut mae'r plentyn yn perfformio wrth daro hoelion i mewn o'i gymharu â phlant eraill o'r un oedran a chyfnod. Os bydd hyn yn digwydd, bydd norm neu berfformiad cyfartalog yn amlwg ar gyfer y grŵp oedran/cyfnod a gellir disgrifio unrhyw blentyn mewn perthynas â hyn fel bod ar gyfartaledd, uwchlaw'r cyfartaledd neu islaw'r cyfartaledd, neu wedi nodi'n fwy penodol os yw'n casglu unrhyw fesur meintiol. (Gallai'r canlyniad gael ei fynegi fel cyniferydd 'oedran taro hoelion' neu 'trin morthwyl'!) Gelwir y farn sy'n cael ei llunio yn y ffordd hon yn asesiad norm-gyfeiriol.

■ Trydydd posibilrwydd yw bod yr athro yn cymharu perfformiad presennol y plentyn â'r hyn y gallai'r un plentyn ei wneud ar achlysur blaenorol – ac os felly mae'r asesiad yn asesiad plentyn-gyfeiriol, neu hunan-ddewisol.

Sut mae'r wybodaeth yn cael ei chyfathrebu?

Pan fydd diben yr asesiad yn ffurfiannol, i helpu dysgu, yna bydd y wybodaeth yn cael ei defnyddio gan y rhai sy'n ymwneud â'r dysgu – yr athro a'r disgybl – i benderfynu beth yw'r camau nesaf i'w cymryd a sut i'w cymryd. Mae'r modd mae gwybodaeth yn cael ei chyfathrebu o'r athro i'r disgybl yn cael ei drafod ym Mhennod 16 ac mae'r rôl y gall disgyblion ei chwarae yn cael ei drafod ym Mhennod 17.

Os yw'r diben yn un crynodol (i grynhoi ac adrodd ar y dysgu), yna bydd y farn am yr hyn sydd wedi'i gyflawni'n cael ei defnyddio ar gyfer adrodd hyn i'r rhai sydd angen y wybodaeth hon. Gellir cyfleu'r wybodaeth mewn amrywiol ffyrdd, megis drwy sylwadau ac enghreifftiau, sgoriau profion, graddau, marciau neu gyflawniad sy'n gysylltiedig â'r safonau disgwyliedig.

Ychydig iawn o wybodaeth mae sgoriau profion yn ei rhoi am yr hyn y gall ac na all plant ei wneud, gan eu bod yn grynodeb dros gyfres amrywiol o gwestiynau lle gellir ffurfio'r un cyfanswm mewn gwahanol ffyrdd. Mae sgôr hefyd yn rhoi'r argraff o gywirdeb, sydd yn aml ymhell o gael ei gyfiawnhau gan ddibynadwyedd a dilysrwydd profion (gweler yn ddiweddarach). Mae trosi sgoriau i lefelau neu raddau yn osgoi hyn i ryw raddau, ond mae'n cyflwyno problemau eraill a drafodir ym Mhennod 18.

Gall adrodd yn nhermau meini prawf sy'n disgrifio lefelau cyflawniad neu raddau gyfleu rhywbeth am yr hyn mae plant wedi'i ddysgu, ond mae'n ddefnyddiol ond i'r rhai sy'n gwybod beth yw ystyr y rhain o ran yr hyn mae plentyn yn ei wybod neu'n gallu ei wneud. Os defnyddir un radd neu lefel gyffredinol i gyfuno llawer o agweddau gwahanol ar gyflawniad, bydd bron yn ddiystyr (gan y gellid ei gyfansoddi mewn llawer o ffyrdd gwahanol). Mae proffil sy'n rhoi gwybodaeth am wahanol agweddau a pharthau yn fwy ystyrlon.

Nodweddion allweddol asesiadau ar gyfer dysgu ac o ddysgu

Yma, rydym yn nodi rhai pwyntiau allweddol am asesu ar gyfer y ddau brif ddiben rydyn ni'n eu hystyried yn y llyfr hwn – asesiad ffurfiannol (asesiad *ar gyfer* dysgu) ac asesiad crynodol (asesiad *ar gyfer* dysgu). Ym mhob achos, rydym yn ystyried beth ydyw a pham ei fod yn bwysig. Mae'r pwyntiau yma yn berthnasol i asesu ym mhob un o feysydd y cwricwlwm. Rydym yn trafod sut maen nhw'n cael eu cymhwyso mewn gwyddoniaeth ym Mhenodau 15 i 18.

Asesiad ffurfiannol

Beth ydyw

Asesu ffurfiannol yw asesu sy'n helpu'r dysgu. Mae'n gwneud hyn drwy brosesau 'ceisio a dehongli tystiolaeth i'w defnyddio gan ddysgwyr a'u hathrawon i benderfynu ble mae'r dysgwyr arni yn eu proses ddysgu a ble mae angen iddyn nhw fynd a'r ffordd orau o gyrraedd yno' (ARG, 2002b). Mewn geiriau eraill, mae'n dechrau o'r hyn mae dysgwyr eisoes yn ei wybod ac yn gallu ei wneud mewn perthynas â nodau maes dysgu penodol ac yn llywio penderfyniadau am y camau sydd angen eu cymryd i wneud cynnydd.

Gellir cynrychioli asesu ffurfiannol fel proses gylchol, fel yn Ffigur 14.1, lle mae A, B a C yn cynrychioli gweithgareddau lle mae'r disgyblion yn gweithio tuag at nodau'r gweithgaredd neu nodau'r wers. Os byddwn yn torri i mewn i'r cylch parhaus o ddigwyddiadau yng ngweithgaredd A, dehonglir tystiolaeth a gasglwyd yn

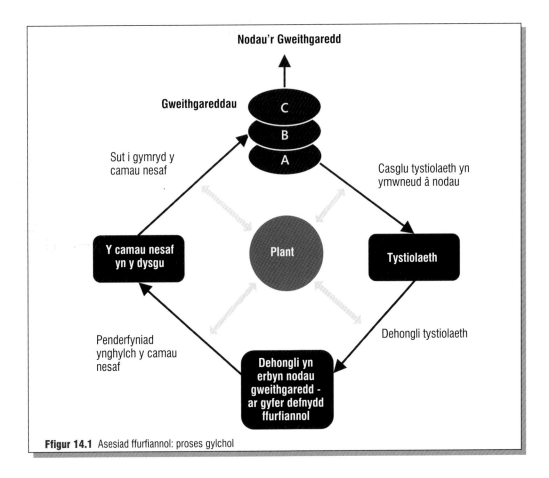

Ffigur 14.1 Asesiad ffurfiannol: proses gylchol

y gweithgaredd hwn o ran cynnydd tuag at nodau gweithgaredd A. Wrth ddilyn y saethau allanol rownd y cylch yn glocwedd, mae hyn yn hwyluso'r broses o nodi camau nesaf a phenderfyniadau priodol ynghylch sut i'w cymryd (sy'n arwain at weithgaredd B). Mae'r cylch yn cael ei ailadrodd ac mae effeithiau penderfyniadau ar un adeg yn cael eu hasesu yn ddiweddarach fel rhan o broses barhaus.

Yn ymarferol nid yw'r broses mor ffurfiol a chyfarwyddol gan athro ag yr ymddengys yn y model hwn. Nid yw'r camau gweithredu a nodir gan y blychau yn Ffigur 14.1 yn 'gyfnodau' mewn gwers nag o reidrwydd yn benderfyniadau a wnaed yn ymwybodol gan yr athro. Maen nhw'n cynrychioli fframwaith ar gyfer meddwl am yr hyn sy'n gysylltiedig â chanolbwyntio ar beth mae plant yn ei ddysgu a sut maen nhw'n dysgu, gan ddefnyddio hyn er mwyn cynorthwyo gyda datblygu'r dysgu. Ond wrth gwrs, y plant sy'n gorfod cymryd y camau; nhw yn unig all wneud y dysgu. Am y rheswm hwn, maen nhw'n ganolog i'r broses ac mae'r saethau dau ben yn nodi eu rôl fel darparwyr tystiolaeth a derbynwyr gwybodaeth. Mae theori ddatblygol o ran asesu addysgol, a modelau amrywiol o'i mewn, yn pwysleisio'r rôl bwysig sydd gan ddysgwyr i'w chwarae yn eu hasesiad eu hunain, wrth iddynt ddod i ddeall y broses, i ddysgu i weithio tuag at safonau clir ac i addasu'r hyn maen nhw'n ei wneud mewn perthynas ag adborth adeiladol gan athrawon sy'n gysylltiedig â'r dasg (Gipps, 1994).

Pam y mae'n bwysig
Ategir gwerth asesu ffurfiannol gan ddamcaniaethau dysgu ac ymchwil ar arfer, fel sydd wedi'i grynhoi ym Mlwch 14.3

Mae'n rhaid i asesu ffurfiannol ystyried yr holl agweddau sy'n effeithio ar ddysg plant – nid y cynnydd sy'n cael ei wneud mewn gwybodaeth a sgiliau yn unig, ond yr ymdrech a roddir i mewn ac agweddau eraill ar ddysgu sydd ymhlyg ond nad ydynt wedi'u nodi yn y cwricwlwm (gweler Pennod 13). Mae gan yr adborth a roddir drwy asesu ffurfiannol rôl i'w chwarae o ran rheoleiddio dysgu fel bod cyflymdra symud ymlaen yn cael ei addasu i sicrhau cyfranogiad gweithredol gan y dysgwyr. Rhaid iddo fod yn gadarnhaol, gan nodi'r camau nesaf i'w cymryd, yn hytrach na thynnu sylw at yr hyn sydd ar goll heb nodi beth i'w wneud yn ei gylch. Bydd y cynnydd sy'n briodol i'r plentyn mewn golwg gan yr athro, gan mai dyma fydd sail y camau a gymerir. Felly nid yw asesu ffurfiannol yn asesiad maen prawf-gyfeiriol yn llwyr; mae elfen o asesu hunan-ddewisol neu plentyn-gyfeiriol wrth lunio barn (gweler Blwch 14.2). Bydd yr athro yn edrych ar sawl achlysur lle mae sgìl neu syniad penodol yn cael ei ddefnyddio a bydd yn gweld amrywiadau ac, o bosibl, patrymau mewn ymddygiad. Yr amrywiadau hyn (a fyddai'n cael eu hystyried fel ffynonellau o 'wallau' pe byddai diben yr asesiad yn un crynodol) sydd, yn y cyd-destun ffurfiannol, yn darparu gwybodaeth ddiagnostig.

Gall yr awgrym bod yr asesu'n mynd rhagddo drwy'r amser achosi rhywfaint o fraw. Ond byddai ymateb o'r fath yn awgrymu ein bod yn ystyried asesu fel rhyw-beth sy'n achosi pryder - rhywbeth mae'n rhaid i ni ei wneud ond nad ydym yn ei fwynhau. Yn hytrach na hynny, dylem ystyried asesu fel rhywbeth sy'n helpu dysgu ac felly sy'n berthnasol ar unrhyw adeg. O edrych arno fel hyn, mae'n dod yn rhan o'r addysgu. Ystyriwch astudiaeth achos dosbarth Chris, er enghraifft (t. 45). O'i

Blwch 14.3 Cymorth empirig a damcaniaethol ar gyfer asesu ffurfiannol

Ategir asesiadau ffurfiannol gan ganfyddiadau o waith ymchwil a dadleuon sy'n seiliedig ar sut mae pobl yn dysgu. Mae tystiolaeth empirig wedi cael ei chrynhoi mewn adolygiadau amrywiol o astudiaethau ymchwil ar asesu yn y dosbarth, a chynhaliwyd y mwyaf adnabyddus o'r rhain gan Paul Black a Dylan Wiliam (1998a). Fe wnaethant ganfod effaith gadarnhaol sylweddol asesu ar ddysg plant pan oedd rhai amodau penodol ar waith. Y prif amodau oedd ei fod:

■ yn cynnwys rhannu nodau dysgu gyda disgyblion,

■ yn helpu disgyblion i wybod beth yw'r safonau i anelu atynt,

■ yn darparu adborth i helpu disgyblion i wybod sut i wella neu symud ymlaen,

■ yn cynnwys disgyblion yn y broses o asesu a myfyrio ar y wybodaeth a gafwyd.

Fe wnaethant hefyd nodi bod 'asesiad ffurfiannol gwell yn helpu'r rhai â chyrhaeddiad isel yn fwy na'r gweddill, ac felly'n lleihau lledaeniad cyrhaeddiad tra hefyd yn ei godi'n gyffredinol' (Black a Wiliam, 1998b: 4).

Mae dadleuon sy'n seiliedig ar ddamcaniaethau dysgu yn dilyn o farn a gefnogir yn eang sy'n pwysleisio rôl dysgwyr wrth lunio eu dealltwriaeth eu hunain a'r agweddau cymdeithasol ar ddysgu. Mae asesu ffurfiannol yn cynnwys plant wrth nodi lle maen nhw o ran gwneud cynnydd tuag at nodau a chymryd rhan mewn penderfyniadau am eu camau dysgu nesaf. Mae safbwyntiau cyfredol am ddysgu yn ei ystyried fel gweithgaredd cymdeithasol a chydweithredol lle mae dysgwyr yn datblygu eu meddwl gyda'i gilydd (gweler Pennod 5). Mewn ystafelloedd dosbarth, mae'r rhyngweithio rhwng disgyblion yn digwydd wyneb yn wyneb yn bennaf, ond gall dysgu gan eraill, a gydag eraill, ddigwydd drwy waith ysgrifenedig hefyd. Felly gallwn hyrwyddo cynnydd tuag at nodau dysgu drwy'r athro yn annog cydweithredu a gwaith grŵp, darparu nodau clir, rhoi adborth, gwella deialog ac ati. Mae'r rhain i gyd yn nodweddion allweddol o ran asesu ffurfiannol.

darllen am y tro cyntaf, byddai'n hawdd tybio nad oedd unrhyw asesiad yn mynd rhagddo. Nid oedd unrhyw brawf ar ddiwedd y wers, dim cwis i ddarganfod beth oedden nhw wedi'i ddysgu hyd yn oed. Ond fe wnaeth Chris 'grwydro ymhlith y grwpiau gan ofyn iddyn nhw esbonio pam eu bod wedi dewis mannau penodol'. Yn y modd hwn gallai ddeall eu syniadau a helpu'r plant i roi cynnig arnynt. Roedd yn gallu ymateb ar y pryd i sicrhau bod y plant yn gwybod beth oedd diben eu gweithgareddau.

Wrth gwrs, mae'n rhaid i athrawon gynllunio a pharatoi gwersi. Fodd bynnag, nid oes modd pennu popeth ymlaen llaw os ydym am i heriau gyd-fynd â datblygiad plant. Rhaid bod lle bob amser i addasu cyflymder – a chyfeiriad hyd yn oed – y wers i ymateb i syniadau a sgiliau plant. Gallwn weld bod Graham (t. 48) wedi gwneud hyn wrth glustfeinio ar y grwpiau oedd yn archwilio priddoedd. Cyflwynodd y syniad o lysieubridd a'r angen am aer yn y pridd – syniadau oedd wedi'u paratoi ond a gyflwynwyd ganddo pan na chawsant eu codi gan y plant yn unig. Mae asesu ffurfiannol yn golygu cymryd camau, fel y bo'n briodol, ond mae hefyd yn golygu ymatal rhag treulio amser ar bethau mae'r plant eisoes yn eu gwybod neu'n gallu eu gwneud drostynt eu hunain.

I grynhoi, nodweddion asesu ffurfiannol yw ei fod:

- yn digwydd fel rhan annatod o addysgu, nid yn achlysurol;
- yn ymwneud â chynnydd mewn dysgu;
- yn dibynnu ar farn a all fod yn blentyn-gyfeiriol neu'n faen prawf-gyfeiriol;
- yn rhoi adborth sy'n arwain at weithredu sy'n cefnogi dysgu pellach;
- yn defnyddio tystiolaeth o berfformiad disgyblion mewn amrywiaeth o gyd-destunau;
- yn cynnwys disgyblion wrth asesu eu perfformiad a phenderfynu ar eu camau nesaf.

Mae cryn dipyn o dir cyffredin rhwng asesu ffurfiannol a dysgu trwy ymholi – mae'r ddau yn fodd i ddatblygu dysgu gyda dealltwriaeth ac i alluogi disgyblion i gymryd cyfrifoldeb am nodi'r hyn sydd angen iddynt ei wneud i gyflawni nodau eu gweithgareddau. Bron y gellid dweud bod angen asesiad ffurfiannol ar ymholiad. Mae nodweddion ychwanegol asesu ffurfiannol – darparu adborth ffurfiannol a chynnwys disgyblion mewn hunanasesu ac wrth asesu cyfoedion – i gyd yn cefnogi ymgysylltiad gweithredol mewn dysgu ac yn annog plant i gymryd perchenogaeth o'u dysgu a'u cynnydd.

Asesiad crynodol

Beth ydy o
Ar ôl disgrifio asesu ffurfiannol fel asesu sy'n helpu dysgu, mae tueddiad i feddwl amdano fel wyneb 'da' asesu ac i ystyried asesu crynodol fel wyneb 'drwg'. Mae hyn yn anffodus oherwydd mae gan asesu crynodol rôl bwysig, ond gwahanol, yn addysg plant. Ei ddiben yw rhoi crynodeb o gyrhaeddiad ar wahanol adegau, yn ôl y gofyn. Gall gael rhywfaint o effaith ar ddysgu, mae hyn yn digwydd yn aml, a gall y canlyniad gael ei ddefnyddio wrth addysgu, ond nid dyna ei brif resymeg. Rydym yn dychwelyd at y berthynas ag asesu ffurfiannol yn ddiweddarach, ond ar hyn o bryd, ystyriwn y broses fel un sy'n darparu gwybodaeth yn bennaf ar gyfer adrodd am gyrhaeddiad. Gellir casglu tystiolaeth a ddefnyddir at y diben hwn dros amser o weithgareddau rheolaidd neu o dasgau neu brofion arbennig (gweler Pennod 18).

Gwahaniaeth allweddol o'i gymharu ag asesu ffurfiannol yw bod tystiolaeth yn cael ei dehongli o ran nodau tymor canolig y gellir eu cyflawni dros gyfnod o amser, nid y nodau penodol ar gyfer y wers a ddefnyddir wrth ddehongli tystiolaeth ar gyfer asesu ffurfiannol. Gall yr athro neu'r athrawes neu asiantaeth allanol wneud y gwaith marcio neu sgorio, fel yn achos rhai profion ac arholiadau cenedlaethol. Dim ond yn y profion ystafell ddosbarth mwyaf anffurfiol mae gan ddisgyblion rôl yn y broses hon fel arfer. Gwahaniaeth arall yw bod yr un meini prawf neu gynlluniau marcio (cyfarwyddiadau) yn cael eu defnyddio wrth lunio barn ar waith yr holl ddisgyblion ond, fel y nodwyd yn gynharach, mewn asesu ffurfiannol gall barn fod yn hunan-ddewisol, neu'n blentyn-gyfeiriol (gweler Blwch 14.2), er mwyn helpu plant i nodi eu cynnydd o fannau cychwyn gwahanol.

Yn y broses o ddehongli, sy'n lleihau cyfoeth y perfformiad gwirioneddol i sgôr, categori neu farc sy'n ei gynrychioli, mae llawer iawn o wybodaeth yn cael ei cholli.

Yn dibynnu ar y defnydd sydd i'w wneud o'r canlyniad bydd y broses ddehongli yn cynnwys rhyw weithdrefn ar gyfer gwella dibynadwyedd y canlyniad. Lle caiff canlyniadau eu defnyddio i gymharu disgyblion, yn enwedig lle mae dewis neu raddio â risg sylweddol dan sylw, cymerir camau i wirio marcio a barn gymedrol gan athrawon neu arholwyr.

Pam y mae'n bwysig

Mae asesu crynodol yn bwysig am nifer o resymau. Mae angen i athrawon gadw cofnodion sy'n crynhoi perfformiad plant ar adegau allweddol, megis ar ddiwedd pynciau neu dymhorau, a defnyddio'r cofnodion hyn wrth gynllunio. Mae athrawon nesaf plant ar gyfnodau pontio o ddosbarth i ddosbarth neu ysgol i ysgol angen cofnodion o'r hyn sydd wedi cael ei gyflawni. Hefyd, mae angen i blant gadw golwg ar eu cynnydd, ac mae hyn hefyd yn wir am eu rhieni. Mae angen i benaethiaid a rheolwyr ysgolion gael cofnodion fel y gallant adolygu cynnydd unigolion a grwpiau o blant wrth iddynt fynd drwy'r ysgol i'w defnyddio wrth hunanwerthuso a chynllunio'r cwricwlwm. Mae'r holl resymau hyn yn golygu bod asesu crynodol yn angenrheidiol ac na ellir ei osgoi; yn wir, mae adrodd ar gynnydd disgyblion yn aml yn ofyniad statudol. Ar y llaw arall, gellid ystyried bod asesu ffurfiannol, mewn ffordd, yn wirfoddol, yn yr ystyr ei bod yn bosibl addysgu hebddo a bod athrawon yn gallu dewis p'un a ydynt am wneud hynny.

At ddibenion adrodd ar gyrhaeddiad, ac yn enwedig lle gellir cymharu a llunio barn am gyrhaeddiad, mae cywirdeb/dibynadwyedd y wybodaeth yn bwysig. Mae angen i feini prawf a chynlluniau marcio gael eu defnyddio'n unffurf, felly mae angen rhyw fath o gymedroli, neu weithdrefn ar gyfer sicrhau ansawdd (gweler Pennod 18).

I grynhoi, nodweddion asesu ffurfiannol yw:

- ei fod yn digwydd ar adegau penodol pan fo'n rhaid adrodd am gyrhaeddiad;
- ei fod yn ymwneud â chynnydd mewn dysgu yn erbyn meini prawf cyhoeddus;
- ei fod yn galluogi i grwpiau o ddisgyblion gael eu cyfuno at ddibenion amrywiol;
- ei fod yn gofyn am ddulliau sydd mor ddibynadwy â phosibl;
- ei fod yn cynnwys rhai gweithdrefnau sicrhau ansawdd
- y dylai fod yn seiliedig ar dystiolaeth sy'n ymwneud â'r ystod lawn o nodau dysgu sy'n berthnasol ar yr adeg mae'r adroddiad yn rhoi sylw iddo.

Y berthynas rhwng asesu ffurfiannol a chrynodol

Mae'r rhestr o nodweddion asesu ffurfiannol a chrynodol yn dangos y gwahaniaethau rhwng asesu ar gyfer y ddau ddiben hyn; gwahaniaethau y dylid eu cadw mewn cof yn glir iawn, yn enwedig pan fo'r ddau yn cael eu cyflawni gan athrawon. Yn rhy aml tybir bod yr holl asesu gan athrawon yn ffurfiannol neu fod asesu sy'n cael ei gynnal yn aml, ym mha ffordd bynnag, yn ffurfiannol. Oni bai bod yr asesiad yn cael ei ddefnyddio i helpu'r dysgu parhaus, nid yw hyn yn wir. Lle bydd hyn yn digwydd ni fydd gwir werth asesiad ffurfiannol yn cael ei wireddu.

Serch hynny, mae'r rhain yn rhesymau da dros ddisgwyl y dylai pob asesiad helpu'r dysgu yn y pen draw (Harlen, 2010). Mae'r defnydd o asesu crynodol a awgrymwyd uchod yn dangos, er nad yw asesu crynodol yn bwriadu cael effaith uniongyrchol ar ddysgu wrth iddo ddigwydd, yn yr un modd ag asesu ffurfiannol, y gellir ei ddefnyddio serch hynny i helpu dysgu mewn ffordd lai uniongyrchol, er enghraifft, drwy lywio penderfyniadau ynghylch darpariaeth addysgol briodol yn y dyfodol. Mae cyfle hefyd i ddefnyddio tystiolaeth sy'n cael ei chasglu a'i defnyddio'n ffurfiannol i helpu dysgu er mwyn adeiladu darlun sy'n crynhoi dysgu ar adeg benodol. Mae hyn yn dibynnu ar yr athro sy'n gyfrifol am asesu crynodol ac ar wneud gwahaniaeth clir rhwng y dystiolaeth a'i dehongliad. Trafodir y broses ymhellach, gydag enghreifftiau, ym Mhennod 18.

Pa mor dda yw'r asesiad?

Yr hyn yr ydym yn ei olygu'n gyffredinol gydag asesiad 'da' yw arfer sy'n darparu gwybodaeth ddilys a dibynadwy drwy broses y gellir ei rheoli a'i hystyried yn ddefnyddiol. Mae dilysrwydd a dibynadwyedd canlyniadau'r asesu yn ffactorau allweddol wrth benderfynu pa mor effeithiol maen nhw'n cyflawni diben yr asesiad. Yn arwynebol, gallem ddweud bod dilysrwydd yn ymwneud â 'beth' a 'sut' o ran asesu, tra bod dibynadwyedd yn ymwneud â 'pa mor dda' (Johnson, 2012).

Dilysrwydd

Mae'n arferol diffinio dilysrwydd asesiad o ran pa mor dda mae'r hyn sy'n cael ei asesu yn cyfateb â'r ymddygiad neu'r deilliannau dysgu y bwriedir eu hasesu. Mae penderfynu i ba raddau mae hyn yn wir yn gymhleth ac yn cynnwys sawl math gwahanol o farn. Mae dilysrwydd asesiad yn dibynnu, fodd bynnag, nid yn unig ar ei gynnwys ond ar sut y caiff ei ddefnyddio. Er enghraifft, gall prawf penodol roi canlyniad dilys i rai disgyblion, ond nid i craill o oedran, profiad neu allu darllen gwahanol. Felly nid yw dilysrwydd yn briodwedd o ddull neu offeryn asesu beth bynnag fo'r amgylchiadau lle caiff ei ddefnyddio.

Ni all unrhyw asesiad, beth bynnag ei ddull, gofnodi popeth am allu neu ddeallt-wriaeth plant; sampl yn unig fydd y dystiolaeth sy'n cael ei chasglu. Un o'r gofynion pwysig yw bod yr asesiad yn samplu'r agweddau pwysicaf ar gyrhaeddiad– ond nid mathau eraill o gyrhaeddiad – sy'n berthnasol i'w ddiben penodol. Mae cynnwys agweddau amherthnasol (lluniad amherthnasedd) yn gymaint o fygythiad i ddilys-rwydd ag yw hepgor agweddau perthnasol (lluniad tangynrychiolaeth) (Stobart, 2008). Un enghraifft o luniad amherthnasedd yw profion gwyddoniaeth neu dasgau sy'n gofyn am sgiliau darllen da ac felly'n asesu cymhwysedd o ran darllen yn ogystal â chymhwysedd mewn gwyddoniaeth.

Dibynadwyedd

Mae dibynadwyedd asesiad yn cyfeirio at y graddau y gellir dweud bod y canlyn-iadau yn dderbyniol o ran cysondeb neu gywirdeb ar gyfer defnydd penodol. Caiff ei fesur yn aml yn nhermau pa mor debygol fyddai hi y byddai modd cael yr un can-lyniad pe byddai'r asesiad yn cael ei ailadrodd. Mae dibynadwyedd yn dibynnu ar y weithdrefn a ddefnyddir. Felly mae profion sy'n cynnwys cwestiynau lle mae plant yn dewis rhwng atebion amgen penodol (amlddewis), y gellir eu gosod ar beiriant, yn fwy dibynadwy na rhai sy'n gofyn i blant ddarparu atebion sydd wedyn angen rhywfaint o farn yn y marcio. Fodd bynnag, gall yr olaf o'r rhain fod yn brawf mwy dilys os mai'r diben yw darganfod pa atebion y gall plant eu cynhyrchu yn hytrach na'u dewis. Felly mae ymdrechion i wneud asesu yn fwy dibynadwy yn effeithio ar yr hyn sy'n cael ei asesu – ei ddilysrwydd. Yn wir, mae'n anochel bod rhyngweithio rhwng y ddau, fel sy'n cael ei ddisgrifio ym Mlwch 14.4

Blwch 14.4 Y cyfaddawd rhwng dibynadwyedd a dilysrwydd

Mae dibynadwyedd a dilysrwydd yn briodweddau penodol ar asesu ond nid ydynt yn annibynnol ar ei gilydd. Os yw dibynadwyedd yn isel mae hyn yn golygu bod amryw o ffactorau anfwriadol yn dylanwadu ar y canlyniad ac felly mae'r hyn sy'n cael ei asesu yn ansicr. Fodd bynnag, mae terfyn i'r graddau y gall dibynadwyedd a dilysrwydd fod yn uchel. Er mwyn cynyddu'r dibynadwyedd, mae angen lleihau'r gwallau posibl drwy ddefnyddio tasgau a dulliau lle gellir llunio barn ar ganlyniadau yn gyson. Mae hyn yn aml yn golygu canolbwyntio ar ddysgu megis gwybodaeth ffeithiol, lle mae ateb cywir clir. Ond os mai'r diben yw asesu sgiliau a dealltwriaeth, lle mae angen i blant gynhyrchu yn hytrach na dewis atebion, byddai hyn yn lleihau'r dilysrwydd. Ar y llaw arall, byddai cynyddu dilysrwydd trwy gynnwys mwy o dasgau penagored yn lleihau dibynadwyedd oherwydd y byddai'r marcio yn llai pendant. Felly, mae cyfaddawd rhwng dibynadwyedd a dilysrwydd; mae cynyddu un yn lleihau'r llall. Rhaid cael cyfaddawd ac mae beth yw hyn yn dibynnu ar ddiben yr asesiad.

Ar gyfer asesu ffurfiannol mae dilysrwydd yn hollbwysig; rhaid i'r asesiad ddarparu gwybodaeth am yr holl nodau a phriodoleddau perthnasol sy'n gysylltiedig â dysgu. Mae dibynadwyedd yn llai perthnasol nag yn achos asesu crynodol oherwydd natur barhaus y broses o gasglu a defnyddio gwybodaeth. Nid yw'r syniad o lunio barn y gellir ei ailadrodd a thrin yr holl ddisgyblion yn yr un ffordd yn berthnasol pan mai'r diben yw cefnogi penderfyniadau cadarn ynghylch camau nesaf ar gyfer disgyblion a allai fod ar gamau gwahanol yn eu dysgu ac sydd angen gwahanol fathau o adborth. Yn yr achos hwnnw, nid oes angen i ystyriaethau dibynadwyedd effeithio ar ddilysrwydd. Nid yw hyn yn golygu nad oes angen i athrawon ystyried sut maen nhw'n casglu a dehongli tystiolaeth, ond nid oes angen iddyn nhw boeni am gywirdeb wrth lunio barn amdano yn nhermau graddau neu lefelau. Mae angen cywirdeb o'r fath ar gyfer asesiad crynodol gan athrawon, ond mae asesu ffurfiannol yn ymwneud â'r dyfodol, nid â llunio barn am y gorffennol. Ar gyfer asesu crynodol, mae dibynadwyedd yn bwysig gan mai'r diben yno yw darparu gwybodaeth ynglŷn â ble mae plant wedi cyrraedd yn eu dysgu y gall rhieni ac athrawon eraill ddibynnu arno. Felly, mae'n rhaid rhoi sylw i gynyddu dibynadwyedd cyn belled ag y bo'n bosibl heb beryglu dilysrwydd.

Hydrinedd

Dylai'r adnoddau sydd eu hangen i ddarparu asesiad fod yn gymesur â gwerth y wybodaeth i'w defnyddwyr. Gall yr adnoddau olygu amser athrawon, arbenigedd a'r gost i'r ysgol ac i gyrff allanol sy'n rhan o'r asesiad. Yn gyffredinol, rhaid cyfaddawdu, yn enwedig pan ddisgwylir lefel uchel o gywirdeb. Mae terfyn ar yr amser a'r arbenigedd y gellir eu defnyddio i ddatblygu prawf neu archwiliad allanol hynod ddibynadwy, er enghraifft, a'i roi ar waith. Byddai marcio pob papur prawf deirgwaith yn amlwg yn arwain at fwy o hyder yn y canlyniadau; byddai arsylwyr yn ymweld â phob ymgeisydd yn cynyddu'r ystod o ddeilliannau y gellir eu hasesu'n allanol; byddai hyfforddi pob athro i fod yn aseswyr arbenigol yn fanteisiol iawn – ond mae pob un o'r rhain yn afrealistig yn ymarferol. Mae cydbwyso costau a manteision yn codi materion yn ymwneud â gwerthoedd yn ogystal â phosibiliadau technegol.

Mae cost asesu ffurfiannol yn ddibwys unwaith y caiff ei ymgorffori mewn arfer. Mae'n ddigon posibl y bydd y broses o'i gyflwyno yn sylweddol o ran amser athrawon ar gyfer datblygiad proffesiynol. Fodd bynnag, mae'r costau hyn yn rhan annatod o ymdrechion i wella addysgu a dysgu.

Mae asesu crynodol yn gofyn am adnoddau o ran amser athrawon a disgyblion. Pan ddefnyddir profion sydd wedi'u datblygu gan asiantaethau y tu allan i'r ysgol neu gan gyhoeddwyr masnachol, mae cost ariannol sylweddol. Hyd yn oed os bydd profion cenedlaethol ac arholiadau yn cael eu darparu'n rhad ac am ddim i ysgolion, rhaid i'r system dalu'r gost a gall fod yn syndod o fawr, yn enwedig pan ychwanegir costau datblygu, postio a marcio. Hefyd pan fydd profion â 'gwerth uchel', fel yn achos y profion cenedlaethol yn Lloegr, yn aml mae llawer o amser yn cael ei dreulio ar brofion ymarfer sy'n llyncu amser dysgu.

Crynodeb

Yn y bennod hon rydym wedi cyflwyno termau a chysyniadau sy'n berthnasol i asesu mewn unrhyw bwnc, gan adael trafodaeth ar arfer sy'n benodol i wyddoniaeth i benodau diweddarach yn y rhan hon o'r llyfr. Rydym wedi ystyried pam, pryd a sut mewn perthynas ag asesiadau a nodweddion asesu at ddibenion ffurfiannol a chrynodol. Dyma'r prif bwyntiau:

- Asesu yw'r broses o benderfynu, casglu a dehongli tystiolaeth am ddysg a sgiliau plant a defnyddio'r wybodaeth at ryw ddiben.

- Nid yw cynnal profion yn gyfystyr ag asesu; mae'n un ffordd o gynnal asesiad.

- Mae'r ffordd orau o asesu yn dibynnu ar ei ddiben.

- Y dibenion a ystyrir yn y llyfr hwn yw helpu dysgu (ffurfiannol neu asesu ar gyfer dysgu) a chrynhoi ac adrodd ar gyrhaeddiad ar adeg benodol (crynodol neu asesiad o ddysgu).

- Gellir dehongli tystiolaeth o gyrhaeddiad plant drwy ei chymharu â normau, meini prawf perfformiad neu gyrhaeddiad blaenorol y plentyn.

- Mae asesiadau ffurfiannol a chrynodol yn wahanol o ran sut mae tystiolaeth yn cael ei dehongli a'i defnyddio yn fwy nag yn y dulliau a ddefnyddir i gasglu tystiolaeth.

- Yn dibynnu ar ddiben yr asesiad, gosodir pwyslais gwahanol ar ddibynadwyedd (cywirdeb canlyniad yr asesiad) a dilysrwydd (pa gasgliadau y gellir eu tynnu am gyrhaeddiad plant o'r canlyniadau).

Darllen pellach

Harlen, W. (2010) What is quality teacher assessment? in J. Gardner, W. Harlen, L. Hayward a G. Stobart, gyda M. Montgomery, *Developing Teacher Assessment.* Maidenhead: Open University Press, 29–52.

Harlen, W. (2014) *Assessment, Standards and Quality of Learning in Primary Education.* Efrog: Cambridge Primary Review Trust.

Harrison, C. a Howard, S. (2010) Issues in primary assessment: 1 Assessment purposes, *Primary Science* 115: 5–7.

Wiliam, D. (2008) Quality in assessment, in S. Swaffield (gol.) *Unlocking Assessment.* Llundain: David Fulton, 123–137.

15

Casglu tystiolaeth i helpu dysgu

Cyflwyniad

Ym Mhennod 14 disgrifiwyd asesu ffurfiannol fel proses gylchol barhaus sy'n llywio addysgu parhaus ac yn helpu dysgwyr i gymryd rhan weithredol mewn dysgu. Mae'r cylch yn cynnwys casglu tystiolaeth am ddysgu, dehongli'r dystiolaeth honno o ran cynnydd tuag at nodau'r gwaith, nodi camau nesaf priodol a phenderfyniadau ynghylch sut i'w cymryd. Yn y bennod hon a'r ddwy bennod nesaf mae'r prosesau sy'n gysylltiedig â'r cylch hwn o ddigwyddiadau yn cael eu disgrifio a'u hegluro. Mae'r bennod hon yn dechrau drwy drafod pwysigrwydd cael nodau clir a disgrifio ystod o strategaethau ar gyfer casglu tystiolaeth am syniadau plant a'u sgiliau ymholi. Sut mae'r dystiolaeth hon yn cael ei dehongli er mwyn rhoi gwybodaeth am gynnydd mewn perthynas â chyflawni nodau gwersi ac yn cael ei defnyddio fel adborth i addysgu a dysgu yw testun Pennod 16, tra bod rôl plant yn y broses o ddefnyddio asesu ar gyfer dysgu yn cael ei ystyried ym Mhennod 17.

Cael nodau clir mewn golwg

Mae nodau clir yn ofyniad allweddol ar gyfer pob asesiad; yr anhawster y mae hyn yn aml yn ei gyflwyno i athrawon cynradd sy'n gyfrifol am lawer iawn o arfer ansicr mewn asesu ym maes gwyddoniaeth. Weithiau mae'r ffocws gymaint ar yr hyn y bydd y plant yn ei *wneud* fel bod yr hyn y bwriedir iddynt ei *ddysgu* ohono yn cael ei adael ychydig yn niwlog. Mae angen i athrawon feddwl yn glir am y syniadau a'r sgiliau maen nhw'n ceisio helpu'r plant i'w datblygu cyn y gallan nhw ddysgu am y syniadau a'r sgiliau perthnasol sydd ganddyn nhw eisoes, a phenderfynu pa gamau i'w cymryd.

Gellir mynegi nodau gyda gwahanol raddau o fanylder o fod yn fanwl iawn i fod yn gyffredinol iawn. Mae'n ddefnyddiol meddwl am nodau ar dair lefel:

■ Nodau tymor byr iawn y gellir eu cyflawni mewn ychydig o wersi ar bwnc penodol (dyma'r nodau pwnc neu nodau gwersi y cyfeirir atynt yng nghyd-destun asesu ffurfiannol yn Ffigur 14.1).

■ Nodau tymor canolig sy'n cyfeirio at yr hyn y disgwylir ei gyflawni dros gyfnod o amser megis blwyddyn neu gyfnod allweddol (er enghraifft y targedau cyrhaeddiad a ddiffinnir yng Nghwricwlwm Cenedlaethol Lloegr fel 'yr hyn y disgwylir i ddisgyblion ei wybod, ei gymhwyso a'i ddeall . . . a nodwyd yn y rhaglen astudio berthnasol', neu ddatganiadau 'Rwy'n gallu' ar gyfer pob cam o Gwricwlwm Rhagoriaeth yr Alban).

■ Nodau tymor hir sy'n nod i'r holl brofiad ar draws blynyddoedd yr ysgol (er enghraifft y syniadau mawr a drafodwyd ym Mhennod 1, Blwch 1.2).

Mae nodau eang megis 'y gallu i gynllunio a chynnal ymchwiliad gwyddonol' neu 'deall amrywiaeth ac addasu organebau' yn rhy gyffredinol i'w cyflawni mewn un wers neu hyd yn oed set o wersi ar bwnc penodol. Gallai nodau gwers beno-dol neu gyfres o wersi ar bwnc gynnwys deall sut mae strwythur rhai planhigion neu anifeiliaid yn addas ar gyfer y mannau lle byddwn yn eu gweld. Bydd hyn yn cyfrannu at nod ehangach o ddeall sut mae organebau byw yn gyffredinol yn addas i'w cynefinoedd. Ond bydd cyflawni'r ddealltwriaeth hon yn dibynnu ar edrych ar amrywiaeth o organebau, a fydd yn destun gwersi eraill ar draws y blynyddoedd gyda'u nodau penodol eu hunain. Yn yr un modd, datblygir sgiliau megis cynllunio ymchwiliad gwyddonol nid mewn un wers, ond mewn gwahanol gyd-destunau drwy sawl gwers a phwnc.

Er bod 'targedau cyrhaeddiad' neu ffyrdd eraill o nodi dysgu arfaethedig yn y cwricwla cenedlaethol yn gymorth i gyfleu nodau cyffredinol, mater i'r athro yw nodi nodau penodol y wers. Rhaid i'r rhain fod yn glir os ydym am ddefnyddio asesu i helpu dysgu. Rydym yn cyfeirio eto at nodau ar wahanol raddau o fanylder wrth drafod cynllunio ar lefelau ysgolion a dosbarthiadau yn Rhan 5.

Canfod syniadau a sgiliau ymholi plant

Ym Mhennod 13, soniwyd am berthnasedd amgylchedd dysgu cadarnhaol sy'n gall-uogi plant i deimlo'n rhydd i fynegi eu syniadau a'u rhesymau dros weithredu heb ofni y bydd yr hyn y maen nhw'n ei ddweud neu ei wneud yn 'anghywir' neu'n cael ei ddiystyru fel rhywbeth sy'n annheilwng o sylw. Mae'n bwysig cadw hyn mewn cof yn y cyd-destun hwn oherwydd, os yw athrawon am ganfod beth yw syniadau a sgiliau plant fel sy'n ofynnol ar gyfer asesu ffurfiannol, mae amgylchedd diogel ar gyfer eu mynegi yn hanfodol.

Yn erbyn y cefndir cyffredinol hwn o hinsawdd gefnogol yn yr ystafell ddosbarth, mae amryw o strategaethau y gall athrawon eu defnyddio i ennyn syniadau myfyrwyr

---

Blwch 15.1 Strategaethau ar gyfer canfod syniadau a sgiliau ymholi plant

■ cwestiynu – defnyddio cwestiynau agored sy'n canolbwyntio ar yr unigolyn

■ arsylwi – canolbwyntio ar ddangosyddion sylweddol o ddatblygiad

■ gofyn i ddisgyblion ysgrifennu neu dynnu llun beth maen nhw'n meddwl sy'n mynd ymlaen

■ mapio cysyniadau

■ ysgogi dadl drwy gartwnau cysyniad

parhau . . .

Blwch 15.1 parhad

■ trafodaethau gyda phypedau

■ clustfeinio a thrafod geiriau

■ defnyddio technoleg i drafod camau penodol

■ . . . a channoedd mwy!

---

a dysgu am eu sgiliau ymholi. Rhestrir y rhain ym Mlwch 15.1 ac mae pob un yn cael eu hegluro yn yr adrannau canlynol. Mae rhai o'r dulliau hyn yn ddefnyddiol ar gyfer casglu gwybodaeth am sgiliau ac eraill am syniadau. Er enghraifft, mae gan waith mapio cysyniadau botensial mawr ar gyfer canfod syniadau plant, tra bod arsylwi ar weithredoedd yn rhoi gwybodaeth gyfoethog am sgiliau ac agweddau. Fodd bynnag, gall y rhan fwyaf o'r strategaethau hyn ddarparu gwybodaeth am sgiliau a syniadau, a gan y bydd dysgu seiliedig ar ymholiad yn cynnwys plant wrth ddatblygu eu dealltwriaeth drwy ddefnyddio sgiliau ymholi, mae'n synhwyrol ystyried yr hyn y gellir ei ddysgu am y ddau yn yr un sefyllfa lle bo'n berthnasol

Cwestiynu

Trafodwyd ffurf a chynnwys cwestiynau athrawon ym Mhennod 10. Yma mae gennym ddiddordeb arbennig yn y cwestiynau hynny sy'n datgelu syniadau a sgiliau ymholi plant. Er enghraifft ystyriwch sefyllfa lle mae athro wedi darparu llawer o offerynnau cerdd wedi'u gwneud gartref ac offerynnau cerdd eraill i'r plant eu harchwilio fel rhagarweiniad i weithgareddau mwy strwythuredig wedi'u hanelu at y syniad bod sain yn cael ei achosi gan wrthrychau sy'n dirgrynu. Er mwyn darganfod pa syniadau sydd gan y plant eisoes gallai'r athro ofyn cwestiynau fel:

1 Beth sy'n digwydd pan fyddwch chi'n plycio'r llinyn ac yn clywed y sain?

2 Beth sy'n achosi i'r gitâr wneud sain?

3 Pam mae'r sain yn newid pan fyddwch chi'n byrhau'r llinyn?

4 Esboniwch pam eich bod yn gallu gwneud i'r botel wneud sain drwy chwythu ar draws y top?

Neu, gallai'r athro ofyn:

5 Beth ydych chi'n ei feddwl sy'n gwneud y sain pan fyddwch chi'n plycio'r llinyn?

6 Beth yw eich syniadau chi am sut mae'r gitâr yn gwneud sain?

7 Beth yn eich barn chi yw'r rheswm dros y botel yn gwneud sain pan fyddwch yn chwythu ar draws y top?

8 Beth yw eich syniadau chi ynghylch pam rydych chi'n cael gwahanol seiniau wrth i chi fyrhau'r llinyn?

Neu, efallai:

9 Pa wahaniaeth ydych chi'n ei weld yn y drwm pan mae'n gwneud sain?

10 Beth ydych chi'n feddwl fydd yn digwydd os byddwch chi'n gwneud y llinyn yn fyrrach fyth?

11 Allwch chi ddangos i mi beth sy'n gwneud gwahaniaeth i'r nodyn rydych chi'n ei gael drwy chwythu ar draws top y botel?

12 Beth allech chi ei wneud i ddarganfod p'un a yw'r ffordd rydych chi'n plycio'r llinyn yn gwneud gwahaniaeth?

Yn y set gyntaf (1 – 4) mae'r cwestiynau yn rhai agored (gweler Blwch 10.1), ond maen nhw'n gofyn yn uniongyrchol am *yr* ateb, nid syniadau'r plant am yr hyn sy'n digwydd. Cwestiynau sy'n canolbwyntio ar y pwnc yw'r rhain (gweler Blwch 10.2) ac nid ydynt yn gofyn yn benodol i'r plant fynegi eu syniadau. I'r gwrthwyneb, mynegir y cwestiynau yn set 5 – 8 er mwyn gofyn am syniadau'r plant eu hunain, heb unrhyw awgrym bod ateb cywir. Maen nhw'n gwestiynau agored sy'n canolbwyntio ar y person. Dylai'r holl blant allu ateb yr ail set, ond dim ond y rhai sy'n teimlo eu bod yn gallu rhoi'r ateb cywir fydd yn ceisio ateb y set gyntaf. Felly, mae'n well gofyn cwestiynau agored sy'n canolbwyntio ar yr unigolyn er mwyn ennyn syniadau plant.

Mae'r cwestiynau yn y drydedd set (9 - 14) hefyd yn cael eu mynegi fel cwestiynau agored sy'n canolbwyntio ar y person, ond maen nhw'n fwy tebygol o arwain at weithredu a defnyddio sgiliau ymholi. Er mwyn eu hateb mae'n rhaid i blant ddefnyddio neu ddisgrifio sut bydden nhw'n defnyddio sgiliau ymholi, fel arsylwi, rhagfynegi, cynllunio ymchwiliadau. Er y byddai'r camau a gymerir yn awgrymu rhai syniadau ynglŷn ag achos yr effeithiau, mae'r cwestiynau hyn yn fwy defnyddiol ar gyfer dysgu am ffyrdd plant o arsylwi neu ymchwilio yn hytrach nag ennyn eu syniadau.

Pwynt pellach ynglŷn â chwestiynu y dylid ei gofio yn y cyd-destun hwn yw pwysigrwydd rhoi amser i blant ateb. Mae'r amser 'aros' (gweler Blwch 10.5) yn angenrheidiol nid yn unig i ganiatáu i'r plant feddwl a ffurfio eu hateb ond i gyfleu'r neges bod gan yr athro ddiddordeb gwirioneddol yn eu syniadau ac y bydd yn gwrando arnynt yn ofalus. Mae hefyd yn arafu'r drafodaeth, gan roi amser i'r athrawon eirio cwestiynau meddylgar a rhoi amser i'r plant feddwl cyn ateb. Yna, mae'r holl gyfnewid yn fwy cynhyrchiol o ran galluogi i athrawon ganfod beth yw dealltwriaeth wirioneddol plant, nid eu meddyliau arwynebol cyntaf yn unig.

Arsylwi

Gellir cael llawer o wybodaeth, yn enwedig am sgiliau ymholi plant, o arsylwi sut maen nhw'n mynd i'r afael â'u hymchwiliadau neu sut maen nhw'n ceisio tystiolaeth o ffynonellau eilaidd. Y brif broblem yw logisteg – sut i arsylwi bob plentyn mewn perthynas ag amrywiaeth o sgiliau ac agweddau. Mae hon yn dasg amhosibl ac nid yw i'w disgwyl. Mae modd casglu tystiolaeth drwy arsylwi drwy gynllunio a chanolbwyntio. Ni fydd yr holl sgiliau'n cael eu defnyddio ym mhob ymholiad ac felly gellir canolbwyntio ar y sgiliau sy'n nodau i'r wers, a bydd cynnwys y gweithgareddau yn pennu'r syniadau penodol sy'n cael eu datblygu. At hynny, er bod popeth mae plentyn yn ei wneud, mewn egwyddor, yn gallu rhoi rhywfaint o dystiolaeth o'r ffordd mae'n meddwl, mae rhai pethau'n fwy defnyddiol nag eraill. O ganlyniad, mae'n helpu i allu sylwi ar yr ymddygiad sydd fwyaf arwyddocaol.

Defnyddio dangosyddion

Dyma ble mae 'dangosyddion' yn dod yn rhan o'r darlun. Mae dangosyddion yn disgrifio agweddau ar ymddygiad y gellir eu hystyried fel tystiolaeth o sgiliau a syniadau penodol sy'n cael eu defnyddio. Rydym yn trafod yn y bennod nesaf sut y gellir datblygu dangosyddion a sut y gellir eu defnyddio wrth lywio penderfyniadau ac wrth nodi a helpu i ddatblygu dysgu. Ar hyn byddwn yn ymdrin â defnyddio dangosyddion i dynnu sylw at agweddau ar ymddygiad sy'n arwydd o ddefnyddio sgiliau, mynegi agweddau neu ddatblygiad dealltwriaeth. Mae gwybod beth i edrych amdano yn ei gwneud yn haws i arsylwi plant tra eu bod wedi'u hymgysylltu yn eu gweithgareddau, gan ddarparu mynediad i ffynhonnell gyfoethog o dystiolaeth i'w defnyddio wrth helpu eu dysgu.

Cynllunio a chanolbwyntio arsylwi

Wrth gynllunio beth a phryd i arsylwi, mae'n helpu i wahaniaethu rhwng yr agweddau hynny ar ymddygiad lle mae cyfleoedd mynych i arsylwi, a'r rhai lle mae'r cyfleoedd yn anfynych. Mae llawer (y rhan fwyaf?) o weithgareddau yn cynnwys plant yn defnyddio eu sgiliau ymholi; felly mae nifer o ddigwyddiadau lle gellir arsylwi'r sgiliau hyn ar waith. Ar y llaw arall, mae cyfleoedd i gasglu tystiolaeth sy'n gysylltiedig â deall rhai cysyniadau yn cael eu cyfyngu gan gynnwys y gweithgaredd – ni allwch asesu syniadau plant am bethau byw wrth iddynt archwilio cylchedau trydan. Fodd bynnag, gall gwaith ysgrifenedig plant a chynhyrchion eraill ddarparu tystiolaeth bendant o'u dealltwriaeth i ategu'r dystiolaeth fyrhoedlog sydd ar gael drwy gwestiynu ac arsylwi.

Arsylwi grwpiau

Pan fydd plant yn gweithio mewn grwpiau am y rhan fwyaf o'r amser, mae'r cwestiwn yn codi p'un a yw tystiolaeth sy'n cael ei chasglu am grŵp yn ei gyfanrwydd neu am unigolion. Fel y nodwyd yn Harlen (2006: 110), 'yn gyffredinol, nid yw athrawon yn cael unrhyw anhawster i nodi cyfraniadau unigol plant hyd yn oed pan fyddant yn cyfuno eu syniadau a'u sgiliau mewn menter grŵp'. Ar ben hynny, pan ddefnyddir y dystiolaeth ar gyfer bwydo'n ôl i mewn i'r addysgu (gweler Pennod 16), nid oes angen asesu plant unigol bob amser. Os yw'r wybodaeth yn cael ei defnyddio i wneud penderfyniadau am y gweithgareddau a'r cymorth i'w roi i'r plant fel grŵp, yna asesu'r grŵp yw'r cyfan sydd ei angen i'r diben hwn. Gellir dod o hyd i dystiolaeth o gyflawniadau unigolion o gynnyrch eu gwaith a thrafodaethau am y cynhyrchion hyn.

Darluniau plant

Yn y drafodaeth gynharach ar gwestiynu, roedd ymhlyg bod y cwestiynau a'r atebion yn rhai llafar. Fel arall, gall plant fynegi eu syniadau a'u sgiliau ymholi drwy ysgrifennu neu dynnu lluniau, fel ym Mlwch 15.2. Gall hyn roi barn i'r athro am yr ystod lawn o syniadau yn y dosbarth a chofnod parhaol ar gyfer pob plentyn y gellir ei astudio ar y pryd, neu'n ddiweddarach. Rhoddir enghreifftiau eraill o ddarluniau plant sy'n datgelu eu syniadau ym Mhennod 6.

Blwch 15.2 Golwg gyflym ar syniadau ar draws y dosbarth

Roedd Michael yn cyflwyno cylchedau syml i'w ddosbarth o blant 9 a 10 mlwydd oed. Roedd gan bob pâr o ddisgyblion fatri, gwifrau a bwlb. Wedi amser o archwilio'n eiddgar am wahanol ffyrdd o wneud i'r bwlb oleuo fe wnaeth ofyn iddyn nhw dynnu lluniau rhai o'u cylchedau ar y bwrdd gwyn; tynnu lluniau cylchedau lle roedd y bwlb yn goleuo ar un hanner a chylchedau lle nad oedd y bwlb yn goleuo ar yr hanner arall. Rhoddodd hyn ddarlun ar unwaith i Michael o syniadau'r plant am yr hyn oedd ei angen i oleuo'r bwlb. Gwelodd, er eu bod wedi goleuo'r bwlb, nad oedd y rhan fwyaf wedi sylwi ar nodweddion allweddol cylched gyflawn oedd yn gwneud hyn yn bosibl– neu o leiaf nad oeddent wedi eu cynrychioli yn eu llun. Roedd hyn yn sail i drafodaeth ac i ddychwelyd at yr offer i arsylwi a chynrychioli'r hyn roedden nhw wedi'i ganfod yn gliriach.

Nid yw'n hawdd i unrhyw un dynnu lluniau cysyniadau haniaethol fel syniadau am ymdoddi, grym neu anweddu. Mae angen defnyddio labeli ac anodi fel sylwebaeth ar yr hyn sy'n cael ei gynrychioli, ond mae'r darlun yn hanfodol ar gyfer cyfleu'r ddelwedd sydd gan y plentyn yn eu meddwl. Er enghraifft, mae'r llun yn Ffigur 15.1 gan blentyn 7 mlwydd oed yn dangos yn glir iawn bod y plentyn yn ystyried gweithredoedd uniongyrchol yr Haul yn bwysig wrth achosi diflaniad dŵr o danc (trwy anweddu).

Yn yr enghraifft hon, rydym yn gweld bod gwerth tynnu lluniau i ddechrau canfod syniadau plant yn dibynnu ar sut mae'r dasg yn cael ei gosod. Ni fyddai gofyn am ddarlun i ddangos y lefelau dŵr yn y tanc yn unig yn ddefnyddiol o reidrwydd yn hyn o beth. Mae gofyn iddynt dynnu llun 'beth rydych chi'n meddwl sy'n

'Mae'r haul yn boeth ac mae'r dŵr yn oer ac mae'r dŵr yn glynu wrth yr haul ac yna mae'n mynd i lawr.'

Ffigur 15.1 Syniadau plentyn 7 mlwydd oed am y ffordd mae dŵr yn anweddu (o Russell a Watt, 1990: 29)

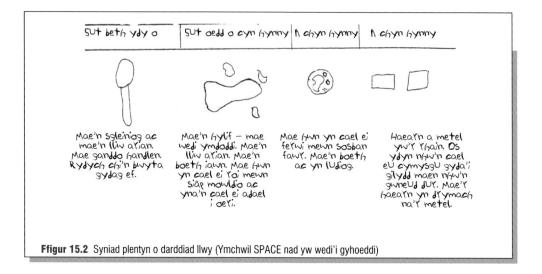

SUt beth ydy o	SUt oedd o cyn hynny	n chyn hynny	n chyn hynny
Mae'n sgleiniog ac mae'n lliw arian. Mae ganddo handlen. Rydych chi'n bwyta gydag ef.	Mae'n hylif — mae wedi ymdoddi. Mae'n lliw arian. Mae'n boeth iawn. Mae hwn yn cael ei roi mewn siâp mowldio ac yna'n cael ei adael i oeri.	Mae hwn yn cael ei ferwi mewn sosban fawr. Mae'n boeth ac yn lludiog.	Haearn a metel yw'r rhain. Os ydyn nhw'n cael eu cymysgu gyda'i gilydd maen nhw'n gwneud dur. Mae'r haearn yn drymach na'r metel.

Ffigur 15.2 Syniad plentyn o darddiad llwy (Ymchwil SPACE nad yw wedi'i gyhoeddi)

gwneud i lefel y dŵr newid' yn fwy cynhyrchiol. Mae'r un pwyntiau a wnaed am gwestiynau llafar yn berthnasol i ffurf y cwestiynau mae'r athro yn eu gofyn wrth osod gwaith ysgrifenedig a gwneud darluniau i blant er mwyn canfod eu syniadau a'u sgiliau; mae angen cwestiynau agored sy'n canolbwyntio ar yr unigolyn.

Math arall o dynnu lluniau sy'n helpu plant i ddangos eu syniadau yw creu 'cartŵn stribed' neu gyfres o ddarluniau dros amser, fel yn yr enghraifft yn Ffigur 15.2. Yn yr achos hwn, gofynnodd yr athrawes i'r plant dynnu llun sut yn eu barn nhw oedd y llwy yn edrych cyn iddi fod ar ei ffurf bresennol, yna sut roedd yn edrych ychydig cyn hynny, ac yn y blaen.

Ysgrifen plant

Er bod modd i luniau gael eu tynnu gan y plant ieuengaf hyd yn oed, mae ysgrifennu'n ddefnyddiol iawn ar gyfer ein dibenion presennol pan fydd plant yn teimlo'n gyfforddus gydag ysgrifennu. Cafodd Ffigur 15.3 ei ysgrifennu gan blentyn 6 mlwydd oed i egluro pam y diflanodd y cyddwysiad o'i hanadl ar ffenestr oer. Yn yr un modd ag ateb y plentyn 10 mlwydd oed i sut y gellir arafu anweddiad dŵr o danc (Ffigur 15.4), mae hyn yn dangos gwerth nid yn unig gofyn am gofnod ysgrifenedig o'r hyn sydd wedi cael ei arsylwi ond mae hefyd yn codi cwestiynau sy'n gofyn am ddefnyddio syniadau.

Mae gwaith ysgrifenedig plant hefyd yn rhoi gwybodaeth am eu sgiliau ymholi, yn enwedig yn achos plant hŷn. Unwaith eto, mae'n bwysig i'r dasg gael ei gosod fel bod gofyn i'r plant ddisgrifio'r hyn maen nhw wedi'i wneud, neu'n bwriadu ei wneud. Mae'r enghreifftiau yn Ffigurau 15.5 i 15.7 yn egluro gwerth y cynhyrchion. Maen nhw i gyd yn dod o Paterson (1987: 17-20).

Yn Ffigur 15.5 mae dau ragfynegiad yn cael eu gwneud, a gellir profi'r ddau ohonynt drwy ymchwiliad. Mae'r rhagfynegiad cyntaf yn seiliedig ar y profiad bob dydd ei bod yn haws gweld pethau sy'n nes na phan fyddant ymhell i ffwrdd. Fodd bynnag, mae sail yr ail ragfynegiad, am bobl yn gwisgo sbectol, yn llai hawdd i'w ddilyn ac yn haeddu trafodaeth.

Fe wnes i fynd allan ac anadlu ar y ffenestr ac mae fy anadl oer yn dod allan ac os byddwch yn edrych arno gallwch ei weld yn mynd i ffwrdd pan fydd yn mynd yn gynnes.

Ffigur 15.3 Ysgrifen plentyn 6 mlwydd oed am gyddwysiad (o Russell a Watt, 1990: 36)

Drwy roi darn o wydr yn ei orchuddio a bydd yn para'n hirach oherwydd nad yw'n gallu mynd allan.

Ffigur 15.4 Plentyn 10 mlwydd oed yn defnyddio syniadau am anweddu i awgrymu sut i'w atal (o Russell a Watt, 1990: 38)

Ein rhagfynegiad yw y bydd pobl yn gallu cwblhau'r prawf pan fyddant yn llawer agosach at y siart ac ni fydd y siart mor glir â'r prawf cyntaf pan fyddant ymhellach oddi wrth y siart. Rydyn ni hefyd yn credu y bydd pobl sydd â sbectol yn gweld yn well na phobl eraill gan fod ganddyn nhw fwy o ffocws yn y lensys gwydr.

Ffigur 15.5 Rhagfynegiad plentyn 11 mlwydd oed fel rhan o gynllunio ymchwiliad (O Patterson, 1987)

Mae Ffigur 15.6 yn dangos gwaith myfyrio plentyn ar ôl ymchwilio i'r graddau y gellir clywed sain darn o arian sy'n cael ei ollwng. Nid yn unig y mae'n nodi diffygion yr ymchwiliad a gynhaliwyd, ond mae'n dangos rhai agweddau ar gynllunio, gan gynnwys defnyddio offeryn yn ddyfeisgar i fesur lefel y sain.

Mae Ffigur 15.7 yn dangos arsylwi manwl iawn, gan ddefnyddio pedwar synnwyr, wedi'u disgrifio'n ofalus ac egnïol fel bod y darllenydd yn gallu rhannu'r profiad bron.

pe bawn yn gwneud hyn eto byddwn yn ceisio meddwl am ffordd o brofi'r sain yn hytrach na dyfalu yn unig a cheisio meddwl am fwy o arwynebau a rhoi cynnig arno gyda gwahanol ddarnau arian ar wahanol uchderau. Ar y sain mae gen i ddau syniad, un, gweld pa mor bell i ffwrdd y gallwch ei glywed yn gollwng, a dau, cael recordydd tâp gyda dangosydd lefel sain

Ffigur 15.6 Myfyrdod plentyn 9 mlwydd oed ar ôl adrodd ar ei hymchwiliad (O Patterson, 1987)

Pan wnaethom archwilio litshi fe wnaethom ganfod bod blew bach ar y croen neu'r pil. Pan wnaethom ei ddal yn eithaf pell i ffwrdd roedd y ffrwyth cyfan yn edrych fel mafon caled wedi gor-dyfu. Pan wnaethom flasu'r croen roedd fel afocado. Roedd y croen i gyd naill ai'n goch neu'n felyn fel y dywedais roedd y coch yn blasu fel afocado ond roedd y melyn wir yn afiach roedd hyn yn golygu bod y ffrwyth yn aeddfed pan mae'n goch neu'n felyn. Yna ar ôl i ni dynnu'r croen i gyd i ffwrdd fe welsom bod croen arall ond roedd hwn yn dryloyw. Pan wnaethom ni dynnu'r croen hwnnw i ffwrdd fe wnaethom ganfod bod y sudd mewn rhyw fath o segmentau fel oren. Yn, fe wnaethom flasu'r cnawd ac roedd yn hyfryd. Ar ôl hynny fe wnaethon ni ganfod carreg neu hedyn yn y canol felly fe wnaethon ni ei dorri ar agor ac aeth yn frown ar ôl ychydig eiliadau yna fe wnaethon ni ei arogli ac roedd yn arogleuo fel concyr (neu Gastanwydden y Meirch)

Ffigur 15.7 Arsylwadau a gofnodwyd gan ddau o blant 10 mlwydd oed (O Paterson, 1987)

Mapiau cysyniadau

Mae mapiau cysyniad yn fath arall o ddarlun sy'n arbennig o ddefnyddiol ar gyfer canfod syniadau plant. Mae mapiau cysyniad yn ffyrdd diagramatig o gynrychioli cysylltiadau cysyniadol rhwng geiriau. Mae rhai rheolau y dylid eu defnyddio, sy'n syml iawn ac yn hawdd i blant 5 neu 6 mlwydd oed eu deall. Os cymerwn y geiriau 'iâ' a 'dŵr' gallwn eu gwneud yn berthnasol i'w gilydd yn y ffordd hon drwy eu cysylltu gyda saeth i ddynodi perthynas rhyngddynt. Os byddwn yn ysgrifennu 'ymdoddi i roi' ar y saeth, mae gennym ffordd o gynrychioli'r syniad bod iâ yn ymdoddi i roi dŵr, ond nid i'r gwrthwyneb:

Gallwn ychwanegu at hyn drwy gysylltu geiriau eraill i ffurfio map.

Mae gofyn i blant dynnu llun o'u syniadau am sut mae pethau'n gysylltiedig yn rhoi cipolwg ar y ffordd maen nhw'n rhagweld sut mae un peth yn achosi rhywbeth arall. Y man cychwyn yw rhestru geiriau am y pwnc mae plant yn gweithio arno ac yna gofyn iddyn nhw dynnu saethau ac ysgrifennu geiriau 'cysylltu' arnyn nhw. Mae

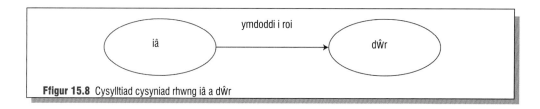

Ffigur 15.8 Cysylltiad cysyniad rhwng iâ a dŵr

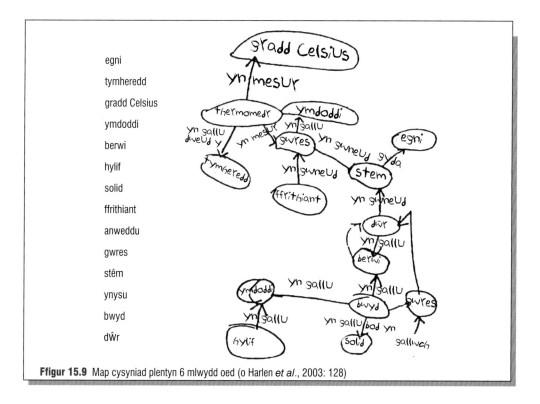

Ffigur 15.9 Map cysyniad plentyn 6 mlwydd oed (o Harlen *et al.*, 2003: 128)

Ffigur 15.9 yn dangos y rhestr a'r map y gwnaeth Lennie sy'n 6 mlwydd oed ei dynnu ar ôl rhai gweithgareddau am wres a'i effaith ar wahanol bethau. Mae'n bosibl sylwi o hyn nad yw Lennie wedi gwahaniaethu rhwng gwres a thymheredd eto ond mae ganddo syniadau defnyddiol am yr hyn y gall gwres ei wneud. Fel gyda phob diagram, fe'ch cynghorir i'w drafod gyda'r plentyn er mwyn bod yn siŵr o'r ystyr a fwriadwyd.

Cartwnau cysyniad

Dyfeisiwyd cartwnau cysyniad gan Naylor a Keogh (2000). Rhoddir enghraifft yn Ffigur 15.10, ond mae amrywiaeth eang o gartwnau wedi'u cyhoeddi a'u defnyddio gydag athrawon dan hyfforddiant a phlant cynradd. Mae eu prif nodweddion yn cynnwys:

- Cynrychioli syniadau gwyddonol mewn sefyllfaoedd cyffredin lle bo'n bosibl, fel bod cysylltiadau'n cael eu gwneud rhwng syniadau gwyddonol a bywyd bob dydd.

- Defnyddio ychydig iawn o destun, er mwyn gwneud y syniadau'n hygyrch i ddysgwyr sydd â sgiliau llythrennedd cyfyngedig.

- Defnyddio cyflwyniad arddull cartŵn syml sy'n apelio'n weledol ac sy'n grymuso athrawon a dysgwyr i greu eu cartwnau cysyniad eu hunain.

- Defnyddio gwaith ymchwil sydd wedi'i gyhoeddi i nodi meysydd cyffredin o gamddealltwriaeth, sydd wedyn yn darparu ffocws ar gyfer y cartŵn cysyniad.

(Keogh a Naylor, 1998: 14)

Mae cymwysiadau cartwnau cysyniad wedi cael eu hymestyn yn eang ac mae eu defnydd yn cynnwys asesu ac ymchwil. Er mwyn darganfod syniadau a sgiliau plant, mae'r

Ffigur 15.10 Cartŵn cysyniad am egino hadau (O Keogh a Naylor, 2014: 30)

plant yn trafod y syniadau a awgrymir gan y cymeriadau cartŵn naill ai mewn grwpiau bach neu fel dosbarth cyfan ac yn trafod pam eu bod nhw'n cytuno neu'n anghytuno â'r awgrymiadau, neu roi eu syniadau eu hunain. Mewn llawer o achosion, nid oes gan y sefyllfaoedd unrhyw ateb 'cywir', ac ym mhob achos, mae'r drafodaeth am fanteision ac anfanteision yr awgrymiadau yn gofyn am esboniad dros pam y gellid cefnogi un farn neu'r llall, neu pam na ellid eu cefnogi. Gall y sefyllfaoedd a'r swigod siarad gyfeirio at sut i gynnal ymchwiliad, megis 'sut ydyn ni'n mynd i ddarganfod p'un a yw'r haul yn gwneud unrhyw wahaniaeth i ba mor gyflym mae'r ciwbiau iâ hyn yn ymdoddi?' gydag awgrymiadau o ffyrdd gwahanol o sut i wneud hyn. Mae ffyrdd eraill o ddefnyddio'r ddyfais hon yn cynnwys gadael y swigod siarad yn wag a gofyn i blant eu llenwi gyda'u syniadau eu hunain ar ôl trafod, neu'r athro yn eu llenwi ar ôl gofyn am syniadau plant.

Defnyddio pypedau

Mae defnyddio pypedau i gynrychioli'r cymeriadau mewn cartwnau cysyniad yn dod â sefyllfaoedd a gyflwynir yn y cartwnau yn fyw yn yr un ffordd ag y gall pypedau 'ddod â straeon yn fyw'. Fe wnaeth Keogh *et al.* (2006) ymchwilio i ddefnydd pypedau wrth helpu plant ar draws ystod oedran cyfan ysgol gynradd i ymgysylltu mewn sgyrsiau am sefyllfaoedd sy'n cynnwys syniadau ac ymholiadau gwyddonol. Y syniad yw bod plant yn siarad gyda'r pypedau yn hytrach na'r athro. Mae'r dull yn gweithio oherwydd ei bod yn haws i lawer o blant ifanc ymateb i syniad gan byped ac i gyfeirio eu syniadau at byped nag at athro. Mae hefyd yn haws i'r athro awgrymu, drwy bypedau, syniadau nad ydynt yn wyddonol i'r plant eu herio na mynegi syniadau o'r fath yn uniongyrchol i blant. Gall y pyped barhau i ofyn cwestiynau i gael esboniadau – 'Dydw i ddim yn deall'; 'esboniwch i mi pam eich bod yn meddwl hynny' – gan alluogi'r athro i brocio meddwl y plant.

Mae'r defnydd o bypedau i ddatgelu a helpu i ddatblygu sgiliau ymholi plant wedi'i ddisgrifio gan Liston (2015). Defnyddiodd bypedau i adrodd stori oedd yn cyflwyno problem a gofyn am gymorth y plant. 'Rôl y pyped oedd bod yn ansicr ac yn amheus ynglŷn â beth i'w wneud neu sut i ddatrys y broblem. Cadwyd ymyrraeth gan yr athro i gyn lleied â phosibl; y plant a'r pyped oedd â'r prif gyfrifoldeb dros ddatrys y broblem' (2015: 12). Mae Liston hefyd yn rhoi cyngor defnyddiol ar sut i ddelio â phryderon posibl ynghylch defnyddio pypedau. Er enghraifft, gallai fod ychydig yn anodd i athrawon weithio'r pyped ar yr un adeg ag y byddant yn helpu gyda gwaith ymarferol, sy'n awgrymu y dylid cynllunio defnyddio'r pyped yn ofalus ar gyfer rhannau penodol o'r gwersi.

Clustfeinio a thrafod geiriau

Mae cartwnau cysyniad hefyd yn ffordd ddefnyddiol iawn o sefydlu trafodaethau grŵp bach sy'n caniatáu i'r athro wrando ar y sgwrs heb gymryd rhan. Mae gosod grwpiau i weithio ar fap cysyniad cyfunol yn ateb diben tebyg. Mae trafodaethau plant yn unig yn werthfawr o ran rhyddhau plant i fynegi eu syniadau yn eu geiriau eu hunain. I ddyfynnu Douglas Barnes (1976: 29):

> Mae absenoldeb yr athro yn tynnu'r ffynhonnell o awdurdod arferol allan o'r gwaith; ni allant droi ato i ddatrys penblethau. Felly... yn ogystal â llunio damcaniaethau,

mae'r plant yn cael eu gorfodi i'w gwerthuso drostyn nhw eu hunain. Dim ond mewn dwy ffordd y gallant wneud hyn: drwy eu profi yn erbyn eu barn bresennol am 'sut mae pethau'n mynd yn y byd', a thrwy ddychwelyd at 'y dystiolaeth'.

Felly gall 'clustfeinio' helpu'r athro i ddarganfod sut mae plant yn rhesymu ac yn defnyddio tystiolaeth yn eu dadleuon yn ogystal ag am y geiriau maen nhw'n eu defnyddio. Pan fydd y plant yn siarad yn uniongyrchol gyda'i gilydd maen nhw'n defnyddio geiriau maen nhw a'u cyfoedion yn eu deall. Gall y rhain, yn ogystal â'r esboniadau a'r rhesymau maen nhw'n eu rhoi i'w gilydd, roi cliwiau ynglŷn â'u syniadau. Er enghraifft, yn eu trafodaethau ar ymdoddi mae'n ymddangos bod plant yn ei ddrysu gyda hydoddi. O fod yn gwybod hyn gall yr athro gymryd camau i ddarganfod a yw'r plant wedi gwahaniaethu rhwng prosesau ymdoddi a hydoddi neu heb sylweddoli pa un sy'n cael ei alw'n ymdoddi ac yn hydoddi yn unig. Mewn achosion o'r fath mae'n bwysig archwilio ystyr y plant ar gyfer y geiriau er mwyn cael gwybod beth yw eu syniadau. Mae'n ddefnyddiol gofyn iddyn nhw roi enghraifft o ymdoddi neu i ddweud sut y byddan nhw'n ceisio gwneud i siwgr ymdoddi, er enghraifft. Byddai hyn yn dangos p'un a yw ymdoddi yn wahanol i hydoddi yn eu meddwl nhw. Rydym yn trafod pwyntiau eraill am ddefnyddio geiriau gwyddonol ym Mhennod 7.

Defnyddio technoleg

Mae argaeledd parod camerâu mewn ffonau ac iPads wedi agor cyfres newydd o gyfleoedd i archwilio sut mae plant yn meddwl. Mae pa mor gyflym y gellir arddangos ffotograffau ar sgrin gyfrifiadurol neu fwrdd gwyn rhyngweithiol yn golygu y gall athrawon astudio delweddau o blant o fewn amser byr i'r digwyddiad, trafod gyda'r plant beth roedden nhw'n ei feddwl ar y pryd neu gadw'r delweddau er mwyn eu hastudio yn nes ymlaen. Mae Blwch 15.3 yn rhoi enghraifft o weithio gyda phlant 8 mlwydd oed a ddisgrifir gan Lias a Thomas (2003).

Blwch 15.3 Defnyddio ffotograffau digidol i roi canolbwynt i drafodaeth

Yn ystod y gweithgaredd (gwneud 'gêm cylchedau' ar gyfer ymarfer tablau lluosi) fe wnaethom dynnu sawl ffotograff digidol o'r plant yn gwneud ac yn profi eu cylchedau i'w harddangos yn nes ymlaen. Oherwydd bod cyfrifiadur, taflunydd LCD a bwrdd gwyn rhyngweithiol yn yr ystafell, fe wnaethom benderfynu dangos y ffotograffau i'r plant ar ddiwedd y gweithgaredd . . . Roedd y delweddau a gafwyd o ddigwyddiadau penodol yn helpu plant i gofio'r hyn yr oedden nhw'n ei wneud ar adeg benodol ac yn atal dryswch ynghylch pa ddigwyddiad oedd yn cael ei drafod. Roedden nhw hefyd yn helpu i gadw meddwl y plant ar y dasg ac yn darparu sgaffald gweledol i gefnogi eu disgrifiadau a'u hesboniadau. O'u cymharu ag achlysuron blaenorol, roedd y plant yn ateb cwestiynau yn llawer mwy hyderus a rhugl, roedd angen llawer llai o anogaeth a chefnogaeth arnyn nhw, ac roedd eu hymatebion yn llawer mwy manwl a chyflawn.

(Lias a Thomas, 2003: 18)

. . . a channoedd mwy!

Mae llawer o'r gweithgareddau y mae athrawon yn eu defnyddio i ennyn diddordeb plant mewn dysgu gwyddoniaeth ar yr un pryd yn gyfleoedd i asesu eu syniadau a'u gallu i ymchwilio mewn modd gwyddonol, neu gellir eu haddasu'n hawdd at y diben hwn, er enghraifft, drwy ychwanegu cwestiynau neu her megis sylwi ar gamgymeriadau (bwriadol) mewn dadleuon. Mae Naylor et al. (2004) wedi dwyn casgliad helaeth o syniadau ynghyd o syniadau ar gyfer gweithgareddau sy'n ysgogi plant i fynegi'r hyn maen nhw'n ei feddwl. Mae rhai o'r rhain yn debyg i'r rhai a drafodwyd yn y bennod hon, ond mae llawer mwy. Er enghraifft:

- Cardiau didoli: lle rhoddir cardiau i blant gyda datganiadau neu luniau arnynt. Byddant yn defnyddio'r wybodaeth hon i ddidoli'r cardiau i wahanol grwpiau ac yna'n egluro eu rhesymau, sy'n dangos y syniadau sydd ganddynt am y gwrthrychau neu'r digwyddiadau yn y darluniau.

- Gridiau GED: gridiau tair colofn syml lle mae'r plant neu'r athro yn nodi beth mae'r plant yn meddwl maen nhw'n ei wybod (*Gwybod*), beth maen nhw eisiau ei wybod am bwnc (*Eisiau*) ac yna beth maen nhw wedi'i ddysgu (*Dysgu*). Fe'u defnyddir ar ddechrau ac ar ddiwedd pwnc ac maen nhw'n helpu plant ac athrawon i ganolbwyntio ar yr hyn sydd angen ei ddysgu a'r hyn a ddysgwyd.

- Ymarferion paru: lle mae plant yn gwneud cysylltiadau rhwng dwy set o wybodaeth, un yn debygol o fod yn rhestr o enwau a'r llall yn ddisgrifiadau, priodweddau neu swyddogaethau. Defnyddiol ar gyfer nodi syniadau plant ar ddechrau pwnc.

- Creu cwestiynau: lle mae plant yn creu'r cwestiynau y mae'n ddefnyddiol eu gofyn am bwnc.

- Dilyniannu: lle rhoddir cyfres o ddatganiadau, lluniau neu syniadau am broses wyddonol i'r plant a lle gofynnir iddyn nhw eu trefnu mewn trefn resymegol.

- Arbrofion meddwl: lle mae plant yn gwneud rhagfynegiadau am sefyllfa na ellir ymchwilio iddi mewn bywyd go iawn, efallai am ei bod yn ddychmygus neu'n anhygyrch. Fe'u defnyddir i ddatgelu beth mae plant yn ei wybod yn barod a sut y gallant ei ddefnyddio mewn sefyllfaoedd newydd wrth gyflwyno pwnc newydd.

Ar gyfer pob un o'r 32 strategaeth maen nhw'n eu disgrifio, mae Naylor *et al.* (2004) yn rhoi enghreifftiau o'u defnydd gyda disgyblion iau a hŷn.

Crynodeb

Mae'r bennod hon wedi trafod ffyrdd o gasglu gwybodaeth am syniadau gwyddonol a sgiliau ymholi plant i'w defnyddio i helpu dysgu. Mae'r holl ddulliau yn rhai y gall athrawon eu defnyddio yn ystod gweithgareddau gwyddoniaeth rheolaidd yn yr ystafell ddosbarth neu mewn mannau eraill. Dyma'r prif bwyntiau:

■ Mae'n bwysig bod yn glir ynghylch y nodau penodol yng ngweithgareddau plant er mwyn rhoi canolbwynt i'r dasg o gasglu gwybodaeth.

■ Mae ethos ystafell ddosbarth lle mae plant yn teimlo'n gyfforddus wrth fynegi eu syniadau a dangos yr hyn y gallant ei wneud yn bwysig hefyd.

■ Y prif strategaethau sy'n ddefnyddiol wrth gasglu gwybodaeth o weithgareddau rheolaidd yw tasgau cwestiynu, arsylwi, ysgrifennu neu dynnu lluniau sy'n datgelu eu syniadau a'u sgiliau, mapio cysyniadau, trafod cartwnau cysyniad, defnyddio pypedau, clustfeinio a thrafod geiriau, a defnyddio technoleg i fyfyrio ar weithgareddau penodol.

■ Mae'r cwestiynau mwyaf defnyddiol i'w gofyn i blant er mwyn canfod eu syniadau a'u sgiliau yn gwestiynau agored ac yn canolbwyntio ar yr unigolyn.

■ Mae angen cynllunio a darparu canolbwynt i arsylwi drwy wybod pa ymddygiadau sy'n ddangosyddion defnyddiol o ddatblygu sgiliau, agweddau a dealltwriaeth gysyniadol.

Darllen pellach

Constantinou, Y. (2016) Concept cartoon conversations lead to inspiring investigations, *Primary Science* 142: 11–13.

Keogh, B., Naylor, S., Downing, B., Maloney, J. a Simon, S. (2006) Puppets bringing stories to life in science, *Primary Science Review* 92: 26–28.

Liston, M. (2015) Using puppets to provide opportunities for dialogue and scientific inquiry, *Primary Science* 138: 11–13.

Naylor, S. a Keogh, B. (2000) *Concept Cartoons in Science Education*. Sandbach: Millgate House.

Naylor, S., Keogh, B. with Goldsworthy, A. (2004) *Active Assessment. Thinking Learning and Assessment in Science*. Llundain: David Fulton in association ar y cyd â Millgate House.

Gwefan

Puppets Project Resources gan Millgate House Education Ltd: www.millgatehouse.co.uk

16

Dehongli tystiolaeth ar gyfer adborth

Cyflwyniad

Yn y bennod hon rydym yn parhau i ganolbwyntio ar yr elfennau sy'n ffurfio'r broses gylchol o asesu ffurfiannol a gynrychiolir yn Ffigur 14.1. Ym Mhennod 15, fe wnaethom ystyried pwysigrwydd nodau a thrafod ffyrdd o gasglu tystiolaeth am syniadau a sgiliau plant sy'n ymwneud â nodau gwers neu destun. Yn y bennod hon, gan barhau i symud o amgylch y cylch asesu ffurfiannol, rydym yn ystyried dehongliad y wybodaeth, gan arwain at benderfyniadau ynghylch y camau nesaf o ran dysgu a sut i helpu plant i fynd i'r afael â'r camau hyn. Yn y gyntaf o dair prif adran, rydym yn cynnig y defnydd o ddangosyddion datblygiadol wrth arwain penderfyniadau am y camau nesaf yn nysg plant, gan roi enghreifftiau o ddangosyddion sy'n ymwneud â sgiliau ymholi ac agweddau gwyddoniaeth, ac â syniadau gwyddonol a syniadau am wyddoniaeth gan blant. Mae'r ail adran yn trafod y defnydd o ddangosyddion i nodi camau nesaf y plant. Mae'r drydedd adran yn ymwneud â chymryd camau i helpu cynnydd plant drwy ddefnyddio adborth am gamau gweithredu ac ymatebion plant mewn dwy ffordd. Un yw addasu addysgu, os oes angen, er mwyn sicrhau lefel briodol o her; y llall yw rhoi adborth i blant am eu gwaith, mewn ffyrdd sy'n cael effaith gadarnhaol ar eu dysg.

Defnyddio dangosyddion i ddehongli tystiolaeth

Mae'r model asesu ffurfiannol (Ffigur 14.1) yn dangos, i benderfynu ar y camau nesaf i blant eu cymryd mewn dysgu, y bydd angen tystiolaeth o'u sgiliau a'u dealltwriaeth bresennol yn gyntaf, ac yna bydd angen eu dehongli o ran cynnydd tuag at nodau'r gweithgaredd. Ym Mhennod 15, yng nghyd-destun casglu tystiolaeth drwy arsylwi, cyflwynwyd y defnydd o *ddangosyddion datblygiadol* sy'n disgrifio agweddau ar ymddygiad sy'n dystiolaeth o sgiliau a syniadau penodol a ddefnyddir. Fe wnaethom nodi bod gan ddangosyddion o'r fath ddwy brif rôl:

- i dynnu sylw at agweddau ar ymddygiad sy'n dynodi datblygiad agweddau, syniadau a sgiliau penodol;

- i helpu i ddehongli'r dystiolaeth i benderfynu ar y camau nesaf a sut i'w cymryd.

Trafodwyd y cyntaf o'r rhain ym Mhennod 15. Yma rydym yn ystyried yr ail rôl, lle mae'r syniad o gynnydd yn yr ymddygiad yn arbennig o bwysig. Rydym yn dechrau gyda'r cwestiwn o sut i nodi dangosyddion datblygiadol.

Nodi dangosyddion datblygiadol

I ddangos dull o greu dangosyddion datblygiadol, ystyriwch yr enghraifft o sgiliau arsylwi. Y man cychwyn yw gofyn y cwestiwn: pa fath o gamau gweithredu a fyddai'n dangos bod plentyn yn defnyddio sgiliau arsylwi? Efallai mai'r peth cyntaf ddaw i'r meddwl fydd ei bod hi'n ymddangos fel pe bai'r plentyn yn talu sylw i fanylion, a allai ddangos drwy sylwi ar nodweddion tebyg a gwahanol rhwng pethau, gan ddefnyddio'r synhwyrau ac eithrio'r golwg efallai. Y cwestiwn nesaf yw: sut fyddai hyn yn wahanol ar gyfer plant iau yn hytrach na phlant hŷn? Ar gyfer y plentyn iau gallai'r nodweddion tebyg a'r nodweddion gwahanol maen nhw'n eu nodi fod yn rhai amlwg yn unig; tra gallai plentyn hŷn nodi mwy o fanylion, gan ddangos mwy o fanwl gywirdeb wrth arsylwi, drwy ddefnyddio mesuriadau a gwir ganlyniadau. Byddai'r gwahaniaethau yn adlewyrchu'r dimensiynau o ddatblygu sgiliau ymholi a nodwyd ym Mhennod 12 (Blwch 12.1).

O ystyried mwy o wybodaeth am ddatblygiad sgiliau wrth arsylwi mewn nifer o blant, gallai'r datganiadau hyn gael eu mireinio i restr o ddangosyddion a drefnwyd cyn belled ag y bo modd yn nilyniant datblygiad. Mae 'cyn belled ag y bo modd' yn ddisgrifiad angenrheidiol oherwydd nid yw'n debygol y bydd dilyniant digyfnewid fydd yr un fath i'r holl blant, ond mae'n ddefnyddiol cael syniad bras. Mae canlyniad y math hwn o feddwl - a defnyddio profiad cyffredin o sut mae sgiliau plant yn datblygu - yn nodi cyfres o ddatganiadau am sut mae 'casglu tystiolaeth trwy arsylwi' yn dangos yn yr hyn mae plant yn ei wneud. Er enghraifft:

- Gwneud defnydd o nifer o synhwyrau i archwilio gwrthrychau neu ddefnyddiau.

- Nodi gwahaniaethau perthnasol o fanylder rhwng gwrthrychau neu ddefnyddiau a nodi pwyntiau o debygrwydd rhwng gwrthrychau lle mae gwahaniaethau yn fwy amlwg na thebygrwydd.

- Defnyddio eu synhwyrau yn briodol ac ymestyn yr ystod o olwg gan ddefnyddio lens llaw neu ficrosgop yn ôl yr angen.

- Cymryd camau i sicrhau bod y canlyniadau a gafwyd mor gywir ag y gallant fod yn rhesymol drwy ailadrodd arsylwadau lle bo hynny'n bosibl.

Dangosyddion sgiliau ymholi ac agweddau gwyddonol

Mae Blychau 16.1-16.4 yn rhoi canlyniad y dull gweithredu hwn mewn perthynas â grwpiau o sgiliau ymholi a nodwyd ym Mhennod 8, ac y trafodwyd sut i helpu eu datblygiad ym Mhennod 12. Mae Blychau 16.5 a 16.6 yn cyfeirio at agweddau gwyddonol a nodwyd ym Mhennod 13. Nawr rydym yn eu hystyried eto mewn perthynas â chynnydd.

Mae pob blwch yn cyflwyno dangosyddion mewn dilyniant lle maen nhw'n fwyaf *tebygol* o gael eu datblygu gan blant yn ystod blynyddoedd yr ysgol gynradd a'r ysgol ganol. Fodd bynnag, ni fydd hyn o reidrwydd yn wir ar gyfer pob plentyn. Mae gan y cynnydd yma elfennau o osod darnau o jig-so gyda'i gilydd yn hytrach na dringo grisiau ar ysgol (gweler Pennod 11). Mewn geiriau eraill, ni fydd pob cam o reidrwydd yn dilyn ymlaen o'r cam blaenorol. Mae angen pob darn o'r jig-so ac os nad yw'n cael ei roi ar waith yn gynharach bydd hyn yn cael ei wneud yn nes ymlaen. Dylid nodi hefyd nad oes 'lefelau', graddau neu gyfnodau yn cael eu hawgrymu. Ar gyfer asesu ffurfiannol, nid oes angen clymu dangosyddion i raddau neu lefelau: y cyfan sydd ei angen yw gweld lle mae plant arni a pha gynnydd pellach y gallant ei wneud. Mae'r datganiadau yn cael eu labelu (a) i (d) er hwylustod cyfeirio yn unig.

Blwch 16.1 Dangosyddion datblygiadol o sgil wrth arsylwi a defnyddio ffynonellau gwybodaeth

Pethau mae plant yn eu gwneud wrth gasglu tystiolaeth drwy arsylwi a defnyddio ffynonellau gwybodaeth

a) Defnyddio nifer o synhwyrau wrth archwilio gwrthrychau neu ddefnyddiau.

b) Nodi gwahaniaethau perthnasol o fanylder rhwng gwrthrychau neu ddefnyddiau a nodi pwyntiau o debygrwydd rhwng gwrthrychau lle mae gwahaniaethau'n fwy amlwg na thebygrwydd.

c) Defnyddio eu synhwyrau yn briodol ac ymestyn yr ystod o olwg gan ddefnyddio lens llaw neu ficrosgop yn ôl yr angen.

ch) Cymryd camau i sicrhau bod y canlyniadau a gafwyd mor gywir ag y gallant fod yn rhesymol drwy ailadrodd arsylwadau lle bo hynny'n bosibl.

d) Defnyddio ffynonellau gwybodaeth argraffedig ac electronig yn rheolaidd ac yn ddigymell i wirio neu ychwanegu eu sylwadau eu hunain.

Blwch 16.2 Dangosyddion datblygiadol o sgil wrth godi cwestiynau, rhagfynegi a chynllunio ymchwiliadau

Pethau mae plant yn eu gwneud wrth godi cwestiynau, rhagfynegi a chynllunio ymchwiliadau

a) Gofyn amrywiaeth o gwestiynau yn rhwydd a chymryd rhan effeithiol wrth drafod sut y gellir ateb eu cwestiynau.

b) Ceisio gwneud rhagfynegiad (hynny yw, yn seiliedig ar eu syniadau, yr hyn sy'n debygol o ddigwydd pan fydd rhywbeth yn cael ei newid) sy'n ymwneud â phroblem neu gwestiwn.

c) Nodi'r newidyn y dylid ei newid a'r pethau y dylid eu cadw yr un fath ar gyfer prawf teg.

ch) Nodi beth i edrych amdano, neu beth i'w fesur i gael canlyniad mewn ymchwiliad.

d) Cymryd cyfres ddigonol o arsylwadau i ateb y cwestiwn neu brofi'r rhagfynegiad sy'n cael ei ymchwilio.

Blwch 16.3 Dangosyddion datblygiadol o sgil wrth ddadansoddi, dehongli ac esbonio

Pethau mae plant yn eu gwneud wrth ddadansoddi, dehongli ac esbonio

a) Trafod yr hyn y maen nhw'n ei ganfod mewn perthynas â'u cwestiynau cychwynnol neu gymharu eu canfyddiadau gyda'u rhagfynegiadau / disgwyliadau cynharach.

b) Nodi, o amrywiaeth o arsylwadau, y rhai sy'n berthnasol i'r broblem dan sylw.

c) Defnyddio patrymau yn eu harsylwadau neu fesuriadau i ddod i gasgliadau.

ch) Defnyddio cysyniadau gwyddonol wrth ddod i gasgliadau a gwerthuso.

d) Cydnabod y gall fod mwy nag un esboniad sydd yn cyd-fynd â'r dystiolaeth a bod unrhyw gasgliadau yn betrus ac efallai y bydd yn rhaid eu newid yng ngoleuni'r dystiolaeth newydd.

Blwch 16.4 Dangosyddion datblygiadol o sgiliau wrth gyfathrebu, dadlau a gwerthuso

Pethau mae plant yn eu gwneud wrth gyfathrebu, dadlau a gwerthuso

a) Siarad yn rhydd am eu gweithgareddau a syniadau gan ddarparu tystiolaeth i gefnogi eu canfyddiadau.

b) Gwrando ar syniadau pobl eraill ac edrych ar eu canlyniadau.

c) Dewis ffurf ar gyfer cofnodi neu gyflwyno canlyniadau (lluniau, ysgrifennu, modelau, darluniau, tablau a graffiau, ac ati) sy'n briodol i'r math o wybodaeth a'r gynulleidfa.

ch) Defnyddio iaith wyddonol briodol wrth adrodd a dangos dealltwriaeth o'r termau a ddefnyddir.

d) Cymharu eu gweithdrefnau gwirioneddol ar ôl y digwyddiad gyda'r hyn a gynlluniwyd a gwneud awgrymiadau ar gyfer gwella eu ffyrdd o ymchwilio.

Blwch 16.5 Dangosyddion datblygiadol o barodrwydd i ystyried tystiolaeth mewn perthynas â syniadau

Pethau mae plant yn eu gwneud sy'n dangos parodrwydd i ystyried tystiolaeth mewn perthynas â syniadau

a) Cydnabod pan nad yw'r dystiolaeth yn cyd-fynd â'r casgliad disgwyliedig.

b) Gwirio rhannau o'r dystiolaeth nad ydynt yn cyd-fynd â phatrwm neu gasgliad cyffredinol.

c) Dangos parodrwydd i ystyried syniadau amgen a allai gyd-fynd â'r dystiolaeth.

ch) Yn ddigymell, ceisio syniadau eraill a allai gyd-fynd â'r dystiolaeth yn hytrach na derbyn y cyntaf sy'n ymddangos i gyd-fynd.

d) Cydnabod y gellir newid syniadau drwy feddwl a myfyrio am wahanol ffyrdd o wneud synnwyr o'r un dystiolaeth.

Blwch 16.6 Dangosyddion datblygiadol o sensitifrwydd tuag at bethau byw a'r amgylchedd

Pethau mae plant yn eu gwneud sy'n dangos yr agwedd wyddonol o sensitifrwydd tuag at bethau byw a'r amgylchedd

a) Darparu gofal am bethau byw yn yr ystafell ddosbarth neu o gwmpas yr ysgol heb lawer o oruchwyliaeth.

b) Lleihau effaith eu hymchwiliadau ar bethau byw a'r amgylchedd, drwy ddychwelyd gwrthrychau ac organebau a astudiwyd i'w hamodau cychwynnol.

c) Dangos gofal am yr amgylchedd lleol drwy ymddygiad sy'n lleihau sbwriel, difrod ac aflonyddwch.

ch) Cadw at a/neu gymryd rhan yn y gwaith o ddatblygu cod gofal am yr amgylchedd, gyda rhesymau dros y camau a nodwyd.

d) Helpu wrth sicrhau bod pobl eraill yn gwybod am ac yn glynu at god gofal o'r fath.

Dangosyddion o syniadau gwyddonol a syniadau am wyddoniaeth

Mewn egwyddor, byddai'n bosibl defnyddio'r hyn sy'n hysbys o waith ymchwil am ddatblygiad syniadau gwyddonol plant i ddisgrifio datblygiad yn nhermau dangosyddion, fel yr ydym wedi ei wneud ar gyfer sgiliau ymholi. Byddai ymdrin â'r ystod lawn o syniadau sy'n cael eu nodi yn y cwricwlwm yn gofyn am nifer fawr iawn o restrau. (Mae'r Cwricwlwm Cenedlaethol ar gyfer Lloegr ar gyfer cyfnodau allweddol 1 a 2 yn pennu syniadau sy'n ymwneud â phlanhigion, anifeiliaid, cadwynau bwydydd, goleuni, sain, magnetedd, trydan, ac ati). Yn lle hynny, byddai'n bosibl mynegi cynnwys o ran nifer llai o 'syniadau mawr' megis y rhai ym Mhennod 1 (Blwch 1.2), gan ganolbwyntio ar y camau wrth ddatblygu'r syniadau hyn yn briodol ar y lefel gynradd. Ond yn hytrach na datblygu rhestrau ar gyfer pob un o'r rhain, a fyddai'n dal i fod yn hir iawn, dewis arall fyddai i nodi cynnydd mewn modd generig y gellir ei gymhwyso i unrhyw un o'r syniadau sy'n nodau mewn ymchwiliad.

Fel yn achos datblygu dangosyddion ar gyfer sgiliau ac agweddau, gallwn ystyried pa ymddygiadau sy'n nodweddiadol o ddealltwriaeth gysyniadol gynnar a mwy datblygedig. Byddai plentyn yn dangos dealltwriaeth dda o syniad drwy ei fynegi mewn ffordd sy'n berthnasol i amrywiaeth o ddigwyddiadau neu ffenomenau perthnasol ac yn un sy'n esbonio yn hytrach na disgrifio'n unig. Ar y llaw arall, ar gam cynnar mae'r syniad yn debygol o gyfeirio at sefyllfa benodol (yn 'syniad bach' o'i gymharu ag un 'mwy' sy'n egluro mwy o bethau). Er enghraifft, wrth drafod sut mae mwydod yn byw yn y pridd, mae cyfeirio at bethau byw sydd wedi addasu i'w hamgylchedd yn dangos dealltwriaeth fwy datblygedig na chyfeirio at eu siâp yn unig. Mae'r dull hwn yn arwain at y dangosyddion cyffredinol o ddatblygiad mewn syniadau gwyddonol ym Mlwch 16.7. Gellir cymhwyso'r datganiadau hyn i syniadau fel 'prosesau bywyd', 'cynefinoedd', 'cadwynau bwydydd', 'ffynonellau sain', 'cysawd yr haul', 'cylched drydan syml', ac ati, drwy eu mewnosod yn 'am . . .'.

Blwch 16.7 Dangosyddion generig o ddatblygiad syniadau gwyddonol

Pethau mae plant yn eu gwneud sy'n dangos eu syniadau am . . .

a) Enwi syniad sy'n berthnasol i ddigwyddiad neu ffenomen penodol (e.e. 'ffrithiant') ond heb esbonio beth ydyw na sut mae'n berthnasol.

b) Ceisio defnyddio syniad perthnasol i egluro digwyddiad penodol neu wrthrych sy'n cael ei ymchwilio.

c) Cymhwyso syniad perthnasol i geisio egluro digwyddiadau neu wrthrychau tebyg i rai yr ymchwiliwyd iddynt eisoes.

ch) Mynegi'r syniad mewn ffordd sy'n berthnasol i amrywiaeth o ddigwyddiadau neu ffenomenau cysylltiedig.

d) Defnyddio syniad perthnasol i ragweld beth fyddai'n digwydd mewn sefyllfa nad ydynt wedi dod ar ei thraws eto.

Nawr rydym yn edrych ar sut y gellir defnyddio dangosyddion datblygiadol, megis y rhai ym Mlychau 16.1-16.7, i ddehongli tystiolaeth o ddysg plant ac awgrymu'r camau nesaf tuag at y nodau dysgu.

Defnyddio dangosyddion i nodi camau nesaf

Yn y broses hon, mae tystiolaeth a gasglwyd - efallai mewn un o'r ffyrdd a awgrymwyd ym Mhennod 15 - yn ystod amrywiaeth o weithgareddau, yn cael ei sganio yn erbyn y dangosyddion perthnasol. Mae barn 'ar gydbwysedd' yn cael ei llunio ynglŷn â ble mae tystiolaeth yn cyfateb i'r dangosyddion. Ar gyfer y plant ieuengaf mae'n debyg mai un neu ddau o'r dangosyddion cyntaf fydd y rhai priodol i ganolbwyntio arnyn nhw. Ar gyfer plant hŷn neu fwy profiadol bydd yn aml yn wir fod yr hyn maen nhw'n ei wneud yn bodloni'r dangosyddion cyntaf hyn, felly mae sylw'n cael ei roi ar y rhai yn ddiweddarach yn y rhestr. Lle mae tystiolaeth o ddangosydd nad yw'n cael ei fodloni, mae hyn yn awgrymu ffocws ar gyfer y 'camau nesaf'. Yn y cyd-destun hwn, mae'n bwysig gwahaniaethu rhwng 'dim tystiolaeth' - nad yw'n caniatáu i benderfyniad gael ei wneud - a thystiolaeth nad yw'r ymddygiad yn cael ei ddangos pan fydd cyfle i'w defnyddio. Os nad oes unrhyw gyfleoedd i ddefnyddio sgiliau penodol ar draws ystod o weithgareddau, dylai hyn hysbysu'r athro o'r angen posibl i ymestyn gweithgareddau neu i sicrhau bod plant penodol yn cymryd rhan lawn ym mhob agwedd ar ymchwiliadau ac ymholiadau.

Dehongli tystiolaeth am sgiliau ymholi ac agweddau gwyddonol

Mewn perthynas â sgiliau ac agweddau, yr hyn yr ydym yn chwilio amdano yw patrwm ar draws gweithgareddau amrywiol, nid barn sy'n seiliedig ar un gweithgaredd. Bydd hyn yn anochel yn golygu ei fod 'yn digwydd weithiau, ac nad yw'n digwydd weithiau', ac mae'n ddefnyddiol mewn achos o'r fath i ystyried natur y sefyllfaoedd lle mae'r ymddygiad a nodwyd wedi, a lle nad yw wedi, cael ei arsylwi, oherwydd mae hyn yn arwain at nodi'r math o gymorth sydd ei angen. Gan eu bod wedi cael eu trefnu mewn dilyniant bras o ddatblygiad cynyddol, mae'r dangosyddion yn rhoi arweiniad o ran ble mae plentyn wedi cyrraedd. Er mwyn gwneud cynnydd mae'n debygol y bydd y plentyn angen atgyfnerthu'r ymddygiadau hyn a dechrau datblygu'r rhai nesaf yn y rhestr.

Er nad yw'n ddoeth i farnu o un digwyddiad, at ddiben egluro gallwn ddefnyddio'r enghraifft a ddangosir yn Ffigur 16.1.

Mae'r cyfrif yn rhoi syniad da o'r hyn a wnaeth y plant a byddwn yn cymryd yn ganiataol bod yr athro wedi llwyddo i arsylwi'r ymchwiliad yn ogystal â darllen y cyfrif. Sut gallai'r wybodaeth hon gael ei dehongli mewn perthynas â sgiliau ymholi'r plentyn? Mae Blwch 16.8 yn awgrymu rhai dehongliadau ac yn nodi'r camau nesaf o ganlyniad i ddefnyddio'r dangosyddion datblygiadol ym Mlychau 16.1–16.4. Mae'r penderfyniadau cyfyngedig y gellir eu cymryd ar sail unrhyw un gweithgaredd yn tanlinellu pwysigrwydd cael dangosyddion mewn cof bob amser fel y gellir cyfuno tystiolaeth o nifer o weithgareddau.

Ydy lliw ein dillad yn effeithio ar pa mor gynnes rydyn ni'n mynd. Fe wnaethom roi papur sidan du a phapur sidan gwyn o amgylch thermomedrau. Fe wnaethom ganfod bod y thermomedr gyda phapur sidan du o'i amgylch yn 35 a'r thermomedr gyda phapur sidan gwyn o'i amgylch yn 29. Roedd y thermomedr gyda'r papur sidan du yn lliw gwyn ac roedd y thermomedr arall yn frown, hwn oedd yr un gyda phapur sidan gwyn. Pe byddem wedi rhoi un thermomedr yn yr awyr agored a'r llall yn y cysgod, ni fyddai hyn wedi bod yn deg.

Ffigur 16.1 Cyfrif plentyn 9 mlwydd oed o ymchwiliad ei grŵp

Blwch 16.8 Dehongli gwybodaeth yn Ffigur 16.1 gan ddefnyddio dangosyddion datblygu ar gyfer sgiliau ymholi

Sgiliau ymholi	Dehongli gwybodaeth gan ddefnyddio dangosyddion
■ Arsylwi a defnyddio ffynonellau gwybodaeth (Blwch 16.1)	Peth gwybodaeth mewn perthynas â datganiad (b): nodi gwahaniaethau . . . Mae'n debyg mai dim ond un set o fesuriadau a gymerwyd (datganiad (ch)) Nid oes gwybodaeth o'r ymchwiliad hwn mewn perthynas â datganiadau (c) a (d). *Camau nesaf*: Nid oes digon o wybodaeth yma i lywio'r penderfyniad.
■ Codi cwestiynau, rhagfynegi a chynllunio (Blwch 16.2)	Ni wnaeth unrhyw ragfynegiad (a); gwybodaeth bod dull defnyddiol wedi'i ddefnyddio a bod y newidyn i'w newid wedi cael ei ddewis yn briodol (c) (er nad yw'n glir faint o'r gwaith cynllunio oedd yn waith i'r plant eu hunain); wedi nodi'r hyn i'w arsylwi i ganfod y canlyniad (ch). *Camau nesaf*: rhoi cyfleoedd pellach i blant i gynllunio prawf teg yn annibynnol.
■ Dadansoddi, dehongli, egluro (Blwch 16.3)	Nid yw'r canlyniadau wedi cael eu dehongli o ran y cwestiwn cychwynnol (a); ni luniwyd unrhyw gasgliad ac ni wnaed unrhyw ymgais i esbonio'r hyn a ganfuwyd. *Camau nesaf*: cwestiynu plentyn am berthynas rhwng canfyddiadau a'r cwestiwn sy'n cael ei ymchwilio. Sicrhau bod rheswm am yr ymchwiliad yn cael ei ddeall.
■ Cyfathrebu, dadlau, gwerthuso (Blwch 16.4)	Ar gyfer yr ymarfer hwn, dylech gymryd yn ganiataol bod (a) a (b) wedi cael eu harsylwi yn ystod y gweithgaredd. Tystiolaeth o ddefnyddio tynnu lluniau i ddangos beth a wnaed, ond nid y canfyddiadau (c). *Camau nesaf*: trafod gyda'r plentyn sut i wneud darluniau yn fwy addysgiadol a sut i strwythuro adroddiadau ar ymchwiliadau.

Fe wnaeth Pennod 12 nodi ffyrdd i helpu datblygu sgiliau ymholi sy'n debygol o fod yn ddefnyddiol wrth benderfynu sut i gymryd y camau nesaf a awgrymwyd.

Gellir defnyddio dull tebyg ar gyfer agweddau, ond mae hyn yn gofyn am gasglu gwybodaeth ynghyd o amrywiaeth eang o weithgareddau (gweler Pennod 13); nid oes digon o dystiolaeth mewn un arsylwad yn unig.

Dehongli tystiolaeth o syniadau plant

Tybiwch ein bod yn defnyddio'r dangosyddion ym Mlwch 16.8 ar gyfer gwaith y plant yn Ffigurau 6.7 a 6.8 (t. 84), lle rhoddodd y plant esboniadau o sut mae'r drwm yn gwneud sain a sut yr ydym yn ei glywed. Y ddau syniad roedd yr athro yn eu cwestiynu oedd bod 'sain yn cael ei achosi gan ddirgryniad' ac 'rydym yn clywed sain pan fydd y dirgryniadau yn cyrraedd ein clustiau'. Rydym yn ystyried y dystiolaeth o ran y cyntaf o'r rhain.

Yn Ffigur 6.7 mae'r plentyn yn honni ei fod yn rhoi esboniad, ond mewn gwirionedd dim ond disgrifiad yw hwn (mae'r sain yn uchel iawn). O'r dystiolaeth sydd ar gael (a byddai'r athro'n defnyddio mwy na'r un darn hwn o waith) nid oes unrhyw un o'r dangosyddion yn berthnasol, felly'r cam nesaf yw cael rhywfaint o brofiad o'r gwahaniaeth rhwng drwm sy'n gwneud sain a drwm nad yw'n gwneud sain. Yn Ffigur 6.8 mae'r plentyn yn defnyddio'r gair 'dirgryniad' yn uniongyrchol mewn perthynas â chynhyrchu sain. Mae'r plentyn yn gwneud mwy nag enwi'r achos yn unig (dangosydd (a)), ond mae wedi defnyddio'r syniad ynghylch sain yn cael ei achosi gan ddirgryniad yn y sefyllfa dan sylw (b). Nid oes gennym unrhyw dystiolaeth y gall hyn gael ei ddefnyddio mewn sefyllfaoedd eraill (c). Felly, efallai mai'r cam nesaf fydd i roi profiad sy'n galluogi'r plentyn i weld p'un a yw'r syniad yn esbonio digwyddiadau eraill lle mae sain yn cael ei gynhyrchu. Gallai datblygu'r syniad am sain ymhellach fod yn amlwg, er enghraifft, wrth egluro sut mae gitâr ac offerynnau cerdd eraill yn gwneud seiniau (ch). Byddai plentyn sy'n gallu rhagfynegi, os nad oes unrhyw aer o amgylch na fyddem yn gallu clywed unrhyw beth, yn dangos y ddealltwriaeth yn nangosydd (d).

Fel yn achos sgiliau ymholi, y diben yw nodi camau nesaf defnyddiol er mwyn cael cynnydd mewn datblygu syniadau. Nid oes angen pennu fod plant yn gweithio ar lefel benodol. Gall yr awgrymiadau ym Mhennod 11 fod yn ddefnyddiol wrth benderfynu sut i gymryd y camau a nodwyd.

Defnyddio dull gwyddonol i ddehongli tystiolaeth

Bydd cryn dipyn o wybodaeth am syniadau plant yn dod o'u hesboniadau o ddigwyddiadau, boed yn ysgrifenedig, mewn lluniau neu ar lafar. Bydd ysgrifennu a thynnu lluniau yn cael eu defnyddio'n aml oherwydd y cyfleustra o allu eu hastudio ar ôl y digwyddiad. Ond mae hynny'n amlygu'r angen i edrych ar y dybiaeth fod y dystiolaeth wir yn adlewyrchu'r ddealltwriaeth gysyniadol sydd yn nod i'r gweithgaredd. Mae'n golygu defnyddio dull gwyddonol o ddehongli, gan atgyfnerthu'r pwynt fod unrhyw gasgliadau sy'n cael eu llunio (am y camau nesaf) yn betrus ac yn amodol i newid yng ngoleuni tystiolaeth bellach.

Er enghraifft, os, fel rhan o archwilio ffynonellau goleuni y gofynnir i'r plant dynnu lluniau pethau y maen nhw'n meddwl sy'n rhoi goleuni, a'u bod nhw'n cynnwys drych a'r lleuad yn eu lluniau, *y dystiolaeth* yw'r hyn sydd yn y lluniau. Efallai mai'r *dehongliad* yw nad yw'r plant yn gwahaniaethu rhwng pethau sy'n rhoi goleuni a rhai sy'n adlewyrchu goleuni. Cyn penderfynu pa gamau i'w cymryd, byddai'n ddoeth i wirio'r dehongliad hwn. Ai hyn yw'r broblem yn wir, neu a wnaeth y plant gymysgu rhwng 'pethau sy'n ddisglair' a 'phethau sy'n rhoi goleuni?' A oes tystiolaeth ategol o bethau eraill mae'r plant wedi eu gwneud, neu o'r hyn y maen nhw'n ei ddweud am y pethau y maen nhw wedi tynnu eu llun? Os bydd y dehongliad yn cael ei gadarnhau, bydd y cam nesaf yn dod yn glir - i roi cyfle i blant brofi eu syniadau trwy archwilio beth sy'n digwydd i ddrych yn y tywyllwch, o'i gymharu â ffagl neu ffynhonnell arall o olau, er enghraifft.

Yn yr un modd, os bydd plentyn yn cynhyrchu'r llun yn Ffigur 16.2 o gylched trydan gyda dau fwlb, mae angen gwneud yn siŵr nad camgymeriad yn y darlunio yw'r cysylltiad gyda'r bwlb ar yr ochr chwith. Os nad yw'r plentyn yn gweld

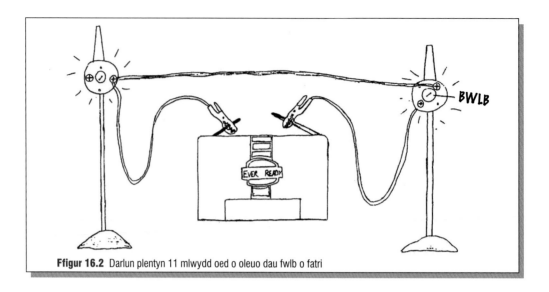

Ffigur 16.2 Darlun plentyn 11 mlwydd oed o oleuo dau fwlb o fatri

unrhyw beth o'i le, yna efallai mai'r cam nesaf fyddai gofyn iddo ef neu hi osod a phrofi'r gylched sydd i'w gweld yn y diagram. Mae creu'r cysylltiadau ffisegol yn debygol o helpu dealltwriaeth o'r hyn sydd ei angen i wneud cylched gyflawn.

Adborth o asesiad ffurfiannol

Mae adborth wedi cael ei ddisgrifio fel 'un o'r dylanwadau mwyaf pwerus ar ddysgu a chyflawniad' ond gyda'r rhybudd ychwanegol y gall y dylanwad hwn fod naill ai'n gadarnhaol neu'n negyddol (Hattie a Timperley, 2007). Mae ganddo rôl allweddol mewn asesu ffurfiannol fel y mecanwaith ar gyfer defnyddio tystiolaeth a gasglwyd i helpu plant i gymryd eu camau nesaf yn eu dysg.

Mae sut mae athrawon yn defnyddio adborth a beth mae'n canolbwyntio arno yn cael ei ddylanwadu gan eu barn o sut mae dysgu'n digwydd. Ym Mhennod 5 fe wnaethom ddisgrifio'r tri phrif ddull o ddysgu: ymddygiadol (mae dysg yn cael ei addysgu); lluniadaethol gwybyddol (gwneud synnwyr yn unigol); a lluniadaethol cymdeithasol (adeiladu gwybodaeth gydag eraill). Mae dulliau lluniadaethol yn arwain at ryngweithio rhwng athro a disgyblion lle mae plant yn ymateb i sylwadau ac awgrymiadau'r athro, yn hytrach na chyfathrebu unochrog o'r athro i'r disgyblion sydd yn nodweddiadol o'r dull ymddygiadol o ddysgu.

Mae Swaffield (2008b) yn awgrymu bod tri model o adborth sy'n gysylltiedig â'r dulliau dysgu gwahanol hyn. Pan fydd dysgu yn gyfystyr â 'cael eu dysgu', mae adborth yn digwydd mewn unffordd: o athro i ddisgybl. Mae dysgu sy'n cael ei ystyried fel rhywbeth sy'n cael ei lunio'n weithredol gan y dysgwr yn golygu bod angen gwybodaeth am sut mae syniadau newydd yn cael eu deall mewn perthynas â syniadau blaenorol. Felly mae adborth yn digwydd mewn dwy ffordd, o'r disgybl i'r athro ac o'r athro i'r disgybl. Yn y trydydd dull o ddysgu, y model cymdeithasol-ddiwylliannol, lle mae dysgu'n cael ei ystyried fel rhywbeth sy'n codi o ryngweithio ag eraill, bydd adborth yn digwydd hefyd drwy ryngweithio 'sydd yr un mor debygol o gael ei ddechrau gan ddisgyblion ag y mae gan athrawon, ac y mae disgyblion yn cyfrannu eu harbenigedd ato fel bod pawb yn dysgu, gan gynnwys yr athro' (2008b: 60). Mae Swaffield yn nodi nad yw'r trydydd model hwn yn cael ei weld yn aml mewn ystafelloedd dosbarth.

Yma rydym yn canolbwyntio ar yr adborth ddwy ffordd, gan gydnabod bod asesu ffurfiannol yn ymwneud cymaint â'r adborth i athrawon ag y mae'n ymwneud ag adborth i ddisgyblion. Mae'r ddau yn perthyn yn agos, gan fod y ffordd mae disgyblion yn ymateb i'r cwestiynau ac adborth gan eu hathro a chan ddisgyblion eraill yn ffynhonnell o dystiolaeth i'r athro eu defnyddio wrth wneud penderfyniadau am y camau nesaf. Yn y ddau achos o adborth, wrth gwrs, mae'r athro yn cymryd camau gweithredu. Mae'r gwahaniaeth yn ffocws y camau - i newid yr hyn y mae'r athro yn ei wneud neu i newid yr hyn y mae'r dysgwr yn ei wneud.

Adborth i addysgu

Gan fod dysgwyr yn unigolion, nid oes un llwybr i'w ddilyn er mwyn sicrhau dysgu i bawb. Rhaid i athrawon lunio barn am werth ymyriad o effaith eu holi a'u gweithredoedd eraill. Er mwyn gallu casglu data perthnasol i lywio eu hymyriadau, mae angen i athrawon fod yn glir ynghylch y nodau maen nhw am i'w disgyblion eu cyflawni. Yna, gallant wahaniaethu'r data arwyddocaol o'r amrywiaeth eang sydd o bosibl yno i gael ei ddefnyddio. Daw ffynhonnell bwysig o adborth i'r athro o hunanasesiad plant ac asesu cyfoedion, a drafodir yn y bennod nesaf. Os nad yw plant yn glir am yr hyn y dylent fod yn ceisio ei gyflawni trwy eu gwaith, efallai y byddant yn defnyddio meini prawf amhriodol ar gyfer barnu llwyddiant.

Mae adborth yn llywio penderfyniadau athrawon ynghylch a ddylid ymyrryd yn ystod gweithgareddau, neu sut i wneud hynny. Ni fydd pob ymyriad yn cael yr effaith gadarnhaol a ddymunir. Mae'r adborth mae athrawon yn ei dderbyn o adweithiau plant yn eu galluogi i roi cynnig ar rywbeth gwahanol, os bydd angen, er mwyn helpu eu cynnydd. Efallai y bydd angen i athro newid cynlluniau pan fydd plant yn cael trafferth yn hytrach na mentro'r ymdeimlad o fethiant. Yn y ffordd hon mae'r adborth yn galluogi athrawon i reoleiddio addysgu i wneud y gorau o ddysgu.

Ym Mhennod 3 mae gennym enghreifftiau o'r athrawon yn newid eu cynlluniau. Defnyddiodd Chris (t. 45) yr adborth o arsylwi ar anhawster ei dosbarth wrth ddefnyddio'r daflen waith yr oedd hi wedi'i pharatoi er mwyn penderfynu cyflwyno ffordd lai beichus i'r plant gofnodi eu canfyddiadau. Fe wnaeth Lisa (t. 46) addasu ei nodau mewn ymateb i anhawster ei disgyblion wrth amgyffred perthynas cyrff yng nghysawd yr haul. Dau achos yn unig yw'r rhain o ddigwyddiadau nad ydynt yn anghyffredin lle bydd yr athro'n cymryd y 'cam nesaf', yn hytrach na'r plant. Y penderfyniad yn seiliedig ar adwaith y plant yw newid cynlluniau'r athro yn hytrach na chadw'r rhain fel ag y maen nhw a mentro ymdeimlad o fethiant yn y plant.

Mae athrawon hefyd yn cael adborth y gellir ei ddefnyddio yn eu gwaith cynllunio trwy chwilio am dystiolaeth o'u disgyblion yn defnyddio sgiliau neu syniadau penodol wedi'u harwain gan y dangosyddion fel y disgrifiwyd yn gynharach. Os, dros nifer o weithgareddau, nad oes unrhyw dystiolaeth o, dyweder, blant yn cynllunio ymchwiliadau neu godi eu cwestiwn eu hunain, gallai athro ystyried a yw'r amrywiaeth arfaethedig o weithgareddau yn darparu cyfleoedd ar gyfer defnyddio a datblygu'r sgiliau hyn.

Adborth i blant

Rhoddir adborth yn fwyaf amlwg gan athrawon i ddisgyblion ar lafar neu yn ysgrifenedig, ond hefyd, efallai yn ddiarwybod, drwy ystum, goslef ac yn wir trwy weithredoedd, fel wrth bennu tasgau i ddisgyblion. Mae dwy brif agwedd ar adborth i ddisgyblion i'w hystyried – y ffurf y mae'n ei gymryd a natur y cynnwys, y math o wybodaeth a roddir.

Bu cryn dipyn o ymchwil i roi adborth i blant drwy farcio eu gwaith sy'n dangos bod ffurf yr adborth yn cael effaith ar gymhelliant plant yn ogystal ag ar eu cyflawniadau. Mae pwysigrwydd hyn yn cael ei bwysleisio gan adlewyrchu bod cymhelliant a mwynhad yr un mor berthnasol i ddysgu yn y dyfodol ag y mae gwybodaeth ynglŷn â sut i gywiro camgymeriadau. Felly, mae'r ffordd y rhoddir adborth i'r plant mor bwysig â ffocws yr adborth. Yn wir, mae ymchwil yn dangos y gall adborth gael effaith negyddol ar berfformiad yn ogystal ag un cadarnhaol. Fe wnaeth adolygiad helaeth o ymchwil perthnasol gan Kluger a DeNisi (1996) ganfod bod cyfran uchel o astudiaethau o adborth (dau o bob pump) yn arwain at effeithiau negyddol ar berfformiad. Awgrymodd ymchwiliad pellach mai'r hyn sy'n gwneud gwahaniaeth yw i ba raddau y mae'r adborth yn canolbwyntio ar y dasg neu ar y person. Mae adborth am wendidau yn y gwaith, pan fydd yn arwain at ganmoliaeth i'r person, yn tueddu i ganolbwyntio sylw'r dysgwr arnyn nhw eu hunain yn hytrach nag ar sut i gywiro gwendidau yn y dasg.

Mae awydd naturiol i roi adborth cadarnhaol, ond mae gwahaniaeth allweddol rhwng rhoi sylwadau cadarnhaol ar y gwaith a rhoi sylwadau cadarnhaol am y person. Mae hyn yn awgrymu'r angen am ofal wrth ddefnyddio fformiwla megis 'dwy seren a dymuniad', gan sicrhau bod y 'sêr' yn disgrifio agweddau o'r gwaith ac nad ydynt yn tynnu sylw oddi wrth y pwyntiau ynghylch sut i wella. Mae hyn yn haws mewn adborth wyneb yn wyneb nag mewn adborth ysgrifenedig (marcio).

Mae astudiaeth sydd wedi dylanwadu barn am yr adborth sydd fwyaf effeithiol yn cael ei chrynhoi ym Mlwch 16.9. Mae'r astudiaeth hon wedi ein helpu i sylweddoli os oes marciau neu sgoriau, bydd plant yn bachu'r rhain ac yn anwybyddu unrhyw sylwadau cysylltiedig. Maen nhw'n edrych ar y marciau i gael barn yn hytrach na chymorth gyda

---

Blwch 16.9 Ymchwil i wahanol fathau o adborth

Yn yr astudiaeth hon gan Ruth Butler (1988) cafodd effeithiau gwahanol fathau o adborth drwy farcio eu cymharu. Mewn astudiaeth arbrofol dan reolaeth, fe wnaeth hi sefydlu grwpiau a wnaeth dderbyn adborth mewn gwahanol ffyrdd. Cafodd un grŵp o ddisgyblion farciau neu raddau yn unig; cafodd disgyblion mewn grŵp arall sylwadau yn unig ar eu gwaith a derbyniodd y trydydd grŵp farc a sylwadau ar y gwaith. Astudiwyd yr amodau hyn mewn perthynas â thasgau oedd yn gofyn am feddwl dargyfeiriol a meddwl cydgyfeiriol. Y canlyniad oedd mai'r disgyblion a dderbyniodd sylwadau yn unig a wnaeth y cynnydd mwyaf yn eu dysgu, ar gyfer tasgau meddwl dargyfeiriol, gan wneud llawer mwy o gynnydd na'r ddau grŵp arall. Roedd y canlyniadau yr un fath ar gyfer disgyblion oedd yn cyflawni'n uchel ac isel. Ar gyfer tasgau cydgyfeiriol, fe wnaeth y disgyblion oedd yn cyflawni isaf sgorio fwyaf uchel ar ôl derbyn sylwadau'n unig, gyda'r grŵp a dderbyniodd farciau'n unig yn dod nesaf, yn uwch na'r grŵp marciau a sylwadau. Ar gyfer yr holl dasgau a disgyblion, fe wnaeth 'sylwadau yn unig' arwain at gyflawniad uwch.

dysgu yn y dyfodol. Pan na fydd marciau ar gael maen nhw'n fwy tebygol o ymgysylltu â'r hyn y mae'r athro yn awyddus i ddwyn eu sylw ato. Yna, mae'r sylwadau'n arwain at y cyfle o wella'r dysgu fel y bwriadwyd gan yr athro. Er mwyn i hyn ddigwydd, wrth gwrs, mae cynnwys y sylwadau o bwys; nid unrhyw sylw'n unig sy'n bwysig.

Y prif bwynt am gynnwys yr adborth sy'n dod i'r amlwg o astudiaethau ymchwil ac o brofiad o arfer effeithiol yw'r gwahaniaeth rhwng adborth sy'n rhoi gwyboda-eth ac adborth sy'n barnu. Mae adborth sy'n rhoi gwybodaeth:

- yn canolbwyntio ar y dasg, nid y person;
- yn annog plant i feddwl am y gwaith nid am ba mor 'dda' ydyn nhw;
- yn awgrymu beth i'w wneud nesaf ac yn rhoi syniadau am sut i wneud hynny.

Mae adborth sy'n barnu:

- yn cael ei fynegi yn nhermau pa mor dda mae'r plentyn wedi'i wneud yn hytrach na pha mor dda mae'r gwaith wedi'i wneud;
- yn rhoi barn sy'n annog plant i labelu eu hunain;
- yn rhoi gradd neu farc y mae plant yn ei ddefnyddio i gymharu eu hunain â'i gilydd neu gyda sgôr neu lefel maen nhw am ei gyflawni, yn hytrach na'r ddealltwriaeth a'r sgiliau y mae'r rhain yn eu cyflwyno.

Yn ddiddorol, mae canmoliaeth yn dod i'r categori barnu; mae'n gwneud i blant deimlo eu bod yn gwneud yn dda, ond nid yw o reidrwydd yn eu helpu i wneud yn well. Mae'n iawn i gydnabod yr hyn sy'n dda am ddarn o waith, os yw hyn yn atgyfnerthu'r nodau, ond ni fydd canmoliaeth ynddo'i hun yn gwella dysgu. Mae plant yn cael eu cymell fwy gan sylwadau a chwestiynau sy'n eu helpu i feddwl am eu gwaith a sylweddoli beth y gallant ei wneud i'w wella ac sy'n rhoi cymorth iddynt wneud hyn, fel:

'Sut wnaethoch chi benderfynu pa un oedd y gorau . . .?'

'A oes ffordd arall o esbonio hyn drwy feddwl am yr hyn ddigwyddodd pan . . .?'

'Y tro nesaf, dychmygwch fod rhywun arall yn mynd i ddefnyddio eich llun i gydosod y gylched a gwnewch yn siŵr eich bod yn dangos iddynt beth i'w wneud yn glir.'

Mae cwestiynau a sylwadau o'r fath yn rhan o ddysgu a dylai athrawon wirio bod plant yn eu deall ac wedi cynllunio amser i ymateb iddynt pan fo angen hynny. Gall sylwadau hefyd helpu plant i sylweddoli'r hyn y maen nhw wedi'i ddysgu drwy bwnc neu weithgaredd, ac nid yr hyn sydd ar ôl i'w ddysgu yn unig.

Pethau i'w gwneud ac i beidio eu gwneud o ran adborth drwy farcio

Mae perthnasedd parhaol i rai canllawiau ymarferol iawn ar gyfer marcio sy'n berth-nasol yn arbennig i wyddoniaeth, a gynigiwyd gan Evans (2001). Mae'r 'pethau i'w gwneud ac i beidio eu gwneud' ym Mlwch 16.10 yn deillio o'i restr.

Blwch 16.10 Pethau i'w gwneud ac i beidio eu gwneud o ran marcio

Cofiwch wneud y rhain

1 Cynllunio'r dasg gyda nodau dysgu penodol mewn golwg.

2 Nodi un neu ddwy agwedd ar gyfer sylwadau ac adolygu sy'n gysylltiedig â'r nodau dysgu a gynlluniwyd.

3 Gwneud sylw cyntaf (ac yn unig efallai) ar agweddau penodol i wyddoniaeth gan i'r dasg gael ei gosod i helpu dysgu mewn gwyddoniaeth.

4 Meddwl yn ofalus p'un a oes angen unrhyw sylw arall o gwbl ai peidio, er enghraifft ynghylch taclus-rwydd neu ymdrech, er y gallai'r rhain fod yn haeddiannol. Ar bob cyfrif dylech gydnabod ac annog ymdrech a chynnydd, ond nid mewn ffordd sy'n tynnu sylw oddi wrth sut i wella a symud ymlaen.

5 Amlygu agweddau gwan, e.e. camddefnyddio term technegol (peidiwch â bod yn bendatig am y defnydd o eiriau), neu honiadau y gallai'r plant fod wedi'u gwneud nad ydynt yn cael eu cefnogi gan eu tystiolaeth eu hunain.

6 Nodi'r camau nesaf.

7. Rhoi amser i'r plant ddarllen, myfyrio ar a, lle bo'n briodol, ymateb i sylwadau.

Peidiwch â gwneud y rhain

1. Rhoi sylwadau beirniadol ac yn anad dim sgorau neu symbolau (megis B+ neu 7/10) gan fod y rhain yn tynnu sylw plant oddi wrth ddysgu o'r hyn maen nhw wedi'i wneud.

2. Peidiwch â gofyn cwestiynau rhethregol ('Ydych chi'n meddwl hynny?' 'Tybed pam?')

3. Ar bob cyfrif gallwch ofyn cwestiynau, cyn belled â bod y plentyn yn deall y byddwch yn disgwyl ymateb ac y bydd yn cael ei ddarllen.

4 Peidiwch â gwastraffu amser gwerthfawr ar werthuso tasgau'n ymwneud yn bennaf ag atgyfnerthu. Canolbwyntiwch ar waith sydd wir werth ei werthuso am ei werth mewn dysgu *gwyddoniaeth*. Dylai unrhyw waith arall gael ei gydnabod gan lofnod, nid gan y tic hollbresennol ac amwys, sy'n aml yn cael ei ddehongli gan blant (heb sôn am rieni ac eraill) fel canmoliaeth.

Mae adborth i blant yn fwy effeithiol o ran gwella dysgu pan fydd y plant yn syl-weddoli nodau eu gwaith ac yna yn dechrau cymryd rhan yn y penderfyniadau am y camau nesaf. Mae hyn yn mynd â ni at y pwnc o ddisgyblion yn asesu eu gwaith eu hunain, sy'n cael ei drafod yn y bennod nesaf.

Crynodeb

Yn y bennod hon, rydym wedi parhau â'r drafodaeth o'r hyn sydd ynghlwm wrth asesu ffurfiannol drwy ystyried dull gwyddonol o ddehongli tystiolaeth o ddysg plant. Rydym wedi cynnig y defnydd o ddangosyddion datblygiadol i helpu gyda nodi'r camau nesaf wrth weithio tuag at nodau gwersi ac wedi ystyried sut y gellir defnyddio'r wybodaeth sy'n deillio o hyn fel adborth i addysgu a dysgu. Dyma'r prif bwyntiau:

- Mae penderfynu ar y camau nesaf yn gofyn am farn glir o natur y cynnydd.

- Gall dangosyddion datblygiadol ar gyfer cynnydd mewn sgiliau ymholi ac agweddau gael eu datblygu a'u defnyddio i nodi'r camau nesaf.

- Gall dangosyddion generig o gynnydd mewn syniadau gwyddonol, sy'n cael eu cymhwyso i'r syniadau i'w datblygu mewn pwnc neu set o weithgareddau, gael eu defnyddio i nodi'r camau nesaf.

- Mewn asesiad ffurfiannol, y ffordd y mae tystiolaeth o ddysgu yn cael ei defnyddio i helpu i ddatblygu dysgu yw drwy adborth i'r addysgu ac i ddisgyblion.

- Mae adborth i addysgu, o wybodaeth am ymatebion disgyblion a pherfformiad, yn galluogi athrawon i reoleiddio cyflymder a galw'r gweithgareddau i wneud y gorau o ddysgu.

- Dylai adborth i blant ar eu cynnydd fod yn anfeirniadol a rhoi gwybodaeth am y camau nesaf a sut i'w cymryd.

- Dylai marcio mewn gwyddoniaeth cynradd adlewyrchu arfer da wrth roi adborth a helpu plant i wella eu gwaith.

Darllen pellach

Harrison, C. a Howard, S. (2009) *Inside the Primary Black Blwch*. Llundain: GL Assessment.

Schofield, K. (2011) Formative feedback and self-assessment, yn W. Harlen (gol.) *ASE Guide to Primary Science Education,* new edition. Hatfield: Cymdeithas Addysg Gwyddoniaeth, 85–93.

Swaffield, S. (2008b) Feedback: the central process in assessment for learning, yn S. Swaffield (gol.) *Unlocking Assessment*. London: David Fulton, 57–72.

17

Rôl plant mewn asesu ffurfiannol

Cyflwyniad

Mae gan blant bob amser rôl wrth asesu eu dysgu, hyd yn oed os yw hynny fel gwrthrychau goddefol asesu a derbynwyr barn pobl eraill yn unig. Fodd bynnag, mae'r bennod hon yn ymwneud â'r rhan weithredol y gallant ei chymryd mewn asesu ar gyfer dysgu. Rydym yn dechrau drwy nodi rhesymau - o brofiad, ymchwil a syniadau am sut mae pobl yn dysgu - ar gyfer rhoi'r rhan weithredol hon i blant wrth asesu eu gwaith a'u cynnydd. Gall plant chwarae rôl ym mhob rhan o'r cylch asesu ffurfiannol. Drwy gymryd rhan mewn gweithgareddau dysgu maen nhw'n darparu tystiolaeth y maen nhw a'u hathrawon ei hangen er mwyn meithrin eu dealltwriaeth trwy ddefnyddio sgiliau ymholi. Ond mae cymryd rhan yn y camau pellach o wneud penderfyniadau am eu cynnydd a'u camau nesaf yn dibynnu ar blant yn gwybod am beth maen nhw'n anelu ato, felly rydym yn dangos rhai ffyrdd o gyfathrebu gyda phlant beth yw nodau dysgu eu gwaith a'r safonau ansawdd disgwyliedig. Rydym hefyd yn ystyried ffyrdd o helpu plant i fyfyrio ar eu gwaith gydag eraill, yn ogystal ag yn unigol, a sut i'w cynnwys wrth benderfynu ar eu camau nesaf ac i gymryd mwy o gyfrifoldeb am eu dysgu.

Rôl plant wrth asesu eu gwaith

Mae gosod plant yng nghanol y cylch asesu ffurfiannol (Ffigur 14.1) yn tynnu sylw at eu rôl ganolog yn y ffordd mae dysgu'n cael ei synio yn y llyfr hwn. Mae dysgwyr mewn unrhyw achos yn gyfrifol am ddysgu, ond mae p'un a ydynt yn *cymryd cyfrifoldeb* amdano yn dibynnu ar eu cyfranogiad yn y penderfyniadau a gynrychiolir gan y ddwy saeth â phennawd yn Ffigur 14.1. Mae'r saethau sy'n anelu i mewn yn dangos bod y plant yn destun penderfyniadau'r athrawon am nodau, dehongli tystiolaeth a chamau nesaf. Mae'r saethau sy'n anelu allan yn dangos rôl y plant yn yr holl benderfyniadau hyn.

O'i fynegi yn y ffordd hon mae'n cynnwys asesiad o waith ei gilydd, a all fod o werth neilltuol, fel y trafodir yn nes ymlaen. Mae cyfranogiad plant mewn asesu yn golygu eu bod yn ymwneud ag adolygu eu gwaith, dehongli eu cynnydd o ran y nodau a chymryd rhan wrth benderfynu ar eu camau nesaf. Mae gallu cyflawni'r prosesau hyn yn dibynnu, fel y mae ar gyfer athrawon, ar wybod beth i anelu ato – nodau dysgu eu gweithgareddau. Mae helpu plant i ddeall yr hyn y bwriedir iddynt ei ddysgu yn bwysig, ond nid yw yn hawdd o gwbl, yn arbennig mewn gwyddoniaeth, fel y gwelwn yn nes ymlaen hefyd. Ond yn gyntaf rydym yn edrych yn fras ar y rhesymau sy'n gwneud yr ymdrech hon yn werth chweil.

Pam cynnwys plant wrth asesu eu gwaith?

Nod yr asesiad ffurfiannol yw gwella dealltwriaeth a chymhwysedd. Gall gwelli-annau ddod drwy adborth gan yr athro, ond os mai dyma'r unig lwybr nid yw'n helpu disgyblion i ddod yn ddysgwyr annibynnol. Os mai dim ond athrawon sy'n ymwneud â'r asesiad, ni fydd y disgyblion yn ymwybodol o'r meini prawf a ddef-nyddiwyd, ac ni fyddant ar gael i'w helpu i ddod yn ddysgwyr annibynnol. Mae Blwch 17.1 yn rhestru rhai rhesymau da dros gynnwys disgyblion wrth asesu eu gwaith a ddarparwyd gan athrawon sydd â phrofiad o annog hunanasesu mewn gwaith ar draws y cwricwlwm.

Blwch 17.1 Rhai rhesymau dros gynnwys plant wrth ddefnyddio asesu i helpu dysgu

- ■ Y plant yw'r rhai sydd yn y pen draw yn cymryd y camau sy'n arwain at ddysgu.

- ■ Mae gwybod beth yw eu nodau yn rhoi unrhyw ddysgwyr mewn sefyllfa well i'w cyflawni.

- ■ Mae ymwneud ag asesu eu gwaith eu hunain a gwaith eu cyfoedion yn golygu bod plant yn ystyried asesiad fel rhywbeth y mae ganddynt ran weithredol ynddo, nid dim ond rhywbeth sy'n cael ei wneud iddynt.

- ■ Mae llai o ddibyniaeth ar adborth gan yr athro os yw'r plant yn ymwneud ag asesu eu gwaith a phenderfynu ar y camau nesaf.

- ■ Mae cymryd rhan mewn hunanasesu yn hwyluso perchnogaeth o'u dysgu ac yn galluogi plant i fod yn gyfrifol ac yn atebol am eu dysgu.

- ■ Mae'n darparu ar gyfer annibyniaeth a gall arwain at ddysgu sy'n cael ei hunan-reoleiddio.

- ■ Mae'n cynyddu hunan-barch plant.

- ■ Mae'n hyrwyddo meddwl ar lefel uwch gan ei fod yn ei gwneud yn ofynnol i blant feddwl am sut maen nhw'n dysgu (meddwl metawybyddol).

Mae'r pwyntiau ym Mlwch 17.1, sy'n seiliedig ar brofiad, yn cael eu cefnogi gan dystiolaeth o ymchwil. Mae llawer o'r astudiaethau a adolygwyd gan Black a Wiliam (1998a) yn tynnu sylw at rôl ganolog plant yn eu dysg eu hunain. Roedd cynnwys plant wrth asesu eu gwaith eu hunain a gwaith ei gilydd ymhlith y dulliau a oedd fwyaf llwyddiannus wrth godi cyflawniad. Nid yw'r budd yn cael ei gyfyngu i ddisgyblion hŷn; yn yr astudiaethau a adolygwyd, roedd enghreifftiau o strategaethau llwyddiannus ar gyfer cynnwys plant o 5 mlwydd oed i fyny wrth asesu eu gwaith.

Mae cefnogaeth ar gyfer cynnwys plant mewn penderfyniadau am eu dysgu hefyd yn deillio o ddamcaniaethau dysgu. Nid mater o lyncu gwybodaeth a deallt-wriaethau parod yw'r math o ddysgu mae angen i ni anelu amdano, fel y trafodwyd ym Mhennod 5. Yn lle hynny, mae'n cynnwys cyfranogiad gweithredol dysgwyr wrth ddefnyddio syniadau presennol i geisio gwneud synnwyr o brofiadau newydd. Mae dysgu yn mynd ymlaen y tu mewn i bennau plant ac felly mae'n rhaid iddynt fod yn barod i ymgymryd ag ef a gwneud yr ymdrech angenrheidiol. O ystyried hynny, y ffordd i helpu dysgu yw rhoi cymaint â phosibl o gyfle i blant (yn briodol i'w hoedran a'u cyfnodau) i wybod beth y bwriedir iddynt ei ddysgu a sut i fynd ati i wneud hynny. Gallai hyn ymddangos fel pwynt amlwg ond mewn gwirionedd mae'n eithaf anghyffredin i blant allu mynegi'r hyn mae'r athro'n bwriadu iddyn nhw ei *ddysgu* o weithgaredd, yn hytrach na'r hyn maen nhw i fod i'w *wneud*.

Cyfathrebu nodau

Pan fydd unrhyw un ohonom yn ceisio dysgu rhywbeth newydd neu wella perfform-iad, boed yn weithgaredd corfforol megis chwarae chwaraeon, neu un meddyliol fel dysgu iaith arall, rydym yn hoffi gwybod sut rydyn ni'n ei wneud. Fodd bynnag, gallwn ond asesu ein cynnydd os oes gennym syniad clir o'r hyn yr ydym yn anelu ato. Mae'r un fath gyda phlant: mae angen iddynt fod yn ymwybodol o nodau eu dysgu. Fodd bynnag, fel rydyn ni newydd ei grybwyll, yn aml nid oes gan blant syniad clir o ddiben eu gweithgareddau. O ganlyniad, mae gweithgareddau ystafell ddosbarth yn ymddan-gos i blant fel casgliadau o ymarferion datgysylltiedig ac sydd yn aml yn ddiystyr.

Un ffordd o roi ystyr i weithgareddau ar gyfer y plant yw eu gosod mewn cyd-destun go iawn - neu o leiaf un sy'n efelychu realiti. Roedd yr astudiaethau achos ym Mhennod 3 i gyd yn darparu pwrpas ar gyfer y gweithgareddau dan sylw. Er enghraifft, yn yr wythnos gwyddoniaeth (t. 50) roedd gwir ddiddordeb i gael gwy-bod olion bysedd pwy oedd ar y tun cwrw sinsir. Yn yr un modd, roedd canfod pêl addas ar gyfer y ci yn cymell y plant i feddwl am ba nodweddion i'w profi a sut i wneud hynny. Fodd bynnag, nid yr ateb i'r problemau hyn oedd hanfod yr hyn y maen nhw'n ei ddysgu, neu'r hyn roedd yr athrawon yn gobeithio y byddent yn ei ddysgu. Nid oedd unrhyw werth mawr i ddarganfod olion bysedd pwy a nodwyd neu pa bêl oedd y fwyaf sboncio; roedd pwynt y gweithgareddau yn y broses o ddarganfod y pethau hyn. Yn yr un modd, mewn nifer o weithgareddau 'prawf teg', megis yr un cyffredin o ganfod pa wahanol fathau o bapur sydd gryfaf, nid yw'r dysgu yn ymwneud â phapur, ond mae'n ymwneud â sut i ddarganfod pethau mewn ffordd wyddonol. Mae gosod gweithgareddau mewn problem ystyrlon go iawn yn cefnogi ymgysylltiad a chymhelliant plant ac yn eu helpu i sylweddoli bod ymchwiliad gwyddonol yn berthnasol i faterion bob dydd o'r fath.

Ar yr un pryd, mae'r plant yn ehangu eu gwybodaeth o wahanol ddefnyddiau a'u priodweddau. Fodd bynnag, oni bai bod y gweithgareddau yn cael eu hymestyn i ofyn pam fod rhai mathau o bapur yn gryfach nag eraill, neu pam mae rhai tywe-lion papur yn amsugno mwy o ddŵr nag eraill, mae nod gweithgareddau o'r fath yn canolbwyntio ar gynnal ymchwiliad gwyddonol. Os yw'r plant yn ymwybodol o hyn, yr unig bwynt maen nhw'n ei weld yn y gweithgaredd yw ateb y cwestiwn 'pa bapur sydd gryfaf', neu 'pa dywel papur sydd orau ar gyfer amsugno dŵr' 'pa ddefnydd sydd yn dal dŵr fwyaf', ac ati. Felly, mae'n bwysig i'r athro gyfathrebu nodau fel bod y disgyblion yn myfyrio ar sut maen nhw'n cymharu'r papurau neu ffabrigau. Ond sut i wneud hyn?

Rhoi rhesymau o ran dysgu

I wella dealltwriaeth o ddibenion y gweithgareddau, mae angen i athrawon ddod o hyd i ffyrdd o gyfleu'r nodau. Yn ymarferol, mae hyn yn golygu cyfathrebu'r dysgu a fwriadwyd, nid yr hyn mae angen iddyn nhw ei wneud ac nid pa ganlyniadau a ddisgwylir yn unig. Yn yr astudiaeth achos am briddoedd ym Mhennod 3 (t. 48), fe wnaeth Graham hyn wrth sefydlu'r ymchwiliadau pridd. Roedd tri o'i gyfarwyddiadau yn ymwneud â beth i'w wneud, ond rhoddodd y pedwerydd reswm dros ei wneud – er mwyn i'r plant feddwl am yr hyn sy'n gwneud gwahaniaeth i ba mor dda y bydd planhigion yn tyfu yn y pridd. Heb y bedwaredd ran hon, mae'n debyg y byddai'r plant wedi ymchwilio i'r pridd, ond pe byddech yn gofyn iddyn nhw beth roedden nhw'n ei ddysgu mae'n debyg y byddent wedi ateb 'am briddoedd' neu wedi rhestru eu canfyddiadau heb lunio casgliadau ohonynt. Fe wnaeth y rheswm dros yr ymchwiliadau a roddwyd gan yr athro sicrhau bod eu harsylwadau'n canolbwyntio ar wahaniaethau perthnasol ac felly, yn ogystal â'u gwneud yn ymwybodol o'r rheswm dros ymchwilio i'r priddoedd roedd yn gwneud y dysgu arfaethedig yn fwy tebygol. Yn hyn mae Graham yn rhoi enghraifft o ddull cynnil drwy ddweud wrth y plant beth i feddwl *amdano* ond nid beth i feddwl, ac ar yr un pryd mae'n osgoi'r peryglon o roi'r ateb neu ddefnyddio geiriau na fyddai'r plant yn eu deall.

Mewn gweithgareddau gwyddoniaeth, yn gyffredinol mae nodau sy'n gysylltiedig â dealltwriaeth (nodau sy'n seiliedig ar gysyniad) a'r rhai sy'n gysylltiedig â sgiliau ymholi (nodau sy'n seiliedig ar sgiliau) i'w cyfleu. Wrth gyfathrebu'r nodau hyn sy'n seiliedig ar gysyniad mae'n bwysig osgoi dweud wrth blant beth y byddant yn ei ddarganfod. Yn achos nodau sy'n seiliedig ar sgiliau, mae angen gwneud y nod o weithio'n wyddonol yn glir; fel arall bydd y plant yn cymryd yn ganiataol mai'r ateb maen nhw'n ei gael yw'r cwbl sy'n bwysig, yn hytrach na'r ffordd maen nhw'n mynd ati i ddod o hyd i atebion.

Mae'r canlynol yn enghreifftiau o wahanol ffyrdd o fynegi'r ddau fath o nodau yng nghyd-destun ymchwiliad o briodweddau ynysu gwres defnyddiau gwahanol drwy eu defnyddio i atal iâ rhag ymdoddi.

Nodau sy'n seiliedig ar gysyniad
Tybiwch mai nod yr athro sy'n seiliedig ar gysyniad mewn gweithgaredd am iâ yn ymdoddi mewn amodau gwahanol yw i ddisgyblion ddeall bod *defnyddiau yn wahanol o ran eu priodweddau ynysu gwres*. Ni ellir rhannu'r nod gyda'r plant ar y ffurf hon. Yn lle hynny mae rhai opsiynau eraill posibl:

a) Yn y gweithgaredd hwn byddwch yn ceisio lapio ciwbiau iâ mewn gwahanol ddefnyddiau a gweld pa mor hir maen nhw'n ei gymryd i ymdoddi.

b) Bydd y gweithgaredd hwn yn dangos bod pa mor gyflym mae'r iâ yn ymdoddi yn dibynnu ar y defnydd rydych chi'n ei ddefnyddio i'w lapio.

c) Yn y gweithgaredd hwn rydych yn mynd i ddarganfod pa mor dda mae gwahanol ddefnyddiau yn cadw iâ rhag ymdoddi.

Mae'r cyntaf (a) yn dweud wrth blant beth i'w wneud ond nid pam. Maent yn cael eu ciwio i amseru ac maen nhw'n debygol o ystyried mai nod y gweithgaredd yw cynhyrchu amser ar gyfer pob defnydd. Mae'r ail (b) yn dweud wrthynt beth y bwriedir iddynt ei ddarganfod ac yn rhwystro'r cyfle iddyn nhw feddwl drostynt eu hunain am ystyr eu canlyniadau. (C) sydd yn rhoi rheswm i'r plant dros y gweithgaredd o ran beth fyddan nhw'n ei ddysgu ond nid yw'n dweud 'yr ateb' wrthyn nhw.

Nodau sy'n seiliedig ar sgiliau
Yn yr un cyd-destun o weithgareddau gydag iâ, efallai mai un o nodau'r athro ar gyfer y plant yw: *I gynllunio ymchwiliad a fydd yn brawf teg o briodweddau ynysu eu defnyddiau.*
   Gellir rhannu hyn gyda'r plant yn y ffordd hon:

a)   Pan fyddwch yn profi'r defnyddiau hyn dylech wneud yn siŵr eich bod yn eu trin yn yr un ffordd fel eich bod yn hollol siŵr bod unrhyw wahaniaeth oherwydd y defnydd a ddefnyddir.

b)   Yn y gweithgaredd hwn meddyliwch am yr hyn y mae angen i chi ei wneud i wneud yn siŵr eich bod yn profi'r defnyddiau yn deg.

Yma mae (a) yn tynnu sylw at y canlyniad - dywedir wrth y plant sut i wneud cymhariaeth deg, tra bod (b) yn canolbwyntio ar feddwl am y broses o gynnal prawf teg.
   Mae'r gwahaniaeth rhwng y fformwleiddiadau hyn yn wir yn gynnil ond mae'n gwneud gwahaniaeth rhwng canolbwyntio ar y broses a chanolbwyntio ar y canlyniadau. Mae Harrison a Howard (2009) yn disgrifio hyn o ran y gwahaniaeth rhwng 'Deilliannau Dysgu' a 'Bwriadau Dysgu'. Mae'r cyntaf, fel mae'r teitl yn awgrymu, yn ymwneud â chynhyrchion, sy'n gwneud yr hyn a ddisgwylir yn glir. Fodd bynnag, mae'r ail yn annog mwy o feddwl am ddysgu.

Atgyfnerthu nodau

Nid yw'n ddigon, fodd bynnag, i siarad am nodau ar ddechrau gweithgaredd yn unig. Mae angen atgyfnerthu diben yr hyn maen nhw'n ei wneud yn ystod y gweithgaredd ac ar y diwedd. Er enghraifft, yn ystod gweithgaredd pan fydd yr athro yn crwydro ac yn siarad gyda grwpiau am yr hyn maen nhw'n ei wneud gallai fod yn briodol gofyn 'Sut mae hyn yn eich helpu i ddysgu am....?' Bydd sicrhau bod trafodaeth am ganlyniadau sy'n symud y bwriadau hyn eu blaen hefyd yn helpu i osod y patrwm o gymryd y diben o ddifrif a gweithio tuag at y ddysg a fwriedir.
   Mae athro sy'n trafod eu dysgu gyda phlant yn rheolaidd, yn aml yn gofyn i'r plant esbonio i eraill beth maen nhw wedi'i ddysgu, gan gyfeirio'n benodol at yr hyn roedden nhw wedi gobeithio ei wneud neu ei ddarganfod. Os, fel sy'n digwydd yn aml, oedd rhywfaint o nodweddion heb eu cynllunio yn yr ymholiad, mae'n gofyn iddyn nhw 'beth wnaethoch chi ei ddysgu o hynny?' Weithiau mae hi'n gofyn i'r plant feddwl am gwestiynau i ofyn i'w gilydd am beth maen nhw wedi'i ddysgu; mae'n sylweddoli bod y rhain yn aml yn fwy treiddgar ac yn anoddach na'i chwestiynau hi ei hun. Mae'r holl bethau hyn yn cyfuno i atgyfnerthu'r awyrgylch dysgu a chefnogi dysgu fel ymdrech ar y cyd.

Cyfathrebu disgwyliadau o ansawdd

Os ydynt am gymryd rhan wrth asesu eu gwaith, yn ogystal â gwybod beth yw diben yr hyn maen nhw'n ei wneud mae angen i blant gael rhyw syniad o'r safon y dylent fod yn anelu tuag ato, hynny yw, beth yw 'gwaith da' mewn cyd-destun penodol. Mewn papur clasurol ar asesu ffurfiannol, fe wnaeth Sadler ei nodi'n gryf, fel a ganlyn:

> Yr amodau anhepgor ar gyfer gwella yw bod y *myfyriwr* yn dod i feddu ar gysyniad o ansawdd sy'n debyg yn fras i'r hyn mae'r athro'n meddu arno, yn gallu monitro ansawdd yr hyn sy'n cael ei gynhyrchu yn ystod y weithred o gynhyrchu ei hun yn barhaus . . . Mewn geiriau eraill, mae'n rhaid i fyfyrwyr allu barnu ansawdd yr hyn maen nhw'n ei gynhyrchu a gallu rheoleiddio beth maen nhw'n ei wneud yn ystod y broses o'i wneud.
>
> (Sadler, 1989: 124, pwyslais gwreiddiol)

Efallai na fydd sut i alluogi plant i 'feddu ar gysyniad o ansawdd' mor hawdd mewn gwyddoniaeth ag mewn maes fel datblygu iaith, lle gellir dweud wrthynt, er enghraifft, y dylent ddefnyddio genre penodol mewn darn ysgrifenedig neu wneud yn siŵr bod digwyddiadau mewn stori yn y drefn a fwriadwyd. Yna mae'r plant yn gwybod beth i edrych amdano wrth asesu'r math hwn o gynnyrch. Mewn gwyddoniaeth, gallai fod yn fwy anodd gwneud datganiadau cyffredinol sy'n mynegi ystyr gwaith o ansawdd da, yn enwedig ar gyfer plant iau. Mae barnu ansawdd y gwaith yn aml yn cynnwys meini prawf lluosog nad ydynt yn addas ar gyfer gwneud gwahaniaeth pendant. Yn hytrach na hynny, maen nhw wedi cael eu disgrifio yn 'niwlog' (Sadler, 1989) ac sy'n cael eu cyfleu orau drwy enghreifftiau. Dros amser, daw'r plant i rannu meini prawf yr athro. Mae Blwch 17.2 yn amlinellu dull y gellir ei ddefnyddio yn y blynyddoedd cynnar.

Blwch 17.2 Cyfathrebu beth yw 'gwaith da' gyda phlant ifanc

Gall y broses gychwyn yn ddefnyddiol os bydd plant o tua 8 mlwydd oed yn cael eu hannog i ddewis eu gwaith 'gorau' a'i roi mewn ffolder neu fag. Dylai rhan o'r amser ar gyfer 'rhoi mewn bag' gael ei neill-tuo i'r athro siarad gyda phob plentyn am y rheswm pam y dewiswyd darnau penodol o waith. Bydd y meini prawf mae'r plant yn eu defnyddio yn dod yn glir ac efallai y bydd negeseuon ynddynt i'r athro. Er enghraifft, os yw'n ymddangos bod y gwaith yn cael ei ddewis ar sail bod yn 'daclus' yn unig ac nid yn nhermau cynnwys, yna efallai bod yr agwedd hon yn cael ei gorbwysleisio. I ddechrau dylid defnyddio'r drafodaeth i wneud y meini prawf mae'r plant yn eu defnyddio yn eglur yn unig: 'Dywedwch wrthyf fi beth oeddech chi'n hoffi'n arbennig am y darn hwn o waith.' Yn raddol bydd yn bosibl awgrymu meini prawf heb orchymyn beth y dylai'r plant eu dewis. Gellir gwneud hyn drwy sylwadau ar y gwaith: 'Roedd hyn yn ffordd dda iawn o ddangos eich canlyniadau, gallwch weld ar unwaith pa un oedd orau', 'Rwyf yn falch dy fod yn meddwl mai dyma dy ymchwiliad gorau oherwydd er na chefaist y canlyniad disgwyliedig, fe wnes ti'r ymchwiliad yn ofalus iawn a gwneud yn sŵr bod y canlyniad yn deg'.

Drwy'r math hwn o ddull gallai plant ddechrau rhannu'r ddealltwriaeth o nodau eu gwaith a dechrau gwneud sylwadau defnyddiol ar yr hyn maen nhw wedi'i gyflawni. Yna mae'n dod yn haws bod yn benodol ynghylch targedau pellach ac i'r plant gydnabod pan fyddant wedi'u cyflawni.

Gall athrawon plant hŷn rannu yn fwy pendant gyda nhw'r meini prawf maen nhw'n eu defnyddio wrth asesu sgiliau ymarferol ac adolygu gwaith ysgrifenedig. Er enghraifft, fe wnaeth un athro gwyddoniaeth mewn ysgol ganol hyn drwy ysgrifennu ei gofnod ei hun o ymchwiliad dosbarth a rhannu copïau i'r plant ei adolygu, gan chwilio am nodweddion penodol. Arweiniodd at drafodaeth fywiog a dealltwriaeth fwy awyddus o'r hyn a ddisgwyliwyd yn eu cofnodion (Fairbrother, 1995).

Dull arall yw defnyddio enghreifftiau o waith plant eraill, gellir casglu'r rhain ar gyfer y diben a'u gwneud yn ddienw. Fel arall, gallai'r enghreifftiau o gasgliadau a gyhoeddwyd neu a grëwyd yn yr ysgol i helpu athrawon asesu gwaith gael eu rhannu gyda'r plant (gweler yr adran ddiweddarach ar asesu cyfoedion). Dylai'r drafodaeth o'r enghreifftiau hyn arwain at y plant yn nodi'r meini prawf ar gyfer 'gwaith da'. Os ydynt wedi gwneud hyn drostyn nhw eu hunain, nid oes rhaid i'r athro eu hargyhoeddi o 'beth sy'n dda'. Mae ffyrdd eraill y mae athrawon wedi eu defnyddio i helpu plant i nodi meini prawf ansawdd yn cael eu hamlinellu ym Mlwch 17.3 (yn seiliedig ar Harlen, 2006).

Blwch 17.3 Helpu plant i nodi disgwyliadau o ran ansawdd

Defnyddio enghreifftiau

Fe wnaeth un athrawes ar ddosbarth o blant 10 mlwydd oed dreulio amser ar ddechrau'r flwyddyn yn trafod gyda'i dosbarth beth oedd yn gwneud adroddiad 'da' o ymchwiliad gwyddonol. Fe wnaeth hi roi dwy enghraifft ddienw i bob grŵp o gofnod ysgrifenedig plant am ymchwiliad gan blant yn yr un dosbarth mewn blynyddoedd cynharach. Roedd un yn gofnod clir, wedi'i osod yn dda er mwyn i'r darllenydd allu deall beth oedd wedi cael ei wneud, er bod yr ysgrifen yn anwastad a bod rhai geiriau nad oeddent wedi'u sillafu'n gywir. Roedd diagramau i helpu'r cyfrif, gyda labeli. Roedd y canlyniadau mewn tabl, ac roedd yr awdur wedi dweud yr hyn roedd ef neu hi'n credu'r oeddent nhw'n ei olygu, gan gyfaddef nad oedd y canlyniadau yn ateb y cwestiwn cychwynnol yn llwyr. Roedd sylw am sut y gallai pethau fod wedi cael eu gwella. Roedd y cyfrif arall yn daclus, yn ddeniadol i edrych arno (roedd y diagramau wedi'u lliwio ond heb eu labelu) ond nid oedd yn cynnwys unrhyw rai o'r nodweddion yn y cynnwys oedd i'w gweld yn y darn arall.

Gofynnodd yr athro i'r plant gymharu'r darnau o waith a rhestru nodweddion da a gwael pob un. Yna gofynnwyd iddynt ddweud beth oedd y pethau pwysicaf oedd yn gwneud adroddiad 'da'. Rhoddodd yr holl syniadau at ei gilydd ac ychwanegu rhai o'i phwyntiau ei hun, a chytunodd y plant. Yn ddiweddarach gwnaeth gopïau i'r holl blant eu cadw yn eu ffolderi gwyddoniaeth. Ond aeth ymlaen hefyd i archwilio gyda'r plant sut i gynnal ymchwiliad er mwyn gallu ysgrifennu adroddiad da. Fe wnaeth hi roi'r holl syniadau hyn at ei gilydd hefyd yng ngeiriau'r plant a'u hargraffu iddyn nhw.

Trafod syniadau

Amrywiad ar yr uchod yw trafod syniadau am, er enghraifft, sut i gynnal ymchwiliad er mwyn i'r plant fod yn sicr o'r canlyniad. Mae modd troi'r rhestr o beth i feddwl amdano yn gwestiynau (Wnaethom ni gadw popeth yr un fath oni bai am . . .? Wnaethom ni newid . . .? Wnaethom ni edrych am . . .? Wnaethom ni wirio eu canlyniadau? Ac ati). Cyn gorffen eu hymchwiliad, maen nhw'n gwirio trwy eu rhestr, sy'n dod yn declyn hunanasesu ar gyfer y darn o waith ac ar gyfer gwaith diweddarach o'r un fath.

Cynnwys plant wrth benderfynu ar y camau nesaf

Pan fydd gan blant farn am yr hyn y dylen nhw fod yn ei wneud a pha mor dda y dylent fod yn ei wneud i gyflawni nodau gweithgaredd, maen nhw mewn sefyllfa i rannu wrth benderfynu ar y camau nesaf i'w cymryd. Mae defnyddio'r gair 'rhannu' yn cydnabod mai cyfrifoldeb yr athro yw helpu dysg plant yn y pen draw; nid ydym yn awgrymu mewn unrhyw ffordd bod plant yn penderfynu beth maen nhw'n ei wneud a beth nad ydyn nhw'n ei wneud. Fodd bynnag, mae rhannu yn golygu bod y plant yn deall pam y gofynnir iddynt wneud pethau penodol ac mae ganddynt ddealltwriaeth gadarn o'r hyn y dylent ei wneud. Ar ben hynny, mae eu cyfranogiad yn debygol o arwain at fwy o gymhelliant ar gyfer y gwaith.

Ffyrdd o gynnwys plant

Ym Mlwch 17.4 mae athrawes ar blant 9 a 10 mlwydd oed yn disgrifio sut mae hi'n helpu'r plant i benderfynu beth sydd angen iddynt ei wneud.

Blwch 17.4 Enghraifft o gynnwys plant wrth benderfynu ar y camau nesaf

Rwy'n gwneud amser i eistedd i lawr gyda phob grŵp ar ôl gweithgaredd a siarad am yr hyn yr oedden nhw wedi'i gael yn anodd, yr hyn yr oedden nhw'n credu iddyn nhw ei wneud yn dda a'r hyn y gallent fod wedi ei wneud yn well. Rwyf yn gofyn iddynt a wnaethon nhw feddwl am agweddau penodol sy'n ymwneud â'r prosesau, ac yna am y ffordd y maen nhw'n egluro eu canlyniadau. Mae hyn yn bwysig i mi oherwydd ni fyddaf wedi dilyn pob cam o'u hymchwiliad ac mae'n fy helpu i benderfynu faint maen nhw wedi symud ymlaen o waith cynharach a p'un a ydynt wedi cymryd y camau y cytunwyd arnynt yn flaenorol. Yna, rwyf yn gofyn cwestiynau sy'n nodi fy marn o'r hyn sydd angen ei wneud, ond drwy fynegi hyn fel cwestiynau, maen nhw mewn gwirionedd yn nodi beth maen nhw am ei wneud. Mae'r cwestiynau'n debyg i: 'beth allwch chi ei wneud yn yr ymchwiliad i fod yn fwy sicr o'ch canlyniadau?' 'pa fath o nodiadau allwch chi eu gwneud ar hyd y ffordd i roi'r holl wybodaeth i chi ar gyfer paratoi adroddiad ar y diwedd?' 'lle allech chi ddod o hyd i ragor o wybodaeth i egluro'r hyn rydych chi wedi'i ddarganfod?'

(Gohebiaeth bersonol)

Noder bod yr athrawes ym Mlwch 17.4 yn 'gwneud amser' ar gyfer hyn, a dywed fod hyn yn amser sy'n cael ei dreulio'n dda. Mae'n arbed amser ar gyfer addysgu a dysgu yn y diwedd trwy osgoi'r angen i ailadrodd esboniadau o'r hyn mae plant yn ei wneud ac mae'r plant yn dysgu yn gyflymach trwy feddwl yn hytrach nag o wneud camgymeriadau. Mae'r athrawes yn trin y grŵp fel uned dysgu ac yn eu hannog i helpu ei gilydd. Gan fod diben yr asesiad yn ffurfiannol, a gan eu bod yn dysgu fel grŵp, mae'r penderfyniadau sy'n cael ei gwneud ar y cyd yn bwysig ar gyfer eu dysg. Fodd bynnag, mae hi hefyd yn edrych ar waith pob plentyn yn unigol ac yn sicrhau eu bod yn cydnabod eu camau nesaf yn eu dysg eu hunain.

Mae Harrison a Howard (2009) yn adrodd sut mae rhai athrawon yn defnyddio dull tebyg ar draws yr holl ystod o waith y plant. Roedd yn golygu newid eu cynllunio fel bod gweithgareddau yn cael eu cynllunio ar gyfer dydd Llun hyd at amser cinio dydd Iau bob wythnos. Yna roedd y plant a'u hathrawes yn treulio prynhawn dydd Iau yn edrych trwy eu gwaith am yr wythnos a thrafod pa mor dda roedd wedi cael ei wneud a lle roedden nhw angen gwneud gwaith pellach. Yna roedd yr athrawon yn darparu cefnogaeth a gweithgareddau ymestyn fel bo'r angen i'w cynnal ar ddydd Gwener.

Mae fersiynau amrywiol o'r defnydd o 'oleuadau traffig' wedi cael eu dyfeisio i alluogi plant i feddwl am ansawdd eu gwaith a'u dealltwriaeth ohono, ac i gyfleu eu barn i'r athro. Y syniad yw i'r plant labelu eu gwaith yn ôl eu hyder o ran deall-twriaeth: gwyrdd am ddealltwriaeth dda, ambr am ddealltwriaeth rannol a choch ar gyfer dealltwriaeth wael. Gellir dangos hyn trwy lynu dot coch, gwyrdd neu ambr ar waith ysgrifenedig neu wrthrych lliw sy'n cael ei osod ar eu bwrdd.

Mae gan gwestiynu rôl bwysig hefyd o ran helpu plant i asesu eu gwaith a nodi'r camau nesaf. Fel bob amser, mae angen rhoi sylw i fformat yn ogystal â chynnwys cwestiynau. Dylai'r cwestiynau fod yn agored (gweler Pennod 10) a dylent ganol-bwyntio ar y gwaith, nid ar y person; ar yr hyn a wnaed a pham, yn hytrach nag ar p'un a oedd yn 'gywir'. Gellir ysgogi plant i fyfyrio ar eu gwaith a p'un a ellir ei wella drwy gwestiynau fel:

Beth ydych chi'n meddwl eich bod wedi ei wneud yn dda?

Pam wnaethoch chi wneud hyn, yn y math hwn o ffordd?

A wnaethoch chi wneud yr hyn a fwriadwyd yn yr adran hon?

Ydych chi'n credu nawr y gallech ei wneud mewn ffordd well?

Pa ddarnau ydych chi'n ansicr amdanynt?

Beth fyddech chi'n ei newid pe byddech yn ei wneud eto?

Beth allech chi ei ychwanegu i gryfhau'r rhan hon?

Yn yr un modd ag ar gyfer y meini prawf ansawdd, gall y cwestiynau hyn gael eu darparu i blant yn eu llyfrau nodiadau neu eu harddangos ar wal yr ystafell ddos-barth, er mwyn iddynt feddwl amdanynt fel rhan reolaidd o'u gwaith.

Asesu cyfoedion

Mae ystyried dysgu fel gweithgaredd cymdeithasol, lle mae syniadau a sgiliau plentyn unigol yn cael eu datblygu drwy ryngweithio ag eraill, fel y disgrifir ym Mhennod 5, yn arwain at y casgliad, pan fydd asesiad yn cael ei ystyried fel rhan o addysgu a dysgu, dylai hwnnw hefyd fod yn weithgaredd cymdeithasol. Mae hyn yn awgrymu asesu fel rhan o'r rhyngweithio ymysg cyfoedion. Yng nghyd-destun asesu ffurfiannol, mae'r asesu cyfoedion hyn yn golygu rhywbeth eithaf gwahanol i ddisgyblion yn marcio llyfrau ei gilydd. Yn ei hanfod, mae'n golygu bod plant yn helpu ei gilydd gyda'u dysgu, trwy awgrymu'r camau nesaf i'w cymryd i wella'r gwaith. Mewn ffordd debyg i hunanasesu, mae asesu cyfoedion yn gofyn am ddeall nodau'r gweithgaredd, deall y meini prawf ar gyfer asesu ansawdd a syniadau ar gyfer camau gweithredu sy'n arwain at welliant. Felly mae asesu cyfoedion yn cael ei ystyried fel ffordd dda o ddatblygu sgiliau hunan-asesu. Mae'r enghreifftiau sy'n ofynnol ar gyfer asesu cyfoedion ar gael yn rhwydd ar ffurf gwaith disgyblion eraill, gyda'r fantais bod y gwaith o'r un math â gwaith y disgyblion eu hunain ac mae'n debyg o ddarparu amrywiaeth o bwyntiau da a diffygion. Mae Sadler (1989) hefyd yn nodi bod defnyddio gwaith eraill yn 'helpu i gyflawni rhywfaint o wrthrychedd o ran bod myfyrwyr yn llai amddiffynnol o waith myfyrwyr eraill, ac yn llai ymroddedig yn emosiynol iddo, nac i'w gwaith nhw eu hunain'.

Mae Black *et al.* (2003) yn adrodd am nifer o ddadleuon o blaid annog dysgwyr i feirniadu gwaith ei gilydd, rhai'n seiliedig ar hyrwyddo dealltwriaeth well o nodau dysgu a meini prawf ansawdd. Credir bod asesu cyfoedion yn fwy effeithiol yn hyn o beth na hunanasesu; efallai bod plant yn fwy tebygol o dalu sylw i ansawdd os ydyn nhw'n gwybod y bydd eu cyfoedion yn ei ddarllen. Mantais arall o asesu cyfoedion yw ei fod yn gofyn am lai o sylw un i un gan yr athro na rhai dulliau eraill o ran cynnwys plant mewn asesu ffurfiannol. Gall plant drafod eu gwaith gyda'i gilydd yn amlach a helpu ei gilydd i wella. Pan fyddan nhw'n hyderus wrth gael cymorth o sgwrs strwythuredig gyda chyfoedion, mae plant yn dechrau gofyn am farn ei gilydd yn ddigymell. Mae cydnabod eu bod yn gallu helpu eu hunain a helpu eraill yn galluogi dysgu i barhau pan fo'r athro yn brysur gyda'r rhai sydd angen cymorth ychwanegol.

Nid arbed amser athrawon yw'r unig reswm dros annog asesu cyfoedion. Mae cael plant yn siarad gyda'i gilydd mewn parau am eu gwaith yn gofyn iddynt feddwl drwy'r gwaith eto a dod o hyd i eiriau i'w ddisgrifio heb y pwysau a ddaw o'r berthynas anghyfartal rhwng y plentyn (nofis) a'r athro (arbenigwr) (gweler Pennod 12). Mae hefyd yn gyson gyda'r ddealltwriaeth o ddysgu fel datblygiad syniadau trwy ryngweithio cymdeithasol yn ogystal â thrwy ryngweithio gyda deunyddiau. Gall helpu plant i barchu cryfderau ei gilydd, yn enwedig os yw parau yn cael eu newid ar wahanol adegau.

Mae'n rhaid dysgu sgiliau sydd eu hangen ar gyfer hunanasesu ac asesu cyfoedion. Mae angen i drafodaethau mewn parau fod yn strwythuredig, o leiaf pan fydd yn newydd i'r plant. Er enghraifft, gellir gofyn i'r plant gyfnewid gwaith ac yna meddwl am ddau neu dri o gwestiynau amdano sy'n adlewyrchu'r meini prawf ansawdd. Er enghraifft, os yw'r gwaith yn disgrifio casgliad o rywbeth a arsylwyd neu a ddarganfuwyd o ymchwiliad byddai'n bosibl gofyn y cwestiynau 'Allwch chi ddweud beth ganfuwyd?' 'Ydy'r casgliad yn helpu i ateb y cwestiwn oedd yn cael ei ymchwilio?' 'Beth fyddai'n eich helpu i wneud yr hyn a ddigwyddodd yn fwy eglur (diagram neu gyfres o luniau)?' Ar ôl trafodaeth o'r fath dywedodd un plentyn y canlynol am gael ei waith wedi'i asesu gan gyfoedion: 'Dywedodd ei bod yn anodd deall fy ymchwiliad felly gofynnais iddi pa fath o beth y dylwn i fod wedi ei roi i wneud iddi ddeall. Y tro nesaf byddaf yn gwneud yn siŵr fy mod yn disgrifio pethau yn gliriach. '

Amheuon ynghylch hunanasesu ac asesu cyfoedion

Mae rhai yn ystyried bod y syniad o roi rhywfaint o gyfrifoldeb am asesu eu gwaith i ddisgyblion yn gwrthdaro â'r farn mai cyfrifoldeb yr athro'n unig yw asesu ac na ellir, ac na ddylid, ei drosglwyddo i, neu ei rannu gyda, disgyblion. Mae dadleuon eraill yn dweud bod asesu yn cynnwys sgiliau arbenigol ac nad ydy'r rhain ar gael i blant.

Mae rhybuddion eraill yn enwedig mewn perthynas i asesu cyfoedion. Yn amlwg, mae asesu cyfoedion yn gofyn am awyrgylch dosbarth lle mae cydweithredu a chydweithio, yn hytrach na chystadleuaeth, yn cael eu hannog. Oni bai ei bod yn cael ei defnyddio mewn modd sensitif a gyda bwriad cadarnhaol, gall y broses chwalu cymhelliant i rai plant. Mae astudiaethau achos gan Crossouard o asesu cyfoedion gan ddisgyblion 11 a 12 mlwydd oed yn darparu tystiolaeth sy'n peri pryder o sut mae rhywedd, dosbarth cymdeithasol a hierarchaethau cyflawniad myfyrwyr yn 'gysylltiedig â phrosesau sydd yn nodweddiadol yn cael eu trochi yn "niwtraliaeth" barn asesu' (Crossouard, 2012:736). Arsylwyd bod manteision asesu cyfoedion wedi cael eu lledaenu'n anghyfartal, roedd yr arfer yn cefnogi ac yn ymestyn rhai myfyrwyr tra'i fod yn gweithio'n 'orthrymus' i eraill. Felly, efallai y bydd athrawon angen cymorth wrth gydnabod materion tegwch sy'n cael eu codi ac wrth fynd i'r afael â dylanwad dosbarth cymdeithasol, rhywedd a gallu cyffredinol wrth arfer asesu cyfoedion.

Crynodeb

Yn y bennod hon rydym wedi trafod gwerth helpu plant i gymryd rhan yn yr asesiad ffurfiannol o'u gwaith. Dyma'r prif bwyntiau:

- Mae rhesymau damcaniaethol ac ymarferol pwysig ar gyfer cynnwys plant wrth asesu eu gwaith.

- Mae gweithredu ar hyn yn golygu rhannu nodau gyda'r plant, cyfleu ystyr gweithredol o ran ansawdd a'u helpu i nodi eu camau nesaf.

- Dylai trafodaeth am nodau helpu plant i ganolbwyntio ar yr hyn sy'n cael ei ddysgu o weithgaredd yn hytrach na'r manylion am sut i wneud y gwaith.

- Mae rhannu nodau yn golygu cyfathrebu gyda phlant beth yw'r rheswm dros eu gweithgareddau o ran dysgu, a dylid atgyfnerthu hyn mewn trafodaeth yn ystod ac ar ddiwedd y gweithgaredd.

- Mae helpu plant i farnu ansawdd eu gwaith yn gofyn am gyfathrebu cynnil o ran y meini prawf ansawdd yn bennaf drwy drafod enghreifftiau.

- Gall plant fod yn rhan o benderfynu ar eu camau nesaf yn dilyn adolygiad o'r hyn y maen nhw wedi'i wneud a sut maen nhw wedi gwneud hynny, a chytuno ar ffyrdd o wella neu symud ymlaen o hynny.

- Gall plant ymwneud â phenderfynu ar eu camau nesaf drwy hunanasesu ac asesu cyfoedion, ond mae angen cymryd gofal bod y plant yn meddu ar y sgiliau angenrheidiol a bod yr hinsawdd yn yr ystafell ddosbarth yn gadarnhaol ac yn gefnogol o'u cyfranogiad wrth asesu eu gwaith eu hunain.

Darllen pellach

Earl, L. a Katz, S. (2008) Getting to the core of learning: using assessment for self-monitoring and self-regulation, in S. Swaffield (ed.) *Unlocking Assessment, Understanding for Reflection and Application*. Llundain: David Fulton.

Harrison, C. a Howard, S. (2009) *Inside the Primary Black Blwch. Assessment for Learning in Primary and Early Years Classrooms*. Llundain: GL Assessment.

Harrison, C. a Howard, S. (2011) Issues in primary assessment: 2 Assessment for learning: how and why it works in primary classrooms, *Primary Science* 116: 5–7.

18

Asesu ac adrodd crynodol

Cyflwyniad

Yn dilyn y drafodaeth ar asesu ffurfiannol yn y tair pennod ddiwethaf, rydym yn troi yma at yr ail o'r ddau brif ddiben asesu a nodwyd ym Mhennod 14 (t. 197). Asesu crynodol mae'n debyg, yw'r peth cyntaf sy'n dod i'r meddwl i lawer o bobl, gan gynnwys rhieni, pan fydd asesiad yn cael ei grybwyll, gan mai derbyn adroddiadau yw'r arwydd mwyaf gweladwy bod asesu yn digwydd. Er bod gan asesu ffurfiannol a chrynodol rolau sy'n amlwg yn wahanol, dylai'r ddau gynorthwyo dysgu, er mewn ffyrdd gwahanol.

Ar ôl adolygu'r priodweddau sydd eu hangen ar asesu crynodol mewn gwyddoniaeth gynradd yn gryno, mae prif adrannau'r bennod hon yn trafod ac yn dangos tri dull gwahanol o asesu cyflawniadau disgyblion ar adegau penodol. Mae'r cyntaf o'r rhain yn ymwneud â gweinyddu profion neu dasgau arbennig ar yr adeg pan fydd angen adrodd ar gyflawniad. Gan ystyried rhai pryderon a fynegwyd ym Mhennod 14, rydym yn nodi rhai anfanteision o ddefnyddio profion i asesu nodau gwyddoniaeth gynradd. Mae'r ddau ddull arall – crynhoi'r dystiolaeth a gasglwyd ar draws ystod o weithgareddau ar adeg penodol, ac adeiladu cofnod o waith gorau dros gyfnod o amser – yn defnyddio barn athrawon a gweithdrefnau sy'n sicrhau bod gwybodaeth yn cael ei defnyddio ar gyfer asesu ffurfiannol yn ogystal ag asesu crynodol. Rydym yn trafod gweithdrefnau ar gyfer sicrhau ansawdd asesu sy'n cael ei gyflawni gan athrawon. Yn olaf, rydym yn nodi'r defnydd o ddata asesu ar gyfer adrodd i rieni ar gyflawniadau disgyblion unigol, a'r cyfyngiadau defnyddio data dosbarth ac ysgol ar gyfer gwerthuso athrawon ac ysgolion.

Gwybodaeth ar gyfer asesu crynodol

Mae nodweddion asesu ffurfiannol a chrynodol (t. 204 a 205) yn disgrifio asesu ffurfiannol fel rhywbeth sy'n 'agos at y dysgu', gan roi adborth cyflym i benderfyniadau am weithgareddau dysgu. Mae asesu crynodol 'yn fwy pell oddi wrth y dysgu' gan ei fod yn defnyddio gwybodaeth a gasglwyd dros amser ac mae, fel crynodeb, yn llai manwl. Mae 'pellter' yn awgrymu nad yw'n cael yr effaith uniongyrchol ar ddysgu yn yr un ffordd ag asesu ffurfiannol, ond serch hynny mae ganddo rôl mewn penderfyniadau sy'n gwella cyfleoedd dysgu plant, er bod hynny trwy ddolen adborth llawer hwy nag ar gyfer asesu ffurfiannol.

I wasanaethu ei ddiben o ddarparu gwybodaeth am gyflawniad plant, mae angen i asesu crynodol:

■ adrodd am yr hyn a gyflawnwyd ar adeg benodol mewn perthynas â'r ystod lawn o nodau, sydd, at rai dibenion, yn cynnwys datblygiad cymdeithasol, emosiynol a chorfforol yn ogystal â datblygiad gwybyddol;

■ fod yn gryno, gan roi trosolwg o gyflawniad, o ddewis ar ffurf proffil byr o ganlyniadau yn y prif feysydd dysgu;

■ gael ei fynegi yn nhermau cyrraedd safonau neu feini prawf sydd yr un fath i bob plentyn;

■ bod mor ddibynadwy ag y bo modd, gan gynnwys rhai gweithdrefnau ar gyfer sicrhau ansawdd lle bydd y wybodaeth yn cael ei defnyddio ar gyfer gwneud penderfyniadau beirniadol.

Ffyrdd o asesu cyflawniad at ddibenion crynodol

Y prif ddulliau o asesu i ddarparu adroddiad o'r hyn sydd wedi'i gyflawni ar amser penodol yw:

■ defnyddio profion neu dasgau arbennig i bennu'r hyn a ddysgwyd ar yr adeg honno;

■ defnyddio tystiolaeth a gasglwyd gan athrawon yn ystod eu gwaith gyda phlant dros gyfnod o amser;

■ adeiladu cofnod o waith gorau.

Nawr, rydym yn ystyried pob un o'r rhain yn eu tro, gan edrych ar yr hyn maen nhw'n ei olygu a'u haddasrwydd ar gyfer asesu dysgu mewn gwyddoniaeth ar lefel gynradd. Wrth wneud hynny, mae'n bwysig cofio'r hyn sydd ei angen ar gyfer asesiad dilys a dibynadwy o ddealltwriaeth a'r sgiliau sy'n nodau mewn gwyddoniaeth gynradd, ac yn enwedig y gweithgareddau gwyddonol sy'n seiliedig ar ymholiad.

Mae'n rhaid gwahaniaethu rhwng *asesu dealltwriaeth* ac asesu gwybodaeth ffeithiol. Er bod angen ffeithiau, bydd y rhain yr un mod ddefnyddiol ag y cysylltiadau y gellir eu gwneud rhyngddynt yn unig, felly dylai'r asesiad ymwneud â'r syniadau sy'n helpu i esbonio digwyddiadau a ffenomenau. Mae hyn yn golygu bod y cwestiynau neu dasgau mae disgyblion yn ymwneud â nhw pan fydd eu cyflawniad yn cael ei asesu yn rhai na ellir eu hateb ar y cof yn unig. Dylent hefyd fod yn ystyrlon i'r plant ac yn mynnu eu bod yn cymhwyso syniadau, fel arfer drwy egluro digwyddiad neu wneud rhagfynegiad sy'n cynnwys cymhwyso syniadau o wyddoniaeth.

Mewn perthynas ag asesu *asesu sgiliau ymholi*, yn amlwg mae'n rhaid i'r tasgau neu gwestiynau ofyn am ddefnyddio'r sgiliau sy'n cael eu hasesu, megis rhagfynegi, cynllunio, cynnal ymchwiliad neu ganfod patrwm yn y data a roddir. Nid oes angen i hyn olygu y gall sgiliau ymholi gael eu hasesu pan fyddan nhw'n cael eu defnyddio mewn sefyllfaoedd ymarferol yn unig, ond mae angen lleoliad dilys lle mae angen defnyddio'r sgiliau.

Fodd bynnag, er y gallwn, mewn theori, wahanu asesu sgiliau a dealltwriaeth o gysyniadau, yn ymarferol mae problemau a thasgau bob amser yn gofyn am y ddau i ryw raddau. Nid yw'n bosibl asesu sgiliau heb gynnwys rhywfaint o wybodaeth am y pwnc y maen nhw'n cael eu defnyddio ar ei gyfer. Fel y nodwyd o'r blaen, mae'n rhaid cael *rhywbeth* i'w arsylwi, rhyw fath o destun y mae'n rhaid dadansoddi neu ddehongl-li'r wybodaeth amdano, ac ati. Felly, mae bod yn gyfarwydd â'r 'rhywbeth' hwn yn eithaf tebygol o effeithio ar berfformiad y sgil. Ar yr un pryd, bydd tasgau a ddefnyddir i asesu dealltwriaeth yn gofyn am rywfaint o ddefnydd o sgiliau (esbonio, dehongli, rhagfynegi). Felly, bydd angen rhai agweddau bob amser ar ddealltwriaeth a sgiliau yn yr *holl* dasgau, fel sy'n wir mewn gweithgareddau dysgu sy'n seiliedig ar ymholiadau.

Defnyddio profion neu dasgau

Mae'r defnydd o brofion i ddarganfod beth mae disgybl yn ei wybod yn ddull traddo-diadol o gynnal asesiad crynodol. Mae'n ddull deniadol i rai dibenion, yn enwedig lle mae disgyblion yn cystadlu â'i gilydd, oherwydd gellir rhoi'r un dasg neu ofyn yr un cwestiynau dan yr un amodau i bob disgybl. Mae hyn yn cyferbynnu â defnyddio barn athrawon am waith rheolaidd lle mae'r dystiolaeth yn deillio o sefyllfaoedd sy'n amry-wio o ddisgybl i ddisgybl. Fodd bynnag, dylid nodi nad yw rhoi'r un dasg i'r plant i gyd o reidrwydd yn darparu'r un cyfleoedd i bawb ddangos beth y gall ef/hi ei wneud.

Mae profion yn amrywio'n fawr o ran eu ffurf a'u cynnwys yn unol â natur y tasgau a'r ffordd o ymateb, gan arwain at fathau gwahanol, fel:

- eitemau perfformiad (ymarferol) (lle mae disgyblion yn trin cyfarpar neu'n cynnal ymchwiliad);
- eitemau amlddewis (lle mae disgyblion yn dewis rhwng atebion a roddwyd);
- eitemau ymateb agored (lle mae disgyblion yn ateb drwy ysgrifennu neu dynnu llun neu siarad);
- a gwahanol gyfuniadau o'r rhain.

Profion ysgrifenedig

Eitemau ysgrifenedig yw'r rhai mwyaf cyffredin a mwyaf cyfleus os bwriedir rhoi'r prawf i nifer fawr o blant. Mae rhinweddau cwestiynau llafar da, a drafodwyd ym Mhennod 10, yr un mor berthnasol i gwestiynau ysgrifenedig. Hynny yw, i ddar-ganfod beth mae disgyblion yn ei feddwl, mae'n ddefnyddiol mynegi cwestiynau o ran yr hyn maen nhw'n ei feddwl. Mae cwestiynau 'agored' a chwestiynau sy'n canolbwyntio ar y person – gofyn i ddisgyblion ymateb yn eu geiriau eu hunain – yn fwy tebygol o ennyn gwybodaeth am yr hyn maen nhw'n ei wybod ac yn ei ddeall na chwestiynau lle maen nhw'n dewis rhwng atebion a roddwyd. Mae eitemau amlddewis yn agored i ddyfalu a chliwiau a roddir gan nodweddion megis hyd yr opsiynau neu fanylder y geiriau a ddefnyddir. Fodd bynnag, mae anfanteision hefyd i gwestiynau ymateb agored, yn enwedig ar gyfer plant iau sy'n cael mwy o anhawster gyda bod yn benodol mewn ysgrifennu nag wrth siarad. Gall dehongli atebion ysgrifenedig disgyblion hefyd fod yn broblem. Mae'r eitem yn Ffigur 18.1 yn osgoi'r angen am ysgrifennu a, thrwy ofyn am ateb cywir ym mhob blwch, mae'n gwneud y siawns o lwyddo trwy ddyfalu yn isel iawn. Fodd bynnag, mae angen i ddisgyblion ddarllen a deall y cyfarwyddiadau ar gyfer cofnodi eu hateb, fel arall mae perygl o fethiant am resymau ac eithrio'r gallu y bwriedir i'r eitem ei asesu.

Roedd Emma ac Anita yn darganfod <u>p'un a oedd</u> <u>yr arwyneb lle'r oedd pêl yn sboncio yn gwneud</u> <u>gwahaniaeth i ba mor uchel yr oedd yn sboncio.</u>

Fe wnaethon nhw ddod o hyd i dri math gwahanol o arwyneb, a'u galw yn A, B a C.

Roedd ganddyn nhw hefyd dair pêl wahanol P, Ph a R.

I gael prawf teg beth ddylen nhw ei newid yn eu treialon a beth ddylen nhw eu cadw yr un fath?

Ticiwch <u>Newid</u> neu <u>Ddim newid</u> ar gyfer pob peth isod:

	Newid	Ddim newid
Y bêl	☐	☐
Yr arwyneb	☐	☐
Uchder gollwng y bêl	☐	☐

Ffigur 18.1 Eitem o brawf ar gyfer plant 11 mlwydd oed (Adroddiad APU Rhif 4, 1985)

Rhai problemau gyda phrofion

Yn ogystal â dibynnu ar sgiliau darllen ac ysgrifennu a'r posibilrwydd o gamgymeriadau eraill, megis wrth farcio, mae rhai problemau cynhenid wrth ddefnyddio profion ar gyfer adrodd ar berfformiad disgyblion unigol. Mae rhai o'r rhain wedi cael eu crybwyll ym Mhennod 14 mewn perthynas â'r rhyngweithio rhwng dibynadwyedd a dilysrwydd.

■ Mae llawer o ffyrdd o ddefnyddio asesu crynodol yn golygu bod angen i'r canlyniadau fod mor ddibynadwy ag y bo modd. Mae hyn yn dylanwadu ar y dewis o eitemau sydd wedi'u dethol ar gyfer y prawf, gan ffafrio'r eitemau hynny lle y gall atebion gael eu marcio yn ddigamsyniol yn gywir neu'n anghywir. Mae hyn yn culhau'r ystod o eitemau prawf ac felly'n lleihau dilysrwydd y prawf, ac ni fydd yn adlewyrchu'r ystod lawn o nodau, dim ond y rhai sy'n hawdd eu profi (gweler Blwch 14.4).

■ Yn sgil y pwynt hwn, pan fydd yr hyn sy'n cael ei brofi yn cael ei gymryd fel arwydd o'r hyn sydd i'w ddysgu - ac felly'r hyn sy'n cael ei addysgu - bydd culhau'r ystod sy'n cael ei gwmpasu gan y prawf yn tueddu i achosi i ystod y cwricwlwm gael ei gulhau. Mae'r effaith hwn yn cynyddu'n fawr pan fydd y canlyniadau'n cael eu defnyddio at ddibenion risg uchel (gweler Blwch 14.1).

■ Mae'r defnydd o brofion hefyd yn ffactor pwysig wrth benderfynu faint o straen y gallai disgyblion ei deimlo, er enghraifft, pan fydd canlyniadau profion yn cael eu defnyddio ar gyfer penderfyniadau risg uchel sy'n effeithio ar gyfleoedd disgyblion, megis mewn ardaloedd lle mae dewisiadau'n cael eu gwneud i fynd i ysgolion uwchradd. Ond gall hyn ddigwydd hefyd pan fydd y profion o bwys mawr i'r ysgol er nad ydynt o bwys mawr ar gyfer disgyblion unigol, fel yn yr achos lle mae profion diwedd ysgol gynradd yn cael eu gweinyddu yn bennaf at ddibenion atebolrwydd a gwerthuso ysgolion. Mae athrawon dan straen am y canlyniadau ac yn trosglwyddo'r pwysau hwn i ddisgyblion, gan dreulio cryn amser yn paratoi disgyblion yn uniongyrchol drwy greu mwy o brofion ar gyfer ymarfer. Mae hyn yn ychwanegu at brofiad disgyblion o waith ysgol sy'n cael ei ddominyddu gan brofion. Gellir dadlau mai'r defnydd a wneir o'r profion yn hytrach na natur y profion sydd ar fai.

- Pan fydd eitemau yn cael eu gosod mewn cyd-destun go iawn, i'w gwneud yn ddiddorol i blant, gellid disgwyl y bydd cynefindra â'r cyd-destun yn dylanwadu ar ymateb y disgybl. Er enghraifft, fyddai nodi'r newidynnau yn Ffigur 18.1 yn fwy anodd i rai disgyblion pe byddai'r cyd-destun yn ymwneud â chymharu effaith newid y cynhwysion i wneud cacen, neu gyflymder ceir tegan i lawr llethr? A fyddai'r gallu i nodi patrwm mewn data yn cael ei effeithio gan p'un a yw'r data yn cael ei gyflwyno yn ddarluniadol neu fel rhifau? A yw'r fformat ateb yn effeithio ar berfformiad y disgyblion? Yr ateb i'r holl gwestiynau hyn o waith ymchwil yw bod y nodweddion hyn yn bwysig a bod cyd-destun eitem yn arbennig o bwysig. Mae beth mae eitem yn ymddangos i ymwneud ag ef (er efallai nad oes angen gwybodaeth am hyn) yn effeithio ar allu a pharodrwydd disgyblion i ymgysylltu gydag ef ac felly i ddangos beth maen nhw'n gallu ei wneud.

Wrth gwrs, mae nifer o wahanol gyd-destunau y gellid eu defnyddio i asesu sgil neu gysyniad penodol a sampl yn unig yw'r rhai hynny sydd wedi'u cynnwys mewn unrhyw brawf. Os bydd sampl gwahanol yn cael ei dewis, byddai rhai plant yn cael rhai eitemau'n hawdd tra mae eraill yn eu cael nhw'n anoddach. Felly, byddai dewis arall yn cynhyrchu canlyniad gwahanol, gan arwain at yr hyn sy'n cael ei ddisgrifio fel 'cyfeiliornad samplu' yn y prawf. Ffordd o leihau'r ffynhonnell hon o gyfeiliornad fyddai cynyddu'r nifer o gyd-destunau sy'n cael eu cynnwys ar gyfer pob cymhwysedd sy'n cael ei asesu, ac felly'r nifer o eitemau a ddefnyddir, er mwyn creu effaith ar hap ar gyfer cyd-destun eitemau. Ond ni ellir cynyddu hyd prawf yn fawr heb achosi mathau eraill o gyfeiliornad (blinder disgyblion, er enghraifft) felly byddai mwy o eitemau fesul sgil neu gysyniad yn golygu bod llai o sgiliau a chysyniadau yn cael eu cynnwys, ac felly'n lleihau ystod yr hyn sy'n cael ei asesu a thrwy hynny, yn lleihau dilysrwydd y prawf.

Noder bod y cyfeiliornad samplu yn llawer llai pan fydd profion yn cael eu defnyddio ar gyfer arolygon poblogaeth lle y gall cyfanswm yr eitemau a ddefnyddir gael ei ledaenu ar draws sawl sampl cyfatebol o blant sy'n cymryd gwahanol grwpiau o eitemau. Yn yr arolygon hyn, megis TIMSS a PISA a'r arolygon cenedlaethol yng Nghymru, Lloegr a Gogledd Iwerddon a gynhaliwyd gan yr Uned Asesu Perfformiad (UAP) yn yr 1980au, nid yw canlyniadau plant unigol o ddiddordeb, dim ond y cyfansymiau cyffredinol cenedlaethol, neu ranbarthol, a sut mae perfformiad yn amrywio o flwyddyn i flwyddyn ac ar gyfer nodau dysgu gwahanol. Mae'r dull hwn hefyd yn cael ei ddefnyddio yn y profion samplu gwyddoniaeth bob dwy flynedd yng nghyfnod allweddol 2 yn Lloegr (STA, 2017). Er bod y defnydd o nifer fwy o eitemau yn cynyddu'r ystod o gyflawniad y gellir ei gynnwys, mae'r prawf yn dal i gynnwys eitemau ysgrifenedig ar gyfer atebion byr yn unig.

Problemau arbennig profi mewn gwyddoniaeth gynradd

Mae'r sylwadau hyn yn berthnasol i ryw raddau i brofion ym mhob pwnc, ond maen nhw'n cael effaith arbennig o fawr ar asesu gwyddoniaeth sy'n seiliedig ar ymholiad ac ar berfformiad plant cynradd oherwydd natur ac ystod eang y nodau. Cafodd hyn ei gydnabod yn un o gyhoeddiadau'r Sefydliad Nuffield (2012), a oedd yn dadlau 'nad yw hi'n bosibl i holl amcanion addysg gwyddoniaeth gynradd gael eu hasesu'n ddilys trwy brofion ysgrifenedig allanol, megis y profion cenedlaethol'. Gan nodi bod hyn yn cael ei gydnabod yn Adroddiad Bew (Adolygiad Annibynnol o Brofi, Asesu ac Atebolrwydd ar Gyfnod Allweddol 2, 2001) daeth i'r casgliad bod:

> y sefyllfaoedd lle mae plant yn dysgu gwyddoniaeth yn darparu'r cyfleoedd gorau ar gyfer asesu eu dysgu. Derbyniwyd y pwynt hwn yn ymateb y llywodraeth i Adroddiad Bew a fynegodd y farn mai 'asesiad athrawon yw'r ffurf fwyaf priodol o asesu ar gyfer gwyddoniaeth ar ddiwedd Cyfnod Allweddol 2, felly bydd data ar lefel disgyblion a lefel ysgol yn parhau i fod yn seiliedig ar farn asesu athrawon'.
>
> (Sefydliad Nuffield, 2012: 13)

Ar ôl ystyried cyfyngiadau profion, rydym yn awr yn edrych ar y prif ddewis amgen – o ddefnyddio asesiad a gynhelir gan yr athro – sy'n cael ei ddefnyddio yn y ddau ddull arall, ond mewn ffyrdd gwahanol

Defnyddio tystiolaeth a gasglwyd gan athrawon

Mae'r gweithgareddau sy'n galluogi disgyblion i ddatblygu dealltwriaeth a chymwyseddau ar yr un pryd yn gyfleoedd ar gyfer casglu tystiolaeth am gynnydd yn eu dysg. Maen nhw'n ffynhonnell o *dystiolaeth* y gellir ei gronni o wersi ar bwnc a'i roi at ei gilydd i'w ddehongli ar yr adeg pan fydd angen adrodd a chofnodi ar gyflawniad.

Mae'r pwyslais ar *dystiolaeth* yn bwysig. Fel y nodwyd yn gynharach, yn aml nid yw barn asesu ffurfiannol yn cyfeirio'n llym at feini prawf ac mae barn ffurfiannol yn ystyried yr amgylchiadau sy'n effeithio ar unigolyn neu grwpiau o ddisgyblion. Mae'n gwbl briodol i hyn fod yn wir mewn asesu ffurfiannol gan ei fod yn golygu bod plant yn cael y cymorth unigryw sydd ei hangen i fynd â nhw o ble maen nhw tuag at nodau'r gweithgaredd. Ond mae'n rhaid barnu tystiolaeth a ddefnyddir i adrodd ar ddysgu at ddibenion crynodol yn erbyn yr un meini prawf ar gyfer yr holl ddisgyblion, nid dylanwadu arni gan ystyriaethau unigol. Felly, yn Ffigur 18.2, mae'r saeth doredig sy'n arwain at farn ar gyfer defnydd crynodol yn tarddu o'r dystiolaeth a gasglwyd yn y cylch asesu ffurfiannol, nid y farn a luniwyd ar gyfer defnydd ffurfiannol.

Mae Ffigur 18.2 yn nodi bod y gweithgareddau lle mae asesu ffurfiannol yn cael ei ddefnyddio i helpu dysg tuag at nodau'r gweithgaredd hefyd yn darparu tystiolaeth ar gyfer asesu crynodol. Dros gyfnod o amser, gellir cronni'r dystiolaeth o nifer o weithgareddau, a gasglwyd drwy'r dulliau a drafodwyd ym Mhennod 15, i ddarparu'r dystiolaeth 'orau' o ddysgu ar yr adeg pan fydd cyflawniad yn cael ei chrynhoi a'i adrodd (ar ddiwedd y flwyddyn neu gyfnod sylfaen, er enghraifft). Yna, bernir y dystiolaeth hon mewn perthynas â'r nodau tymor-canolig y mae

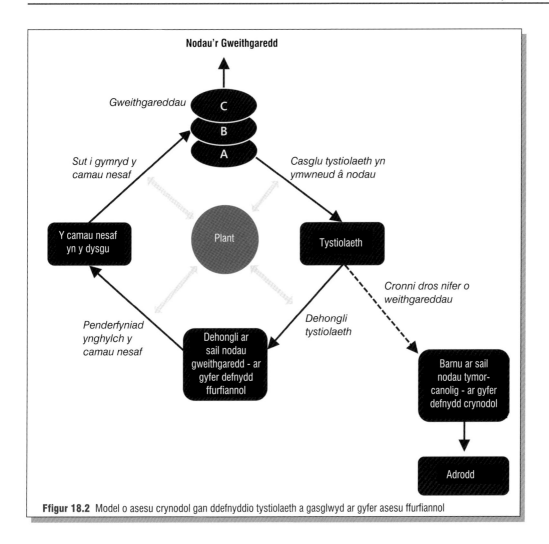

Ffigur 18.2 Model o asesu crynodol gan ddefnyddio tystiolaeth a gasglwyd ar gyfer asesu ffurfiannol

disgwyl iddynt gael eu cyflawni erbyn hynny. Dyma'r nodau sydd wedi'u nodi mewn dogfen cwricwlwm cenedlaethol neu yng nghynllun cwricwlwm ysgol ar gyfer blwyddyn neu gyfnod. Er enghraifft, efallai mai nodau gwers neu weithgaredd perthnasol i'r testun 'sain' yw cydnabod 'sut y gellir gwneud seiniau mewn ffyrdd gwahanol a sut y gellir newid eu cryfder a'u traw'. Efallai mai'r nod tymor canolig, sy'n cael ei gyflawni ar ôl sawl gwers gyda nodau gweithgareddau gwahanol, fydd deall bod 'sain yn cael ei achosi gan ddirgryniad mewn defnydd'.

Enghreifftiau o ddefnyddio asesiadau athrawon

Mae Proffil Cyfnod Sylfaen Y Blynyddoedd Cynnar (EYFS) yn enghraifft o arsylwi athro/ymarferwr yn cael ei ddefnyddio i grynhoi cyflawniad plant ar adeg benodol. Mae'r Cyfnod Sylfaen yn Lloegr yn cyfeirio at y blynyddoedd cyn-ysgol, pan allai plant fod mewn addysg feithrin neu ym mlwyddyn derbyn yr ysgol gynradd. Cafodd y Proffil Cyfnod Sylfaen cyntaf, a gyflwynwyd yn 2002, ei ddisodli gan y

Proffil EYFS yn 2012. Mae hwn yn gofnod crynodol o gyflawniad plant, wedi'i lenwi gan ymarferwyr y blynyddoedd cynnar yn nhymor olaf y flwyddyn pan fydd y plentyn yn cyrraedd 5 mlwydd oed. Ei brif ddibenion yw i: hysbysu rhieni am ddatblygiad eu plentyn tuag at y Nodau Dysgu Cynnar (ELG); cefnogi pontio llyfn i gyfnod allweddol 1 (CA1) drwy lywio'r ddeialog broffesiynol rhwng athrawon EYFS a CA1; ac i helpu athrawon Blwyddyn 1 i gynllunio cwricwlwm effeithiol, ymatebol a phriodol fydd yn bodloni anghenion yr holl blant (STA, 2016: 9).

Mae'r proffil yn cofnodi barn ymarferwyr mewn perthynas â thri phrif faes a phedwar maes penodol o ddysgu a thair nodwedd dysgu. Y 'prif feysydd' yw: cyfathrebu ac iaith; datblygiad corfforol; a datblygiad personol, cymdeithasol ac emosiynol. Y 'meysydd penodol' o ddysgu yw: llythrennedd; mathemateg; deall y byd; a chelfyddydau a dylunio mynegiannol. Y nodweddion dysgu yw: chwarae ac archwilio; dysgu gweithredol; a chreu a meddwl yn feirniadol. Mae'r prif feysydd a'r meysydd penodol o ddysgu yn cael eu hisrannu'n gyfanswm o 17 ELG statudol, pob un gyda nodyn esboniadol. Mae'r nod sy'n cael ei gydnabod fel nod cysylltiedig â gwyddoniaeth, Y Byd, yn cael ei nodi ym Mlwch 18.1

Blwch 18.1 Y Nod Dysgu Cynnar sy'n ymwneud ag archwilio'r byd o'n cwmpas

Y byd

Mae plant yn gwybod am nodweddion tebyg a nodweddion gwahanol mewn perthynas â lleoedd, gwrthrychau, defnyddiau a phethau byw. Maen nhw'n siarad am nodweddion eu hamgylchedd agos eu hunain a sut y gallai amgylcheddau amrywio o un i'r llall. Maen nhw'n gwneud arsylwadau am anifeiliaid a phlanhigion ac yn egluro pam fod rhai pethau'n digwydd, ac yn siarad am y newidiadau.

Nodyn esboniadol

Mae gan y plentyn chwilfrydedd a diddordeb am yr amgylchedd uniongyrchol o'u cwmpas ac yn cydnabod pan fo gan bethau nodweddion tebyg neu wahanol. Tra'n ymchwilio drwy chwarae a phrofiadau go iawn, mae'r plentyn yn dangos eu dysg a'u dealltwriaeth o bethau byw, defnyddiau a gwrthrychau. Mae'r plentyn yn ymchwilio, yn sylwi ar newidiadau ac yn rhyngweithio ag elfennau o'u hamgylchedd naturiol a'r amgylchedd sydd wedi'i weithgynhyrchu. Mae ef neu hi yn cyfathrebu am yr hyn sy'n digwydd a pham.

Mae llawlyfr (STA, 2016) yn rhoi gwybodaeth am y Proffil EYFS, cyngor ar ei gwblhau, enghreifftiau, arweiniad ar safoni ac ar ei ddefnyddio gyda phlant ag anghenion arbennig neu Saesneg fel iaith ychwanegol. Mae hefyd yn darparu help i ymarferwyr wrth farnu cyflawniad nodweddiadol plentyn drwy broses o 'ffit orau' rhwng ymddygiad y plentyn a'r Nodau Dysgu Cynnar.

Mae ymarferwyr yn cofnodi lefel datblygiad pob plentyn ym mhob un o'r 17 o Nodau Dysgu Cynnar fel:

■ *yn datblygu* (nad ydynt eto ar y lefel o ddatblygiad a ddisgwylir ar ddiwedd yr EYFS);

- *disgwyliedig* (yn bodloni'r disgrifiad o lefel y datblygiad a ddisgwylir ar ddiwedd EYFS); neu

- *rhagori* (y tu hwnt i'r lefel o ddatblygiad a ddisgwylir ar ddiwedd yr EYFS).

Wrth wneud y penderfyniadau hyn, disgwylir i ymarferwyr gyfeirio at y deunydd enghreifftiol a gyhoeddwyd ar ei gwefan gan yr Adran Addysg. Mae'r deunydd hwn yn darparu enghreifftiau o nodiadau arsylwi a wnaed gan ymarferwyr, geiriau a ddyfynnwyd gan blant, lluniau plant, ffotograffau ac mewn rhai achosion sylwadau'r rhieni, pob un ohonynt yn dangos dysg a datblygiad plentyn lle mae'n cyd-fynd orau â'r categori 'disgwyliedig'. Mae Proffil EYFS wedi'i lenwi yn cynnwys 20 eitem o wybodaeth: cyflawniad pob plentyn wedi'i asesu mewn perthynas â'r 17 o ddisgrifyddion Nodau Dysgu Cynnar, ynghyd â naratif byr yn disgrifio'r plentyn mewn perthynas â'r tair nodwedd dysgu.

Mae ail enghraifft, yn benodol i asesu cyflawniad mewn gwyddoniaeth, yn cael ei darparu gan y prosiect Asesiadau Athro mewn Gwyddoniaeth Gynradd (TAPS). Mae'r prosiect wedi datblygu'r model pyramid, a gyhoeddwyd yn *Developing Principles*

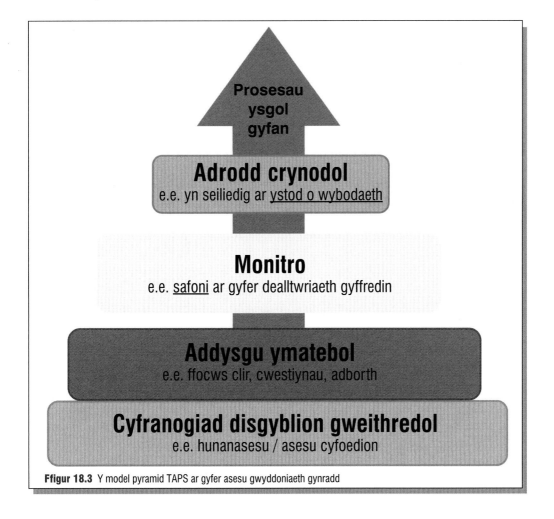

Ffigur 18.3 Y model pyramid TAPS ar gyfer asesu gwyddoniaeth gynradd

and Practice in Primary School Assessment (Nuffield, 2012), yn declyn i helpu athrawon gydag asesu ffurfiannol a chrynodol. Yn Ffigur 18.3, mae haen isaf y pyramid yn disgrifio agweddau ar weithredoedd disgyblion sydd dan sylw pan fydd asesu ffurfiannol yn cael ei ddefnyddio. Mae'r haen nesaf i fyny yn cynnwys agweddau ar rôl yr athro mewn asesu ffurfiannol. Mae'r drydedd haen yn cynrychioli'r trawsnewid o dystiolaeth asesu ffurfiannol i ddata crynodol, lle mae'r gostyngiad angenrheidiol o ran manylder yn cael ei ddangos gan y lleihad yn lled yr haen. Mae'r ddwy haen uchaf yn cynrychioli gostyngiad pellach mewn manylder, pan fydd y canlyniadau ar gyfer disgyblion unigol yn cael eu cyfuno at ddibenion adrodd gwahanol, ar lefel dosbarth ac ysgol. Mae'r saeth am i fyny trwy ganol yr haenau yn cynrychioli gwybodaeth yn llifo drwy'r model sy'n deillio o sylfaen asesu ffurfiannol. Mae fersiwn ryngweithiol o'r model yn galluogi defnyddwyr i gael mynediad at enghreifftiau o'r gwahanol agweddau ar asesu ffurfiannol a chrynodol yn ymarferol. Mae yna hefyd fersiwn o'r pyramid sy'n galluogi ysgolion i ddefnyddio'r model i werthuso eu harferion asesu (TAPS, 2016).

Adeiladu cofnod o waith gorau

Mae'r dull hwn yn amrywiad o asesiad a gynhelir gan yr athro, sy'n wahanol i'r un a drafodwyd yn flaenorol o ran bod y dystiolaeth sy'n cael ei barnu ar yr adeg adrodd yn adlewyrchu perfformiad gorau'r plentyn bryd hynny, nid yn grynodeb o'r cyfan sydd wedi'i wneud dros y flwyddyn neu'r tymor, fel yn y Proffil EYFS neu'r model TAPS.

Yn y dull tystiolaeth orau, mae'r penderfyniad ynghylch 'gwaith gorau' yn cael ei wneud ar adegau amrywiol, nid ar yr adeg adrodd yn unig. Mae penderfyniadau ynghylch y dystiolaeth orau o gyflawni nodau gwersi ar gyfer plentyn yn cael eu cefnogi neu eu cadw mewn ffolder ar wahân, ffeil cyfrifiadur neu fath arall o bortffolio. Mae gorau yma yn golygu'r gorau o'r hyn mae plentyn wedi ei gynhyrchu waeth beth fo perfformiad plant eraill. Wrth i'r gwaith fynd rhagddo, ac wrth i'r plant wneud cynnydd, mae eitemau yn cael eu disodli gan dystiolaeth well. Mae'r penderfyniadau, sy'n cael eu gwneud gan blant ac athro gyda'i gilydd, angen ystyried nodau, meini prawf ansawdd a'r camau i'w cymryd - yr holl nodweddion o ddefnyddio asesu ffurfiannol. Mae cynnwys disgyblion wrth wneud y penderfyniadau hyn yn helpu eu dealltwriaeth o ansawdd y gwaith a ddisgwylir ac yn ychwanegu at werth ffurfiannol y broses asesu.

Mae awgrymiadau ar gyfer gweithredu'r dull hwn wedi'u crynhoi ym Mlwch 18.2. Mae asesu ffurfiannol yn ganolog ac mae'n bwysig bod amser yn cael ei neilltuo ar adegau rheolaidd i blant adolygu eu gwaith. Mae hyn yn rhoi amser, nid yn unig i benderfynu beth i'w roi yn y 'ffolder gwaith gorau' ond hefyd i ystyried yr hyn y gallant wella arno. Mae'r nifer o eitemau yn y ffolder yn tyfu o'r dechrau, ond mae gosod cyfyngiad (o tua 5 i 10 darn) yn sicrhau bod gofal yn cael ei gymryd o ran penderfyniadau a bod plant wir yn meddwl am sut maen nhw'n barnu eu gwaith.

Nid yn unig y gwaith yn y ffolder sy'n cynyddu ond mae barn yr athro o ran i ba raddau mae'r plentyn yn cyflawni'r dysgu disgwyliedig hefyd yn cynyddu. Bydd yr athro yn defnyddio'r wybodaeth hon yn ffurfiannol, gan helpu i sicrhau y bydd dysgu disgwyliedig yn cael ei gyflawni. Mae'r ffolder yn darparu'r sail ar gyfer ysgrifennu'r adroddiadau diwedd blwyddyn a diwedd cyfnod.

Blwch 18.2 Gweithredu'r dull 'gwaith gorau' ar gyfer asesu crynodol sy'n cael ei gyflawni gan yr athro

■ *Ar ddechrau'r flwyddyn,* ar ôl dwy neu dair wythnos, mae'r athro'n cyflwyno'r syniad o 'ffolder gwaith gorau' (FfGG), yn dangos enghraifft i'r plentyn ac yn esbonio sut y bydd yn cael ei defnyddio.

■ *Yn ystod y gwaith ar bwnc* mae'r athro yn neilltuo amser i blant feddwl am eu gwaith, yn trafod beth yw 'gwaith da' mewn perthynas â'r gweithgareddau.

■ *Ar ddiwedd y pwnc (neu tua hanner ffordd drwy'r tymor)* mae'r athro yn treulio amser (prynhawn) yn adolygu'r pwnc ac yn ychwanegu at neu'n disodli gwaith yn y FfGG, gan gadw nifer y darnau i'r uchafswm y cytunwyd arno (e.e. 5 i 10). Mae'r athro yn ychwanegu nodiadau ar y ffolderi lle bo'n briodol.

■ *Ar ddiwedd y flwyddyn* mae'r athro yn defnyddio'r gwaith a'r nodiadau yn y ffolder i ysgrifennu adroddiad naratif ar berfformiad pob plentyn i rieni ag athro nesaf y plentyn.

■ *Ar ddiwedd y cyfnod (allweddol)* mae'r athro yn defnyddio'r FfGG i farnu a yw'r gofynion statudol ar gyfer y cyfnod wedi cael eu cyflawni, ar y cyfan.

Mae'r posibilrwydd o greu a defnyddio ffolderi gwaith gorau yn electronig yn cael ei awgrymu ym Mlwch 18.3.

Blwch 18.3 Dull di-bapur o greu a defnyddio ffolderi gwaith gorau

Mae lledaeniad cyflym y defnydd mewn dosbarthiadau cynradd o liniaduron bach sydd wedi'u cysylltu'n ddi-wifr i gyfrifiadur yr athro, yn agor y potensial ar gyfer cynnal asesiad heb yr angen am ffolder neu bortffolio corfforol. Mae proses o'r fath wedi'i datblygu a'i threialu gan Kimbell et al.(2009) yn y prosiect E-SCAPE (Electronic Solutions for Creative Assessment in Portfolio Environments) yn bennaf ar gyfer asesu prosiectau technoleg. Mae disgyblion yn anfon eu gwaith, ar ffurf testun, recordiadau llais neu fideo, ffotograffau neu ddarluniau, at yr athro wrth i'r gwaith fynd rhagddo yn ogystal ag ar ddiwedd y gweithgaredd. Gellir trafod y gwaith sydd wedi'i uwchlwytho gyda'r disgybl yn electronig neu yn bersonol a gallai'r casgliad gael ei olygu neu ei newid wrth iddo gael ei ddisodli gan waith diweddarach. Mae'r athro yn storio'r casgliad ac yn ei ddefnyddio ar gyfer adrodd ar ddiwedd y flwyddyn fel yn achos ffolder corfforol. Gellir cynnal safoni ar farn athrawon ar gyfer cofnodion diwedd cyfnod (allweddol) gan ddefnyddio'r ffurflen electronig. Mae Davies et al(2010) yn disgrifio ei ddefnydd gyda thasgau asesu arbennig ond gellir hefyd ddefnyddio'r dull mewn perthynas ag ymholiadau eraill, gan gynnig, yn ôl eu hawgrym, 'ffordd bosibl ymlaen ym myd dadleuol ac anodd asesu athrawon gwyddoniaeth' (2010: 21).

Mae p'un a yw'r farn o dystiolaeth orau a gronnwyd yn cael ei gwneud gan yr athro neu gan rywun arall yn dibynnu ar y defnydd a fwriedir o'r data crynodol. Fel arfer athrawon y disgyblion eu hunain sy'n llunio barn ar gyfer adroddiadau rheolaidd i rieni a gwybodaeth ar gyfer cofnodion yr ysgol. I rieni, ychydig o wybodaeth mae sgorau, lefelau neu raddau yn ei rhoi am yr hyn sydd wedi'i gyflawni mewn gwirionedd. Yn hytrach na hynny, mae naratif yn cyd-fynd yn well gyda gwybodaeth ar ffurf crynodeb am y graddau mae nodau wedi'u cyflawni, gan nodi beth sydd wedi cael ei ddysgu'n dda, beth sydd angen mwy o sylw a gwybodaeth arall a fydd o gymorth i ddysgu yn y dyfodol. Gall cyfweliadau wyneb-yn-wyneb gyda rhieni a disgyblion ddefnyddio enghreifftiau o waith sy'n dangos beth sydd ei angen i gyflawni nodau penodol.

Lle bydd y canlyniad yn cael ei ddefnyddio ar gyfer gwneud penderfyniadau sy'n effeithio ar ddyfodol disgybl, neu ar gyfer mesurau atebolrwydd risg uchel, fodd bynnag, mae angen rhyw fath o safoni ar gyfer y farn, fel y trafodir yn yr adran nesaf.

Cynyddu dilysrwydd a dibynadwyedd barn athrawon

Mae manteision amlwg wrth ddefnyddio barn athrawon o ran dilysrwydd y canlyniadau gan y gall athrawon gasglu gwybodaeth am ystod ehangach o gyflawniadau a deilliannau dysgu nag y mae profion ffurfiol yn ei ganiatáu. Yn ei hanfod, gall y cwricwlwm cyfan gael ei asesu, gan ddileu effaith culhau ffocws arbennig ar y rhai hynny sydd wedi'u cynnwys mewn prawf. At hynny, nid yw disgyblion yn ddarostyngedig i'r pryder sy'n cyd-fynd â phrofion ac a allai effeithio ar y canlyniad, gan leihau dilysrwydd. Fel rydyn ni wedi'i weld, mae hefyd yn galluogi disgyblion i chwarae rhywfaint o ran yn y broses drwy hunanasesu. Ond p'un a yw'r dull hwn yn crynhoi ar draws yr holl waith neu'n defnyddio'r dystiolaeth ddiweddaraf, orau, mae'n hanfodol sicrhau bod y canlyniad mor ddibynadwy a dilys â phosibl.

Cynyddu dilysrwydd

Mewn perthynas â dilysrwydd, mae'n bwysig sicrhau bod y dystiolaeth sy'n ymwneud â'r holl nodau perthnasol wedi cael ei gynnwys yn y farn. Yn ddelfrydol, bydd hyn yn cael sylw wrth gynllunio ar lefel dosbarth ac ysgol, ond gall arfer siomi'r cynlluniau gorau hyd yn oed. Os nad yw wedi bod yn bosibl, yn ystod gwaith arferol, i gasglu rhai mathau o dystiolaeth, gallai rhai tasgau arbennig gael eu cyflwyno. Mae'n well osgoi tasgau 'annibynnol' gydag 'atebion cywir' wedi'u diffinio'n dda, sydd ar y ffin o fod yn eitemau prawf, ac i ymgorffori cwestiynau mewn thema sy'n gysylltiedig â gwaith sy'n mynd rhagddo.

Rhoddir enghraifft o'r dull hwn yn Schilling *et al.* (1990). Cafodd cwestiynau ysgrifenedig oedd yn asesu sgiliau proses eu dyfeisio ar y thema o 'Ardd Furiog,' a gallai athrawon gyflwyno hyn fel testun neu fel stori. Roedd cwestiynau wedi cael eu grwpio yn saith adran am wahanol bethau y gellir eu canfod yn yr ardd: dŵr, waliau, 'bwystfilod bach', dail, deial haul, rhisgl a phren. Ar gyfer pob adran, roedd poster mawr yn rhoi gwybodaeth a gweithgareddau ychwanegol a llyfryn i blant ysgrifennu eu hatebion. Fe fu plant yn gweithio ar y tasgau dros gyfnod estynedig, heb unrhyw derfyn amser; fe wnaethon nhw fwynhau'r gwaith, gan ei fod yn wreiddiol ac yn ddiddorol, ac nid oedden nhw'n teimlo mewn unrhyw ffordd eu bod nhw'n cael eu profi. Mae'r enghreifftiau yn Ffigur 18.4 (ar tt. 263-4) yn dangos y cwestiynau ar yr adran 'bwystfilod bach'. Gellir eu defnyddio fel canllawiau i osod tasgau sy'n seiliedig ar ymholiad mewn cyd-destunau eraill sy'n addas i weithgareddau'r dosbarth.

Bwystfilod bach

Fe wnaeth Dan a Tammy gadw nodyn o'r holl 'fwystfilod bach' wnaethon nhw ddod ar eu traws yn yr Ardd Furiog. Fe wnaethon nhw dynnu lluniau'r bwystfilod bach cystal ag y gallent.

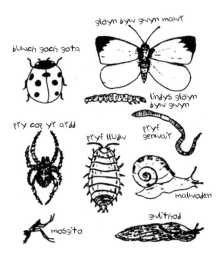

Darllenwch am 'bwystfilod bach' yn ffolder y prosiect cyn i chi geisio ateb y cwestiynau.

Yn ddiweddarach, yn ôl yn yr ysgol, fe wnaethant ddefnyddio llyfrau i gael gwybodaeth am y bwystfilod bach. Gwnaethant siart arbennig, a elwir yn dabl, a oedd yn dangos y wybodaeth, a'i roi yn ffolder prosiect yr Ardd Furiog. Dyma gopi ohono.

Bwystfil bach	coesaU	lle maen nhw'n dodwy wyaU	wyaU yn deor i	bwrw hen groen	oedolion yn bwydo ar
pryf lludw	oes	dan gerrig, boncyffion	pryfed lludw ifanc	ydy	anifeiliaid a phlanhigion marw
malwoden	na	pridd	malwod ifanc	nac ydy	planhigion marw a byw
buwch goch gota	oes	planhigion		ydy	llau'r coed / clêr byw
gwlithod	na	pridd	gwlithod ifanc	nac ydy	planhigion marw a byw
pryf genwair/ mwydyn	na	pridd	pryfed genwair / mwydod ifanc	nac ydy	pethau marw yn y pridd
glöyn byw gwyn	oes	glöyn byw gwyn	lyndysyn larfa	ydy	planhigion
corryn / pry cop	oes	mewn cocŵn ar ddail	corrynod / pryfed cop ifanc	ydy	pryfed
mosgito	oes	ar ddŵr		ydy	

1. Defnyddiwch y wybodaeth yn y tabl i ateb y cwestiynau hyn:

    a) Beth mae buchod coch cwta yn bwydo arno? ....

    b) Yn y tabl mae gan yr holl fwystfilod bach gyda choesau rywbeth arall sydd yr un fath yn eu cylch. Allwch chi weld beth ydy hyn?

    ....

2. Pan wnaethant y tabl ni allent ddod o hyd i'r holl wybodaeth am y fuwch goch gota a'r mosgito. Llenwch y wybodaeth hon iddynt ar eu tabl:

    a) Mae buwch goch gota yn deor i LARFA.

    b) Mae oedolion mosgitos yn bwydo ar ANIFEILIAID a PHLANHIGION.

3. Mae tabl Dan a Tammy yn dangos bod malwod yn bwyta planhigion byw a marw, ond nid yw'n dweud p'un a ydynt yn hoffi bwyta rhai planhigion yn fwy na rhai eraill.

    Tybiwch fod gennych chi'r bwydydd hyn y bydd malwod yn eu bwyta:

    a cymaint o falwod ag y dymunwch. Meddyliwch am beth fyddech chi'n ei wneud i ddarganfod pa un o'r bwydydd hyn mae'r malwod yn ei hoffi orau.

    a) Dywedwch beth fyddech chi'n ei wneud i ddechrau. (Tynnwch lun os bydd yn helpu.)

    ....

    b) Dywedwch sut y byddwch yn gwneud yn siŵr bod pob bwyd yn cael cyfle teg o gael ei ddewis.

    ....

    c) Am beth fyddwch chi'n edrych i benderfynu pa fwyd oedd yr hoff fwyd?

    ....

4. Pa bethau eraill allech chi ddysgu am falwod drwy wneud archwiliadau gyda nhw? Ysgrifennwch gymaint o bethau ag y gallwch chi feddwl amdanynt i ymchwilio iddynt.

    ....

5. Aeth Dan a Tammy i ymweld â'u Modryb ac edrych am fwystfilod bach yn ei gardd. Fe wnaethant ddod o hyd iddyn nhw i gyd ac eithrio malwod er iddynt edrych yn ofalus am amser hir.

    a) Ysgrifennwch unrhyw resymau y gallwch feddwl amdanynt i egluro pam nad oedd malwod yng ngardd eu Modryb.

    ....

    b) Roedd eu Modryb yn meddwl y gallai fod oherwydd y math o bridd lle mae hi'n byw; nid oedd unrhyw sialc neu galchfaen ynddo.

    Beth yw'r prif wahaniaeth rhwng malwod a bwystfilod bach eraill y gwnaeth Dan a Tammy eu darganfod?

    ....

    c) Pam ydych chi'n meddwl bod malwod yn byw lle mae sialc neu galchfaen yn y pridd yn unig?

    ....

Ffigur 18.4 Enghreifftiau o dasgau arbennig sydd wedi'u hymgorffori mewn pwnc

Cynyddu dibynadwyedd

Mae barn gyffredin bod barn athrawon yn darparu canlyniadau annibynadwy. Gall hyn fod yn wir pan na fydd unrhyw gamau wedi'u cymryd i sicrhau ansawdd. Prif achosion dibynadwyedd isel yn y broses hon yw cynnwys gwybodaeth amherthnasol (megis taclusrwydd, pan nad yw hyn yn nod penodol o'r dasg), amrywiaeth o ran dehongli'r meini prawf, a'r broblem o gysylltu perfformiad mewn cyd-destunau penodol gyda datganiadau cyffredinol yn y rhaglen astudio a ddefnyddir wrth farnu cyflawniad. Mae yna nifer o ffyrdd effeithiol o wella dibynadwyedd er mwyn bod yn gyfartal a hyd yn oed yn well na dibynadwyedd profion. Y prif rai yw defnyddio enghreifftiau a safoni grŵp.

Defnyddio enghreifftiau

Mae nifer o ffynonellau o enghreifftiau o waith neu ymddygiad disgyblion yn cael eu dewis i ddangos cyflawniad penodol, fel sy'n cael eu darparu ar gyfer y Proffil EYFS, y soniwyd amdano yn gynharach. Mae rhai deunyddiau cwricwlwm yn cynnwys enghreifftiau o weithredoedd, geiriau, siarad, ysgrifennu neu ddarluniau anodedig plant i amlygu nodweddion sy'n arwyddocaol mewn perthynas â'r farn i'w gwneud. Mae'r pyramid TAPS (Ffigur 18.3) hefyd yn darparu enghreifftiau sy'n dangos nodweddion o ysgrifennu neu ddarluniau plant sydd yn arwyddocaol mewn cysylltiad â llunio barn ar eu cyflawniad.

Gan y dylai athrawon fod yn seilio eu barn ar amrywiaeth o waith pob disgybl yn hytrach na llunio barn ar un darn, mae'n fwyaf defnyddiol cael deunydd enghreifftiol ar ffurf portffolio o waith gan un plentyn yn hytrach na darnau unigol gan nifer o blant. Mae hyn yn helpu athrawon i gymhwyso'r meini prawf mewn modd cyfannol. Ni fydd pob darn o waith yn cyd-fynd â'r disgrifiad, dyweder, ar gyfer 'gweithio'n wyddonol' ac ni fydd pob cam o'r rhaglen astudio ar gyfer cyfnod yn cael ei gynrychioli yn y portffolio. Gallai hyn ymddangos yn weithdrefn lac, ond nid yw asesu yn fater manwl gywir; mae'r meini prawf yn 'niwlog' fel sydd wedi'i ddisgrifio gan Sadler (1989) ac ni ellir ei symleiddio yn fformiwla. Mae'n well bod yn ymwybodol o'r ansicrwydd nag i gymryd yn ganiataol y gallwn ddisgrifio dysgu plant yn fwy cywir nag sy'n wir.

Safoni grŵp

Mae hyn yn cynnwys athrawon yn cyfarfod ei gilydd i drafod enghreifftiau o waith y disgyblion. Mae'r cyfarfodydd hyn yn galluogi athrawon i rannu eu dehongliadau o dargedau'r rhaglen astudio/cyrhaeddiad yn ogystal â thrafod eu barn o setiau penodol o waith. Mae profiad o safoni grŵp yn awgrymu bod ganddo fanteision y tu hwnt i ansawdd y canlyniadau asesu. Mae ganddo swyddogaeth datblygu proffesiynol sefydledig. Mae cyfarfod i drafod y casgliadau y gellir eu llunio o astudio gwaith y disgyblion yn rhoi cipolwg i athrawon o natur y broses asesu sy'n gwella eu defnydd ffurfiannol o asesu, yn ogystal â'u hasesu crynodol.

Ers 2006, pan roddwyd diwedd ar brofion diwedd cyfnod allweddol oedd yn cael eu marcio'n allanol yng Nghymru, mae wedi bod yn arfer yno i ddefnyddio asesiadau athrawon wedi'u safoni ar gyfer diwedd cyfnod allweddol 2 a 3 gan adrodd am lefelau. Mae safoni grŵp yn cael ei gynnal mewn clystyrau o ysgolion uwchradd a'u hysgolion cynradd partner. Fe wnaeth gwerthusiad o effeithiolrwydd y broses safoni a gynhaliwyd gan Estyn (2016a) adrodd am ganfyddiadau ac argymhellion sy'n berthnasol i safoni grwpiau mewn mannau eraill. Er enghraifft: dylai ysgolion wneud yn siŵr bod yr enghreifftiau sy'n cael eu trafod yn cwmpasu pob agwedd ar y meini prawf lefel sy'n cael eu defnyddio, ac nid dim ond rhai sy'n dangos cyflawniad cadarn o lefel; mae trafodaeth fwyaf defnyddiol pan fydd yn canolbwyntio ar achosion ffiniol; a dylid gwneud mwy o ddefnydd o ddeunydd enghreifftiol.

Defnyddio asesiad crynodol

Y prif ddefnydd o ganlyniadau asesu'r hyn mae disgyblion unigol wedi'i gyflawni ar adeg benodol, p'un a yw'r canlyniadau hyn yn cael eu cynhyrchu drwy brofi neu asesu a gynhelir gan athrawon, yw cadw golwg ar eu cyflawniad a rhoi mewnbwn i benderfyniadau am ddysgu pellach ac i adrodd i rieni am berfformiad a chynnydd eu plant unwaith neu ddwywaith y flwyddyn. Mae ysgolion fel arfer yn datblygu eu ffurflen eu hunain ar gyfer adrodd i rieni ar gyflawniad eu plant. Mae enghreifftiau o ffurflenni o'r fath ar wefannau ysgolion a gellir dod o hyd i rai gan ddefnyddio offeryn pyramid TAPS (gweler Ffigur 18.3) drwy glicio ar yr haen grynodol. Yn gyffredinol, mae'r adroddiadau hyn yn crynhoi cyflawniad o ran bodloni disgwyliadau a naratif sy'n tynnu sylw at agweddau ar gynnydd neu ddiffyg. Mae rhai amrywiadau yn gwahaniaethu rhwng cyrhaeddiad ac ymdrech ac mae rhai'n adrodd ar gyflawniad ar dair neu bedair lefel, megis 'rhagori', 'bodloni', 'ddim yn bodloni eto', 'is na'r disgwyl' o ran y safon ddisgwyliedig. Fodd bynnag, mae gormod o gategorïau yn bygwth achosi'r problemau a oedd yn rheswm dros roi'r gorau i'r defnydd o lefelau yn nhrefniadau asesu'r cwricwlwm cenedlaethol ar gyfer Cymru yn 2014 (gweler Pennod 2, t. 24). Hefyd, fel y soniwyd yn gynharach, ni ddylai'r adroddiad ysgrifenedig fod yr unig fath o gyfathrebu rhwng yr ysgol a'r rhieni. Mae cyfarfodydd wyneb-yn-wyneb yn darparu cyfleoedd pwysig ar gyfer athrawon a phlant i ddangos gwaith a sut mae'n cymharu â disgwyliadau, gan alluogi rhieni i gymryd rhan fwy gwybodus yn addysg eu plentyn.

Mae'r defnyddiau hyn yn ymwneud â pherfformiad plant unigol. Fodd bynnag, gall canlyniadau asesiadau hefyd gael eu defnyddio at ddibenion eraill pan fydd y canlyniadau yn cael eu hagregu i roi perfformiad ar lefel dosbarth neu ar lefel ysgol. Mae'r niferoedd neu'r canrannau o ddisgyblion sy'n cyflawni'r deilliannau dysgu (neu gyrraedd lefelau penodol) ar ddiwedd pob cyfnod allweddol yn cael eu defnyddio gan yr uwch reolwyr ar gyfer gwerthuso mewnol yn yr ysgol ac yn cael eu bwydo yn ôl i'r dosbarthiadau i'w defnyddio wrth adolygu a gwella perfformiad (gweler Pennod 25).

Mae'r canlyniadau ar ddiwedd y flwyddyn gynradd olaf yn rhan arbennig o bwysig o'r cyfrif o berfformiad yr ysgol. Gellir ei gyhoeddi yn Adroddiad Blynyddol yr ysgol, lle y gall y canlyniadau gael eu gosod yng nghyd-destun ffactorau sy'n effeithio ar berfformiad (yn ymwneud, er enghraifft, â pherfformiad disgyblion a dderbynnir) ac mae angen eu cymryd i ystyriaeth wrth ddehongli'r ystadegau crai. Heb ystyried y cyd-destun hwn, nid yw'n briodol i farnu athrawon ac ysgolion ar gyflawniad disgyblion yn eu blwyddyn gynradd olaf yn unig (Harrison a Howard, 2010; Harlen, 2013). Er bod gweithdrefnau amrywiol sy'n galluogi addasu canlyniad ysgol i ystyried rhai o'r ffactorau sy'n ei gwneud yn annheg i farnu a chymharu ysgolion ar sail y canlyniadau cyflawniad disgyblion crai, nid yw'r rhain yn cael gwared ar y pwysau i godi lefelau cyflawniad gan ddehongliad cul o'r meini prawf. Y ffordd orau o atal yr effeithiau negyddol hyn yw drwy beidio â chasglu'r canlyniadau hyn yn lleol nac yn genedlaethol. Tra'n cydnabod na ellir osgoi creu 'tablau cynghrair' o ysgolion yn gyfan gwbl pan fydd adroddiadau yn y parth cyhoeddus, dylai cyflwyno gwybodaeth yng nghyd-destun perfformiad yr ysgol annog defnydd cyfrifol o'r data.

Crynodeb

Mae'r bennod hon wedi trafod rhai gweithdrefnau a materion wrth ddefnyddio asesu ar gyfer dibenion crynodol mewn addysg ysgol gynradd. Rydym wedi ystyried manteision ac anfanteision defnyddio profion a barn athrawon ar gyfer adrodd yr hyn y gall plentyn ei wneud a'i ddeall ar adeg benodol.
Dyma'r prif bwyntiau:

■ O'i gymharu gydag asesu ffurfiannol mae adroddiadau crynodol yn llai manwl, yn faen prawf gyfeiriol yn llwyr ac mae angen iddynt fod mor ddibynadwy â phosibl.

■ Mae gan brofion anfanteision sylweddol ar gyfer asesu disgyblion unigol gan eu bod yn gallu asesu ystod gyfyngedig o nodau yn unig yn ogystal â chyfyngiadau eraill a chael effaith negyddol posibl ar ddisgyblion.

■ Mae defnyddio barn athrawon yn galluogi casglu ystod eang o wahanol fathau o dystiolaeth o weithgareddau rheolaidd ac yn gallu darparu asesiad mwy dilys o nodau gwyddoniaeth gynradd.

■ Pan fydd barn athrawon yn cael eu defnyddio, mae'n rhaid i'r meini prawf gael eu cymhwyso yn unffurf fel bod gwybodaeth gymharol yn cael ei darparu am bob plentyn. Mae hyn yn gofyn am ryw fath o sicrwydd ansawdd.

■ Mae'r gweithdrefnau ar gyfer nodi'r gwaith gorau y gall disgyblion ei gynhyrchu ar adeg benodol yn ymgorffori prosesau asesu ffurfiannol.

■ Mae gweithdrefnau ar gyfer sicrhau ansawdd barn athrawon megis y defnydd o enghreifftiau a aseswyd a safoni grŵp nid yn unig yn gwella dibynadwyedd canlyniadau ond mae ganddynt swyddogaeth datblygiad proffesiynol hefyd.

■ Ni ddylid defnyddio canlyniadau asesiadau wedi'u hagregu ar lefel dosbarth neu ysgol i werthuso athrawon ac ysgolion oni bai bod y ffactorau sy'n effeithio ar berfformiad disgyblion yn cael eu hystyried.

Darllen pellach

Black, P., Harrison, C., Lee, C., Marshall, B a Wiliam, D. (2003) *Assessment for Learning. Putting it into Practice.* Maidenhead: Open University Press, ch. 4.

Davies, D., Collier, C., McMahon, K. a Howe, A. (2010) E-SCAPE assessment, *Primary Science* 115: 18–21.

Harrison, C. a Howard, S. (2010) Issues in primary assessment: 1 Assessment purposes, *Primary Science* 115: 5–7.

Sefydliad Nuffield (2012) *Developing Policy, Principles and Practice in Primary School Science Assessment.* Llundain: Sefydliad Nuffield. Ar gael i'w lawrlwytho o www.nuffieldfoundation.org/primary-science-assessment

Cynllunio amgylcheddau ar gyfer dysgu gwyddoniaeth

Mae'r pum pennod yn y rhan hon yn ymwneud ag agweddau ar gynllunio cyfleoedd i blant ysgolion cynradd i ddysgu gwyddoniaeth. Mae Penodau 19 a 20 yn trafod y gwaith o gynllunio amgylcheddau dysgu sy'n digwydd ar lefel yr ysgol ac ar lefel dosbarth. Ar lefel yr ysgol, mae rôl yr arweinydd pwnc gwyddoniaeth – boed y rôl hon yn cael ei chyflawni gan un person neu gan grŵp – yn ganolog i ddatblygu polisi'r ysgol a'r rhaglen ar gyfer gwyddoniaeth a rheoli adnoddau. Mae agweddau eraill ar y rôl, megis cefnogi cydweithwyr a gwerthuso darpariaeth gwyddoniaeth yn cael eu hystyried mewn pennod ddiweddarach. Mae cynllunio ar lefel dosbarth yn cael ei ddisgrifio fel proses dau gam: cynlluniau tymor canolig sy'n nodi'r cynllun cyffredinol ac yn nodi materion y mae angen eu paratoi ymlaen llaw, a chynlluniau tymor byr sy'n paratoi gweithredoedd fel cwestiynau i'w gofyn, geirfa a sicrhau amser i feddwl yn ogystal â gwneud. Yna byddwn yn troi at y ddarpariaeth ar gyfer gweithgareddau a phrofiadau sydd yn hanfodol i ddysgu am y byd o'n hamgylch. Mae Pennod 21 yn ymwneud â darparu ffynonellau ac adnoddau ar gyfer ymholiadau ymarferol yn yr ystafell ddosbarth, tra bod Pennod 22 yn trafod ymestyn profiadau a gynigir gan weithio y tu allan i'r ystafell ddosbarth. Mae'r bennod olaf (23) yn y rhan hon yn trafod strategaethau i sicrhau bod cyfleoedd ar gyfer dysgu gwyddoniaeth yn gynhwysol. Mae'r agweddau ar addysgu a nodwyd fel agweddau sy'n helpu'r rhai sydd ag anawsterau dysgu hefyd yn ymarfer effeithiol ar gyfer pob plentyn.

19

Cynllunio ar lefel ysgol

Cyflwyniad

Y ffocws yn y bennod hon yw cynllunio rhaglen yr ysgol ar gyfer gwyddoniaeth, ac yna, ym Mhennod 20, mae trafodaeth ar gynllunio ar lefel dosbarth. Cyfrifoldeb y pennaeth a'r uwch dîm rheoli yw cynllunio ar lefel yr ysgol gyfan - ac fel arfer mae hyn yn cynnwys y rhai hynny sy'n gyfrifol am feysydd pwnc neu am raglenni blwyddyn neu raglenni cyfnod. Mae gan yr arweinydd pwnc gwyddoniaeth rôl allweddol wrth ddatblygu dull o roi'r cwricwlwm gwyddoniaeth ar waith mewn ffordd sy'n gyson ag athroniaeth yr ysgol. Felly, rydym yn dechrau drwy edrych ar rôl yr arweinydd pwnc, gan nodi bod esblygiad y rôl hon wedi cael ei blethu gyda'r mater o addysgu arbenigol yn erbyn addysgu cyffredinolaidd yn y blynyddoedd cynradd. Yn yr ail adran, rydym yn ystyried agweddau ar y rôl sy'n ymwneud â goruchwylio'r defnydd effeithiol o bobl ac adnoddau eraill i sicrhau dysgu gwyddoniaeth o safon uchel yn yr ysgol. Mae dau gyfrifoldeb allweddol eraill yr arweinydd pwnc - monitro dysgu ac addysgu ar lefel dosbarth, a chynghori ar ddatblygiad staff - yn cael eu hystyried ym Mhennod 26. Mae'r drydedd brif ran o'r bennod hon yn ystyried tri mater sydd angen rhoi sylw iddynt wrth gynllunio ar lefel yr ysgol a'u rhoi ar waith yn eu rhaglen: addysgu gwyddoniaeth mewn themâu trawsgwricwlaidd neu fel pwnc ar wahân; paratoi disgyblion ar gyfer symud i ysgolion uwchradd; a chyfranogiad rhieni.

Esblygiad arweinyddiaeth pwnc

Addysgu arbenigol yn erbyn addysgu cyffredinolaidd

Mae hen ddadl, sydd yn bodoli o hyd, am y ffordd orau o drefnu addysgu mewn ysgolion cynradd er mwyn sicrhau ansawdd uchel ym mhob parth pwnc a phrofiad dysgu cydlynol ac integredig ar y cyfan. Mae gan yr athro cyffredinolaidd, sy'n delio â phob pwnc, y fantais o wybodaeth agos am ddysg pob plentyn a'r potensial i ddwyn dysgu ynghyd ar draws pynciau. Ar y llaw arall, gall gwybodaeth ddyfnach o bwnc y mae athro arbenigol yn meddu arni gefnogi datblygiad dealltwriaeth a sgiliau plant yn eu meysydd arbenigol. Mae dadleuon yn seiliedig ar yr angen i blant - plant ifanc yn arbennig - gael perthynas gyson gyda rhywun sy'n eu hadnabod yn dda wedi ffafrio cadw'r athro dosbarth cyffredinolaidd a gwarchod y traddodiad hir o addysgu cyffredinolaidd mewn addysg ysgol gynradd ar draws y byd. Fodd bynnag, gall hyn arwain at gryn amrywiaeth ymhlith ysgolion a hyd yn oed ymhlith dosbarthiadau o fewn ysgol. Er mwyn sicrhau nad oedd yr hyn oedd yn cael ei addysgu yn cael ei benderfynu ar fympwy'r athro, cynigiwyd y syniad o benodi cydlynwyr cwricwlwm i gynllunio a chydlynu rhaglen ysgol gydlynol yn y DU yn yr 1970au.

Fe wnaeth cyflwyno'r cwricwlwm cenedlaethol yn yr 1990au ffrwyno'r amrywiaeth ymhlith ysgolion, ac ar yr un pryd roedd yn gwneud gofynion pob pwnc yn glir i athrawon dosbarth. Gwelwyd bod y gofynion cenedlaethol yn heriol mewn rhai pynciau, yn enwedig mewn gwyddoniaeth. Gan gydnabod yr angen am gefnogaeth i athrawon dosbarth, cynigiodd adroddiadau Ofsted yn 1993 a 1994 ehangu rôl y cydlynydd i gynnwys ymyriadau ar lefel dosbarth a rhywfaint o addysgu arbenigol gan arweinwyr pwnc / cydlynwyr hyd yn oed (Alexander, 2010).

Fodd bynnag, yn Lloegr, fe wnaeth ymyrraeth uniongyrchol y llywodraeth wrth addysgu agweddau ar yr 'hanfodion', ar ffurf strategaethau rhifedd a llythrennedd cenedlaethol, ddargyfeirio sylw oddi wrth feysydd eraill o'r cwricwlwm, gan gynnwys gwyddoniaeth. Yn y pynciau eraill hyn, cyfrifoldeb yr athro dosbarth oedd cynllunio a darparu profiadau i fodloni gofynion y cwricwlwm o hyd. Dadleuwyd y gallai'r cymorth oedd ei angen ar gyfer hyn gael ei ddarparu gan gydweithwyr gyda mwy o wybodaeth a phrofiad. Cafodd rôl y cydlynwyr pwnc ei hymestyn a chawsant eu hailenwi'n 'arweinwyr pwnc' i adlewyrchu hyn.

Fe wnaeth Adolygiad Cynradd Caergrawnt o addysg roi ystyriaeth fanwl i anghenion athrawon i gael cymorth mewn perthynas â'r holl bynciau maen nhw'n eu haddysgu, a chrynhoi eu casgliad yn yr egwyddor:

> bod rhaid i bob ysgol gynradd gael mynediad at yr ystod a dyfnder o arbenigedd cwricwlwm sydd ei angen er mwyn cynllunio ac addysgu, gydag ansawdd cyson ar draws ystod lawn y cwricwlwm, y cwricwlwm mae plant 5 i 11 mlynedd ei angen ac yn ei haeddu.
>
> (Alexander, 2010: 432)

Ar yr un pryd, fe wnaeth yr adolygiad gydnabod bod angen parhau â'r ddadl ar athrawon cyffredinolaidd ac arbenigol yn yr ysgol gynradd a'i symud y tu hwnt i ddewis syml rhwng y naill neu'r llall. Yn wir, efallai mai cymysgedd o athrawon arbenigol, cyffredinolaidd a lled-arbenigol yw'r gorau ar adeg benodol i fodloni'r egwyddor hon. Yn yr holl fathau hyn o drefnu, fodd bynnag, mae gan yr arweinydd pwnc rolau pwysig.

Rolau'r arweinydd pwnc gwyddoniaeth

Mae cynllunio ar lefel ysgol yn gofyn am ystyried ystod eang o faterion ysgol-gyfan yn ogystal â'r rhai sy'n disgyn yn haws oddi mewn i bwnc. Defnyddir strwythurau rheoli amrywiol i roi sylw i'r materion hyn. Mae gan rai ysgolion dimau o staff sy'n gyfrifol am bwnc neu grŵp o bynciau neu am themâu penodol; mewn eraill, mae athrawon sy'n gyfrifol am grŵp blwyddyn, cyfnod (megis y Cyfnod Sylfaen) neu gam neu gyfnod allweddol. Yn fwy cyffredin, ar gyfer y pynciau craidd, sef iaith, mathemateg a gwyddoniaeth o leiaf, mae arweinwyr pwnc gyda chyfrifoldeb ar draws yr ysgol. Mae'r arweinydd pwnc gwyddoniaeth yn cyfrannu at ddatblygiad strategol y pwnc yn yr ysgol, gan sicrhau a chynnal addysgu effeithiol, arwain a rheoli staff a sicrhau'r defnydd mwyaf effeithiol o adnoddau dynol a ffisegol. Mae hyn yn cael ei gyflawni drwy'r canlynol:

- Datblygu polisi gwyddoniaeth sy'n adlewyrchu gwerthoedd yr ysgol ac sy'n eiddo i bawb sy'n ymwneud â chefnogi dysgu gwyddoniaeth, ac y mae pawb yn ei ddeall.

- Rheoli adnoddau yn effeithiol gan gynnwys amser, offer a staff.

- Monitro dysgu ac addysgu sy'n galluogi deialog barhaus am ffyrdd o wella a chyfoethogi dysgu ar gyfer disgyblion.

- Arwain staff yn effeithiol fel y gall yr arweinydd pwnc weithredu fel ymgynghorydd, cefnogwr, cydweithredwr a, lle bo angen, hyrwyddwr y pwnc.

Mae'r rhain yn disgyn i ddau grŵp o weithgareddau sy'n gorgyffwrdd. Mae'r ddau gyntaf yn ymwneud â chynllunio darpariaeth ar gyfer gwyddoniaeth yn yr ysgol ac maen nhw'n cael eu hystyried yma. Mae'r ddau olaf yn cyfeirio at rôl arweinwyr pwnc wrth arwain a datblygu staff, sy'n cael eu hystyried ym Mhennod 26. Yma rydym yn edrych ar yr hyn sy'n ynghlwm wrth ddwy agwedd gyntaf y rôl, cyn troi at gynllunio rhaglen ysgol gyfan mewn gwyddoniaeth.

Datblygu polisi gwyddoniaeth ysgol gyfan

Mae cwricwla cenedlaethol yn nodi'r hyn y dylai disgyblion gael y cyfle i'w ddysgu ond nid yw'n nodi'r gwersi a gweithdrefnau lle y dylai'r cyfleoedd hyn gael eu darparu. Mater i ysgolion yw datblygu athroniaeth a gweledigaeth a fydd yn sicrhau rhoi gofynion y cwricwlwm neu'r canllawiau cenedlaethol ar waith. Mae dal yn dynn ar athroniaeth ar gyfer yr ysgol a'r meysydd unigol yn y cwricwlwm yn her, a dyma pam ei bod hi'n bwysig i'r ysgol ddatblygu polisi ysgol gyfan a ddylai lywio gwerthoedd a blaenoriaethau cynllunio. Dylai hyn ddarparu datganiad cyffredinol o'r hyn mae'r ysgol am ei gyflawni, ei barn ar sut mae plant yn dysgu a sut mae'r farn hon yn cael ei hadlewyrchu yn y ffordd mae cwricwlwm yr ysgol yn cael ei drefnu.

Mae angen i'r arweinydd pwnc gwyddoniaeth ac eraill yn yr ysgol sy'n gyfrifol am feysydd o'r cwricwlwm dreulio amser yn trafod polisïau ysgol, o fewn amserlen reolaidd o adolygu. Er mwyn gwneud hyn yn dda, mae angen i'r arweinydd pwnc gwyddoniaeth ddeall polisïau ehangach yr ysgol, i gydnabod gallu'r staff a'r ysgol i gyflawni dyheadau, i feddu ar ddealltwriaeth gadarn o wyddoniaeth ac addysgu gwyddoniaeth ac i wybod am y datblygiadau cyfredol yn y maes. Yn ogystal â hynny, ac yn bwysicaf oll, mae cyfathrebu da gydag uwch reolwyr yn ogystal â chydweithwyr yn hanfodol os am ddatblygu polisi ar gyfer gwyddoniaeth ar y cyd.

Mae'r polisi gwyddoniaeth yn cyfarwyddo ac yn arwain staff, gan gysylltu'n agos â pholisi cyffredinol yr ysgol a mynegi gweledigaeth ar gyfer addysg gwyddoniaeth o'i fewn. Dylai ddarparu mynegiant clir o werthoedd a nodau sy'n hysbysu athrawon, llywodraethwyr, rhieni, plant a'r gymuned ehangach am yr hyn mae'r ysgol yn ei ystyried yn bwysig mewn addysgu gwyddoniaeth. Y prif bynciau i'w cynnwys mewn polisi, a gynigiwyd gan CLEAPSS (2006) yw:

- amcanion addysgu gwyddoniaeth, sy'n adlewyrchu nodau'r ysgol
- athroniaeth addysgu gwyddoniaeth
- y dull o addysgu gwyddoniaeth
- y dull o asesu
- sut mae cyfleoedd cyfartal yn cael eu darparu
- sut mae iechyd a diogelwch yn cael eu sicrhau
- gweithdrefnau ar gyfer cadw cofnodion
- cysylltiadau trawsgwricwlaidd
- addysg awyr agored
- y dull o asesu
- y defnydd o adnoddau.

Blwch 19.1 illustrates some of these topics with statements drawn from a number of primary school science policies.

Blwch 19.1 Rhai enghreifftiau o ddatganiadau mewn dogfennau polisi ysgol

Datganiadau ym mholisi gwyddoniaeth yr ysgol	Enghreifftiau o bolisïau gwyddoniaeth ysgolion
. . . sy'n adlewyrchu nodau'r ysgol	'Datblygu gwybodaeth a dealltwriaeth o syniadau gwyddonol, prosesau a sgiliau pwysig a chysylltu'r rhain â phrofiadau bob dydd.' 'Datblygu ffyrdd effeithiol o feddwl, dysgu am a chyfathrebu syniadau a gwybodaeth wyddonol.' 'Archwilio gwerthoedd ac agweddau trwy wyddoniaeth.' 'Gweithio gydag eraill, gwrando ar eu syniadau a thrin y rhain gyda pharch.'
. . . sy'n adlewyrchu athroniaeth addysgu gwyddoniaeth	'Rydym yn credu bod gan blant chwilfrydedd naturiol am eu byd a'r brwdfrydedd i fod eisiau gwneud synnwyr ohono. Ein nod yw manteisio ar hyn, gan ddefnyddio profiadau uniongyrchol fel bod ein plant yn dod wyneb yn wyneb â ffenomenau ac yn dysgu'n uniongyrchol am y ffyrdd mae pethau, a pham y maen nhw'n ymddwyn fel maen nhw'n ei wneud.'
. . . sy'n disgrifio'r dull o addysgu gwyddoniaeth	'Mae gweithgareddau yn ysbrydoli disgyblion i arbrofi ac ymchwilio i'r byd o'u hamgylch a'u helpu i godi eu cwestiynau eu hunain fel "Pam . . . ?", "Sut . . . ?" a "Beth sy'n digwydd os . . . ?".'

. . . sy'n disgrifio'r dull o asesu	'Mae asesu yn bwysig o ran darparu gwybodaeth am ddatblygiad plant y gellir ei defnyddio i gynorthwyo athrawon i helpu plant. Gellir defnyddio hyn hefyd i lywio'r broses o gynllunio eu gwaith yn y dyfodol. Bydd asesu ffurfiannol yn barhaus yn ystod pob uned waith a bydd asesu crynodol yn cael ei ddefnyddio ar ddiwedd pob uned o waith. '
. . . sy'n ymwneud â chyfleoedd cyfartal	'Mae'r holl blant yn cael eu haddysgu yn eu grwpiau dosbarth, gan yr athro, waeth beth yw eu gallu, hil neu ryw.' 'Mae'r gwersi yn cael eu gwahaniaethu i fodloni anghenion holl aelodau'r dosbarth, yn bennaf drwy holi ar wahanol lefelau a rhoi cefnogaeth yn ystod gweithgareddau ymarferol.'
. . . sy'n ymwneud ag iechyd a diogelwch	'Ein nod yw datblygu'r canlynol mewn plant: ■ Gwerthfawrogiad o'r angen am weithredu yn ddiogel mewn archwilio ac ymchwilio gwyddonol. ■ Y gallu i ymdrin â deunyddiau ac offer gyda gofal. ■ Ymwybyddiaeth o'r angen am ddiogelwch ac ymddygiad cyfrifol mewn bywyd bob dydd. ' 'Mae datblygu ymwybyddiaeth plant o beryglon a diogelwch yn cael ei ymgorffori yn y cynlluniau gwaith lle bo'n briodol.' 'Rhaid ystyried diogelwch bob amser wrth gynllunio gweithgareddau Gwyddoniaeth.'

Rheoli adnoddau

Un o'u rolau y mae arweinwyr pwnc bob amser wedi ei chydnabod fel rôl bwysig yw rheoli adnoddau. Mae gwyddoniaeth gynradd yn gofyn llawer o adnoddau. Ym Mhennod 21 rydym yn trafod materion yn ymwneud ag adnoddau mewn cryn fanylder. Fodd bynnag, mae'n bwysig nodi y gall y term adnoddau gwmpasu llu o bethau: cyfarpar ymarferol; gofod storio; technoleg gwybodaeth; llyfrau a phosteri a all wella addysgu pwnc; yr amser i gyflawni gweithgareddau gwyddoniaeth; lleoedd ar gyfer ymweliadau ysgolion; a'r adnoddau dynol mewn athrawon gwybodus yn ogystal ag ymwelwyr â'r ysgol.

Mae amser yn adnodd pwysig ar gyfer gwyddoniaeth. Hyd yn oed pan fydd yn cael ei gynllunio'n dda, mae gwyddoniaeth yn aml yn cael ei wasgu allan ar y pwynt gweithredu am nifer o resymau, gan gynnwys diffyg hyder athrawon wrth addysgu gwyddoniaeth neu'r flaenoriaeth a roddir i lythrennedd a rhifedd.

Yn ogystal â'r amser cyffredinol ar gyfer gwyddoniaeth, mae amserlennu gweithgareddau gwyddonol yn effeithio ar weithredu'n effeithiol. Os teimlir bod gwyddoniaeth yn gofyn am gyfnodau estynedig o amser, dylai hyn gael ei osod yn erbyn gofynion meysydd eraill y cwricwlwm. Mae cael y cydbwysedd cywir wrth ddefnyddio dull trawsgwricwlaidd neu ddull pwnc yn gofyn am gynllunio gofalus. Pan mai gwaith pwnc eang yw'r brif ffordd o weithio, mae'r amserlen angen galluogi hyn i ddigwydd am gyfnodau estynedig o amser, sy'n cael ei amharu gan amserlennu hanfodol gweithgareddau lle mae gofod, staff neu offer yn cael ei rhannu yn unig, gan roi amser i blant gynnal ymchwiliadau na fyddai'n ffitio mewn slotiau amser bach. Mewn egwyddor, gallai hyn fod yn wir o hyd lle mae'r ysgol yn trefnu'r cwricwlwm ar sail pwnc, gyda'r amser wedi'i neilltuo ar gyfer pob maes. Ond yna mae mwy o debygolrwydd o amser yn cael ei dorri'n gyfrannau sy'n cyfyngu ar gyfleoedd i blant archwilio, rhoi cynnig ar syniadau, trafod a dod i gasgliadau tra bod pethau'n ffres yn eu meddyliau ac felly yn dysgu gymaint â phosibl o'u gweithgareddau. Gall penderfyniadau am gael wythnos gwyddoniaeth bwrpasol neu ddefnyddio athrawon pwnc arbenigol hefyd gyfyngu ar y dewis o ran sut mae gwyddoniaeth yn ffitio yn yr amserlen.

Cynllunio rhaglen yr ysgol

Fel rydyn ni wedi'i weld ym Mhennod 2, mae'r cwricwla cenedlaethol neu'r canllawiau ar gyfer pob un o wledydd y DU wedi ymwahanu ac maen nhw bellach yn edrych yn wahanol iawn i'w gilydd. Mae datblygiad mewn ymchwil a globaleiddio addysg yn fwy wedi cael eu hadlewyrchu mewn cybolfa o syniadau a mentrau newydd, ac mae rhai ohonynt wedi cael eu cynnwys yn uniongyrchol mewn ffyrdd gwahanol mewn cwricwla cenedlaethol. Fodd bynnag, er eu bod nhw'n wahanol o ran strwythur a manylder, mae'r cwricwla ym mhob un o bedair gwlad y DU yn rhannu'r nod o wneud gwyddoniaeth yn fwy perthnasol i fywydau plant a lleihau rhagnodi cynnwys er mwyn caniatáu mwy o bwyslais ar ddatblygu sgiliau a gweithio yn wyddonol. Mae'r mwy o hyblygrwydd hwn o ran cynnwys, yn enwedig o'i ychwanegu at ddileu'r profion gwyddoniaeth ar ddiwedd cyfnod allweddol, yn rhoi mwy o gyfle i ysgolion ac athrawon gynllunio cwricwla a fydd yn cynnig dechrau cyffrous i addysg wyddonol. Ar yr un pryd, mae'n golygu y dylai'r cynllunio ar lefel ysgol neu gyfnod ystyried yr ystod eang o bryderon sy'n ymwneud â chynllunio rhaglen ysgol gyfan sy'n gyson â bodloni anghenion plant ar lefel ystafell ddosbarth.

Roedd un pryder o'r fath yn ymwneud â'r pwysigrwydd a roddir i wyddoniaeth ar ôl 2009 pan gafodd profion cenedlaethol CA2 mewn gwyddoniaeth eu diddymu yn Lloegr. Ceisiodd y Wellcome Trust dystiolaeth yn 2011 mewn arolwg oedd wedi'i gynllunio i archwilio tystiolaeth anecdotaidd gan athrawon oedd yn awgrymu nad oedd gwyddoniaeth yn cael ei ystyried bellach fel blaenoriaeth yn eu hysgolion. Gofynnodd yr arolwg i athrawon cynradd am eu barn ar statws gwyddoniaeth, y cyfleoedd cysylltiedig sydd ar gael i'w disgyblion ac iddyn nhw eu hunain fel gweithwyr proffesiynol, a sut mae'r pethau hyn wedi newid o bosibl ers 2009 yn Lloegr. Er bod y newidiadau a nodwyd yn gadarnhaol (llai o addysgu ar gyfer y prawf) ac yn negyddol (llai o amser ar gyfer addysgu gwyddoniaeth), fe wnaeth canlyniadau'r arolwg gadarnhau i raddau helaeth y dirywiad tybiedig yn yr amser a roddwyd i wyddoniaeth ac mewn cyfleoedd datblygu proffesiynol i athrawon.

Casglwyd tystiolaeth bellach o'r duedd hon gan Ofsted ac a adroddwyd yn ei arolwg o wyddoniaeth yn 2013:

> Fe wnaeth llawer o'r penaethiaid . . . dynnu sylw at gael gwared ar y profion cenedlaethol diwedd cyfnod allweddol mewn gwyddoniaeth ac roeddent o'r farn bod Ofsted yn ystyried Saesneg a mathemateg yn unig yn allweddol, nid oedd ysgolion yn cymryd gwyddoniaeth gymaint o ddifrif ag yr oeddent cyn 2009.

> (Ofsted, 2013: 15, para. 28)

Y neges ar gyfer cynllunio yw sicrhau bod y cynllun ysgol gyfan yn adlewyrchu'r gwerthoedd a fynegwyd ym mholisi'r ysgol ar gyfer gwyddoniaeth ac yn cael ei drosi o ddifrif i raglenni a chynlluniau dosbarth.

Materion mewn cynllunio

Gallwn feddwl am gynllunio ar dair prif lefel:

- **Lefel ysgol (hirdymor):** mae cynllunio ar y lefel hon ynghlwm yn agos wrth bolisi cyffredinol yr ysgol ar gyfer gwyddoniaeth, mae'n ystyried lleoliad yr ysgol, argaeledd staff ac adnoddau eraill, a'r egwyddorion dysgu sy'n sail i weledigaeth yr ysgol. Mae hyn yn aml yn arwain at fap neu gynllun ysgol gyfan o'r hyn a addysgir ar wahanol gyfnodau.

- **Lefel rhaglen (tymor canolig):** ar y lefel hon, mae'r cynllun wedi'i gynllunio i sicrhau parhad a chynnydd yn y pwnc, a bod yr hyn sy'n cael ei werthfawrogi gan yr ysgol a'r gymuned yn cael ei wau i mewn i gyfleoedd y cwricwlwm. Yn ogystal â golygu'r hyn sy'n cael ei addysgu, mae hefyd yn golygu sut mae'n cael ei addysgu a'i ddysgu.

- **Lefel dosbarth (tymor byr):** dyma lle mae polisi, gwerthoedd, cynnwys a dull yn dod at ei gilydd ac yn cael eu trosi'n brofiadau dysgu ar gyfer y plant.

Diben cynllunio yw nodi sut y bydd disgyblion yn gallu cyflawni'r nodau dysgu ar bob lefel. Ar bob lefel o gynllunio, mae nodau sy'n cael eu nodi mewn manylder a phenodoldeb priodol. Nid yw'r amcanion ar lefel benodol yn gwbl ar wahân i'r rhai ar lefelau eraill; maen nhw wedi'u cydgysylltu. Gyda'i gilydd mae'n rhaid i'r nodau tymor byr alluogi cyflawni'r nodau tymor canolig, a dylai'r holl nodau gyfrannu at nodau eang addysg gwyddoniaeth, fel sy'n cael ei fynegi yn y syniadau mawr (gweler Blwch 1.2).

Rydym yn trafod cynllunio ar lefel dosbarth ym Mhennod 20 ac yma yn canolbwyntio ar yr hirdymor a'r tymor canolig. Mae pynciau i'w cynnwys mewn cynllun gwyddoniaeth ysgol, a restrir ym Mlwch 19.1, yn cael sylw mewn penodau eraill. Yma rydym yn ystyried tri mater ychwanegol nad ydynt yn cael sylw yn unrhyw le arall: trefnu cwricwlwm ar gyfer gwyddoniaeth; paratoi disgyblion ar gyfer symud i ysgolion uwchradd; a chyfranogiad rhieni.

Gwyddoniaeth ar ei ben ei hun neu wedi'i integreiddio mewn pynciau neu themâu

Un o'r prif gyfyng-gyngor sy'n wynebu athrawon yw sicrhau bod yr holl gynnwys cwricwlwm angenrheidiol neu a gynghorir yn cael ei gynnwys yn y rhaglen wyddoniaeth. Hefyd, dylid cael lle i bynciau o ddiddordeb neu bryder cyfredol ac sydd â pherthnasedd i ddysg plant mewn gwyddoniaeth, fel ym maes profiad a deilliannau 'Gwyddoniaeth Amserol' Cwricwlwm yr Alban ar gyfer Rhagoriaeth (Pennod 2). Gallai enghreifftiau gynnwys yr ymweliad i'r Orsaf Ofod Ryngwladol gan y gofodwr Prydeinig, tywydd eithafol anghyffredin neu ddyfeisio defnyddiau newydd yn y newyddion.

Mewn rhai cwricwla cenedlaethol, mae'r pwyslais wedi symud o bynciau unigol i waith mwy trawsgwricwlaidd neu waith pwnc, ac i themâu fel 'Y byd o'n hamgylch' yng Ngogledd Iwerddon lle mae disgwyl i athrawon integreiddio nifer o bynciau. Ond mae'n gamp taro cydbwysedd rhwng cyfleoedd dysgu ystyrlon a sicrhau 'ymdriniaeth' ar draws pwnc (gweler Johnson, 2013).

Fe wnaeth adroddiad ar effaith Cwricwlwm yr Alban ar gyfer Rhagoriaeth ar ddysgu gwyddoniaeth yn 2012, ac a oedd yn gadarnhaol ar y cyfan, godi'r pryder hwn am wyddoniaeth gynradd sy'n cael ei gydnabod yn eang:

> Mewn ysgolion cynradd, mae dysgu yn y gwyddorau yn cael ei gyflwyno'n rhy aml yn bennaf neu'n gyfan gwbl trwy ddull rhyngddisgyblaethol nad yw'n cael ei gynllunio'n ddigon da i ddatblygu gwybodaeth a sgiliau mewn ffordd flaengar. Yn aml yn yr achosion hyn, nid oes digon o wyddoniaeth yn cael ei phrofi, gan arwain at fylchau yn y dysgu. Nid yw hyn yn darparu sylfaen gadarn ar gyfer symud ymlaen i astudiaeth fwy datblygedig. Roedd ychydig o blant mewn ysgol gynradd, oedd wedi profi'r gwyddorau yn gyfan gwbl trwy ddull rhyngddisgyblaethol, nad oedden nhw'n gallu nodi eu bod wedi astudio unrhyw wyddoniaeth.
>
> (Education Scotland, 2012: 16)

Nid yw hyn yn golygu y dylid osgoi dull rhyngddisgyblaethol, ond yn hytrach bod angen bod yn ddetholus ac yn glir ynglŷn â gwerth dysgu gwyddoniaeth o fewn maes neu thema ehangach.

Pan mae gorgyffwrdd ymhlith nodau gwahanol bynciau mae'r cyfle i atgyfnerthu dysgu drwy ddull pwnc yn hytrach na phynciau ar wahân. Nid yw manteision cynllunio o'r fath yn cael eu cyfyngu yn syml i effeithlonrwydd, ond lle mae gorgyffwrdd neu synergeddau go iawn yn codi mae cydnabod cysylltiadau rhwng pynciau gan blant yn eu helpu i wneud synnwyr o'u byd ac i wneud cysylltiadau yn haws. Rydym yn credu mai gwneud 'cysylltiadau' yn hytrach na chasglu gwybodaeth yw'r ffordd mae plant yn dysgu ac yn datblygu fel dysgwyr. Fel yr ydym wedi'i nodi mewn man arall, mae'r ffeithiau mor werthfawr â'r cysylltiadau a wneir rhyngddynt yn unig. Enghraifft dda o'r ymagwedd hon yw'r Effaith Leonardo, ym Mlwch 19.2, sy'n cyfuno addysgu celf a gwyddoniaeth.

Mae cydnabod yr angen i ddatblygu'r defnydd o iaith a mathemateg ar draws y cwricwlwm wedi arwain at nifer o raglenni gwyddoniaeth gyda phwyslais ar agweddau o lythrennedd a rhifedd. Un enghraifft yw'r *English Language Development*

Blwch 19.2 Prosiect Effaith Leonardo: cyfuno celf a gwyddoniaeth

Mae prosiect Effaith Leonardo, a gychwynnwyd yng Ngogledd Iwerddon ac sydd wedi ymestyn i rannau eraill o'r DU, yn adeiladu ar y syniad bod artistiaid a gwyddonwyr yn chwilio am ddealltwriaeth drwy ymchwilio, archwilio, dychmygu, creu, myfyrio a chyfathrebu, fel y gwnaeth y sawl sydd o'r un enw. Nod y prosiect yw dod â'r deilliannau dysgu ar gyfer celf a gwyddoniaeth at ei gilydd, gan gynnwys plant wrth gynllunio eu gweithgareddau, defnyddio eu syniadau eu hunain a chymryd cyfrifoldeb am eu gweithredoedd. Mewn un cyflawniad o'r dull hwn, fe wnaeth ysgolion ganolbwyntio ar hedfan yn ystod rhaglen wyth wythnos o weithgareddau integredig lle roedd plant yn cael eu hannog i gydweithio i archwilio i agwedd ar y pwnc. Roedd y gweithgareddau a gynlluniwyd yn cynnwys plant wrth gasglu gwybodaeth, datblygu syniadau, dylunio a chreu gwrthrych neu greadur sy'n hedfan a rhyw fath o gyfathrebu am eu gwaith drwy fwrdd stori, poster, fideo, ac ati. Mae athrawon, disgyblion a rhieni wedi bod yn hynod gefnogol, gydag athrawon yn nodi bod plant ag anghenion dysgu yn elwa a bod pob plentyn 'yn datblygu sgiliau meddwl a'u gallu i ddatrys y problemau maen nhw'n eu hwynebu' (gwefan Effaith Leonardo). Mae'n arbennig o ddiddorol bod y prosiect celf a gwyddoniaeth hwn wedi cael effaith sylweddol ar ddatblygu sgiliau llythrennedd yn ogystal â chael ei ystyried gan y plant fel y wyddoniaeth orau iddyn nhw ei gwneud erioed.

a gynhyrchwyd gan yr *Institute for Inquiry of the Exploratorium,* a ddyfynnwyd ar dudalennau 90 a 91 mewn perthynas â siarad. Yn ychwanegol at hynny:

> Mae perthynas ddwyochrog gref rhwng ysgrifennu gwyddoniaeth a siarad gwyddoniaeth. Gall siarad fod yn rhagflaenydd i ysgrifennu, a gall ysgrifennu fod yn rhagflaenydd i siarad. Er enghraifft, gall myfyrwyr gael sgwrs gwyddoniaeth cyn ysgrifennu fel y gallant wrando ar eraill ac ymarfer eu hiaith a'u syniadau eu hunain cyn eu cyflwyno mewn print. Gall yr arfer hwn fod yn arbennig o fuddiol i ddysgwyr Saesneg sydd yn aml â sgiliau siarad mwy datblygedig na'u sgiliau ysgrifennu. Yn ei dro, gall ysgrifennu helpu myfyrwyr i gasglu eu meddyliau heb swildod cyn siarad. Gweler y wefan: www.exploratorium.edu/education/ ifi/inquiry-and-eld/educators-guide/science-writing.

Mae'r synergedd rhwng gwyddoniaeth ac iaith yn golygu bod plant drwy iaith, yn enwedig siarad, yn egluro eu syniadau, yn clywed syniadau amgen, yn gofyn cwestiynau, ac ati, fel y trafodwyd ym Mhennod 7. Ar yr un pryd mae gwyddoniaeth yn darparu cyd-destun deniadol ar gyfer datblygu geirfa a dysgu i ddefnyddio gwahanol fathau o iaith.

Enghraifft arall yw'r prosiect *Primary Connections*, yn Awstralia, sy'n cysylltu gwyddoniaeth gyda llythrennedd mewn rhaglen estynedig o unedau dysgu yn yr ystafell ddosbarth, datblygiad proffesiynol a llyfrau nodiadau disgyblion gan ddefnyddio addysgeg sy'n seiliedig ar ymholiad ar y model 5E addysgu a dysgu (Pennod 20, t. 293). Mae datblygu llythrennedd yn y rhaglen hon yn digwydd wrth i blant gynrychioli ac ail-gynrychioli eu dealltwriaeth sy'n datblygu.

Yn yr 1990au fe wnaeth y prosiect EXEL a ariannwyd gan y Sefydliad Nuffield gynhyrchu ffyrdd o helpu athrawon ysgolion cynradd i ddatblygu sgiliau darllen ac ysgrifennu disgyblion, gan sgaffaldio ysgrifennu gan ddefnyddio cyfosod testun ar y cyd a fframiau ysgrifennu. Fe wnaeth y prosiect ddatblygu strategaethau ar gyfer helpu disgyblion i ryngweithio gyda thestunau ffeithiol, agwedd ar lythrennedd sy'n cael ei chysylltu'n rhwydd â gwyddoniaeth. Mae gwyddoniaeth yn darparu cyfleoedd da, dilys i ddatblygu sgiliau llythrennedd, tra'n cefnogi dysgu gwyddoniaeth. Fodd bynnag, mae angen cymryd gofal i sicrhau bod yr ystod o destunau yn ymestyn y tu hwnt i ddarparu gwybodaeth am 'sut' a 'beth' ond yn cynnwys esboniadau, os rydym am i ddarllen helpu dealltwriaeth.

Mae hefyd yn bwysig i helpu plant i ddehongli'r wybodaeth di-eiriau sydd yn aml yn rhan o destunau ac o'r tudalennau gwe maen nhw'n eu defnyddio i ddod o hyd i wybodaeth oddi ar y Rhyngrwyd. Yn aml, nid yw plant yn gwneud defnydd da o wybodaeth di-eiriau (Peacock a Weedon, 2002) gan mai'r hyn sydd ei angen yw datblygu llythrennedd gweledol. Mae'r rhan fwyaf o lyfrau gwyddonol yn cynnwys llawer o luniau, diagramau a symbolau. Felly mae angen i athrawon ddysgu plant i ddefnyddio llyfrau gwybodaeth gwyddoniaeth, gan wneud cysylltiadau rhwng diagramau wedi'u labelu a thestun, a cheisio trafod yr esboniadau posibl am y ffenomena sy'n cael eu cyflwyno ar y tudalennau. Mae gwerth y sgiliau hyn yn dod yn fwy gyda'r defnydd cynyddol o'r Rhyngrwyd sydd yn dibynnu'n gyffredinol ar ddelweddau gweledol ac yn mynnu'r gallu i ddarllen gwybodaeth mewn ystod o ffurfiau cyflwyno.

Mae gan weithgareddau gwyddonol lawer i'w roi a llawer i'w ennill ar gyfer datblygu rhifedd. Mae bod yn ymwybodol o'r cyfleoedd ar gyfer atgyfnerthu dysgu mewn gweithgareddau ymarferol yn golygu y gall newidiadau bach yn aml gynyddu eu gwerth ar gyfer dysgu mewn mathemateg yn ogystal â gwyddoniaeth. Er enghraifft, mae Markwick a Clark (2016) yn trafod yr ymchwiliad a ddefnyddir yn eithaf eang ar gyfer plant ifanc o faint o bwysau sydd ei angen i suddo gwrthrych sy'n arnofio. Yng nghyd-destun stori maen nhw'n disgrifio mai deilen yw'r gwrthrych; mewn gweithgareddau eraill tebyg gallai fod yn dop potel neu jar ar ei ben i lawr, neu'n blastisin wedi'i fowldio'n siâp cwch. Mae plant yn gosod cownteri, blociau bach, clipiau papur neu wrthrychau bach eraill yn y gwrthrych sy'n arnofio ac yn cyfrif y nifer y gall ei ddal cyn suddo. Gall yr arfer hwn o gyfrif mewn sefyllfa newydd gael ei deilwra i'r cam a gyrhaeddwyd gan y plant drwy ddewis y defnyddiau fel bod y nifer i'w gyfrif yn fwy na 10 a bod cofnodi yn gofyn am ddefnyddio'r cysyniad o werth lle yn y system bôn 10. Mae cael rhai blociau neu gownteri sydd ddwywaith mor fawr ag eraill yn golygu bod rhaid i'r canlyniadau gael eu cyflwyno yn nhermau gwerth uned yn hytrach na nifer y gwrthrychau. Ar gyfer plant hŷn, mae llawer o ffyrdd eraill y gall ymchwiliadau gwyddonol gael eu defnyddio i lunio graffiau, diagramau a siartiau sydd nid yn unig yr rhoi ymarfer wrth ddefnyddio'r mathau hyn o gyfathrebu'n briodol ond sydd hefyd yn galluogi nodi ac esbonio cysylltiadau a pherthynas.

Trosglwyddo a phontio

Cafodd y pryder am y gostyngiad mewn cyrhaeddiad mesuredig sy'n dueddol o gyd-fynd â'r broses o drosglwyddo ar gyfer disgyblion o ysgolion cynradd i ysgolion uwchradd ei amlygu a'i archwilio gan Galton *et al.* (1999) ac fe wnaeth sylw hefyd ar 'ostyngiadau' tebyg, os yn llai eithafol, mewn pontio o Flwyddyn 3 i Flwyddyn 4. Mewn gwyddoniaeth, mae 'gostyngiadau' mewn cyrhaeddiad a chymhelliant wedi cael eu nodi, er enghraifft, gan arolygon yr *Assessment of Achievement Programme (AAP)* yn yr Alban oedd yn dangos gostyngiad yng nghymhelliant disgyblion tuag at ddysgu gwyddoniaeth rhwng Blwyddyn 5 mewn ysgolion cynradd a'r ail flwyddyn yn yr ysgol uwchradd (SEED, 2003). O ganlyniad i bryder parhaus, mae nifer o fentrau, gan gynnwys rhai prosiectau a ariennir, wedi darparu amrywiaeth o ddeunyddiau y gall ysgolion cynradd ac uwchradd, eu defnyddio i hwyluso'r pontio rhwng ysgolion cynradd ac uwchradd, gan weithio mewn partneriaeth. Dyma rai enghreifftiau:

■ Gwahanol fathau o brosiectau 'pont', sy'n cynnwys ymchwiliadau neu weithgareddau eraill sy'n cael eu dechrau ym M6 a'u cwblhau ym M7.

■ Y 'pasbort gwyddoniaeth', a gychwynnwyd fel rhan o Flwyddyn Gwyddoniaeth 2002 ac sydd wedi'i gynnwys ar CD-ROM Science Year ASE (Heslop, 2002). Mae wedi'i ddiweddaru ers hynny, ond fe'i dyfeisiwyd fel dull o drosglwyddo gwybodaeth am brofiadau, sgiliau a gwybodaeth gwyddoniaeth disgybl o'r ysgol gynradd i'r ysgol uwchradd. Yn ogystal â manylion personol, mae'r pasbort yn cynnwys gwybodaeth am bâr o ymchwiliadau sydd wedi'u cynnal ym Mlwyddyn 6 a Blwyddyn 7, gyda'r ymchwiliad ym Mlwyddyn 6 yn sylfaen hanfodol ar gyfer yr ymchwiliad ym Mlwyddyn 7.

■ Athrawon gwyddoniaeth uwchradd yn gweithio mewn ysgolion cynradd, nid o reidrwydd i addysgu ond i ddod yn gyfarwydd gyda phrofiadau'r plant a'r syniadau a'r sgiliau maen nhw wedi bod yn eu defnyddio.

■ Plant cynradd ym M5 a B6 yn ymweld ag ysgolion uwchradd, er mwyn iddynt ddod yn gyfarwydd gyda'r lleoliadau a'r adnoddau gwahanol y byddant yn dod ar eu traws yn nes ymlaen.

■ Hysbysu rhieni am y camau y gallant eu cymryd i baratoi eu plentyn ar gyfer gwyddoniaeth sy'n cael ei addysgu fel pwnc ar wahân, trwy drafod beth sydd ynghlwm wrth fod yn wyddonol a chyflwyno geirfa berthnasol.

Yn ogystal â hynny, mae Ymddiriedolaeth Wellcome, gan weithio gydag ysgolion yn Croydon, wedi datblygu pentwr defnyddiol o weithgareddau pontio fel rhan o brosiect ehangach, fel ym Mlwch 19.3.

Blwch 19.3 Syniadau i esmwytho'r broses drosglwyddo cynradd/uwchradd o Brosiect Gwyddoniaeth Ysgol Croydon Ymddiriedolaeth Wellcome

Rhwng 2010 a 2012 bu Ymddiriedolaeth Wellcome yn cydweithio gyda Chyngor Croydon i archwilio ffyrdd i wella'r pontio rhwng ysgolion cynradd ac uwchradd, yn y gobaith y byddai hyn yn arwain at well cyrhaeddiad ac ymgysylltu ar gyfer pobl ifanc yn Croydon.

Fe wnaeth y 13 o ysgolion oedd yn ymwneud â'r prosiect gymryd rhan yn y canlynol:

■ Datblygu unedau pontio ar y cyd, i'w haddysgu ar ddiwedd Blwyddyn 6 a dechrau Blwyddyn 7. Roedd y rhain yn cynnwys ystod o bynciau o 'wyddoniaeth fforensig' i 'ffotosynthesis a dail', gyda phob un ohonynt yn hyrwyddo dull ymchwiliol i wyddoniaeth.

■ Gweithgareddau mowntio, megis clybiau gwyddoniaeth a gweithdai, pob un gyda'r thema 'Rwy'n Wyddonydd' ac yn rhoi cyfleoedd i ddisgyblion cynradd ac uwchradd weithio ar weithgareddau gyda'i gilydd.

■ Datblygiad Proffesiynol Parhaus (DPP), gan gynnwys athrawon yn arsylwi gwersi mewn cyfnod allweddol gwahanol ac yn meddwl am sut i ddefnyddio arfer da o wahanol gyfnodau o addysg yn eu harfer eu hunain.

■ Cofrestru yn y rhaglen Marc Safon Gwyddoniaeth Cynradd (gweler Pennod 26). Ymgymerwyd â'r cynllun datblygu gwyddoniaeth ysgol hwn yn llwyddiannus gan yr holl ysgolion cynradd oedd yn rhan o Brosiect Gwyddoniaeth Ysgol Croydon.

Mae Gwefan Prosiect Gwyddoniaeth Ysgol Croydon yn darparu adnoddau addysgu sy'n ymwneud â'r gweithgareddau hyn y gellir ei ddefnyddio gan ysgolion eraill.

Un o nodweddion allweddol pob un o'r prosiectau yw eu bod yn golygu cyd-weithio a chyfathrebu ymhlith grwpiau o ysgolion cynradd ac ysgolion uwchradd. Yn aml, mae gan ysgolion uwchradd athro sy'n gyfrifol am gyswllt cynradd. Fodd bynnag, er mwyn i'r prosiectau hyn ddod yn rhan o arfer mewn ysgol, mae angen i gydweithio fod yn barhaus ac mae angen i'r gweithgareddau fod yn rhan annatod o gwricwlwm cyffredinol yr ysgol, cael ei ysgrifennu'n rhan o'r rhaglen gwyddoniaeth neu gynllun gwaith a'i ddatblygu fel cydweithrediad ymhlith athrawon ar ddechrau a diwedd y trosglwyddiad.

Mae cydweithio tebyg yn bwysig lle bynnag mae pontio ar gyfer disgyblion o un dosbarth i'r llall. O fewn yr un ysgol, gellir rhoi sylw i hyn yn aml drwy gynllunio cydweithredol gofalus lle mae athrawon yn datblygu cyd-ddealltwriaeth am yr hyn maen nhw'n ceisio ei gyflawni wrth addysgu gwyddoniaeth. Felly nid yw'r rhaglen gwyddoniaeth ysgol yn endid statig ond mae o ganlyniad i gydweithio a thrafod a'r canolbwynt ar gyfer trafodaeth, dadlau a datblygu parhaus.

Cynnwys rhieni

Rhieni (gan gymryd hyn i gynnwys gofalwyr a gwarcheidwaid) yw addysgwyr cyntaf a mwyaf pwysig eu plant ac eto yn aml efallai mai ychydig o wybodaeth sydd ganddynt am ddysg eu plant, ac maen nhw'n cael llai byth o gyfle i gyfrannu at y ddysg hon. Yn y blynyddoedd diwethaf mae'r syniad wedi tyfu o ysgolion fel rhan o'r gymuned maen nhw'n ei gwasanaethu, ac mewn rhai ffyrdd, yn atebol iddi. Fe wnaeth astudiaeth gan Sefydliad Joseph Rowntree (Carter-Wall a Whitfield, 2012) ddod i'r casgliad bod 'achos rhesymol' bod cyfranogiad rhieni yn addysg eu plant yn cael dylanwad achosol ar barodrwydd ysgol y plant a chyrhaeddiad dilynol. Fe wnaethant hefyd ddadlau bod cefnogaeth rhieni sydd yn agosach at yr ystafell ddosbarth - fel cefnogaeth astudio - yn debygol o gael mwy o effaith ar gyrhaeddiad disgyblion, yn enwedig ar gyfer plant dan anfantais a phlant â chyflawniad is.

Mae pwyslais cynyddol ar gyfranogiad rhieni wedi cael ei ymgorffori mewn deddfwriaeth mewn rhai gwledydd, er enghraifft Ddeddf Ysgolion yr Alban (Cynnwys Rhieni) 2006. Cafodd canllawiau ar roi hyn ar waith ei ategu gan becyn cymorth i ddarparu adnodd ymarferol i rieni a staff mewn awdurdodau addysg ac ysgolion i gefnogi partneriaeth gyda rhieni ym mhob agwedd ar ddysg plant.

Mae llawer o ysgolion yn gweithio'n weithredol i ymgysylltu rhieni yn addysg eu plant. Mae angen i ysgolion benderfynu ar natur y berthynas maen nhw am ei chael gyda rhieni, ar hyd continwwm o gyfranogiad. Ar un pen gall cyfranogiad olygu yn syml, hysbysu rhieni am addysg eu plentyn, er enghraifft drwy anfon cylchlythyrau neu ddarparu gwybodaeth ar wefan yr ysgol am yr hyn y bydd eu plentyn yn rhoi sylw iddo mewn gwahanol bynciau. Mae gan y rhan fwyaf o ysgolion fecanweithiau i wneud hyn. Ymhellach ar hyd y continwwm mae cyfranogiad rhieni mewn teithiau ysgol, helpu gyda gweithgareddau yn y dosbarth, a helpu gyda gwaith cartref. Ond, gyda'r defnydd cynyddol o wefannau diogel ac amgylcheddau dysgu rhithwir (VLE) (gweler Tabl 9.1) gellir cynnig rhagor o wybodaeth, cyfranogiad a chefnogaeth i rieni gan gynnwys, er enghraifft, adroddiadau rheolaidd ar gynnydd plentyn, gweithgareddau dosbarth ar ffurf recordiadau fideo o gyflwyniadau.

Mae ysgolion wedi dibynnu am amser hir ar rieni i ymuno mewn teithiau ysgol (fel y disgrifir ym Mhennod 22) ac maen nhw'n cael eu gwahodd yn gynyddol i ddod â'u sgiliau arbenigol i'r ysgol. Un enghraifft yw ysgol gynradd wnaeth ofyn am gymorth rhiant brwdfrydig wrth gynllunio wythnos gwyddoniaeth. Fe wnaeth yr ysgol ddefnyddio cysylltiadau'r rhiant hwn gyda sefydliadau a gweithleoedd lleol i ddod â rhieni eraill i'r ysgol yn ystod yr wythnos gwyddoniaeth i roi mewnbwn ar eu meysydd arbenigol. Gwelodd y pennaeth hyn fel modd o symud o rieni yn helpu ar deithiau neu gyda gwaith cartref i rannu'r gwaith o addysgu eu plant. Adroddodd y plant eu bod wedi mwynhau cael gwyddonwyr go iawn yn eu haddysgu am wyddoniaeth a lle'r oedd y rhain yn rhieni hefyd cawsant gipolwg ar eu bywydau gwaith neu eu diddordebau na fyddant wedi eu cael fel arall.

Gyda chymorth rhieni, a gydag arweiniad clir, gall dysg plant fynd y tu hwnt i gyfyngiadau'r ystafell ddosbarth yn haws, gan fanteisio ar weithgareddau y tu allan i'r ysgol, gwaith cartref, cysylltiadau i gwisiau neu glipiau ffilm. Gall ysgolion ddewis gwneud blogiau neu fyrddau trafod sy'n agored i rieni fel y gallant ychwanegu sylwadau neu gyflwyno gwybodaeth, syniadau neu adnoddau ar wefannau i eraill ei weld a'i ddefnyddio. Mae Cronfa Gwaddol Addysg Ymddiriedolaeth Sutton, elusen sy'n cefnogi casglu a defnyddio tystiolaeth i wella dysg plant o deuluoedd incwm isel, yn darparu pecyn cymorth o wybodaeth i ysgolion am effeithiolrwydd, costau, manteision ac anfanteision am wahanol ddulliau o gynnwys rhieni.

Crynodeb

Mae cynllunio cwricwlwm gwyddoniaeth effeithiol ar draws yr ystod oedran cynradd yn dasg sylweddol sy'n ystyried nifer o faterion. Mae rôl yr arweinydd pwnc yn ganolog yn y broses hon, gan sicrhau bod gweledigaeth ar gyfer dysgu gwyddoniaeth sy'n cyd-fynd â gweledigaeth ehangach yr ysgol ac sy'n cydymffurfio gyda gofynion neu ganllawiau'r cwricwlwm cenedlaethol. Rydym wedi trafod rhannau o'r rôl hon sy'n ymwneud â datblygu polisi gwyddoniaeth yr ysgol a rheoli adnoddau, gan gynnwys amser a phobl, ar gyfer gwyddoniaeth. Mae rhannau eraill o'r rôl - sy'n ymwneud â monitro gweithrediad a datblygiad proffesiynol - yn cael eu hystyried ym Mhennod 26.

Dylai'r cynllun ysgol gyfan ar gyfer gwyddoniaeth nodi amcanion y rhaglen wyddoniaeth a'r gwerthoedd a'r athroniaeth sydd wrth wraidd penderfyniadau am addysgu, asesu, gweithgareddau ac adnoddau. Dylai nodi sut mae materion sy'n ymwneud â chyfle cyfartal, iechyd a diogelwch, defnydd o TGCh a'r berthynas rhwng gwyddoniaeth a phynciau eraill yn cael eu trin mewn modd sy'n gyson â pholisi cyffredinol yr ysgol a gyda gofynion y cwricwlwm cenedlaethol. Yn ogystal â'r pynciau hyn, sy'n cael eu trafod yn fanwl mewn penodau eraill, mae tri maes allweddol o gynllunio ar lefel yr ysgol wedi cael eu trafod:

- sut mae gwyddoniaeth yn cael ei drefnu o fewn y cwricwlwm - mewn themâu, pynciau sy'n seiliedig ar wyddoniaeth, testunau trawsgwricwlaidd, ac ati;

- sut mae parhad yn cael ei sicrhau ar adegau pontio o fewn yr ysgol a throsglwyddo o'r ysgol gynradd i'r ysgol uwchradd;

- sut mae ysgolion yn gweithio gyda rhieni i wneud y mwyaf o gyfleoedd addysgol plant.

Mae'r rhain yn agweddau ar gynllunio hirdymor a thymor canolig. Ar gyfer cynllunio tymor byr, ar y lefel dosbarth, rydym yn troi at y bennod nesaf.

Darllen pellach

Blacklock, K (2012) Science on a tight budget, *Primary Science* 121: 5–7.
Johnson, A. (2013) Is science lost in 'The world around us'? *Primary Science* 126: 8–10.
Lawrence, L. (2011) The science subject leader, in W. Harlen (gol.) *ASE Guide to Primary Science Education,* argraffiad newydd. Hatfield: Cymdeithas Addysg Gwyddoniaeth, 133–140.

parhau . . .

Peacock, A. a Weedon, H. (2002) Children working with text in science: disparities with 'Literacy Hour' practice, *Research in Science and Technological Education* 20(2): 185–197.

Smith, M., Howard, D. a Hoath, L. (2011) Head in the cloud, feet on the ground, *Primary Science* 119: 21–23.

Gwefannau

Effaith Leonardo: www.leonardoeffect.com/

Primary Connections – cysylltu gwyddoniaeth gyda llythrennedd: https://primaryconnections.org.au/

EEF Ymddiriedolaeth Sutton: https://educationendowmentfoundation.org.uk/resources/teaching-learning-toolkit/parental-involvement/

Prosiect Gwyddoniaeth Ysgol Croydon yr Ymddiriedolaeth Wellcome: http://blog.wellcome.ac.uk/2012/05/24/the-croydon-school-science-project/

20

Cynllunio ar lefel dosbarth

Cyflwyniad

Ym Mhennod 19 fe wnaethom drafod cynllunio ar lefel ysgol, y gwaith o ddatblygu polisi ysgol a rolau'r arweinydd pwnc gwyddoniaeth. Yn y bennod hon, rydym yn ystyried y cynllunio tymor byr sydd ei angen i ddarparu'r gweithgareddau a'r profiadau sy'n galluogi cyflawni nodau tymor canolig rhaglen yr ysgol. Rydym yn dechrau gyda throsolwg o gynllunio gwersi fel proses dau gam. Mae'r cam cyntaf yn ymwneud â siâp cyffredinol y wers neu nifer o wersi ar bwnc, y gweithgareddau i'w cynnwys ac agweddau a allai fod angen eu paratoi ymlaen llaw. Mae'r ail gam yn ymwneud â phenderfyniadau mwy manwl megis sut i osod yr olygfa ar gyfer pob gwers, cwestiynau i'w gofyn, a sut i drefnu a rheoli gweithgareddau pawb dan sylw, disgyblion, athrawon ac unrhyw oedolion eraill yn y gweithgareddau. Ar ôl edrych ar beth sydd ynghlwm wrth y ddau gam cynllunio, mae rhan olaf y bennod yn ymwneud ag agweddau ar gynllunio sy'n rhoi disgleirdeb i wersi drwy addysgu creadigol sydd ei angen i annog creadigrwydd plant.

Cynllunio gwersi mewn dau gam

Mae cynllunio ar lefel y dosbarth yn broses o lenwi manylion i mewn yn raddol o ran sut i drosi'r nodau a nodwyd yn y cynlluniau tymor canolig yn bethau ymarferol. Mae'r broses yn dechrau gyda chynllunio gwersi cyffredinol sy'n ymwneud â'r canlynol:

- amcanion dysgu
- gweithgareddau a phrofiadau plant
- trefniadaeth dosbarth
- offer a deunyddiau sydd eu hangen gan yr athro a'r disgyblion.

Yna mae angen penderfyniadau manwl pellach ynghylch y canlynol:

- mannau cychwyn
- cwestiynau i'w gofyn
- geirfa allweddol
- rolau'r athro, y cynorthwyydd addysgu ac unrhyw oedolion eraill dan sylw

- rolau disgyblion

- amseru cyfleoedd asesu.

- amseru.

Cynllunio cyffredinol

Amcanion dysgu

Mae'n bwysig cael syniadau clir am sut y bydd y gwersi yn cyfrannu at y gwaith o ddatblygu sgiliau gweithio'n wyddonol a dealltwriaeth gysyniadol. Mewn perthynas â sgiliau ymholi, bydd y dewis yn dibynnu ar y math o ymholiad sy'n cael ei gynllunio. Er enghraifft, mae sgiliau cynllunio yn debygol o ymddangos wrth ymchwilio i'r amgylchiadau sy'n effeithio ar anweddiad dŵr, tra gallai sgiliau arsylwi a mesur fod yn fwy pwysig wrth astudio'r tywydd. Disgrifiwyd gwahanol fathau o ymholiadau gwyddonol ym Mhennod 8, ac mae Turner *et al.* (2011) yn darparu nifer o enghreifftiau o wahanol fathau o ymholiadau.

Mewn perthynas â dealltwriaeth gysyniadol, bydd y syniadau y gellir eu cyflawni mewn gwers yn rhai 'bach'. Wrth i brofiadau'r plant gael eu hymestyn dros gyfres o wersi, mae'n dod yn bosibl i gysylltu syniadau bach i ffurfio syniadau 'mwy' y mae posibl eu cymhwyso'n ehangach. Mae angen i athrawon ystyried y syniadau mawr er y bydd y nodau sy'n cael eu cyfathrebu'n uniongyrchol ac yn anuniongyrchol gyda'r plant yn ymwneud â deall y syniadau bach sy'n benodol i gynnwys y wers.

Yn ogystal â'r amcanion gwersi penodol, dylai nodau ehangach addysg gwyddoniaeth gael eu cadw mewn cof. Ym Mhennod 1 fe wnaethom gyflwyno rhai rhesymau dros addysgu gwyddoniaeth ar lefel gynradd. Dylai pwysigrwydd cyfrannu at nodau fel dysgu sut i ddysgu, bod yn ymwybodol o sut y gallai gwyddoniaeth effeithio ar fywyd bob dydd a'r amgylchedd, dod yn ddinasyddion cyfrifol, bod â meddwl agored a bod yn ystyriol drwytho'r holl weithgareddau. Nid yw'r rhain yn cael eu cyflawni'n awtomatig ac maen nhw'n annhebygol o gael eu cyflawni wrth gynllunio ar lefel profiadau bob dydd plant.

Gweithgareddau a phrofiadau

Mae llu o awgrymiadau ar gyfer gweithgareddau i blant a phrofiadau sydd ar gael i athrawon o amrywiaeth o ffynonellau. Nid dod o hyd i awgrymiadau ar gyfer ymchwiholiadau ac ymchwiliadau i blant ymgymryd â nhw sy'n anodd, ond dewis y rhai mwyaf addas. Mae angen craffu ar weithgareddau posibl o ran y meini prawf a awgrymwyd ym Mhennod 4 ar gyfer profiadau dysgu effeithiol. Mae'n ddefnyddiol mynegi'r rhain o ran cwestiynau; hynny yw, a fydd y gweithgareddau:

- yn ddiddorol, yn berthnasol ac yn apelio at y plant?

- yn adeiladu ar eu profiad blaenorol ac yn hyrwyddo cynnydd?

- yn golygu defnyddio synhwyrau, gweithredoedd, myfyrdod a gwneud ystyr?

- yn annog sgwrs, deialog a chynrychioli a chyfathrebu syniadau a digwyddiadau mewn gwahanol ffurfiau?

- yn helpu i ddatblygu cysyniadau gwyddonol, sgiliau ymholi ac agweddau o wyddoniaeth a thuag at wyddoniaeth?

- yn darparu cyfleoedd ar gyfer gweithio'n gydweithredol a rhannu syniadau ag eraill?

Mae'r cyflenwad cyfoethog o ddeunyddiau ystafell ddosbarth sydd ar gael i athrawon, gan gynnwys llawer sydd bellach yn hawdd cael gafael arnynt ar y Rhyngrwyd, yn cynnig y cyfle i ddewis a dethol, yn hytrach na dilyn cynllun penodol. Os ydym yn credu bod angen i ni ddechrau o syniadau a diddordebau plant, yna ni all unrhyw gynllun ddisodli mewnwelediadau'r athro i'r hyn a fydd o ddiddordeb ac yn cyffroi'r plant, pa ddull sydd fwyaf tebygol o adeiladu ar eu syniadau a'u helpu i ddatblygu gwybodaeth a dealltwriaeth, sgiliau ac agweddau. Fodd bynnag, mae manteision syl-weddol yn ogystal ag anfanteision i ddefnyddio cynlluniau a deunyddiau cwricwlwm sydd wedi'u cyhoeddi, ac mae rhai ohonynt wedi eu rhestru ym Mlwch 20.1

Blwch 20.1 Rhai manteision ac anfanteision o ddilyn cynlluniau addysgu sydd wedi'u cyhoeddi

Manteision dilyn cynlluniau addysgu wedi'u cyhoeddi	Anfanteision dilyn cynlluniau addysgu wedi'u cyhoeddi
■ Mae'n helpu i sicrhau bod cynnwys yn cael sylw. ■ Mae'n arbed amser cynllunio. ■ Mae'n helpu i nodi defnyddiau ac offer. ■ Gall gynnig gwybodaeth gefndir ddefnyddiol ar gyfer athrawon. ■ Gall ddarparu cefnogaeth ddefnyddiol wrth i athro newydd ddatblygu hyder a gwybodaeth. ■ Gall ddarparu adnoddau cyffrous i blant ac athrawon eu defnyddio. .	■ Gall gyfyngu ar y graddau y mae athrawon yn defnyddio syniadau cychwynnol plant fel man cychwyn. ■ Gall leihau'r defnydd a wneir o amgylchedd a chyd-destun yr ysgol. ■ Gall gyfyngu ar y cyfleoedd ar gyfer cysylltiadau trawsgwricwlaidd. ■ Mae'n debygol y bydd angen addasu i weddu i anghenion y plant. ■ Gall fod yn ddiflas i'r plant (a'r athro).

Trefniadaeth dosbarth

Mae hyn yn cynnwys gwneud penderfyniadau am y ffordd orau o drefnu'r wers; p'un a fydd y plant yn gweithio'n unigol, mewn grwpiau neu fel dosbarth cyfan a phryd; p'un a oes angen i oedolion eraill gymryd rhan, os, er enghraifft, yw'r gwaith yn golygu mynd â phlant allan o'r ystafell ddosbarth.

Mae dysgu gweithredol – naill ai trwy ddefnydd ymarferol o ddeunyddiau neu drafodaeth – yn golygu y bydd y plant mewn grwpiau am rywfaint o'r amser o leiaf. Fe wnaeth Ofsted rybuddio yn erbyn plant yn gweithio mewn grwpiau bob amser 'gan ei fod yn arwain at y risg o golli meddwl yn annibynnol, yn ogystal â meistro-laeth unigol . . . sgiliau trin a mesur' (Ofsted, 2013: 14), ac yn erbyn grwpiau sy'n rhy fawr ar gyfer datblygu sgiliau ymholi.

Felly, mae angen penderfyniadau ynghylch maint a chyfansoddiad y grŵp. Mae Feasey (2011) yn argymell pedwar fel y maint grŵp gwaith gorau posibl ar gyfer gwaith ymarferol a thrafodaethau grŵp. O ran y cwestiwn am gyfan-soddiad y grŵp, mae'r gwaith gan Howe a chydweithwyr ar ddechrau'r 1990au, sy'n cymharu grwpiau cymysg gyda grwpiau wedi'u dewis ar sail eu syniadau, yn dal yn berthnasol. Dangosodd yr astudiaethau gan Howe (1990) a Howe *et al.* (1992) ar gyfansoddiad grwpiau yn argyhoeddiadol mai'r rhai lle'r oedd syn-iadau mwy amrywiol oedd yn gwneud y cynnydd mwyaf, o'u cymharu â grwpiau lle'r oedd gan blant syniadau cychwynnol tebyg. Yn hanfodol, roedd y cynnydd a wnaed gan y grwpiau cymysg hyn yn fwy amlwg chwe wythnos ar ôl y gwaith grŵp nag yr oedd yn syth ar ôl y gwersi. Er ceisio esboniadau eraill am y gwahani-aethau hyn, ni ddaethpwyd o hyd i unrhyw rai.

Mewn astudiaeth ddiweddarach, fe wnaeth Howe a chydweithwyr (2007) nodi rhai egwyddorion allweddol trefniadaeth grŵp mewn gwyddoniaeth gynradd. Dyl-uniwyd eu hastudiaeth i ddwyn yr holl nodweddion ynghyd a nodwyd fel nodwed-dion pwysig mewn gwaith grŵp llwyddiannus mewn prosiectau ymchwil amrywiol er mwyn archwilio eu heffaith ar gyrhaeddiad. Datgelodd eu canfyddiadau bod dos-barthiadau lle mae athrawon yn cefnogi gwaith grŵp effeithiol wedi gwneud mwy o gynnydd nag eraill. Mewn gwaith grŵp effeithiol roedd disgyblion yn ymwneud â rhannu syniadau, trafod anghytundebau, rhannu ac esbonio syniadau. Roedd yr ymddygiadau hyn yn fwy tebygol o ddigwydd lle'r oedd athrawon yn monitro grw-piau, yn briffio plant ar y dasg dan sylw, yn sicrhau rheoli amser yn dda, yn annog datblygu sgiliau grŵp da ac yn modelu sgiliau rhyngweithio da. Roedd hyn yr un mor wir mewn dosbarthiadau o ddisgyblion oedran cymysg.

Cyfarpar a deunyddiau

Mae argaeledd deunyddiau angenrheidiol i blant eu defnyddio mewn ymchwili-adau ymarferol a chyfarpar arall efallai y byddant eu hangen yn bethau y mae'n rhaid meddwl amdanynt mewn da bryd cyn gwers. Mae'n cynnwys offer TGCh, megis y defnydd o fwrdd gwyn rhyngweithiol, cofnodwyr data, camerâu, ac ati, y gallai disgy-blion eu defnyddio. Mae'n bwysig sicrhau bod offer yn gweithio'n iawn a bod deuny-ddiau yn briodol a bod digon ohonynt ar gael. Er enghraifft, roedd gwers Chris ar iâ yn ymdoddi, a ddisgrifiwyd ym Mhennod 3 (t. 43-44), yn gofyn am gyflenwad mawr o giwbiau iâ o wahanol feintiau. Mae ei chynllun gwers, sy'n cynnwys rhywfaint o fanylion yn ogystal â'r fframwaith cyffredinol, i'w weld fel enghraifft yn Ffigur 20.1.

Cynllunio manwl

Mae faint o fanylion sydd yng nghynlluniau gwersi athrawon yn dibynnu ar bro-fiad a hyder yr athro i allu gwneud penderfyniadau yn y fan a'r lle. Bydd angen penderfyniadau o'r fath bob amser ond mae'r rhain yn cael eu helpu drwy gael str-wythur ag arno ôl meddwl ar gyfer y wers. Er bod cynllunio'n digwydd yn y pen, mae ysgrifennu'n helpu meddwl ac mae cael cynlluniau ysgrifenedig yn galluogi eu rhannu a'u defnyddio gan yr athro wrth fyfyrio ar y wers a'i gwerthuso.

Mannau cychwyn

Un o amcanion gwyddoniaeth sy'n seiliedig ar ymholi yw i ddisgyblion godi cwestiynau y maen nhw'n ceisio eu hateb drwy ymchwiliadau. Yn ymarferol, gall hyn ddigwydd yn ystod gweithgaredd estynedig, ond yr athro sy'n penderfynu ar y man cychwyn ar

Dosbarth 2W	Dyddiad 8 Chwefror	Amser 30 munud yn y bore 1.10 – 3.15pm	Staff Sally (bore yn unig)
Pwnc Pengwiniaid ac iâ			

Ffocws pwnc	Cysylltiadau â'r cynllun
bore Gwyddoniaeth a llythrennedd (gweler y cynllun dyddiol ar gyfer llythrennedd) prynhawn Gwyddoniaeth	Grwpio a newid defnyddiau 1.10 – 3.15pm
	Cysylltiadau trawsgwricwlaidd Llythrennedd 1.10 – 3.15pm

Amcanion

- I ddatblygu geiriau i ddisgrifio iâ a dŵr (oer, gwlyb, caled, ymdoddi, diferol)
- I ddisgrifio sut mae iâ yn teimlo
- I ddeall mai dŵr wedi rhewi yw iâ
- I wneud rhagfynegiadau
- I ddechrau deall 'cynnal prawf teg'

Gweithgareddau a Threfniadaeth

Mynydd iâ ⟶ mannau oer ⟶ beth rydyn ni'n ei wybod am iâ?
'Edrychwch ar ôl y ciwb iâ hwn'
Pengwin (llyfr mawr) ⟶ cyfle cyfartal, prawf teg

Inswleiddio
Allwn ni helpu pengwiniaid i gadw iâ am gyfnod hirach? Ydych chi'n meddwl y bydd ciwb iâ yn ymdoddi'n gynt mewn man poeth neu fan oer? Sut allwn ni ganfod pa un yw'r lle gorau i gadw ciwbiau iâ y pengwiniaid?

↓

Ciwb iâ mawr (prawf teg)

Ymchwiliad
Beth ydym yn ei wybod am iâ yn awr? Sut allwn ni gael yr iâ yn ôl ar gyfer y pengwiniaid?

Adnoddau	Canlyniadau dymunol
Bag o iâ Hambyrddau o giwbiau iâ, un ciwb iâ mawr Dysglau - jwg i gasglu iâ sydd wedi ymdoddi ynddo Tywelion papur ychwanegol Taflen cwestiynau Taflen rhagfynegi a thaflen canlyniadau	Yn gallu disgrifio iâ (pawb), yn gwybod bod iâ yn ymdoddi mewn cynhesrwydd (pawb) Yn deall y syniad o wneud prawf teg (y rhan fwyaf) Yn gallu gwneud rhagfynegiad a dweud pam (rhai) Yn gallu cofnodi rhagfynegiad ar dudalen (ychydig).

Ffigur 20.1 Enghraifft o gynllun gwers: Gwers Chris (gweler t. 43-45)

gyfer y gweithgaredd, ac mae'n sefydlu'r wers neu'r pwnc i gyflawni amcanion dysgu penodol. Fodd bynnag, mae cyflawni'r dysgu hyn yn llawer mwy tebygol os yw plant yn ymgysylltu â'r gweithgaredd neu'n cael eu cyffroi gan y gweithgaredd nag os yw'n ymddangos nad yw'r gweithgaredd yn berthnasol iawn iddyn nhw ac nad oes ganddo gysylltiad â'u profiad a'u diddordebau. Felly agwedd bwysig ar sgil yr athro yw dal sylw'r plant fel eu bod yn croesawu'r cwestiwn i gael ei ymchwilio fel pe bai'n *gwestiwn ganddyn nhw eu hunain*. Mae hyn yn golygu dod o hyd i gyswllt â phrofiad y plant neu 'fachyn' i ymgysylltu eu chwilfrydedd. Mae angen gwybodaeth am y plant yn amlwg ond felly hefyd creadigrwydd ar ran yr athro. (Rydym yn dychwelyd at hyn yn ddiweddarach). Fel mae Feasey (2011: 47) yn ei nodi, nid yw'n ddigon fel arfer i

> ddechrau gwersi drwy ofyn i blant beth maen nhw'n ei gofio neu beth maen nhw'n ei wybod. Yn ddiddorol, mae hyn yn arwain at wynebau gwag gan fod plant ifanc yn ei chael hi'n anodd galw gwybodaeth flaenorol i gof os nad oes unrhyw gyd-destun neu weithgaredd ymarferol i'w sbarduno i'r maes dysgu.

Cwestiynau i'w gofyn

Fel y trafodwyd ym Mhennod 10, dylai ffurf a chynnwys cwestiynau athrawon gyfateb â diben a'r math o feddwl mae'r athro'n ceisio ei annog. Felly, mae'n bwysig cymryd amser i ystyried sut y gellir geirio cwestiynau allweddol, sydd fel arfer yn golygu cwestiynau sydd yn agored ac yn berson-ganolog. Mae'n arbennig o bwysig ystyried yr agwedd hon lle mae cynorthwywyr dosbarth yn ymwneud â grŵp neu'r dosbarth cyfan, oherwydd heb gwestiynau priodol gall hyd yn oed gwers a gynlluniwyd yn dda fethu ag ymgysylltu plant.

Nid yw llunio'r cwestiynau gorau, yn y fan a'r lle, ar gyfer cael plant i fynegi eu syniadau ac i ymgysylltu mewn gweithgareddau sy'n eu datblygu yn fater syml. Felly mae angen meddwl am rai cwestiynau 'cychwynnol' ar gyfer adegau amrywiol o'r wers. Bwriad y rhain yw rhoi cychwyn ar bethau a pharhau drwy'r ymchwiliad. Er enghraifft:

- Bydd cwestiynau i ennyn gwybodaeth a dealltwriaeth gyfredol y plant yn cynnwys cwestiynau fel 'ydych chi wedi gweld rhywbeth fel hyn o'r blaen?' 'beth mae hyn yn eich atgoffa chi ohono . . .? Dilynir y rhain gan gwestiynau sy'n gofyn am syniadau plant am y ffenomena, e.e. 'dywedwch wrthyf fi beth rydych chi'n meddwl su'n digwydd . . .?'
- Bydd cwestiynau i annog archwilio defnyddiau yn cynnwys cwestiynau sy'n canolbwyntio ar sylw, fel 'beth ydych chi'n sylwi am eich ciwb iâ nawr?'
- Yn ystod ymchwiliadau, bydd y cwestiynau yn annog y plant i feddwl am yr hyn y maen nhw'n ceisio ei ddarganfod drwy'r arsylwadau a'r mesuriadau maen nhw'n eu gwneud, e.e. 'Beth mae hyn yn ei ddweud wrthych am . . . (sut mae'r sain yn mynd o'r fan hyn i'r fan acw)?' 'Sut mae hyn yn eich helpu i ddarganfod . . . (pa un o'r rhain sydd gryfaf)?'
- Yn ystod y cam adrodd a thrafod bydd cwestiynau yn helpu plant i gysylltu eu canfyddiadau gyda'r hyn roedden nhw'n ceisio ei ddarganfod i ddechrau, e.e. 'felly beth ydyn ni wedi'i ddysgu am . . . (y math o bridd sy'n helpu eginblanhigion i dyfu orau)?'
- Er mwyn myfyrio ar sut y gwnaed yr ymchwiliad: 'pe byddech chi'n disgrifio i rywun arall sut i wneud yr ymchwiliad hwn, beth fyddech chi'n ei ddweud wrthyn nhw yw'r pethau pwysig i'w gwneud?'

Yn ystod y wers, bydd angen i ofyn cwestiynau mwy penodol i annog y defnydd o sgiliau ymholi, fel yr awgrymwyd ym Mhennod 10, yn ôl ymatebion a chynnydd plant. Er nad yw'n bosibl rhagweld yn union pa syniadau a chwestiynau y bydd y plant yn eu cyfrannu, mae gwersi wedi'u cynllunio'n dda yn ei gwneud yn haws i ymateb i ymatebion plant i gwestiynau, ac i syniadau a chwestiynau y maen nhw'n eu codi, a gweithio gyda'r rhain. Ysgrifennodd un athro 'Roedd bod yn agored ac yn hyblyg, ac yn barod i ganiatáu i'r plant fynd ar drywydd eu meddwl eu hunain yn rhan annatod o fy nghynllunio' (Boctor a Rowell, 2004). Mewn geiriau eraill, rhan o gynllunio da yw paratoi i fod yn hyblyg.

Geirfa allweddol

Mae meddwl drwy wers wrth gynllunio yn nodi geiriau y bydd eu hangen yn y tra-fodaethau ar eu gwaith gyda phlant ac ymhlith grwpiau o blant. Mae rhai geiriau yn rhai na fydd y plant yn eu deall o bosibl neu gallant eu defnyddio ond yn rhai maen nhw'n eu camddeall. Geiriau cysyniad sy'n ymwneud â'r pwnc yw'r rhai amlwg: ymdoddi (y gall plant ei ddrysu gyda hydoddi); adlewyrchiad; dirgryniad; tym-heredd, ac ati. Ond efallai y bydd angen cyflwyno neu egluro geiriau sy'n disgrifio sgiliau ymholi hefyd: rhagfynegiad (nid dyfalu); esboniad; casgliad; ac ati. Rhestru'r geiriau yw'r rhan hawdd. Mae'n fwy heriol penderfynu sut i'w cyflwyno neu eu trafod yn y wers. Rhoddir rhai syniadau ar sut i wneud hyn ym Mhenodau 7 a 14.

Rolau'r athro, y cynorthwyydd addysgu ac unrhyw oedolion eraill dan sylw

Pan fo athro arall, cynorthwyydd addysgu neu oedolyn arall yn bresennol yn yr ystafell ddosbarth gyda'r athro, dylai'r cynllun gwers nodi rolau pob un. Os yn bosibl dylid penderfynu ar hyn wrth gynllunio ar y cyd ymlaen llaw fel bod pawb yn gwybod beth yw eu rôl: gyda phwy y byddan nhw'n gweithio; pa adnoddau y byddan nhw'n eu defnyddio; sut y dylen nhw ryngweithio gyda'r plant ar rannau gwahanol o'r wers. Mae'r pwynt olaf hwn yn arbennig o bwysig er mwyn osgoi helpwyr da eu bwriad rhag cyfarwyddo gwaith disgyblion yn rhy agos. Dylai oedolion sy'n cael eu gwahodd i rannu eu profiad gyda'r plant gael eu briffio ynghylch y lefel o allu a geirfa a gweithgareddau perthnasol y plant yn y gorffennol. Dylai oedolion sy'n gweithio gyda phlant ag anghe-nion addysgol arbennig fod yn rhai sydd wedi cael hyfforddiant angenrheidiol.

Wrth i wers fynd yn ei blaen, p'un a yw'r athro ar ei ben ei hun neu'n cael cymorth gan eraill, bydd ef/hi yn ymgymryd â rolau gwahanol:

- ◼ Ar y dechrau, mae'r athro yn rhoi hwb i egni'r plant, yn dal sylw, gan greu'r 'bachau' er mwyn ennyn diddordeb a chymhelliant plant.

- ◼ Yn ystod gwaith grŵp y rôl yw cefnogi ac annog, i wrando ac i fonitro, i gwestiynu a phrocio plant i feddwl am 'pam' yn ogystal â 'beth'.

- ◼ Pan fydd plant yn adrodd am eu gwaith i'w gilydd, yr athro yw'r cadeirydd, gan sicrhau bod pob grŵp yn cael gwrandawiad teg a modelu rôl y beirniad adeiladol.

- ◼ Yn olaf, yn y drafodaeth dosbarth cyfan, yr athro yw arweinydd y drafodaeth, yn ennyn barn am yr hyn sydd wedi ei ddysgu a sut y gellir ei gymhwyso.

■ Drwy'r amser, wrth gwrs, mae'r athro yn arweinydd ac yn gydweithredwr yn y dysgu, gan sicrhau bod y plant yn cyflawni eu rolau yn y gweithgareddau a'r meddwl.

Rolau disgyblion

Mae'r ymagwedd at addysgu a dysgu rydym yn ei gymryd yn y llyfr hwn yn seiliedig ar y gred bod plant yn dysgu orau pan fyddant yn cymryd rhan weithredol, yn hytrach na phan fyddant yn derbyn gwybodaeth yn oddefol. Mae hyn yn golygu bod angen iddynt fod yn egnïol yn gorfforol yn feddyliol a, hefyd, eu bod yn rhan o'r gwaith myfyrio am yr hyn maen nhw'n ei ddysgu. Gall plant ifanc hyd yn oed gymryd rhan mewn trafod *sut* maen nhw'n archwilio ac yn rhesymu yn ogystal â beth maen nhw'n ei ganfod. Yn eu cynllunio, dylai athrawon sicrhau bod cyfleoedd i blant wneud y canlynol:

■ cymryd rhan mewn ymchwiliadau ac ymholiadau i ddigwyddiadau a gyflwynir yn yr ystafell ddosbarth ac yn y byd o'u hamgylch

■ cymryd rhan mewn datblygu syniadau a sgiliau sy'n eu helpu i wneud synnwyr o'u hamgylchedd;

■ myfyrio ar sut mae eu syniadau a'u sgiliau wedi newid o ganlyniad i'w gweithgareddau;

■ sylweddoli beth maen nhw wedi'i ddysgu o'u gweithgareddau;

■ asesu eu gwaith a chymryd rhan wrth benderfynu sut i wella.

Cyfleoedd asesu

Dylid defnyddio asesu i helpu dysgu i fod yn rhan annatod o bob gwers. Mae hyn yn fwy tebygol o fod yn wir os meddylir am gyfleoedd ymlaen llawn a bod rhai gweithgareddau'n cael eu trefnu fel bod y plant eu hunain yn nodi lle mae angen mwy o gymorth, megis drwy'r dulliau sy'n cael eu crybwyll ym Mhennod 17. Mae'n ddefnyddiol penderfynu wrth gynllunio'r wers pa agweddau ar ddysg y plant y gellir eu hasesu a sut y gellir gwneud hyn drwy, er enghraifft, graffu ar waith ysgrifenedig, darluniau a mapiau cysyniad y plant, gofyn cwestiynau, arsylwi, trafod canfyddiadau.

Mae gwahanol gyfnodau'r wers yn darparu gwahanol gyfleoedd ar gyfer asesu. Fel y nodwyd yn gynharach, mae'n bosibl na fydd gofyn i blant beth maen nhw eisoes yn ei wybod ar ddechrau gwers yn gynhyrchiol, tra gallai gofyn beth y byddent yn hoffi ei wybod ddatgelu'r bylchau sydd angen eu llenwi. Mae gwaith grŵp yn rhoi cyfle i'r athro glustfeinio (gweler Pennod 15) ar sgyrsiau gan ddarganfod sut mae plant yn defnyddio geiriau – geiriau 'sgil' yn ogystal â geiriau 'cysyniad' – ac arsylwi hefyd sut maen nhw'n mynd ati o ran eu hymchwiliadau a p'un a ydyn nhw angen help, er enghraifft, wrth ddelio â newidynnau mewn prawf teg.

Dylai cyfleoedd i blant asesu ansawdd eu gwaith hefyd gael eu nodi, gan wneud yn siŵr bod plant yn gwybod beth yw'r meini prawf y dylid eu defnyddio. Mae hyn yn gofyn am amser yn ystod y wers ac yn tynnu sylw at yr angen i ystyried amseriad a chyflymder wrth gynllunio'r wers.

Amseru

Un feirniadaeth gyffredin o wersi gwyddoniaeth yw nad yw disgyblion yn cael amser i gwblhau eu gweithgareddau. Pan fydd plant yn cymryd rhan mewn gweithgareddau ymarferol, mae'n digwydd yn aml fod 'gwneud' yn cymryd mwy o amser na'r disgwyl ac yn gwasgu'r adrodd a'r myfyrio allan, a gyda hyn, llawer iawn o'r 'meddwl'. Mewn rhai achosion, mae hyn oherwydd bod athrawon yn treulio gormod o amser yn siarad ar ddechrau'r wers (Ofsted, 2013). Mewn achosion eraill, gallai gwell defnydd o gyfarpar TGCh osgoi treulio gormod o amser ar wneud mesuriadau ailadroddus a helpu wrth ddadansoddi data (gweler Pennod 9). Er mwyn osgoi hyn rhag digwydd, dylai cynlluniau nodi amser ar gyfer pob rhan o'r wers ac, er y bydd rhesymau da dros wyro oddi wrth hyn bob amser, dylid anelu i gadw ato. Nid oes angen cwtogi neu gyfyngu ar archwiliadau plant os rhoddir syniad o'r amser y dylent ei dreulio ac os ydynt yn cael cymorth i drefnu ei gwaith o'i fewn.

Mae rhai rhaglenni'n defnyddio cofrifau i helpu athrawon i gynllunio gyda strwythur mewn golwg. Er enghraifft, mae'r unedau addysgu yn y prosiect *Primary Connections*, yn Awstralia, a ddefnyddir yn eang gan ysgolion yn Awstralia a gwledydd eraill Saesneg eu hiaith, wedi'u dylunio o amgylch model sy'n seiliedig ar 5E: Ymgysylltu, Archwilio, Esbonio, Ymhelaethu, Gwerthuso *(Engage, Explore, Explain, Elaborate, Evaluate)*. Mae athrawon yn cynllunio eu gwers o amgylch y model hwn, sy'n eu helpu i sicrhau bod pob agwedd yn cael eu cynnwys. Mae fframwaith pum cam arall (Jones a Kirk, 1990) yn cynnwys: Canolbwyntio, Archwilio, Adrodd, Atgyfnerthu a Chymhwyso. Gall cymhorthion cynllunio o'r fath a chofio pa bwynt a gyrhaeddwyd fod yn ddefnyddiol ond, fel gyda dulliau eraill sy'n ceisio meddwl dros yr athro, gallant fod yn gyfyngol pan fyddant yn cael eu dilyn yn fecanyddol. Yn benodol, efallai y byddant yn cyfyngu ar greadigrwydd athrawon, sef ein pwnc nesaf.

Addysgu creadigol ar gyfer dysgu creadigol

Fe wnaeth adroddiad y Pwyllgor Cynghori Cenedlaethol ar Addysg Greadigol a Diwylliannol (NACCCE, 1999), o'r enw *All our Futures,* ddiffinio gweithgaredd creadigol fel 'gweithgaredd llawn dychymyg wedi'i lunio er mwyn cynhyrchu canlyniadau sydd yn wreiddiol ac o werth' (1999: 6). Rhaid i athrawon ddarparu'r amodau er mwyn sicrhau'r dysgu gorau posibl, ac ymhlith yr amodau sy'n gwneud hyn mae'r rhai hynny sy'n ystyried adweithiau emosiynol plant. Nodwyd ym Mhennod 13 y berthynas agos rhwng teimlad a meddwl. Nid yw'n anodd sylweddoli bod yr ymateb affeithiol i wyddoniaeth yn bwysig i ddysgu gwybyddol. Mae'r dysgwyr hynny sy'n cael gwyddoniaeth yn ddiflas neu'n ddryslyd, neu nad yw'n berthnasol i'w bywydau yn annhebygol o fod eisiau mynd ar ei drywydd neu roi'r ymdrech sydd ei angen i mewn er mwyn datblygu eu dealltwriaeth. Fodd bynnag, mae McCrory (2011: 94) yn nodi:

> Mae'r rhan fwyaf o athrawon yn ymddangos yn reddfol i gydnabod yr angen i ennyn diddordeb eu disgyblion yn yr ystafell ddosbarth, ac eto maen nhw'n aml yn cwyno y bydd gofynion gwybyddol tymor byr dosbarthiadau heddiw

sy'n cael eu cymell gan asesiadau yn cael blaenoriaeth dros yr angen am unrhyw ddeilliannau affeithiol tymor hwy.

Mae hefyd yn nodi, mewn oes lle mae gan blant fynediad at adloniant yn uniongyrchol nid yn unig drwy'r teledu ond hefyd ar eu dyfeisiau electronig symudol, bod gan yr ysgol waith anodd wrth gystadlu am ymateb emosiynol cadarnhaol. Bodlonrwydd dysgu yw 'boddhad gohiriedig' ac mae nifer o ddisgyblion

> nad ydynt yn cynnal eu cyfranogiad yn ddigon hir er mwyn gallu sefyll ar eu cyflawniadau ac arolygu'r ffordd syfrdanol y gall gwyddoniaeth uno ffenomenau sy'n ymddangos yn wahanol, neu werthfawrogi pŵer anhygoel gwyddoniaeth i helpu i esbonio a rhagfynegi'r byd bob dydd o'u hamgylch.
>
> (McCrory, 2011: 95)

Mae rhesymau da i athrawon gymryd camau i wella'r sefyllfa hon gan fod dysgu sy'n arwain at adwaith emosiynol yn dal sylw, diddordeb a mwynhad plant, ond mae hefyd yn arwain at ddysgu gwell. Mae McCrory (2011) yn disgrifio technegau ar gyfer ymgysylltiad emosiynol y gall athrawon eu defnyddio. Mae'r rhain yn cynnwys athrawon yn cyfeirio at eu hadweithiau eu hunain, modelu emosiynau, creu sefyllfa lle mae pawb ar bigau'r drain, cynhyrchu syndod, defnyddio hiwmor, adrodd straeon.

Mae datblygu cynllun gwers yn weithred o greu. Fe wyddwn beth yw'r dysgu a fwriedir o'r cynllun dosbarth cyffredinol, ond dod ag ef yn fyw yw'r rhan sy'n gofyn am greadigrwydd. Mae cynllunio da yn ystyried gwybodaeth am blant yn y dosbarth, yr hyn maen nhw eisoes wedi ei ddysgu, y syniadau a'r sgiliau sydd ganddynt eisoes yn ogystal â'r rhai y mae angen eu datblygu, beth fydd yn eu cyffroi ac yn eu hymgysylltu mewn dysgu. Mae cynllunio da yn darparu strwythur sy'n sicrhau cynnydd tuag at y canlyniadau a fwriedir ond mae'n caniatáu hyblygrwydd a lle i greadigrwydd o'i fewn. Mae addysgu creadigol yn gofyn am fwy na chynllun da; mae'n cynnwys y gallu i ymateb i'r gweithredoedd sy'n datblygu.

Dangosir creadigrwydd mewn addysgu a dysgu yn ymarferol yn y gwersi gyda phlant ifanc ym Mlwch 20.2 a gyda phlant hŷn ym Mlwch 20.3. Mae'r ddau yn cyd-fynd yn dda gyda diffiniad yr NCCCE o greadigrwydd.

Blwch 20.2 Plant ifanc yn meddwl yn greadigol mewn gwyddoniaeth

Mae Frost (1997) yn disgrifio'n fanwl gyfres o weithgareddau dosbarth B2 sy'n astudio'r pwnc 'ni ein hunain' dros gyfnod o tua chwe wythnos mewn cynllun dysgu trawsgwricwlaidd. Roedd y deilliannau gwyddoniaeth yn ymwneud â lleoliad a swyddogaeth rhannau y tu mewn i'r corff. Roedd y plant wedi astudio 'ni ein hunain' o'r blaen yn y dosbarth derbyn, gan ganolbwyntio ar nodweddion allanol a synhwyrau. Gan adeiladu ar hyn yn ystod y prosiect chwe wythnos roedd y pynciau a drafodwyd yn cynnwys anghenion pethau byw, y sgerbwd, y system anadlu, y galon, yr ymennydd, a'r amrywiaeth o fewn bodau dynol. Nid oedd yr ymennydd yn rhywbeth yr oedd yr athro wedi rhagweld y byddai'n ei gynnwys, ond roedd hyn mewn ymateb i ddiddordeb y plant. Dywed Frost:

> Ni chafodd y plant eu cyffroi'n fawr gan y pwnc i ddechrau, gan eu bod yn credu eu bod yn gwybod popeth am eu cyrff, ond cyn hir fe wnaethon nhw sylweddoli bod llawer mwy i ddysgu ac fe wnaethant ymgolli yn y pwnc. Roedd dau ysgerbwd model wedi cael eu rhoi i fyny yn yr ystafell ddosbarth, roedd un o'r rhain yn dangos llawer o'r organau yn y corff, yn ogystal ag esgyrn. I ddechrau, rhoddodd y plant gipolwg brysiog ar y rhain, ac mewn rhai achosion ymddengys eu bod nhw'n eu hystyried yn annymunol, ond cyn hir roedden nhw'n mynd atyn nhw ac yn cael trafodaethau difrifol am beth oedd y rhannau i gyda a faint o esgyrn oedd ganddynt.

(Frost, 1997: 83–84)

Gweithgaredd wnaeth helpu i ddenu ymgysylltiad mwy gan y plant oedd ymchwiliad o wallt. Dilynwyd trafodaeth am liwiau a natur gwahanol y gwallt gan ymchwiliad o gryfder gwallt. Fe wnaeth hyn beri diddordeb pan wnaeth y plant sylweddoli y gallent gynnal ymchwiliadau arnyn nhw eu hunain. Gwnaed mesuriadau a chofnodwyd y canlyniadau mewn tabl, gan ddefnyddio sgiliau a ddatblygwyd yn y rhan mathemateg o'r prosiect. Unwaith roedd diddordeb y plant wedi'i ddal, astudiwyd pob system yn y corff mewn grwpiau oedd yn cynnwys trafodaeth a defnyddio ffynonellau eilaidd.

Blwch 20.3 Creu labordy gwyddoniaeth dychmygol ar dir yr ysgol

Fe wnaeth deg ar hugain o blant Blwyddyn 5 (naw a deg mlwydd oed) archwilio tir yr ysgol i feddwl am ffyrdd o drawsnewid yr iard chwarae yn labordy neu'n 'ardd gwyddoniaeth'. Fe wnaeth y plant chwarae eu bod yn anifeiliaid ac yn blanhigion mewn amgylcheddau dychmygol, ysgrifennu am a thynnu lluniau anifeiliaid neu fathau o blanhigion o ddewis a datblygu ieithoedd gwyddonol drwy drafodaeth. Fe wnaethant ddychmygu ymchwiliadau a allai ddigwydd ar dir yr ysgol a defnyddio ffyn a bambŵ i fapio siâp labordai posibl yn nhirwedd yr ysgol. Fe wnaeth y timau ddewis a gweithio ar ffocws - anifeiliaid, archeoleg, y tywydd a phlanhigion. Roedd gwneud penderfyniadau ar y cyd yn herio sgiliau cymdeithasol y plant ac yn pwysleisio'r angen i drafod, ystyried syniadau pobl eraill a chydweithredu. Defnyddiodd y plant ffotograffau a llyfrau nodiadau i gofnodi eu hymchwiliadau ac fe wnaethant roi cyflwyniadau tîm rheolaidd i'w cyfoedion. Fe wnaethant ddychmygu'r math o waith y byddai gwyddonydd y dyfodol yn cymryd rhan ynddo a dylunio gwisgoedd oedd yn briodol i'r gweithgaredd.

(Bianchi, 2005: 17)

Crynodeb

Yn y bennod hon, rydym wedi amlinellu rhai o'r materion allweddol i'w hystyried wrth gynllunio gwersi gwyddoniaeth. Maen nhw wedi cael eu hystyried yn ddau grŵp: y cynllunio cyffredinol sydd ei angen ymhell ymlaen llaw fel y gellir penderfynu ar weithgareddau priodol a chanfod adnoddau; a'r rhai sy'n ymwneud â manylion am sut y bydd camau amrywiol y wers yn cael eu rheoli. Rydym hefyd wedi tanlinellu pwysigrwydd cynllunio addysgu creadigol a fydd yn galluogi plant i feddwl yn greadigol ac annog ymatebion emosiynol cadarnhaol. Dyma'r prif bwyntiau:

■ Mae'r cam cynllunio cyffredinol yn cynnwys penderfyniadau am weithgareddau a phrofiadau a fydd yn cyflawni'r deilliannau a fwriedir mewn gwers neu gyfres o wersi, yr adnoddau angenrheidiol a'r ffordd orau o drefnu'r dosbarth.

■ Mae cynllunio manwl yn cynnwys penderfyniadau am fannau cychwyn, cwestiynau i'w gofyn a rolau'r athrawon, oedolion eraill a disgyblion yn y gweithgareddau, ac am weithio mewn grwpiau ar wahanol gamau o'r gwaith.

■ Mae'n bwysig cynllunio digon o amser ar gyfer 'meddwl' yn ogystal â 'gwneud' fel bod plant yn cael y cyfle i atgyfnerthu gwybodaeth a dealltwriaeth yn ogystal ag i ddefnyddio a datblygu sgiliau ymholi.

■ Mae cynllunio da yn darparu fframwaith ar gyfer gweithredu ond mae'n caniatáu hyblygrwydd a lle i greadigrwydd o ran diwallu anghenion y plant.

Darllen pellach

Bianchi, L. (2005) Creative space, *Primary Science Review* 90, 15–18.

Feasey, R. (2011) Planning: elements of an effective lesson plan, in W. Harlen (gol.) *ASE Guide to Primary Science Education,* argraffiad newydd. Hatfield: Cymdeithas Addysg Gwyddoniaeth, 44–52.

Frost, J. (1997) *Creativity in Primary Science*. Buckingham: Open University Press.

McCrory, P. (2011) Developing interest in science through emotional engagement, in W. Harlen (gol.) *ASE Guide to Primary Science Education,* , argraffiad newydd. Hatfield: Cymdeithas Addysg Gwyddoniaeth, 94–101.

McFall, D. a Macro, C. (2004) Creativity and science in the nursery, *Primary Science Review* 81: 17–19.

21

Ffynonellau ac adnoddau ar gyfer ymholi ymarferol

Cyflwyniad

Am nifer o flynyddoedd mae gwyddoniaeth gynradd wedi cael ei ystyried fel ymdrech ymarferol, gweithredol lle mae plant yn dysgu drwy wneud, teimlo, cyffwrdd a chanfod 'beth sy'n digwydd os...?' Fodd bynnag, yn y blynyddoedd diwethaf mae ein dealltwriaeth o rôl profiad ymarferol, uniongyrchol wedi dod yn fwy soffistigedig. Mae'r berthynas rhwng gwneud gwyddoniaeth a dysgu gwyddoniaeth yn cael ei hystyried yn fwy cymhleth na 'gweld er mwyn credu' yn unig. Yn amlwg mae angen i blant ifanc gael profiad o'r byd – i weld lle mae afalau yn tyfu, neu o ble mae llaeth yn dod neu sut mae afonydd yn llifo i'r môr, neu i wybod beth yw maint glöyn byw, neu i deimlo effaith troelli ar gylchfan drostyn nhw eu hunain. Ond mae dysgu gwyddoniaeth yn golygu mynd ymhellach nag arsylwi; mae'n golygu dealltwriaeth o syniadau sy'n ein galluogi i egluro beth rydyn ni'n ei arsylwi. Yn y bennod hon, rydym yn dechrau drwy fynd i'r afael â dau o'r prif nodweddion sy'n gysylltiedig â gwyddoniaeth gynradd: gwaith ymarferol a gwaith grŵp. Ym mhob achos rydym yn ystyried y rhesymau dros eu pwysigrwydd ac agweddau ar eu rhoi ar waith. Ar ôl ystyried yr elfennau allweddol hyn o addysgeg rydyn ni'n symud ymlaen at y ffyrdd y mae gwaith ymarferol yn cael ei gefnogi, yn gyntaf drwy edrych ar ddewis, storio a chynnal a chadw offer a defnyddiau, ac yna ar faterion sy'n ymwneud â diogelwch. Rydym yn gorffen drwy restru ffynonellau o weithgareddau ac adnoddau sydd ar gael, yn aml yn rhad ac am ddim, oddi ar y Rhyngrwyd.

Gwerth gwaith ymarferol

Er bod cefnogaeth eang ar gyfer gwaith ymarferol mewn gwyddoniaeth, nid yw pawb yn cytuno ynghylch pam ei fod yn bwysig. Gan fod yr elfen hon o addysg wyddonol yn parhau i fod yn eithaf heriol ar gyfer llawer o athrawon, mae'n ddefnyddiol ailadrodd y rhesymau dros ei bwysigrwydd, yr hyn y mae'n ei olygu a sut mae'n cael ei reoli orau yn ymarferol.

Mae rhesymau damcaniaethol ac ymarferol ar gyfer gwerth gwaith ymarferol.

Yn ddamcaniaethol

Mae'r ddamcaniaeth yn ymwneud â sut yr ydym yn ystyried natur gwyddoniaeth. Mae Osborne (2015: 16) yn datgan y farn mai:

> nodwedd ddiffiniol gwyddoniaeth yw ei bod yn set o syniadau am y byd byw a'r byd materol. Ac, er bod arbrofi yn nodwedd bwysig o wyddoniaeth, nid *dyma'r* nodwedd ddiffiniol.

Mewn geiriau eraill, deilliant pwysig dysgu gwyddoniaeth yw set o syniadau ac er bod gan brofiad ymarferol rôl, mae dealltwriaeth o syniad yn gofyn am fwy. Yn wir, yn y llyfr hwn rydym wedi cyfeirio yn gyson at bwysigrwydd siarad, trafod, deialog a dadl ac at werth myfyrio ac adrodd. Mae gwaith ymarferol yn galluogi plant i weld sut mae syniadau yn ymddangos yn y byd o'u hamgylch. Os yw am wasanaethu'r diben hwn, fodd bynnag, mae'n hanfodol nad yw'r gwaith ymarferol yn golygu gwneud drwy ddilyn rysáit, ond yn creu cysylltiadau rhwng syniadau a natur ac ymddygiad pethau go iawn. Mae Osborne yn dyfynnu ymchwil sy'n dangos bod y gweithgareddau roedden nhw wedi'u darparu wedi methu â galluogi 'cysylltiadau rhwng yr arsylwadau a'r syniadau gwyddonol y bwriadwyd iddyn nhw daflu goleuni arnynt', er 'bod athrawon yn hynod effeithiol ar gael myfyrwyr i wneud gwaith ymarferol' o ran arfer (Osborne, 2015:19). Er bod Osborne yn cyfeirio at waith ymarferol oedd yn cael ei wneud mewn labordai mewn ysgolion uwchradd, mae'r pwynt hefyd yn berthnasol i ddosbarthiadau cynradd.

Mae gwyddoniaeth yn mynd y tu hwnt i brofi ffenomenau; mae'n ceisio esbonio'r byd a gwneud rhagfynegiadau amdano. Mae deallwriaeth wyddonol yn datblygu drwy unigolion a grwpiau sy'n meddu ar y sgiliau gwybyddol i ymgysylltu â syniadau ac i ymchwilio iddynt drwy drin gwrthrychau. Yn yr un modd, mae unigolion yn datblygu eu deallwriaeth eu hunain drwy'r cyfle i godi eu cwestiynau eu hunain, cynllunio sut i gael tystiolaeth, rhagweld beth allai ddigwydd a meddwl am sut i ddal a rhannu eu canfyddiadau. Mae hyn yn wir ar gyfer dysgwyr cynnar gymaint ag y mae ar gyfer gwyddonwyr ymchwil. I blant ifanc ddatblygu'r set gymhleth hon o sgiliau ar gyfer dysgu mae angen iddynt fynd y tu hwnt i rywbeth yn cael ei ddangos neu ei ddweud wrthyn nhw. Nid yw'n ddigon i egluro pwynt drwy waith ymarferol; nid yw *profiad* profiad ymarferol yr un fath ag *ymholi* ymarferol. Mae plant angen dysgu sut i archwilio a datblygu syniadau drwy ymholiad ymarferol.

Yn ymarferol

Daw tystiolaeth empirig o werth ymholi ymarferol o astudiaethau ymchwil, arsylwi arfer yn yr ystafell ddosbarth ac o ddisgyblion. Adroddodd Ofsted yn 2004 bod dysgu gwyddoniaeth fwyaf effeithiol pan oedd disgyblion yn chwarae rhan weithredol yn y broses o feddwl trwy a chynnal ymholiad gwyddonol ac yn 2013 adroddodd:

> Yn ddieithriad, roedd cyrhaeddiad ar ei uchaf lle'r oedd disgyblion yn cymryd rhan mewn cynllunio, cynnal a gwerthuso ymchwiliadau roedden nhw, mewn rhyw ran, wedi'u hawgrymu eu hunain. Roedden nhw'n dysgu orau pan roedden nhw'n gallu gweld sut roedd y wyddoniaeth roedden nhw'n ei hastudio yn gysylltiedig â phrofiadau'r byd go iawn, yn datgelu mwy am y 'syniadau mawr'

mewn gwyddoniaeth, ac yn cysylltu gyda, a chefnogi, eu dysg mewn pynciau eraill, gan gynnwys Saesneg a mathemateg.

(Ofsted, 2013: 10)

Edrychodd Murphy *et al.* (2000) ar ymarferwyr ystafell ddosbarth a dod i'r casgliad mai'r rhai mwyaf effeithiol o ran datblygu dealltwriaeth plant oedd yr athrawon hynny oedd yn hybu rhyngweithio, lle'r oedd sgwrsio yn yr ystafell ddosbarth yn nodwedd ganolog i ymholiad y dosbarth. Canfu Bianchi (2003) bod athrawon yn gosod gwerth uchel ar ddarparu amser i fyfyrio yn ystod gwersi, lle gallai plant feddwl am yr hyn roedden nhw'n ei wneud a thrafod eu syniadau.

Gwerth y cytunir arno'n gyffredin o ran gwaith ymarferol yw ei fod yn galluogi disgyblion i ddatblygu'r sgiliau sydd eu hangen i gymryd rhan mewn ymholiad gwyddonol. Yn aml, mae rhywfaint o gamddealltwriaeth am ystyr sgil yn y cyddestun hwn, gan nad ydyn ni'n siarad am sgiliau corfforol sy'n gofyn am oriau lawer o ymarfer (fel nofio neu reidio beic), ond y profiad o wneud pethau sy'n ymwneud ag ymholiad. Mae'n hynod bwysig i ddisgyblion ysgol gynradd gael y profiad hwn, er enghraifft, o'r hyn mae'n ei olygu i wneud rhagfynegiadau, casglu tystiolaeth a defnyddio gwybodaeth, oherwydd, yn ôl ymchwil a adroddwyd gan Sharpe (2015), mae diddordeb mewn gwaith ymarferol yn lleihau gydag oedran. Roedd disgyblion Blwyddyn 7 yn cydnabod gwerth profiad uniongyrchol: 'Pan fyddwch chi'n gweld pethau ac yn ei wneud eich hun rydych chi'n cofio, ond pan fyddwch chi'n ei ysgrifennu yn unig, rydych chi'n anghofio. Felly, rydych chi'n dysgu mwy pan fyddwch chi'n gwneud pethau mewn gwirionedd' (Sharpe, 2015:27).

Dangosodd tystiolaeth a gasglwyd gan Mant *et al.* (2007) mewn astudiaeth o waith ymarferol gwybyddol heriol bod plant yn mwynhau gwersi gwyddoniaeth lle mae'r gweithgareddau yn heriol ac yn annog meddwl ar lefel uwch. Mae'r canfyddiad hwn yn adlewyrchu astudiaeth gynharach a ddaeth i'r casgliad bod y disgyblion yn awyddus i gael eu herio gan syniadau newydd a gorfod darganfod pethau drostyn nhw eu hunain (Braund a Driver, 2002). Fodd bynnag, canfu Mant et al. hefyd fod perfformiad gan ddisgyblion mewn profion cenedlaethol yn cynyddu'n sylweddol o ganlyniad i'r gwersi heriol, cyffrous hyn. Mae'r hyn mae'r rhan fwyaf o awduron, arolygwyr a llawer o athrawon wedi ei amau i fod yn wir, yn ymddangos felly mewn gwirionedd. Yr allwedd felly yw rhoi digon o amser i wyddoniaeth ymarferol i'w wneud yn werth chweil i ddisgyblion; i roi amser dysgu real, o safon iddyn nhw.

Nodweddion gwaith ymarferol effeithiol

Digon o amser

Mae edrych yn ôl ar y gweithgaredd a ddisgrifiwyd ym Mlwch 7.2 (t. 94) yn rhoi darlun i ni o werth caniatáu amser i ddisgyblion archwilio a meddwl beth y gallai'r hyn maen nhw'n ei ddarganfod ei olygu. Mae'r merched yn rhoi'r wyau yn y dŵr dro ar ôl tro mewn gwahanol ffyrdd, nid ar hap, ond bob tro gyda syniad yr oedden nhw am ei brofi mewn golwg. Mae hefyd yn nodedig sut y bu i'r athro annog y meddylfryd hwn trwy gwestiynu 'cyffyrddiad ysgafn' gofalus fel ei bod yn ofynnol i'r merched i ddarparu tystiolaeth ar gyfer eu casgliadau.

Mae'n amlwg bod yr ymholiad ymarferol yn cymryd amser os yw plant i ddysgu. Er nad yw'n ddigon, mae 'gweld drostyn nhw eu hunain' yn bwysig, yn enwedig i blant ifanc nad ydynt, yn wahanol i oedolion, yn meddu ar gyfoeth o brofiadau eraill wrth gefn wrth geisio gwneud synnwyr o ddigwyddiadau. Gallai oedolion ddysgu mewn ffyrdd mwy haniaethol ond mae plant angen rhyngweithio corfforol a gwybyddol gyda'r byd. Nid yw'r athrawon mwyaf effeithiol yn caniatáu i'r pwysau i symud ymlaen eu hatal rhag caniatáu amser i'r plant i archwilio.

Fodd bynnag, yn y cyd-destun hwn, mae 'gweld drostyn nhw eu hunain' yn golygu mwy na gwylio; mae'n awgrymu profiad llawer mwy gweithredol. Mae gan hyn oblygiadau ar gyfer defnyddio arddangosiadau athro yn lle gadael i blant drin deunyddiau ac offer drostyn nhw eu hunain. Yn wir mae Ward (2008: 144) yn disgrifio arddangosiadau athro gyda chymorth rhai disgyblion o ddewis fel 'nodwedd bryderus o gyffredin mewn addysgu gwyddoniaeth gynradd'. Mae ei resymau am hyn yn cael eu dyfynnu ym Mlwch 21.1.

Blwch 21.1 Manteision ac anfanteision arddangosiadau athro

[Mewn arddangosiadau athro] mae'n ymddangos bod rheolaeth dros gynnydd ac ymddygiad, ac ychydig o offer sydd ei angen. Gellir dangos arbrofion cyffrous a diddorol na allai'r dysgwyr ymgymryd â nhw yn annibynnol, er, yn ymarferol, mae arddangosiadau yn aml yn ddigwyddiadau cyffredin y mae dysgwyr yn fwy nag abl i ymgymryd â nhw'n annibynnol. Mae anfanteision y dull hwn yn llawer mwy nag unrhyw fanteision, gan fod arddangosiadau yn brofiadau 'dwylo i ffwrdd', 'meddwl i ffwrdd'. Mae cyfleoedd ar gyfer gwahaniaethu yn cael eu lleihau i gwestiynu athrawon, sydd, pan mae'n cael ei wneud o fewn arddangosiad dosbarth llawn, yn aml yn arwain at adalw o ansawdd isel. Mae cyfleoedd i ddysgwyr ddatblygu sgiliau yn gyfyngedig ac mae cael cipolwg ar gyrhaeddiad dysgwyr yn her. Fodd bynnag, mae arddangosiadau yn wych pan fyddant yn cael eu cynnal gan theatrau a grwpiau gwyddoniaeth sy'n ymweld, gan fod y rhain yn ddigwyddiadau untro cyffrous wedi'u cynllunio i ysgogi ac ysbrydoli.

(Ward, 2008: 144)

Bod yn glir am y diben

Gall dealltwriaeth plant o ddiben gwers fod yn eithaf gwahanol i ddiben yr athro, fel y nodwyd ym Mhennod 17, ac fel sydd i'w weld yn yr enghraifft a ddyfynnir ym Mlwch 21.2 gan Goldsworthy *et al.* (2000).

Blwch 21.2 Am beth mae'r ymchwiliad?

Cyfwelydd:	Tra bod Daryl yn rhedeg o gwmpas, dywedwch wrthyf fi, beth ydych chi'n meddwl rydych chi'n ei ddysgu yn yr ymchwiliad hwn?
Robert:	Pa mor gyflym y gallwch chi redeg.
Jody:	Hyd eich coesau.
Cyfwelydd:	Beth am hyd y coesau?

Jody:	Wel, os oes coesau mwy gallwch redeg yn gyflymach a gyda choesau byrrach gallwch chi redeg ychydig yn gyflymach.
Cyfwelydd:	Ac unrhyw beth arall y credwch eich bod yn ei ddysgu?
Jody:	Faint o gyhyrau sydd angen iddo fynd, pa mor gyflym y gall gymryd.
Robert:	Ynglŷn â grymoedd.
Cyfwelydd:	Beth am unrhyw beth am wneud ymchwiliadau?
	(Daryl yn dychwelyd o redeg yn torri ar ei draws)
	Ydych chi'n meddwl eich bod yn dysgu unrhyw beth am sut i wneud ymchwiliad?
Jody:	Ydw
Cyfwelydd:	Pa fath o bethau ydych chi'n eu dysgu?
Jody:	Poeth ac oer a phethau
Robert:	Y corff

(Goldsworthy *et al.*, 2000: 1)

Mae'n edrych yn debygol fod gweld a gwneud yn arwain at fwy o ddysgu os yw disgyblion yn gwybod beth yw diben y gweithgaredd ac felly'n gallu canolbwyntio ar yr hyn sy'n bwysig.

Gosod mewn cyd-destun go iawn

Yn yr holl enghreifftiau a roddwyd ym Mhennod 3 - ac yn wir mewn enghreifftiau eraill yn y llyfr hwn - mae'r athro yn gosod yr olygfa ar gyfer gweithgaredd ymarferol i blant drwy greu cyd-destun 'go iawn' ar ei gyfer. Er yn ffuglennol yn bennaf, mae'r cyd-destunau yn ddigon 'real' i'r plant fel bod eu sylw wedi cael ei ddal a'u bod eisiau dod o hyd i ateb i'r cwestiwn. Roedd y plant yn yr ysgol a gymerodd ran yn yr wythnos gwyddoniaeth ar gyfer Blwyddyn 6 (t. 49-51) wnaeth ymgymryd â'r gwaith gwyddoniaeth fforensig yn gallu ymgysylltu gyda syniadau gwyddonol cymhleth iawn, cynnal profion cywir ac ysgrifennu erthyglau wedi'u llunio'n dda ar gyfer cylchlythyr yr ysgol oherwydd bod y cyd-destun roedden nhw'n gweithredu ynddo yn realistig. Mae'r cyd-destun yn darparu llwyfan ar gyfer trafodaeth a dadl ddilys, gan fynd â gwerth y gwaith y tu hwnt i brofiad i mewn i ymholi.

Efallai mai diffyg cyd-destunau real sy'n arwain at roi llai o amser i ddehongli a thrafod tystiolaeth nag i gynllunio a gwneud. Yn enghraifft Daryl a'i ffrindiau a roddwyd ym Mlwch 21.2, mae'n debyg y byddai trafodaeth fwy bywiog gyda mwy o ffocws ar sut i ymchwilio wedi digwydd pe byddai mater gwirioneddol i ymchwilio iddo. Er enghraifft, tybiwch fod yr awgrym yn cael ei wneud y dylai disgyblion gystadlu mewn timau o daldra tebyg ar ddiwrnod mabolgampau'r ysgol yn hytrach nag mewn grwpiau blwyddyn neu ddosbarth. Yn y ffordd hon gallai disgyblion gyfnewid a herio syniadau ei gilydd, i lunio ffyrdd priodol i ymchwilio eu syniadau ac i ddatblygu damcaniaethau yn seiliedig ar y dystiolaeth honno.

Rhan o sefydlu cyd-destun go iawn ar gyfer gwaith ymarferol yw nad yw plant yn gwybod y canlyniad eisoes. Gallai hyn ymddangos yn amlwg, ond nid yw'n anghyffredin i'r gwrthwyneb fod yn wir. Er enghraifft, mae'r rhan fwyaf o blant eisoes yn gwybod o brofiad y mwyaf o weithiau y byddan nhw'n troi allwedd tegan clocwaith, y pellaf y bydd yn teithio. Mae'r amser a'r ymdrech sy'n gysylltiedig â sefydlu gwaith ymarferol yn cael ei gyfiawnhau os yw'n ei gwneud yn ofynnol i blant feddwl yn galed am gwestiwn maen nhw wir eisiau ei ateb.

I grynhoi, mae cyfraniad gwerthfawr gwaith ymarferol i ddysgu gwyddoniaeth yn fwyaf tebygol o ddigwydd pan:

■ fydd trafodaeth ymhlith disgyblion a rhwng athro a'r disgyblion yn cael ei ystyried yn allweddol i ddysgu go iawn, gydag athrawon yn modelu ffyrdd o ofyn cwestiynau ac archwilio syniadau;

■ fydd y broblem yn cael ei gosod mewn cyd-destun cymdeithasol, ystyrlon fel bod rheswm i bendroni dros arsylwadau, i godi cwestiynau diddorol, i fod yn ofalus wrth gasglu'r math iawn o dystiolaeth ac i wneud synnwyr o'r dystiolaeth honno yn sgil y broblem wreiddiol a godwyd. Mae cyd-destunau ystyrlon hefyd yn rhoi rheswm i gyfleu canfyddiadau i eraill;

■ mae plant yn teimlo eu bod yn cael eu herio'n ddeallusol ac o ran y sgiliau a'r prosesau mae angen iddyn nhw eu defnyddio. Mae plant yn mwynhau meddwl yn galed, gan ddefnyddio amrywiaeth o sgiliau meddwl a datblygu eu gallu i ddysgu'n annibynnol, drwy brofiad ymarferol a phrofiad o ddefnyddio'r meddwl.

Trefnu gwaith grŵp ymarferol

Pam gwaith grŵp?

Bron yn ddieithriad mae angen gwneud gwaith ymarferol mewn grwpiau bach. Mae'n angenrheidiol er mwyn defnyddio adnoddau yn effeithlon ond yn bwysicaf oll oherwydd y cyfle mae'n ei roi i blant rannu syniadau, i herio syniadau ei gilydd ac i fyfyrio ar eu dysg. Yn ogystal â hyn, mae angen iddyn nhw ddysgu sut i weithio mewn grwpiau ac i gynllunio gyda'i gilydd fel tîm. Mae gwaith grŵp sy'n cael ei wneud yn dda, hynny yw, lle mae plant yn gweithio fel grŵp, nid yn eistedd mewn grŵp ac yn gweithio'n unigol, yn arwain at fanteision sylweddol i ddysgu. Fe wnaeth prosiect a ariannwyd gan Gyngor Ymchwil y Gwyddorau Economaidd a Chymdeithasol fel rhan o'i Raglen Addysgu Ymchwil Dysgu astudio nifer o blant yn yr Alban wrth i'w hathrawon roi mwy o waith grŵp iddyn nhw. Roedd y canfyddiadau o'r prosiect hwn yn eithaf rhyfeddol.

> Er gwaethaf barn rhai bod gwaith grŵp yn fuddiol ar gyfer datblygiad cymdeithasol plant yn unig, fe wnaethom ddangos y gall gwaith grŵp ddylanwadu yn fwy cadarnhaol ar gynnydd academaidd na mathau eraill o ddysgu.

(TLRP, 2005)

Mae Naylor *et al.* (2007) yn cadarnhau pwynt a wnaed gan Barnes (1976) ac a nodwyd ym Mhennod 7, bod dadl a thrafodaeth gyfoethocaf pan nad yw'r athro yn bresennol. Mae gwaith grŵp yn cynnig y cyfle hwn gan na all yr athro fod yn bresennol mewn mwy nag un grŵp ar y tro. Fodd bynnag, fe wnaeth y prosiect yn yr Alban sy'n cael ei grybwyll uchod nodi:

> Mae'n hysbys bod disgyblion angen y sgiliau i gyfathrebu'n effeithiol trwy wrando, esbonio a rhannu syniadau. Ond mae'n rhaid i ddisgyblion hefyd ddysgu i ymddiried a pharchu ei gilydd, ac maen nhw angen sgiliau ar sut i gynllunio, trefnu a gwerthuso eu gwaith grŵp.

(TLRP, 2005)

Mae datblygu sgiliau gwaith tîm da yn bwysig ar gyfer dysgu gwyddoniaeth ac ar gyfer bywyd. Gwersi gwyddoniaeth yw'r cyfle delfrydol ar gyfer hyn.

Cyfansoddiad y grŵp

Mae ymchwil gan Howe (1990) a Howe *et al.* (1992, 2007) a gafodd ei grybwyll ym Mhennod 20 yn dangos bod trafodaeth ymhlith plant yn fwy tebygol o gael ei gwella pan fydd y grŵp yn cynnwys plant gyda syniadau gwahanol i'w cyflwyno a'u hamddiffyn. Mae'r ymchwil yn dangos yn glir pa mor bwysig yw cael syniadau gwahanol ymhlith y disgyblion ar y dechrau ac mae hefyd yn dangos y gall grwpiau oedran cymysg fod yr un mor llwyddiannus â grwpiau mwy homogenaidd. Mae'n ymddangos mai'r pwynt yw sicrhau cydraddoldeb statws yn y grŵp drwy annog a gwerthfawrogi rhannu syniadau. Mae hyn yn gadael i'r penderfyniad am gyfansoddiad y grŵp gael ei wneud gan amrywiaeth o ffactorau eraill yn seiliedig ar y mater syml o hwylustod. Os yw athro'n teimlo'r angen i dargedu cymorth yn ofalus, yna efallai mai grwpiau mwy homogenaidd fyddai orau, ond yn gyffredinol sicrhau cymysgedd o syniadau a pharodrwydd i gydweithio ddylai lywio penderfyniadau.

Cefnogi gwaith grŵp

Un ffordd o helpu plant i ddysgu sut i weithio fel rhan o dîm yw dyrannu rolau. Mae Feasey (2011:48) yn awgrymu, mewn grŵp o bedwar, y gellir dyrannu'r rolau fel a ganlyn: rheolwr adnoddau gwyddoniaeth; profwr teg gwyddoniaeth; mesurydd gwyddoniaeth; cofnodwr gwyddoniaeth. Mae'r plant yn gwisgo bathodynnau sy'n dangos eu swyddogaethau, ac mae'r rhain yn cael eu cylchdroi fel bod y plant yn cael y cyfle i ddatblygu sgiliau gwahanol. Rôl yr athro yw sicrhau bod rhai disgyblion, bechgyn yn aml, yn cael eu rhwystro rhag gosod hawl ar yr offer.

Gall athrawon hefyd gefnogi gwaith grŵp da drwy fodelu'r mathau o feddwl a thrafod sydd eu hangen ar gyfer creu awyrgylch ar gyfer adrodd a thrafod cyn-hyrchiol (Blwch 7.4, t. 99). Mae'r llenyddiaeth ar 'ymresymiad' a drafodwyd ym Mhennod 7 yn darparu fframwaith defnyddiol ac iaith gyffredin gydag athrawon yn chwarae rôl gymharol 'anymarferol' tra bod disgyblion yn 'cynnig ac yn cyfiawnhau syniadau i aelodau eraill o'r grŵp' (Howe *et al.*, 2007: 561).

Gweithgareddau grwpiau yr un fath neu wahanol

Bydd natur y broblem sy'n cael ei hastudio, ac argaeledd yr offer yn dylanwadu ar sut mae'r gwaith yn cael ei drefnu. Mae gofyn i'r holl grwpiau weithio ar yr un broblem gyffredinol, ond ar wahanol agweddau ohoni, yn debygol o arwain at drafodaeth gyfoethocach ymysg y grwpiau. Bydd yr athro yn gallu tynnu'r syniadau o wahanol grwpiau ynghyd i greu trafodaeth wirioneddol heriol. Fodd bynnag, yr hyn mae'n debyg sydd fwyaf pwysig yw y gall y disgyblion a'r athro weld sut a pham mae'r gwaith yn cael ei ddosbarthu yn y ffordd honno a sut mae'n cyfrannu at y darlun cyfan.

Darparu cerdyn gwaith neu daflen waith

Neges allweddol sy'n rhedeg drwy ein trafodaeth o weithgareddau gwyddonol i blant yw y dylent gysylltu meddwl a syniadau plant. Gall hyn fod yn anghydnaws â darparu cyfarwyddiadau ar ffurf cerdyn gwaith neu daflen waith pan, yn yr achos eithafol, gallai plant fod mor brysur yn gwneud synnwyr o'r cyfarwyddiadau ac yn gofalu eu bod yn eu dilyn nes iddynt golli golwg ar y diben cyffredinol. Gallai dilyn rysáit arwain at gyflawni'r canlyniad a fwriadwyd, ond nid y dysgu arfaethedig. Fodd bynnag, mae yna adegau pan fydd plant angen cyfarwyddiadau ysgrifenedig o ryw fath. Er enghraifft, yn achlysurol iawn, efallai y bydd angen iddynt ddilyn dull penodol wrth gyfosod rhywfaint o offer. Mewn rhai achosion, gall y disgyblion a'u hathro drafod fel dosbarth neu grŵp sut i fynd i'r afael ag ymchwiliad ac yna gellir ysgrifennu'r gweithdrefnau y cytunwyd arnynt ar y cyfrifiadur a'u taflunio neu eu hargraffu ar gyfer pob grŵp.

Gall cyfarwyddyd ysgrifenedig hefyd helpu plant i drefnu eu hunain a rhannu syniadau. Er enghraifft: 'Gofynnwch i un person ysgrifennu'r holl syniadau yn y grwpiau i lawr ac yna penderfynu pa rai rydych chi gyd yn cytuno â nhw a pha rai nad ydych chi'n cytuno â nhw' neu 'Pawb i ysgrifennu eich syniadau ar Post-it a'u gludo i gyd ar un darn. Gwnewch yn siŵr eich bod yn deall yr holl syniadau hyd yn oed os nad ydych yn cytuno â nhw.' Gall hefyd fod yn ddefnyddiol i ddarparu rhyw fath o ffrâm ysgrifennu syml i helpu'r plant i strwythuro'r ffordd maen nhw'n meddwl a chofnodi canlyniadau. Pan fydd yr ymchwiliad yn ymwneud â phrofi teg, gallai bwrdd cynllunio fel yn Ffigur 12.1 fod yn ddefnyddiol, ond mae p'un a yw hyn yn briodol yn dibynnu ar amcanion y gweithgaredd. Pan mai'r diben yw rhoi profiad i blant o gynnal ymchwiliad cyflawn ar eu pen eu hunain, mae'n annhebygol y bydd cerdyn gwaith neu daflen waith a baratowyd ymlaen llaw yn briodol. Trafodaeth yw'r ffordd orau o roi canllawiau yn seiliedig ar gwestiynau plant eu hunain, pan fydd modd 'sgaffaldio' syniadau newydd ar gyfer gweithdrefnau ac esboniadau gan yr athro. Gellir ysgrifennu'r pwyntiau allweddol o'r drafodaeth fel cymorth cof, gan sicrhau nad yw materion fel diogelwch a gofalu am offer yn cael eu hanghofio.

Offer ac adnoddau

Ar y cyfan, nid yw'r offer ffisegol a'r adnoddau a ddefnyddir gan blant yn eu hymchwiliadau yn gymhleth; yn aml mae eitemau bob dydd yn fwy priodol nag offer gwyddonol arbenigol. Y peth pwysig yw bod y deunyddiau a'r offer mae'r plant eu hangen ar gael yn rhwydd, yn cael eu cynnal a'u cadw'n dda ac yn cael eu defnyddio'n effeithlon.

Cael adnoddau

Yn amlwg mae'r adnoddau a ddefnyddir mewn gwyddoniaeth gynradd yn cael eu pennu gan y gweithgareddau a gynlluniwyd, sydd yn eu tro yn cael eu llywio gan nodau dysgu. Dyma pam mae cynllunio a chael gafael ar adnoddau yn cael eu cysylltu'n agos. Mae cynlluniau da sydd wedi cael eu cyhoeddi yn dueddol o ddarparu rhestrau o'r adnoddau sydd eu hangen fel mae'r deunyddiau y gellir eu cael oddi ar wefannau a restrir yn ddiweddarach ym Mlwch 21.5.

Mae cyfran uchel o weithgareddau ymarferol o'r mathau a drafodir yn y llyfr hwn, megis arnofio a suddo, planhigion sy'n tyfu, defnyddiau'n ymdoddi, casglu pryfed lludw neu ddefnyddio ffonau llinyn, yn gofyn am ddefnyddiau y gellir eu disgrifio fel defnyddiau 'cyffredin' yn unig. Gellir defnyddio rhai o'r adnoddau hyn dro ar ôl tro, tra bydd eraill, fel blawd neu ddarnau o weiren, yn cael eu defnyddio nes bydd dim ar ôl. Mae prinder o ran y pethau hyn yn achosi rhwystredigaeth fawr oherwydd dyma yw sylfaen nifer o weithgareddau'r plant felly mae angen neilltuo cronfeydd er mwyn eu prynu drwy gydol y flwyddyn.

Yn ychwanegol at yr eitemau 'cyffredin' mae rhai eitemau mwy arbenigol a allai wella dysgu heb fod yn rhy anodd eu defnyddio nes eu bod yn gweithredu fel rhwystr i ddysgu. Mae gwaith ar drydan yn enghraifft amlwg, a gall offerynnau mesur megis stopglociau neu fesuryddion golau ddarparu cofnodion clir a chywir na fyddai'n bosibl fel arall. Mae mathau eraill o offer, fel cofnodyddion data, tabledi a chamerâu digidol, wedi dod yn beth arferol mewn ysgolion gyda phlant yn eu hystyried fel pethau 'cyf-fredin', hyd yn oed os nad yw'r oedolion o'r un farn. Yn ogystal â hynny, mae yna bellach amrywiaeth eang o feddalwedd, adnoddau ar y Rhyngrwyd, posteri, modelau a llyfrau wrth gwrs ar gael i gefnogi dysgu fel y trafodwyd ym Mhennod 9.

Blwch 21.3 Adnoddau ar gyfer gwyddoniaeth

Gwrthrychau a defnyddiau cyffredin	Nwyddau traul	Offer arbenigol	Adnoddau cefnogi
Bocsys, poteli plastig, cynwysyddion eraill, llinyn, siswrn, prennau mesur, clipiau papur, tâp glud, pinnau bawd, bandiau elastig, gludion, cerdyn, plastisin, potiau planhigion, llwyau, gwellt, marblis, ceir tegan, creigiau, darnau o ffabrig, . . .	Blawd, soda pobi, powdr sebon, plastr Paris, cerdyn drych, coed ar gyfer eu morthwylio, batris, gwifren ar gyfer ei siapio, ffoil alwminiwm, ffrwythau neu flodau ar gyfer eu torri, hadau ar gyfer eu plannu,. . . .	Potel arbennig ar gyfer casglu pryfed, tortshys, drychau, blociau gwydr, prismau trionglog, lensys llaw, silindrau mesur, thermomedrau gwirod, cofnodyddion data, trawffyrch, stopglociau ac oriorau, sbringiau, clorian ystafell ymolchi, pwlïau, papur hidlo, offer garddio ac offer eraill, magnetau, bylbiau, gwifren,. . . .	Adnoddau sy'n dangos digwyddiadau megis llosgfynyddoedd neu dwf planhigion, neu sy'n modelu ffenomena (e.e. cysawd yr haul), h.y. CDs, DVDs neu restr o wefannau. Modelau (e.e. ffedogau'r system dreulio, neu lygad 3D). Adnoddau priodol i'w defnyddio gyda bwrdd gwyn rhyngweithiol. Caledwedd megis posteri a llyfrau ac adnoddau papur eraill.

Nid yw'r rhestrau ym Mlwch 21.3 yn gynhwysfawr; gallai'r golofn gyntaf, yn arbennig, fod yn llawer hirach, gan gynnwys eitemau sy'n cael eu cludo i mewn o lan y môr, o ymweliadau i rannau eraill o'r wlad neu wrthrychau mae'r athro'n dod i mewn gydag ef. Gallai'r rhestr fod yn ddiddiwedd, ond nid yw'r gofod storio yn ddiddiwedd. Oherwydd hynny mae rheidrwydd i ystyried beth ddylai fod yn y casgliad o adnoddau. Wrth ddewis cyfarpar a defnyddiau, yr allwedd yw cysylltu anghenion adnoddau gyda chynllunio ac felly gyda'r deilliannau dysgu arfaethedig. Yma, mae gan y cydlynydd gwyddoniaeth neu'r arweinydd pwnc rôl allweddol. Er enghraifft, efallai nad yw'n werth da am arian i brynu rhywbeth fel model o lygad dynol os mai'r disgyblion hynaf yn unig fydd yn ei ddefnyddio unwaith mewn blwyddyn. Gallai fod yn well trefnu i fenthyg un gan yr ysgol uwchradd, coleg AB neu ganolfan wyddoniaeth leol.

Storio offer a defnyddiau

Mynediad yw'r gair allweddol wrth benderfynu ar system storio ar gyfer offer a defnyddiau. Mae posibiliadau amrywiol a bydd manteision ac anfanteision pob un mewn achos penodol yn dibynnu ar faint, cynllun ffisegol a chynllunio cwricwlwm yr ysgol. Nid allwn wneud mwy yma na thynnu sylw at opsiynau.

Storio canolog neu wedi ei ddosbarthu

Mae angen penderfyniad am storio canolog yn erbyn dosbarthu offer ymhlith dosbarthiadau. Ar wahân i argaeledd gofod ar gyfer storfa ganolog, ystyriaeth bwysig yw cael rhywun i ofalu amdani. Mae manteision amlwg wrth rannu eitemau drud sy'n cael eu defnyddio yn anaml yn unig ond collir rhai o'r manteision hyn os nad yw'r offer yn cael ei gadw mewn cyflwr da. Yn amlwg dylai'r arweinydd pwnc gwyddoniaeth, neu'r cydlynydd, fod yn barod a bod â'r gallu – o ran amser – i drefnu storfa ganolog ac i wirio nad yw eitemau yn 'mynd ar goll' drwy eu rhoi yn ôl yn y lle anghywir neu mewn cyflwr anfoddhaol. Mewn ysgolion lle mae cynorthwywyr addysgu a mathau eraill o gymorth ar gael mae'n ddefnyddiol rhoi amser o'r neilltu er mwyn iddynt ymgymryd â'r rôl o gynnal a chadw adnoddau. Cyflawnir hyn yn haws mewn storfa ganolog.

Rhoi mynediad i blant

Penderfyniad arall yw a ddylai'r plant gael mynediad at yr offer yn ogystal ag athrawon. Gall y problemau sy'n ymwneud â chynnal storfa ganolog drefnus gael eu gwneud yn waeth pan fydd gan ormod o bobl fynediad, ac eto bydd yr athro am i'r plant helpu i gasglu a dychwelyd yr offer. Gallai'r awgrym o benodi ychydig o blant fel 'gwylwyr' neu 'geidwaid y storfa' fod yn ateb. Os oes gan bob dosbarth ei storfa ei hun o ddefnyddiau sylfaenol yna mae'r un ystyriaethau yn berthnasol. Os bydd plant yn cael mynediad yna dylai'r labeli a ddefnyddir i ddosbarthu'r offer fod yn rhai y byddan nhw'n eu deall ac yn uniaethu â nhw. Mae budd sylweddol o fuddsoddi'r amser cychwynnol pan fydd plant, efallai, yn ymwneud â llunio rhestrau o'r offer sydd yno a chreu rheolau ar gyfer defnyddio'r storfa.

P'un a oes storfa ganolog ai peidio, mae angen i'r offer ar gyfer sesiwn gwyddoniaeth fod yn hygyrch i'r plant yn y dosbarth. Mae gofynion darparu gweithgareddau grŵp ar gyfer yr holl blant ar unwaith yn sylweddol wrth gwrs ac yn gofyn am gynllunio a pharatoi ymlaen llaw. Gellir rhagweld y defnyddiau a'r offer sydd eu hangen ar gyfer set o weithgareddau a gellir sicrhau bod dewis addas ar gael heb gyfyngu ar yr hyn y bydd y plant yn gallu ei wneud wrth fynd ar drywydd eu syniadau eu hunain. Mae'n ddefnyddiol cael y defnyddiau hyn ar droli os yn bosibl fel y gellir eu rhoi allan o'r ffordd yn ddiogel pan nad ydyn nhw'n cael eu defnyddio. Pan fydd yr offer yn cael ei ddefnyddio, dylai'r athro allu dibynnu ar gymorth y plant i fod yn gyfrifol am ei ddewis, ei gasglu ac yn ddiweddarach ei ddychwelyd i'w le priodol. Mae datblygu system ar gyfer hyn yn bwysig o ran datblygu gallu plant i gymryd rhan wrth hwyluso eu dysgu eu hunain, yn ogystal ag ar gyfer callineb yr athro. Mae'n golygu gwneud yn siŵr fod plant yn gwybod beth sydd ar gael, ym mhle, a sut i ofalu amdano a'i gadw'n daclus.

Blychau testun

Y trydydd pwynt penderfyniad mawr, sy'n berthnasol lle mae ysgol neu ddosbarth yn trefnu gwyddoniaeth mewn pynciau, yw p'un a ddylid cadw'r offer mewn blychau yn ôl testun neu ei storio fel mathau gwahanol o eitemau. Mae'r blwch testun yn gyfleus iawn, ond gall glymu offer y gellid ei ddefnyddio ar gyfer gwaith y tu allan i'r testun. Gall hyn arwain at 'anrheithio' o'r blwch gyda'r siawns na fydd yr eitem yno pan fydd y pwnc hwnnw'n cael ei ddefnyddio. Mae'r ymdrech sy'n cael ei roi i ddatblygu blychau testun hefyd yn anghymhelliad i newid pwnc, pan fyddant efallai wedi byw'n hwy na'u ffresni. Mae dyfeisio blychau testun dros dro yn gyfaddawd defnyddiol. Mae'r blwch yn bodoli am gyn hired ag y mae'r pwnc yn cael ei ddefnyddio ac yn cael ei dynnu oddi wrth ei gilydd wrth symud ymlaen i bwnc arall.

Mewn rhai gwledydd, gan gynnwys Sweden, Ffrainc a Denmarc, mae yna ganol-fannau cyfarpar sy'n paratoi bocsys o offer sy'n gysylltiedig â modiwlau mewn cynllun dysgu gwyddoniaeth gynradd cenedlaethol. Mae'r blychau yn cael eu cyflenwi i ysgolion ac ar ôl eu defnyddio yn cael eu dychwelyd i'r ganolfan er mwyn eu gwirio a'u hadnewyddu yn barod i'w defnyddio mewn ysgolion eraill. Er bod cyfyngiadau amlwg ar y gweithgareddau ar bwnc, mae'r system yn sicrhau cyfleoedd ar gyfer set sylfaenol o weithgareddau ymarferol.

Diogelwch yn yr ysgol a thu allan i'r ysgol

Er gwaethaf y ffaith bod gwyddoniaeth yn awr yn cael ei addysgu gan y rhan fwyaf o athrawon cynradd ac ym mhob ysgol gynradd, nid oes unrhyw dystiolaeth ei fod yn achosi pryder mewn perthynas â diogelwch. Mae athrawon ac eraill yn cymryd rhagofalon synhwyrol ac felly ychydig iawn o ddamweiniau sy'n gysylltiedig â gweithgareddau gwyddonol. Fodd bynnag, ni ddylai'r sefyllfa hon arwain at hunan-fodlonrwydd. Rhan o'r rheswm mae gwyddoniaeth mor ddiogel yw bod cryn dipyn o gyngor o ansawdd uchel ar gael i gefnogi cydlynwyr ac athrawon gwyddoniaeth. Mae'r ASE yn cynhyrchu ac yn diweddaru canllaw hanfodol o'r enw *Be Safe* (ASE, 2011) (gweler Blwch 21.4). Hefyd mae *Pecyn Be Safe! Inset Pack* (ASE, 2002) y gellir ei ddefnyddio gyda'r pedwerydd (2011) rhifyn o *Be Safe*.

Blwch 21.4 Pynciau sy'n cael eu trafod yn *Be Safe*, 4ydd rhifyn (ASE, 2011)

Mae **Be Safe** yn cynnwys codau diogelwch hanfodol ar gyfer:

- Defnyddio offer, gludion, ffynonellau gwres, cemegau a thrydan.

- Ymchwilio i 'Ni Ein Hunain'.

- Edrych ar yr Haul.

- Gweithio y tu allan i'r ystafell ddosbarth gan gynnwys garddio ac ymweliadau â ffermydd, llynnoedd a theithiau maes eraill.

- Cadw ac astudio anifeiliaid a rhestr o'r rhai hynny na ddylid eu cadw.

- Defnyddio planhigion a rhestr o blanhigion peryglus a gwenwynig.

- Hylendid bwyd, tyfu micro-organebau.

- Gweithio gyda phlant o dan 5 mlwydd oed.

Hefyd, mae adrannau ar yr hyn sy'n ofynnol yn ôl y gyfraith, polisïau iechyd a diogelwch a chyngor ar ddamweiniau ac argyfyngau.

Nid yw sicrhau diogelwch mewn gwyddoniaeth yn cael ei gyflawni drwy ddarllen llyfrynnau, ni waeth pa mor dda fo'r rhain. Mae'n gofyn defnyddio synnwyr cyffredin. Mae Burrows (2003) yn nodi y gallai gweithgaredd sy'n ddiogel ar gyfer grŵp o blant gyda lefelau uchel o lythrennedd fod yn llai diogel lle mae nifer o'r plant yn newydd-ddyfodiaid ifanc â phrofiad cyfyngedig o Saesneg neu addysg ffurfiol. Gellir ychwanegu nodiadau i'r perwyl hwn at gynllun gwaith yr ysgol, ac at y polisi ar gyfer gwyddoniaeth, ond mae hyfforddiant staff yn hanfodol er mwyn sicrhau bod pawb yn gwybod am weithdrefnau diogelwch, ac yn gallu eu rhoi ar waith. Mae hyn yr un mor berthnasol i gefnogi staff a rhieni sy'n cynorthwyo ag y mae i athrawon.

Nid mater i'r staff yn unig ei ystyried yw diogelwch, mae angen rhannu'r ystyriaethau hyn gyda'r disgyblion. Nid cyflwyno rheolau iechyd a diogelwch yn unig y dylid ei wneud i blant. Mae'r rhan fwyaf o ganllawiau cwricwlwm yn gofyn i blant ddatblygu syniadau sy'n ymwneud (er enghraifft) â defnyddio'r ffordd, prif gyflenwad trydan a pheryglon iechyd ysmygu a cham-drin cyffuriau. Mae angen trafod yr holl syniadau hyn gyda phlant mewn ffordd fydd yn annog dealltwriaeth ac felly hunanddisgyblaeth o ran ufuddhau i'r rheolau.

Mae rheolau, ac ufuddhau iddynt, yn hanfodol lle mae materion diogelwch yn berthnasol ond y cynharaf y bydd cydymffurfiad yn wirfoddol y cynharaf y byddwn yn cael gwared ar y demtasiwn i'w torri. Dylai cyfeirio'n benodol at ragofalon diogelwch fod yn rhan o ddogfen polisi gwyddoniaeth yr ysgol, fel y trafodwyd ym Mhennod 19 ac y gwelir mewn enghreifftiau ym Mlwch 19.1. Nododd un ddogfen ysgol y bydd 'Plant yn cael eu haddysgu i wneud eu hasesiad risg eu hunain cyn gwneud gwaith'. Ar gyfer athrawon, roedd yn rhestru'r wybodaeth am ddiogelwch sydd ar gael yn yr ysgol a rôl ymgynghorol yr arweinydd pwnc gwyddoniaeth.

Ni ddylai pwys mwyaf diogelwch gyfyngu ar ymchwiliadau ond yn hytrach na hynny dylai sicrhau bod rhagofalon angenrheidiol yn cael eu cymryd a bod plant yn raddol yn dod i ddeall y rhesymau drostyn nhw. Mae'r un dadleuon yn berthnasol i faterion iechyd a diogelwch pan fydd plant yn mynd allan drwy'r drysau ac ar deithiau ysgol.

Ffynonellau o weithgareddau a deunyddiau

Yn y 1990au a'r 2000au roedd deunyddiau a chynlluniau gwaith cyhoeddedig, a gynlluniwyd i gyd-fynd â gofynion cwricwla cenedlaethol, yn ffynhonnell allweddol o weithgareddau a chynlluniau gwersi. Roedd y cynlluniau gorau yn darparu syniadau ar gyfer gweithgareddau, gwybodaeth gefndirol i athrawon, mewnwelediad i gynnydd, posibiliadau ar gyfer asesu a deunyddiau oedd yn aml yn ddiddorol i blant ac athrawon. Ers hynny mae athrawon wedi troi'n amlach at y Rhyngrwyd ar gyfer syniadau a deunyddiau addysgu. Mae modd gweld adnoddau nad ydynt yn cael eu cyhoeddi bellach yn rhad ac am ddim drwy e-lyfrgell helaeth y Ganolfan STEM Genedlaethol. Er enghraifft, gellir lawrlwytho canllawiau athrawon a llyfrau disgyblion Gwyddoniaeth Gynradd Nuffield (SPACE) o safle'r e-lyfrgell (https://www.stem.org.uk/elibrary/collection/3059?page=2).

Mae Blwch 21.5 yn rhestru rhai o'r gwefannau niferus sy'n rhoi mynediad i adnoddau ystafell ddosbarth a gweithgareddau gwyddoniaeth ar gyfer ysgolion cynradd.

Blwch 21.5 Ffynonellau defnyddiol ar y we o weithgareddau a deunyddiau ystafell ddosbarth

Cymdeithas Wyddoniaeth Prydain (BSA)

Mae'r BSA yn rhedeg y cynllun dyfarniad CREST wedi'i ddylunio i gyfoethogi gweithgareddau ar gyfer plant 5-11 mlwydd oed. Mae'n darparu adnoddau addysgu ac astudiaethau achos.

www.crestawards.org/

CLEAPSS

(Bellach yn enw, nid yn acronym, ond yn tarddu o'r enw *Consortium of Local Education Authorities for the Provision of Science Services.*) Sefydliad aelodaeth sy'n darparu canllawiau ar ddewis a defnyddio offer a chemegau yn ddiogel ac ar gadw planhigion ac anifeiliaid. Yn rhedeg cystadleuaeth gwyddoniaeth gynradd flynyddol ac yn cyhoeddi cylchlythyr dair gwaith y flwyddyn. Yn cefnogi llinell gymorth ar faterion sy'n ymwneud â gwyddoniaeth ymarferol.

www.cleapss.org.uk/primary/primary-resources

Y Ganolfan STEM Genedlaethol

Mae'r Ganolfan STEM Genedlaethol yn Efrog yn cynnal y casgliadau mwyaf o adnoddau i athrawon Gwyddoniaeth, Technoleg, Peirianneg a Mathemateg yn y DU. Mae'r casgliad, sy'n tyfu'n gyson, yn hawdd i'w chwilio ac yn agored i'r holl ddefnyddwyr.

https://www.stem.org.uk/audience/primary

Planet Science

I blant: set o weithgareddau sy'n cael eu newid yn rheolaidd, atebion i gwestiynau, gemau a syniadau am bethau i'w gwneud sy'n cyfeirio'n uniongyrchol at blant:

www.planet-science.com/categories/under-11s/what-do-you-know-about.aspx

I athrawon: y wybodaeth a'r newyddion diweddaraf am addysg wyddonol:

www.planet-science.com/categories/parentsteachers.aspx

Yr Ymddiriedolaeth Addysgu Gwyddoniaeth Gynradd (PSTT - The Primary Science Teaching Trust)

Mae gan PSTT wefan helaeth sy'n darparu ystod gyfoethog o weithgareddau dosbarth, canllawiau ar gyfer arweinwyr cwricwlwm gwyddoniaeth, Uned DPP ar redeg clwb gwyddoniaeth, enghreifftiau o weithgareddau a ffynonellau o syniadau a chymorth, deunyddiau enghreifftiol am y Marc Safon Gwyddoniaeth Cynradd (gweler Pennod 26) a nifer o gysylltiadau defnyddiol i ffynonellau a gwefannau eraill.

https://pstt.org.uk/res

RSPB (Y Gymdeithas Frenhinol er Gwarchod Adar)

Mae'r wefan hon yn cynnig ystod o adnoddau sy'n gysylltiedig â'r cwricwlwm ar gyfer dysgu yn yr ystafell ddosbarth a dysgu yn yr awyr agored.

www.rspb.org.uk/kids-and-schools/kids-at-school/teaching-resources/index.aspx

SCORE

(Partneriaeth o sefydliadau sy'n ymwneud ag addysg gwyddoniaeth, gan gynnwys yr ASE.) Wedi cyhoeddi *Practical Work in School Science,* ac er nad yw'r wefan bellach yn ei ddiweddaru, gellir cael gafael arno o:

http://score-education.org/media/3674/primary.pdf

parhau . . .

Blwch 21.5 parhad

SSERC (Canolfan Ymchwil Addysg Ysgolion yr Alban)

Gwasanaeth sy'n darparu cymorth, yn bennaf mewn addysg gwyddoniaeth a thechnoleg, i bob awdurdod lleol yn yr Alban: cyngor iechyd a diogelwch, canllawiau ar waith ymarferol, bwletin chwarterol, rhaglenni datblygiad proffesiynol a deunyddiau ar y we.

www.sserc.org.uk/

TES (Times Educational Supplement)

Mae'r wefan hon yn darparu ystod eang o gynlluniau gwaith, cynlluniau gwersi a syniadau addysgu ar gyfer ysgolion cynradd.

www.tes.co.uk/primary-resources/

Ymddiriedolaeth Wellcome

Mae'r Ymddiriedolaeth Wellcome yn cefnogi gwyddoniaeth gynradd fel rhan allweddol o'i maes blaenoriaeth addysg gwyddoniaeth. Mae Explorify yn rhaglen o weithgareddau ystafell ddosbarth gyda'r bwriad o sbarduno chwilfrydedd plant a datblygu eu syniadau ar gyfer pob disgybl yn y DU.

https://explorify.wellcome.ac.uk/

Coed Cadw

Yn cynnig taflenni gweithgareddau ac adnoddau ar gyfer athrawon yn yr ystafell ddosbarth a thu allan i'r ystafell ddosbarth.

www.woodlandtrust.org.uk/en/learning-kids/Pages/children.aspx

(Cyrchwyd yr holl wefannau ar 16 Ionawr 2018.)

Crynodeb

Yn y bennod hon rydym wedi mynd i'r afael â chwestiynau 'pam' a 'sut' sy'n ymwneud â gwaith ymarferol mewn gwyddoniaeth gynradd: ei rhesymeg, trefniadaeth, offer, rhagofalon diogelwch a ffynonellau o weithgareddau ymarferol yn yr ystafell ddosbarth. Dyma'r prif bwyntiau:

■ Nid 'gweld drostyn nhw eu hunain' yn unig sy'n creu gwerth i waith ymarferol ond yn hytrach na hynny daw gwerth o ddarparu profiadau real i blant a'r cyfle i archwilio, trafod a phrofi eu syniadau, i adeiladu eu gwybodaeth a'u dealltwriaeth am y byd ffisegol a natur gwyddoniaeth.

■ Mae gwaith ymarferol llwyddiannus yn gofyn am ddigon o amser i feddwl yn ogystal â gwneud.

■ Mae angen i blant weld diben eu hymchwiliadau ac i'r diben hwnnw fod yn ystyrlon, i gael eu gosod mewn cyd-destun go iawn yn ddelfrydol.

■ Mae gweithio mewn grwpiau yn rhoi cyfle i blant drafod ac ymresymu, a chefnogir y rhain orau drwy ddatblygu sgiliau gweithio fel tîm ac awyrgylch sy'n annog disgyblion i fynegi eu syniadau.

■ Wrth ddewis defnyddiau ac offer i'w defnyddio mewn gwyddoniaeth gynradd, mae'n bwysig cadw mewn cof bod plant yn dysgu orau pan fyddant yn archwilio pethau o'u hamgylch; felly mae offer syml, cyfarwydd yn cael eu ffafrio dros gyfarpar labordy mwy cymhleth.

- Wrth ddatblygu stoc o adnoddau, mae'n hanfodol ystyried y cwricwlwm a'r gweithgareddau a gynlluniwyd ac i sicrhau bod nwyddau traul ar gael fel y bo'n briodol.

- Mae'n rhaid i'r cyfrifoldeb am gynnal adnoddau fod yn glir a rhaid cymryd gofal i gynnal a storio offer a defnyddiau mewn cyflwr da. Dylai plant fod yn rhan o gadw pethau mewn cyflwr da.

- Mae deall a dilyn codau diogelwch yn lleihau unrhyw risgiau sy'n gysylltiedig â rhai gweithgareddau heb ffrwyno profiad plant. Mae helpu plant i ddeall y rhesymau dros godau diogelwch yn rhan bwysig o ddysgu mewn gwyddoniaeth.

- Gellir cael amrywiaeth eang o syniadau ar gyfer gweithgareddau ymarferol o wefannau, gan ategu neu ddisodli rhaglenni gweithgareddau cyhoeddedig.

Darllen pellach

Burrows, P. (2003) Managing health and safety in primary science, *Primary Science Review* 79: 18–20.

Mant, J., Wilson. H. a Coates, D. (2007) The effect of increasing conceptual challenge in primary science lessons on pupils' achievement and engagement, *International Journal of Science Education* 29(14): 1707–1719.

Naylor, S., Keogh, B. a Downing, B. (2007) Argumentation in primary science, *Research in Science Education* 37: 177–139.

Sharpe, R. (2015) Students' attitudes to practical work by age and subject, *School Science Review* 96(357): 25–39.

22

Darparu ar gyfer dysgu y tu allan i'r ystafell ddosbarth

Cyflwyniad

Mae dysgu yn digwydd mewn amrywiaeth eang o amgylcheddau, mewn cyd-destunau cymdeithasol amrywiol ar wahanol adegau, o fewn i'r ysgol a thu allan i'r ysgol. Mae cryn dipyn o ddysgu sy'n digwydd y tu allan i ysgolion yn anffurfiol, ac nid yw'n llai pwysig oherwydd hynny, ond mae ffocws y bennod hon ar weithgareddau y tu allan i'r ystafell ddosbarth sy'n cael eu trefnu gan yr ysgol ac sydd â'r bwriad o gyfrannu at ddysgu'r cwricwlwm cymaint ag yr hyn sy'n digwydd yn yr ystafell ddosbarth. Boed o fewn neu'r tu allan i'r ystafell ddosbarth, mae rôl weithredol i'r athro - wrth ryngweithio gyda dysgwyr ac wrth sicrhau eu hymgysylltiad gweithgar yn yr amgylchedd dysgu. Yn adran gyntaf y bennod hon rydym yn ystyried y rhesymeg dros ddysgu y tu allan i'r ystafell ddosbarth, a manteision hynny, a'i werth penodol ar gyfer gwyddoniaeth gynradd. Mae'r ail adran yn trafod sut y gall gweithio y tu allan i'r ystafell ddosbarth ymestyn yr ystod o adnoddau ar gyfer dysg plant. Yn y drydedd adran mae enghreifftiau o wahanol fathau o brofiadau a lleoliadau y tu allan i'r ystafell ddosbarth. Yn olaf, rydym yn cynnig rhai awgrymiadau ar gyfer gwneud y defnydd mwyaf o'r digwyddiadau gwerthfawr hyn.

Pam dysgu y tu allan i'r ystafell ddosbarth?

Ymestyn y profiadau dysgu

Ar ôl cyflwyno'r cwricwlwm ac asesu cenedlaethol yn Lloegr fe wnaeth faint o 'waith maes' oedd disgyblion gwyddoniaeth uwchradd yn ei brofi ostwng yn ddramatig. Awgrymwyd bod y rhesymau dros hyn yn gysylltiedig â'r cwricwlwm gorlawn a'r anhawster wrth ei gysylltu ag asesu (Fisher, 2001). Yn yr un modd, mewn ysgolion cynradd, daeth yn fwy anodd cyfiawnhau'r amser a gymerai i ymweld ag amgueddfa neu archfarchnad leol pan oedd angen 'ymdrin' â chymaint o gynnwys yn y cwricwlwm penodedig. Yn ogystal â'r cyfyngiadau cwricwlwm hyn daeth materion iechyd a diogelwch mor amlwg nes, mewn rhai achosion, roedd athrawon yn camu yn ôl rhag cymryd y risgiau oedd yn gysylltiedig â theithiau y tu allan i'r ysgol. Yn gyffredinol, mae pobl ifanc yn cael eu gwarchod fwy ac yn llai actif nag yr oedden nhw yn y dyfodol. Fe wnaeth y cynnydd yng nghostau ymweliadau ysgol, yn enwedig ar gyfer trafnidiaeth, ychwanegu at y broblem. Ychydig fyddai'n anghytuno bod hyn yn golled i addysg gyffredinol pobl ifanc.

Ers hynny mae nifer o ffactorau wedi dod at ei gilydd i ddod â dysgu y tu allan i'r ystafell ddosbarth i'r amlwg. Mae pryderon cynyddol ynghylch diffyg ymarfer corff gan bobl ifanc, a deiet gwael, sy'n arwain at broblemau iechyd. Credir bod deall mwy am gynhyrchu bwyd yn ogystal â datblygu gwerthfawrogiad o'r awyr agored yn un ffordd o wrthweithio hyn. Ymhellach, mae yna bryderon y gallai diffyg dealltwriaeth o'r byd naturiol achosi i ddinasyddion y dyfodol deimlo nad ydyn nhw'n gallu gwneud penderfyniadau gwybodus am effaith gweithgareddau dynol ar yr amgylchedd. Mewn gwyddoniaeth mewn ysgolion cynradd, yn arbennig, mae'r cyfleoedd a gynigir i gael profiadau perthnasol, cyffrous a chofiadwy gydag adnoddau, amgylcheddau ac arbenigwyr fel arfer nad ydynt i'w gweld yn yr ystafell ddosbarth fel arfer yn golygu bod dysgu y tu allan i'r ystafell ddosbarth yn hanfodol. Am y rhesymau hyn, a gyda chymorth llai o ragnodi mewn diwygiadau olynol o gwricwla a chanllawiau cenedlaethol, mae gan athrawon fwy o hyder wrth ddefnyddio'r amgylchedd yn yr awyr agored i fodloni gofynion.

Mae adroddiadau ar gyfer Ofsted ac arolygiadau mewn rhannau eraill o'r DU wedi tynnu sylw at bwysigrwydd defnyddio ymweliadau i alluogi disgyblion i brofi gwyddoniaeth ar waith yn uniongyrchol yn y byd y tu allan i'r ystafell ddosbarth, a dangoswyd fod hyn wedi ysgogi diddordeb mewn gwyddoniaeth (Ofsted, 2013). Mae Ofsted wedi cynhyrchu ystod o ddogfennau ac astudiaethau achos i ddangos pa mor bwysig yw dysgu y tu allan i'r ystafell ddosbarth, ac i gefnogi ysgolion i ddatblygu cyfleoedd priodol ar gyfer eu disgyblion. Mae'r ddogfen *Learning Outside the Classroom: How Far Should You Go?* (Ofsted, 2008) yn adrodd am arolwg o amrywiaeth o ysgolion a sefydliadau addysgol a wnaeth archwilio arferion mewn dysgu y tu allan i'r ystafell ddosbarth, gan amlygu'r hyn roedd ysgolion yn ei wneud yn dda a lle'r oedd angen gwella. Mae canfyddiadau allweddol yr adroddiad yn cynnwys:

- Pan fydd yn cael ei gynllunio a'i roi ar waith yn dda, mae dysgu y tu allan i'r ystafell ddosbarth yn cyfrannu'n sylweddol at godi safonau a gwella datblygiad personol, cymdeithasol ac emosiynol disgyblion.

- Roedd dysgu y tu allan i'r ystafell ddosbarth yn fwyaf llwyddiannus pan oedd yn elfen annatod o gynllunio cwricwlwm hirdymor ac yn cael ei gysylltu'n agos â gweithgareddau dosbarth.

- Mae llwyddiant dysgu y tu allan i'r ystafell ddosbarth yn dibynnu i raddau helaeth ar arweinyddiaeth yr ysgol.

Mae gweithgareddau y tu allan hefyd yn helpu plant i brofi a mwynhau amrywiaeth ehangach o weithgareddau. Yn ein byd a reolir yn gynyddol ac sy'n dechnolegol gyfoethog mae llawer o blant wedi dod i ddisgwyl cael eu diddanu yn ystod eu horiau hamdden yn hytrach na chreu eu gweithgareddau eu hunain. Tra'r oedd cenhedlaeth flaenorol yn chwarae yn yr awyr agored pan nad oedden nhw yn yr ysgol, mae llawer o bobl ifanc heddiw yn cau eu hunain dan do, yn eistedd yn syllu ar sgriniau mawr neu fach. Mae hyn yn cyferbynnu gyda'r ddelwedd a ddisgrifiwyd gan Peacock (2006) o blentyndod delfrydol yn Ardal y Llynnoedd lle bu'n crwydro ymhell ac agos, yn pysgota mewn nentydd ac yn dringo coed. Efallai nad ydym i gyd wedi cael rhyddid neu gyfleoedd o'r fath i ddarganfod y byd naturiol ar ein pen ein hunain, ac efallai nad yw hiraeth syml am ein plentyndod ein hunain yn ddigon o reswm i fynd i'r drafferth o geisio ail-greu'r profiadau hyn. Fodd bynnag, mae yna anesmwythder cynyddol ynghylch y diffyg rhyddid i blant ddysgu trwy chwarae ac archwilio sydd yn ei dro yn golygu nad ydynt yn dysgu sut i gymryd risgiau a gwneud penderfyniadau drostyn nhw eu hunain.

Yn 2006 cyhoeddodd yr AdAS y *Learning Outside the Classroom Manifesto* (gweler Blwch 22.1) sydd bellach ar gael ar wefan y Cyngor ar gyfer Dysgu y Tu Allan i'r Ystafell Ddosbarth (CLOtC - *Council for Learning Outside the Classroom*), elusen sydd wedi ymrwymo i hyrwyddo dysgu y tu allan i'r ystafell ddosbarth (LOtC). Mae'n cynnig llawer o adnoddau a gwasanaethau ar gyfer dysgu y tu allan i'r ystafell ddosbarth yn holl feysydd y cwricwlwm. Mae'n disgrifio ei hun fel 'llais cenedlaethol ar gyfer dysgu y tu allan i'r ystafell ddosbarth', gan gredu y 'dylai pob person ifanc (0-19 mlwydd oed) brofi'r byd y tu hwnt i'r ystafell ddosbarth fel rhan hanfodol o'u dysgu, beth bynnag yw eu hoedran, gallu neu amgylchiadau' (gwefan CLOtC).

Mae'r gwasanaethau a ddarperir gan y CLOtC yn cynnwys modiwlau datblygiad proffesiynol, pecynnau adnoddau a chydnabyddiaeth ar ffurf y Marc LOtC, sy'n cael e ddyfarnu ar lefelau efydd, arian ac aur. Fel yn achos y Marc Safon Gwyddoniaeth Gynradd (PSQM; gweler Pennod 26) mae'r gweithdrefnau ar gyfer cael y Marc LOtC yn dechrau gyda hunan-arfarniad yn erbyn y meini prawf, arolygiadau safle (yn dibynnu ar y lefel) ac, ar gyfer y lefel aur, darparu ymgynghoriaeth ar sut i wella'r ddarpariaeth ar gyfer LOtC.

Y cyfraniad at ddysgu

Ymhlith y rhesymau eraill dros athrawon yn treulio'r amser a'r ymdrech, nid ansylweddol, sy'n gysylltiedig â darparu cyfleoedd ar gyfer dysgu y tu allan i'r ystafell ddosbarth mae'r dystiolaeth gynyddol bod y profiadau hyn yn cael effaith sylweddol ar ddysg plant, eu cymhelliant i ddysgu, eu sgiliau cymdeithasol a'u hagwedd gyffredinol tuag at yr ysgol. Gall y profiadau hyn hefyd ddarparu mynediad i: adnoddau yn yr amgylchedd na fyddai ar gael fel arall; offer arbenigol neu ddrud; ac adnoddau deallusol y rhai hynny sy'n cynnig cymorth i ddysgu ar safleoedd penodol, fel ceidwaid cefn gwlad, curaduron amgueddfeydd, ffermwyr, gweithwyr mewn ffatrïoedd a lleoliadau diwydiannol eraill.

Mae consensws eang bod mynd â phlant allan i brofi'r amgylchedd ac i weithio mewn lleoliadau cyffrous a gwahanol yn cael effaith sylweddol ar ansawdd eu dysgu ac ar y berthynas rhwng yr athro a'r disgyblion. Mae disgyblion yn dysgu am y gymdeithas a sut i weithio gyda'i gilydd, maen nhw'n datblygu dealltwriaeth o'r berthynas rhwng natur a chymdeithas. Mae Dillon *et al.* (2005: 22) yn disgrifio effaith gwybyddol, affeithiol, rhyngbersonol/cymdeithasol a ffisegol/ymddygiadol dysgu yn yr awyr agored. Yn yr un modd fe wnaeth *Learning Outside the Classroom Manifesto* (AdAS, 2006) restru'r manteision fel ym Mlwch 22.1.

Blwch 22.1 Manteision dysgu y tu allan i'r ystafell ddosbarth

- Gwella cyrhaeddiad academaidd.

- Darparu pont i ddysgu lefel uwch.

- Datblygu sgiliau ac annibyniaeth mewn ystod ehangach o amgylcheddau.

- Gwneud dysgu yn fwy diddorol a pherthnasol i bobl ifanc.

- Datblygu dinasyddion gweithgar a stiwardiaid yr amgylchedd.

parhau . . .

Blwch 22.1 parhad

- Meithrin creadigrwydd.

- Darparu cyfleoedd ar gyfer dysgu anffurfiol trwy chwarae.

- Lleihau problemau ymddygiad.

- Gwella presenoldeb.

- Ysgogi, ysbrydoli a gwella cymhelliant.

- Datblygu'r gallu i ddelio ag ansicrwydd.

- Darparu her a chyfle i gymryd lefelau derbyniol o risg.

- Gwella agwedd pobl ifanc tuag at ddysgu.

(AdAS, 2006: 4)

Cyfraniad penodol i ddysgu mewn gwyddoniaeth

Mewn perthynas â gwyddoniaeth, yn ogystal â datblygu agweddau cadarnhaol tuag at ddysgu gwyddoniaeth, mae gweithio y tu allan i'r ystafell ddosbarth yn rhoi cyfle i ddatblygu a defnyddio sgiliau a dealltwriaeth wyddonol yn y byd go iawn. Mae gan amgylcheddau dysgu rhyngweithiol ac anffurfiol rôl bwysig o ran rhesymoli gwyddoniaeth, i rieni a'r cyhoedd yn ogystal ag i blant.

Mae'r manteision penodol ar gyfer gwyddoniaeth yn cynnwys, er enghraifft, datblygu dealltwriaeth o'r berthynas rhwng y bwyd rydym yn ei fwyta a ffermio. Mae Dillon et al. (2005) yn nodi, er bod ffermio yn cymryd cyfran sylweddol o gefn gwlad a'i fod yn ddiwydiant enfawr yn y DU, fel yn llawer o'r byd datblygedig, mae ffermio a bwyd wedi dod yn ddatgysylltiedig i nifer o bobl. Er mwyn i bobl ifanc gyfrannu at ddadleuon am gynhyrchu bwyd a chynaliadwyedd mae angen eu hail-gysylltu. Yn yr un modd, o ran yr amgylchedd, mae'r materion yn gymhleth, ond mae cael y cyfle i archwilio'r byd naturiol ac i weld y gydberthynas rhwng pobl a'u hamgylchedd yn rhoi sylfaen i bobl ifanc adeiladu eu barn o'r byd arni a'u perthynas nhw eu hunain gydag ef ac i wneud penderfyniadau gwybodus am faterion megis yr angen i ailgylchu defnyddiau.

Ymestyn yr ystod o adnoddau ar gyfer dysgu

Un o fanteision defnyddio lleoliadau y tu allan i'r ysgol ar gyfer dysgu yw eu bod yn darparu mynediad at adnoddau – ffisegol, dynol a diwylliannol – nad ydynt ar gael i'r athro yn yr ystafell ddosbarth.

Adnoddau ffisegol

Gall y rhan fwyaf o'r adnoddau ffisegol ar gyfer dysgu gwyddoniaeth yn yr ysgol gynradd fod yn wrthrychau syml, cyffredin, cyfarwydd, ac mae'n debyg eu bod yn hawdd cael gafael arnynt (gweler Pennod 21). Fodd bynnag, mae yna adegau pan fo cymaint yn fwy y gellid ei ddysgu gyda mynediad at offer neu amgylcheddau priodol. Mae Blwch 22.2 yn disgrifio ymweliad dosbarth i'r traeth gyda David, ceidwad y traeth. Yn amlwg mae'r traeth ei hun yn adnodd gwerthfawr, ond hefyd roedd yr ystafell ddosbarth a ddarparwyd gan y cwmni olew a'r ffotograffau a ddat-blygwyd gyda chefnogaeth y cwmni olew lleol yn golygu bod modd cyflwyno a thrafod delweddau allweddol mewn perthynas â'r pynciau oedd yn cael eu hastudio. Mae'r cyfleoedd a ddarperir gan amgueddfeydd a chanolfannau gwyddoniaeth ymarferol, yn sylweddol. Nid yw'r cyfleoedd a gynigir gan yr archfarchnad leol i helpu plant ddeall sut mae bwydydd yn cael eu trefnu, sut mae bara'n cael ei wneud, sut mae bwyd yn cael ei storio a'i gadw'n ffres, yn llai sylweddol; maen nhw i gyd yn ychwanegiadau gwerthfawr i'r cwricwlwm.

Blwch 22.2 Dysgu ar draeth yng Ngogledd Cymru

Roedd ymweliad plant Blwyddyn 1 a 2 o hen gymuned lofaol fechan yng Ngogledd Cymru i draeth lle mae ardal y twyni wedi'i ddynodi fel safle o ddiddordeb gwyddonol arbennig. Mae cwmni olew mawr, gyda ffatri prosesu nwy ger y traeth, yn ariannu gwaith cadwraeth yn ogystal ag ymweliadau gan ysgo-lion. Mae'r cwmni yn darparu ystafell ddosbarth, ac yn cefnogi ei staff a cheidwaid i weithio gydag ysgolion yn yr ardal ar nifer o brosiectau. Yn yr achos hwn roedd y ffocws ar gadwraeth yr amgylchedd. Roedd yr ysgol wedi trefnu cludiant ar gyfer y diwrnod, cymorth gan bedwar oedolyn a'r holl drafo-daethau angenrheidiol gyda rhieni am becynnau bwyd, ac ati

Tra'r oedd hi'n bwrw glaw yn y bore gweithiodd y plant yn yr ystafell ddosbarth mewn pum grŵp, pob un gydag athro neu gynorthwywr. Arweiniwyd y sesiynau gan David, y ceidwad, a ddangosodd ffotograffau o'r ardal gan gynnwys y goleudy, y twyni a phethau eraill roedden nhw'n debygol o'u gweld ar y traeth. Fe wnaeth gynnwys rhai delweddau mwy annymunol - sbwriel, baw ci, graffiti ar fap 'rydych chi yma' ac arwyddion rhybuddio - a thrafodwyd y rhain yn y cyd-destun o helpu plant i sylweddoli fod 'rhaid i ni'n wirioneddol ofalu am ein traeth' a beth i'w wneud os bydden nhw'n dod o hyd i bethau sydd wedi cael eu difrodi.

Yn y prynhawn wrth i'r plant gerdded tuag at y twyni oedd yn torri ar y môr gydag arweinydd y prosiect. Fe wnaeth eu hatgoffa bod y twyni yno i ddal y moroedd stormus yn ôl a chadw'r tir yn ddiogel. Wrth iddynt gerdded drwy'r twyni camodd yr arweinydd oddi ar y llwybr a thynnu sylw'r plant at y moresg (*marram grass*).

David:	Edrychwch ar y glaswellt hwn, allwch chi ei weld? Teimlwch o.
Disgybl:	Mae'n sych ac yn galed.
David:	Ydy. Er ei bod wedi bod yn bwrw glaw ac yn bwrw glaw trwy'r bore. Pam ydych chi'n meddwl fod hynny?
Disgybl:	Mae'r tywod yn sych.
David (yn codi rhywfaint o dywod a'i hidlo drwy ei fysedd):	Efallai ei bod hi wedi bwrw llawer ond mae'r glaw wedi rhedeg trwyddo'n unig. Felly sut mae'r glaswellt yn goroesi?
Disgybl:	Nid ydy o angen diod.
David:	Ydy mae o, mae angen dŵr yn fawr iawn ac felly mae'n rhaid iddo dyfu gwreiddiau hir iawn.

parhau . . .

> **Blwch 22.2** parhad
>
> Gofynnodd i blentyn gerdded tua 3 metr i ffwrdd oddi wrtho, er mwyn dangos pa mor hir yw'r gwreiddiau. Eglurodd fod y gwreiddiau hir yn golygu y gall y gwair gael dŵr, ond mae'r gwreiddiau yn croesi ar draws ei gilydd i wneud rhwydi sy'n dal y tywod gyda'i gilydd.
>
> Ar ôl awr dda o chwilio'r traeth, yn wyliadwrus oherwydd y drafodaeth gynharach o'r hyn y gallent ddod o hyd iddo, dechreuodd y plant gerdded yn ôl drwy'r twyni mewn ffordd wahanol er mwyn iddynt ddringo'n eithaf uchel ac edrych yn ôl ar y goleudy. Gallent weld lle'r oedd llwynogod wedi bod a lle'r oedd tyllau cwningod yr ochr draw, ac unwaith eto fe wnaethant drafod breuder y twyni.

Mae gweithio y tu allan i'r ystafell ddosbarth fel y disgrifir ym Mlwch 22.2 yn rhoi'r cyfle i blant ddefnyddio a datblygu eu sgiliau arsylwi a rhagfynegi, yn yr achos hwn ar y traeth. Mae helfeydd sborion sydd wedi'u trefnu'n ofalus yn cynnig cymaint sydd yn gyffrous ac yn ddiddorol, gan roi sylfaen gadarn i blant ar gyfer gwaith dosbarth pellach ar nodi'r eitemau a ganfuwyd, gan ddefnyddio ymchwil ar-lein a ffynonellau eraill.

Adnoddau dynol

Ni all unrhyw athro obeithio bod yn arbenigwr ym mhob maes. Mae dysgu gan arbenigwyr yn estyniad gwerthfawr o'r adnoddau y gellir eu harneisio i gefnogi'r cwricwlwm. Gallai hyn olygu gwneud defnydd o glwb ffotograffiaeth amatur i gynhyrchu lluniau o safle lleol am ymweliad, neu arbenigedd rhieni ac eraill yn y gymuned. Datblygodd un ysgol glwb garddio oedd yn ffynnu o dan arweiniad gofalwr yr ysgol a rhiant a oedd hefyd yn arddwr proffesiynol. Mae'r ardd yn cael ei defnyddio gan yr holl blant drwy'r ysgol fel rhan o'u cwricwlwm (Davids, 2008). Mae amgueddfeydd, orielau, gerddi, ffermydd a mannau gwaith eraill hefyd yn darparu mynediad i lawer iawn o arbenigedd. Mae nifer o fusnesau hefyd wedi agor eu drysau i ymweliadau addysgol, ac yn aml maen nhw'n darparu addysgwyr sydd wedi'u lleoli mewn canolfannau wedi'u dylunio'n arbennig i gefnogi dysgu (gweler Blwch 22.5).

Gall cyfleoedd eraill ddod o adrannau prifysgol sydd yn awyddus i ddatblygu cysylltiadau gydag ysgolion. Mae Owen *et al.* (2008) yn disgrifio sut y gwnaeth ysgol elwa ar blant yn gweithio gyda gwyddonwyr proffesiynol i wneud ymchwil amgylcheddol ar eu hafon leol, rhywbeth a fyddai fel arall mae'n debyg wedi bod y tu hwnt i allu staff yr ysgol i'w gynnig.

Adnoddau diwylliannol

Mae amgueddfeydd, orielau, a chanolfannau gwyddoniaeth ymarferol yn arbennig wedi datblygu deunyddiau i gefnogi dysg disgyblion ac i archwilio ffyrdd o gyflwyno arddangosfeydd sy'n cefnogi dysgu. Mae'r lleoliadau hyn yn darparu profiadau ymarferol, arddangosfeydd a gynlluniwyd yn arbennig ac addysgwyr sydd wedi'u hyfforddi'n arbennig. Mae'r rhan fwyaf o ganolfannau wedi datblygu deunyddiau y gellir eu hanfon i ysgolion i'w helpu i baratoi ar gyfer ymweliad ac awgrymu gwaith dilynol. Er enghraifft, yn yr Alban, mae'r pedair Canolfan Gwyddoniaeth, y Gerddi Botaneg Brenhinol, Amgueddfeydd Cenedlaethol yr Alban, y ddau barc cenedlaethol, Scottish Natural Heritage, Historic Scotland, y Gymdeithas Sŵolegol Frenhinol a'r gerddi botaneg lleol i gyd yn cynnig rhaglenni addysgol sy'n gyd-naws â chanllawiau'r Cwricwlwm ar gyfer Rhagoriaeth mewn gwahanol feysydd o'r cwricwlwm. Yn ogystal â hynny, mae cyfoeth o ddeunydd ar-lein y gellir eu defnyddio i gefnogi ymweliadau, neu eu defnyddio mewn gwaith arall, trwy wefannau megis y 24 Hour Museum (gweler y rhestr o wefannau ar ddiwedd y bennod). Rôl yr athro yw hi o hyd i wneud y defnydd gorau o'r adnoddau hyn fel y byddwn yn trafod yn nes ymlaen yn y bennod hon.

Lleoliadau ar gyfer dysgu y tu allan i'r ystafell ddosbarth

Mae yna nifer o ffyrdd o gategoreiddio lleoliadau ar gyfer dysgu y tu allan i'r ystafell ddosbarth (LOtC). Mae gwefan yr LOtC yn gwneud hyn o ran y pellter oddi wrth yr ysgol a'r amser sydd ei angen ar gyfer ymweliad (o 'dir yr ysgol' i 'lleol y tu allan i'r ysgol' i 'lleol angen cludiant' i 'ymweliadau dydd' ac 'ymweliadau sy'n gofyn am aros dros nos'). Rydym yn eu rhannu nhw yma i fathau o brofiadau a gynigir - lleoliadau naturiol, amgueddfeydd a chanolfannau bywyd gwyllt, mannau gwaith ac ychydig o rai 'eraill'.

Lleoliadau naturiol

Yma rydym yn cynnwys parciau, glan y môr, coedwigoedd, dolydd a thir yr ysgol. Mewn rhai, efallai na fydd strwythur ffurfiol ar gyfer ymwelwyr, ac felly mae gwybodaeth yr athro am yr ardal yn bwysig. Mae'n debyg mai tir yr ysgol a'r ardal gyfagos yw'r cyfle mwyaf rhad a'r un a dan-ddefnyddir fwyaf yn yr awyr agored. Un fantais fawr o wneud mwy o ddefnydd o'r amgylchedd lleol yw y gellir ail-ym-weld. Mae hyn yn ofynnol mewn gweithgareddau fel yr astudiaeth o goed, adnodd sydd i'w gael ym mhob amgylchedd, gan gynnwys canol dinasoedd. Mae Walker (2017; gwefan City Tree Champions), sy'n gweithio yn Sheffield, yn disgrifio gweithgareddau y mae wedi eu dwyn ynghyd gyda phecyn ategol o daflenni gwaith i ddisgyblion. Mae'r gweithgareddau'n cynnwys:

- Defnyddio Google Maps i ddod o hyd i goeden a ddewiswyd
- Disgrifio coeden gan ddefnyddio amryw o synhwyrau
- Mesur uchder coes
- Amcangyfrif yr ardal canopi
- Astudio siapiau dail
- Newidiadau tymhorol.

Fe wnaeth grŵp o athrawon ym Mwrdeistref Haringey yn Llundain gynhyrchu set o 25 o 'lwybrau gwyddoniaeth' i fanteisio i'r eithaf ar ardaloedd yn yr awyr agored yn ardal drefol Llundain, a gellir eu haddasu hefyd i leoliadau eraill. Cafodd y gwaith ei ariannu gan y Primary Science Teaching Trust (PSTT) ac mae'r treialon sy'n deillio o'r gwaith ar wefan PSTT (*Let's Go! Science Trails*). Ar gyfer pob llwybr mae'r nodiadau ar gyfer athrawon yn rhoi amcanion, adnoddau ac offer sydd eu hangen, a goblygiadau iechyd a diogelwch. Mae'r gweithgareddau yn arloesol ac yn cynnwys y defnydd o dechnoleg, megis iPod, camerâu digidol a chofnodyddion data. Mae'r llyfryn ar gyfer athrawon yn darparu enghreifftiau o waith disgyblion, taflenni gwaith ac awgrymiadau i athrawon greu eu llwybrau eu hunain.

Mae'r opsiwn o gerdded o amgylch yr ardal leol o reidrwydd yn ddibynnol ar ganiatâd y rhieni, a'r amgylchedd. Gallai lleoliad dinas brysur fod yn amhriodol, ond mae mynd allan i'r tir i gael profiad o law neu i fesur cyflymder y gwynt gyda melinau gwynt papur yn bosibl i'r rhan fwyaf o ysgolion.

Mae llawer o athrawon yn cydnabod nad yw'r sgiliau pedagogaidd sydd eu hangen ar gyfer taith lwyddiannus yr un fath â'r rhai sydd eu hangen yn yr ystafell ddosbarth (Kisiel, 2007). Gall hyn arwain at ddiffyg hyder, yn enwedig ar ran athrawon dibrofiad. Mae mynd gyda staff mwy profiadol ar ymweliadau yn ffordd dda o ddysgu, yn ogystal â gwneud defnydd o sefydliadau sy'n darparu staff sydd wedi'u hyfforddi'n arbenigol. Mae Ysgolion Coedwig, er enghraifft - lle mae profiadau addysgol yn cael eu harwain gan staff arbenigol hyfforddedig sy'n defnyddio amgylchedd awyr agored megis coedwig fel ystafell ddosbarth - yn dod yn gyffredin yng Nghymru a Lloegr. Fe wnaeth gwerthusiad o ddau brosiect Ysgol Goedwig gan y New Economics Foundation amlygu sut y gallant gynyddu hunanhyder a hunan-barch pobl ifanc (O'Brien a Murray, 2007). Maen nhw'n darparu cyfleoedd ar gyfer dysgu yn enwedig i'r rhai hynny nad ydynt yn gwneud cystal yn yr ystafell ddosbarth yn yr ysgol.

Mewn rhai ysgolion gall ymuno mewn digwyddiadau cenedlaethol fel Helfa Fawr y Trychfilod (Blwch 22.3) a gefnogir gan y Gymdeithas ar gyfer Addysg Wyddoniaeth neu *Big Garden Birdwatch* yr RSPB ennyn diddordeb hirdymor a'r defnydd o amgylchedd yr ysgol.

Blwch 22.3 Trychfilod ysbrydoledig

Fe wnaeth Ysgol Gynradd Ripple greu ystafell ddosbarth a gardd natur yn yr awyr agored a ddyluniwyd i alluogi plant i wylio adar, tyfu llysiau, ymdrochi yn y pwll, magu gloÿnnod byw, ac ati. Fe wnaeth athro Blwyddyn 6, James Davis, adrodd bod plant yn dangos cymaint o ddiddordeb mewn bywyd gwyllt oedd yn dechrau ymweld â'r ardal nes iddo benderfynu rhoi enw ei ddosbarth i mewn i 'Helfa Mawr y Trychfilod'. Fel enillwyr, roeddent yn gallu fforddio, ymhlith datblygiadau eraill, teledu sgrin fflat oedd wedi'i gysylltu â chamera mewn blwch adar. Fe wnaethant hefyd sefydlu blog ysgol, ac roedd y plant yn gallu gwneud awgrymiadau ar ei gyfer neu rannu profiad roedden nhw wedi'i gael tra roedden nhw yn yr ardal. Ysgrifennodd yr athro yn frwdfrydig am y prosiect hwn::

Yr agwedd fwyaf boddhaol ar y prosiect hwn yw bod yna ymdeimlad gwirioneddol o berchnogaeth gan y plant. Dyma eu hardal nhw ac maen nhw'n gofalu amdani ym mhob tymor! Yr agwedd fwyaf pwysig fodd bynnag, yw bod yr adnodd hwn wedi dangos i lawer o blant y gall dysgu fod yn hwyl.

(Davis, 2012)

Mannau gwaith

Mae dysg plant yn cael ei wella lle maen nhw'n gweld ei berthnasedd i'w bywydau ac i'r byd y tu hwnt i'r ysgol. Gall ymweliadau â lleoedd gwaith hyrwyddo dealltwriaeth o sut mae gwyddoniaeth yn cyfrannu at ein bywydau, a pha mor ddefnyddiol yw dealltwriaeth o wyddoniaeth ar gyfer cyflogaeth yn y dyfodol. Mae archfarchnadoedd lleol, gorsafoedd tân, gwerthwyr llysiau a chanolfannau garddio yn darparu lleoliadau gwerthfawr ar gyfer ymweliadau.

Mae ffermydd, fel y soniwyd yn gynharach, yn darparu cyfleoedd ar gyfer llawer o gysylltiadau rhwng gwyddoniaeth a bywyd bob dydd; maen nhw hefyd yn fannau gwaith. Mae rhai pryderon am iechyd a diogelwch plant yn ystod ymweliadau sy'n gysylltiedig â chyswllt gydag anifeiliaid a pheiriannau. Ond mae Bill Graham, o Farming and Countryside Education (FACE), yn nodi sut y gallai athrawon a ffermwyr gymryd camau syml i warchod rhag unrhyw beryglon posibl. Mae FACE yn helpu ysgolion i ddod o hyd i ffermydd cyfagos i ymweld â nhw, yn helpu ffermwyr i baratoi ar gyfer ymweliadau addysgol ac yn helpu ysgolion i gynllunio ymweliadau. Yn ogystal â phrofiadau sy'n amrywio o fridio anifeiliaid i'r amodau sydd eu hangen ar blanhigion i dyfu, mae ffermydd yn lleoedd gwych i ddangos sut mae gwyddoniaeth a thechnoleg yn cael eu cymhwyso yn y gweithle, fel wrth ddefnyddio llywio lloeren i gynyddu manylder wrth aredig, hadu a chwistrellu caeau. Maen nhw hefyd yn lleoedd lle mae'n rhaid wynebu rhai materion allweddol sy'n ymwneud ag effaith gweithgarwch dynol ar yr amgylchedd, fel y nodwyd gan Graham ym Mlwch 22.4, a ddyfynnwyd o erthygl sy'n rhoi gwybodaeth am set ddefnyddiol iawn o wefannau sy'n ymwneud ag ymweliadau â ffermydd.

Blwch 22.4 Dysgu o ymweliadau â ffermydd

Mae ffermwyr yn defnyddio amrywiaeth eang o offer uwch-dechnoleg, gan gynnwys systemau lleoli byd-eang (GPS), yn debyg i'r rhai a ddefnyddir mewn ceir. Mae llawer o'u gweithgareddau yn cyfrannu at gynaliadwyedd, gan gynnwys tyfu planhigion sy'n cael eu defnyddio ar gyfer tanwydd ac mewn cynhyrchion sy'n cael eu gweithgynhyrchu. Er enghraifft, mae Miscanthus (hesgen eliffant) yn cael ei ddyfu fel biodanwydd ac am ei ffibrau mewn byrddau, mae helyg yn cael ei losgi i gynhyrchu trydan ac mae startsh ŷd yn cael ei ddefnyddio ar gyfer gweithgynhyrchu plastig bioddiraddadwy. Mae ffermwyr hefyd yn cynnal ac yn annog bywyd gwyllt drwy adael ymylon eu cae gyda gwair hirach i annog amrywiaeth o bryfed a phlanhigion blodeuol gwyllt, ac ailblannu gwrychoedd er mwyn gwarchod a darparu bwyd i famaliaid bychain ac adar. Mae dewisiadau i'w gwneud am ddefnyddio planhigion ac anifeiliaid a addaswyd yn enetig, dulliau o reoli clefydau a p'un a ddylid defnyddio gwrtaith ai peidio. Mae'r rhain yn faterion sy'n effeithio ar fywydau pob un ohonom, cyfeiriad cymdeithas ac, yn wir, ar ddyfodol ein planed.

(Graham, 2012: 17)

Gall meithrin perthynas hirsefydlog gyda fferm leol neu gwmni lleol ddarparu parhad i ddisgyblion a manteision ychwanegol wrth i ddisgyblion ddod yn gyfarwydd gyda'r safle a gwneud cysylltiadau gyda'r gwaith mae rhai o'u rhieni yn ei wneud. Yn achos cwmni ynni lleol, fel y disgrifir ym Mlwch 22.5, mae'r ysgol yn elwa'n sylweddol ar y cysylltiad parhaus.

Blwch 22.5 Dod i adnabod diwydiant lleol

Fe wnaeth dosbarth o blant 7 mlwydd oed ymweld â gorsaf bŵer sy'n cynhyrchu trydan ac yn cael ei bweru gan nwy. Mae gan y cwmni ganolfan hyfforddi staff sydd hefyd yn cael ei defnyddio i gynnal ymweliadau ysgol. Mae'r cwmni'n ariannu nifer sylweddol o ymweliadau dosbarth ar gyfer ysgolion lleol bob blwyddyn fel rhan o'i gyfrifoldeb cymunedol. Bydd y plant o'r ysgol leol hon yn ymweld â'r orsaf o leiaf ddwywaith yn ystod eu gyrfa ysgol gynradd. Ar bob ymweliad, lle bo hynny'n bosibl, bydd aelod o staff

parhau . . .

Blwch 22.5 parhad

sydd hefyd yn rhiant i blentyn yn yr ysgol yn cael ei ryddhau i ymuno â'r grŵp. Mae hyn yn helpu i wneud y cysylltiad â chyflogaeth ac yn ychwanegu at yr arbenigedd sydd ar gael i'r plant ar eu hymweliad. Mae plant hŷn yn cael cyfle i edrych o amgylch yr orsaf bŵer tra, am resymau iechyd a diogelwch, bydd y rhai ieuengaf yn aros yn yr ystafell ddosbarth ar y safle.

Ar ôl sgyrsiau diogelwch, gan gynnwys gwisgo i fyny mewn dillad adlewyrchol a hetiau caled, gweithiodd y plant mewn grwpiau bach gyda chynorthwywyr a ddarparwyd gan y cwmni i astudio trydan. Aethant ati i wneud cylchedau, rhoi cynnig ar switshys, edrych ar gar trydan prototeip ac yna gweithio gyda char trydan model bach yn astudio dargludyddion ac ynysyddion. Fe wnaeth pob grŵp roi cynnig ar bob gweithgaredd; roedd un yn cynnwys generaduron.

Generaduron

Dangoswyd lluniau i'r plant yn arddangosfa'r orsaf bŵer o'r generaduron trydan mawr oedd yn cael eu pweru gan nwy yn y brif orsaf bŵer; fe wnaethant edrych ar fodelau graddfa o dyrbinau gwynt a thyrbinau oedd yn cael eu gyrru gan ddŵr. Esboniodd y rhiant a oedd yn gweithio yn yr orsaf bod angen rhywfaint o ynni i droi generadur er mwyn cynhyrchu trydan. Yn yr orsaf hon, daw'r ynni o nwy.

Yna, rhoddwyd generadur llaw, bach, gwifrau a bwlb mewn daliwr i bob disgybl. Gofynnwyd iddynt gysylltu'r generadur a throi'r handlen. Achosodd hyn lawer o gyffro. Dywedodd un disgybl 'Y cyflymaf rydych chi'n mynd y mwyaf disglair yw'r bwlb'. Fe wnaeth yr athro ddefnyddio hyn i ofyn i'r disgyblion roi cynnig arno drostyn nhw eu hunain: 'Ewch yn arafach. Beth sy'n digwydd i'r bwlb? Ewch yn gyflymach. Beth sy'n digwydd i'r bwlb?'

Yna rhoddodd yr athro gell i bob plentyn ei gysylltu yn lle'r bwlb. Fe wnaeth hyn achosi i handlen y generadur droi, er mawr lawenydd y disgyblion. Ni wnaeth yr athro fynd i fanylion ond esboniodd yn syml bod y trydan yn achosi i'r handlen droi, felly roedd ynni yn dod o'r 'batri' i'r generadur, yn hytrach na'r ffordd arall.

Amgueddfeydd neu ganolfannau gwyddoniaeth, sŵau neu ganolfannau bywyd gwyllt

Yn wahanol i ddysgu yn yr ystafell ddosbarth lle mae tuedd i gael dilyniant llinol o weithgareddau a syniadau, un yn adeiladu ar y llall, a phob un yn dibynnu ar yr hyn oedd wedi cael ei ddysgu'n flaenorol, mae amgueddfeydd ac orielau, a chanolfannau ymarferol yn dueddol o ddarparu unedau aflinol o weithgareddau. Gall y rhain fod ar thema, megis 'Golau a Lliw' neu 'Toiledau drwy'r Oesoedd' ond gall ymwelwyr brofi arddangosfeydd mewn unrhyw drefn mwy neu lai, gan aros ym mhob un am gyn hired ag y maen nhw'n dymuno. Felly mae'r amgueddfa yn dibynnu ar chwilfrydedd a chymhelliant cynhenid ar ran yr ymwelydd cyffredinol. Ar gyfer ymweliadau ysgol, mae'r swm a ddysgir drwy ddewis rhydd yn weddol gyfyngedig. Mewn astudiaeth o ddisgyblion oedd yn ymweld ag amgueddfeydd eithaf ffurfiol, daeth Bamberger a Tal (2007) i'r casgliad bod dysgu mewn amgueddfeydd ar ei orau pan fo disgyblion yn cael dewis ag arweiniad o ran yr ardaloedd maen nhw'n cael eu hannog i'w harchwilio. Mae hyn yn rhoi'r cyfle i wneud cysylltiadau gyda'u dysgu yn yr ystafell ddosbarth ac yn galluogi manteisio i'r eithaf ar arbenigedd a gwybodaeth staff yr amgueddfa.

Cafodd pwysigrwydd oedolion wrth helpu plant i elwa ar eu hymweliad ei ddatgelu mewn ymchwil gan Tunnicliffe (2001), wnaeth ganfod fod grwpiau oedd yn ymweld ag amgueddfeydd gydag oedolion yn gofyn llawer mwy o gwestiynau ac yn gwneud mwy o ddatganiadau o wybodaeth na grwpiau heb oedolion.

Awgrymwyd gwerth presenoldeb oedolion a pharatoi gofalus o ran cysylltu â dysgu cyfredol a sicrhau bod gwybodaeth berthnasol ar gael i ddisgyblion ar eu lefel nhw gan Bowker (2004). Wrth ymchwilio i ymwelwyr â phrosiect Eden, canfu bod barn plant o blanhigion yn gallu newid mewn ymweliad diwrnod hyd yn oed (o fod yn ddiflas i fod yn ddiddorol), ond oni bai bod planhigion a gwybodaeth ddiddorol yn cael eu hamlygu iddyn nhw nid ydyn nhw bob amser yn sylwi ar bethau drostyn nhw eu hunain.

Mewn astudiaeth bellach o'r dysgu a gyflawnwyd mewn gweithdy Eden oedd yn canolbwyntio ar y defnydd o blanhigion trofannol ar gyfer goroesi, fe wnaeth Bowker a Jasper (2007) ganfod, er bod dealltwriaeth y disgyblion yn cynyddu'n sylweddol, nid oedden nhw'n gwneud y cysylltiad a fwriedir rhwng yr hyn roedden nhw wedi'i ddysgu a'r ffordd y gallai pobloedd frodorol ddefnyddio'r planhigion hyn. Mae angen gwneud cysylltiadau o'r fath yn glir gan y rhai hynny sy'n arwain y gweithdai. Mae hyn i gyd yn awgrymu, er mwyn i'r disgyblion elwa cymaint â phosibl, mae cynllunio gofalus yn hanfodol, gydag athrawon, cynorthwywyr ac addysgwyr amgueddfeydd yn rhannu dealltwriaeth o ran y ffordd orau i gefnogi ymweliad.

Ymchwiliodd Jarvis a Pell (2005) i unrhyw ddylanwad gan ymweliad â Chanolfan Ofod Genedlaethol y DU yng Nghaerlŷr ar agweddau plant tuag at wyddoniaeth. Mae gan y ganolfan chwe oriel ryngweithiol, planetariwm fwyaf y DU ac efelychwyr 3D o deithio yn y gofod. Fe wnaeth yr ymchwilwyr ganfod bod gan y plant fwy o ffocws a'u bod yn ymgysylltu mwy â'r arddangosfeydd yn y prif arddangosfeydd lle'r oedd gan y cynorthwywyr wybodaeth neu ddiddordeb mewn gwyddoniaeth neu lle'r oedden nhw'n athrawon neu'n gynorthwywyr profiadol. Fodd bynnag, dangosodd holiaduron cyn yr ymweliadau ac ar adeg diweddarach nad oedd y profiadau hyn wedi cyfrannu at fwy o ddiddordeb mewn gwyddoniaeth yn gyffredinol neu'r gofod yn benodol, er bod y cyfle i gyfathrebu chwarae rôl rhwng y rhai oedd yn rheoli'r daith a'r llong ofod yn cael ei ystyried yn 'rhyfeddol'.

Lleoliadau eraill

Gall bron unrhyw leoliad ddarparu cyfleoedd dysgu. Gall ymweliadau â chestyll gyda ffocws ar hanes hefyd gyfrannu at y cwricwlwm gwyddoniaeth: mae gwthiadau a thyniadau, liferi a phwlïau yn ddiddorol pan fyddant yn cael eu cysylltu â mecanweithiau ar gyfer porthcwlis, neu sut mae magnel yn gweithredu. Gall ymweliadau â neuadd gyngerdd ddarparu'r cefndir ar gyfer gwaith ar sain a cherddoriaeth, a gall teithiau rheolaidd i'r pwll nofio gynnig cyfleoedd amlwg i astudio arnofio a suddo. Mae pob ymweliad yn gofyn am gynllunio gofalus, boed allan i dir yr ysgol neu ar daith ysgol wythnos o hyd dramor. Rydym nawr yn ystyried rhai pwyntiau allweddol sydd wedi dod i'r amlwg o ymchwil o ran cynllunio i sicrhau dysgu.

Manteisio i'r eithaf ar ymweliadau

Paratoi'r ymweliad

Mae ymchwil yn awgrymu mai'r ymweliadau mwyaf effeithiol, i ba bynnag leoliad, yw'r rhai lle mae'r nodau a'r amcanion yn glir a lle mae cynllunio wedi cael ei lunio'n ofalus i gyflawni'r amcanion hyn. Lle bo modd dylai pawb sy'n ymwneud â'r ymweliad gyfrannu at a bod yn ymwybodol o nodau'r prosiect ehangach sy'n cynnwys gwaith cyn yr ymweliad a gwaith dilynol. Fe wnaeth DeWitt ac Osborne (2007) ddatblygu canllawiau o ganlyniad i ymchwil helaeth lle roedden nhw'n canolbwyntio'n arbennig ar ddatblygu rhyngweithio a deialog fel ffordd o feithrin dysgu (gweler Blwch 22.6).

Blwch 22.6 Canllawiau ar gyfer cynllunio ymweliadau (addaswyd o DeWitt ac Osborne, 2007)

Dewis lleoliad da

Mae'r lleoliadau sydd wedi'u trefnu orau yn cynhyrchu adnoddau sydd yn cydweddu ag anghenion yr athro a'r disgyblion, yn cyd-fynd â'r cwricwlwm fel y bwriadwyd gan yr athro. Mae hyn yn golygu bod amgueddfeydd, canolfannau ymarferol, ac ati, sydd yn barod i gwrdd ag athrawon ymlaen llaw ac addasu eu deunyddiau i gyd-fynd â'u gofynion yn debygol o fod yn fwy effeithiol. Yn yr un modd, mae ymweliadau lle mae athrawon wedi derbyn y cynnig o ymweliad ymlaen llaw a chynllunio ar y cyd yn debygol o fod y mwyaf llwyddiannus o ran mwynhad y disgyblion a'r oedolion ac o ran y dysgu sy'n cael ei gyflawni.

Darparu strwythur clir

Mae strwythur clir a phwrpas ar gyfer y gweithgareddau a gynlluniwyd ar gyfer yr ymweliadau, wedi'u cysylltu â gweithgareddau cyn yr ymweliad (gan gynnwys y cyfle i ymarfer unrhyw sgiliau y gallai disgyblion fod eu hangen ar yr ymweliad) a'r gwersi dilynol ar ôl yr ymweliad, yn gwella dysg disgyblion. Dylai disgyblion wybod beth i'w ddisgwyl cyn iddynt gyrraedd a bod â syniad clir am yr hyn mae angen iddyn nhw ganolbwyntio arno yn ystod eu hymweliad. Yn ddelfrydol, bydd ganddynt strategaethau wedi'u cynllunio ar gyfer cofnodi profiadau, arsylwadau a gwybodaeth i fynd i ffwrdd gyda nhw.

Annog gweithgaredd ar y cyd

Yn ystod ymweliad, mae'n ddefnyddiol cael y disgyblion i weithio mewn parau neu grwpiau bach gydag amcan, fel arddangosfa, neu ryw angen arall i adrodd yn ôl ar yr hyn sydd wedi cael ei ddysgu, fel ffocws sy'n annog deialog gyda'i gilydd a gyda chynorthwyydd y grŵp. Mae rhywfaint o opsiynau wrth ddewis arddangosfeydd neu weithgareddau yn eu galluogi i ddewis pethau o ddiddordeb mwyaf i'r grŵp ac sydd â pherthnasedd personol iddyn nhw.

Cefnogi deialog, llythrennedd a sgiliau ymchwil

Mae ymweliadau lle mae disgyblion yn cael eu hannog i drafod syniadau ac i feddwl am waith ymchwil dilynol a ffyrdd i adrodd yn ôl ar eu canfyddiadau yn annog deialog gynhyrchiol yn ystod yr ymweliad ac yn cynnal diddordeb a dysgu y tu hwnt iddo. Gellir gwneud defnydd yma o ddeunyddiau ar-lein a ddarperir gan y ganolfan neu'r man yr ymwelwyd ag ef. Dylai llythyrau i rieni am yr ymweliad ddweud wrthynt beth sydd wedi ei drefnu a'r dysgu disgwyliedig, a allai annog trafodaeth yn y cartref ac ymestyn y dysgu ymhellach.

Mae gwefan PSTT yn darparu uned datblygiad proffesiynol parhaus (DPP) ar gynllunio ar gyfer ymweliadau â chanolfannau gwyddoniaeth ymarferol. Rhoddir cyngor dan bum pennawd: 'Pam ymweld?' 'Trefnu'r trip'; 'Yn yr ystafell ddosbarth; 'Ar y diwrnod'; a 'Cysylltiadau' (gweler gwefannau). Mae'r wybodaeth a'r syniadau'r un mor berthnasol i lawer o ymweliadau eraill.

Bodloni pryderon am weithio y tu allan i'r ystafell ddosbarth

Un o'r prif ffactorau sy'n cyfyngu ar nifer y profiadau y gall ysgolion eu cynnig y tu allan i'r ystafell ddosbarth yw'r gost. Nodwyd hyn fel y trydydd ffactor pwysicaf oedd yn cyfyngu ar ddewis athrawon yn arolwg gwyddoniaeth Ymddiriedolaeth Wellcome o athrawon cynradd (Ymddiriedolaeth Wellcome, 2005). Mae materion eraill yn cynnwys pryderon am iechyd a diogelwch, pryderon am yr amser a gymerir gan ymweliadau a'r effaith y gallai hyn ei gael ar ymdriniaeth o'r cwricwlwm ac yn olaf pryderon sydd gan athrawon dibrofiad ac eraill am ymdopi mewn sefyllfaoedd addysgu gwahanol iawn.

Mae'r awgrymiadau canlynol ar gyfer mynd i'r afael â'r pryderon hyn yn codi o'r enghreifftiau a roddwyd yn gynharach a phrofiadau tebyg o weithio y tu allan i'r ystafell ddosbarth.

Datblygu hyder

■ Dylai athrawon sy'n ddibrofiad o ran rheoli teithiau bob amser gael cyngor ac arweiniad gan staff mwy profiadol a, lle bynnag y bo'n bosibl, dylent gael y cyfle i fynd ar deithiau gydag eraill fel cynorthwyydd er mwyn datblygu rhai o'r sgiliau angenrheidiol. Gall rhoi dau neu fwy o ddosbarthiadau gyda'i gilydd helpu.

■ Mae Canolfannau Dysgu Gwyddoniaeth yn darparu cyrsiau ar reoli gweithgareddau y tu allan i'r ysgol ac mae unedau DPP y gellir eu lawrlwytho'n rhad ac am ddim hefyd ar gael ar wefan y PSTT (gweler gwefannau).

Cyfiawnhau'r amser a chadw'r costau i lawr

■ Mae'n werth meddwl am y gwerth aruthrol y gall ymweliadau ysgol ei gynnig i ddysg disgyblion. Unwaith y bydd hyn yn cael ei ystyried yna mae'r cyllid yn dod yn llai anodd ei flaenoriaethu.

■ Gall costau cludiant gael eu lleihau drwy drefnu teithiau ar gyfer nifer o ddosbarthiadau ar yr un diwrnod, gan ddefnyddio'r un bws. Mewn rhai ardaloedd mae clystyrau o ysgolion yn cyfuno teithiau ac yn rhannu costau.

■ Mae dilyn llwybrau dinas, astudio coed lleol a 'Stomp Sgidiau Glaw' yn yr amgylchedd ger yr ysgol i gyd yn rhad ac mae'r plant yn elwa llawer iawn o'r dulliau hyn. Gall gwneud defnydd o safleoedd rhad ac am ddim yn agos i'r ysgol, megis archfarchnadoedd, gwerthwyr llysiau a busnesau eraill, gadw'r costau mor isel â phosibl.

■ Mae llawer o fusnesau yn barod i ariannu a chefnogi ysgolion mewn ffyrdd eraill. Gall gwneud cysylltiadau yn y modd hwn arwain at amrywiaeth o fanteision, yn enwedig lle mae perthnasoedd hirdymor yn cael eu sefydlu.

Pryderon iechyd a diogelwch

■ Yr allwedd i ddysgu diogel y tu allan i'r ystafell ddosbarth yw cynllunio gofalus a chymryd cyngor da.

■ Fel y pwysleisiwyd eisoes, mae ymweliadau ymlaen llaw yn bwysig wrth gynllunio'r dysgu. Gall yr un ymweliadau hyn helpu i sicrhau bod dadansoddiad risg yn drylwyr. Mae cyfoeth o ganllawiau gan gynnwys *Health and Safety: Advice for Schools* wedi cael eu cyhoeddi gan yr Adran Addysg (2014). Mae cyhoeddiad yr ASE Be Safe (gweler Pennod 21) yn cynnwys canllawiau manwl ar weithio yn yr awyr agored, gan gynnwys codau diogelwch ar gyfer gwaith maes, ymweliadau â ffermydd a chefn gwlad. Yn aml mae gan awdurdodau lleol swyddog addysg awyr agored ar eu gwefannau, a dylai ysgolion gael eu polisïau eu hunain yn eu lle (gweler Pennod 19).

■ Bydd y rhan fwyaf o amgueddfeydd, canolfannau gwyddoniaeth ymarferol, parciau cenedlaethol a mannau eraill sy'n cynnal ymweliadau ysgolion yn rheolaidd yn cyhoeddi eu hasesiad risg eu hunain a allai helpu i arwain athrawon yn eu gwaith cynllunio.

■ Dylai pawb sy'n cymryd rhan mewn taith, neu'n ymgymryd â gweithgareddau y tu allan i'r ystafell ddosbarth, fod yn ymwybodol o'r risgiau a'r gweithdrefnau i ddelio ag unrhyw broblemau. Mae hyn yn cynnwys yr holl gynorthwywyr. Er enghraifft, yn yr ymweliad â'r orsaf bŵer (Blwch 22.5) fe wnaeth y staff yn yr orsaf gynnal sesiwn briffio gyda'r holl gynorthwywyr ar wahân i'r plant. Dilynwyd hyn gyda sesiwn friffio ar gyfer y plant.

Crynodeb

Mae'r bennod hon wedi ystyried y gwerth i ddysgu yn gyffredinol a gwyddoniaeth yn arbennig sy'n deillio o weithio y tu allan i'r ystafell ddosbarth. Dyma'r prif bwyntiau:

■ Mae dysgu y tu allan i'r ystafell ddosbarth yn arwain at fanteision sylweddol ar gyfer dysg disgyblion o ran datblygiad cymdeithasol, personol ac academaidd fel unigolion ac fel dinasyddion.

■ Caiff y gwerthoedd hyn eu cydnabod yn gynyddol gan lunwyr polisi sy'n mynd ati yn weithredol i annog mwy o ddysgu y tu allan i'r ystafell ddosbarth.

■ Mae ymweliadau'n ymestyn yr ystod o adnoddau dynol a materol sydd ar gael ar gyfer dysgu nad ydynt fel arall yn hygyrch i athrawon a disgyblion.

■ Mae ymweliadau sydd wedi'u cynllunio'n dda, yn enwedig y rhai sy'n cyd-fynd â chynllunio tymor canolig ysgol, yn darparu'r cymhelliant i ddisgyblion barhau â'u dysgu pan fyddant yn ôl yn yr ysgol.

■ Mae yna nifer o wahanol fathau o leoliadau ar gael ar gyfer ymweliadau, nid yw pob un yn cynnwys costau.

■ Mae paratoi yn ofalus gydag ymweliadau ymlaen llaw i gynllunio ymdriniaeth dda o'r cwricwlwm ac asesiad risg trylwyr yn sicrhau ymweliad cynhyrchiol a phleserus.

Darllen pellach

Adams, J. (2006) Starting out in your own backyard, *Primary Science Review* 91: 7–10.
Davids, S. (2008) Growing faster than their sunflowers, *Primary Science* 101: 5–8.
Dixon-Watmough, R. a Rapley, M. (2012). The Great Bug Hunt is back! *Primary Science* 123: 24–26.
Fradley, C. (2006) Welly Walks for science learning, *Primary Science Review* 91: 14–16.
Graham, B. (2012) Visit a farm? Surely not! *Primary Science* 122: 15–17.

parhau . . .

Walker, M. (2017) Root and branch reform: teaching city children about urban trees, *Primary Science* 146: 21–23.

Gwefannau

City Tree Champions (Sheffield): www.sites.google.com/site/citytreechampions

Y Cyngor Dysgu y Tu Allan i'r Ystafell Ddosbarth: www.lotc.org.uk.

AdAS (Yr Adran Addysg a Sgiliau) (2006) *Learning Outside the Classroom* Manifesto. Ar gael i'w lawrlwytho o wefan y Cyngor ar gyfer Dysgu y Tu Allan i'r Ystafell Ddosbarth: www.lotc.org.uk/about/manifesto/

Farming and Countryside Education (FACE): www.face-online.org.uk/

Let's Go! Science Trails: https://pstt.org.uk/resources/curriculum-materials/lets-go-science-trails

Adran ar gynllunio ymweliadau â chanolfannau gwyddoniaeth ymarferol ar wefan : https://www.pstt-cpd.org.uk/ext/cpd/enrich-science-learning/index.html

Transforming Outdoor Learning in Schools: Lessons from the Natural Connections Project: https://www.plymouth.ac.uk/uploads/production/document/path/7/7634/Transforming_Outdoor_Learning_in_Schools_SCN.pdf

24 Hour Museum: www.culture24.org.uk

23

Addysg gwyddoniaeth gynhwysol

Cyflwyniad

Mae'r polisi o gynnwys disgyblion ag anghenion addysgol arbennig (AAA) mewn addysg prif ffrwd yn golygu, ar gyfartaledd, y bydd y rhan fwyaf o athrawon yn dod ar draws o leiaf un plentyn gyda rhywfaint o anhawster dysgu yn eu dosbarth. Ond mae hefyd yn wir, fel y datgelwyd yn Adroddiad Warnock 1978 (DES, 1978) y bydd llawer mwy o blant yn cael ychydig o anhawster gyda rhai agweddau ar ddysgu. Felly mae angen i'r strategaethau sy'n helpu'r rhai sydd ag anawsterau dysgu penodol fod o werth fel rhan o arfer cyffredinol. Mae'r bennod hon yn ymwneud â darparu ar gyfer gwahaniaeth unigol o ran gallu dysgu fel bod pob plentyn yn cael cyfle i ddysgu gwyddoniaeth. Ein pryder yw sut i helpu'r rhai hynny ag anawsterau dysgu, heb anghofio bod gan bob plentyn rywfaint o anghenion addysgol arbennig, gan gynnwys y galluog iawn yn ogystal â'r lleiaf abl, merched yn ogystal â bechgyn.

Yn yr adran gyntaf rydym yn edrych yn fras ar y termau a ddefnyddir wrth drafod gwahaniaethau unigol: cynhwysiant, gwahaniaethiad, anghenion addysgol arbennig, anawsterau dysgu ac anableddau. Yn yr ail adran rydym yn canolbwyntio ar y mathau o anawsterau sy'n effeithio ar ddysgu, gan roi'r sylw mwyaf i anawsterau penodol mewn iaith a mathemateg o gofio eu rôl allweddol o ran dysgu gwyddoniaeth. Mae'r adran olaf yn dwyn ynghyd rhai strategaethau sy'n gyffredin i helpu plant ag anawsterau dysgu penodol ac sydd hefyd yn berthnasol i arfer effeithiol ar gyfer pob plentyn.

Darpariaeth i bawb

Mae'r term 'cynhwysiant' yn y cyd-destun hwn yn cyfeirio at addysg sy'n ddigon hyblyg i ddarparu ar gyfer unrhyw ddysgwr. Gan fod plant yn unigolion gyda chefndiroedd, diddordebau, cymhelliant, galluoedd a dewisiadau a hoffterau gwahanol o ran sut i ddysgu, ni fydd yr amgylchedd dysgu gorau posibl yr un fath i bawb. Mae darparu ar gyfer gwahaniaethau unigol - heb awgrymu'r amhosibl o ddarparu profiadau sy'n cyfateb i angen bob plentyn - yn ganolog i gynhwysiant. Mae'r term 'gwahaniaethiad' yn cael ei ddefnyddio i ddisgrifio addasiadau i agweddau ar yr amgylchedd dysgu yn y dosbarth sydd â'r nod o wneud y mwyaf o'r cyfleoedd dysgu ar gyfer pob plentyn. Ar gyfer y rhan fwyaf o'r disgyblion gellir gwneud hyn ar gyfer gweithgareddau gwyddonol gan ddefnyddio strategaethau megis y rhai a restrwyd gan Naylor a Keogh (1998). Mae'r rhain yn cynnwys:

- darparu gweithgareddau sy'n defnyddio ystod o arddulliau dysgu;

- addasu lefel y sgiliau gwyddonol sydd eu hangen yn y gweithgareddau;

- addasu lefel y sgiliau iaith a chyfathrebu sydd eu hangen;

- addasu lefel y sgiliau mathemategol sydd eu hangen;

- amrywio natur ymyrraeth athrawon, a faint ohono a ddefnyddir;

- amrywio cyflymder a dilyniant y gweithgareddau.

Mae addasiadau o'r math hyn yn mynd rhagddynt yn ystod gweithgareddau ac fe'u cyflawnir mewn ymateb i'r ffordd mae plant yn gwneud cynnydd tuag at nodau gwersi; mewn geiriau eraill, trwy ddefnyddio asesu ffurfiannol (gweler Pennod 14). Bydd sensitifrwydd i'r syniadau, y diddordebau a'r sgiliau mae disgyblion yn eu cyflwyno yn eu gwaith yn helpu i ddarparu ar gyfer y rhan fwyaf o wahaniaethau unigol ac wrth ddarparu ar gyfer y plant mwyaf abl yn ogystal â'r gwahaniaethau rhwng merched a bechgyn.

Fodd bynnag, bydd rhai plant sydd â phroblemau mewn dysgu sydd y tu allan i'r amrywiaeth y gellir darparu ar eu cyfer gan addasiadau o'r fath. Mae'r rhain yn blant ag anawsterau dysgu penodol. Gall natur eu hanawsterau dysgu olygu addasiadau mwy mewn agweddau penodol ar weithgareddau a rhyngweithio os ydynt i gael yr un cyfleoedd ar gyfer dysgu gwyddoniaeth ag eraill. Bwriad y term addysg gynhwysol yw cynnwys plant ag anawsterau dysgu penodol yn ogystal ag eraill heb anableddau dysgu. Felly, gallwn grynhoi drwy ddweud bod *gwahaniaethiad yn ogystal â darpariaeth arbennig ar gyfer anableddau dysgu yn cyfateb i gynhwysiant.*

Mae'n bwysig nodi bod rhyfaint o amwysedd yn y defnydd o'r label AAA. Er enghraifft, mae Cymdeithas Dyslecsia Prydain yn disgrifio'r rhai sydd ag AAA fel rhai ag anawsterau neu anableddau dysgu 'sy'n ei gwneud yn fwy anodd iddynt ddysgu na'r rhan fwyaf o blant o'r un oedran'. Nid yw hyn yn cynnwys plant sy'n cyflawni'n uchel ac mae'n golygu bod AAA yn gyfatebol ag anawsterau dysgu. Felly, mae'n aml yn angenrheidiol i ddefnyddio'r cyd-destun i egluro p'un a yw'r term yn cael ei ddefnyddio i gyfeirio at y rhai ag anawsterau neu anableddau yn unig. Yn y bennod hon, rydym yn dilyn y confensiwn o ddefnyddio AAA yn yr ystyr mwy cyfyngedig o'i gymhwyso i blant â rhyw fath o anhwylder sy'n effeithio ar eu dysgu.

Cefndir i gynhwysiant

Yn y DU ac mewn llawer o wledydd eraill mae gan bob plentyn yr hawl yn ôl y gyfraith i addysg eang, gan gynnwys gwyddoniaeth, waeth beth fo'u hoedran, rhyw, cefndir ethnig, anabledd neu anawsterau dysgu. Mae'r ffordd mae'r rhwymedigaeth hon wedi cael ei diwallu yn y DU mewn perthynas â phlant ag anghenion addysgol arbennig wedi newid dros y 40 mlynedd diwethaf, yn bennaf o ganlyniad i Adroddiad Warnock (DES, 1978). Hwn oedd adroddiad y pwyllgor ymholi cyntaf erioed i adolygu darpariaeth addysgol ar gyfer 'pob plentyn ag anfantais beth bynnag fo'u hanfantais'. Fe wnaeth yr adroddiad gyflwyno'r term 'plant ag anawsterau dysgu' ac awgrymu y bydd 'un o bob chwech o blant ar ryw adeg a hyd at un o bob pump o blant ar ryw adeg yn ystod eu gyrfa yn yr ysgol angen rhyw fath o ddarpariaeth addysgol arbennig' (para 3.17). Mae'r amcangyfrif hwn, y bydd tua 20 y cant o blant angen rhyw fath o sylw arbennig, wedi cael ei sefydlu fel arwydd o'r lefel o angen ac nid yw wedi cael ei herio o ddifrif. Derbyniodd y rhestr hir o argymhellion a wnaed yn Adroddiad Warnock gefnogaeth gan bob plaid wleidyddol. Rhoddwyd yr argymhellion ar waith yn Neddf Addysg 1981 a oedd yn cymeradwyo darpariaeth ar gyfer plant ag anghenion arbennig i gael eu haddysgu mewn ysgolion prif ffrwd yn hytrach nag ysgolion arbennig.

Fe wnaeth deddfwriaeth ddiweddarach ei gwneud hi'n ofynnol i bob ysgol benodi cydlynydd anghenion arbennig (SENCO), athro cymwys mewn ysgol neu ysgol feithrin a gynhelir sydd yn gyfrifol am gydlynu'r ddarpariaeth AAA. Mewn ysgol fach, mae'r pennaeth neu'r dirprwy yn cymryd y rôl hon ond efallai mewn ysgolion mawr y bydd tîm o Gydlynwyr AAA. Mae'n ofynnol i sefydliadau'r blynyddoedd cynnar eraill nodi unigolyn i gyflawni rôl y Cydlynydd AAA. Er bod gan y cydlynydd AAA rôl bwysig ar draws yr ysgol, nid yw hyn yn dileu'r angen i athrawon dosbarth wybod sut i nodi disgyblion sydd ag anawsterau penodol a gwybod sut i ddarparu gweithgareddau iddyn nhw sy'n eu helpu i ddysgu. Mae hyn yn her i lawer o athrawon, yn enwedig gan ei bod hi'n bosibl nad yw eu hyfforddiant wedi'u paratoi ar gyfer darparu ar gyfer disgyblion ag anawsterau dysgu penodol ar yr un pryd â'r rhai nad oes ganddynt anawsterau dysgu penodol.

Yr achos o blaid cynhwysiant

Mae'r sail resymegol ar gyfer cynhwysiant mewn ysgolion a dosbarthiadau prif ffrwd yn deillio o'r egwyddor o roi'r un cyfleoedd addysgol cyn belled ag y bo'n bosibl i blant ag anableddau â'u cyfoedion. Wedi'i fynegi'n wahanol, mae hyn yn golygu osgoi cyfyngu amgylchedd dysgu plant ag anghenion addysgol arbennig ac anableddau. Mae'n dilyn bod gwahanu plant ag anghenion arbennig oddi wrth eraill yn eu hamddifadu o gyswllt ag eraill, ac mae hyn yn rhan hanfodol o'u hamgylchedd dysgu. Hyd yn oed os yw plant ag anawsterau dysgu mewn dosbarthiadau arbennig am ran o'r amser ac mewn dosbarthiadau prif ffrwd ar adegau eraill - sydd ar y dechrau yn ymddangos yn gyfaddawd rhesymol - ni fydd hyn yn gyfystyr â thriniaeth gyfartal. Yn ymarferol, gallai olygu bod yr athrawon prif ffrwd yn gadael y ddarpariaeth arbennig i'r athro arbennig yn hytrach na'i hystyried fel eu cyfrifoldeb nhw. Nid yw ychwaith yn osgoi'r ddelwedd negyddol allai fod yn gysylltiedig â bod yn 'arbennig'. Fodd bynnag, mae cynhwysiant llawn yn rhoi pwysau mawr ar athrawon, am eu bod, yn ogystal ag angen hyfforddiant ar sut i fodloni anghenion yr holl ddisgyblion, hefyd angen mwy o amser i gynllunio sut i ddarparu amgylchedd dysgu cynhwysol. Ar ben hynny, bydd rhai plant o hyd ag anghenion na ellir eu diwallu ond drwy ddarpariaeth arbenigol iawn, fel hydrotherapi, ystafelloedd synhwyraidd a llety preswyl, mewn ysgolion pwrpasol.

Anawsterau dysgu penodol

Nid oes un cyflwr sydd yr un fath i bob plentyn sydd ag AAA. Gall anghenion arbennig gymryd ffurfiau gwahanol, gan ddylanwadu ar wahanol feysydd o ymddygiad. Gall yr 'anawsterau dysgu penodol' hyn effeithio ar un rhan o weithgaredd tra bod y plentyn yn perfformio'n foddhaol mewn rhannau eraill o'r gweithgaredd.

Mae'r rhestr ganlynol o'r anawsterau dysgu arbennig mwyaf cyffredin a geir mewn addysg prif ffrwd yn seiliedig ar Hudson (2016: 12):

■ Anawsterau gydag iaith ysgrifenedig: darllen, ysgrifennu a sillafu (dyslecsia).

■ Anawsterau gydag iaith lafar: geirfa, sgwrs, ymresymu.

■ Anawsterau corfforol gyda llawysgrifen (dysgraffia).

■ Anawsterau gyda rhifau (dyscalcwlia).

■ Anawsterau gyda symud a chydsymud (dyspracsia).

■ Anhwylder diffyg canolbwyntio a gorfywiogrwydd (ADHD).

■ Anhwylder y sbectrwm awtistig (ASA).

■ Anhwylder gorfodaeth obsesiynol (OCD).

Mae Hudson (2016:12) yn cadarnhau: 'Nid oes "gwella" ar gyfer yr anhwylderau hyn ond gellir helpu plant i ddefnyddio amrywiaeth o strategaethau ymdopi sy'n eu helpu i ddysgu a dod yn oedolion llwyddiannus.'

Mae hyn yn cyferbynnu â nam ar y clyw a nam ar y golwg, y gellir eu gwella i ryw raddau, ond efallai y bydd angen trefniadau arbennig. Nid yw'r namau corfforol yn cael eu diffinio fel anawsterau dysgu penodol, er, os nad ydynt yn cael eu canfod yn ddigon cynnar, efallai y byddant yn arwain at broblemau tebyg.

Mae Hudson hefyd yn nodi bod pob un o'r anawsterau dysgu penodol yn amrywio o ran difrifoldeb ar hyd continwwm o fod yn ysgafn i fod yn ddifrifol, felly ni fydd unrhyw ddau blentyn yr un fath. Bydd gan rhai plant gyfuniad o gyflyrau, ond ni fydd gan eraill.

Mae'n amlwg y gall pob un o'r anawsterau dysgu penodol hyn gael effaith ar ddysgu mewn gwyddoniaeth gan fod hyn yn golygu gweithgarwch corfforol yn ogystal â gweithgarwch meddyliol, rhyngweithio cymdeithasol, rhifedd a llythrennedd. Nawr, rydym yn edrych ymhellach ar broblemau yn y meysydd hyn ac ar y camau gweithredu y gall athrawon eu cymryd i leihau'r problemau y mae plant yn eu cael wrth ddysgu.

Anawsterau iaith ysgrifenedig a llafar

O ystyried pwysigrwydd iaith lafar ac ysgrifenedig i ddatblygiad dealltwriaeth plant mewn gwyddoniaeth, gall anawsterau gyda lleferydd ac iaith gael effaith ddifrifol ar ddysg plant. Er bod y ddau yn ymwneud â chyfathrebu, mae'n ymddangos nad yw anawsterau o ran iaith ysgrifenedig ac iaith lafar yn gysylltiedig o reidrwydd; mae'r rhai ag anawsterau gyda'r gair ysgrifenedig yn aml yn gallu mynegi eu hunain yn dda ar lafar. Felly rydym yn ystyried yr agweddau hyn ar gyfathrebu drwy iaith yn gyntaf ar wahân ac yna gyda'i gilydd mewn perthynas â gwyddoniaeth yn benodol.

Dyslecsia yw'r term a ddefnyddir ar gyfer anawsterau wrth ddehongli a chynhyrchu iaith ysgrifenedig nad ydynt yn gysylltiedig â nam ar y golwg neu'r clyw. Gall y rhai sydd â dyslecsia ei chael hi'n anodd adnabod geiriau a gallant wneud camgymeriadau wrth ddarllen gan eu bod yn canolbwyntio cymaint ar ddehongli geiriau nes na fyddant yn deall y neges gyffredinol. Efallai eu bod yn cael anhawster gyda sillafu, gallent adael sillafau allan o eiriau a drysu cytseiniaid sy'n swnio'n debyg a gwrthdroi'r dilyniant o lythrennau mewn geiriau. Yn aml mae ysgrifennu yn araf, yn llafurus ac yn ddi-drefn. Gall dysgu gael ei effeithio gan beidio â darllen y cyfarwyddiadau yn iawn neu beidio cofio camau ynghlwm wrth broses. Mae unrhyw un o'r problemau hyn a rhai tebyg yn cael eu cynyddu gan bwysau amser fel cymryd prawf neu gynhyrchu ysgrifen o fewn amser penodol.

Mae Hudson yn awgrymu nifer o gamau gweithredu y gall athrawon eu cymryd i liniaru effaith y problemau hyn ar ddysg plant, gan gynnwys y canlynol:

- Rhoi plentyn i eistedd yn agos at yr athro neu at y bwrdd gwyn neu ffynhonnell arall o wybodaeth, er mwyn i'r plentyn allu gweld unrhyw ysgrifen yn glir ac i'r athro allu gweld p'un a yw'r plentyn yn gallu dal i fyny.

- Darparu unrhyw gardiau gwaith neu daflenni gwaith yn y ffurf a awgrymir ym Mlwch 23.1.

- Rhoi mwy o amser i'r plant i ddarllen cyfarwyddiadau yn araf ac efallai fwy nag unwaith.

- Gofyn i'r plant greu rhestr o eiriau allweddol ar gyfer testun, wedi'u sillafu'n gywir, gyda'u hystyr.

Blwch 23.1 Canllawiau ar gyfer gwneud taflenni gwaith

Wrth roi cyfarwyddiadau ysgrifenedig:

- cadwch y brawddegau'n fyr;

- gosodwch y wybodaeth allan yn dda; defnyddiwch ofod dwbl;

- defnyddiwch ffont clir mawr;

- torrwch y dudalen gyda phenawdau, is-benawdau a bylchau clir;

- defnyddiwch bwyntiau bwled;

- ychwanegwch ddiagramau, cartwnau a marcwyr gweledol eraill;

- defnyddiwch inc lliw os yn bosibl;

- argraffwch ar bapur lliw;

- gwnewch y taflenni gwaith yn glir a deniadol.

(Hudson, 2016: 40)

Gall problemau gydag iaith lafar amharu ar gyfathrebu yn y dosbarth. Gall plant ei chael hi'n anodd egluro eu hunain wrth siarad o ganlyniad i broblemau wrth gynhyrchu lleferydd neu wrth roi geiriau at ei gilydd i esbonio digwyddiad neu eu dealltwriaeth ohono. Yn y naill achos nid yw'r plentyn yn gallu mynegi ei ddealltwriaeth ac mae'r athro yn cael trafferth canfod beth yw syniadau'r plentyn. Efallai nad yw plant sydd ag anawsterau iaith lafar penodol yn gallu adalw o'u cof y geiriau y maen nhw am eu defnyddio. Efallai y byddant yn ei chael hi'n anodd dysgu gair newydd a'i ddefnyddio mewn cyd-destun gwahanol i'r cyd-destun a ddefnyddiwyd i'w gyflwyno. Efallai y byddant yn cael problemau gyda geiriau sy'n swnio'n debyg a gallant droi gair newydd yn un maen nhw eisoes yn ei wybod. Gallant ddehongli geiriau yn llythrennol ac yn cael anhawster gyda'r defnydd trosiadol o eiriau cyfarwydd (megis y defnydd o 'maes').

Mae llawer o'r anawsterau iaith hyn yn arbennig o bwysig wrth ddysgu gwyddoniaeth, fel y trafodwyd gan Wellington a Wellington (2002). Mae rhai pwyntiau allweddol yn ymwneud â:

- geirfa arbennig gwyddoniaeth;
- cydnabod bod gan rai geiriau ystyr mewn bywyd bob dydd ac ystyr penodol mewn gwyddoniaeth;
- y defnydd trosiadol o iaith mewn gwyddoniaeth;
- defnyddio cyfatebiaethau, sy'n gofyn am ddychmygu pethau 'fel pe baent yn. . .' yn hytrach na fel y maent;
- gosod pethau mewn trefn sy'n galluogi nodi achos ac effaith;
- dilyn cyfarwyddiadau;
- deall syniadau haniaethol;
- mynegi eu syniadau a'u meddyliau.

Strategaethau ar gyfer helpu plant ag anawsterau iaith

Pwynt sy'n cael ei wneud yn aml yng nghyd-destun helpu plant â nam iaith a lleferydd penodol (SSLI) yw bod y rhan fwyaf o blant yn rhannu'r anawsterau maen nhw'n eu profi ar ryw adeg. Fel mae Wellington a Wellington (2002: 135) yn nodi:

> Go brin fod cymryd trosiad a chyfatebiaeth yn llythrennol, peidio â dilyn cyfarwyddiadau, bod â'u 'hagenda personol' eu hunain, diffyg cyfathrebu neu ryngweithio'n briodol gyda chyfoedion a phroblemau gyda llythrennedd yn anghyffredin.

Mae'r strategaethau ar gyfer camau gweithredu arfaethedig yn rhan o arfer dda ac yn wir yn berthnasol i addysgu ar draws y cwricwlwm, er eu bod yn cael eu mynegi yma mewn perthynas â gwyddoniaeth. Mae Blwch 23.2 yn dwyn awgrymiadau o wahanol ffynonellau ynghyd, gan gynnwys Wellington a Wellington (2002) ac Oswald (2012) ac maen nhw'n briodol mewn arferion gwyddoniaeth gynradd ac uwchradd.

Blwch 23.2 Strategaethau ar gyfer helpu plant ag anawsterau iaith

Defnyddio dull aml-synhwyraidd

Nid yw defnyddio geiriau ysgrifenedig a llafar yn ddigon. Yn lle hynny, defnyddiwch amrywiaeth o ddulliau cyfathrebu fel sain, testun, fideo, diagramau, siartiau, lluniau, camau gweithredu, symbolau. Mae hyn yn rhoi cyfle i blant ddysgu yn y ffordd sydd orau iddyn nhw.

Gwneud darluniau a chymhorthion gweledol yn glir ac yn daclus

Dylech ddefnyddio'r canllawiau ym Mlwch 23.1 ar gyfer yr holl gymhorthion gweledol a chyfarwyddiadau. Dangoswch brosesau mewn mwy nag un ffordd, efallai drwy weithredu, defnyddio ffotograffau neu glipiau YouTube.

Cyflwyno gwybodaeth newydd mewn camau bach

Torrwch ddeunydd newydd i lawr fel bod cysyniadau yn cael eu cyflwyno un ar y tro gyda llawer o enghreifftiau cadarn, a rhowch ddigon o gyfle i ailadrodd ac ategu.

Cyflwyno geiriau gwyddonol drwy nifer o enghreifftiau

Tynnwch sylw at eiriau newydd dro ar ôl tro a cheisio eu cysylltu gyda geiriau plant eu hunain (e.e. 'crynu' ar gyfer 'dirgryniad'). Dylech gyflwyno geiriau 'gwyddonol' newydd un ar y tro, gan eu hegluro sawl gwaith a defnyddio enghreifftiau a darluniau. Helpwch blant i ynganu geiriau newydd a'u sillafu yn gywir.

Rhoi cyfarwyddiadau syml ac ailadrodd yn yr un geiriau

Dylech osgoi achosi dryswch drwy newid geiriau cyfarwyddyd neu esboniad pan fydd yn cael ei ailadrodd.

Sefydlu trefn a disgwyliadau yn yr ystafell ddosbarth

Gallwch helpu plant i deimlo'n hyderus ac yn ddiogel drwy sefydlu trefn sy'n ymwneud â chasglu, defnyddio ac ailosod defnyddiau ac offer; labelwch eitemau yn glir gan ddefnyddio symbolau a lliwiau yn ogystal â geiriau. Trefnwch i blentyn mwy galluog helpu'r plentyn ag anawsterau iaith trwy drafodaeth un-i-un.

Helpu plant i gyfleu eu syniadau mewn ffyrdd gwahanol

Gallwch sgaffaldio ysgrifen plant gan ddefnyddio fframiau ysgrifennu a byrddau stori sy'n eu helpu i osod digwyddiadau mewn trefn. Cynlluniwch i blant gyflwyno eu gwaith mewn gwahanol ffurfiau, e.e. gan ddefnyddio ffotograffau a dynnwyd gan ddefnyddio iPhone neu iPad.

Defnyddio cymorth proffesiynol

Cydweithio gyda Chydlynydd AAA yr ysgol a gyda therapyddion lleferydd ac iaith sy'n gysylltiedig â'r ysgol.

Anawsterau penodol gydag ysgrifen

Dysgraffia yw'r enw a roddir ar anhawster dysgu penodol 'sy'n effeithio ar lawysgrifen a throsi syniadau i eiriau ysgrifenedig' (Hudson, 2016: 76). Arwyddion o ddysgraffia mewn plant yw, o'i gymharu â'r hyn a ddisgwylir ar gyfer eu hoedran a'u gallu llafar, bod eu hysgrifennu yn bytiog, yn flêr, neu'n annarllenadwy hyd yn oed, ac nad yw'r hyn maen nhw'n ei ysgrifennu yn adlewyrchu ansawdd eu syniadau a fynegir ar lafar. Efallai y bydd rhan o anawsterau'r plant yn deillio o'r ffordd maen nhw'n dal eu hysgrifbin neu sut maen nhw'n eistedd wrth ysgrifennu, ond nid cywiro'r arferion hyn yw'r stori gyfan. Problem fwy arwyddocaol yw nad yw'r hyn sy'n cael ei ysgrifennu yn adlewyrchu'r hyn maen nhw'n ei feddwl. Ni fyddai llunio barn o'r hyn sy'n cael ei ysgrifennu'n unig yn gwneud cyfiawnder â dealltwriaeth y plant. Efallai y bydd y plant eu hunain yn cydnabod hyn ac yn teimlo'n siomedig yn gyson â'r hyn y gallant ei wneud.

Mae camau y gall yr athro eu cymryd yn cynnwys:

■ dangos cydymdeimlad gyda chynnyrch ysgrifenedig gwael plentyn er gwaethaf eu hymdrechion;

■ lleihau faint o waith ysgrifenedig a roddir fel nad yw plentyn yn colli tir oherwydd ysgrifennu araf a llafurus;

■ helpu gyda gosodiad eu gwaith, defnyddio papur gydag ymylon a llinellau, i gynyddu boddhad yn y cynnyrch;

■ annog y defnydd o gyfrifiadur ar gyfer darnau hirach o waith ysgrifenedig;

■ defnyddio opsiynau eraill, megis arlunio, recordio gweithredu neu sain-recordio, i alluogi'r plant i fynegi eu syniadau i'r athro a'r disgyblion eraill.

Anawsterau gyda rhifau (dyscalcwlia)

Cafodd dyscalcwlia ei gydnabod fel anabledd dysgu penodol ar wahân yn 2004. Mae plant â'r cyflwr hwn yn cael anawsterau sylweddol gyda thasgau sy'n ymwneud â rhifau a chyfrifiadau, er y gallent berfformio'n dda wrth ddefnyddio geiriau i gyfathrebu'n llafar ac ysgrifenedig. Mae symptomau anabledd penodol gyda rhifau'n cynnwys anawsterau yn ymwneud â'r canlynol:

■ penderfynu pa un o ddau rif yw'r mwyaf;

■ adnabod patrymau rhif;

■ dysgu tablau lluosi;

■ gyda mathemateg pen;

■ ceisio deall canrannau, pwyntiau degol a ffracsiynau;

■ drysu'r arwyddion ysgrifenedig ar gyfer $+ \times \div$;

■ dweud yr amser;

■ deall cwestiynau yn ymwneud â rhifau;

■ defnyddio a dehongli cynrychioliadau graffigol.

Gall y problemau hyn effeithio ar fwy na'u datblygiad a'u dealltwriaeth mewn mathemateg yn unig. Bydd llawer yn effeithio ar berfformiad plant mewn gwyddoniaeth, a'u mwynhad. Gallai plant geisio osgoi gweithgareddau cyfrif a mesur mewn gwyddoniaeth ac felly methu â chasglu tystiolaeth o batrymau a pherthnasoedd sy'n helpu wrth archwilio achos ac effaith. Os nad yw camau'n cael eu cymryd mewn ymateb i arwyddion cynnar o dyscalcwlia, yna bydd prosesau diweddarach sy'n cynnwys hafaliadau ac ystadegau yn dioddef. Felly, pa gamau allai'r athro dosbarth eu cymryd?

Mae Hudson (2016) yn cynnig rhestr hir o gamau gweithredu defnyddiol, rhai ohonynt sydd eisoes wedi cael eu crybwyll fel camau defnyddiol ar gyfer plant dyslecsig. Yn wir, mae rhai strategaethau, sy'n cael eu dwyn ynghyd yn nes ymlaen yn y bennod hon ym Mlwch 23.4, sydd yn amlwg yn ddefnyddiol ar gyfer ystod o anableddau (er enghraifft, agwedd o gydymdeimlad a dealltwriaeth yn hytrach na beirniadaeth). Yn y cyfamser mae Blwch 23.3 yn nodi rhai strategaethau sy'n briodol yn arbennig i dyscalcwlia.

Blwch 23.3 Strategaethau ar gyfer helpu plant ag anawsterau gyda rhifau

■ Mewn gwersi mathemateg, cadw llygad ar blant gyda dyscalcwlia er mwyn gwirio eu dealltwriaeth o'r hyn y mae'n rhaid iddynt ei wneud, gan gydnabod bod angen mwy o amser arnynt ar gyfer gweithgareddau cyfrif a chyfrifo.

■ Ailadrodd cyfarwyddiadau a rhoi enghreifftiau o sut y dylid gosod gwaith.

■ Bod yn gyson wrth ddefnyddio geiriau i ddisgrifio prosesau mathemategol, gan nad yw plant o bosibl yn sylweddoli bod, er enghraifft, 'tynnu i ffwrdd', 'tynnu', 'minws' yn golygu'r un peth.

■ Gwneud taflenni gwaith yn glir (gweler Blwch 23.1), gan ddangos lle y dylid ysgrifennu atebion.

■ Helpu gyda dysgu tablau lluosi, defnyddio sgwâr 'tabl lluosi' a ffyrdd hwyliog i gofio tablau

■ Defnyddio cymhorthion, modelau, cownteri, brics, siapiau gweledol solid i gyflwyno siapiau dau a thri-dimensiwn a chysyniadau o arwynebedd a chyfaint

■ Defnyddio gemau, gan gynnwys gemau cyfrifiadur, er mwyn helpu i nodi patrymau rhif (gemau cardiau, dominos, ac ati).

■ Lle nad y prif ddiben yw trin rhifau, annog amcangyfrif a defnyddio cyfrifianellau i wirio.

Anawsterau wrth reoli symudiad y cyhyrau

Dyspracsia yw'r term a ddefnyddir ar gyfer anawsterau dysgu penodol sy'n gysylltiedig â chyd-symudiad a symudiad y cyhyrau. Er nad yw'r achos yn hysbys (Hudson, 2016:88) ymddengys ei fod yn codi nid o ddiffyg ar y cyhyrau ond o gysylltiadau i'r ymennydd. Gall effeithio ar sgiliau echddygol bras a/neu sgiliau echddygol manwl ac weithiau ar leferydd. Gallai dyspracsia amlygu ei hun mewn anhawster gyda:

■ cyd-symudiad mewn gweithredoedd: lletchwithdod, cwympo, dal pêl yn wael, cydbwysedd gwael, gwingo;

■ defnyddio offerynnau a theclynnau: siswrn, offer coginio, offer mewn technoleg, offer ysgrifennu a thynnu lluniau;

■ cadw at amser: dilyn amserlen, cofio dod â llyfrau a'r cyfarpar cywir i wersi, trefnu gwaith mewn ffeiliau a ffolderi;

■ cof tymor byr: cofio enwau ac wynebau, cofio rhifau ffôn, arferion a chyfarwyddiadau;

■ dehongli cyfatebiaethau: cymryd geiriau yn rhy lythrennol, methu â gweld casgliadau cynnil ac ystyron gwahanol.

Gall plant â dyspracsia flino'n gyflym, efallai oherwydd yr ymdrech ychwanegol sy'n ofynnol wrth geisio cydlynu symudiad yn ymwybodol. Gallant hefyd fod yn isel eu hysbryd, gan sylweddoli eu bod yn drwsgl ac yn lletchwith, yn wael mewn chwaraeon, yn flêr ac o ganlyniad bod â hunan-barch isel a theimlo nad ydynt yn cael eu gwerthfawrogi.

Mae camau y gall athro eu cymryd yn cynnwys gwirio ar yr amgylchedd ffisegol yn yr ystafell ddosbarth, gan wneud yn siŵr bod cadeiriau a stolion yn darparu'r gefnogaeth angenrheidiol ac yn caniatáu i blant roi eu traed yn gadarn ar y ddaear. Mae cadw'r llawr yn glir o fagiau, llyfrau a chotiau yn amlwg yn bwysig, yn enwedig yn ystod gwaith ymarferol. Mae camau gweithredu eraill yn cynnwys:

- Gwneud yn glir i blentyn â dyspracsia eu bod nhw'n cael eu gwerthfawrogi ac nid yn cael eu beio neu eu hystyried yn dwp am fod yn flêr neu anghofus.

- Ceisio peidio â chael eich cythruddo gan wingo, yn hytrach na hynny dylech adael i'r plentyn godi a cherdded o gwmpas yr ystafell ddosbarth ar ôl iddynt fod yn eistedd am beth amser. Mewn rhai achosion, gall cael 'pêl straen' i'w gwasgu helpu.

- Rhagweld problemau gyda rheolaeth echddygol fanwl wrth ddefnyddio offer drwy sicrhau bod cynhwysyddion yn sefydlog, siswrn yn hawdd i'w defnyddio ac offer yn hawdd i'w darllen a'u haddasu.

- Osgoi plant yn gorfod copïo nodiadau o'r bwrdd gwyn neu'r sgrin; yn hytrach na hyn, dylech ddarparu copïau o nodiadau lle mae'n angenrheidiol i'r plant gael gwybodaeth gywir a darllenadwy.

- Hwyluso ac annog defnyddio cyfrifiadur ar gyfer gwaith ysgrifenedig er mwyn galluogi golygu a chynhyrchu gwaith y gall y plant fod yn falch ohono.

ADHD, ASA ac OCD

Mae'r anhwylderau hyn yn wahanol i'r rhai a drafodwyd yn flaenorol o ran eu bod yn gyflyrau meddygol, sy'n ymwneud â swyddogaeth yr ymennydd. Er na ellir eu gwella, maen nhw'n ymateb i feddyginiaeth, therapi ac mewn rhai achosion newidiadau mewn deiet a ffordd o fyw. Felly nid athrawon yw'r unig weithwyr proffesiynol sy'n ymwneud yn eu triniaeth. Serch hynny, mae'n bwysig i athrawon wybod sut mae ymddygiad yn cael ei effeithio gan yr anhwylderau hyn ac i gymryd camau sy'n galluogi plant i gynnal mynediad at weithgareddau dysgu.

Mae'r math mwyaf cyffredin o anhwylder diffyg canolbwyntio a gorfywiogrwydd (ADHD) yn dangos mewn ymddygiad gorfywiog a byrbwyll: mynnu sylw yn gyson; torri ar draws pan fydd eraill yn siarad; ddim yn gwrando; diffyg trefn; ddim yn cwblhau gwaith yn aml. Ar yr un pryd, byddai plant ag ADHD yn hoffi gwneud yn dda a gallent fynd yn isel eu hysbryd ac yn ddig pan fyddant yn methu. Felly mae'n bwysig i'r athro ddangos dealltwriaeth a mabwysiadu strategaethau sy'n cael yr effaith o reoli ymddygiad heb fod yn gosbol. Mae Hudson (2016) yn darparu nifer o awgrymiadau defnyddiol, er enghraifft:

- Rhoi'r plentyn i eistedd i ffwrdd o wrthdyniadau ond gyda rhywun arall sy'n dangos enghraifft dda.

- Cael rheolau teg a chlir ynghylch ymddygiad yn y dosbarth sy'n cael eu cymhwyso'n gyson ac yn gadarn.

- Strwythuro gwersi fel bod patrwm i'r gwaith, sy'n darparu diogelwch.

- Cadw cyfarwyddiadau yn fyr ac yn glir.

- Newid gweithgaredd y plentyn os yw'r ymddygiad yn dod yn annerbyniol; os yw'n bosibl cael lle y gallai ef/hi fynd i ymdawelu.

Yr arwyddion mwyaf cyffredin o anhwylder ar y sbectrwm awtistig (ASA) yw anhawster sylweddol gyda chyfathrebu a rhyngweithio cymdeithasol ac ailadrodd patrymau ffocws cul o ymddygiad. Gallai plant sydd â'r anhwylder hwn ddatblygu gwybodaeth sylweddol am bwnc penodol a byddant yn siarad am y peth yn faith ond yn anwybyddu unrhyw fewnbwn gan eraill. Mae rhai hefyd yn datblygu sgiliau rhyfeddol mewn darlunio, adeiladu a rhoi pethau at ei gilydd. Maen nhw'n brin o sensitifrwydd o ran sut i gymryd rhan mewn trafodaethau neu waith grŵp. Maen nhw'n ymddangos yn anymwybodol o'r effaith mae eu hymddygiad yn ei gael ar eraill, nid ydynt yn ffitio i mewn gydag eraill ac mae'n well ganddyn nhw weithio ar eu pennau eu hunain. Mae sbectrwm yr anhwylder hwn yn amrywio o fod yn ysgafn i fod yn ddifrifol. Weithiau gelwir y ffurf ysgafn yn syndrom Asperger, sy'n disgrifio plant (bechgyn yn bennaf) gyda deallusrwydd ac iaith normal ond sydd â phroblemau cymdeithasol a chyfathrebu.

Mae angen i athrawon fod yn ymwybodol fod angen rhoi cyfarwyddiadau clir a phendant heb unrhyw amwysedd i blentyn ag ASA, gan y gallent gymryd geiriau'n llythrennol ac efallai nad ydynt yn deall ystumiau a mynegiant wyneb. Felly mae strategaethau ar gyfer sicrhau bod cyfle i ddysgu yn canolbwyntio ar eglurder ac uniongyrchedd a chysondeb yn yr amgylchedd dysgu gan y bydd plentyn ag ASA yn aml yn cael ei fwrw oddi ar ei echel gan newid sydyn. Mae strategaethau o'r fath yn cynnwys:

- Cysondeb yn strwythur y gwersi fel bod y plentyn yn gwybod beth i'w ddisgwyl.

- Gwneud yn siŵr bod llyfrau ac offer wedi'u trefnu'n dda a'u bod nhw ar gael yn y man lle dylen nhw fod.

- Rhoi rhybudd ymlaen llaw am unrhyw newid mewn trefniadau ystafell ddosbarth, yr amserlen neu drefniadau eistedd.

- Bod yn ymwybodol y gall plentyn sydd ag ASA fod yn orsensitif i oleuadau llachar, lefelau sŵn uchel ac arogleuon anarferol, ac y gallai'r rhain dynnu ei sylw.

- Wrth weithio mewn grŵp, rhoi rôl benodol i blentyn ag ASA a goruchwylio'r rhyngweithio cymdeithasol yn ofalus.

Yn olaf, mae anhwylder gorfodaeth obsesiynol (OCD) yn gyflwr o bryder eithafol. Mae'n effeithio ar gyfran fach (1-2 y cant) o blant ifanc yn unig a gall ddatblygu yn ystod glasoed. Gellir ei drin gyda therapi ymddygiad gwybyddol a meddyginiaeth mewn achosion eithafol. Er bod athrawon cynradd yn annhebygol o ddod ar draws llawer o blant â'r anhwylder hwn, mae'n bwysig i ddelio ag unrhyw achosion maen nhw'n dod ar eu traws gan y gallai'r cyflwr ymyrryd â dysgu. Mae symptomau'n cynnwys gwirio'n aml, ofnau afresymol o golli eiddo, obsesiwn gyda threfnu pethau mewn ffordd arbennig, ailadrodd gweithredoedd, ail-ddarllen cyfarwyddiadau, dileu ac ail-wneud gwaith yn gyson. Mae camau gweithredu y gall athrawon eu cymryd yn debyg i'r rhai a restrwyd ar gyfer ASA: dangos dealltwriaeth; cynnal awyrgylch digynnwrf yn yr ystafell ddosbarth; osgoi creu pryder; mabwysiadu strwythur rheolaidd i reoli dosbarth a gwersi.

Perthnasedd i ddysgu gwyddoniaeth

Wrth i ni droi i fyfyrio ar y strategaethau a all helpu plant ag anawsterau dysgu penodol i gael yr un cyfleoedd dysgu mewn gwyddoniaeth â phob plentyn arall, mae'n werth cofio bod y strategaethau a awgrymir yn rhan o arfer dda mewn addysgu. Mae hyn yn arbennig o berthnasol i'r nifer o bwyntiau sy'n gyffredin i'r holl feysydd o anawsterau dysgu sy'n cael eu crynhoi ym Mlwch 23.4. Fodd bynnag, nid oes unrhyw ateb 'un maint i bawb' i helpu plant ag anghenion addysgol arbennig. Mae anawsterau'n amrywio o fod yn ysgafn i fod yn ddifrifol a gallai plentyn fod â chyfuniad o anableddau.

Mae'r perthnasedd arbennig i addysg wyddonol yn dod yn amlwg os ydym yn cofio'r hyn mae plant yn ymwneud ag ef pan fyddant yn cymryd rhan mewn dysgu gweithredol, sy'n seiliedig ar ymholi mewn gwyddoniaeth. Trafodwyd hyn ym Mhennod 8 a nodwyd rhestr o weithredoedd allweddol ym Mlwch 8.2. I grynhoi, bydd dysgu gweithredol mewn gwyddoniaeth yn cynnwys plant yn:

- trin ac ymchwilio i wrthrychau a deunyddiau go iawn;
- casglu data drwy arsylwi a mesur;
- siarad, gwrando a darllen i ddysgu gan eraill;
- ysgrifennu a thynnu lluniau i gyfleu eu syniadau;
- cydweithio ag eraill;
- esbonio, rhesymu a dadlau i ddatblygu eu dealltwriaeth.

Bydd plant ag anableddau o'r mathau rydym wedi eu trafod o dan anfantais wrth ddysgu gwyddoniaeth oni bai eu bod yn cael help yn y mathau hyn o weithgareddau. Bydd problemau cyfathrebu gydag iaith lafar ac ysgrifenedig, anawsterau gyda symudiad corfforol a'r defnydd o offer ysgrifennu ac offer arall, problemau gyda rhifau, rhyngweithio cymdeithasol ac anawsterau o ran talu sylw i gyd yn lleihau cyfleoedd dysgu. Mae cyfleoedd dysgu cyfartal yn golygu bod angen i'r materion hyn fod yn rhan o hyfforddiant cychwynnol athrawon a datblygiad proffesiynol parhaus. Bydd disgyblion ag anawsterau dysgu penodol, a'r rhai heb, yn elwa o athrawon yn mabwysiadu'r camau gweithredu a awgrymir ym Mlwch 23.4.

Blwch 23.4 Camau gweithredu sy'n gyffredin i bob maes o anhawster dysgu

- Gwneud yn glir i'r plant ag anableddau ac i eraill yn y dosbarth fod yr anawsterau arbennig yn gofyn am help ac nad yw o ganlyniad i allu isel neu ddiogi.

- Defnyddio dull aml-synhwyraidd wrth addysgu fel y gall plant ag anawsterau cyfathrebu ddysgu yn y ffordd sydd orau iddyn nhw.

- Gosod disgyblion ag anawsterau dysgu mewn grwpiau gyda phlant sy'n gallu eu cefnogi gyda chydymdeimlad.

- Lle bydd taflenni gwaith gyda chyfarwyddiadau ysgrifenedig yn cael eu defnyddio, dylid eu cynhyrchu mewn print clir, mawr, wedi'i osod yn dda, yn ddiaddurn, gan ddefnyddio lliw i amlygu pwyntiau allweddol fel geirfa newydd.

- Rhoi gwybodaeth a chyfarwyddiadau mewn darnau bach; gwirio am ddealltwriaeth.

- Cyflwyno geiriau newydd (cysyniad a phroses) yn ôl yr angen, gan ddefnyddio enghreifftiau a chysylltu geiriau a ddefnyddir mewn gwyddoniaeth gyda thermau bob dydd y gall disgyblion eu defnyddio.

- Mabwysiadu a thrafod trefn dosbarth a disgwyliadau o ran ymddygiad gyda disgyblion, gan eu cymhwyso'n gyson.

- Cynllunio amrywiaeth yn y modd y mae disgyblion yn cofnodi eu canlyniadau ac yn adrodd ar eu gwaith, gan gynnwys defnyddio cyfrifiaduron.

Mae'r strategaethau hyn yr un mor berthnasol i blant nad yw Saesneg yn iaith gyntaf iddynt, oherwydd er efallai nad oes ganddynt anawsterau dysgu penodol mae arnynt angen help i ddatblygu eu geirfa. Mae cydweithio mewn grwpiau, neu gyda phartner 'siarad', gyda deunyddiau corfforol i drafod, yn brofiad pwysig ar gyfer siaradwyr Saesneg anfrodorol, gan ddatblygu eu hiaith Saesneg yn ogystal â'u dealltwriaeth mewn gwyddoniaeth. Mae trafodaeth bellach ar sut i gefnogi plant gyda Saesneg fel ail iaith yn Hainsworth (2012b) ac yng nghanllawiau'r ASE ar gyfer tiwtoriaid gwyddoniaeth *SEN and Science* (2008).

Crynodeb

Mae'r bennod hon wedi trafod ffyrdd o ddarparu cyfle ar gyfer yr holl ddisgyblion i ddysgu gwyddoniaeth mewn dosbarthiadau prif ffrwd, waeth beth fo'u hoedran, rhyw, cefndir ethnig. Rydym wedi trafod y rhesymeg dros gynhwysiant, yr addasiadau y gellir eu gwneud i weithgareddau er mwyn darparu ar gyfer gwahaniaethau unigol sy'n bodoli rhwng yr holl ddisgyblion. Rydym wedi nodi strategaethau ar gyfer helpu'r rhai y mae eu problemau wrth ddysgu yn fwy nag y gellir darparu ar eu cyfer drwy wahaniaethiad. Mae'r anawsterau hyn yn cynnwys anawsterau iaith penodol, problemau gyda rhifau, cydsymud corfforol ac anhwylderau sy'n gysylltiedig â'r ymennydd. Rydym wedi nodi bod rhai strategaethau ar gyfer helpu plant â'r anawsterau hyn yn berthnasol yn eang ac maen nhw'n rhan o arfer da i bob plentyn. Dyma'r prif bwyntiau:

- Mae addysg gynhwysol yn galluogi disgyblion ag anawsterau dysgu i elwa ar gydweithredu ag eraill sy'n rhan hanfodol o ddysgu i bob plentyn.

- Gellir dweud fod gan bob plentyn anghenion addysgol arbennig, gan eu bod yn unigolion, ond nid oes gan y rhan fwyaf anawsterau dysgu penodol.

- Nid oes un cyflwr sy'n nodi plant ag anawsterau dysgu; mae'n bwysig i athrawon allu nodi symptomau o anawsterau dysgu penodol fel y gellir defnyddio strategaethau priodol i helpu dysg y disgybl.

- Gellir helpu sawl maes o anhawster gyda dull aml-synhwyraidd, torri cyfarwyddiadau yn gamau syml, mabwysiadu arferion, galluogi plant ag anawsterau i weithio gyda phlant sy'n gallu eu helpu.

- Ym mhob achos mae agwedd gydymdeimladol a dealltwriaeth ar ran yr athro a'r disgyblion eraill yn bwysig.

Darllen pellach

ASE (2008) *SEN and Science* (P1.4 ar gyfer tiwtoriaid gwyddoniaeth) ar gael i'w lawrlwytho yn: www.ase.org.uk/resources/scitutors/professional-issues/p14-sen-and-science/

Canllawiau CLEAPSS ar gyfer aelodau ar weithgareddau ar gyfer ysgolion cynradd:

- PST56 – yn edrych ar ddisgyblion oedran cynradd â nam echddygol.
- G077 *Science for secondary-aged pupils with special educational needs or disability* – er ei fod wedi cael ei ysgrifennu gydag ysgolion uwchradd mewn golwg, mae'n darparu gwybodaeth a syniadau defnyddiol i athrawon ym mhob ysgol prif ffrwd ac ysgol arbennig. Mae adrannau ar addysgu gwyddoniaeth i blant ag anawsterau gwybyddol ac anawsterau dysgu, anawsterau ymddygiadol ac emosiynol, anawsterau cyfathrebu, anawsterau synhwyraidd a chorfforol a gorsensitifrwydd.

Hainsworth, M. (2012b) Lifting the barriers in science, *Primary Science* 125: 11–13.

Oswald, S. (2012) Narrowing the gap for children with special educational needs, *Primary Science* 125: 8–10.

Wellington, W. a Wellington, J. (2002) Children with communication difficulties in mainstream classrooms, *School Science Review* 83(305): 81–92.

Atebolrwydd a gwerthuso arfer

Mae'r tair pennod yn rhan olaf y llyfr yn ymwneud â gwerthuso ar gyfer gwella'r ddarpariaeth ar gyfer dysg plant mewn gwyddoniaeth. Gall gwerthuso gael ei ddefnyddio at ddibenion ffurfiannol a chrynodol, fel yn achos asesu perfformiad disgyblion. Er bod ein sylw yma ar werthusiad ffurfiannol o arfer, ni ellir anwybyddu'r defnydd cyfunol o ddata gwerthuso ar gyfer atebolrwydd, ar gyfer barnu addysgu, athrawon ac ysgolion. Felly, mae Pennod 24 yn dechrau gyda thrafodaeth fer o'r wybodaeth sydd ei hangen i ddarparu cyfrif teg o berfformiad ysgolion. Mae gweddill Pennod 24 yn ymwneud â chasglu gwybodaeth am arferion ar lefel dosbarth a meini prawf gwerthuso sy'n adlewyrchu arfer da. Mae'n rhoi enghraifft o sut y gellir defnyddio'r broses o werthuso cyfleoedd ar gyfer dysgu drwy ymholi i nodi bylchau yn y cyfleoedd i blant ac i nodi anghenion datblygiad proffesiynol. Mae Pennod 25 yn troi'r sylw at werthuso ar lefel ysgol ac yn disgrifio rhai fframweithiau ar gyfer hunanwerthusiad ysgolion. Mae Pennod 26 yn disgrifio dulliau amrywiol i wella cyfleoedd ar gyfer dysgu gwyddoniaeth, er mwyn diwallu anghenion fel y datgelir o bosibl drwy'r gwerthuso a ddisgrifir ym Mhenodau 24 a 25. Mae agweddau ar rôl yr arweinydd pwnc gwyddoniaeth wrth sicrhau gwelliant mewn arfer a chefnogi cydweithwyr yn cael eu disgrifio. Mae'r bennod yn gorffen gyda rhestr o brif ddarparwyr datblygiad proffesiynol parhaus i athrawon cynradd mewn gwyddoniaeth.

24

Gwerthuso darpariaeth ar lefel y dosbarth

Cyflwyniad

Fel y nodwyd ar ddechrau Pennod 14, mewn addysg mae'r term 'gwerthuso' yn cael ei ddefnyddio yn gyffredinol mewn perthynas â rhaglenni addysgol, systemau neu effeithiolrwydd y ddarpariaeth ar gyfer dysgu ar lefelau ysgol a'r ystafell ddosbarth. Mae hyn yn wahanol i 'asesu', sydd yn broses debyg ond a ddefnyddir mewn perthynas â chyflawniad y plant. Er nad yw'r derminoleg hyn yn gyffredinol, mae'n ddefnyddiol gwahaniaethu rhwng y prosesau hyn. Mae Rhan 4 o'r llyfr hwn yn canolbwyntio ar asesu ac adrodd ar ddysg plant; yn y rhan hon rydym yn rhoi sylw i werthuso darpariaeth ar gyfer dysgu.

Mae gwerthuso ac asesu yn cyfeirio at broses o gynhyrchu a dehongli tystiolaeth i ffurfio barn at ddiben penodol. Yn y ddau achos, hefyd, gall y pwrpas fod yn ffurfiannol neu'n grynodol. Mae gwerthusiad ffurfiannol yn helpu i wella darpariaeth addysgol; mae gwerthusiad crynodol yn darparu dyfarniadau crynodol o gyflawniad neu ddarpariaeth.

Yn y bennod hon, rydym yn rhoi sylw i werthusiad ffurfiannol o'r cyfleoedd ar gyfer dysgu gwyddoniaeth a ddarperir ar lefel ystafell ddosbarth. Yn gyntaf, fodd bynnag, rydym yn ystyried ystyr a rôl atebolrwydd, gair a ddefnyddir yn gynyddol - yn aml gydag arwyddocâd negyddol - yng nghyd-destun gwerthuso effeithiolrwydd addysgol. Yna byddwn yn ystyried y mathau o dystiolaeth sydd eu hangen wrth werthuso'r ddarpariaeth ar gyfer dysgu a'r meini prawf a ddefnyddir wrth lunio barn am y dystiolaeth. Rydym yn edrych ar rai enghreifftiau o gofnodion o weithgareddau plant sy'n helpu i sicrhau bod pob plentyn yn profi'r cyfleoedd a fwriedir ar gyfer dysgu. Yn olaf, rydym yn disgrifio offeryn gwerthuso sy'n canolbwyntio'n benodol ar gyfleoedd plant i ddysgu sy'n seiliedig ar ymholi mewn gwyddoniaeth ac y gellir ei addasu i'w werthuso gan arsylwr neu i'w hunanwerthuso gan yr athro.

Ystyr a goblygiadau atebolrwydd

Mae atebolrwydd yn air sy'n cael ei ddefnyddio'n amlach - a'i gamddefnyddio - mewn addysg. I lawer o athrawon, mae atebolrwydd yn golygu defnyddio 'metrigau' sy'n cael eu gosod oddi uchod, gydag effaith gyfyngol a negyddol ar arfer ar bob lefel yn yr ysgol. Mae 'metrigau' yn y cyd-destun hwn yn cyfeirio at fesur deilliannau addysg y gellir eu mesur a'u mynegi fel rhifau, ac at eu defnyddio wrth werthuso effeithiolrwydd addysgol. Yn ymarferol, mae hyn yn golygu'r defnydd o sgorau profion i farnu perfformiad ysgolion a systemau addysgol. Mae beirniadu athrawon ac ysgolion ar sail canlyniadau profion yn unig yn achosi'r effaith a gydnabyddir yn eang o ganolbwyntio ar yr hyn sy'n cael ei brofi, gan arwain at honiadau bod 'atebolrwydd yn tanseilio dysgu'. Fodd bynnag, nid atebolrwydd fel cysyniad yw'r broblem, ond sut y caiff ei roi ar waith. Mae safbwynt cyfyng o atebolrwydd, lle mae'n rhaid i athrawon ac ysgolion 'gyflwyno' yr hyn sy'n cael ei ragnodi gan awdurdod allanol, yn cael ei alw'n gyffredin yn 'atebolrwydd allanol'. Ond nid dyma unig ffurf atebolrwydd. Ffurf arall yw 'atebolrwydd mewnol', a disgrifir fod hyn yn cynnwys y canlynol:

> mwy o annibyniaeth i ysgolion lle maen nhw'n gosod eu nodau eu hunain ac yn defnyddio system archwilio i werthuso i ba raddau mae'r rhain wedi cael eu bodloni. Mae atebolrwydd mewnol yn dod gyda lefel uchel o gyfrifoldeb.
>
> (Smith, 2016: 749)

Mae hyn yn debyg i'r hyn a ddisgrifir fel 'atebolrwydd deallus', sy'n bodloni meini prawf penodol sy'n ymwneud ag ymddiriedaeth mewn athrawon a'r defnydd o ddata er mwyn sicrhau newid hirdymor, yn hytrach na dysgu tymor byr ar gyfer profion i wella sgorau (Crooks, 2003).

Mae cael eich dal yn atebol yn golygu bod yn gyfrifol am gamau gweithredu a gymerwyd a gallu egluro i randdeiliaid pam a sut y gwnaed pethau penodol neu pam na chawsant eu gwneud. Ym Mlwch 24.1 dadleuir bod yna gyfyngiadau i'r camau gweithredu a'r canlyniadau y mae athrawon yn gyfrifol amdanynt.

Blwch 24.1 Terfynau atebolrwydd

Gall athrawon gael eu dal yn atebol am weithredoedd neu ganlyniadau y mae ganddynt reolaeth drostynt yn unig, megis yr hyn y maen nhw'n ei wneud yn yr ystafell ddosbarth, pa gyfleoedd dysgu maen nhw'n eu darparu a'r cymorth maen nhw'n ei roi i ddisgyblion, ac yn y blaen. Nid ydynt o reidrwydd yn gyfrifol am p'un a yw deilliannau dysgu a ragnodir yn allanol yn cael eu cyflawni, gan fod hyn yn dibynnu ar nifer o ffactorau eraill, nad oes gan yr athro reolaeth drostynt, megis dysg blaenorol y disgyblion a'r nifer o ddylanwadau ac amodau y tu allan i'r ysgol sy'n effeithio ar eu dysg. Mae angen i'r ffactorau hyn gael eu hystyried gan athrawon, wrth osod a gweithio tuag at eu nodau ar gyfer dysg disgyblion, a gan y rhai hynny sy'n dal athrawon yn atebol am ansawdd addysg disgyblion. Mae'n dilyn o'r dadleuon hyn y dylai'r wybodaeth a ddefnyddir mewn atebolrwydd gynnwys, yn ogystal â data ar gyflawniadau disgyblion, wybodaeth am y cwricwlwm a dulliau addysgu ac agweddau perthnasol ar gefndiroedd y disgyblion a hanes eu dysgu.

(Harlen, 2013: 30)

Mae atebolrwydd, felly, yn cyfeirio at y defnydd a wneir o ddata gwerthuso, a all fod yn ffurfiannol neu'n grynodol. Gall fod yn berthnasol ar lefelau dosbarth, ysgol a chenedlaethol. Awgrymodd Reedy (2016) ei fod hefyd yn berthnasol ar lefel disgyblion, lle mae tystiolaeth o ddysgu yn cael ei defnyddio at ddibenion ffurfiannol a chrynodol, fel y trafodwyd ym Mhennod 18. Mae atebolrwydd sydd yn deg ac yn ddilys yn gofyn am dystiolaeth o werthuso gweithredoedd athrawon a disgyblion yn ogystal â data am eu cynnydd mewn dysgu. Rydym nawr yn ystyried, yng ngweddill y bennod hon, sut y gall gwerthuso arfer a darpariaeth y mae athrawon yn gyfrifol amdano ar lefel dosbarth gael ei ddefnyddio yn ffurfiannol. Ym Mhennod 25 rydym yn edrych ar y materion ar lefel yr ysgol.

Gwerthuso ffurfiannol ar lefel dosbarth

Pwrpas gwerthuso ar lefel dosbarth yw gwella'r ddarpariaeth ar gyfer dysg plant. Mae'n gofyn casglu tystiolaeth am y cyfleoedd a ddarperir yn y gweithgareddau dosbarth ac i ba raddau mae'r rhain yn bodloni safonau disgwyliedig ac yn galluogi plant i wneud cynnydd yn eu dysg. Bydd rhywfaint o'r dystiolaeth yn ymwneud â'r cynnydd y mae plant wedi'i wneud dros gyfnod o amser; bydd rhywfaint yn ymwneud â'r pynciau a'r math o weithgareddau a brofir gan y plant yn ystod y cyfnod hwnnw; a bydd rhywfaint ar y lefel fwy manwl o'r mathau o brosesau dysgu maen nhw wedi'u defnyddio, yn enwedig y rhai sy'n ymwneud ag ymholi mewn gwyddoniaeth.

Yn y broses o werthuso, bydd tystiolaeth berthnasol o'r mathau hyn yn cael ei chymharu â'r hyn a ystyrir yn 'arfer da' y dylid anelu amdano. Mae Blwch 24.2 yn awgrymu rhai safonau arfer ar gyfer athrawon sy'n ymgorffori agweddau ar addysgu da, megis gweithdrefnau asesu ffurfiannol, trafodaeth ac amser i fyfyrio. Gall y nodweddion hyn gael eu defnyddio yn yr adolygiad rheolaidd o weithgareddau dosbarth, ond hefyd gellir eu cadw mewn cof ar adegau eraill. Yn ddelfrydol mae athrawon yn cydweithio i gasglu gwybodaeth i gynnal y gwerthusiad hwn. Mae cael rhestr o'r fath mewn cof (er y byddai un a grëwyd gan athrawon yn cael ei ffafrio) pan fydd athrawon yn arsylwi gwersi ei gilydd yn cynyddu gwerth y profiad ar gyfer yr arsylwr a'r sawl sy'n cael ei arsylwi. Mae arsylwi gwersi yn rhan o rôl yr arweinydd pwnc gwyddoniaeth, ond yn werthfawr i eraill yn ogystal, yn enwedig wrth drafod ar ôl y wers, pan ellir cyfnewid syniadau ar gyfer cynyddu potensial dysgu gweithgareddau.

Lle nad yw arsylwi yn y dosbarth gan gydweithwyr yn bosibl, gall rhestr o arfer da gefnogi myfyrdod personol. Mae diwedd pwnc neu gyfres o wersi yn amser da i fyfyrio ar weithgareddau'r plant: yr hyn roedden nhw'n ei chael yn anodd; yr hyn roedden nhw'n ei fwynhau; p'un a wnaethant ddeall diben y gweithgareddau; ac yn y blaen. Nid oes unrhyw amheuaeth y bydd nodi'r hyn wnaeth y plant neu na wnaeth y plant yn ôl y bwriad yn arwain at oblygiadau ar gyfer gweithredu gan yr athro. Yn ddiweddarach (t. 351) rydym yn ystyried gwerthusiad â mwy o ffocws o gyfleoedd i blant ddysgu drwy ymholi.

Blwch 24.2 Agweddau ar arfer 'da' yn yr ystafell ddosbarth i athrawon

- Defnyddio amrywiaeth o ddulliau addas i gyflawni amrywiol nodau dysgu gwyddoniaeth.

- Darparu defnyddiau a chyfarpar syml i blant eu defnyddio wrth archwilio'n uniongyrchol ac ymholi i ffenomena gwyddonol yn eu hamgylchedd.

- Gofyn cwestiynau sy'n gwahodd y plant i fynegi eu syniadau yn rheolaidd.

parhau . . .

Blwch 24.2 parhad

- Gwybod lle mae plant o ran datblygu syniadau a sgiliau ymholi a defnyddio'r wybodaeth hon i ddarparu cyfleoedd a chefnogaeth (sgaffaldiau) ar gyfer cynnydd.

- Cynnwys yr hyn y bwriedir i blant ei ddysgu mewn cynlluniau gwersi yn ogystal â'r hyn y byddant yn ei wneud.

- Rhoi sylwadau sy'n helpu cynnydd wrth roi adborth llafar neu ysgrifenedig ar waith y plant.

- Sicrhau bod plant yn cael y cyfle i godi cwestiynau yn rheolaidd a bod y cwestiynau hyn yn cael sylw.

- Sicrhau bod plant bob amser yn gwybod beth yw diben eu hymchwiliadau a gweithgareddau gwyddonol eraill.

- Rhoi cyfleoedd i blant drafod arsylwadau, cynlluniau, canfyddiadau a chasgliadau mewn grwpiau bach ac fel dosbarth cyfan.

- Rhoi cyfle i blant i gael gwybodaeth o lyfrau, y Rhyngrwyd, ymweliadau y tu allan i'r ysgol ac arbenigwyr sy'n ymweld.

- Trafod gyda phlant beth yw nodweddion gwaith da er mwyn iddynt allu asesu a gwella eu gwaith eu hunain a gwaith ei gilydd.

- Rhoi amser ac anogaeth i'r plant fyfyrio ar sut a beth maen nhw wedi ei ddysgu

- Defnyddio tystiolaeth o gwestiynu, arsylwi, trafod ac astudio cynnyrch i gofnodi cynnydd plant tuag at y nodau dysgu.

- Gwneud darpariaeth i blant gadw cofnodion o'u gweithgareddau mewn ffurfiau priodol, fel e-bortffolio.

Cofnodion i'w cadw

Cofnodion o weithgareddau disgyblion unigol

Mae profiadau plant unigol yn debygol o amrywio o grŵp i grŵp, a hyd yn oed o fewn grwpiau, pan fydd plant yn mynd ar drywydd cwestiynau sy'n codi yn ystod gweithgareddau. Oni bai fod yr holl blant mewn dosbarth bob amser yn gweithio ar yr un gweithgareddau â'i gilydd, mae angen system sy'n cofnodi beth mae pob plentyn wedi ei wneud. Hyd yn oed os oedd y gweithgareddau'r un fath ar gyfer pawb ni fyddai unrhyw sicrwydd y byddai eu profiadau union yr un fath, gan fod plant yn rhoi sylw'n ddetholus i wahanol rannau o'r gwaith, yn ymestyn eu sylw at rai rannau a rhoi ychydig o sylw i rannau eraill.

Nid yw bob amser yn bosibl, neu'n briodol, i bob plentyn ymgymryd â phob gweithgaredd. Er enghraifft, yn achos dosbarth Graham ym Mhennod 3, fe wnaeth grwpiau gynnal ymchwiliadau gwahanol. Fodd bynnag, bwriedir i'r gwahanol weithgareddau fynd i'r afael â'r un syniadau a datblygu sgiliau tebyg ac fe gyflwynodd y plant eu canfyddiadau i rannu gyda gweddill y dosbarth. Yn yr achos hwn nid oedd angen i bawb wneud pob ymchwiliad, ond dylid cofnodi beth wnaeth pob grŵp. (Gweler Pennod 21 ar weithgareddau grŵp.)

Mae angen cofnod o brofiadau seiliedig ar wyddoniaeth yn enwedig pan fydd y gwaith yn cael ei gyflawni drwy bynciau trawsgwricwlaidd. Mae Blwch 24.3 disgrifio un enghraifft o'r fath.

ECynlluniwyd profiadau oedd yn cyfeirio at yr un amcanion â'r rhai ym Mlwch 24.3 ar gyfer yr wythnos ganlynol mewn pwnc gwahanol sef Y Dyn Bach Sinsir.

Blwch 24.3 Gwyddoniaeth mewn pwnc yn y cyfnod sylfaen

Roedd dosbarth derbyn yn ymgymryd â phwnc wythnos o hyd, 'Ein Hysgol Newydd', lle roedden nhw'n ystyried amrywiaeth eang o agweddau ar y cwricwlwm cyfnod sylfaen, gan gynnwys gwybodaeth a dealltwriaeth o'r byd. Roedd adeilad ysgol newydd yn cael ei godi ar dir eu hysgol hen iawn. Fe wnaeth y plant siarad gyda rhieni oedd wedi mynychu'r ysgol fel plant, trafod hen ffotograffau ac ystyried sut mae pobl yn teimlo am eu hen ysgol yn cael ei tharo i lawr. Yn y cyfnod sylfaen, 'Dealltwriaeth o'r Byd', y ffocws mewn gwyddoniaeth oedd 'gwybod am y nodweddion tebyg a gwahanol mewn perthynas â lleoedd, gwrthrychau, defnyddiau a phethau byw' (DfE, 2012). Archwiliodd y plant ddefnyddiau adeiladu a meddwl sut i adeiladu wal sefydlog. O fewn y pwnc roedd llawer o gyfleoedd i ddatblygu dealltwriaeth. Er enghraifft, defnyddiwyd bwrdd gweithgareddau o frics chwarae amrywiol i annog adeiladu a phrofi cryfder wal. Roedd y plant hefyd yn gallu profi priodweddau gwahanol ddefnyddiau (soeglyd, torri'n hawdd, mynd yn ddiferol pan yn wlyb) i weld pa un allai fod yn dda i adeiladu gydag ef. Erbyn diwedd yr wythnos roedd athrawon eisiau bod yn sicr bod y plant i gyd wedi profi pob un o'r gweithgareddau hyn. Fe wnaethant gadw siart ar gyfer pob bwrdd gweithgaredd, er mwyn i blant allu cofnodi eu hymweliad â'r bwrdd (gan ddefnyddio labeli enw wedi'u lamineiddio i'w gosod ar siart wal). Ar ddiwedd yr wythnos roedd hi'n hawdd nodi a chofnodi bylchau.

Rhoddodd hyn gyfle i'r plant ymchwilio i ffyrdd o gadw dyn sinsir yn sych ac, wrth bobi, byddent yn edrych ar amrywiaeth o ddefnyddiau gan ddefnyddio eu synhwyrau. Mae Ffigur 24.1 yn dangos y math o gofnod a gadwyd o'r gweithgareddau a gyflawnwyd gan bob disgybl.

Bydd rhai gweithgareddau yn cael eu hystyried yn gyfwerth â'i gilydd yn ôl pob tebyg, tra mewn achosion eraill mae'n bosibl bod y cyd-destun mor wahanol nes ei bod hi'n ddymunol ail-adrodd. Gan gymryd y pethau hyn i ystyriaeth, bydd yr athro'n defnyddio'r cofnod i gadw llygad ar y bylchau yng ngweithgareddau plant unigol a gweithredu ar hyn, naill ai wrth gynllunio gwaith y tymor nesaf neu drwy gael un neu ddwy o sesiynau lle mae plant yn cael eu cyfeirio at weithgareddau maen nhw wedi'u colli. Dylai hyn atal plant rhag colli allan ar yr holl brofiadau sy'n ymwneud â defnyddiau am unrhyw reswm fel absenoldeb neu ddiffyg ymgysylltu â'r gweithgaredd.

Cofnodion wedi'u teilwra

Mae athrawon yn amrywio o ran faint o wybodaeth y gallant ei chario yn eu pen a faint maen nhw'n hoffi ei hysgrifennu a gallai hyn fod yn un o'r ffactorau sy'n arwain at ffafrio rhestr wirio, neu am bro fforma mwy manwl sy'n rhoi cyfle i nodi sylwadau, rhybuddion ac esboniadau. Fodd bynnag mae angen i systemau ar gyfer cofnodi, boed ar bapur neu ar gyfrifiadur, fod yn syml ac, yn y rhan fwyaf o

Dosbarth .... Tymor.................

Pwnc	Ein Hysgol Newydd (Wythnos 4)		Y Dyn Bach Sinsir (Wythnos 6)		
Gweithgaredd	Adeiladu wal	Archwilio defnyddiau adeiladu	Pobi	Clogyn glaw ar gyfer y Dyn Bach Sinsir	Beirniadu'r Dyn Bach Sinsir gorau
Nodau	Rhagfynegiad Disgrifio'r hyn a wnaethant	Ymchwilio gan ddefnyddio synhwyrau Iaith briodol	Defnyddio synhwyrau i archwilio Iaith briodol	Ymchwilio i ddefnyddiau Rhagfynegiad Disgrifio'r hyn a wnaethant Iaith briodol	Disgrifio nodweddion syml Cymharu nodweddion
Ali					
Sam					
Charlene					
ac ati					

Ffigur 24.1 Cofnod o weithgareddau gwyddonol a gyflawnwyd o fewn pynciau

achosion, yn eglur i eraill. Mae hyn yn arbennig o bwysig mewn achosion lle mae cynorthwyydd dosbarth neu oedolyn arall yn cymryd rhan wrth asesu'r hyn a ddysgwyd. Fe wnaeth yr athrawes dosbarth a'i chynorthwywyr yn y dosbarth derbyn a ddisgrifiwyd ym Mlwch 24.3 ddefnyddio cofnod syml ar gyfer pob pwnc fel sydd i'w weld yn Ffigur 24.2. Roedd y cofnodion hyn yn sail i drafodaethau rhwng yr athrawes dosbarth a'i chynorthwywyr ac yn eu tro fe wnaethant gyfrannu at y cofnodion unigol ar gyfer pob plentyn (edrych i lawr y colofnau) a helpu i nodi agweddau i ganolbwyntio arnynt mewn pynciau yn y dyfodol (edrych ar draws y rhesi).

Cofnodion mae plant yn eu cadw

Fe wnaeth y plant dosbarth derbyn ym Mlwch 24.3 gofnodi eu bod wedi cwblhau gweithgareddau penodol drwy osod eu henw ar siart. Y cam rhesymegol nesaf yw i blant gadw eu cofnodion eu hunain o'u cyflawniadau, pan fyddant ychydig yn hŷn ac yn gallu myfyrio ar eu dysgu. Mae hyn yn hollol wahanol i'r cofnod a wnânt o'u hymchwiliadau; mae'n golygu hunanasesiad o'r dysgu a gyflawnwyd o ganlyniad i'r ymchwiliadau hyn.

Mae nifer o ddulliau wedi cael eu mabwysiadu i sicrhau bod disgyblion yn canolbwyntio ar feddwl beth maen nhw'n ei ddysgu. Nodwyd ym Mhennod 21 (Blwch 21.2) bwysigrwydd plant yn deall diben eu gweithgareddau a nodwyd ffyrdd amrywiol o fynd ati i gyfathrebu nodau ym Mhennod 17. Yn amlwg, mae angen i blant fod yn ymwybodol o nodau, ac ymrwymo i'r rhain, cyn y gellir disgwyl iddynt allu ystyried p'un a ydynt wedi cael eu cyflawni. Mae'r defnydd o gridiau GED (gweler

Meithrin - Mrs Cole a Mrs Kahn - Wythnos 4

Adeiladu ysgol newydd -

Gwybodaeth a Dealltwriaeth o'r byd

Amcan	Ali	Sam	Charlene	Kylie 1	David	Liam	Leanne	Kylie 2	India
Profi cryfder defnyddiau	✓	✓	✓	✓	✓	✓	✓	O	✓
Gallu gwneud rhagfynegiad	✓	✗	✓	✓	✓	✗	✗	O	✓
Disgrifio'r hyn mae ef/hi wedi'i wneud	✗	✓	✓	✓	✓	✓	✓	O	✓
Ymchwilio i wrthrychau/defnyddiau gan ddefnyddio'r holl synhwyrau	✓	✓	✓	✓	✓	✗	✓	✓	✓
Defnyddio iaith briodol i ddisgrifio gwrthrychau/defnyddiau	✗	✓	✓	✓	✓	✓	✓	✓	✓
Sylw	Mynegiant yr wyneb ac yn y blaen, ond ddim yn siarad					Angen arafu, rhy frysiog		Ni wnaeth wneud y wal.	

Drewllyd, soeglyd, caled, oer ac ati.

Ffigur 24.2 Taflen gofnodi pwnc syml

Pennod 15) yn helpu i ddatblygu'r ffordd hon o feddwl, yn enwedig y drydedd ran, lle mae'r plant yn cofnodi'r hyn maen nhw'n credu eu bod wedi'i ddysgu (D).

Mae Ffigur 24.3 yn enghraifft o gofnod dosbarth a addaswyd o Nimmons (2003) o gofnodion ar gyfer dosbarth Blwyddyn 5 oedd wedi astudio uned ar newid cyflwr. Gofynnir i'r plant nodi ag wynebau gwenu (neu fel arall), ticiau neu sylwadau, neu 'oleuadau traffig' (Harrison a Howard, 2009) i ba raddau maen nhw'n teimlo eu bod wedi cyflawni'r nodau. Yna gall athrawon safoni'r farn hon gan eu bod yn gwneud

	Enwau'r plant							
Rwyf wedi arbrofi i ddysgu am rywfaint o'r gwahaniaeth rhwng iâ, dŵr ac ager								
Rwyf yn gwybod beth sy'n digwydd pan fo dŵr yn 'diflannu'!!								
Rwyf wedi dysgu am anweddiad hylifau eraill								
Rwyf wedi ymchwilio i amodau gwahanol allai effeithio ar gyfradd anweddiad								
Rwyf wedi darganfod sut i anweddu dŵr a'i newid yn ôl i ddŵr eto								
Rwyf wedi dod o hyd i wybodaeth am y gylchred ddŵr!!								
Rwy'n gwybod beth yw tymheredd berwi a thymheredd rhewi dŵr								
Rwyf yn gwybod sut i newid dŵr i mewn i iâ a gwneud iddo ymdoddi eto								
Gallaf ddefnyddio synhwyrydd tymheredd a chreu graff ar y cyfrifiadur								
Gallaf awgrymu beth allai ddigwydd ac egluro pam								
Gallaf ysgrifennu adroddiadau clir ac egluro fy nghanlyniadau gan ddefnyddio fy ngwybodaeth wyddonol								

Ffigur 24.3 Taflen gofnodi diwedd uned sy'n cael ei llenwi gan blant

eu cofnodion eu hunain. Gellid creu cofnodion unigol o'r un math i blant gadw yn eu ffolderi neu mewn ffeiliau cyfrifiadurol.

Defnyddio cofnodion i wella arfer

Un peth yw cadw cofnodion fel yr enghreifftiau hyn, gan ddangos i ba raddau mae'r cynnwys a fwriedir o'r cwricwlwm wedi cael sylw fel y gellir llenwi unrhyw fylchau. Peth arall yw defnyddio'r wybodaeth hon i nodi lle gallai fod angen cymorth neu ymyrraeth i wella profiadau a deilliannau disgyblion. Amlygwyd y gwahaniaeth yn adroddiad Ofsted yn 2013 lle nodwyd nad oedd y gwaith o fonitro'r cynnwys yn ddigonol i sicrhau bod yr hyn oedd yn cael ei addysgu yn bodloni amcanion a gweledigaeth yr ysgol ar gyfer gwyddoniaeth. Nodwyd fod 'gwersi gwyddoniaeth yn cael eu cynnal, ond nid oes neb yn gwirio p'un a ydynt yn cynnal chwilfrydedd disgyblion ac yn ymgorffori gwybodaeth wyddonol, sgiliau a dealltwriaeth' (Ofsted, 2013: 21). Fel enghraifft o werthusiad o sut mae plant yn dysgu, a all arwain at nodi sut i wella eu sgiliau a'u dealltwriaeth, yn yr adran nesaf rydym yn ystyried gwerthusiad sy'n canolbwyntio ar ddysgu gwyddoniaeth drwy ymholi.

Offeryn ar gyfer gwerthuso cyfleoedd dysgu sy'n seiliedig ar ymholiad

Mae'r broses o werthuso'r ddarpariaeth ar gyfer dysgu sy'n seiliedig ar ymholiad yn gofyn am fanyleb glir o'r hyn mae ymholiad yn ei olygu. Pan fydd hyn yn glir, gellir casglu tystiolaeth berthnasol i ganfod pa mor dda mae gweithgareddau'r plant yn cyd-fynd â phrosesau dysgu drwy ymholi. Crëwyd dull defnyddiol fel rhan o brosiect yr UE a ddyluniwyd i ddatblygu a lledaenu arfer mewn addysgu gwyddoniaeth sy'n seiliedig ar ymholiad ac addysg mathemateg sy'n seiliedig ar ymholiad: Prosiect Fibonacci. Fe wnaeth un gangen o'r prosiect hwn ddatblygu offeryn ar gyfer gwerthuso gweithgareddau plant mewn gwyddoniaeth ac offeryn cysylltiedig ar gyfer gwerthuso gweithgareddau athrawon, gan ganolbwyntio'n benodol ar weithgareddau sy'n seiliedig ar ymholiad. I gadw ffocws clir ymholi, nid oedd yr offeryn yn delio ag unrhyw ragofynion ar gyfer unrhyw addysg gwyddoniaeth, fel darparu offer a deunyddiau, trefniadaeth dosbarth, ac ati, sydd yn rhan o arfer da ond nad ydynt yn benodol i ddysgu sy'n seiliedig ar ymholiad. Rhoddir rhan o'r offeryn ar gyfer gwerthuso dysg plant yn Ffigur 24.4. Mae'r dangosyddion dysgu sy'n seiliedig ar ymholiad wedi'u mynegi fel cwestiynau i athrawon (neu arsylwyr) i'w hateb gyda barn syml o 'Do' neu 'Naddo' neu 'Amh' (amherthnasol). Yn y fersiwn llawn o'r offeryn ymhelaethir ar bob cwestiwn gydag enghreifftiau o'r hyn y gallai ei olygu o ran gweithgarwch da sy'n seiliedig ar ymholiad.

I ddefnyddio'r offeryn, mae athrawon yn gyntaf yn dod yn gyfarwydd â'r cwestiynau, yna'n dewis cyfres o wersi pan fydd gweithgaredd sy'n seiliedig ar ymholiad yn cael ei gynllunio ar eu cyfer. Mae sawl ffordd o gasglu gwybodaeth am weithgareddau disgyblion - holi, gwylio, gwrando, trafod - yn ystod y gwersi. Ar ôl y wers neu'r gyfres o wersi, mae athrawon wedyn yn adolygu cofnodion ysgrifenedig y disgyblion, eu nodiadau eu hunain a digwyddiadau maen nhw'n eu galw i gof ac yn defnyddio'r wybodaeth hon i fyfyrio ar y wers ac i ateb y cwestiynau yn yr offeryn.

	Do	Naddo	Ddim yn berthnasol
A wnaeth y plant weithio ar gwestiynau a nodwyd fel eu cwestiynau nhw eu hunain, er iddynt gael eu cyflwyno gan yr athro?			
A wnaeth y plant wneud rhagfynegiadau yn seiliedig ar eu syniadau?			
A wnaeth y plant gymryd rhan mewn cynllunio ymchwiliad?			
A wnaeth y plant gynnwys 'profi teg' yn eu cynllun os yn briodol?			
A wnaeth y plant gynnal yr ymchwiliad eu hunain?			
A wnaeth y plant gasglu data gan ddefnyddio dulliau a ffynonellau oedd yn briodol i gwestiwn yr ymholiad?			
A wnaeth data a gasglwyd alluogi plant i brofi eu rhagfynegiadau?			
A wnaeth y plant ystyried eu canlyniadau mewn perthynas â chwestiwn yr ymholiad?			
A wnaeth y plant gynnig esboniadau ar gyfer eu canlyniadau?			
A wnaeth y plant gydweithio ag eraill yn ystod gwaith grŵp?			
A wnaeth y plant gymryd rhan mewn trafodaethau dosbarth neu grŵp am eu hymchwiliadau a'u hesboniadau?			
A wnaeth y plant wrando ar ei gilydd yn ystod yr adrodd?			
A wnaeth y plant ymateb i'w gilydd yn ystod yr adrodd?			

Ffigur 24.4 Offeryn ar gyfer gwerthuso dysg plant drwy ymholi (Addaswyd o adnodd a ddatblygwyd gan Brosiect Fibonacci)

Pwrpas yr offeryn yw amlygu agweddau ar ddysgu sy'n seiliedig ar ymholiad nad yw o bosibl wedi'u profi gan y plant. Gan fod yr eitemau'n cael eu dewis i adlewyrchu dysgu sy'n seiliedig ar ymholiad, mae ateb 'Do' i gymaint o gwestiynau ag sy'n bosibl yn awgrymu cymryd rhan mewn ymholiad. Ni fydd hyn yn digwydd ar gyfer pob dilyniant o weithgareddau, gan ei bod hi'n bosibl na fydd rhai eitemau yn berthnasol. Fodd bynnag, pan ystyrir cwestiwn yn 'Amherthnasol', mae'n bwysig gofyn 'pam ddim?' Efallai y bydd rhesymau da, sydd o bosibl yn gysylltiedig â'r pwnc, neu efallai i gyfleoedd ar gyfer defnyddio a datblygu sgiliau ymholi gael eu colli.

Er mwyn cyflawni diben ffurfiannol, mae angen ceisio rhesymau dros atebion 'Naddo' ac 'Amh'. Mae camau'r athro yn debygol o arwain at resymau posibl. Mae hyn yn awgrymu rôl bwysig ar gyfer hunanwerthusiad athrawon, lle maen nhw'n gofyn y canlynol iddyn nhw eu hunain: 'Ydw i'n rhoi cyfleoedd i blant i wneud y pethau hyn?' Er enghraifft, gallai athrawon ofyn i'w hunain:

A wnes i annog plant i ofyn cwestiynau?

A wnes i ofyn iddyn nhw wneud rhagfynegiadau?

A wnes i eu cynnwys wrth gynllunio ymchwiliadau?

ac yn y blaen.

Mae hefyd yn hawdd gweld sut y gallai cwestiynau gael eu haralleirio er mwyn i'r offeryn gael ei ddefnyddio gan arsylwyr yn yr ystafell ddosbarth yn hytrach na'r athro. Yn wir, mae fersiynau o'r fath yn cael eu cynnwys yng nghyhoeddiad Fibonacci (2012) i helpu i ganfod anghenion datblygiad proffesiynol parhaus athrawon, a gellid eu defnyddio at y diben hwn ar gyfer yr arweinydd pwnc gwyddoniaeth. Yn ogystal â hynny, os yw athrawon yn gallu arsylwi ei gilydd, a thrafod eu gwersi, mae hyn yn rhoi sail iddyn nhw ar gyfer rhannu syniadau am sut i wella arfer. Gan eu bod yn gwybod am beth mae eu partner addysgu yn edrych amdano, nid oes unrhyw ddirgelwch neu bryder am y broses.

Ni fwriedir i'r weithdrefn hon gael ei chyflawni'n aml; mae'n weithgaredd achlysurol i helpu athrawon i adolygu eu harfer, yn enwedig pan roddir cynnig ar ddulliau newydd. Mae dadansoddiad trylwyr o gofnod a wnaeth yn achlysurol yn bwysicach na chofnodion mwy rheolaidd sy'n cael eu hystyried yn arwynebol yn unig. Mae mwy o benaethiaid yn sicrhau bod cyfleoedd o'r fath ar gael gan gydnabod eu gwerth mewn datblygiad proffesiynol a lledaenu arfer gwell.

Crynodeb

Dechreuodd y bennod hon drwy drafod ystyr atebolrwydd mewn addysg yng ngoleuni ei amlygrwydd cynyddol mewn polisïau cyfredol. Rydym yn dadlau, i fod yn deg ac yn ddilys, bod rhaid i'r data a ddefnyddir wrth lunio barn am addysgu ac ysgolion gynnwys tystiolaeth am arferion o fewn ysgolion, yn ogystal â data am gyflawniad disgyblion. Yna fe wnaethom ystyried sut y gellir casglu data o'r fath ar lefel dosbarth a sut y gellir ei ddefnyddio ar gyfer gwerthusiad ffurfiannol o arfer.

Dyma'r prif bwyntiau:

■ Mae'n bwysig nodi set o feini prawf y cytunwyd arnynt er mwyn eu defnyddio i farnu dysgu mewn gwyddoniaeth.

■ Mae cadw cofnodion o weithgareddau disgyblion unigol yn bwysig ar gyfer cynllunio a gwerthuso cyfleoedd dysgu plant.

■ Gall plant gymryd rhan yn y broses o gofnodi eu gweithgareddau a'r hyn maen nhw'n credu eu bod wedi ei ddysgu.

■ Mae nifer o fanteision i ddefnyddio offer ar gyfer arsylwi gweithredoedd disgyblion ac athrawon yn yr ystafell ddosbarth, fel yn yr enghraifft o ddysgu sy'n seiliedig ar ymholiad:

   ■ gwneud ystyr dysgu sy'n seiliedig ar ymholiad yn eglur o ran yr hyn mae disgyblion ac athrawon yn ei wneud;

   ■ dod o hyd i'r bylchau ym mhrofiadau plant a rhesymau posibl ar eu cyfer;

   ■ nodi angen athrawon ar gyfer datblygiad proffesiynol.

Darllen pellach

Fibonacci (2012) *Tools for Enhancing Inquiry in Science Education*. Ar gael i'w lawrlwytho o: www.fibonacci-project.eu/

Harlen, W. (2007b) Holding up a mirror to classroom practice, *Primary Science Review* 100: 29–31.

Harrison, C. a Howard, S. (2009) *Inside the Primary Black Blwch. Assessment for Learning in Primary and Early Years Classrooms*. Llundain: GL Assessment.

25

Gwerthuso darpariaeth ar lefel yr ysgol

Cyflwyniad

Yn y bennod hon rydym yn trafod y camau y gall ysgolion eu cymryd i adolygu, gwerthuso a gwella'r ddarpariaeth a wnânt ar gyfer dysg plant. Mae'n disgyn i bedair prif adran. Mae'r cyntaf yn trafod dibenion hunanwerthuso'r ysgol, gan nodi, er ei fod o werth wrth baratoi ysgolion ar gyfer arolygiad, mae'n swyddogaeth fwy pwysig i helpu ysgol i adolygu ei gwaith yn rheolaidd. Mae'r ail adran yn disgrifio rhai fframweithiau hunanwerthuso a ddarperir gan asiantaethau amrywiol yn y DU i helpu ysgolion i gynnal gwerthusiad o'u perfformiad. Mae'r fframweithiau hyn yn darparu meini prawf y gall ysgolion eu defnyddio wrth farnu eu perfformiad ar draws ystod eang o'u gweithgareddau. Yn y drydedd a'r bedwaredd adran o'r bennod rydym yn edrych yn arbennig ar sut y gall ysgolion cynradd adolygu eu darpariaeth ar gyfer gwyddoniaeth. Mae'r broses yn gofyn am farn o arfer da mewn gwyddoniaeth i lywio'r gwaith o gasglu tystiolaeth a nodi safonau perthnasol i anelu amdanynt ar lefel yr ysgol.

Rôl hunanwerthuso'r ysgol

Mewn llawer o wledydd, gan gynnwys y rhai hynny yn y DU, mae hunanwerthuso yn rhan ddisgwyliedig, a gofynnol yn aml, o ddyletswyddau ysgolion a darparwyr y blynyddoedd cynnar. Gan fod gwerthusiadau ysgol gan arolygwyr yn seiliedig yn rhannol ar hunanwerthusiad yr ysgol, mae'r fframweithiau a ddefnyddir ar gyfer hunanwerthuso yn gyffredinol yn adlewyrchu'r rhai a ddefnyddir mewn arolygiadau ac yn aml, ond nid bob amser, fe'u crëwyd gan asiantaethau llywodraeth neu awdurdodau lleol. Fodd bynnag, nid cyfrannu at y farn o'r ysgol yn ystod arolygiadau yw unig werth hunanwerthuso. Mae'n broses sy'n hanfodol i weithgarwch proffesiynol, sy'n cynnwys adolygiad cyson o'r hyn mae'r ysgol yn ei wneud a'r defnydd o'r wybodaeth hon i ddod o hyd i'r ffordd orau i helpu dysg y disgyblion.

> Mae hunanwerthuso yn edrych ymlaen. Mae'n ymwneud â newid a gwelliant, boed yn raddol neu'n drawsffurfiol, ac mae'n seiliedig ar fyfyrio proffesiynol, her a chymorth. Mae'n golygu gwneud penderfyniadau gofalus ynglŷn â chamau sy'n arwain at fuddion amlwg ar gyfer pobl ifanc.
>
> (HMIe, 2007: 6)

Mae'n bwysig bod hunanwerthuso yn cael ei ystyried yn y ffordd hon – fel proses ddefnyddiol a pharhaus sy'n hanfodol ar gyfer sicrhau effeithiolrwydd yr ysgol. Os, yn lle hynny, y bydd yn cael ei ystyried fel rhwymedigaeth a osodir yn allanol, yn hytrach nag yn offeryn ar gyfer gwella, yna mae'n annhebygol o gael ei ystyried yn weithgaredd ystyrlon. Mae ymchwil (Vanhoof *et al.*, 2009) yn dangos bod gan benaethiaid agwedd fwy cadarnhaol tuag at hunanwerthuso nag athrawon dosbarth. Mae'n ymddangos y bydd y gwahaniaeth hwn i'w weld os yw'r broses yn cael ei rheoli o'r brig ac nid yn cael ei rhannu gan yr ysgol gyfan – staff, disgyblion a rhieni. Mae enghraifft o arfer gwell sy'n cynnwys ystod o randdeiliaid yn cael ei ddisgrifio ym Mlwch 25.1.

Blwch 25.1 Astudiaeth achos o arfer da mewn hunanwerthuso ysgolion

Mae ysgol yn Lewisham, sy'n gwasanaethu cymuned amrywiol o ran ethnigrwydd, gyda chyfran uwch na'r cyfartaledd o ddisgyblion sy'n dysgu Saesneg fel iaith ychwanegol ac o ddisgyblion ag anghenion arbennig, wedi cael ei barnu'n rhagorol ers nifer o flynyddoedd. Mae wedi cael ei chanmol yn arbennig am y ffordd mae'n defnyddio monitro a gwerthuso i leihau'r bwlch cyrhaeddiad ar gyfer y disgyblion hynny sydd mewn perygl o beidio cyrraedd y deilliannau a ddisgwylir am eu hoedran.

Mae monitro a gwerthuso wedi cael eu sefydlu fel prosesau parhaus yn yr ysgol, wedi'u cynllunio'n ofalus drwy galendr o weithgareddau. Mae'r prosesau yn dechrau ar ddiwedd y flwyddyn ysgol. Mae gwybodaeth am berfformiad y flwyddyn yn cael ei chasglu gan athrawon, disgyblion, rhieni, llywodraethwyr a staff cymorth. Defnyddir y dadansoddiad o'r wybodaeth hon ar ddechrau'r flwyddyn ysgol nesaf, ym mis Medi, mewn dau ddiwrnod datblygu staff, gan arwain at benderfyniadau ynghylch:

- blaenoriaethau ar gyfer gwella
- sut i ddatblygu'r meysydd a nodwyd
- cyfraniadau gwahanol dimau ac unigolion i gyflawni'r blaenoriaethau ysgol gyfan
- dyrannu adnoddau.

Ar gyfer gwerthuso addysgu, cytunir ar amserlen o weithgareddau, gan gynnwys arsylwi gwersi, craffu ar waith ac adolygu cynllunio athrawon. Mae cynnwys yr holl staff yn golygu, yng ngeiriau un arweinydd tîm, 'rydym i gyd yn gwybod pam yr ydym yn gwneud yr hyn rydyn ni'n ei wneud. Ond rydym hefyd yn gwybod pam y mae eraill yn gwneud yr hyn maen nhw'n ei wneud. Nid oes unrhyw beth yn dod fel sioc oherwydd ein bod ni wedi bod yn rhan o'r broses.'

Ar gyfer gwerthuso dysgu, mae wythnosau asesu yn cael eu cynnal tuag at ddiwedd pob tymor pan fo canlyniadau yn cael eu cymedroli a'u cofnodi yn system olrhain data'r ysgol. Yn ystod wythnos gyntaf pob tymor, mae cyfarfodydd cynnydd disgyblion yn nodi unigolion a grwpiau o ddisgyblion sy'n tangyflawni, ac yn arwain at gytuno ar gamau gweithredu i sicrhau eu bod yn gwneud y cynnydd y dylent.

Mae disgyblion yn cymryd rhan mewn adolygiadau rheolaidd o ddysgu. Un o'r nifer o ddulliau a ddefnyddir yw cynnal cyfarfodydd cyngor yr ysgol am hanner diwrnod bob hanner tymor. Mae ffocws bob cyfarfod yn cysylltu'n benodol â blaenoriaethau'r ysgol.

Nodweddion allweddol y broses yw:

- cael disgwyliadau uchel o ran staff a disgyblion a chyfleu'r neges hon yn gyson;

- cynnwys yr holl staff yn y broses, fel eu bod yn teimlo perchnogaeth ac atebolrwydd;

- cynnwys disgyblion, rhieni, gofalwyr a llywodraethwyr a gweithredu ar eu hadborth;

- bod yn hyderus ynghylch pa wybodaeth, data a dulliau i'w defnyddio;

- monitro a gwerthuso mewn timau i ddatblygu sgiliau a safoni canlyniadau;

- herio'i gilydd mewn timau, ar draws y timau ac ar wahanol lefelau o arweinyddiaeth;

- dadansoddi a defnyddio gwybodaeth, ond gwybod pryd i roi'r gorau iddi a gweithredu;

- cydnabod y canlyniadau a gweithredu arnynt yn gyflym;

- caniatáu amser i gamau gweithredu gael effaith;

- addasu'r dull gweithredu fel ei fod yn addas at y diben.

Addaswyd yr enghraifft hon o arfer o wefan Ofsted, lle mae enghreifftiau o arfer da wedi cael eu cyhoeddi: https://www.gov.uk/government/collections/ofsted-examples-of- good-practice-in-schools

Dylai hunanwerthuso fod yn rhan reolaidd o weithgareddau'r ysgol, gyda rôl ffurfiannol wrth helpu i lywio penderfyniadau ynghylch pob agwedd ar weithrediad yr ysgol. Yn union fel mae asesu ffurfiannol ar gyfer dysgu plant yn golygu canfod lle mae plant yn eu dysg a sut i'w helpu i gymryd y camau nesaf, felly hefyd mae hunanwerthusiad ysgolion yn golygu gofyn cwestiynau am 'ble rydyn ni nawr' mewn perthynas â chyflawni amcanion yr ysgol a gwireddu ei gweledigaeth. Ond, fel yn achos asesu ffurfiannol, bydd hyn dim ond mor ddefnyddiol ag y camau a gymerir i symud ymlaen, sydd wedi'u nodi fel arfer mewn cynllun datblygu.

Fframweithiau hunanawerthuso ysgolion

Mae gwahanol fframweithiau ar gael i ysgolion ar gyfer nodi gwybodaeth i'w chasglu ar gyfer hunanwerthuso a darparu meini prawf y gellir eu defnyddio wrth nodi cryfderau a gwendidau. Yn ogystal â'r fframweithiau hynny a ddarperir gan asiantaethau'r llywodraeth, mae nifer o ffurflenni a chynlluniau hunanwerthuso'n cael eu cynhyrchu gan sefydliadau, awdurdodau lleol a chyhoeddwyr.

Mae gwella ysgol drwy hunanwerthuso yn dechrau drwy'r ysgol yn dewis ffocws ar gyfer hunanwerthuso yn ystod cyfnod penodol, gan nad oes disgwyl y bydd yr holl agweddau yn cael sylw ar yr un pryd. Mae'r dewis yn cael ei wneud yn gyffredinol ar sail pryderon presennol neu ddatblygiadau newydd mae'n rhaid i ysgolion ymateb iddyn nhw. Unwaith y bydd y ffocws yn cael ei nodi, mae camau yn y broses hunanwerthuso yn cael eu cynllunio. Yn gyffredinol mae camau yn cynnwys casglu tystiolaeth, dadansoddi a llunio barn ynghylch gwelliannau, cynlluniau adrodd, rhoi cynlluniau ar waith, monitro camau gweithredu a gwerthuso effaith.

Dangosyddion o arfer effeithiol (Gweriniaeth Iwerddon)

Er mwyn llywio penderfyniadau am ansawdd, mae fframweithiau fel arfer yn darparu meini prawf ar gyfer barnu effeithiolrwydd, sy'n cael eu dangos weithiau yn nhermau ymarfer ar wahanol lefelau. Er enghraifft, mae'r canllawiau ar gyfer ysgolion cynradd yn Iwerddon (yr Adran Addysg a Sgiliau, 2016) yn nodi, ar gyfer pob agwedd ar arfer, yr hyn sy'n disgrifio 'arfer effeithiol' ac 'arfer hynod effeithiol' fel sydd i'w weld yn yr enghraifft ym Mlwch 25.2.

Blwch 25.2 Enghraifft o ddangosyddion o arfer ar wahanol lefelau o ansawdd

Safonau	Datganiad o arfer effeithiol	Datganiad o arfer hynod effeithiol
Mae athrawon yn gweithio gyda'i gilydd i greu cyfleoedd dysgu i ddisgyblion ar draws a thu hwnt i'r cwricwlwm	Mae athrawon yn cynllunio ar y cyd ar gyfer gweithgareddau dysgu sy'n galluogi disgyblion i wneud cysylltiadau ystyrlon rhwng dysgu mewn gwahanol feysydd o'r cwricwlwm.	Mae athrawon yn cynllunio ar y cyd ar gyfer gweithgareddau sy'n galluogi disgyblion i wneud cysylltiadau ystyrlon ac sy'n fwyfwy heriol rhwng dysgu mewn gwahanol bynciau.
	Mae athrawon yn cynllunio profiadau ar y cyd sy'n helpu disgyblion i ystyried dysg fel ymdrech gyfannol a dysgu gydol oes.	Mae athrawon yn cynllunio profiadau ar y cyd sy'n helpu disgyblion i ystyried dysg fel ymdrech gyfannol a chydol oes.
	Mae athrawon yn cydweithio'n effeithiol gyda'i gilydd a gyda rhieni i gefnogi disgyblion ag anghenion dysgu a nodwyd.	Mae athrawon yn cydweithio'n effeithiol gyda'i gilydd a gyda rhieni i gefnogi disgyblion ag anghenion dysgu a nodwyd.
	Mae athrawon yn defnyddio cyfarfodydd athrawon a rhieni a mathau eraill o gyfathrebu gyda rhieni yn adeiladol i gefnogi cyfranogiad ystyrlon rhieni yn addysg eu plant.	Mae athrawon yn defnyddio cyfarfodydd athrawon a rhieni a mathau eraill o gyfathrebu gyda rhieni yn adeiladol iawn i gefnogi cyfranogiad ystyrlon rhieni yn addysg a datblygiad eu plant fel dysgwyr.
	Mae athrawon yn cydweithio â phersonél allanol perthnasol a phriodol i ddarparu profiadau dysgu ystyrlon ar gyfer disgyblion	Mae athrawon yn cydweithio â phersonél allanol perthnasol a phriodol i ddarparu profiadau dysgu ystyrlon i ddisgyblion, ac yn gweithio gyda'i gilydd i sicrhau bod y dysgu yn cael ei integreiddio.

Ffynhonnell: DES (2016: 20).

Pa Mor Dda Yw Ein Hysgol (Yr Alban)

Mae Arolygiaeth yr Alban (HMIe) wedi darparu fframwaith i ysgolion ers nifer o flynyddoedd ar gyfer hunanwerthuso er mwyn iddynt farnu eu perfformiad gan ddefnyddio'r un categorïau a meini prawf ag a ddefnyddir gan arolygwyr. Mae *How Good Is Our School?* (HGIOS) yn darparu set o ddangosyddion ar gyfer hunanwerthuso ysgolion, wedi'i threfnu mewn fframwaith ansawdd sydd yr un fath â'r fframwaith a ddefnyddir gan sefydliadau blynyddoedd cynnar, awdurdodau addysg a gwasanaethau plant. Cyflwynwyd pedwerydd rhifyn o'r fframwaith yn 2015 i'w ddefnyddio o 2016 ymlaen.

Mae'r dangosyddion ansawdd yn cael eu grwpio o dan dri phennawd:

1. Arweinyddiaeth a rheolaeth
    - Hunanwerthuso a hunan-wella
    - Arweinyddiaeth dysgu
    - Arweinyddiaeth newid
    - Arweinyddiaeth a rheolaeth staff
    - Rheoli adnoddau i hyrwyddo tegwch.

2. Darpariaeth dysgu
    - Diogelu ac amddiffyn plant
    - Cwricwlwm
    - Dysgu, addysgu ac asesu
    - Cymorth wedi'i bersonoleiddio
    - Dysgu teulu
    - Pontio
    - Partneriaethau.

3. Llwyddiannau a chyflawniadau
    - Sicrhau lles, cydraddoldeb a chynhwysiant n
    - Codi cyrhaeddiad a chyflawniad
    - Cynyddu creadigrwydd a chyflogadwyedd.

Ym mhob dangosydd ansawdd, mae themâu sy'n destun gwerthuso. Er enghraifft, y themâu ar gyfer y Cwricwlwm yw: rhesymeg a dylunio; datblygiad llwybrau dysgu'r cwricwlwm; sgiliau ar gyfer dysgu, bywyd a gwaith.

Mae ysgolion yn penderfynu ar ffocws eu gwerthusiad ac yn barnu eu perfformiad ar bob thema sy'n berthnasol i'r ffocws hwn ar raddfa chwe phwynt (1 = anfoddhaol; 6 = ardderchog). Rhoddir esboniad ar gyfer lefel 5. Er enghraifft, ar gyfer 'datblygiad y cwricwlwm', mae lefel 5 yn dangos:

Mae ein cwricwlwm yn cael ei adolygu'n rheolaidd a'i adnewyddu gan ymwybyddiaeth o ffyrdd cyfredol o feddwl am addysg ac yn esblygu trwy drafodaeth barhaus yng nghymuned yr ysgol. Rydym yn gweithio'n dda gyda phartneriaid i sicrhau dulliau creadigol ac arloesol o ddatblygu cwricwlwm.Mae datblygu ein cwricwlwm yn seiliedig ar ddull ysgol gyfan gydlynol o ran dysgu ar gyfer cynaliadwyedd.

Mae'r cyhoeddiad *The Child at the Centre* (HMIe, 2016) yn darparu strwythur tebyg ar gyfer hunanwerthuso yn y blynyddoedd cynnar ar gyfer lleoliadau yn yr Alban, gyda dangosyddion a meini prawf sy'n briodol i addysg y blynyddoedd cynnar.

Ffurflen Hunanwerthuso Cyfnod Sylfaen y Blynyddoedd Cynnar (Lloegr)

Er nad yw Ofsted yn darparu Ffurflen Hunanwerthuso (SEF) i ysgolion bellach, mae'n parhau i ddarparu ffurflen ar gyfer darparwyr Cyfnod Sylfaen y Blynyddoedd Cynnar (EYFS) y gellir ei chwblhau ar-lein. Mae defnyddio'r ffurflen hon yn ddewisol a gall darparwyr EYFS ddefnyddio ffurflen arall os ydyn nhw'n dymuno, ond disgwylir iddynt naill ai ddarparu'r wybodaeth i Ofsted neu sicrhau bod y wybodaeth ar gael ar unrhyw adeg mewn arolygiad.

Mae'r SEF EYFS mewn dwy ran. Mae'r cyntaf yn disgrifio prif nodweddion y lleoliad, y diwylliant a chefndiroedd y plant sy'n mynychu a barn y plant, eu rhieni a'r rhai sy'n gweithio yno. Mae'r ail ran yn ymwneud ag ansawdd a safonau'r ddarpariaeth.

Mae pedair adran i'r ail ran:

- Pa mor dda mae darpariaeth y blynyddoedd cynnar yn bodloni'r amrywiaeth lawn o blant sy'n mynychu.

- Cyfraniad darpariaeth y blynyddoedd cynnar i les plant.

- Arweinyddiaeth a rheolaeth darpariaeth y blynyddoedd cynnar.

- Ansawdd cyffredinol a safonau darpariaeth y blynyddoedd cynnar.

Ar gyfer y tair adran gyntaf mae darparwyr yn rhoi eu gwerthusiad o berfformiad y lleoliad a datganiad o'r 'blaenoriaethau ar gyfer gwella'. Maen nhw hefyd yn rhoi eu barn ym mhob agwedd o ran yr un raddfa pedwar pwynt a ddefnyddir ar gyfer arolygu ysgolion yn Lloegr: rhagorol; da; angen gwella; annigonol. Mae'r meini prawf a ddefnyddir yn cael eu hesbonio a'u dangos yn y canllawiau sydd ar gael ar y defnydd o SEF. Yn yr adran olaf, mae'r darparwr yn llunio barn am ansawdd a safonau darpariaeth blynyddoedd cynnar y lleoliad yn gyffredinol.

Cymru a Gogledd Iwerddon

Mae'r arolygiaeth yng Nghymru (Estyn) yn cyhoeddi *Canllawiau ar gyfer Arolygu Ysgolion Cynradd* sy'n cynorthwyo ysgolion i baratoi ar gyfer arolygiadau, gan ddisgrifio'r meini prawf a ddefnyddir, y gellir hefyd eu defnyddio gan ysgolion wrth hunanwerthuso. Mae gwerthuso ansawdd cyffredinol yn seiliedig ar y farn a luniwyd am dri chwestiwn allweddol sy'n ymwneud ag allbynnau, darpariaeth ac arweinyddiaeth a rheolaeth, gyda'r pwys mwyaf yn cael ei roi ar allbynnau (Estyn, 2016b: 14). Mae barn yn cael ei llunio ar raddfa pedwar pwynt: rhagorol, da, digonol, anfoddhaol.

Yn yr un modd, mae gwasanaeth arolygu Gogledd Iwerddon yn rhoi arweiniad i ysgolion yn y ddogfen: *Short Inspection of Primary Schools – Self-Evaluation Proforma*. Mae hyn wedi ei gynllunio i gynorthwyo ysgolion i gynnal archwiliad o waith yr ysgol a gwerthusiad cryno ar ansawdd ac ystod y ddarpariaeth. Mae'r canlyniad hefyd yn rhoi trosolwg o waith yr ysgol i'r tîm arolygu.

Dadansoddi data perfformiad disgyblion

Mae'r Adran Addysg yn Lloegr yn darparu gwasanaeth sy'n galluogi ysgolion i ddadansoddi perfformiad disgyblion. Fe wnaeth y gwasanaeth hwn, Dadansoddi Perfformiad Ysgolion (ASP), ddisodli RAISE ar-lein ac mae ar gael drwy 'Mynediad Diogel', safle mewngofnodi'r Adran Addysg ar gyfer ystod gynyddol o wasanaethau. Mae gan bob ysgol, awdurdod lleol, ymddiriedaeth aml-academi ac esgobaeth rywun wedi'u dynodi yn Gymeradwywyr Mynediad Diogel (https://sa.education.gov.uk).

Gan ddefnyddio gwybodaeth am ysgol a'i chanlyniadau ar gyfer data diwedd cyfnod, mae ASP yn darparu dadansoddiadau sy'n dangos sut mae perfformiad yr ysgol yn cymharu ag ysgolion yn genedlaethol a gyda'r rhai sydd â nodweddion tebyg. Mae hefyd yn helpu ysgolion i ddadansoddi perfformiad gwahanol grwpiau o ddisgyblion, er enghraifft: sut mae perfformiad bechgyn a merched yn cymharu ar wahanol oedrannau; y cynnydd a wneir gan blant mewn grwpiau lleiafrifoedd ethnig; sut mae plant ag anghenion arbennig yn perfformio o'u cymharu â meini prawf perfformiad anghenion arbennig; lle mae'r bwlch rhwng cyflawnwyr uchel ac isel ar ei fwyaf. Os yw ysgolion yn defnyddio profion ar gyfer Blynyddoedd 3, 4 a 5 mewn Saesneg a mathemateg, gallant gael dadansoddiadau ar lefel cwestiwn i ymchwilio i berfformiad disgyblion mewn meysydd cwricwlaidd penodol ac olrhain cynnydd yn ystod cyfnod allweddol 2 gan ddefnyddio'r siartiau cynnydd prawf dewisol. Mae gwybodaeth am ffoneg yn cael ei chynnwys hefyd.

Gellir defnyddio'r adroddiadau a'r graffiau i gefnogi dysgu ac addysgu ac i helpu ysgolion i ddarparu tystiolaeth ar gyfer eu barn. Fodd bynnag, nid yw hyn yn berthnasol i wyddoniaeth lle, ers 2010, nid oes unrhyw brofion ac mae canlyniadau ar gael ar gyfer diwedd cyfnod allweddol 2 yn unig, yn seiliedig ar asesiad athrawon.

Gwerthuso'r ddarpariaeth ar gyfer gwyddoniaeth

Mae'r gweithdrefnau ar gyfer hunanwerthuso a amlinellwyd yn yr adran ddiwethaf yn ymwneud â gweithrediad cyffredinol yr ysgol, gan gyfeirio at bynciau penodol yn unig mewn perthynas â lefelau cyrhaeddiad disgybl. Nawr rydym yn troi at yr hyn y gall ysgolion ei wneud, yn ogystal ag adolygu eu perfformiad cyffredinol, i werthuso eu darpariaeth mewn gwyddoniaeth. Gall athrawon ac ysgolion ddefnyddio gwerthusiad ffurfiannol i wella'r ddarpariaeth trwy gymharu eu harfer gyda dangosyddion o ansawdd sy'n deillio o 'arfer gorau'.

Dangosyddion ansawdd o ddarpariaeth ysgolion ar gyfer gwyddoniaeth

Mae Blwch 25.3 yn cyflwyno rhai dangosyddion i'w defnyddio gan arweinydd pwnc gwyddoniaeth yr ysgol neu'r uwch reolwyr wrth werthuso'r ddarpariaeth ar gyfer gwyddoniaeth ar lefel yr ysgol. Mae'r rhestr hon yn cael ei ffurfio o brofiad sydd wedi'i gronni dros nifer o flynyddoedd o ddatblygu mewn gwyddoniaeth gyn-radd; er hynny ni ddylai gael ei fabwysiadu'n anfeirniadol. Mae'n bwysig i holl staff yr ysgol gytuno â'r safonau i anelu tuag atynt ac i gymryd rhan wrth werthuso cyn-nydd tuag at y safonau hyn. Bydd tystiolaeth sy'n berthnasol i farn gan ddefnyddio'r dangosyddion yn dod o amrywiaeth o ddogfennau, cofnodion, arsylwi, rhestrau o adnoddau, adolygu gwaith disgyblion, trafodaeth gydag ymgynghorwyr, rhieni a mwy. Y bwriad yw peidio â barnu darpariaeth yn 'dda' neu'n 'wael' ond i dynnu sylw at feysydd lle nad yw arfer yn cyrraedd y dyheadau ac felly rhoi ffocws i gamau gweithredu i ddatblygu a chynnal safonau arfer y cytunwyd arnynt.

Mae'n ddefnyddiol nodi yma bod rhyfaint o orgyffwrdd rhwng y dangosyddion ym Mlwch 25.3 a'r meini prawf a ddefnyddir yn y rhaglen Marc Safon Gwyddoni-aeth Gynradd (PSQM). O ystyried y gofyniad PSQM bod yr ysgol yn gweithredu trwy ddatblygiad proffesiynol, mae'n cael ei drafod ym Mhennod 26.

Blwch 25.3 Dangosyddion darpariaeth dda ar gyfer gwyddoniaeth

Mae'r ysgol:

■ Yn meddu ar bolisi ysgol ar gyfer gwyddoniaeth sy'n adlewyrchu'r safonau ar gyfer gwaith addysgu a dysgu da yn gyson ar draws yr ysgol.

■ Yn galluogi athrawon yn rheolaidd i drafod y polisi a'i ddiweddaru yn ôl yr angen.

■ Yn disgwyl i athrawon ddefnyddio'r safonau y cytunwyd arnynt wrth gynllunio gwersi, addysgu a hunanwerthuso.

■ Yn darparu cyfle rheolaidd i athrawon gynllunio a, lle bo modd, i addysgu gwersi gwyddoniaeth ar y cyd.

■ Yn meddu ar weithdrefnau effeithiol ar gyfer darparu a chynnal a chadw offer a deunyddiau i gefnogi gweithgareddau sy'n seiliedig ar ymholiad a ffynonellau o wybodaeth ar gyfer plant ac athrawon.

■ Yn cadw cofnodion o gynnydd plant unigol mewn gwyddoniaeth yn seiliedig ar grynodebau bly-nyddol neu bob dwy flynedd o gofnodion athrawon.

■ Yn sicrhau bod rhieni a gofalwyr yn ymwybodol o bolisi gwyddoniaeth yr ysgol a sut y gallent gef-nogi dysg eu plant mewn gwyddoniaeth.

■ Yn galluogi athrawon i uwchraddio eu sgiliau addysgu gwyddoniaeth a gwybodaeth drwy ddatbly-giad proffesiynol rheolaidd.

Addysgu da mewn gwyddoniaeth

Ar lefel fwy manwl, mae adroddiad Ofsted *Maintaining Curiosity: A Survey into Science Education in Schools* (2013) yn dwyn ynghyd y canfyddiadau o adroddiadau arolygwyr o wyddoniaeth mewn 91 o ysgolion cynradd yn ystod y cyfnod 2010-2013. Gall ysgolion ddefnyddio'r rhain fel dangosyddion o'r hyn i anelu amdano a chymryd camau i ganfod eu cynnydd tuag atynt.

Mewn ysgolion lle'r oedd addysg gwyddoniaeth yn gwella gwelwyd fod hyn yn gysylltiedig â'r canlynol (Ofsted, 2013: 11):

- Asesu cynyddol gywir.

- Proffil uchel yn cael ei roi i wyddoniaeth yn yr ysgol.

- Sylw i raglen astudio gyflawn y Cwricwlwm Cenedlaethol, yn cael ei fonitro'n drwyadl.

- Staff yn hyderus wrth addysgu disgyblion sut i weithio'n wyddonol. .

- Cysylltiad cryf rhwng llythrennedd a gwyddoniaeth.

- Monitro cyflawniad mewn gwyddoniaeth yn dda iawn, ac yn rheolaidd ar gyfer unigolion a grwpiau o ddisgyblion.

Yn arwyddocaol mae'r adroddiad hefyd yn nodi: 'Yn gyffredinol, y mwyaf o gyfrifoldeb sy'n cael ei roi i ddisgyblion, y mwyaf roedden nhw'n dysgu, y mwyaf roedden nhw'n mwynhau eu darganfyddiadau a'r gorau roedden nhw'n ymddwyn' (Ofsted, 2013: 12).

Mewn perthynas ag addysgu, mae'r adroddiad yn canfod bod hyn yn cael ei farnu'n 'dda' neu'n 'dda iawn' pan fo athrawon:

- yn rhoi cyfle i ddisgyblion ddatblygu rhai sgiliau annibyniaeth a sgiliau ymchwil trwy ddyfeisio a chynnal ymchwiliadau;

- yn rhoi cyfle i ddisgyblion godi eu cwestiynau eu hunain a gwerthuso eu gwaith;

- yn rhoi cyfleoedd i ddisgyblion gynllunio, heb gyfyngu ar feddwl disgyblion drwy wneud y rhan fwyaf o'r cynllunio drostyn nhw;

- yn sylweddoli angen disgyblion i wneud penderfyniadau yn seiliedig ar eu gwybodaeth a'u dealltwriaeth flaenorol;

- yn meddu ar ddealltwriaeth glir o ba wybodaeth, dealltwriaeth a sgiliau roedd disgyblion wedi'u datblygu eisoes a beth oedd i'w ddatblygu;

- yn y blynyddoedd cynnar, yn rhoi'r amser a'r adnoddau angenrheidiol i blant archwilio ac ymgolli yn eu gweithgareddau.

Roedd effaith addysgu da ar ddisgyblion yn amlwg pan fydd plant:

- yn cael cyfle i roi cynnig ar eu syniadau eu hunain a gwerthuso eu hymchwiliadau, yn hytrach na dilyn taflenni gwaith;

- yn cael digon o amser i ddatblygu a defnyddio sgiliau ymholi, megis arsylwi, mesur, cyfrifo a chofnodi;

- yn gwybod beth maen nhw angen ei wneud i wella a phan roedden nhw'n ymwneud â gwerthuso cyfoedion a hunanwerthuso;

- yn ymgysylltu mewn gwyddoniaeth roedden nhw'n sylweddoli oedd yn berthnasol i'w bywydau;

- yn datblygu amheuaeth iach am rai 'ffeithiau' gwyddonol a dderbynnir, gan gydnabod bod gwybodaeth wyddonol yn seiliedig ar dystiolaeth.

Asesu a marcio

Hwn oedd y maes arfer a ddewiswyd gan arolygwyr fel y rhan oedd fwyaf angen ei wella. Yn aml gwelwyd fod y defnydd o asesu i lywio addysgu (asesu ffurfiannol) yn rhy wan ym mhob pwnc ond yn enwedig mewn gwyddoniaeth. Esboniwyd arfer da gan y cyfrif hwn:

Asesu ar gyfer dysgu yn un o'r ysgolion yr ymwelwyd â hi oedd cryfder yr addysgu rhagorol, gan ei fod yn arwain at dasgau oedd yn cyfateb y dalent yn dda iawn, ymyrraeth fuan gan athrawon a chynorthwywyr addysgu os oedd dysgu yn arafu, a disgwyliadau uchel ynghyd â her gefnogol i'r holl ddisgyblion fynd ymhellach. Roedd amser i ddisgyblion feddwl yn fyfyriol, yn enwedig gan eu bod yn cynllunio eu hymchwiliadau eu hunain. Fe wnaeth eu sgiliau cydweithio a'u syniadau ymchwilio helpu i wneud trafodaethau grŵp yn werth chweil. Roedden nhw'n mwynhau dysgu yn y ffordd hon, ac nid mewn gwyddoniaeth yn unig: roedd y dull yn cael ei ymestyn i bynciau eraill. Un o'r nodweddion allweddol oedd y gofal yr oedd athrawon yn ei ddefnyddio i gydnabod gwaith da a'i arddangos yn gyhoeddus, a thrwy hynny yn dangos i ddisgyblion bod gan eu hathrawon feddwl mawr o'u gwaith.

(Ofsted, 2013: 16)

Nid oedd arfer o'r fath i'w weld yn eang, sy'n awgrymu bod hwn yn faes pwysig ar gyfer datblygiad athrawon. Yn yr un modd, roedd ansawdd cyffredinol y marcio yn cael ei feirniadu am beidio â chynnwys y nodweddion a drafodwyd ym Mhennod 16.

Data ar gyfer hunanwerthuso ysgolion mewn gwyddoniaeth

Er mwyn cyflawni hunanwerthuso o ddifrif a'i ddefnyddio'n effeithiol dylai pawb dan sylw gytuno ar y safonau i'w defnyddio, hynny yw, ar beth yw'r weledigaeth o arfer da sy'n cael ei ystyried fel nod. Dylai'r dangosyddion ym Mlwch 25.3, y datganiadau yn y gwahanol fframweithiau hunanasesu ac adroddiad Ofsted ddarparu mannau cychwyn, ond y rhestr sy'n cael cefnogaeth yr ysgol ddylai gael ei defnyddio fel y rhestr derfynol. Unwaith y bydd hyn yn cael ei sefydlu, gellir casglu data sy'n berthnasol i'r safonau y cytunwyd arnynt.

Bydd y data yn ymwneud ag ystod o agweddau ar y ddarpariaeth, gyda'r prif rai yn ymwneud â'r canlynol: :

- dogfennau cwricwlwm a chynlluniau tymor canolig athrawon;
- cynlluniau gwersi tymor byr athrawon;
- cofnodion athrawon o weithgareddau a pherfformiad disgyblion;
- gweithredoedd a sgyrsiau athrawon;
- gweithredoedd a rhyngweithio disgyblion;
- rhyngweithio rhwng athrawon a disgyblion;
- cofnodion ysgrifenedig disgyblion a chynhyrchion eraill.

Mae dulliau o gasglu tystiolaeth am yr agweddau hyn yn cynnwys arsylwi yn y dosbarth, cyfweliad neu drafodaeth gyda'r athro, cynorthwywyr dysgu a disgyblion, dadansoddi dogfennau ac archwilio gwaith ysgrifenedig disgyblion. Mae'r dysti-olaeth yn cael ei chasglu gyda chymorth yr arweinydd pwnc gwyddoniaeth, gan athrawon eu hunain neu gan athrawon a chynorthwywyr sy'n gweithio gyda'i gilydd. Mae'n ymddangos bob amser mai arsylwadau yn yr ystafell ddosbarth yw'r ffordd fwyaf dilys o gasglu tystiolaeth - ac mae hyn yn wir mewn sawl modd, yn enwedig mewn perthynas â rhyngweithio rhwng athro a disgybl, gweithre-doedd athrawon fel caniatáu amser 'aros' ar ôl gofyn cwestiwn, a chael argraff gyffredinol o weithgarwch a mwynhad disgyblion. Fodd bynnag, hyd yn oed os yw'n bosibl i'r pennaeth, arweinydd pwnc gwyddoniaeth neu athro arall i arsylwi yn ystafelloedd dosbarth athrawon eraill, fel gallai fod yn ymarferol mewn ysgol gynradd fawr, un neu ddwy o wersi y gellir eu harsylwi ar y mwyaf, a go brin y bydd y rhain yn gwbl nodweddiadol o'r holl wersi. Ond, ar gyfer y dosbarthiadau cynradd hŷn o leiaf, mae edrych ar draws gwaith ysgrifenedig y disgyblion yn darparu ffynhonnell hygyrch o dystiolaeth, gyda manteision yn cael eu hamlygu gan Wright (2003) ym Mlwch 25.4.

Blwch 25.4 Y dystiolaeth o waith plant mewn gwyddoniaeth

Mae edrych trwy gasgliad o waith [hefyd] yn rhoi syniad da ynghylch a yw cyflymder y gwersi yn briodol. Gallai llawer o waith heb ei orffen awgrymu diffyg cyfatebiaeth rhwng tasgau a diddor-deb a galluoedd disgyblion, yn enwedig ar gyfer y disgyblion is eu cyrhaeddiad. Ydy'r plant yn rhoi digon o ymdrech i mewn iddo er mwyn iddo adlewyrchu gofal a balchder yn eu gwaith? Mewn rhai gweithgareddau gwyddoniaeth, fel arsylwi hadau, mae'n debyg fod darluniau yn fwy pwysig na geiriau. Ydy darluniau a diagramau yn ddigon mawr, yn ddigon taclus ac wedi'u labelu'n gywir? Ydyn nhw'n dangos yr hyn maen nhw i fod i ddangos?

. . . Heb graffu ar waith, gall fod yn eithaf anodd cael syniad cywir o gydbwysedd y dulliau cofnodi a ddefnyddir ar draws yr ysgol. Nid oes dim o'i le ar daflenni gwaith, ond os yw pob gwers yn cael ei chofnodi arnyn nhw, ydy'r plant wedi cael digon o gyfle i fynegi eu meddyliau a'u syniadau eu hunain yn llawn? Weithiau mae plant hŷn yn cofnodi gwyddoniaeth fel arddywediad, copïo o'r byrddau neu fel dull cyfannu. Unwaith eto, a oes digon o gyfle i'r plant ddisgrifio ac egluro eu syniadau gwyddonol datblygol eu hunain? Bydd y craffu yn gwirio bod plant ym mhob dosbarth yn cael y cyfle gorau posibl i ddysgu trwy ddefnyddio ystod gynyddol eang o dechnegau cofnodi priodol. Dylai'r rhain adlewyrchu nid yn unig yr hyn maen nhw'n ei wybod ac yn ei ddeall, ond hefyd sut mae eu sgiliau gwyddonol yn datblygu. A oes tystiolaeth glir o weithgareddau ymchwiliol?

(Wright, 2003: 9)

Mae hyn yn ymddangos yn llawer o waith ac mae angen i'r gwerth i ddysg plant gyfiawnhau'r amser mae'n ei gymryd. Nid yw'n angenrheidiol adolygu a gwerthuso pob agwedd ar ddarpariaeth yr ysgol ar yr un pryd. Dylai'r ffocws fod ar yr agwed-dau hynny lle mae rhywfaint o bryder am y ddarpariaeth a lle mae'n bosibl i'r ysgol weithredu. Mae hefyd yn ddefnyddiol nodi awgrym gan bennaeth y mae ei arfer da wedi ei grynhoi ym Mlwch 25.1:

> i beidio â gwastraffu amser ar bethau nad ydynt yn mynd i wneud gwahaniaeth i'r plant yn yr ystafell ddosbarth, fel nad oes eiliad neu sgwrs yn cael eu gwastraffu. Rydym yn gofyn yn gyson 'beth yw'r effaith ar y plant?' Os nad oes unrhyw effaith, yna nid yw o unrhyw werth.

Crynodeb

Mae'r bennod hon wedi ymwneud â phroses hunanwerthuso'r ysgol, y gall ysgolion ei defnyddio i nodi cryfderau a gwendidau fel sail i wella'r ddarpariaeth ar gyfer dysg plant. Dyma'r prif bwyntiau:

■ Mae'n bwysig i bob aelod o staff fod yn rhan o'r broses ac i gytuno ar agweddau ar eu perfformiad i'w gwerthuso a'r meini prawf a ddefnyddir yn y broses.

■ Dylai hunanwerthuso ysgol fod yn rhan barhaus o weithgarwch ysgolion a nid cael ei gyflawni wrth baratoi am arolygiad yn unig.

■ Mewn perthynas â gwyddoniaeth, dylai'r meini prawf ar gyfer hunanwerthuso darpariaeth adlewyrchu arfer effeithiol mewn addysg wyddonol sy'n ymwneud ag ymgysylltu disgyblion mewn ymholi gwyddonol a datblygu sgiliau.

■ Mae plant yn dysgu'n well pan fyddant yn cael mwy o gyfrifoldeb am gynllunio a gwneud penderfyniadau am eu gwaith.

■ Mae hunanwerthuso arfer yn cynnwys casglu amrywiaeth o fathau gwahanol o dystiolaeth gan gynnwys craffu'n ofalus ar waith ysgrifenedig plant.

Darllen pellach

Harlen, W. (2007b) Holding up a mirror to classroom practice, *Primary Science Review* 100: 29–31.

Ofsted (2013) *Maintaining Curiosity: A Survey into Science Education in Schools.* Manchester: Ofsted. Lawrlwytho o https://www.gov.uk/government/uploads/system/uploads/attachment_data/file/379164/Maintaining_20curiosity_20a_20survey_20into_20science_20education_20in_20schools.pdf

Richardson, I. (2006) What is good science education? in W. Harlen (gol.) *ASE Guide to Primary Science Education*, Hatfield: Cymdeithas Addysg Gwyddoniaeth, 16–23.

Wright, L. (2006) School self-evaluation of teaching and learning science, in W. Harlen (gol.) *ASE Guide to Primary Science Education.* Hatfield: Cymdeithas Addysg Gwyddoniaeth, 73–79.

Gwefannau

The Child at the Centre – Self-evaluation in the Early Years: www.gov.scot/Resource/Doc/158152/0042794.pdf

Llawlyfr Arweiniad ar gyfer Arolygu Ysgolion Cynradd (Cymru) o fis Medi 2017: https://www.estyn.gov.wales/sites/default/files/documents/Guidance%20 handbook%20for%20the%20inspection%20of%20primary%20schools% 20-%202017.pdf

How Good Is Our School? The Journey to Excellence, Part 3: Holiadur hunanwerthuso: https://view.officeapps.live.com/op/view.aspx?src=http%3A%2F%2Fwww.cne-siar.gov.uk%2Feducation%2Fdocuments%2FHGIOS3%2520Self%2520Evalua tion%2520QI%25205.1–5.9.doc

Looking at Our School. Fframwaith Ansawdd ar gyfer Ysgolion Cynradd (Iwerddon) DES (Yr Adran Addysg a Sgiliau) (2016) Dublin: DES: https://www.education.ie/en/ Publications/Inspection-Reports-Publications/Evaluation-Reports-Guidelines/ Looking-at-Our-School-2016-A-Quality-Framework-for-Primary-Schools.pdf.

26

Gwella'r ddarpariaeth ar gyfer dysg plant mewn gwyddoniaeth

Cyflwyniad

Ar ôl edrych ar ffyrdd o werthuso darpariaeth ar lefel dosbarth ac ysgol - sy'n anochel yn datgelu agweddau y gellid eu gwella - yn y bennod hon rydym yn troi ein sylw at sut i fynd i'r afael ag agweddau a nodir sydd angen eu gwella ac at gamau gweithredu sydd ar gael ar hyn o bryd i wella darpariaeth. Mae llawer o'r camau gweithredu hyn yn dibynnu ar rolau amrywiol yr arweinydd pwnc sy'n cefnogi athrawon, ac addysgwyr eraill yn yr ysgol, i ddarparu'r addysg gwyddoniaeth gorau posibl i blant. Trafodwyd rôl yr arweinydd wrth ddatblygu polisi gwyddoniaeth ysgol ym Mhennod 19 a'r rôl wrth reoli adnoddau ym Mhennod 21. Yma rydym yn troi at y rolau sy'n ymwneud â gweithio gydag athrawon i fonitro a gwerthuso gweithgareddau dosbarth ac i gynghori ar, ac weithiau i ddarparu, datblygiad proffesiynol ar gyfer cydweithwyr.

Mae adran gyntaf y bennod hon yn adolygu'r hyn y gall yr arweinydd pwnc ei wneud i nodi - a helpu cydweithwyr i nodi drostyn nhw eu hunain - agweddau ar addysgu y gellir eu gwella. Mae'r ail adran yn trafod rhai materion sy'n ymwneud â hyder athrawon cynradd a'u gwybodaeth pwnc gwyddoniaeth. Yna, rydym yn troi yn y drydedd a'r bedwaredd adran at ffyrdd o ddarparu datblygiad proffesiynol. Mae nifer o'r rhain yn dibynnu'n ganolog ar yr arweinydd pwnc gwyddoniaeth, yn enwedig gweithgareddau megis gweithio tuag at un o ddyfarniadau'r rhaglen Marc Safon Gwyddoniaeth Gynradd. Ond mae datblygiad proffesiynol yn fater personol hefyd ac rydym yn ystyried nifer o lwybrau er mwyn i athrawon unigol uwchraddio eu cymwysterau, neu'n syml i fodloni'r awydd i gael y wybodaeth ddiweddaraf am ffyrdd newydd o wella dysg disgyblion. Mae athrawon hefyd yn ymgymryd â datblygiad proffesiynol parhaus (DPP), nid oherwydd unrhyw annigonolrwydd parhaus, ond i wella eu gwybodaeth a'u sgiliau.

Gwelliant parhaus: rôl yr arweinydd pwnc

Mae anelu at welliant parhaus yn golygu y dylai'r gwaith mewn maes pwnc gael ei fonitro a'i werthuso fel rhan o ddeialog gadarnhaol a pharhaus ymysg staff am addysgu. Mae'n gofyn am gasglu data y gellir ei ddefnyddio'n ffurfiannol i wella addysgu, yn union fel y gall asesu disgyblion gael ei ddefnyddio'n ffurfiannol i wella dysgu. Mae casglu data ar gyfer monitro arfer yn y dosbarth yn cynnwys gweithgareddau megis adolygu cynllunio, craffu ar waith disgyblion ac arsylwi ar addysgu. Rydym wedi rhoi ychydig o sylw i'r rhain fel rhan o'r gwerthusiad ar lefel dosbarth a lefel ysgol a nawr rydym yn eu hystyried yn fyr fel gweithgareddau allweddol ar gyfer yr arweinydd pwnc gwyddoniaeth wrth nodi blaenoriaethau ar gyfer datblygiad staff.

Mae ymgymryd â'r tasgau monitro hyn yn rhoi pwysau trwm ar sgiliau arwain wrth ddod o hyd i'r cydbwysedd rhwng sicrhau trylwyredd ac annog trafodaeth a dadl agored. Bydd ysgolion lle mae'r athrawon yn cytuno gyda'i gilydd sut y bydd y 'ddeialog barhaus' hon yn cael sylw yn ei chael hi'n haws cyflawni cydbwysedd. Dylai athrawon deimlo'n rhydd i fynegi eu barn ar ba gymorth sydd ei angen arnynt, heb gael eu gwneud i deimlo'n annigonol. Mae hefyd yn bwysig rhannu atebion yn ogystal â phroblemau. Mae gan yr arweinydd pwnc rôl wrth alluogi mynediad athrawon at enghreifftiau o arferion sydd wedi cael eu nodi'n ddefnyddiol, neu sut mae anawsterau wedi cael sylw. Gallai hyn fod drwy gadw ffeil gyfrifiadurol y mae gan bob aelod o staff fynediad ato, fel sy'n cael ei awgrymu'n ddiweddarach.

Adolygu cynllunio athrawon

Dylai'r adolygiad o gynlluniau tymor canolig (ar gyfer pwnc neu gyfres o wersi ar thema a allai fynd ymlaen am nifer o wythnosau neu dymor cyfan) gynnwys gofyn cwestiynau fel: ydy'r cynlluniau yn adlewyrchu cwricwlwm cyffredinol yr ysgol o ran pynciau, sylw a dull? A oes cydbwysedd da o sylw'n cael ei roi i wahanol fey-sydd y cwricwlwm gwyddoniaeth? A oes nifer o gyd-destunau dysgu gwahanol yn cael eu cynllunio (gweithio yn yr awyr agored, y defnydd o TGCh, gwaith grŵp a gwaith unigol)? A oes ystod dda o waith ymchwiliol yn ystod y tymor?

Mewn perthynas â'r cynlluniau tymor byr ar gyfer gweithgareddau mewn gwers neu grŵp o wersi gellir tynnu'r cwestiynau o'r rhai a roddwyd ym Mhennod 4 ac y cyfeiriwyd atynt eto ym Mhennod 20 ar gynllunio gwersi. Er enghraifft:

- Ydy'r gweithgareddau'n ddifyr, yn ddiddorol ac yn berthnasol i'r plant?
- Ydy'r gweithgareddau'n adeiladu ar brofiad blaenorol ac yn hyrwyddo cynnydd?
- A fydd y plant yn gallu defnyddio ystod o synhwyrau a dysgu yn weithredol?
- A fydd y plant yn siarad am eu syniadau, ac yn eu cynrychioli mewn ffyrdd gwahanol?
- A fydd y plant yn gallu datblygu syniadau gwyddonol, defnyddio sgiliau ymholi a dangos agweddau gwyddonol?

Craffu ar waith disgyblion

Dylai llyfrau nodiadau neu ffolderi disgyblion ddarparu cofnod o rywfaint o waith y plant mewn gwyddoniaeth, gan adlewyrchu cynlluniau tymor canolig a thymor byr yr athrawon. Felly, mae'n ddefnyddiol cyfeirio'n ôl at gynlluniau athrawon wrth edrych ar waith plant. Nodwyd gwerth adolygu gwaith plant ym Mhennod

25 (Blwch 25.3). Yn ogystal â hyn, awgrymwyd rhai cwestiynau allweddol sy'n ymwneud ag ymholi gan y prosiect AKSIS (ASE - King's Science Investigations in Schools, ac a ddyfynnwyd gan CLEAPSS (2006). Mae'r rhain yn cynnwys:

- Ymholiad pwy yw hwn? A oes tystiolaeth fod disgyblion yn teimlo perchnogaeth o'r ymchwiliad?

- Beth yw'r cyd-destun?

- Pa gwestiynau mae'r plant yn ceisio eu hateb?

- Ydy'r plant wedi llunio casgliadau? Pa mor dda yw eu tystiolaeth?

- Ydy marcio'r athro wedi helpu, er enghraifft drwy nodi beth sy'n dda am y gwaith, beth y gellid ei wella neu drwy godi cwestiynau i'r plentyn eu hystyried?

Nid yw'r holl waith a gynhyrchir yn cael ei gyflwyno mewn llyfrau neu ffolderi. Mae hefyd yn ddefnyddiol i edrych ar arddangosfeydd ar waliau'r ystafelloedd dosbarth ac yn ardaloedd cyffredin yr ysgol. Gall arddangosfeydd wal roi argraff o broffil gwyddoniaeth yn yr ysgol, gyda'r pwyslais yn cael ei roi ar ymholi ac i ba raddau mae'r plant eu hunain yn cymryd rhan yn y broses gyfan. Gellir defnyddio arddangosfeydd wal i gyffroi ac ysgogi plant a rhoi cyfle i hysbysu rhieni ac ymwelwyr eraill â'r ysgol am waith gwyddoniaeth parhaus. Dylai'r gwaith sy'n cael ei arddangos fod yn rhywbeth mae'r plant eu hunain yn teimlo sy'n werth ei ddangos i eraill a gallai fod yn gynnyrch gwaith ar y cyd, er enghraifft llyfr mawr o bwnc dosbarth, neu boster.

Arsylwi addysgu

Mae arsylwi'r naill a'r llall yn addysgu yn ffordd effeithiol iawn o ysgogi deialog broffesiynol ymysg staff. Mae arweinwyr pwnc yn aml yn y sefyllfa ffodus hon. Fodd bynnag, mae hefyd yn ddefnyddiol i eraill naill ai arsylwi'r naill a'r llall yn addysgu, fel y nodwyd ym Mhenodau 24 a 25, neu i addysgu fel tîm. Dylai arsylwi dosbarth fod yn gadarnhaol a chael ei gynnal mewn modd sensitif, gan gydnabod bod rhai pobl yn ei chael hi'n anodd cael eu harsylwi, neu i weithredu fel arsylwr. Mae'n bwysig bod trafodaeth cyn y wers rhwng yr athro sy'n arsylwi a'r un sy'n cael eu harsylwi, er mwyn nodi beth sydd wedi'i gynllunio ar gyfer y wers a rhoi gwybodaeth berthnasol am ddisgyblion unigol, a fydd yn helpu'r arsylwr i ddeall yr hyn sy'n digwydd a pham. Dylai'r athro sy'n cael ei arsylwi fod yn hollol ymwybodol o'r hyn y bydd yr arsylwr yn edrych amdano ac, er mwyn i'r broses fod mor ddefnyddiol â phosibl, dylai helpu i benderfynu ar y ffocws. Gallai hyn fod ar rannau penodol o wers mae'r athro eisiau eu gwella, er enghraifft, trafodaethau llawn, neu ffyrdd o drefnu gwaith ymarferol. Efallai y bydd athrawon am ddangos strategaethau arbennig o lwyddiannus a allai gael eu rhannu ag eraill.

Ffeil yr arweinydd pwnc

Mae o werth i'r holl staff addysgu i'r arweinydd pwnc gadw ffeil gyfrifiadurol o wybodaeth a data, wedi'i strwythuro i fformat y cytunwyd arno. Gan ei ddiweddaru'n rheolaidd, gall y wybodaeth hon gael ei llunio ar gyfer hunanasesu'r ysgol, neu arolygiadau ac, yn bwysig, ar gyfer adolygu blynyddol a chynllunio cwricwlwm ysgol.

Gallai ffeil yr arweinydd pwnc (gweler Blwch 26.1) gynnwys gweledigaeth a datganiadau nodau, dogfennau polisi a gwybodaeth am archwiliadau pwnc yn ogystal â chynlluniau tymor hir a chanolig. Dylai fod yn ddogfen weithredol gyda gwybodaeth barhaus am fonitro a gwerthuso a chofnodion o adolygu cynlluniau ar draws yr ysgol, arsylwadau gwersi ac enghreifftiau o waith plant. Mae samplau o waith plant ar wahanol gyfnodau yn helpu i fynegi disgwyliadau cyflawniad plant drwy gydol eu gyrfa yn yr ysgol gynradd a gellir eu defnyddio i gefnogi trafodaethau ymysg staff wrth safoni gwaith plant (gweler Pennod 18). Mae angen hefyd i'r arweinydd pwnc gadw gwybodaeth am adnoddau, cyllid, dadansoddiadau risg, materion iechyd a diogelwch a chofnod o, a chynlluniau ar gyfer, datblygu staff. Dylid craffu ar y cyfrif o addysg gwyddoniaeth yn yr ysgol sydd i'w gael yn y wybodaeth yn rheolaidd yn erbyn y datganiadau yn y polisi ysgol ar gyfer gwyddoniaeth. Lle mae ysgolion yn defnyddio amgylchedd dysgu rhithwir (VLE) (gweler Tabl 9.1) gall yr holl wybodaeth hon fod ar gael yn rhwydd i athrawon ac, yn ddewisol, i rieni, llywodraethwyr ac eraill fel y bo'n briodol.

Blwch 26.1 Ffeil arweinydd pwnc gwyddoniaeth

Mae gan Caroline radd gwyddoniaeth Baglor mewn Addysg (BEd); mae'n dysgu plant 7 ac 8 mlwydd oed ac wedi bod yn gydlynydd gwyddoniaeth am dair blynedd. Nid oes unrhyw addysg gwyddoniaeth arbenigol yn yr ysgol hon sy'n derbyn dau ddosbarth ac sydd wedi ei lleoli mewn adeilad newydd. Mae'r ystafelloedd dosbarth ar gyfer pob grŵp blwyddyn ar gynllun lled-agored ac yn cael eu cysylltu gan ardal waith a rennir. Mae'r athrawon blwyddyn yn datblygu eu cynlluniau tymor byr a chanolig gyda'i gilydd, gyda'r aelod o'r pâr sydd yn fwyaf hyderus mewn pwnc yn arwain.

Mae cynllun tymor hir yr ysgol yn nodi pum pwnc gwahanol ar gyfer bob blwyddyn i gael eu cynnwys yn y gwaith cynllunio tymor canolig. Mae pob adran o'r cynllun yn cael ei ategu gan gyfres o nodiadau a ddatblygwyd dros y blynyddoedd gan Caroline. Mae'r nodiadau yn canolbwyntio ar wybodaeth am bwnc, gyda chyngor ar ffynonellau, gwefannau a llyfrau ychwanegol. Bob blwyddyn mae hi'n gwneud nodyn o gwestiynau mae athrawon yn gofyn iddi a'r ymchwil mae hi wedi ei wneud i ateb y cwestiynau. Wrth ddatblygu'r cynllun tymor hir ar gyfer y flwyddyn ganlynol, mae hi'n adolygu ei ffeil o nodiadau a syniadau ac yn defnyddio hyn i lywio datblygiad y cynllun nesaf. Yn y modd hwn, mae hi wedi adeiladu ffeil o wybodaeth a syniadau ategol defnyddiol i athrawon sy'n cael ei drefnu mewn unedau yn unol â chynllun yr ysgol. Mae athrawon yn gallu cael mynediad at hwn drwy VLE yr ysgol ac yna yn ei ddefnyddio yn eu cynllunio tymor-byr a thymor canolig.

Cefnogi a chynghori cydweithwyr: rôl yr arweinydd pwnc

Mae angen i arweinwyr pwnc gwyddoniaeth ddarparu gwybodaeth, cyngor ac arweiniad i gydweithwyr mewn modd sy'n galluogi'r ysgol gyfan i symud ymlaen. Gall hyn gynnwys darparu cymorth mewn perthynas â dulliau addysgu a gwybodaeth bynciol, yn ogystal â materion fel iechyd a diogelwch. Yn ogystal â hyn, mae angen i'r arweinydd pwnc fod yn hyrwyddwr pwnc, gan sicrhau bod gwyddoniaeth yn cael adnoddau priodol, gan gynnwys amser o fewn yr amserlen a chyllid digonol ar gyfer adnoddau a theithio i safleoedd allanol.

Datblygu hyder athrawon

Mewn astudiaeth o hyder athrawon cynradd wrth addysgu gwyddoniaeth yn holl wledydd y DU (Murphy *et al.,* 2007), roedd athrawon o'r farn bod eu hyder i addysgu gwyddoniaeth yn uwch nag ar gyfer addysgu hanes, daearyddiaeth a TGCh, ond yn is nag ar gyfer addysgu Saesneg a mathemateg. Roedd hyn yn welliant ar ganfyddiadau astudiaeth ddeng mlynedd ynghynt a gynhaliwyd gan Harlen *et al.* (1995) lle'r oedd hyder wrth addysgu gwyddoniaeth yn is na'r rhan fwyaf o bynciau eraill.

Mae'r cynnydd hwn mewn hyder yn cyd-fynd â gwelliant yn un o'r rhesymau oesol dros hyder isel – gwybodaeth bynciol yr athrawon eu hunain. Yn yr 1990au, fe wnaeth ymchwil i effaith dealltwriaeth athrawon eu hunain o'r pwnc ar weithgareddau gwyddonol eu disgyblion (e.g. Harlen *et al.,* 1995) arwain at alw am gyrsiau hyfforddiant cychwynnol athrawon i gynyddu'r ffocws ar wyddoniaeth ac yn enwedig ar wybodaeth pwnc gwyddonol. Mae hyn, ynghyd â'r astudiaeth orfodol o wyddoniaeth hyd at 16 mlwydd oed yn ysgolion y DU, yn golygu bod athrawon sydd wedi cymhwyso yn ddiweddar yn debygol o gael gwell sylfaen yn y pwnc. Amlygwyd hyn yn adroddiad Ofsted ym mis Ionawr 2011, a wnaeth ganfod: 'Yn yr holl ysgolion cynradd yr ymwelwyd â nhw, roedd gwybodaeth pwnc athrawon yn foddhaol o leiaf' (Ofsted, 2011a: 15, para. 25). Fe wnaeth arolwg diweddarach gan Ofsted ar wyddoniaeth gadarnhau'r canfyddiad hwn a nodi bod athrawon yn yr arolwg 'yn gwybod beth oedd cyfyngiadau eu gwybodaeth pwnc; roedden nhw hefyd yn gwybod sut i ganfod gwybodaeth i gefnogi eu haddysgu' (Ofsted, 2013: 13, para. 20).

Yn achosi mwy o bryder nawr mae dealltwriaeth athrawon bod angen ymholi gwyddonol ar gyfer dysgu effeithiol mewn gwyddoniaeth, a beth mae hyn yn ei olygu'n ymarferol. Adroddodd yr arolygwyr:

> tystiolaeth o ddiffyg arweinyddiaeth gwyddoniaeth yn yr ysgolion i sicrhau, yn gyntaf ac yn bennaf, bod athrawon yn bodloni amcanion cyffredinol y Cwricwlwm Cenedlaethol ar gyfer gwyddoniaeth . . . (sydd) yn nodi'n glir beth yw rôl ganolog ymholi gwyddonol wrth ddatblygu syniadau, sgiliau, gwybodaeth a dealltwriaeth disgyblion mewn ffordd sy'n cynnal eu chwilfrydedd.
>
> (Ofsted, 2013: 13, para. 22)

Nodwyd, o ganlyniad, bod llawer o athrawon yn fwy awyddus i gwmpasu'r cynnwys nag i ddatblygu gallu plant i ymchwilio a datrys problemau drostynt eu hunain. Roedd gwersi yn cael eu rheoli gan yr athro, yn aml gan ddefnyddio taflenni gwaith a oedd yn atal y plant rhag meddwl drostynt eu hunain. Roedd y feirniadaeth o lawer o arfer yn awgrymu'r angen am:

- ■ Fwy o amrywiaeth o ran profiadau ymarferol y disgyblion (ymchwiliadau ac eithrio 'profion teg').

- ■ Mwy o gyfle i ddisgyblion i roi cynnig ar eu syniadau eu hunain ac yna myfyrio ar ba mor ddibynadwy oedd eu canlyniadau.

- ■ Mwy o bwyslais ar sgiliau ymholi megis arsylwi, mesur a dadansoddi, ac amser i ddatblygu'r rhain.

- ■ Ymwybyddiaeth bod gweithio mewn grwpiau drwy'r amser (grwpiau mawr yn arbennig) yn llesteirio datblygiad sgiliau ymholi a thrafod disgyblion unigol.

Fel y trafodwyd ym Mhennod 19, un dull o sicrhau bod gwyddoniaeth yn cael ei haddysgu'n dda mewn ysgolion cynradd yw iddi gael ei haddysgu, yn enwedig yn y blynyddoedd cynradd uchaf, gan athrawon sy'n arbenigwyr gwyddoniaeth yn hytrach nag yn gyffredinolwyr. Mae hyn yn parhau i fod yn fater dadleuol. Mae'r dadleuon yn cael eu cymylu trwy leihau'r cysyniad o 'wybodaeth athrawon' i 'wybodaeth am y pwnc', heb fawr o ystyriaeth ar gyfer mathau eraill o wybodaeth sy'n ymwneud ag addysgu. Mae'r rhain, fel y nodwyd yn amlwg gan Shulman (1987), yn cynnwys gwybodaeth am reoli dosbarth a sefydliad (gwybodaeth addysgeg gyffredinol), gwybodaeth am ganllawiau a gofynion cenedlaethol (gwybodaeth cwricwlwm) a gwybodaeth am sut i addysgu'r pwnc (gwybodaeth addysgeg).

Mae Shulman yn cadarnhau bod gan wybodaeth am gynnwys rôl allweddol gan fod sawl math arall o wybodaeth yn dibynnu arni Ond yr hyn mae'n ei bwysleisio yw nid meistrolaeth ar bob agwedd ar bwnc fel y cyfryw, ond dealltwriaeth o'r hyn sy'n dynodi gwyddoniaeth, sut mae'r ddisgyblaeth yn wahanol i ddisgyblaethau eraill, beth yw ei ffiniau, ei chyfyngiadau a'r ffyrdd gwahanol y gellir ei amgyffred. Gyda'r syniad hwn gall athrawon ddatblygu gwybodaeth cynnwys addysgeg (y cyfeirir ato'n aml fel gwybodaeth am gynnwys addysgol [PCK]).

O ystyried y farn gyfredol am amcanion addysg gwyddoniaeth a phwysigrwydd dysgu sy'n seiliedig ar ymholiadau wrth symud ymlaen tuag atynt byddai'n ymddangos bod datblygu PCK yn flaenoriaeth. Nid yw'r pwyslais ar ffeithiau ond ar yr egwyddorion eang a 'syniadau mawr' (gweler Pennod 1) y mae athrawon yn eu harddel yn gyflym, fel oedolion gyda llawer o brofiad perthnasol i'w dwyn ynghyd. Yn bwysicaf oll, dylid rhoi sylw i ddatblygu dealltwriaeth o sut beth yw bod yn wyddonol.

Mae'r cymorth sydd bellach ar gael ar-lein, trwy lyfrau arweiniad ar wybodaeth am bynciau a chyrsiau hyfforddiant cychwynnol i athrawon, yn ogystal â chynlluniau gwaith sydd wedi'u cyhoeddi wedi cynyddu hyder wrth addysgu gwyddoniaeth. Yn ei dro, dylai'r hyder a'r cymorth ychwanegol hwn alluogi'r holl athrawon cynradd i addysgu gwyddoniaeth i'w dosbarthiadau eu hunain yn hytrach na defnyddio athrawon arbenigol. Ond mae'r ddadl yn parhau, fel y nodwyd ym Mhennod 19, ac mae angen i ysgolion wneud penderfyniadau ynghylch sut i ddefnyddio a chefnogi staff wrth ddatblygu eu gwybodaeth a'u dealltwriaeth wyddonol o ystyried eu hamgylchiadau penodol. Mae gan yr arweinydd pwnc rôl allweddol yma wrth nodi cryfderau a gwendidau athrawon ac wrth gefnogi staff gan wneud y defnydd gorau posibl o'u harbenigedd.

Darparu datblygiad proffesiynol parhaus

Llai o gyfleoedd DPP

Mae datblygiad proffesiynol parhaus (DPP) yn galluogi aelodau o broffesiwn i gynnal, gwella ac ehangu eu gwybodaeth a'u sgiliau, trwy gydol eu gyrfa. Mewn perthynas ag addysg gwyddoniaeth yn yr ysgol gynradd, fe wnaeth adolygiad Ofsted 2013 adrodd bod 'cydberthynas gref rhwng darpariaeth ysgol o DPP ac 'effeithiolrwydd cyffredinol gwyddoniaeth' (2013: 14, para. 28). Fodd bynnag, nododd hefyd bod y gyfran fach o ysgolion sy'n cynnig DPP yn symptom o'r flaenoriaeth isel a roddir i wyddoniaeth ers rhoi'r gorau i'r profion CA2 a'r flaenoriaeth uchel a roddir i fathemateg ac iaith.

Mae tystiolaeth arall hefyd yn cyfeirio at yr un broblem. Mae Johnson (2013), er enghraifft, yn adrodd mai ychydig iawn o athrawon cynradd wnaeth adrodd eu bod wedi derbyn hyfforddiant ar gyfer addysgu'r elfennau o wyddoniaeth yn thema 'Y Byd o'n Hamgylch' yng Nghwricwlwm Gogledd Iwerddon fel rhan o'u DPP ar gyfer y cwricwlwm diwygiedig.

Canfu Sharp a Hopkin (2008) mewn arolwg o athrawon cynradd yn Lloegr yn 2007 nad oedd 60 y cant o ymatebwyr wedi derbyn unrhyw fath o hyfforddiant yn canolbwyntio ar wyddoniaeth yn yr ysgol neu'n allanol dros y tair blynedd flaenorol. O ystyried bod arbenigedd pwnc yr ymatebwyr yn gogwyddo o blaid arweinwyr pwnc gwyddoniaeth, a bod arweinwyr pwnc gwyddoniaeth wedi cael llawer mwy o hyfforddiant na chydweithwyr eraill, nid yw'r sefyllfa yn galonogol. Mae diffyg datblygiad proffesiynol o fewn ysgolion yn awgrymu nad yw arweinwyr pwnc gwyddoniaeth wedi cael y cyfle i ddarparu'r cymorth hanfodol hwn ar gyfer staff. Mae hwn yn fwlch difrifol, o ystyried y cynnydd mewn staff cymorth a lefel y cyfrifoldeb am addysgu ac asesu y gallent ei gael mewn rhai ysgolion.

Mathau o DPP

Er y gallai DPP yn y gorffennol fod wedi golygu ' mynd ar gwrs' neu fynychu gweithdy yn syml, mae dealltwriaeth o'r amrywiaeth o gyfleoedd ar gyfer DPP wedi ehangu yn ddiweddar. Mae hyn yn rhannol oherwydd bod ymchwil wedi dangos bod presenoldeb mewn cwrs byr, oddi ar y safle, gydag ychydig neu ddim gwaith dilynol, yn aml yn cael effaith gyfyngedig o ran gwella addysgu.

Rydym bellach yn gwybod y gall athrawon ddatblygu eu harfer proffesiynol drwy amrywiaeth o weithgareddau gan gynnwys:

■ Myfyrio ar eu harfer, drwy ymchwil gweithredol neu mewn trafodaeth ag eraill.

■ Mentora neu hyfforddi gan gydweithiwr mwy profiadol neu ymgynghorydd.

■ Mynychu cyrsiau achrededig neu gyrsiau nad ydynt wedi cael eu hachredu.

■ Aelodaeth o gymdeithasau proffesiynol.

■ Mynychu cynadleddau a gweithdai.

■ Astudiaeth annibynnol drwy gyrsiau teledu neu ar-lein a ffynonellau gwybodaeth.

■ Darllen a chyfrannu at gyfnodolion proffesiynol.

Mae cydnabod pwysigrwydd DPP a'i amrywiaeth o ffurfiau wedi'i gynnwys yn y gofynion ar gyfer y dyfarniad Athro Siartredig Gwyddoniaeth (CSciTeach) gan y Gymdeithas Addysg Wyddonol (gweler yr adran nesaf). Ar ôl derbyn CSciTeach mae'n ofynnol cymryd rhan mewn datblygiad proffesiynol ac i gadw cofnod o brofiad perthnasol a'i effaith. Mae'r rhestr uchod yn arwydd defnyddiol o'r ystod sylweddol o weithgareddau sy'n cyfrif fel DPP ar gyfer y diben hwn.

Nodweddion DPP effeithiol

Fe wnaeth yr Adran Addysg (2016b) gydnabod yn ffurfiol y gall 'datblygiad proffesiynol fod ar sawl ffurf, ond mae'r dystiolaeth orau sydd ar gael yn dangos bod yr arferion datblygu proffesiynol mwyaf effeithiol yn rhannu nodweddion tebyg.' Mae'r nodweddion hyn yn cael eu hymgorffori yn y *Safon ar gyfer Datblygiad Proffesiynol Athrawon*, ym Mlwch 26.2.

Blwch 26. 2 Y Safon ar gyfer Datblygiad Proffesiynol Athrawon

Mae datblygiad proffesiynol athrawon effeithiol yn bartneriaeth rhwng:

■ penaethiaid ac aelodau eraill o'r tîm arweinyddiaeth;

■ athrawon; a

■ darparwyr arbenigedd, hyfforddiant neu ymgynghoriaeth datblygu proffesiynol.

Er mwyn i'r bartneriaeth hon fod yn llwyddiannus:

1. Dylai datblygiad proffesiynol ganolbwyntio ar wella a gwerthuso deilliannau disgyblion.

2. Dylai datblygiad proffesiynol fod yn seiliedig ar dystiolaeth ac arbenigedd gadarn.

3. Dylai datblygiad proffesiynol gynnwys cydweithio a herio arbenigol

4. Dylai rhaglenni datblygiad proffesiynol gael eu cynnal dros gyfnod o amser.

Ac mae hyn i gyd yn seiliedig ar, ac mae'n ofynnol bod:

5. Datblygiad proffesiynol yn cael ei flaenoriaethu gan arweinyddiaeth yr ysgol.

(Canllawiau DfE, Gorffennaf, 2016b)

Mae gan yr Alban fframwaith cenedlaethol ar wahân ar gyfer datblygiad proffesiynol athrawon sy'n cynnwys y Safon ar gyfer Athro Siartredig (gweler t. 378).

Dadansoddiad o anghenion DPP

Ffactor allweddol wrth wneud y mwyaf o'r cyfleoedd ar gyfer DPP athrawon yw nodi anghenion mor glir ag y bo modd. Yn wir, mae dewis y llwybr gorau ar gyfer caffael CPD yn dechrau gyda nodi anghenion ac yna edrych ar ffyrdd y gall yr anghenion hyn gael eu diwallu. Gellir gwneud hyn trwy systemau rheoli perfformiad, neu arfarnu, a thrwy hunanasesiad staff o anghenion gan ddefnyddio rhestr o gwestiynau sy'n adlewyrchu gofynion cynllun datblygu'r ysgol. Mae modd cynnal dadansoddiad o anghenion sy'n canolbwyntio ar bwnc penodol gan arweinwyr pwnc gan ddefnyddio dulliau a awgrymwyd yn gynharach ar gyfer craffu ar gynlluniau, adolygu gwaith plant ac arsylwi addysgu fel modd o sefydlu deialog anfygythiol am ddysgu (gweler hefyd Bennod 24 a Ffigur 24.4).

Gall yr arweinydd pwnc gwyddoniaeth helpu unigolion i nodi'r ffordd orau o fynd i'r afael â'u hanghenion, trwy fentora a hyfforddi, drwy weithio gydag eraill neu ffynonellau eraill o DPP sy'n cael eu trafod yn yr adran nesaf. Mae archwiliad o wyddoniaeth sy'n ofynnol gan y prosiect Marc Safon Gwyddoniaeth Gynradd (gweler isod) yn darparu model ar gyfer nodi anghenion ar gyfer datblygu athrawon - a chymryd camau gweithredu.

Ffynonellau o ddatblygiad proffesiynol parhaus

Ar lawer cyfrif y ffordd orau o wella addysg yn yr ysgol gynradd yw ar lefel ysgol gyfan fel y gall plant brofi addysg gyson a chynyddol ym mhob maes dysgu. Ar gyfer gwyddoniaeth, mae hyn yn cael ei gydnabod mewn rhaglenni DPP sy'n gweithio trwy'r arweinydd pwnc ac yn anelu at ddylanwadu ar y staff i gyd. Fodd bynnag, nid yw pob ysgol yn gallu cymryd rhan yn y rhaglenni hyn ac mae'n bwysig i athrawon unigol allu cael mynediad i ddarpariaeth DPP. Y prif ddarparwyr DPP i ysgolion cyfan neu ar gyfer athrawon unigol yw:

- Marc Safon Gwyddoniaeth Gynradd
- Canolfannau Dysgu Gwyddoniaeth
- Cymdeithas Addysg Gwyddoniaeth
- Yr Ymddiriedolaeth Addysgu Gwyddoniaeth Gynradd (PSTT)
- Prifysgolion
- Fideos Teachers' TV.

Cynllun y Marc Safon Gwyddoniaeth Gynradd

Mae'r Marc Safon Gwyddoniaeth Gynradd (PSQM) yn gynllun dyfarnu i alluogi ysgolion cynradd ar draws y DU i werthuso, atgyfnerthu a dathlu eu darpariaeth gwyddoniaeth. Nod y cynllun yw:

- codi proffil gwyddoniaeth mewn ysgolion cynradd;
- darparu fframwaith a chefnogaeth broffesiynol i ysgolion ar gyfer datblygu arweinyddiaeth, addysgu a dysgu gwyddoniaeth;
- dathlu rhagoriaeth mewn gwyddoniaeth gynradd;
- gweithio gyda rhwydweithiau presennol a hwyluso rhwydweithiau newydd ar draws y DU ac yn ehangach i ddarparu cefnogaeth leol ar gyfer gwyddoniaeth gynradd;
- creu cronfa ddata gyfoethog o arfer cyfredol mewn gwyddoniaeth gynradd a'i gwneud yn hygyrch i'r gymuned addysg gwyddoniaeth ehangach.

(Gwefan PSQM)

Ers iddo gael ei dreialu yn 2008 a 2009 mae'r cynllun wedi tyfu ac mae bellach yn cael ei gefnogi'n gadarn gan bartneriaeth rhwng Prifysgol Hertfordshire a'r Ymddi-riedolaeth Addysgu Gwyddoniaeth Gynradd (PSTT).

Hyd at 2017, nodwyd y dyfarniadau PSQM fel efydd, arian ac aur, i gyd yn ymwneud ag agweddau ar raglen gwyddoniaeth ysgol. Ers 2017 mae'r tri dyfarniad yn cael eu nodi fel:

- Dyfarniad PSQM (ar gyfer ysgolion sy'n dangos sut mae arweiniad gwyddoniaeth effeithiol yn dechrau cael effaith ar addysgu a dysgu gwyddoniaeth ar draws yr ysgol).

- Dyfarniad Eurad PSQM (ar gyfer ysgolion sy'n dangos sut mae arweiniad gwyddoniaeth effeithiol sefydledig yn cael effaith barhaus ar addysg a dysgu gwyddoniaeth ar draws yr ysgol).

- Dyfarniad Allgymorth PSQM (ar gyfer ysgolion sy'n bodloni'r meini prawf PSQM Eurad a hefyd yn dangos effaith arweinyddiaeth, addysgu a dysgu gwyddoniaeth ar ysgolion eraill).

Mae meini prawf a disgrifyddion yn cael eu nodi o dan benawdau bras, sef: arweinyddiaeth pwnc; addysgu gwyddoniaeth; dysgu gwyddoniaeth; cyfleoedd ehangach; ac, ar gyfer y dyfarniad Allgymorth, datblygiad proffesiynol, gweithgarwch lleol a gweithgarwch ehangach. Mae Blwch 26.3 yn rhoi teitlau'r meini prawf ar gyfer arweinyddiaeth pwnc. Ym mhob achos, mae disgrifyddion y gellir eu defnyddio i benderfynu i ba raddau mae'r arfer yn bodloni'r meini prawf.

Blwch 26.3 Meini prawf PSQM sy'n ymwneud ag arweinyddiaeth pwnc

- Mae gweledigaeth glir ar gyfer addysgu a dysgu gwyddoniaeth.

- Mae cyd-ddealltwriaeth o bwysigrwydd a gwerth gwyddoniaeth.

- Mae nodau priodol a gweithredol ar gyfer datblygu gwyddoniaeth.

- Mae ymrwymiad i ddatblygiad proffesiynol arweinyddiaeth pwnc mewn gwyddoniaeth.

- Mae prosesau monitro i lywio datblygiad dysgu ac addysgu gwyddoniaeth.

Pan fydd ysgol yn cofrestru ar gyfer y cynllun PSQM, bydd staff yn cymryd rhan mewn hyfforddiant gydag arweinwyr pwnc eraill, sy'n eu paratoi ar gyfer archwilio arferion cyfredol yn erbyn meini prawf PSQM. Mae hyn yn galluogi'r ysgol i benderfynu pa ddyfarniad sy'n briodol ac yn heriol i'r ysgol anelu ato. Y cam nesaf yw llunio cynllun gweithredu ar gyfer y newidiadau angenrheidiol i ddatblygu pob agwedd ar addysgu a dysgu gwyddoniaeth i gyrraedd lefel y dyfarniad o ddewis o fewn blwyddyn. Pan fydd hyn yn cael ei gytuno mae'n cael ei uwchlwytho ar wefan PSQM. Yn ystod y naw mis nesaf mae gan yr ysgol fynediad at hyfforddiant a mentora wyneb yn wyneb arbenigol. Ar ddiwedd y cyfnod hwnnw maen nhw'n cyflwyno adroddiad myfyriol yn erbyn y meini prawf a thystiolaeth o effaith y newidiadau a wnaed. Mae tystysgrif yn cael ei chyflwyno mewn seremoni wobrwyo i ddathlu llwyddiant.

Canolfannau Dysgu Gwyddoniaeth

Mae'r rhwydwaith cenedlaethol o Ganolfannau Dysgu Gwyddoniaeth yn darparu datblygiad proffesiynol parhaus gwyddoniaeth ar gyfer y rhai sy'n gweithio gyda disgyblion 5 i 19 mlwydd oed, gan gynnwys: athrawon cynradd, athrawon gwyddoniaeth, dylunio a thechnoleg a seicoleg ysgol uwchradd, cynorthwywyr addysgu, technegwyr a darlithwyr addysg bellach. Amcanion y rhwydwaith yw cefnogi athrawon a thechnegwyr i wella eu sgiliau proffesiynol a darparu addysg wyddonol gyffrous i ddisgyblion, sy'n ddeallusol ysgogol ac yn berthnasol.

Darperir y gefnogaeth hon trwy:

■ y Ganolfan Dysgu Gwyddoniaeth Genedlaethol, Efrog - yn darparu datblygiad proffesiynol preswyl, dwys ochr yn ochr â llyfrgell o adnoddau addysgu STEM, ar-lein ac all-lein;

■ y rhwydwaith o 50 o Bartneriaethau Dysgu Gwyddoniaeth yn Lloegr - yn darparu datblygiad proffesiynol ar gael yn lleol sy'n canolbwyntio ar wyddoniaeth a gefnogir gan yr Adran Addysg;

■ partneriaid yng Nghymru, yr Alban a Gogledd Iwerddon - yn darparu datblygiad proffesiynol sydd ar gael yn lleol drwy SSERC (Scottish Schools Education Research Centre), Techniquest ac Awdurdod Addysg Gogledd Iwerddon (Blwch 26.4).

Sefydlwyd y Canolfannau Dysgu Cenedlaethol yn 2004, gydag arian gan yr Adran Addysg ac Ymddiriedolaeth Wellcome, yn dilyn argymhellion adroddiad Roberts i addysg gwyddoniaeth (Roberts, 2002). Ers hynny mae wedi darparu athrawon ym mhob cyfnod o addysg, technegwyr ac addysgwyr eraill gyda datblygiad proffesiynol a chymorth effaith uchel, pwnc benodol mewn pynciau STEM. Mae'r Ganolfan Genedlaethol yn gartref i gasgliad mwyaf y DU o adnoddau ffisegol ac adnoddau ar-lein i gefnogi addysgu pynciau STEM.

Cymerwyd camau i liniaru'r anhawster y mae rhai ysgolion cynradd yn eu cael i wneud defnydd o'r cyrsiau o ystyried eu cost a'u lleoliad. Gallai'r holl athrawon, tiwtoriaid, darlithwyr a thechnegwyr sy'n ymwneud ag addysg gwyddoniaeth mewn ysgolion a ariennir gan y wladwriaeth a cholegau yn Lloegr fod yn gymwys am Ddyfarniad Effaith i'w helpu i dalu cost mynychu cyrsiau penodol ledled y wlad. Ar gyfer cyrsiau preswyl yn y Ganolfan Genedlaethol mae Dyfarniadau ENTHUSE yn helpu i dalu am gostau ffioedd y cwrs, costau teithio a chostau cyflenwi a llety (gweler Gwefannau).

Blwch 26.4 Canolfannau Gwyddoniaeth DPP yn yr Alban, Cymru a Gogledd Iwerddon

Mae SSERC (Scottish Schools Education Research Centre) yn wasanaeth a rennir gan yr awdurdodau lleol sy'n darparu amrywiaeth o gymorth i athrawon, athrawon dan hyfforddiant a thechnegwyr mewn ysgolion cynradd ac uwchradd. Mae ei wasanaethau, yn bennaf i gefnogi meysydd gwyddoniaeth a thechnoleg y cwricwlwm, yn cynnwys: cyngor iechyd a diogelwch, rhaglenni datblygiad proffesiynol ar gyfer rheolwyr, athrawon a thechnegwyr, arweiniad ar arbrofion a gwaith ymarferol, argymhellion ar offer, ymgynghoriaeth a gwybodaeth dechnegol, profi cyfarpar ar gyfer diogelwch, gwasanaethau cynghori ar amddiffyn yn erbyn ymbelydredd, cyhoeddiadau a deunyddiau ar y we. Mae'r rhaglen genedlaethol o ddatblygiad proffesiynol mewn addysg gwyddoniaeth a thechnoleg yn cyrraedd cyfran uchel o ysgolion uwchradd yn yr Alban gyda chymorth Llywodraeth yr Alban, y Ganolfan Dysgu Gwyddoniaeth Genedlaethol a phartneriaid eraill. Gall athrawon mewn ysgolion awdurdod lleol fod yn gymwys i gael dyfarniad ENTHUSE i dalu costau sy'n gysylltiedig â mynychu cyrsiau.

Mae Techniquest yn ganolfan wyddoniaeth ryngweithiol yng Nghaerdydd sydd â dros 120 o arddangosfeydd ymarferol. Yn ogystal â sesiynau ar gyfer grwpiau ysgol, mae'n darparu cyrsiau DPP ar gyfer athrawon i gefnogi gwyddoniaeth ym mhob cyfnod o'r Cyfnod sylfaen i ôl-16, yn gysylltiedig â'r Cwricwlwm Cymru.

Sefydlwyd yr Awdurdod Addysg (AA) o dan Ddeddf Addysg Gogledd Iwerddon 2014 a daeth yn weithredol ym mis Ebrill 2015. Mae'n gorff anadrannol a noddir gan yr Adran Addysg. Mae EA yn gyfrifol am sicrhau bod gwasanaethau addysg gynradd ac uwchradd effeithlon ac effeithiol ar gael i fodloni anghenion plant a phobl ifanc, a chefnogaeth ar gyfer darparu gwasanaethau ieuenctid effeithlon ac effeithiol. Roedd y gwasanaethau hyn, gan gynnwys DPP athrawon, yn cael eu cyflwyno'n flaenorol gan y pum Bwrdd Addysg a Llyfrgelloedd ac yn parhau yn yr un ffordd â chyn y newid sefydliadol.

Cymdeithas Addysg Gwyddoniaeth

Yn 2013 dathlodd y Gymdeithas Addysg Gwyddoniaeth (ASE) 50 mlynedd o gefnogi addysg gwyddoniaeth. Cyn gynted ag y cafodd ei sefydlu (o uno'r Gymdeithas Meistri Gwyddoniaeth a'r Gymdeithas Athrawon Gwyddoniaeth Benywaidd) fe wnaeth sefydlu is-bwyllgor gwyddoniaeth gynradd. Ers hynny mae'r aelodaeth a'r gwasanaethau a ddarperir ar gyfer athrawon cynradd wedi cynyddu'n raddol. Ar gyfer athrawon cynradd mae'n cyhoeddi *Primary Science* bum gwaith y flwyddyn y *Journal of Emergent Science* ar-lein (yn ymwneud ag ymchwil mewn addysg gwyddoniaeth ar gyfer plant 3-8 mlwydd oed) a *Science Teacher Education* (cyhoeddiad ar-lein sy'n ymwneud ag addysg, ymsefydlu a datblygiad proffesiynol athrawon gwyddoniaeth cyn-wasanaeth). Mae cyhoeddiadau eraill â'r nod penodol o rannu arfer da mewn gwyddoniaeth gynradd yn cynnwys argraffiadau amrywiol o'r *ASE Guide to Primary School Science* a'r *Be Safe* poblogaidd (gweler Blwch 21.4).

Mae'r cyhoeddiadau hyn yn cyfrannu at ddatblygiad proffesiynol, ond efallai mai'r cynadleddau rhanbarthol a chenedlaethol sy'n cynnig y cyfleoedd cyfoethocaf i athrawon i ddysgu am ddeunyddiau, adnoddau a syniadau newydd a rhoi cynnig arnynt. Mae'r cynadleddau'n cynnwys gweithdai diwrnod cyfan a hanner diwrnod, sgyrsiau ac arddangosfeydd helaeth o waith ac offer plant, y cyfan yn cael ei werthfawrogi'n fawr gan gyfranogwyr, yn enwedig ar y 'Dyddiau Cynradd' yn y gynhadledd genedlaethol.

Bob blwyddyn, mae'r ASE yn trefnu'r gystadleuaeth ar gyfer y gwobrau Athro Gwyddoniaeth Cynradd y Flwyddyn. Mae'r gwobrau, sy'n cael eu cyflwyno yn y gynhadledd genedlaethol, yn cydnabod ac yn hyrwyddo rhagoriaeth mewn addysg gwyddoniaeth gynradd. Mae'r enillwyr yn cael eu cofrestru yn y Coleg Athrawon Gwyddoniaeth Cynradd PSTT, yn derbyn swm o arian ar gyfer eu hysgol ac iddyn nhw eu hunain, tystysgrif ac aelodaeth ASE am flwyddyn.

Mae'r ASE yn cydnabod arbenigedd mewn addysgu gwyddoniaeth trwy ddyfarnu CSciTeach ar gyfer athrawon cynradd ac uwchradd. Mae'r wobr hon yn agored i aelodau sy'n bodloni meini prawf llym yn ymwneud â chymwysterau academaidd a phrofiad mewn addysgu gwyddoniaeth, sy'n cynnal adolygiad academaidd o wybodaeth ac arfer proffesiynol ac yn gwneud ymrwymiad blynyddol i ddatblygiad proffesiynol parhaus. Rhoddwyd y gwobrau cyntaf yn 2007, ac ers hynny mae llawer o aelodau sy'n ymwneud ag addysg gynradd a chefnogi athrawon cynradd wedi ennill y wobr. Mae'r ASE hefyd yn gwobrwyo Technegydd Gwyddoniaeth Cofrestredig (RSciTech) i'r rhai hynny sy'n gymwys.

Yn yr Alban, mae'r Safon ar gyfer Athro Siartredig yn cynnwys rhan o'r fframwaith cenedlaethol ar gyfer datblygiad proffesiynol parhaus athrawon. Er nad yw'r cynllun Athro Siartredig, sy'n agored i bob athro ar frig y brif raddfa, yn benodol i'r pwnc mae'n golygu bod athrawon naill ai'n cymryd nifer o fodiwlau astudio gyda darparwyr cydnabyddedig er mwyn datblygu'r sylfaen dystiolaeth sydd ei hangen, neu i feithrin rhywfaint o eithriad drwy ddarparu portffolio o dystiolaeth.

Yr Ymddiriedolaeth Addysgu Gwyddoniaeth Gynradd

Yn 1997 fe wnaeth AstraZeneca sefydlu ymddiriedolaeth, a elwir bellach yn Ymddiriedolaeth Addysgu Gwyddoniaeth Gynradd (PSTT), yn benodol i ddarparu cymorth ariannol i helpu i wella gwyddoniaeth mewn ysgolion cynradd ac ysgolion uwchradd is yn y DU. Mae'n gwneud hyn trwy ariannu prosiectau, darparu adnoddau DPP, cynlluniau gwersi a gweithgareddau, gan adlewyrchu ei athroniaeth mai'r ffordd fwyaf effeithiol o wella addysgu yw cefnogi datblygiad athrawon. Trwy unedau DPP ac offer lledaenu arall mae'n darparu llwyfan o adnoddau ar draws gwyddoniaeth gynradd ac i mewn i ddosbarthiadau uwchradd is i gefnogi addysgu gwyddoniaeth yn y DU.

Yn 2010 sefydlodd PSTT y Coleg Athrawon Gwyddoniaeth Gynradd. Mae'r coleg rhithwir yn dwyn ynghyd enillwyr y Wobr PSTT o'r gorffennol ac mae'r holl enillwyr newydd yn aelodau awtomatig o'r coleg hwn. Mae gan y coleg ei gynhadledd flynyddol, ardal we ac yn bwysicaf oll ei gyllid ei hun. Mae PSTT yn buddsoddi dros £500,000 y flwyddyn i mewn i'r coleg i ganiatáu i'r athrawon hyn ddatblygu prosiectau newydd, ymgymryd â datblygiad proffesiynol ac i ledaenu arferion gorau o'u haddysgu eu hunain ac o'r gwaith a ariennir gan yr ymddiriedolaeth.

Mae gwefan PSTT yn adnodd allweddol ar gyfer athrawon cynradd, gan ddarparu rhestr gynhwysfawr o gysylltiadau i sefydliadau eraill, deunyddiau cwricwlwm, cronfa ddata o brosiectau a ariennir gan ymddiriedolaethau a chyhoeddiadau ymchwil sy'n gysylltiedig â themâu penodol.

Prifysgolion

Rhan o'r dull traddodiadol o DPP oedd ymgymryd â chwrs meistr mewn prifysgol leol, neu fel rhaglen ddysgu o bell. Fodd bynnag, ychydig iawn o raglenni meistr sy'n canolbwyntio'n benodol ar addysg gwyddoniaeth, ac mae llai hyd yn oed lle mae'r ffocws ar wyddoniaeth gynradd er ei bod yn bosibl i ddewis modiwlau unigol ac i gysylltu aseiniadau ar gyfer modiwlau mwy cyffredinol i wyddoniaeth. Yr hyn y gall cyrsiau o'r fath ei ddarparu yw cyfle i gymryd cam yn ôl a myfyrio ar arfer, cam pwysig wrth ddatblygu'r gweithiwr proffesiynol estynedig. Mae rhaglen meistr llawn yn ymrwymiad mawr ac efallai nad dyma'r ffordd briodol bob amser. Yn wir, os ydym am weld DPP fel dysgu gydol oes, byddai rhywun yn disgwyl i barhau i ddysgu y tu hwnt i dderbyn gradd.

Mae prifysgolion yn gynyddol yn cynnig cyrsiau ar-lein sy'n cael eu disgrifio fel MOOCau (Cyrsiau Agored Enfawr Ar-lein) gyda'r nod o gyrraedd nifer di-ben-draw o gyfranogwyr ledled y byd i greu cymuned o ddysgwyr gydol oes. Mae MOOCau yn gyrsiau byr sy'n cael eu darparu ar-lein yn llwyr. Gall dysgwyr gofrestru ar MOOC yn rhad ac am ddim, gyda'r holl ddeunydd cwrs yn cael ei ddarparu ar-lein. Mae MOOCau o lawer o brifysgolion ar gael ar y llwyfan FutureLearn. Mae hyn yn rhoi mynediad ar unrhyw adeg at ddeunyddiau cwrs traddodiadol, megis darlleniadau a setiau problem, yn ogystal ag offer rhyngweithiol, megis fideos, cwisiau, fforymau defnyddwyr, sgyrsiau cyfryngau cymdeithasol ac erthyglau sydd i gyd yn cynhyrchu trafodaeth a dadl. Mae MOOCau yn cael eu haddysgu gan staff y brifysgol sy'n cefnogi dysgwyr trwy gymryd rhan mewn fforymau ar-lein a byrddau trafod. Nid oes unrhyw ofynion mynediad, gan wneud MOOCau yn addas iawn ar gyfer graddedigion sy'n dymuno diweddaru eu gwybodaeth broffesiynol ond nad ydynt fel arfer yn arwain at gymhwyster ffurfiol os nad oes tâl am gofrestru. Fodd bynnag, gellir cydnabod cwblhau cwrs at ddiben cofnodi DPP drwy dystysgrif gan FutureLearn.

Fideos Teachers' TV

Er bod Teachers' TV wedi cau yn 2014, mae'r Adran Addysg wedi sicrhau bod yr archif o 3,500 o raglenni fideo 15 munud a gynhyrchwyd ar gael i ysgolion ar-lein. Gall y rhain gael eu defnyddio gan athrawon unigol neu fel sail i waith grŵp lle gall y syniadau gael eu trafod a'u rhannu. Mae'r casgliad gwyddoniaeth gynradd yn cynnwys gweithgareddau i ddechrau gwersi a syniadau ar gyfer addysgu ar ystod o bynciau. Maen nhw ar gael ar wefannau amrywiol gan gynnwys gwefannau TES, STEM a Teachfind.

Wrth gwrs, mae'r Rhyngrwyd ei hun yn ffynhonnell bwerus o wybodaeth ac felly gall fod yn amhrisiadwy i athrawon sydd yn nodi angen, boed hyn yn nhermau bylchau mewn gwybodaeth pwnc, neu i ddatblygu addysgeg.

Crynodeb

Mae'r proffesiwn addysgu, yn ôl ei natur, yn broffesiwn dysgu. Mae cyflymder newid yn ystod yr 20 mlynedd diwethaf wedi golygu bod cadw'n gyfoes gyda datblygiadau a pharhau i ddysgu wedi dod yn fwy o her. Nid technoleg newydd yn unig sydd wedi newid neu fod gwyddoniaeth ei hun wedi symud cryn dipyn ymlaen, ond mae pa mor aml mae syniadau newydd am addysgu a dysgu yn ymddangos hefyd wedi newid. Yn y bennod hon, rydym wedi trafod ffyrdd o wella darpariaeth ysgolion ar gyfer dysg plant mewn gwyddoniaeth drwy fonitro a diwallu anghenion ar gyfer datblygiad proffesiynol parhaus. Dyma'r prif bwyntiau:

■ Mae datblygiad proffesiynol parhaus yn hawl ac yn gyfrifoldeb i athrawon; maen nhw angen amser a lle i fyfyrio ar eu harfer, a bod yn rhan o ddeialog am eu harfer.

■ Mae gan arweinwyr pwnc gwyddoniaeth rôl allweddol wrth gefnogi cydweithwyr yn unigol ac mewn rhaglenni gwella ysgol gyfan.

■ Mae gwybodaeth athrawon am wyddoniaeth wedi gwella ac mae'n peri llai o bryder nawr na'u dealltwriaeth o ymholiad gwyddonol a'r hyn mae'n ei olygu i weithio'n wyddonol.

■ Mae perthynas gref rhwng darpariaeth DPP ysgolion ac ansawdd ac effeithiolrwydd yr addysg gwyddoniaeth.

- Mae cyfleoedd athrawon ar gyfer DPP mewn gwyddoniaeth yn isel o'i gymharu â mathemateg ac iaith.

- Mae pwysigrwydd rhoi blaenoriaeth i ddatblygiad proffesiynol yn cael ei danlinellu yn Safon yr Adran Addysg ar gyfer Datblygiad Proffesiynol Athrawon.

- Mae rhai o'r ffyrdd mwyaf effeithiol o wella addysg gwyddoniaeth ysgol yn cael eu rhoi ar waith drwy'r arweinydd pwnc gwyddoniaeth.

- Gall ysgolion godi safon eu haddysg wyddonol drwy archwilio eu darpariaeth a chymryd camau gyda chymorth mentoriaid yn y cynllun Marc Ansawdd Gwyddoniaeth Gynradd.

- Mae bwrsariaethau ar gael i helpu ysgolion ac athrawon i ddalu cost cyrsiau yn y Ganolfan Dysgu Gwyddoniaeth Genedlaethol a'i sefydliadau partner yn yr Alban, yng Ngogledd Iwerddon ac yng Nghymru.

- Mae llawer o ffynonellau DPP rhad ac am ddim y gall athrawon unigol gael mynediad atynt o bell drwy'r Rhyngrwyd.

Darllen pellach

CLEAPSS (2006) *A Guide for Primary Science Coordinators*, L255. Uxbridge: Prifysgol Brunel.

Yr Adran Addysg (Yr Adran Addysg) (2016b) *Standard for Teachers' Professional Development*. London: DfE.

Nuffield Primary Science (1996) *Science Coordinators' Handbook*. Llundain: Collins Educational.

Gwefannau

Cymdeithas Addysg Gwyddoniaeth (ASE): www.ase.org.uk/

Chartered Science Teacher (CSciTeach): www.ase.org.uk/professional-development/ase-chartered-science-teacher-csciteach/

CLEAPSS: www.cleapss.org.uk/

Gwobrau Enthuse: www.stem.org.uk/bursaries

Canolfannau Dysgu Gwyddoniaeth Cenedlaethol: www.stem.org.uk/

Awdurdod Addysg Gogledd Iwerddon: www.eani.org.uk/

Marc Safon Gwyddoniaeth Cynradd (PSQM): www.PSQM.org.uk/

Ymddiriedolaeth Addysgu Gwyddoniaeth Cynradd (PSTT): www.pstt.org.uk/

Canolfan Ymchwil Addysg Ysgolion yr Alban (SSERC): www.sserc.org.uk/.

Cwestiynau i'w trafod

RHAN 1 Rhesymau cymhellol dros addysgu gwyddoniaeth mewn ysgolion cynradd

A yw'r cyfraniad y gall dysgu gwyddoniaeth ei wneud i ddatblygiad plant mewn lly-thrennedd a rhifedd yn gyfiawnhad ar gyfer gwyddoniaeth yn yr ysgol gynradd? Os felly, beth yw'r goblygiadau ar gyfer y ffordd y mae gwyddoniaeth yn cael ei dysgu?

Os mai nod gweithgareddau gwyddonol yw helpu plant i ddeall y byd go iawn o'n hamgylch, sut y gellir cyfiawnhau'r defnydd o ddigwyddiadau dychmygol a sefyllfaoedd dychmygol?

I ba raddau y gall athrawon cynradd fanteisio ar ddigwyddiadau cyfoes o ddiddordeb gwyddonol (fel tywydd eithafol) i ddysgu am wyddoniaeth, er bod y syniadau dan sylw yn gymhleth?

RHAN 2 Ynglŷn â dysg plant

Sut allai athrawon ganfod nid yn unig pa syniadau eu hunain mae'r plant wedi'u datblygu eu hunain ond sut maen nhw wedi dod i'r syniadau hyn? Sut gallai'r wybodaeth hon gael ei defnyddio i helpu i ddatblygu syniadau mwy gwyddonol?

Mewn perthynas â geiriau (fel 'ynni', 'pwysau', 'anifail') sydd ag ystyr 'bob dydd' ac ystyr wyddonol, a yw bob amser yn angenrheidiol eu defnyddio yn eu ffurf wyddo-nol gywir yn unig?

I ba raddau mae'r model o ddysgu drwy ymholi (Ffigur 8.2) yn berthnasol i:

- ddysgu mewn pynciau eraill? ?
- ddysgu y tu allan i'r ysgol?
- ddysgu fel oedolyn?

RHAN 3 Rolau'r athro

Sut y gall athrawon, trwy'r ffordd maen nhw'n cwestiynu, annog cyfnewid syniadau rhwng disgyblion mewn trafodaethau dosbarth cyfan?

A yw rhai dulliau o helpu plant i ddatblygu eu syniadau yn fwy priodol ar gyfer rhai syniadau nag eraill, ac ar gyfer plant o oedrannau gwahanol?

A yw'n bosibl, a/neu yn ddefnyddiol i wneud plant yn ymwybodol o pan maen nhw'n defnyddio sgiliau ymholi amrywiol, er enghraifft, i nodi pan fyddant yn cynnig rhagdybiaethau, yn rhagfynegi, yn dod i gasgliadau?

RHAN 4 Asesu a dysgu

Pa mor realistig yw hi i honni y dylai pob asesiad mewn rhyw fodd help dysgu hyd yn oed os mai ei bwrpas sylfaenol yw darparu adroddiad crynodol o gyflawniad?

Sut y gall athrawon gasglu gwybodaeth ar gyfer asesu ffurfiannol heb wneud i blant deimlo eu bod yn cael eu hasesu drwy'r amser?

A all rhoi adborth cadarnhaol, anfeirniadolheb farnu i blant ar eu gwaith gael ei gysoni â dyfarnu 'sêr' neu arwyddion eraill o gymeradwyaeth arbennig?

RHAN 5 Cynllunio amgylcheddau ar gyfer dysgu gwyddoniaeth

Sut y gellir gwneud y defnydd gorau o gryfderau a diddordebau athrawon unigol o fewn rhaglen a gynlluniwyd ar lefel yr ysgol?

Sut y gall cynllunio sicrhau nad yw manteision perthnasedd y pynciau rhyngddisgyblaethol yn arwain at fylchau mewn dysg gwyddoniaeth plant?

A yw'n bosibl yn ymarferol i athrawon ddarparu cyfleoedd cyfartal i blant ag anawsterau dysgu yn ogystal â phlant mwy galluog? Beth yw'r ffordd orau o wneud hyn?

RHAN 6 Atebolrwydd a gwerthuso arfer

Pa ran ddylai cyflawniad disgyblion ei chwarae yn y wybodaeth a ddefnyddir i werthuso perfformiad athrawon ac ysgolion? Pa wybodaeth arall y dylid ei chymryd i ystyriaeth mewn mesurau atebolrwydd?

O ystyried hunanwerthuso ysgol effeithiol, a oes angen gwerthusiad allanol gan arolygwyr? Os felly, beth yw'r berthynas ddelfrydol rhyngddynt?

A oes achos ar gyfer datblygiad proffesiynol rheolaidd a gorfodol ar gyfer athrawon gwyddoniaeth cynradd?

Llyfryddiaeth a chyfeiriadau at wefannau

Abelson, R.P. (1988) Beliefs are like possessions, *Journal for the Theory of Social Behavior* 16: 223–250.

Adams, J. (2006) Starting out in your own backyard, *Primary Science Review* 91: 7–10.

Adey, P. aShayer, M. (1994) *Really Raising Standards: Cognitive InterventionaAcademic Achievement*. Llundain: Routledge.

Alexander, R. (1995) *Versions of Primary Education*. Llundain: Routledge.

Alexander, R. (gol) (2010) *Children, their World, their Education. Final ReportaRecommendations of the Cambridge Primary Review*. Llundain: Routledge.

Alexander, R. (2012) *Towards Dialogic Teaching*, 4ydd argraffiad. Efrog: Dialogos.

APADGOS (Yr Adran Plant, Addygs, Dysgu Gydol Oes a Sgiliau) (2008) Gwyddoniaeth yn y Cwricwlwm Cenedlaethol ar gyfer Cymru: Cyfnodau Allweddol 2-4. Caerdydd: Llywodraeth Cymru. DCELLS (n.d.) Science Levels Poster. http://gov.wales/docs/dcells/publications/090916sciencelevelsposteren.pdf

ARG (Grŵp Diwygio Asesu) (2002a) *Testing, MotivationaLearning*. Ar gael i'w lawrlwytho o www.aaia.org.uk/content/uploads/2010/06/Testing-Motivation-and-Learning.pdf

ARG (2002b) *Assessment for Learning: 10 Principles*. www.aaia.org.uk/content/uploads/2010/06/Assessment-for-Learning-10-principles.pdf

ASE (Cymdeithas Addysg Gwyddoniaeth) (1998) *Primary Science* Summer.

ASE (1999) *Scienceathe Literacy Hour*. Hatfield: Cymdeithas Addysg Gwyddoniaeth.

ASE (2002) *Be Safe!* Pecyn HMS, 2il argraffiad. Hatfield: Cymdeithas Addysg Gwyddoniaeth.

ASE (2008) SENaScience. Papur 1.4 ar gyfer tiwtoriaid gwyddoniaeth. Ar gael i'w lawrlwytho o www.ase.org.uk/resources/scitutors/professional-issues/p14-sen-and-science/

ASE (2011) *Be Safe*, 4ydd argraffiad. Hatfield: Cymdeithas Addysg Gwyddoniaeth.

ASE a Sefydliad Nuffield (2016) *The Language of Mathematics in Science*. Gellir ei lawrlwytho o www.ase.org.uk/documents/language-of-mathematics-in-science-1/

Asoko, H. a De Boo, M. (2001) *AnalogiesaIllustrations. Representing Ideas in Primary Science*. Hatfield: Cymdeithas Addysg Gwyddoniaeth.

Asoko, H. a Scott, P. (2006) Talk in science classrooms, in W. Harlen (gol) *ASE Guide to Primary Science Education*. Hatfield: Cymdeithas Addysg Gwyddoniaeth, 158–166.

Baker, E. (2014) Developing app-titude for learning out of doors, *Primary Science* 135: 19–21.

Bamberger, Y. a Tal, T. (2007) Learning in a personal context: levels of choice in a free choice learning environment in scienceanatural history museums, *Science Education* 91(1): 75–95.

Barker, S. a Buckle, S. (2002) Bringing birds into the classroom, *Primary Science Review* 75: 8–10.

Barnes, D. (1976) *From Communication to Curriculum*. Harmondsworth: Penguin.

Barnes, D. a Todd, F. (1995) *CommunicationaLearning Revisited*. Llundain: Heinemann.

Battro, A.M. (2000) *Half a Brain Is Enough: The Story of Nico*. Caergrawnt: Gwasg Prifysgol Caergrawnt.

Bell, D. a Darlington, H. (2018) Educational neuroscienceathe brain, in N. SerrettaS. Earle (gol) *ASE Guide to Primary Science Education*. Hatfield: Cymdeithas Addysg Gwyddoniaeth.

Bew, P. (Lord Bew) (2011) *Independent Review of Key Stage 2 Testing, AssessmentaAccountability. Final Report. June*. Ar gael i'w lawrlwytho o www.education.gov.uk

Bianchi, L. (2003) Better learners, *Primary Science Review* 80: 22–24.

Bianchi, L. (2005) Creative space, *Primary Science Review* 90: 15–18.

Bianchi, L. a Thompson, P. (2011) Science within cross-curricular approaches, in W. Harlen (gol) *ASE Guide to Primary Science Education*. Hatfield: Association for Science Education, 53–60.

Bird, S. a Saunders, L. (2007) *RATIONal Food*. Sandbach: Millgate House.

Black, P. a Atkin, M. (2014) The central role of assessment in pedagogy, in N.G. Lederman a S.K. Abell (gol) *Handbook of Research on Science Education*, Vol. 2. Mahwah, NJ: Lawrence Erlbaum, 775–790.

Black, P. a Wiliam, D. (1998a) Assessmentaclassroom learning, *Assessment in Education* 5(1): 7–74.

Black, P. a Wiliam, D. (1998b) *Inside the Black Box*. Llundain: School of Education, King's College London.

Black, P., Harrison, C., Lee, C., Marshall, B. a Wiliam, D. (2003) *Assessment for Learning. Putting It into Practice*. Maidenhead: Open University Press.

Blacklock, K. (2012) Science on a tight budget, *Primary Science* 121: 5–7.

Boctor, S. a Rowell, P. (2004) Why do bees sting? Reflecting on talk in science lessons, *Primary Science Review* 82: 15–17.

Boud, D. (gol) (1988) *Developing Student Autonomy in Learning*. Llundain: Kogan Press.

Bowker, R. (2004) Children's perceptions of plants following their visit to the Eden Project, *Research in ScienceaTechnology Education* 22(2): 227–243.

Bowker, R. a Jasper, A. (2007) Don't forget your leech socks! Children's learning during an Eden Education Officers' Workshop', *Research in ScienceaTechnology Education* 25(1): 135–150.

Bransford, J.D., Brown, A.L. a Cocking, R.R. (gol) (1999) *How People Learn: Brain, Mind, Experience and School*. Washington, DC: National Academy Press.

Braund, M. a Driver, M. (2002) Moving to the big school: what do pupils think about science practical work pre-apost-transfer? Papur a gyflwynwyd yng Nghynhadledd Flynyddol Cymdeithas Ymchwil Addysgol Prydain, Prifysgol Caerwysg, 12–14 Medi.

Budd-Rowe, M. (1974) Relation of wait-timearewards to the development of language, logicafate control: part II, *Journal of Research in Science Teaching* 11(4): 291–308.

Burrows, P. (2003) Managing health and safety in primary science, *Primary Science Review* 79: 18–20.

Butler, R. (1988) Enhancing and undermining intrinsic motivation: the effects of task-involving and ego-involving evaluation on interest and performance, *British Journal of Educational Psychology* 58: 1–14.

Byrne, J. a Sharp, J. (2002) *Using ICT in Primary Science Teaching*. Exeter: Learning Matters.

CACE (Cyngor Ymgynghorol Canolog Addysg) (1967) *Children and their Primary Schools* (Adroddiad Plowden). Llundain: HMSO.

Carter, L. (2014) I thought tablets were for swallowing? *Primary Science* 131: 34–37.

Carter-Wall, C. a Whitfield, G. (2012) *The Role of Aspirations, Attitudes and Behaviour in Closing the Educational Attainment Gap*. Efrog: Sefydliad Joseph Rowntree.

CCEA (Cyngor y Cwricwlwm, Arholiadau ac Asesu) (2007) *The Northern Ireland Curriculum: Primary*. Belfast: CCEA. www.nicurriculum.org.uk/docs/key_stages_1_and_2/northern_ireland_curriculum_primary.pdf

CCEA (2009) *Assessment for Learning: A Practical Guide*. Belfast: CCEA. http://ccea.org.uk/sites/default/files/docs/curriculum/assessment/assessment_for_learning/afl_practical_guide.pdf

CLEAPSS (2006) *A Guide for Primary Science Coordinators,* L255. Uxbridge: Prifysgol Brunel.

Constantinou, Y. (2016) Concept cartoon conversations lead to inspiring investigations, *Primary Science* 142: 11–13.

Crompton, Z a Davies, E. (2012) Making movies, *Primary Science* 123: 8–9.

Crooks, T.J. (2003) Some criteria for intelligent accountability in New Zealand. Papur a gyflwynwyd yng Nghynhadledd Flynyddol Cymdeithas Ymchwil Addysgol America, Chicago, IL, Ebrill.

Crossouard, B. (2012) Absent presences: the recognition of social class and gender dimensions within peer assessment interactions, *British Educational Research Journal* 38(5): 731–748.

Czerski, H. (2016) *Storm in a Teacup. The Physics of Everyday Life*. Llundain: Bantam Press.

Davids, S. (2008) Growing faster than their sunflowers, *Primary Science* 101: 5–8.

Davies, D., Collier, C., McMahon, K. a Howe, A. (2010) E-SCAPE assessment, *Primary Science* 115: 18–21.

Davies, D., Collier, C. a Howe, A. (2011) Why is the infant playground more polluted? *Primary Science* 118: 10–13.

Davis, J. (2012) The Ripple Primary School experience (of the Great Bug Hunt), *Primary Science* 123: 24–25.

Dawes, L. (2004) Talk and reasoning in classroom science, *International Journal of Science Education* 26(6): 677–695.

Dela Sala, S. ac Anderson, M. (gol) (2012) *Neuroscience in Education: The Good, the Bad a the Ugly*. Rhydychen: Gwasg Prifysgol Rhydychen.

DES (Yr Adran Addysg a Gwyddoniaeth) (1978) *Special Educational Needs* (Adroddiad Warnock). Llundain: DES.

DES (1989) *Aspects of Primary Education: The Teaching and Learning of Science*. Llundain: HMSO.

DES and WO (Yr Adran Addysg a Gwyddoniaeth a'r Swyddfa Gymreig) (1985) *Gwyddoniaeth 5–16: Datganiad Polisi*. Llundain: HMSO.

DES/DENI/WO (Yr Adran Addysg a Gwyddoniaeth/Adran Addysg Gogledd Iwerddon/Y Swyddfa Gymreig) (1985) *APU Science in Schools Age 11, Report no. 4*. Llundain: HMSO.

DES (Yr Adran Addysg a Sgiliau) (2016) *Looking at Our School. A Quality Framework for Primary Schools*. Dublin: DES.

DeWitt, J. a Osborne, J. (2007) Supporting teachers on science-focused school trips: towards an integrated framework of theory and practice, *International Journal of Science Education* 29(6): 685–710.

DfE (Yr Adran Addysg) (2011) *Fframwaith ar gyfer y Cwricwlwm Cenedlaethol: Adroddiad gan y Panel Arbenigol ar gyfer yr Adolygiad o'r Cwricwlwm Cenedlaethol*. Llundain: DfE.

DfE (2012*) National Curriculum for Science Key Stages 1 and 2: Draft:* http://media.education.gov.uk/assets/files/pdf/d/draft%20national%20curriculum%20for%20science%20key%20stages%201%202.pdf

DfE (2013) *The National Curriculum in England: Key Stages 1 and 2*. https://www.gov.uk/government/uploads/system/uploads/attachment_data/file/425601/PRIMARY_national_curriculum.pdf

DfE (2014) *Iechyd a Diogelwch Cyngor i Ysgolion*. Llundain: Yr Adran Addysg.

DfE (2016a) *Primary School Accountability for 2016*. https://www.gov.uk/government/uploads/system/uploads/attachment_data/file/496158/Primary_school_accountability_in_2016.pdf

DfE (2016b) *Standard for Teachers' Professional Development*. Llundain DfE.

DfES (Yr Adran Addysg a Sgiliau) (2006) *Learning Outside the Classroom Manifesto*. Llundain: DfES. Ar gael o www.lotc.org.uk

Dillon, J., Morris, M., O'Donnell, L., Rickinson, M. a Scott, M. (2005) *EngagingaLearning with the Outdoors – The Final Report of the Outdoor Classroom in a Rural Context Action Research Project*. Slough: NFER.

Dixon-Watmough, R. a Rapley, M. (2012) The Great Bug Hunt is back! *Primary Science* 123: 24–26.

Donaldson, G. (2015) *Dyfodol Llwyddiannus. Adolygiad Annibynnol o'r Cwricwlwm a'r Trefniadau Asesu yng Nghymru*. Caerdydd: Llywodraeth Cymru.

Dweck, C.S. (2000) *Self-theories: Their Role in Motivation, Personality and Development*. Philadelphia, PA: Psychology Press.

Dysgu Cymru (2017) *Fframwaith Cymhwysedd Digidol:* https://hwb.gov.wales/cwricwlwm-cymru-2008/fframwaith-cymhwysedd-digidol/

Earl, L. a Katz, S. (2008) Getting to the core of learning: using assessment for self-monitoring and self-regulation, in S. Swaffield (gol) *Unlocking Assessment, Understanding for Reflection and Application*. Llundain: David Fulton.

Edmonds, J. (2002) Inclusive science: supporting the EAL child, *Primary Science Review* 74: 4–6.

Education Scotland (2012) *Sciences 3–18 Curriculum Impact Report*. Glasgow: Education Scotland.

Elstgeest, J. (2001) The right question at the right time, in W. Harlen (gol) *Primary Science: Taking the Plunge*, 2il gyfrol. Portsmouth, NH: Heinemann, 25–35.

Estyn (2016a) *Safoni Asesu Athrawon ar CA2 a CA3: Adolygiad o Gywirdeb a Chysondeb*. Caerdydd: Estyn.

Estyn (2016b) *Canllawiau ar gyfer Arolygu Ysgolion Cynradd (Cymru)*. Caerdydd: Estyn.

Evans, N. (2001) Thoughts on assessment and marking, *Primary Science Review* 68: 24–26.

Exploratorium (2016) Science talk: a tool for learning science and developing language. *Educators Guide for Inquiry-Based Science and English Language Development*. San Francisco, CA: Institute for Inquiry. www.exploratorium.edu/ifi/inquiry-and-eld/educators-guide

Fairbrother, R. (1995) Pupils as learners, in R. Fairbrother, P. Black a P. Gill (gol) *Teachers Assessing Pupils*. Hatfield: Cymdeithas Addysg Gwyddoniaeth , 105–124.

Feasey, R. (1999) *Primary ScienceaLiteracy*. Hatfield: Cymdeithas Addysg Gwyddoniaeth.

Feasey, R. (2011) Planning: elements of an effective lesson plan, in W. Harlen (gol) *ASE Guide to Primary Science Education,* argraffiad newydd. Hatfield: Cymdeithas Addysg Gwyddoniaeth, 44–52.

Fibonacci (2012) *Tools for Enhancing Inquiry in Science Education*. Ar gael i'w lawrlwytho o: www.fibonacci-project.eu/

Fisher, J.A. (2001) The demise of fieldwork as an integral part of science education in schools: a victim of cultural change and political pressure, *Pedagogy, CultureaSociety* 9(1): 75–96.

Fitzgerald, A. (2012) *Science in Primary Schools: Examining the Practices of Effective Primary Science Teachers*. Rotterdam: Sense.

Fradley, C. (2006) Welly Walks for science learning, *Primary Science Review* 91: 14–16.

Frost, J. (1997) *Creativity in Primary Science*. Buckingham: Open University Press.

Fugelsang, J. a Mareschal, D. (2014) The development and application of scientific reasoning, in D. Mareschal, B. Butterworth ac A. Tolmie (gol) *Educational Neuroscience*. Llundain: Wiley, 237–267.

Galton, M.J., Simon, B. a Croll, P. (1980) *Inside the Primary Classroom*. Llundain: Routledge a Kegan Paul.

Galton, M.J., Hargreaves, L., Comber, C., Wall, D. a Pell, T. (1999) Changes in patterns of teacher interaction in the primary classroom: 1976–96, *British Educational Research Journal* 25(1): 23–37.

Gardner, J. (gol) (2012) *Assessment and Learning,* 2il argraffiad. Llundain: Sage.

Gipps, C.V. (1994) *Beyond Testing.* Llundain: Falmer.

Goldsworthy, A. (2011) Effective questions, in W. Harlen (gol) *ASE Guide to Primary Science Education,* argraffiad newydd. Hatfield: Cymdeithas Addysg Gwyddoniaeth, 69–76.

Goldsworthy, A., Watson, R. a Wood-Robinson, V. (2000) *Investigations: Developing Understanding.* Hatfield: Cymdeithas Addysg Gwyddoniaeth.

Gopnik, A., Meltzoff, A. a Kuhl, P. (1999) *The Scientist in the Crib.* New York: William Morrow.

Goswami, U. (2012) Principles of learning, implications for teaching? Cognitive neuroscience and the classroom, in S. Dela Sala a M. Anderson (gol) *Neuroscience in Education: The Good, the Bad and the Ugly.* Rhydychen: Gwasg Prifysgol Rhydychen..

Goswami, U. a Bryant, P. (2007) *Children's Cognitive Development and Learning.* Primary Review Research Survey 2/1a. www.primaryreview.org.uk

Graham, B. (2012) Visit a farm? Surely not! *Primary Science* 122: 15–17.

Greenfield, S. (1997) *The Human Brain: A Guided Tour.* Llundain: Phoenix.

Guichard, J. (1995) Designing tools to develop conceptions of learners, *International Journal of Science Education* 17(1): 243–253.

Hainsworth, M. (2012a) Harnessing new technologies: a virtual world for science education? *Primary Science* 122: 21–23.

Hainsworth, M. (2012b) Lifting the barriers in science, *Primary Science* 125: 11–13.

Hainsworth, M. (2017) Developing EAL learners' science conceptual understanding through visualisation. *Primary Science* 146: 33–35.

Harlen, W. (1978) Does content matter in primary science? *School Science Review* 59(209): 614–625.

Harlen, W. (1993) Science and technology north of the border, *Primary Science Review* 27: 16–18.

Harlen, W. (2001a) The rise and fall of peripatetic demonstrators, *Primary Science Review* 67: 9–10.

Harlen, W. (gol) (2001b) *Primary Science. Taking the Plunge,* 2il gyfrol. Portsmouth, NH: Heinemann.

Harlen, W. (2006) *Teaching, Learning and Assessing Science 5–12,* 4ydd argraffiad. Llundain: Sage.

Harlen, W. (2007a) *Assessment of Learning.* Llundain: Sage.

Harlen, W. (2007b) Holding up a mirror to classroom practice, *Primary Science Review* 100: 29–31.

Harlen, W. (2007c) The SPACE legacy, *Primary Science Review* 97: 13–15.

Harlen, W. (2008) Science as a key component of the primary curriculum: a rationale with policy implications, *Perspectives on Education 1 (Primary Science).* Llundain: Ymddiriedolaeth Wellcome, 4–18.

Harlen, W. (2010) What is quality teacher assessment? yn J. Gardner, W. Harlen, L. Hayward a G. Stobart, gyda M. Montgomery, *Developing Teacher Assessment.* Maidenhead: Open University Press, 29–52.

Harlen, W. (2013) *Assessment and Inquiry-based Science Education.* Trieste: IAP-SEP. Ar gael yn rhad ac am ddim o www.interacademies.net/activities/projects/12250.aspx

Harlen, W. (2014) *Assessment, Standards and Quality of Learning in Primary Education.* Efrog: Cambridge Primary Review Trust.

Harlen, W. (gol) (2015) *Working with Big Ideas of Science Education.* Trieste: IAP.

Harlen, W. (2016) Learning and teaching science through inquiry, *Science Teacher Education* 77 (Cyfnodolyn y Gymdeithas Addysg Athrawon Gwyddoniaeth ar-lein).

Harlen, W., Holroyd, C. a Byrne, M. (1995) *Confidence and Understanding in Teaching Science and Technology in Primary Schools.* Adroddiad Ymchwil. Edinburgh: SCRE.

Harlen, W., Macro, C., Reed, K. a Schilling, M. (2003) *Making Progress in Primary Science: Study Book.* Llundain: Routledge Falmer.

Harrison, C. a Howard, S. (2009) *Inside the Primary Black Box. Assessment for Learning in Primary and Early Years Classrooms.* Llundain: GL Assessment.

Harrison, C. a Howard, S. (2010) Issues in primary assessment: 1 Assessment purposes, *Primary Science* 115: 5–7.

Harrison, C. a Howard, S. (2011) Issues in primary assessment: 2 Assessment for learning: how and why it works in primary classrooms, *Primary Science* 116: 5–7.

Hattie, J. a Timperley, H. (2007) The power of feedback, *Review of Educational Research* 77(1): 81–112.

Hawking, S.W. (1988) *A Brief History of Time.* Llundain: Bantam Books.

Haworth, C., Dale, P. a Plomin, R. (2008) A twin study into the genetic and environmental influences on academic performance in science in nine-year-old boys and girls, *International Journal of Science Education* 30(8): 1003–1025.

Heslop, N. (2002) Science Passport: a template for KS2/3 bridging projects. *Primary Science Review* 73: 24–25.

Hinton, C. a Fischer, K.W. (2010) Learning from the developmental and biological perspective, in H. Dumont, D. Istance a F. Benavides (gol) *The Nature of Learning: Using Research to Inspire Practice.* Paris: OECD, 114–134.

HMIe (Arolygiaeth Addysg Ei Mawrhydi) (2007) *How Good Is Our School? The Journey to Excellence, Part 3.* Livingston: HMIe. https://view.officeapps.live.com/op/view.aspx?src=http%3A%2F%2Fwww.cne-siar.gov.uk%2Feducation%2Fdocuments%2FHGIOS3%2520Self%2520Evaluation%2520QI%25205.1–5.9.doc

HMIe (2016) *The Child at the Centre – Self-evaluation in the Early Years.* Edinburgh: HMIe. www.gov.scot/Resource/Doc/158152/0042794.pdf

Hoban, G. a Nielsen, W. (2010) The 5 Rs: a new teaching approach to encourage slowmations (student-generated animations) of science concepts. *Teaching Science* 56(3): 33–38.

Hodson, D. (1998) *Damcaniaeth Dysgu ac Addysgu.* Buckingham: Open University Press.

Howard-Jones, P., Pollard, A., Blakemore, S-J., Rogers, P., Goswami, U., Butterworth, B., *et al.* (2007) *Neuroscience and Education: Issues and Opportunities.* Llundain: TLRP/ESRC.

Howe, C. (1990) Grouping children for effective learning in science, *Primary Science Review* 13: 26–27.

Howe, C., Rodgers, C. a Tolmie, A. (1992) The acquisition of conceptual understanding of science in primary school children: group interaction and the understanding of motion down an incline, *British Journal of Developmental Psychology* 10: 113–130.

Howe, C., Tolmie, A., Thurston, A., Topping, K. Christie, D., Livingston, K., *et al.* (2007) Group work in elementary science: towards organisational principles for supporting pupil learning, *LearningaInstruction* 17: 549–563.

Hudson, D. (2016) *Specific Learning Difficulties.* Llundain: Jessica Kingsley.

Hurley, S. a Chater, E. (gol) (2005) *Perspectives on Imitation: From Neuroscience to Social Science,* Cyfrol. 2. Cambridge, MA: MIT Press.

Isaacs, N. (1962) The case for bringing science into the primary school, in W.H. Perkins (gol) *The Place of Science in Primary Education.* Llundain: British Association for the Advancement of Science, 4–22.

James, M. (2012) Assessment in harmony with our understanding of learning: problems and possibilities, in J. Gardner (gol) *Assessment and Learning,* 2il argraffiad. Llundain: Sage, 187–205.

James, M., McCormick, R., Black, P., Carmichael, P., Drummond, M-J., Fox, A., *et al.* (2007) *Improving Learning How to Learn,* Llundain: Routledge.

Jarvis, T. a Pell, A. (2005) Factors influencing elementary school children's attitude towards science before, during and after a visit to the UK National Space Centre, *Journal of Research in Science Teaching* 42(1): 53–83.

Jelly, S.J. (2001) Helping children to raise questions –aanswering them, yn W. Harlen (gol) *Primary Science: Taking the Plunge,* 2il gyfrol. Portsmouth, NH: Heinemann, 36–47.

JISC (2004) Effective use of virtual learning environments (VLEs), infoKit. JISC.

Johnson, A. (2013) Is science lost in 'The world around us'? *Primary Science* 126: 8–10.

Johnson, S. (2012) *Assessing Learning in the Primary Classroom.* Llundain: Routledge.

Jones, A.T. a Kirk, C.M. (1990) Introducing technological applications into the physics classroom: help or hindrance to learning? *International Journal of Science Education* 12: 481–490.

Keogh, B. a Naylor, S. (1998) Teachingalearning in science using concept cartoons, *Primary Science Review* 51: 14–16.

Keogh, B. a Naylor, S. (2004) Children's ideas, children's feelings, *Primary Science Review* 82: 18–20.

Keogh, B. a Naylor, S. (2006) Access and engagement for all, in W. Harlen (gol) *ASE Guide to Primary Science Education.* Hatfield: Cymdeithas Addysg Gwyddoniaeth.

Keogh, B. a Naylor, S. (2011) Creativity in teaching science, in W. Harlen (gol) *ASE Guide to Primary Science Education,* new edn. Hatfield: Cymdeithas Addysg Gwyddoniaeth, 102–110.

Keogh, B. a Naylor, S. (2014) *Concept Cartoons in Science Education,* Set 1, argraffiad diwygiedig. Sandbach: Millgate House.

Keogh, B., Naylor, S., Downing, B., Maloney, J. a Simon, S. (2006) Puppets bringing stories to life in science, *Primary Science Review* 92: 26–28.

Kimbell, R., Wheeler, A., Miller, S. a Pollit, A. (2009) *E-SCAPE Portfolio Assessment Phase 3 Report.* Department of Education, Goldsmiths, University of London. www.gold.ac.uk/teru/projectinfo/projecttitle,5882,en.php

Kisiel, J.F. (2007) Examining Teacher Choices for Science Museum Worksheets, *Journal of Science Teacher Education* 18: 29–43.

Kluger, A.N. a DeNisi, A. (1996) The effects of feedback interventions on performance: a historical review, a meta-analysis, and a preliminary intervention theory, *Psychological Bulletin* 119: 254–284.

Kohn, A. (1993) *Punished by Rewards.* Boston, MA: Houghton Mifflin.

Lawrence, L. (2011) The science subject leader, in W. Harlen (gol) *ASE Guide to Primary Science Education,* argraffiad newydd. Hatfield: Cymdeithas Addysg Gwyddoniaeth, 133–140.

Lias, S. a Thomas, C. (2003) Using digital photographs to improve learning in science, *Primary Science Review* 76: 17–19.

Liston, M. (2015) Using puppets to provide opportunities for dialogue and scientific inquiry, *Primary Science* 138: 11–13.

Llywodraeth Cymru (2015) *Fframwaith y Cyfnod Sylfaen, Diwygiedig 2015.* Caerdydd: Llywodraeth Cymru

Llywodraeth Cymru (2015) *) Gweinyddu'r Profion Darllen a Rhifedd Cenedlaethol 2016.* Caerdydd: Llywodraeth Cymru

McCrory, P. (2011) Developing interest in science through emotional engagement, in W. Harlen (gol) *ASE Guide to Primary Science Education,* argraffiad newydd. Hatfield: Cymdeithas Addysg Gwyddoniaeth, 94–101.

McCullagh, J. (2009) DREAMS (Digitally Resourced, Engaging and Motivating Science) Project: Final Report. www.stran.ac.uk/informationabout/research/projects/dreamsproject/

McFall, D. a Macro, C. (2004) Creativity and science in the nursery, *Primary Science Review* 81: 17–19.

McGuinness, C. (2000) ACTS (Activating Children's Thinking Skills): a methodology for enhancing thinking skills across the curriculum. Papur a gyflwynwyd yng nghynhadledd ESRC TLRP 9/10 Tachwedd.

McMeniman, M. (1989) Motivation to learn, in P. Langford (gol) *Educational Psychology: An Australian Perspective.* Cheshire: Longman.

Mant, J., Wilson, H. a Coates, D. (2007) The effect of increasing conceptual challenge in primary science lessons on pupils' achievement and engagement, *International Journal of Science Education* 29(14): 1707–1719.

Markwick, A. a Clark, K. (2016) Science +Maths = a better understanding of science, *Primary Science* 145: 5–8.

Mercer, N. (2000) *Words and Minds: How We Use Language to Think Together*. Llundain: Routledge.

Millar, R. ac Osborne, J. (1998) *Beyond 2000: Science Education for the Future*. Llundain: King's College London, School of Education.

Morgan, M. (gol) (n.d.) *Art in the First Years of Schooling*. Ipswich: Suffolk County Council.

Murphy, C. a Beggs, J. (2003) Children's perceptions of school science, *School Science Review* 84(308): 109–116.

Murphy, C., Neil, P. a Beggs, J. (2007) Primary science teacher confidence revisited: ten years on, *Educational Research* 49(4): 415–430.

Murphy, P., Davidson, M., Qualter, A., Simon, S. a Watt, D. (2000) *Effective Practice in Primary Science,* adroddiad heb ei gyhoeddi ar astudiaeth archwiliadol a arianwyd gan Ganolfan Prosiectau Cwricwlwm Nuffield.

NACCCE (Y Pwyllgor Cynghori Cenedlaethol ar Addysg Creadigol a Diwylliannol) (1999) *All Our Futures: Creativity, Culture a Education*. Llundain: DfEE. www.artscampaigne.org .uk/campaigns/education/report.html

Naylor, S. a Keogh, B. (1998) Differentiation, in M. Ratcliffe (gol) *ASE Guide to Secondary Science Education*. Hatfield: Stanley Thornes i'r Gymdeithas Addysg Gwyddoniaeth, 167–174.

Naylor, S. a Keogh, B. (2000) *Concept Cartoons in Science Education*. Sandbach: Millgate House.

Naylor, S., Keogh, B., gyda Goldsworthy, A. (2004) *Active Assessment. Thinking Learning and Assessment in Science*. Llundain: David Fulton ar y cyd â Millgate House.

Naylor, S., Keogh, B. a Downing, B. (2007) Argumentation in primary science, *Research in Science Education* 37: 177–139.

Ng, W. (2010) Why digital literacy is important for science teaching and learning, *Curriculum Leadership* (online journal) 10(10), www.curriculum.edu.au/leader/why_digi tal_literacy_is_important_for_science_teac,34913.html?issueID=12610

Nicholson, D. (2011) Using a visualiser in primary science, *Primary Science* 118: 23–25.

Nimmons, F. (2003) Tracking pupils' progress, *Primary Science Review* 80: 13–15.

Nuffield Primary Science Teachers' Guides (1995) Various topics. Llundain: Collins Educational.

Nuffield Primary Science (SPACE) (1995a) *The Earth in Space Ages 7–12 Teachers' Guide*. Llundain: Collins Educational.

Nuffield Primary Science (SPACE) (1995b) *The Earth in Space Ages 5–7 Teachers' Guide*. Llundain: Collins Educational.

Nuffield Primary Science (1996) *Science Coordinators' Handbook*. Llundain: Collins Educational.

Sefydliad Nuffield (2012) *Developing Policy, Principles and Practice in Primary School Science Assessment*. Llundain: Sefydliad Nuffield. Ar gael i'w lawrlwytho o www.nuff ieldfoundation.org/primary-science-assessment

Nusche, D., Laveault, D., MacBeath, J. a Santiago, P. (2012) *OECD Reviews of Evaluation and Assessment in Education: New Zealand 2011*. Paris: OECD Publishing.

Nystrand, M., gyda Gamorgan, A., Kachy, R. a Prendergast, C. (1997) *Opening Dialogue: Understanding the Dynamics of Language and Learning in the English Classroom*. New York: Teachers College Press.

O'Brien, L. a Murray, R. (2007) Forest School and its impact on young children: case studies in Britain, *Urban Forestry and Urban Greening* 6: 249–265.

OECD (Y Sefydliad ar gyfer Cydweithredu a Datblygu Economaidd) (1999) *Measuring Student Knowledge and Skills: A New Framework for Assessment*. Paris: OECD.

OECD (2007) *Understanding the Brain: The Birth of a Learning Science*. Paris: OECD.

OECD (2016) *PISA 2015 Assessment and Analytical Framework: Science, Reading, Mathematic and Financial Literacy.* Paris: OECD.

Ofsted (Office for Standards in Education, Children's Services and Skills) (2004) *Ofsted Science Subject Reports 2002/3. Science in the Primary School.* Llundain: DfEE.

Ofsted (2008) *Learning Outside the Classroom: How Far Should You Go?* Llundain: Ofsted.

Ofsted (2011a) *Successful Science: An Evaluation of Science Education in England 2007–2010.* Manchester: Ofsted, January. www.ofsted.gov.uk/publications/100034

Ofsted (2011b) *ICT in Schools 2008–11: An Evaluation of Information Communication Technology Education in Schools in England.* Llundain: HMSO, December.

Ofsted (2013) *Maintaining Curiosity: A Survey into Science Education in Schools between 2010 and 2013.* Llundain: HMSO, Tachwedd.

Ormerod, M.B. a Duckworth, D. (1975) *Pupils' Attitudes to Science.* Windsor: NFER.

Osborne, J. (2015) Practical work in science: misunderstood and badly used? *School Science Review* 96(357): 16–24.

Osborne, J. a Millar, R. (2017) PISA 2015: findings and some implications for UK science education, *School Science Review* 89(365): 31–40.

Osborne, J., Erduran, S. a Simon, S. (2004) Enhancing the quality of argumentation in school science. *Journal of Research in Science Teaching* 41(10): 994–1020.

Osborne, J., Wadsworth, P. a Black, P. (1992) *Processes of Life.* SPACE Project Research Report. Lerpwl: Liverpool University Press.

Osborne, R. a Freyberg, P. (1985) *Learning Science: The Implications of 'Children's Science'.* Auckland: Heinemann.

Oswald, S. (2012) Narrowing the gap for children with special educational needs, *Primary Science* 125: 8–10.

Owen, D., Baskerville, S. ac Evans, W. (2008) From source to sea, *Primary Science* 101: 25–27.

Paivio, A. (1986) *Mental Representations: A Dual Coding Approach.* Rhydychen: Gwasg Prifysgol Rhydychen.

Paterson, V. (1987) What might be learnt from children's writing in primary science? *Primary Science Review* 4: 17–20.

Peacock, A. (2006) Editorial, *Primary Science Review* 91: 2–3.

Peacock, A. a Weedon, H. (2002) Children working with text in science: disparities with 'Literacy Hour' practice, *Research in Science and Technological Education* 20(2): 185–197.

Qualter, A. (2011) Using ICT in teaching and learning science, yn W. Harlen (gol) *ASE Guide to Primary Science Education,* argraffiad newydd. Hatfield: Y Gymdeithas Addysg Gwyddoniaeth, 61–69.

Reedy, D. (2016) Assessment, testing and accountability: a suggestion for an alternative framework. Cambridge Review Trust Blog. http://cprtrust.org.uk/cprt-blog/assessment-testing-and-accountability/

Rees, C. (2013) Use of apps in science, *Primary Science* 127: 14–15.

Reid, C. ac Anderson, M. (2012) Left-brain, right-brain, brain games and beanbags: neuromyths in education, in P. AdeyaJ. Dillon (gol) *Bad Education.* Maidenhead: Open University Press, 179–198.

Richardson, I. (2006) What is good science education? yn W. Harlen (gol) *ASE Guide to Primary Science Education,* Hatfield: Cymdeithas Addysg Gwyddoniaeth.

Roberts, G. (2002) *SET for Success: The Supply of People with Science, Technology, Engineering and Mathematical Skills.* Llundain: Trysorlys Ei Mawrhydi.

Rose, D. a Meyer, A. (2000) Universal design for individual differences, *Educational Leadership* 58(3): 39–43.

Y Gymdeithas Frenhinol (2006) *Taking a Leading Role.* Llundain: Y Gymdeithas Frenhinol .

Y Gymdeithas Frenhinol (2010) *Science and Mathematics Education* 5–14. Llundain: Y Gymdeithas Frenhinol.

Russell, T. (2011) Progression in learning science, in W. Harlen (gol) *ASE Guide to Primary Science Education,* argraffiad newydd. Hatfield: Cymdeithas Addysg Gwyddoniaeth, 17–24.

Russell, T. a Watt, D. (1990) *Primary SPACE Project Report: Growth.* Lerpwl: Liverpool University Press.

Sadler, D.R. (1989) Formative assessment and the design of instructional systems, *Instructional Science* 18: 119–144.

Schilling, M., Hargreaves, L., Harlen, W. a Russell, T. (1990) *Assessing Science in the Primary Classroom: Written Tasks.* Llundain: Paul Chapman.

Science 5/13 (1972) *Working with Wood: Unit for Teachers.* Llundain: Macdonald.

Schofield, K. (2011) Formative feedback and self-assessment, in W. Harlen (gol) *ASE Guide to Primary Science Education,* argraffiad newydd. Hatfield: Cymdeithas Addysg Gwyddoniaeth, 85–93.

SEED (Scottish Executive Education Department) (2003) *Assessment of Achievement Programme: Report of the 6th AAP Survey of Science.* Edinburgh: SEED.

Serret, N. (2004) Leaping into the unknown: developing thinking in the primary science classroom, *Primary Science Review* 82: 8–11.

Sharp, J.G. a Hopkin, R.C. (2008) *National Primary Science Survey (England): In-service Training Audit; A Report Prepared for the Wellcome Trust.* Bishop Grosseteste University College Lincoln ac Ymddiriedolaeth Wellcome.

Sharpe, R. (2015) Students' attitudes to practical work by age and subject, *School Science Review* 96(357): 25–39.

Shenton, M. (2017) Small changes can produce big results! *Primary Science* 146: 29–31.

Shulman, L.S. (1987) Knowledge and teaching: foundations of the new reform, *Harvard Educational Review* 7: 1–22.

Simon, S., Naylor, S., Keogh, B., Maloney, J. a Downing, B. (2008) Puppets promoting engagement and talk in science, *International Journal of Science Education* 309: 1229–1248.

Skinner, B.F. (1974) *About Behaviourism.* New York: Alfred A. Knopf.

Smith, C., diSessa, A. a Roschelle, J. (1993) Misconceptions reconceived: a constructivist analysis of knowledge in transition, *Journal of Learning Sciences* 3: 111–163.

Smith, F., Hardman, F. a Higgins, S. (2006) The impact of Interactive Whiteboards on teacher–pupil interaction in the National Literacy and Numeracy Strategies, *British Educational Research Journal* 32(3): 443–457.

Smith, K. (2016) Assessment for learning: a pedagogical tool, in D. Wyse, L. Hayward and J. Pandya (gol) *Curriculum, Pedagogy and Assessment.* Llundain: Sage, 740–755.

Smith, M., Howard, D. a Hoath, L. (2011) Head in the cloud, feet on the ground, *Primary Science* 119: 21–23.

Smithsonian Science Education Center (2015) *The LASER Model: A Systemic and Sustainable Approach for Achieving High Standards in Science Education Executive Summary.* http://ssec.si.(edu/laser-i3)

SPACE (Science Processes and Concepts Exploration) Adroddiadau Ymchwil (1990–98) teitlau amrywiol. Lerpwl: University of Liverpool Press.

STA (Standards and Testing Agency) (2012) *2013 Early Years Foundation Stage Profile Handbook.* Llundain: STA.

STA (2016) *Early Years Foundation Stage Profile: 2017 Handbook.* Llundain: STA.

STA (2017) *Key Stage 2 Science Sampling 2016: Methodology Note and Outcomes.* Llundain: STA. Ar gael i'w lawrlwytho o https://www.gov.uk/government/uploads/system/up

loads/attachment_data/file/630681/2016ScienceSamplingMethodologyOutcomes Paper.pdf

Stobart, G. (2008) *Testing Times: The Uses and Abuses of Assessment*. Llundain: Routledge.

Sutherland, R., Armstrong, V., Barnes, S., Brawn, R., Breeze, N., Gall, M., *et al.* (2004) Transforming teaching and learning: embedding ICT into everyday classroom practices, *Journal of Computer Assisted Learning* 20: 413–425.

Swaffield, S. (gol) (2008a) *Unlocking Assessment*. Llundain: David Fulton.

Swaffield, S. (2008b) Feedback: the central process in assessment for learning, yn S. Swaffield (gol) *Unlocking Assessment,* Llundain: David Fulton, 57–72.

Tamim, R., Bernard, R., Borokhovski, E., Abrami, P. and Schmid, R. (2011) What forty years of research says about the impact of technology on learning: a second-order meta-analysis and validation study, *Review of Educational Research* 81(1): 4–28.

TAPS (Teacher Assessment in Primary Science) (2016) Project Based at Bath Spa University. Ar gael i'w lawrlwytho o https://pstt.org.uk/resources/curriculum-materials/assessment

TLRP (Teaching and Learning Research Programme) (2005) *Briefing No. 11: Improving Pupil Group Work in Classrooms. A New Approach to Increasing Engagement in Everyday Classroom Settings at Key Stages 1, 2a3*. Llundain: TLRP. www.groupworkscotland.org/

Tunnicliffe, S.D. (2001) Talking about plants – comments of primary school groups looking at plants exhibits in a botanical garden, *Journal of Biological Education* 36(1): 27–34.

Tunnicliffe, S.D. a Litson, S. (2002) Observation or imagination? *Primary Science Review* 71: 25–27.

Turner, J., Keogh, B., Naylor, S. a Lawrence, L. (gol) (2011) *It's Not Fair – or Is It?* Sandbach: Millgate House Education a'r Gymdeithas Addysg Gwyddoniaeth.

Tyler, T. (2017) In the thick of it: using tablets for recording and assessment, *Primary Science* 147: 29–32.

UNESCO (United Nations Educational, Scientific and Cultural Organization) (1982) *New Trends in Primary Schools Science Education*. Paris: UNESCO.

United Nations Sustainable Development Goals (2016) www.un.org/sustainabledevelopment/ sustainable-development-goals

Vanhoof, J., van Petegem, P. a de Maeyer, S. (2009) Attitudes towards school self-evaluation, *Studies in Educational Evaluation* 35(1): 21–28.

Vosniadou, S. (1997) On the development of the understanding of abstract ideas, in K. Harnqvist and A. Burgen (gol) *Growing Up with Science*. Llundain: Jessica Kingsley, 41–57.

Vygotsky, L.S. (1978) Interaction between learning and development, in L.S. Vygotsky, *Mind in Society*. Cambridge, MA: Gwasg Prifysgol Harvard, 79–91.

Walker, M. (2017) Root and branch reform: teaching city children about urban trees, *Primary Science* 146: 21–23.

Ward, H. (2008) Organisational issues, in H. Ward, J. Roden, C. Hewlett a J. Foreman, *Teaching Science in the Primary Classroom,* 2il argraffiad. Llundain: Sage.

Watkins, C. (2003) *Learning: A Sense-Maker's Guide*. Llundain: Association of Teachers and Lecturers.

Watt, D. a Russell, T. (1990) SPACE *Project Research Report: Sound*. Lerpwl: Liverpool University Press.

Ymddiriedolaeth Wellcome (2005) *Primary Horizons: Starting Out in Science*. Llundain: Ymddiriedolaeth Wellcome. Ar gael o https://wellcome.ac.uk/sites/default/files/ wtx026628_0.pdf

Ymddiriedolaeth Wellcome (2008) *Perspectives on Education: Primary Science*. Llundain: Ymddiriedolaeth Wellcome. Ar gael o www.wellcome.ac.uk/stellent/groups/corporatesite/@msh_peda/documents/web_document/wtd042076.pdf

Ymddiriedolaeth Wellcome (2011) *Primary Science Survey Report*. Llundain: Ymddiriedolaeth Wellcome. Ar gael o www.wellcome.ac.uk/About-us/Publications/Reports/ Education/

Wellington, W. a Wellington, J. (2002) Children with communication difficulties in mainstream classrooms, *School Science Review* 83(305): 81–92.

Wiliam, D. (2008) Quality in assessment, in S. Swaffield (gol) *Unlocking Assessment*. Llundain: David Fulton, 123–137.

Williamson, B. (2006) Elephants can't jump: creativity, new technology and concept exploration in primary science, in P. Warwick, E. WilsonaM. Winterbottom (gol) *Teaching and Learning Primary Science with ICT*. Maidenhead: Open University Press, 70–92.

Wise, N., McGregor, D. a Bird, J. (2015) Reflection on the use of tablet technology, *Primary Science* 140: 5–7.

Wishart, J. (2016) Learning science through creating simple animations in both primary and secondary schools, *School Science Review* 97(361): 117–124.

Wright, L. (2003) Science under scrutiny, *Primary Science Review* 79: 8–10.

Wright, L. (2006) School self-evaluation of teaching and learning science, yn W. Harlen (gol) *ASE Guide to Primary Science Education,* Hatfield: Y Gymdeithas Addysg Gwyddoniaeth, 73–79.

Zull, J.E. (2004) The art of changing the brain, *Educational Leadership*, 62(1): 68–72.

Mynegai